Guadeloupe

L'ARCHIPEL QUI TIENT SES PROMESSES

L'archipel figure toujours au palmarès des destinations préférées des Français ; chacune de ses îles séduit par la diversité de ses paysages et des ses habitants entre la trépidante Grande-Terre, la luxuriante Basse-Terre, l'accueillante Marie-Galante, l'authentique Désirade, les Saintes charmeuses, Petite-Terre, la protégée.

Si ses superbes plages bordées de cocotiers constituent un atout de taille, la richesse de ses sites naturels, de son patrimoine historique et culturel attire les visiteurs en quête de découvertes. Des randonnées entraînent vers des sites extraordinaires parmi lesquels le volcan, les chutes du Carbet, les rivières revigorantes, les cascades impressionnantes, les sources chaudes relaxantes.

Les multiples s[...]
reflet du méti[...]
rhum, véritable[...]
mis en avant [...]
transatlantiqu[...]
Destination Gu[...]
Pour cette éd[...]
attachés à vou[...]
locales. Des artisans passionnés et inspirés par la nature partagent avec vous leur savoir-faire et mettent en avant les richesses de l'archipel dans divers domaines.

La Guadeloupe vous donne rendez-vous sur son territoire, une destination chaleureuse et familiale, alliant l'exotisme des tropiques et la sécurité d'un département français pour un séjour à votre mesure, quelles que soient vos attentes.

Kontan vwè zot ! (Ravis de vous accueillir !)

SOMMAIRE

© ANNA JEDYNAK / SHUTTERSTOCK.COM

Fleur de la Guadeloupe. © NICOLAS PIQUION - FOTOLIA

6 INSPIRER

Voici un avant-goût de votre séjour ponctué de conseils pratiques pour définir la meilleure période selon vos priorités, vos envies et votre budget.

39 DÉCOUVRIR

Un littoral de cartes postales, des randonnées au cœur des forêts tropicales, des spots de plongée, sa culture, sa gastronomie... Il ne tient qu'à vous de composer votre programme.

105 GRANDE-TERRE

Au choix la trépidante région sud, dotée de stations balnéaires, qui accueille les complexes hôteliers, les casinos, les activités nocturnes et le nord, plus paisible.

235 BASSE-TERRE

Paradis des amoureux de la nature, cette partie de l'île est un havre de paix avec des balades ponctuées de rivières, de cascades, de sources chaudes, de l'ascension du volcan...

Iguane sur une plage de Guadeloupe. © SHUTTERSTOCK - GREG.VISUALS

Le volcan de la Soufrière, Saint-Claude. © FYLE - FOTOLIA

Exploration des fonds marins. © DSAFANDA

Avertissement

Au moment où nous bouclons cette édition, la Guadeloupe vient d'essuyer l'ouragan Tammy classé catégorie 1. Si aucune victime n'a été constatée, l'île de la Désirade a été balayée par des vents violents de près de 150 km/h et par une très forte houle. Le passage de l'ouragan a également provoqué d'importantes inondations, aussi bien en Grande-Terre qu'en Basse-Terre, entraînant de nombreux dégâts. Par conséquent, il se peut que certaines de nos informations ne soient plus à jour.

ANSE-BERTRAND
PORT-LOUIS
Parc national de
La Guadeloupe
Grand Cul-de-sac Marin
Canal des Rotours
CAFEIERE
DESHAIES
Grande Rivière à Goyave
POINTE-À-PITRE
POINTE-NOIRE
768 m.
LE GOSIER
ROUTE DE LA TRAVERSÉE
Petit Cul-de-sac
Marin
Îlet Pigeon
(P.N de la Guadeloupe)
BASSE-TERRE
BOUILLANTE
Parc national de
La Guadeloupe
1298 m.
Rivière des Vieux
Morne du Col
1263 m.
1467 m.
MATOUBA
LA SOUFRIERE
CAPESTERRE-
BELLE-EAU
BAILLIF
SAINT-CLAUDE
LES SAINTES
GOURBEYRE
Monts
Caraïbes
TROIS-RIVIERES
VIEUX-FORT
TERRE-DE-BAS
VERS ROSEAU (Dominique)

15 KM
Altitude (en mètres)
500
400
300
200
100
Route principale
Route secondaire
LE MOULE ★★
GRANDE-TERRE
ST-FRANÇOIS ★★★
LE HELLEUX ★★
SAINTE-ANNE ★★★
ÎLE DE LA DÉSIRADE ★★
ÎLE DE LA PETITE TERRE ★★★
Océan Atlantique
MARIE-GALANTE - ÎLE AUX CENTS MOULINS ★★
SAINT-LOUIS ★★
GRAND-BOURG ★★
CAPESTERRE-DE-MARIE-GALANTE ★★
GUADELOUPE
DOMINIQUE
MARTINIQUE
SAINTE-LUCIE

QUAND Y ALLER

JANVIER

18° / 25°

CARNAVAL DE GUADELOUPE

© TJ - FOTOLIA

Un événement qui réunit la population entière. Costumes, musiques et défilés colorés sont au rendez-vous jusqu'au mercredi des Cendres.

$$$

FÉVRIER

17° / 24°

CARNAVAL DE LA DOMINIQUE (MAS DOMNIK)

Le carnaval de l'île de la Dominique, surnommé «The Real Mas », mêle traditions françaises et africaines au son du calypso.

$$$

MARS

17° / 25°

MI-CARÊME

La Mi-Carême, jour férié, est l'occasion de défiler une ultime fois avant l'année suivante. Le rouge et le noir sont de rigueur.

$$$

JUILLET

20° / 27°

ALL DAY IN MUSIC FESTIVAL *(LE MOULE)*

Le plus grand festival de musique caribéenne de la Guadeloupe, très apprécié de la jeunesse avec artistes invités et DJ aux platines.

FESTIVAL DE GWO KA *(SAINTE-ANNE)*

Très réputé localement, l'événement attire un public de résidents et de visiteurs plus nombreux chaque année. Il conjugue percussions, danses et chants identitaires.

$$

AOÛT

21° / 28°

FÊTE DES CUISINIÈRES *(POINTE-À-PITRE)*

À la Saint-Laurent, les cuisinières de Guadeloupe se rassemblent à Pointe-à-Pitre lors d'une messe puis défilent en costume d'apparat.

TOUR CYCLISTE DE GUADELOUPE

Cette course cycliste traverse l'île pour le plus grand bonheur de la population qui raffole de cet événement.

$$

SEPTEMBRE

21° / 28°

JOURNÉES DU PATRIMOINE

© PHOTOFORT 77 - SHUTTERSTOCK.COM

La Guadeloupe et les îles du nord abritent aujourd'hui plus de 130 monuments protégés. Une belle façon de se replonger dans l'histoire.

$

Le climat, quelle que soit la saison, séduit avec des températures qui font rêver en hiver de l'autre côté de l'Atlantique ; vous êtes cependant soumis à quelques variations selon que vous résidez en Grande Terre ou en Basse Terre. Cette dernière, avec ses montagnes qui accrochent les nuages, bénéficie d'une pluviométrie plus élevée et ainsi d'un climat plus humide propice notamment au développement d'une végétation exubérante qui apporte une certaine fraîcheur.

AVRIL

18° / 26°

FÊTE DU CRABE
(MORNE A L'EAU)
Le crabe de terre (que l'on trouve dans la mangrove) est présent sous toutes ses formes entre recettes culinaires, courses de crabes, jeux…

PÂQUES
Pâques, une tradition familiale bien ancrée car la religion, quelle qu'elle soit, est pratiquée avec ferveur aux Antilles.

$ $ $

MAI

19° / 27°

TERRE DE BLUES
(GRAND-BOURG)
Devenu au fil des ans un événement culturel caribéen essentiel pour l'île, il rend hommage au genre musical né dans les plantations.

$

JUIN

21° / 27°

$

OCTOBRE

20° / 27°

DOMINICA'S WORLD CREOLE MUSIC FESTIVAL
Un événement très couru dans les Antilles qui fait le plein chaque année. Des concerts gratuits sont organisés à Roseau.

$

NOVEMBRE

19° / 27°

FÊTE DE LA TOUSSAINT
Le 2 novembre, les familles se pressent dans les cimetières où les tombes sont illuminées de bougies comme le veut la tradition.

$

DÉCEMBRE

18° / 26°

RÉVEILLON DE NOËL
Le soleil remplace la neige ! La population continue de se réunir chaque week-end autour des Chanté Nwel jusqu'au 24 décembre.

CHANTÉ NWEL
Les Chanté Nwel marquent l'ouverture des préparatifs de Noël. La population s'adonne aux chants de Noël, mais au rythme local.

$ $ $

LES BONNES RAISONS D'Y ALLER

© SHUTTERSTOCK - RALPH ESHELMAN

LA FRANCE SOUS LES TROPIQUES

Retrouver la langue, la monnaie, le système de santé et administratif français à 7 000 km.

© SHUTTERSTOCK - KACA SKOKANOVA

UNE RICHESSE CULTURELLE

Chaque population de l'île a su s'intégrer tout en conservant sa propre culture.

© SHUTTERSTOCK - TUPUNGATO

SABLE FIN, PALMIERS, EAU TURQUOISE

Des plages de sable blanc, doré, ou gris intense, des eaux translucides et chaudes.

UN ARCHIPEL À DÉCOUVRIR

Avec Grande Terre, Basse Terre, Marie-Galante, les Saintes, la Désirade, Petite Terre.

DES FONDS MARINS D'EXCEPTION

À découvrir lors d'une sortie plongée, PMT, en kayak de mer, en bateau à fond de verre ...

DESTINATION OUVERTE TOUTE L'ANNÉE

Une température entre 25 °C et 38 °C rafraîchie par le souffle des alizés.

UNE VARIÉTÉ DE PAYSAGES

Entre mangrove, rivières, cascades, falaises abruptes, forêt tropicale, volcan, plages...

LES BONNES RAISONS D'Y ALLER

DES RANDONNÉES À VOLONTÉ

Le paradis des randonneurs avec plus de 300 km de sentiers au cœur du parc naturel.

© SHUTTERSTOCK - TUPUNGATO

© SHUTTERSTOCK - ONEOFTHESEDAYS83

UNE NATURE PRÉSERVÉE

Une faune et une flore extraordinaires préservées avec des espèces endémiques.

DÉPART DE CROISIÈRES EN CARAÏBES

Base de départ de compagnies de croisières idéale pour les circuits dans les Caraïbes.

© SHUTTERSTOCK - NAPA

LES 12 MOTS-CLÉS

#CARNAVAL

Voici l'évènement qui rassemble les foules chaque année. Il débute le premier dimanche de janvier pour s'achever le mercredi des Cendres en février dans l'apothéose, avec le « brulé Vaval » qui sonne la fin des festivités. Le carnaval donne lieu à des défilés hauts en couleur dans différentes communes avec des particularités selon les jours.

#CRÉOLE

Plusieurs créoles existent et la Guadeloupe possède le sien. Plus qu'une simple langue régionale utilisée au quotidien, le créole, aux sonorités espagnoles, anglaises, françaises, remonte au temps de l'esclavage, pour que maîtres et esclaves communiquent. Le créole, langue orale à l'origine, ne connaît pas le vouvoiement et les genres.

#DEUIL

Si vous apercevez une propriété entourée de bougies, cela signifie que l'on subit un deuil dans la maison. À la Toussaint, les cimetières sont illuminés de bougies (ne pas manquer celui de Morne à l'eau), les familles viennent le soir se recueillir près de leurs défunts dans une ambiance conviviale, loin de l'atmosphère triste de l'Hexagone.

© JAKOB FISCHER - SHUTTERSTOCK.COM

#DOMINOS

Le jeu de dominos se pratique beaucoup. Il est fréquent de voir des Guadeloupéens s'y adonner sur la terrasse d'un lolo (petite épicerie locale où l'on peut consommer du rhum). La particularité de ce jeu est qu'il ne se joue pas en silence ; il s'agit au contraire d'impressionner ses adversaires en posant bruyamment ses dominos sur la table.

#FÊTES

Le goût de la fête n'est pas une simple formule ici. Il y a toujours une occasion pour s'amuser, mettre de la musique et danser un peu. Pour preuve, aux onze jours fériés reconnus dans l'Hexagone, viennent s'ajouter neuf jours chômés en Guadeloupe. L'événement phare de la fête est le carnaval qui, chaque année, réunit toute la population.

#KARUKERA

Karukera, qui signifie « l'île aux belles eaux », est le nom donné à l'île par ses premiers habitants, les Kalinagos faisant ainsi référence à ses nombreuses rivières, ses cascades et ses bassins d'eau chaude. L'île a ensuite été baptisée Santa María de Guadalupe par Christophe Colomb. Un nom qui s'est ensuite francisé pour devenir la Guadeloupe.

#LOLOS

Ces petits commerces traditionnels bien typiques sont généralement installés dans des cases créoles. Ils sont encore bien présents malgré l'implantation de commerces de proximité. Les lolos font office, à la fois, de commerces alimentaires, de buvette voire d'espace de restauration, pour certains et surtout, encore de nos jours, de lien social.

#OUASSOUS

Ce petit crustacé d'eau douce, doté de pinces, de la taille d'une écrevisse, est un régal pour les papilles. À l'honneur lors des repas de fêtes il y a encore quelques années, Il ne se trouve malheureusement quasiment plus dans les rivières de l'archipel. Un parc aquacole situé à Pointe Noire dispose d'écloseries pour sauvegarder l'espèce.

© CMGIRL - SHUTTERSTOCK.COM

LES 12 MOTS-CLÉS

#POPULATIONS

La population bénéficie d'une double identité à la fois antillaise et française, car l'histoire de la Guadeloupe a généré une mixité de mentalités, de visages, de cultures, de religions qui en font aujourd'hui son charme. Fiers de leurs traditions et de leur culture, les Guadeloupéens sont ravis de les partager avec ceux qui s'y intéressent.

#RHUM

Il faut admettre que la Guadeloupe doit en partie sa renommée à la qualité de ses rhums. Cette boisson spécifique à chacune de ses distilleries et sublimée par le climat tropical est issue du terroir local aux sols volcaniques fertiles. Elle est associée à des traditions, des techniques de fabrication et indubitablement à l'histoire de l'archipel.

© SHUTTERSTOCK - THOMASLENNE

#SAVEURS

La cuisine créole est à l'image des Antilles, métissée, parfumée et savoureuse. Son secret réside dans la préparation de la marinade et l'utilisation d'épices. Certains produits étaient déjà utilisés par les Autochtones (le roucou), d'autres ont été importés pour nourrir les esclaves (les racines), d'autres par les engagés indiens (le curry).

© SHUTTERSTOCK - BOIVIN NICOLAS

#VILLAS CRÉOLES

Si la maison béton, plébiscitée pour sa résistance aux ouragans, a longtemps supplanté la maison créole traditionnelle, cette dernière, plus adaptée au climat revient en force : elle est dotée d'ouvertures permettant une meilleure ventilation pour limiter le recours à la climatisation et d'une grande terrasse, pièce à vivre à part entière.

VOUS ÊTES D'ICI, SI...

▸ **Vous suivez le cycle du soleil ;** on se lève tôt, car la nuit tombe dès 18h. Mais pas question de vivre la journée de façon effrénée. Les Guadeloupéens vivent à leur rythme et privilégient un quotidien dénué de stress.

▸ **« Bonjour »** est ici de rigueur, dès lors que vous entrez dans un bâtiment ou que vous approchez d'un étal. Il en va de même pour « merci ». La population est très attentive à ces marques de politesse. De quoi démarrer les échanges sous de bons auspices.

▸ **Lorsque vous dites « à demain »,** on vous répond généralement « si Dieu veut », car la population est très pieuse. Une philosophie qui se ressent jusque dans le deuil, car, ici, la mort s'appréhende avec acceptation. La Toussaint en est la matérialisation. Les familles se retrouvent dans la convivialité et viennent se recueillir dans les cimetières nettoyés et illuminés de bougies en soirée.

▸ **Vous profitez de chaque instant de la vie** et esquissez quelques pas de danse dès que vous entendez du zouk, du gwo ka...

INTERVIEW

MA GUADELOUPE

AVEC CLAUDIA LEDEZERT, AUTEURE DU GUIDE

Parmi les nombreuses destinations caribéennes, pourquoi choisir la Guadeloupe ?

La Guadeloupe a tant à offrir, quel que soit le type de séjour que l'on recherche. La diversité de ses paysages ainsi que ses dépendances (Marie-Galante, les Saintes, la Désirade et Petite-Terre) laissent le champ à une multitude de découvertes et d'activités.

Quel est votre endroit préféré de l'archipel ?

J'aime le nord de Grande-Terre et ses falaises de calcaire qui tombent à pic dans l'océan Atlantique, leur couleur change en fonction de la météo ou de l'heure de la journée, c'est un paysage très contemplatif. J'aime aussi le côté bucolique des champs de canne toujours du côté d'Anse-Bertrand, d'où émergent par endroits des ruines de moulins. Sans oublier la mangrove vers Morne-à-l'Eau, à l'ambiance si particulière.

Quelle senteur ou saveur retenir de la gastronomie créole ?

Le massalé, ce mélange d'épices qui sert à préparer le colombo que l'on mange sur des feuilles de bananier lors de cérémonies indiennes. La gastronomie guadeloupéenne est aussi métissée que sa population.

Un site naturel incontournable à visiter ?

La Soufrière, c'est incroyable de pouvoir randonner sur un volcan en activité, grâce à un sentier assez accessible. Plusieurs autres voies avec plus ou moins de difficultés mènent à la Vieille Dame (Carmichael, l'Échelle, la Citerne). N'hésitez pas à faire appel à un guide agréé pour accéder au cratère.

Arrêtez-vous aussi sur les plages de Deshaies pour admirer le soleil se coucher dans la mer des Caraïbes. Les couchers de soleil en Guadeloupe sont la plupart du temps magnifiques, où que vous vous trouviez. Le mélange des couleurs qui se reflètent sur les nuages offre un superbe spectacle.

Quels sont vos conseils pour bien découvrir la Guadeloupe ?

La location d'une voiture est indispensable et il faudrait au minimum quinze jours pour prendre le temps de découvrir la Guadeloupe et ses îles.

© CLAUDIA LEDEZERT

© CLAUDIA LEDEZERT

© CLAUDIA LEDEZERT

DISTANCES

TEMPS DE TRAJET

	BASSE-TERRE	BOUILLANTE	DESHAIES	GOSIER	LA DÉSIRAD
BASSE-TERRE		23 KM 30mn	50 KM 1h15	66 KM 1h	
BOUILLANTE	23 KM 30mn		28 KM 45mn	53 KM 1h	
DESHAIES	50 KM 1h15	28 KM 45mn		47 KM 1h	
GOSIER	66 KM 1h	53 KM 1h	47 KM 1h		
LA DÉSIRADE					
LE MOULE	85 KM 1h30	71 KM 1h15	66 KM 1h	30 KM 45mn 1h30	
LES SAINTES	21 KM 30mn				
MARIE-GALANTE					
POINTE-À-PITRE	59 KM 1h	46 KM 1h	40 KM 45mn	8 KM 15mn 30mn	
SAINT-FRANÇOIS	94 KM 1h30	81 KM 1h30	75 KM 1h30	30 KM 45mn 1h30	26 KM 45 min
SAINTE-ANNE	80 KM 1h15	66 KM 1h15	61 KM 1h	15 KM 30mn 45mn	
TROIS-RIVIÈRES	15 KM 30mn	38 KM 1h	73 KM 1h15	55 KM 1h	

Si les distances entre deux sites peuvent paraître très proches, les embouteillages sont très fréquents et inévitables aux heures de pointe. Un parcours de 15 km peut alors prendre plus d'une heure: prévoyez donc toujours une marge pour conduire sereinement. Soyez vigilants car vous pouvez rencontrer des animaux sur la route. Il peut s'agir de chiens errants (malheureusement nombreux) ou bien de cabris ou d'ovins, dans les zones rurales, que leurs maîtres font paître en bord de route.

LE MOULE	LES SAINTES	MARIE-GALANTE	POINTE-À-PITRE	SAINT-FRANÇOIS	SAINTE-ANNE	TROIS-RIVIÈRES
85 KM 1h30	21 KM 30 mn		59 KM 1h	94 KM 1h30	80 KM 1h15	15 KM 30mn
71 KM 1h15			46 KM 1h	81 KM 1h30	66 KM 1h15	38 KM 1h
66 KM 1h			40 KM 45mn	75 KM 1h30	61 KM 1h	73 KM 1h15
30 KM 45mn 1h30			8 KM 15mn 30mn	30 KM 45mn 1h30	15 KM 30mn 45mn	55 KM 1h
				26 KM 45mn		
			27 KM 30mn 1h30	13 KM 30mn 1h	15 KM 30mn 30mn	73 KM 1h15
			42 KM 45mn	57 KM 1h30		13 KM 20mn
			46 KM 1 h	40 KM 1h		
27 KM 30mn 1h30	42 KM 45 mn	46 KM 1 h		35 KM 45mn 1h30	20 KM 30mn 1h	49 KM 1h
13 KM 30mn 1h	57 KM 1h30	40 KM 1 h	35 KM 45mn 1h30		15 KM 30mn 45mn	83 KM 1h30
15 KM 30mn 30mn			20 KM 30mn 1h	15 KM 30mn 45mn		68 KM 1h
73 KM 1h15	13 KM 20 mn		49 KM 1h	83 KM 1h30	68 KM 1h	

IDÉES DE SÉJOUR

En choisissant la Guadeloupe comme destination, vous aurez l'occasion de multiplier les expériences au fur et à mesure de vos explorations tout en restant sur le territoire français. Après environ 8 heures de vol depuis Paris et un décalage horaire de 5 ou 6 heures selon la saison, le dépaysement s'offre à vous quel que soit votre lieu d'hébergement. Prévoyez vos activités en tenant compte des distances à parcourir car les 1 436 km² qui composent la Guadeloupe continentale (1 702 km² pour tout l'archipel) regorgent de sites naturels ou patrimoniaux et de musées. À vous maintenant de poser vos priorités compte tenu de vos attentes et de la durée de votre séjour, la durée idéale étant de 12 à 14 jours pour profiter de toutes ces merveilles. Ainsi, si vous en avez le temps et la possibilité, n'hésitez pas à prévoir la visite d'au moins une des îles de l'archipel (les Saintes, la Désirade, Marie-Galante ou Petite-Terre).

DÉCOUVERTE DE LA GUADELOUPE EN 7 JOURS

Il vous faudra faire un choix, car vous disposez d'une kyrielle d'activités. Ce circuit type se conçoit, de préférence, avec un hébergement qui vous permet de rayonner facilement sur l'île, soit depuis Sainte-Anne, Le Gosier ou encore Petit-Bourg. Vous pouvez également choisir de séjourner quelques jours en Grande-Terre puis le reste de la semaine en Basse-Terre pour limiter les déplacements.

› Jour 1 - Arrivée à Pointe-à-Pitre

La différence de température vous saisit dès que vous sortez de l'aéroport de Pointe-à-Pitre, climatisé ! Après 7 à 8 heures de vol, vous devrez encore garder les yeux ouverts quelques heures de plus, décalage horaire oblige. Première étape : récupérer sa voiture de location et filer vers son hébergement ! Cette première journée sera dédiée à une acclimatation express, doublée d'un bon repas et d'une nuit de sommeil bien méritée.

› Jour 2 - Le sud de la Grande-Terre

Comme tous les Guadeloupéens, réveil aux aurores, pour profiter des matinées, plus fraîches. Commencez la journée en piquant une tête dans la piscine ou la mer, avant de prendre la direction du sud de la Grande-Terre avec en ligne de mire la **pointe des Châteaux** (p.186) à Saint-François via Sainte-Anne. Commune idéale pour les plaisirs balnéaires en famille, **Sainte-Anne** ★★★ (p.166) est très touristique avec son décor de carte postale aux eaux cristallines protégées par la barrière de corail. La pointe des Châteaux, langue de terre où viennent se fracasser d'énormes vagues, abrite un paysage sauvage d'où le panorama sur les îles environ-

© CDWHEATLEY

nantes est époustouflant. À ne pas manquer : l'escalade facile jusqu'au calvaire pour la vue sur la côte déchirée et les pitons plantés dans la mer. De nombreuses plages et restaurants sont sur votre route. Retour par le même chemin avec une halte au village artisanal de Saint-François puis au marché de Sainte-Anne pour déguster les produits locaux.

› Jour 3 - De Petit-Bourg à la ville de Basse-Terre

Dès Petit-Bourg, arrêt au choix au jardin de Valombreuse (p.252), à la distillerie Montebello (p.251) ou bien, quelques kilomètres après, à celle de Longueteau (p.263) à Capesterre-Belle-Eau. Le secteur est le point de départ de randonnées (chutes Moreau (p.256), chutes du Carbet (p.261)...) si la météo le permet. À Trois-Rivières, se trouve le parc archéologique des roches gravées (p.269), vestiges de la présence des premiers habitants de l'île, les Autochtones. Ensuite, Saint-Claude ★★ (p.278), seule commune de l'archipel à ne pas disposer de littoral, est le point de départ pour la Soufrière, point culminant de l'île. Vous pouvez faire un saut à la Maison du volcan et vous ressourcer aux bains chauds de Matouba ★★ (p.283). Pour les candidats à l'ascension du volcan, il faut prévoir une demi-journée, voire une journée complète. Vous pouvez aussi faire appel à un guide de montagne pour une visite passionnante hors des sentiers battus. Basse-Terre (p.235), chef-lieu du département labellisé Ville d'Art et d'Histoire, est intéressante à visiter. Arrêt recommandé au fort Louis-Delgrès (p.285), au Jardin botanique (p.322), ainsi qu'à la distillerie Bologne (p.285).

› Jour 4 - Route de la Traversée et la Côte-sous-le-Vent

La route de la Traversée ★★ (p.310) vous entraîne à l'intérieur des terres, dans le grand parc national de la Guadeloupe où l'expression « végétation luxuriante » prend tout son sens. Cette route dessert de très beaux sites : la cascade aux Écrevisses (p.311) (accessible aux personnes à mobilité réduite), le zoo de Guadeloupe (p.301), ou plus loin à Pointe Noire ★★ (p.312), l'habitation Côte-sous-le-Vent (p.313) ou encore la maison du cacao (p.313)... Vous atteignez ensuite Bouillante ★★★★ (p.297), véritable Triangle d'or de la plongée sous-marine. Le site de Malendure et sa plage de sable noir abrite la réserve sous-marine baptisée Réserve Cousteau (p.298), où de nombreuses activités nautiques sont proposées. Pour le retour, deux itinéraires sont possibles : reprendre la route de la Traversée ou celle du littoral de la Côte-sous-le-Vent pour atteindre Deshaies ★★★★ (p.321), puis Sainte-Rose (p.333) au nord de la Basse-Terre (p.235). La vue panoramique, tout au long du trajet, est superbe au moment du coucher du soleil. Si vous avez le temps, arrêtez-vous au Jardin botanique (p.322) de Deshaies ou bien à l'écomusée (p.335) de Sainte-Rose.

› Jour 5 - Escapade en mer

Plusieurs options pour cette journée. Opter pour la détente et partir en voilier pour la journée jusqu'à Petite-Terre ★★★ (p.409), Marie-Galante ★★ (p.343) ou les Saintes ★★ (p.380), avec au programme, baignade, repas à bord et visite de l'île de quelques heures. Autre solution, une balade en mer dans la fameuse réserve naturelle du Grand Cul-de-Sac marin, jusqu'à l'îlet Caret (p.334), avec une visite de la mangrove, et une plongée avec masque et tuba dans le récif corallien. La visite des îles de l'archipel (la Désirade, Marie-Galante et Les Saintes) peut s'effectuer en navette au départ de Pointe-à-Pitre pour Marie-Galante, de Trois-Rivières pour Les Saintes, de Saint-François pour La Désirade.

› Jour 6 - Nord de la Grande-Terre

Poussez jusqu'à Saint-François, doté d'une dynamique marina, d'un golf et d'un embarcadère pour les îles. Ensuite, prenez la direction du Moule ★★ (p.208), l'une des plus anciennes communes de Grande-Terre. Sur la route, plusieurs haltes possibles ; la distillerie Bellevue (p.363), le musée Edgard-Clerc (p.211), et la maison « hantée » de Zevallos (p.211), sortie des ateliers Eiffel. Vers Anse-Bertrand ★ (p.229), spot des surfeurs, la route longe la baie et permet de découvrir des sites naturels grandioses : le lagon de la Porte d'Enfer (p.231) et la pointe de la Grande-Vigie (p.230). À faire absolument, une petite randonnée sur le sentier des crêtes, l'un des plus sauvages des Antilles. Descente vers Port-Louis ★ (p.225), petit port tranquille, puis vers Petit-Canal (p.221) d'où l'on quitte le bord de mer pour rejoindre Morne-à-l'Eau (p.137). Le cimetière (p.138), monumental et en plein centre du bourg, impressionne. Retour ensuite en direction de Gosier ★★★★ (p.142).

› Jour 7 - Derniers préparatifs avant le retour

Les vols vers la métropole sont programmés du début de l'après-midi jusqu'en fin de soirée. Certaines structures d'hébergement permettent de se changer avant l'aéroport en mettant à votre disposition une bagagerie et des douches. On peut ainsi profiter pleinement des activités jusqu'aux derniers instants. Si l'on n'est pas trop épuisé, pourquoi ne pas s'offrir une dernière activité sportive sur la plage (balade en scooter des mers, en canoë-kayak...) avant le départ. Côté shopping, pour les oublis, l'étage de l'aéroport dédié aux départs est pourvu de boutiques, d'une pharmacie et d'un snack.

Arbre du voyageur sur l'île des Saintes.

DEUX SEMAINES DANS L'ARCHIPEL PAPILLON

Deux semaines en Guadeloupe, c'est l'idéal pour se poser, visiter l'archipel calmement, emprunter les chemins de traverse, faire des arrêts imprévus, prendre le temps de la rencontre avec la population. Voici un circuit en deux parties bien distinctes sur les deux ailes du papillon Guadeloupe, qui évite de faire des kilomètres inutiles et prend toute sa cohérence sur les routes.

› Jour 1 - Arrivée en Grande-Terre

Pour limiter la fatigue et surtout si votre vol arrive tard en soirée, choisissez un hébergement en Grande-Terre, car le secteur sud, zone économique et touristique, est sujet aux embouteillages aux heures de pointe. Installez-vous sereinement et offrez-vous un moment de temps calme, histoire de vous acclimater en douceur aux chaudes latitudes antillaises.

› Jour 2 - Journée d'acclimatation

Le lendemain, vous êtes réveillé aux aurores. À 6h du matin, le soleil brille déjà dans un ciel bleu et la luminosité est forte. Aux Antilles, on se lève tôt et on se couche tôt également ; le soleil disparaît autour de 18h d'octobre à mars et 19h d'avril à septembre. On profite ainsi des matinées, plus fraîches ! Commencez la journée en prenant quelques repères (plage la plus proche, commerces...) et en piquant une tête dans la piscine ou la mer. L'après-midi sera consacrée à la détente et à l'organisation de votre itinéraire.

› Jour 3 - Grande-Terre, du nord au sud

Direction le Sud Grande-Terre avec la **pointe des Châteaux** (p.186) à Saint-François. Vous passerez d'abord par **Sainte-Anne** ★★★ (p.166), réputée pour ses plages au sable fin bordées de cocotiers où vous trouverez une myriade de restaurants et un marché tous les matins. Vous arrivez ensuite à Saint-François. Prenez la direction de la pointe des Châteaux : cette bande de terre vaut le détour pour ses paysages et ses splendides petites criques. Escalade obligatoire jusqu'à la croix monumentale d'où vous aurez une vue panoramique sur les îles alentour ! Là encore, vous trouverez pléthore de restaurants si vous souhaitez déjeuner sur place. Retour vers le centre de Saint-François pour prendre ensuite la direction du **Moule** ★★ (p.208). Sur votre droite, après le rond-point où trône la statue de Martin Luther King, la **maison de Zévallos** (p.211), construite par Gustave Eiffel et qui se visite uniquement sur réservation. Vous pouvez également faire une halte à la **distillerie Damoiseau** (p.208), seule distillerie de la **Grande-Terre** (p.105). Enfin, prendre la direction du Nord Grande-Terre pour **Anse-Bertrand** ★ (p.229). C'est sur cette commune que se situent la **pointe de la Grande-Vigie** (p.230) et la **Porte d'Enfer** (p.231), des sites naturels gigantesques dont les célèbres falaises se dressent, imposantes, voire effrayantes, d'où leur nom. Les vagues, par tout temps, viennent se fracasser sur la roche dans un bruit assourdissant. Retour par le même itinéraire ou bien par la route des Grands Fonds, désormais bien indiquée.

› Jour 4 - Découverte de la mangrove

Il serait dommage de profiter d'un séjour en Guadeloupe ★★★★ sans s'intéresser à l'écosystème si particulier de la mangrove. Cette balade peut s'effectuer du port de Vieux-Bourg à Morne-à-l'Eau (p.137) ou bien de Petit-Canal (p.221). Quel que soit le moyen de locomotion (bateau de pêcheur, bateau électrique, VTT des mers, en kayak), la sortie est aussi enrichissante que relaxante. En alternative à la visite de la mangrove, une plongée dans le Nord Grande-Terre (p.105) est autre idée. Les spots de plongée bénéficient d'une variété de paysages impressionnants. L'architecture sous-marine y est totalement différente de celle de la réserve de Bouillante ★★★★ (p.297) notamment grâce à des grottes, arches, tombants, passes, jardins coralliens, épave d'avion...

› Jour 5 - Farniente dans le sud Grande-Terre

Une journée farniente sur une des nombreuses plages du Sud Grande-Terre, ou plus sportive si vous le souhaitez. Les activités nautiques (scooter des mers, paddle, bouée tractée, flyboard...) s'y déclinent à volonté sur les plages de la pointe de la Verdure ★★★ de Gosier, de Sainte-Anne ★★★ (p.166) ou encore de Saint-François. Pour les adeptes de sensations fortes, un survol en avion, ULM, hélicoptère, voire un saut en chute libre constituent d'autres moyens de découvrir l'archipel.

› Jour 6 - Pointe-à-Pitre

Une journée qui combine découverte patrimoniale et shopping avec la visite de Pointe-à-Pitre ★★ (p.111) (son marché, ses rues commerçantes, ses musées...). Renseignez-vous auprès de l'office du tourisme si vous souhaitez participer à une visite commentée de la ville qui nécessite une inscription préalable. Le service du patrimoine organise des visites guidées passionnantes sur divers thèmes (architecture du XXe siècle, places, bords des quais, cimetière, maisons traditionnelles...). Il est également possible de visiter la ville installé à bord d'un *tuk-tuk* pour une visite commentée.

› Jour 7 - Mini-séjour sur les îles

Partez à la découverte d'une des dépendances de l'archipel. Si la Désirade (p.399) peut éventuellement se visiter en une journée, il est conseillé de passer au moins deux jours à Marie-Galante ★★ (p.343), tout comme aux Saintes. Les Saintes sont constituées de plusieurs îlets dont seuls deux sont habités : Terre-de-Haut ★★ (p.380) et Terre-de-Bas ★★ (p.394). Chacune de ces îles vit dans une atmosphère bien différente. Terre-de-Haut est le point de chute de la grande majorité des touristes et se visite à vélo, en scooter, en voiture électrique ou à pied. Terre-de-Bas, plus sereine, est à conseiller pour de belles randonnées et pour son authenticité. Quant à Marie-Galante, elle a su garder sa ruralité tout comme la Désirade.

› Jour 8 - Mini-séjour sur les îles

Seconde journée sur l'île de votre choix avant de rejoindre la Guadeloupe continentale.

› Jour 9 - Arrivée en Basse-Terre et préparation des randonnées

Une fois arrivé en Basse-Terre, prévoyez un hébergement aux alentours de Capesterre-Belle-Eau ★ (p.260) ou Trois-Rivières ★★ (p.268) qui sont à proximité des sites à visiter, car le rythme des journées va s'intensifier. Veillez à bien préparer les randonnées à venir en prenant soin de disposer de tout le matériel nécessaire (vêtement de pluie, chaussures de marche, chapeau ou casquette, eau, fruits secs, téléphone chargé...). Le climat de l'île étant très changeant, renseignez-vous de l'état des traces et de la météo à venir auprès des agents du Parc national de la Guadeloupe. Informez votre hébergeur de votre destination. Les pluies importantes peuvent vite rendre des traces impraticables ou transformer une petite rivière en un torrent violent, restez donc vigilant et prudent. Des structures, des guides de montages permettent de visiter ces sites en toute sécurité. N'hésitez pas à faire appel à leurs services.

› Jour 10 - Randonnée : les chutes du Carbet

Randonnées en direction des chutes du Carbet (p.261) et de la rivière du Grand-Carbet qui prend sa source sur le flanc oriental de la Soufrière ★★★★. Ses eaux sulfureuses s'éclaircissent après les trois chutes pour se jeter 11 km plus bas, dans l'océan Atlantique. À la mesure de la puissance aquatique de ces chutes, la végétation, régulièrement arrosée par les pluies tropicales, est particulièrement luxuriante. Plusieurs itinéraires de difficultés variables sont envisageables dans la région des chutes.

› Jour 11 - Ville de Basse-Terre

Visite de la ville de Basse-Terre (p.235) avec la maison de l'Architecture et du Patrimoine (p.287). Visites-découvertes autour de l'urbanisme et de l'histoire de la ville, de l'architecture militaire et administrative avec les bâtiments de l'architecte Ali Tur, les édifices religieux, le cours Nolivos et les aménagements urbains du XVIIIe siècle, la typologie de la maison créole traditionnelle, les cimetières publics et privés... Réservations obligatoires. Poursuivez votre balade jusqu'à la distillerie Bologne, située au pied du volcan. Créée vers 1665, elle fut au XIXe siècle, l'une des plus importantes de Basse-Terre. Ensuite, faites une halte au musée Fort Louis Delgrès (p.285).

› Jour 12 - Randonnée : la Soufrière

A la Soufrière (p.280), mêmes précautions que pour les chutes du Carbet (p.261). Au sommet, la vue est extraordinaire. D'un seul regard, vous visualisez toutes les Petites Antilles. Vous pourrez embrasser des yeux Marie-Galante, les Saintes et la Désirade. Avec des jumelles, il est souvent possible de distinguer la Dominique et même la Martinique.

› Jour 13 - Bouillante

Direction Bouillante via la route de la Traversée ★★ (p.310). Cette départementale transversale en Basse-Terre (D23) dessert certains des plus beaux sites du Parc national de Guadeloupe et promet de nombreuses randonnées. Elle avance, sinueuse et étroite, au beau milieu d'une végétation exubérante. Des circuits pédestres faciles d'accès sont gérés par l'Office des Forêts. Faites une halte à la cascade aux Ecrevisses (p.311), au zoo de Guadeloupe (p.301), à la Maison de la forêt (p.310)... Ensuite, Bouillante ★★★★ (p.297), capitale de la plongée vous accueille entre sources d'eau chaude et sites de plongées époustouflants. Ces sites peuvent s'aborder lors d'une plongée bouteille, en kayak, en bateau à fond de verre. La découverte des cétacés est une alternative fascinante qu'il faut réserver à l'avance.

› Jour 14 - Nord Basse-Terre

Dernière étape de ce périple : le Nord Basse-Terre *via* Sainte-Rose (p.333) et Deshaies ★★★★ (p.321). L'idéal étant de prendre un hébergement dans cette zone pour éviter les longs trajets. La route du littoral et les plages sont superbes. Faites un arrêt à l'Écomusée Créole Art (p.335) à Sofaïa pour en visiter le conservatoire de plantes médicinales et l'arboretum, au Musée du Rhum (p.184). Côté Deshaies, ne pas manquer le Jardin botanique (p.322), un site exceptionnel abritant plantes et animaux dans un domaine de 7 hectares ayant appartenu à Coluche. À noter qu'une structure propose de partir à la découverte des cétacés au départ de Deshaies.

› Jour 15 - Retour à Pointe-à-Pitre

Pour cette ultime journée, profitez d'une dernière baignade, effectuez vos derniers achats et prévoyez le temps suffisant pour parvenir à l'aéroport sans risquer d'être en retard, car la route permettant d'y accéder est souvent embouteillée, notamment aux heures de pointe en période scolaire.

CIRCUIT MÉMORIEL « LA ROUTE DE L'ESCLAVE »

De par son histoire, l'archipel guadeloupéen est jalonné de lieux témoins de son passé. Ce circuit mémoriel a été créé afin de faire découvrir des lieux intimement liés à l'esclavage. Il a pour objet d'œuvrer à une meilleure compréhension et à une transmission auprès du grand public mais également de permettre de mieux appréhender ce contexte douloureux.

› Jour 1 - Arrivée à Pointe-à-Pitre

Après la découverte de votre environnement et un premier bain de mer, si vous logez au Gosier, par exemple, profitez de vos déambulations

© GILLES MOREL

Fort Delgres.

dans la ville de Pointe-à-Pitre pour vous rendre au musée départemental Victor Schœlcher (p.113). Figure emblématique de la lutte pour l'abolition de l'esclavage, Victor Schœlcher a rapporté des objets rares qui sont conservés dans ce musée situé en plein cœur de la ville historique.

Bien que le MEMORIAL ACTe (p.112) ne soit pas intégré dans la Route de l'esclave, nous vous conseillons de prévoir sa visite (comptez environ 2h). Ce centre d'expression érigé en mémoire aux victimes de l'esclavage et de la traite négrière est implanté sur le site de l'ancienne usine de Darboussier qui fut la plus grande unité sucrière des Antilles. Il a été inauguré en 2015 en présence du Président François Hollande et de nombreux chefs d'État de la Caraïbe et d'Afrique le jour de la commémoration de l'esclavage en France hexagonale.

En remontant ensuite vers Gosier, prenez la direction du Fort Fleur d'Épée (p.143), situé sur les hauteurs de la ville, qui domine la baie. Cette forteresse a été construite en 1763 pour défendre la rade de Pointe-à-Pitre. Quelque 3 000 esclaves libérés depuis la première abolition de l'esclavage de 1794 ont participé aux combats afin que la République française conserve l'île. En 1802, Napoléon Bonaparte rétablissait l'esclavage qui sera aboli définitivement en 1848.

› Jour 2 - Direction le nord de Grande-Terre

En partant vers le nord de la Grande-Terre, vous arrivez à Morne à l'eau. Vous passerez devant l'incontournable cimetière (p.138) de cette commune. Il est érigé en escaliers avec des caveaux à damiers noirs et blancs. À ne pas manquer le soir pendant la période de la Toussaint, car il est illuminé par des bougies (comme tous les cimetières de l'île, mais celui-ci est particulièrement impressionnant). Bien que le lien avec l'utilisation de la main-d'œuvre servile paraisse moins évident que pour une plantation, de prime abord, le canal des Rotours (p.137) a été réalisé par des esclaves pour assécher les terres et agrandir les exploitations. Une trentaine y ont laissé la vie.

À quelques kilomètres, encore un peu plus au Nord, la ville de Petit-Canal (p.221) abrite le monument à l'abolition de l'esclavage (à voir également dans cette thématique, les marches des esclaves (p.222) et l'ancienne prison d'esclaves (p.221) totalement enveloppée par un figuier maudit qui se trouvent à proximité).

En continuant ensuite à l'extrême Nord, vous parvenez à Anse-Bertrand ★ (p.229). Cette petite commune rurale, témoin du passé sucrier de l'île abrite l'habitation la Mahaudière, qui fut tout d'abord une cotonnerie puis une sucrerie et enfin, après l'abolition de l'esclavage, une distillerie dont l'activité a périclité jusqu'au début des années 1950. Pour y accéder, prenez la N8 en direction des Mangles sur environ 2 km puis prenez la D120. L'habitation est située près d'un croisement à la sortie du lieu-dit Campêche.

En suivant la direction du Moule par la D 123 (en direction du musée Edgar Clerc (p.211)), après 8 km, au niveau d'une chapelle, prendre le chemin à droite indiquant « Anse Sainte Marguerite », vous parvenez au cimetière d'esclaves de l'anse Sainte-Marguerite (p.208) qu'une opération archéologique a mis au jour au début des années 2000. L'habitation Néron (p.210) constitue la dernière halte de cet itinéraire en Grande Terre. Ce site n'est accessible qu'après réservation auprès de la mairie du Moule.

Retour vers Le Gosier avant le départ le lendemain vers la Basse-Terre pour la poursuite de ce périple.

› Jour 3 - En route vers la Basse-Terre

Prenez la direction de Basse Terre. La route de la côte Est vous entraîne vers Goyave (p.256) puis, plus au sud vers la petite commune de Trois-Rivières ★★ (p.268) où se trouve le cachot d'esclaves de l'habitation Belmont. Pour y accéder, à partir de la N1, prenez la D6 vers le bourg de Trois-Rivières. Poursuivez vers le collège des Roches gravées. Prenez le chemin de Roussel sur la gauche juste avant le collège. Situé sur une propriété privée, le cachot est visible depuis le bord de la route dans le 2e virage à angle droit vers la droite.

En reprenant ensuite la direction de la ville de Basse Terre, vous parviendrez à l'habitation Beausoleil située section Montéran à Saint-Claude ★★ (p.278), puis au Fort Louis Delgrès (p.285) à Basse Terre. Ce dernier site a joué un rôle prépondérant dans le conflit entre le commandant Louis Delgrès contre les troupes du Général Richepance venu rétablir l'esclavage en 1802.

Le circuit de la zone Basse Terre s'achève dans la commune de Vieux-Habitants (p.293) située sur la côte sous le Vent, à proximité de Bouillante et la plage de Malendure (p.299), plage de sable noir, qui héberge bon nombre de clubs de plongée et autres activités nautiques. Vieux-Habitants compte trois sites illustrant la diversité des productions de l'époque entre la culture de la vanille à l'habitation Vanibel, du café à l'habitation la Grivelière et une indigoterie à Anse à la Barque. À ce jour, la visite du site de l'indigoterie de l'Anse à la Barque est déconseillée pour cause d'accès difficile pour le grand public, le temps d'y aménager un accès moins dangereux et plus praticable (aucune date n'était définie au moment où nous avons bouclé cette édition).

Remontez vers Deshaies puis Sainte-Rose et vous aurez ainsi fait le tour complet du littoral de la Basse-Terre.

› Jour 4 - Destination Les Saintes

Le départ pour **Les Saintes** (p.377) s'effectue depuis la commune de Trois-Rivières. Vous parviendrez aux Saintes après une traversée en bateau de 20 à 30 minutes selon la météo. Attention, c'est à **Terre-de-Bas** ★★ (p.394), petit îlet des Saintes que se trouvent les vestiges de la **poterie Fidelin** (p.396) qui constitue le site de cette visite mémorielle. Vérifiez bien auprès de la compagnie maritime de votre choix si la destination est Terre-de-Haut ou bien Terre-de-Bas. Terre-de-Haut, plus touristique, abrite également le **Fort Napoléon** (p.382), qui devenu un musée. Cette visite peut s'effectuer sur une journée avec un retour à Trois-Rivières en fin d'après-midi.

› Jour 5 - Embarquement pour Marie-Galante

Si vous avez la possibilité de vous rendre à **Marie-Galante** ★★ (p.343), surnommée l'île aux cent moulins, vous pourrez profiter du périple pour poursuivre le circuit mémoriel, car l'île abrite une grande richesse patrimoniale. L'itinéraire inclut ainsi les habitations Murat et **Roussel-Trianon** (p.349) situées à **Grand-Bourg** ★★ (p.347) ainsi que la **mare au punch** (p.348) qui se trouve à proximité de l'habitation Pirogue. Ce dernier lieu fut le théâtre d'événements dramatiques après les premières élections législatives qui se sont déroulées après l'abolition de l'esclavage. Poursuivez sur la côte est de l'île pour découvrir les vestiges d'indigoteries.

Pour cette escale sur cette île, nous vous conseillons de prévoir au moins un séjour d'une nuit et deux jours sur place. Vous aurez alors le temps de profiter également des superbes plages de l'île.

Le départ de Marie-Galante s'effectue depuis l'embarcadère de Saint-François ou depuis la gare maritime de Bergevin située à Pointe-à-Pitre (comptez environ une heure de traversée).

› Jour 6 - Retour en Guadeloupe continentale

Pour profiter au maximum de votre séjour à Marie-Galante, prévoyez un retour en Guadeloupe continentale en fin d'après midi. Il ne vous restera plus qu'à prévoir une belle soirée avant votre retour vers la métropole le lendemain.

› Jour 7 - Préparatifs du retour

Le jour du départ, vous disposez encore d'une belle journée, car les vols vers l'Hexagone sont programmés uniquement à partir de l'après-midi et jusque dans la soirée selon les compagnies aériennes. Vous pouvez ainsi profiter à minima d'une matinée à farnienter au bord d'une piscine ou sur la plage, à faire du shopping ou à pratiquer une activité (attention, la pratique de la plongée avec bouteille est fortement déconseillée lorsque l'on doit prendre un vol le même jour, prévoyez un délai de 12 heures, voire 24 heures pour une plongée profonde de plus de 15 mètres).

Cascade aux écrevisses.

RADIO
TRANSAT
attention... très Addictif !
PRÉSENT DANS
1ER RÉSEAU FM
TOUTES LES ILES
MARTINIQUE - GUADELOUPE - ST. MARTIN - ST. BARTH
92,4 & 92,4 FM 91.5 & 91.7 FM 93,7 & 105,9 FM 95,5 & 103,1 FM
Contact : Guadeloupe/Martinique : 0690 755 542 - St Martin/St Barth : 0690 503 503
*1er réseau privé et indépendant à être diffusé en FM dans l'ensemble des Antilles Française

AVENTURE PÉDESTRE SUR LES « TRACES » DE GUADELOUPE

Si la plupart des touristes privilégient la mer des Caraïbes, opter pour un séjour axé sur la marche au cœur de paysages abrupts et tropicaux est tout à fait possible. En Guadeloupe, on compte pas moins de 200 km de sentiers et chemins de randonnée appelés « traces ». Si des professionnels proposent des sorties accompagnées pour tous les niveaux, on peut aussi s'organiser seul.

› Jour 1 - Arrivée à Pointe-à-Pitre, direction Sud Grande-Terre

Pour limiter la fatigue, et surtout si votre vol arrive tard en soirée, choisissez un hébergement en Grande-Terre, du côté de Sainte-Anne ★★★ (p.166) ou de Saint-François ★★★ (p.183). Vous éviterez ainsi les embouteillages aux heures de pointe sur la route menant à Basse-Terre, zone économique et touristique. Détendez-vous, demain quelques kilomètres de marche vous attendent !

› Jour 2 - Bois Jolan

Départ depuis l'école de kitesurf de la plage d'Anse du Belley, sur le territoire de Sainte-Anne, en direction de la fameuse plage de Bois Jolan (p.166), réputée pour son lagon aux eaux turquoise et peu profondes. Le sentier permet de parcourir une petite mangrove peuplée de hérons et bécasseaux, de cheminer entre mares et étangs, avant de débarquer sur la splendide plage de Bois Jolan, bordée de cocotiers. Aucune difficulté à signaler sur les 8 km aller-retour de l'itinéraire.

› Jour 3 - Anse-Bertrand

Direction le nord de Grande-Terre pour une deuxième randonnée, de 9 km cette fois-ci, sans dénivelé et plutôt facile. Au départ de Port-Louis ★ (p.225), il s'agit de suivre le littoral, en le remontant d'abord le long de la plage de l'Anse du Souffleur (p.226), qui se prête parfaitement à la baignade au niveau du cimetière de Port Saint-Louis, juste après lequel le sentier s'enfonce dans la mangrove et des zones marécageuses. Une fois passé l'Anse Lavolvaine, prisée par les surfeurs, c'est celle de la Petite Chapelle qui se dévoile. Vous n'avez plus qu'à suivre les cocotiers jusqu'à Anse-Bertrand ★ (p.229).

› Jour 4 - La Cascade Paradis

Tôt le matin, on rejoindra Vieux-Habitants (p.293), en Basse-Terre, pour partir à l'assaut de la superbe Cascade Paradis. La balade, assez facile et affichant un dénivelé de 100 mètres maximum, se fait au cœur de la vallée de Grand-Rivière, dans le Parc national de Guadeloupe, et se complète en environ 3 heures. Végétation luxuriante et sentiers de bord de rivière vous accompagnent jusqu'à la cascade, remarquable en ceci que son bassin est encadré d'harmonieuses formations géologiques appelées orgues basaltiques.

› Jour 5 - Première chute du Carbet

Elle aussi située dans le parc national, la randonnée qui mène à la première chute du Carbet (p.261) et ses 115 mètres de haut donnera du fil à retordre aux marcheurs les moins expérimentés, en raison d'un dénivelé un peu plus important (350 m) que sur les précédents itinéraires. Le chemin n'en est pas moins somptueux, permettant de découvrir diverses couches de la forêt humide, avant de se trouver face au torrent explosant sur une roche devenue orange à force du passage d'une eau chargée en sulfate. Compter 4 heures 30 pour effectuer les 7 km de la trace, 1 heure 30 de plus si vous décidez de vous rendre jusqu'à la seconde cascade.

› Jour 6 - La Soufrière

Peut-être le point d'orgue du séjour ! L'ascension de la Soufrière (p.280), point culminant de l'archipel, n'est certes pas la balade la plus aisée, en raison de ses 500 m de dénivelé, mais est certainement celle qui offre le plus de satisfaction aux marcheurs. Du chemin, avec ses fumerolles et ses puissantes odeurs de soufre, se dégage une atmosphère on ne peut plus volcanique, et la diversité de la faune et de la flore est étonnante. Une fois atteint le cratère, on jouit, les jours de beau temps, d'une vue panoramique à 360° sur l'ensemble de la Guadeloupe. Un spectacle inoubliable !

› Jour 7 - La Trace des Alizés

Cette randonnée ne s'adressant qu'aux marcheurs entraînés, les marcheurs les moins avertis s'en tiendront à celle de La Soufrière. La Trace des Alizés est en effet un ancien sentier de grande randonnée – le GR-G1 – sillonnant les crêtes depuis la Route de la Traversée ★★ (p.310) jusqu'aux Amandiers, au nord de Basse-Terre. La première étape compte 27 km, qu'il est possible d'accomplir en 8 heures, et relie le centre de Basse-Terre au refuge de Belle-Hôtesse. Pensez à vous renseigner auprès d'associations locales avant d'entreprendre cette marche.

› Jour 8 - La Trace des Alizés

Cette seconde étape est un peu moins longue que la première, puisque ses quelque 20 km peuvent être parcourus en 5 heures pour les plus sportifs, mais n'en est pas moins somptueuse ! A noter cependant qu'en quittant le refuge de Belle-Hôtesse, la trace gagne en altitude, rendant la progression un peu difficile au début, tout en permettant d'atteindre un panorama dégagé, avant de filer doucement vers la mer et les Amandiers.

PRATIQUE

SE REPÉRER / SE DÉPLACER

DE L'AÉROPORT AU CENTRE-VILLE

Dès la sortie de l'aéroport, vous trouverez des taxis qui vous mèneront à la destination de votre choix. Pour vous donner un ordre d'idée, comptez 30 € pour 2 personnes en journée (avec un bagage chacun) depuis l'aéroport jusqu'au centre de Gosier.
Les comptoirs des loueurs de voitures sont situés dans la zone des loueurs à seulement quelques minutes. Chaque loueur dispose de sa propre navette à la sortie de l'aéroport pour vous conduire jusqu'à son agence.
Les lignes (AE1 et AE3) du réseau de bus Karu'lis passent par l'aéroport et permettent de circuler vers Les Abymes, Baie-Mahault, Pointe-à-Pitre, Gosier, Sainte-Anne, Saint-François et la Désirade. L'application KARU'LIS permet de connaître l'horaire en temps réel de passage, vous informe de la ligne de bus à prendre pour vous rendre à votre destination et d'acheter votre ticket de transport. Tickets à partir de 1,20 € selon la zone pour la Guadeloupe continentale et 1 € sur la Désirade.

ARRIVÉE EN BATEAU

Pour les amoureux du Grand Bleu, la solution idéale dans les Caraïbes, reste bien sûr, le bateau. Un conseil : les navettes maritimes régulières mettent parfois en place des tarifs réduits si l'on réserve à l'avance ou sur Internet. N'hésitez pas à les contacter depuis l'Hexagone pour effectuer une réservation inter-îles suffisamment à l'avance. Si vous prévoyez votre voyage en pleine saison, attention également aux places disponibles ! N'oubliez pas que la population locale voyage beaucoup. Les week-ends et les dates fériées sont jours d'affluence.

▸ **La gare maritime de Bergevin à Pointe-à-Pitre** accueille les rotations en provenance de Marie-Galante, Les Saintes, La Dominique, la Martinique. Cette gare maritime offre de nombreuses commodités. L'immense parking, certes payant, est surveillé. Les jours et horaires des rotations sont fournis à titre indicatif, car ils sont susceptibles d'être modifiés sans préavis par chaque compagnie en raison de mauvaises conditions météo, d'une trop faible fréquentation, d'un souci mécanique... Il est préférable de vérifier les horaires avant le jour du départ prévu pour éviter les mauvaises surprises de dernière minute. Express des îles : 0590 091 95 20, Val Ferry : 05 90 914 515, Jeans For Freedom : 0 825 01 01 25.

▸ **La gare maritime de Saint-François** est dédiée aux navettes vers la Désirade, Les Saintes, Marie-Galante. Comadile : 06 90 49 49 33, Comatrile : 0590 91 02 45.

▸ **L'embarcadère de Trois-Rivières** (dont le parking est payant : 5 € la journée) accueille les navettes vers les Saintes. Deher : 05 90 86 97 57.
La Guadeloupe étant une base pour les compagnies de croisières maritimes, vous pouvez être amené à descendre du bateau à Pointe-à-Pitre pour une escale. Des agents mobiles d'information touristiques sont présents afin de vous assister et de répondre à vos demandes. Dans le centre de Pointe-à-Pitre, les commerces sont fermés le samedi à partir de 13h, le dimanche et les jours fériés. Des visites commentées de la ville sont proposées en tuk-tuk ou en pousse-pousse. Les taxis proposent, de leur côté, une visite de l'île le temps de l'escale.
Si vous choisissez de joindre l'utile à l'agréable, vous pouvez choisir d'aller visiter les îles et îlets de l'archipel guadeloupéen lors d'une croisière à la journée à bord d'un catamaran. Ce type d'excursion, en plus ou moins petit comité selon l'enseigne choisie, propose quasiment le même programme : navigation, baignade, repas à bord ou dans un restaurant de l'île, visite...

TRANSPORTS EN COMMUN

Le réseau de transports en commun est constitué du réseau Karu'Lis qui dessert les territoires de Cap Excellence (Les Abymes, Baie-Mahault, Pointe-à-Pitre) et de la Riviera du Levant (Gosier, Sainte-Anne, Saint-François, La Désirade) et de transporteurs indépendants pour les autres destinations pour lesquels les horaires sont plus ou moins aléatoires.

2216 kgCO₂e / personne
Aller-retour Paris-Pointe-A-Pitre

→ Le calcul de cette consommation CO_2 est fait à partir de Paris. L'idée est ici de montrer concrètement l'empreinte carbone de ce trajet, même s'il n'existe pas d'autre alternative que l'avion pour se rendre dans cette destination de manière directe.

Le réseau Karu'lis a, pour sa part, mis en place des horaires, des itinéraires et des tarifs qui sont disponibles sur leur site www.karulis.com. Leurs bus sont repérables facilement avec leur couleur orange. L'application KARU'LIS permet de connaître l'horaire en temps réel de passage, vous informe de la ligne de bus à prendre pour vous rendre à votre destination et d'acheter votre ticket de transport. Tickets à partir de 1,20 € selon la zone.
En général, les bus circulent de 5h30 à 20h, du lundi au vendredi et certaines lignes le samedi matin. Il faut cependant se méfier lorsque l'on emprunte les transports en commun pour rallier le marché de Pointe-à-Pitre le samedi matin (le plus animé). Pour le retour, mieux vaut quitter le centre-ville avant 14h. Pas de bus le dimanche ni les jours fériés, excepté dans le nord de la Grande-Terre (vers Morne-à-l'Eau et le Moule) où le réseau est plus abouti. La Grande-Terre est mieux desservie que la Basse-Terre. Dans le sud de la Basse-Terre, le réseau Grand Sud Caraïbe permet de se déplacer entre les différentes communes.
Attention, les rotations du réseau Karu'Lis (bus orange) s'arrêtent également en tout début d'après-midi le samedi et n'existent pas le dimanche.

- **Reconnaître les lignes Karu'lis** : 7 lignes urbaines (Pointe-à-Pitre) repérables par la lettre U. La ligne U2 part de la place de la Victoire et vous amène jusqu'au bourg de Gosier. 11 lignes péri-urbaines (Les Abymes) : Lettre A. 7 lignes péri-urbaines (Baie-Mahault) : Lettre B. 6 lignes péri-urbaines (Gosier) : Lettre G.

VÉLO, TROTTINETTE & CO

Parcourir l'île en deux-roues permet d'éprouver une sensation de liberté sur les routes de campagne qui longent le littoral ou parcourent l'intérieur des terres… À cela, deux inconvénients : les averses, et, plus important pour des raisons de sécurité, la circulation souvent dense, avec des chauffeurs et malheureusement des chauffards qui roulent vite sur des routes étroites et négligent le code de la route. Certains panneaux de signalisation, le stop et le cédez-le-passage, notamment, ne sont pas toujours respectés. Des animaux errants peuvent, en outre, surgir des bas-côtés (chats, chiens, cabris, bœufs, poules, etc.). Notre conseil est le même qu'aux automobilistes : soyez prudent d'autant que les deux-roues comptent parmi les plus accidentés sur l'île.

- **Karu'vélo** : karuvelo.ecovelo.mobi (Vélos à assistance électrique).
- **Auto Discount** : 05 90 971 000 (location de motos).
- **Veloc** : 0690 46 69 68 (VTT).

AVEC UN CHAUFFEUR

Des chauffeurs de taxis et VTC organisent des visites commentées de l'île. Voici quelques-unes de nos recommandations :

- **Gwadiles** : 06 90 74 74 11.
- **MC Transports Services** : 06 90 41 65 64.
- **Taxis du soleil** : 06 90 74 66 29.
- **Cœur des îles** (réceptif à l'aéroport) : 05 90 21 71 74.

EN VOITURE

Pour conduire aux Antilles, certaines habitudes ou particularités locales peuvent surprendre.

- **État des routes et intempéries.** La Guadeloupe dispose dans l'ensemble d'un bon réseau routier. Grâce au développement des routes départementales et nationales, seules quelques routes départementales et secondaires se révèlent sinueuses ou escarpées à l'image des Grands-Fonds en Grande-Terre, de la route de la Traversée. Mais le climat est rude pour le bitume, et les services de la voirie ont souvent beaucoup de travail, notamment après des épisodes de pluies intenses.

Certains chemins privés faisant l'objet d'une servitude de passage et permettant l'accès aux hébergements sont l'objet de litiges entre les différents propriétaires : vous pouvez ainsi avoir à emprunter un chemin parsemé de nids de poule dont l'état peut empirer après une grosse averse tropicale.
Il existe d'importants problèmes d'écoulement des eaux, surtout lors d'épisodes pluvieux intenses. Dans de nombreuses communes, des fossés (appelés ravines) ont été creusés de part et d'autre de la chaussée, pour éviter les inondations. Par temps de forte pluie, mieux vaut circuler en veilleuse voire en feux de croisement. En cas d'orage, méfiez-vous, en plus de l'inondation de la chaussée, des éboulements, voire des glissements de terrain qui sont possibles (particulièrement en Basse-Terre, et sur la route de la Traversée).
En général, si de trop fortes averses surviennent, il vaut mieux ne pas tenter une

grande excursion même en auto et surtout ne pas entreprendre de randonnée pédestre.

Des panneaux situés sur le bord de la route principale qui relie le Nord Grande-Terre au Sud Basse-Terre informent les usagers de la route des perturbations (temps pour parcourir un trajet, accident, travaux, embouteillage... afin d'utiliser une voie de délestage si possible. Ces informations, en temps réel, sont également disponibles sur le site www.trafikera.fr.

Signalisation. Les indications touristiques autour des plages, pour informer, par exemple, des différentes possibilités de loisirs (plongée, voile, jet-ski, etc.), sont désormais bien détaillées. N'hésitez pas à demander des précisions à la population qui est toujours prête à vous renseigner. Autour de Pointe-à-Pitre, lorsque vous souhaitez quitter la rocade, attention aux véhicules qui arrivent sur votre droite et qui, eux, rejoignent la rocade ! Ces croisements peuvent s'avérer dangereux quand on n'est pas habitué... À la tombée de la nuit, attention aux piétons et cyclistes qui circulent non éclairés le long des axes routiers en zone d'habitat diffus, notamment en soirée vendredi et samedi. Lors des dépassements et avant les virages, faites comme tout le monde, klaxonnez pour vous signaler ! La nuit, n'hésitez pas à faire des appels de phares si vous n'êtes pas sûr d'avoir été bien vu. Il est préférable de partir tôt le matin si l'on a plusieurs heures de route devant soi, afin d'éviter les embouteillages : les routes sont étroites, le paysage est très vallonné et il est souvent difficile de doubler.

Limitation de vitesse. Le plus marquant est sans doute la propension qu'ont certains chauffards à ne pas respecter les limitations de vitesse. Dès le premier carrefour, vous vous rendrez compte que la vitesse joue un rôle important chez les automobilistes guadeloupéens, un paramètre à ne pas négliger. Il faut savoir que la Guadeloupe fait partie des plus mauvais élèves en matière de sécurité routière avec un taux d'accidents mortels parmi les plus élevés de France au fil des ans. De votre côté, respectez le Code de la route et ouvrez l'œil. Soyez vigilant aux carrefours, car vous pouvez rencontrer un automobiliste qui ne marquera pas l'arrêt au panneau Stop devant vous ; un autre chauffeur qui s'arrêtera pour vous laisser passer alors qu'il est prioritaire... L'usage du clignotant est à revoir également ! La main du conducteur sortie par la portière remplace bien souvent le clignotant et les arrêts inopinés pour saluer une connaissance sont encore fréquents. Certains bus s'arrêtent encore sur le bas-côté à la demande d'un passager sans respecter les arrêts prévus à cet effet. Respectez donc les distances de sécurité et restez patient.

Ralentissement, embouteillages et contrôles. Tous les jours de la semaine de 6h30 à 9h et de 16h30 à 18h environ (de 12h à 15h le mercredi, le vendredi et les veilles de jours fériés), les embouteillages sur les routes nationales sont légion. L'unique route côtière sur chaque partie de l'île est régulièrement encombrée, même en journée. Les bouchons sont amplifiés par les conditions climatiques, notamment au moment des pluies. Quant aux contrôles de police, ils se multiplient surtout pour mesurer votre taux d'alcoolémie... Faites attention au nombre de ti-punchs ou planteur « savourés » dans la journée ! Les routes de la Guadeloupe sont dotées de nombreux radars automatiques. Les radars mobiles ou jumelles sont également fréquents sur les axes principaux.

Des animaux sur les routes ! Chèvres, vaches, chiens errants ou encore iguanes peuvent déambuler sur les voies, sans vraiment s'inquiéter du trafic, et ils ont la fâcheuse habitude de traverser sans regarder. Les chiens errants, très nombreux, sortent surtout la nuit tombée. Une attention de tous les instants s'impose sur la route.

LES ATTRAPE-TOURISTES

Attention aux loueurs de voitures privés qui proposent leur véhicule à la location pour des sommes modiques. Il arrive que les véhicules ne soient pas en état ou pas assurés. Soyez vigilants à la réservation et à la caution exigée et demandez bien le justificatif d'assurance.
Vous pouvez également être accosté lors de votre arrivée à l'aéroport, à la gare maritime, au port de croisière par des chauffeurs de taxis non enregistrés. Les taxis habilités vous attendent dans la file d'attente qui leur est réservée.

PRATIQUE

A VOIR / A FAIRE

HORAIRES

Aux Antilles, il est habituel de se lever tôt, avec le soleil et de commencer sa journée de travail (notamment dans le BTP) avant que les rayons du soleil ne deviennent trop puissants.
Dans les villes de Pointe-à-Pitre et de Basse-Terre, les commerces sont fermés le samedi à partir d'environ 13h et également le dimanche.
Pendant la période de Pâques, les plages sont littéralement prises d'assaut par les campeurs. Il s'agit d'une tradition locale : les Guadeloupéens se retrouvent en famille sur tout le littoral, mais aussi en bord de rivière. Les emplacements sont « réservés » jusqu'à 2 ou 3 semaines à l'avance afin de bénéficier de la meilleure place. Pour le week-end de Pâques, chacun arrive avec l'équipement complet (réfrigérateur, TV, radio, barbecue, toile de tente, bâche, groupes électrogènes ...). Si vous appréciez la sérénité, évitez de prévoir une journée de farniente.
Aux onze jours fériés de l'Hexagone viennent s'ajouter neuf jours chômés en Guadeloupe : Lundi et Mardi gras, mercredi des Cendres, jeudi de la Mi-Carême, Vendredi saint, samedi Gloria, 27 mai, 21 juillet, 2 novembre pour lesquels les administrations, les écoles, les banques ... sont fermées. Le 27 mai correspond à l'anniversaire de l'abolition de l'esclavage en Guadeloupe : beaucoup de commerces ne sont ouverts que le matin.

A RÉSERVER

L'offre muséale est particulièrement conséquente dans l'archipel. Beaucoup d'établissements ne permettent pas d'effectuer la réservation au préalable.

- **Les journées du patrimoine** : si vous êtes présent dans l'archipel à la date de cette manifestation annuelle, vous aurez l'occasion d'accéder à des sites fermés au public en temps normal (des parcs dotés d'une flore incroyable, des maisons coloniales notamment la Maison Zévallos au Moule). Ces visites doivent être réservées via le site des journées du patrimoine.
- **Les journées européennes de l'architecture** : elles se déroulent le temps d'un week-end en octobre (dates non définies à ce jour). Elles mettent en valeur la filière de l'architecture et de tous les métiers qui la composent auprès du grand public par des visites de bâtiments publics et privés, des conférences et des ateliers.

BUDGET / BONS PLANS

- **www.ekonomiz-guadeloupe.com** : ce guide des loisirs permet de bénéficier gratuitement de réductions sur plus de 70 enseignes locales. Il vous suffit de présenter le coupon sur l'application mobile EKONOMIZ ou de présenter la page papier de ce guide qui est distribué sur place dans les offices de tourisme et les hôtels, entre autres.
- **Le Pass Caraïbes** vous permet de bénéficier d'une réduction de 10 € pour visiter 4 parcs : le zoo de Guadeloupe, l'Habitation Côte-Sous-le-Vent, le Jardin de Valombreuse et le musée du café.
Autre solution, achetez individuellement le ticket d'un de ces établissements en ligne pour obtenir un euro de réduction sur le tarif d'entrée.
- **La compagnie maritime Express des îles** propose des tarifs de traversée très attractifs pour Marie-Galante sous réserve de voyager les mardi et jeudi.
- **Des sites d'achats groupés** (www.shopping-97.com ; http://dealsdesiles.com ...) permettent de bénéficier de tarifs particulièrement intéressants dans tous les domaines (hébergement, restauration, loisirs, beauté, bien-être ...).

LES ÉVÉNEMENTS

L'archipel Guadeloupe est ponctué de manifestations dont certaines ont une réputation internationale (liste non exhaustive) :

- **Le carnaval**, incontournable en Guadeloupe, ne commence pas, ici, le mardi gras, mais bien avant. Il débute le premier dimanche de janvier (jour de l'Epiphanie) et se termine le mercredi des Cendres (jour du « Brulé Vaval »). Des défilés sont organisés dans de nombreuses communes, les principaux étant ceux de Basse Terre, Pointe-à-Pitre, Bouillante et Saint-François.
- **Le festival de musique classique Nuits Caraïbes** en février. Des concerts sont organisés dans des lieux prestigieux (www.nuits-caraibes.com)
- **La fête de Pâques** donne lieu à des pique-niques sur toutes les plages et les bords de rivières de l'archipel.
- **La fête du crabe** de Morne à l'eau pendant la période de Pâques.
- **Le Festival du Gwo Ka** se déroule à Sainte-Anne à la mi-juillet.

All Day In Music Festival se déroule fin juillet. Un festival de musiques caribéennes avec artistes et DJ très apprécié de la jeunesse.

Le tour cycliste international de la Guadeloupe compte parmi les évènements les plus populaires pour la population. La 73e édition se tiendra début août 2024 avec des étapes dans de nombreuses communes.

La minitransat (https://minitransat.fr/). Départ en solitaire et sans assistance depuis les Sables d'Olonne. Direction Saint-François (Guadeloupe) via Santa Cruz de la Palma (Canaries - Espagne) soit 7 500 km à bord de bateaux à voile de 6,50 m (classe mini). Le départ a lieu en septembre tous les deux ans.

1er et 2 novembre : les cimetières sont illuminés par des milliers de bougies placées sur les tombes qui sont nettoyées et repeintes à cette occasion. Le plus impressionnant s'avère le cimetière de Morne-à-l'eau avec ses caveaux en damier noir et blanc en escalier. Les familles se réunissent autour de la dernière demeure de leurs proches en toute convivialité. Le 2 novembre (fête des morts) est un jour férié en Guadeloupe.

La route du Rhum se déroule tous les 4 ans (www.routedurhum.com/fr). Le prochain départ aura lieu en novembre 2026.

Les « chanté Nwel » débutent à partir de fin novembre. Des cantiques traditionnels de Noël sont chantés en réunion dans des quartiers, les églises… Les mets traditionnels de Noël sont le jambon de Noël et sa sauce chien, le ragoût de cochon, les pâtés et boudins créoles, le sirop de groseille, l'igname, les pois de bois ou d'angole, le Shrubb (épices et écorces d'orange macérées dans le rhum)…

VISITES GUIDÉES

Partez pour une visite guidée écologique de Pointe-à-Pitre en *tuk-tuk* électrique, en pousse-pousse ou à pied. Votre guide vous entraîne vers la Place de la Victoire où sont situés la préfecture, à la découverte de maisons créoles traditionnelles, des marchés aux fleurs et aux épices…

Visitez les villes de Pointe-à-Pitre et Basse-Terre à pied en compagnie d'un guide conférencier pour partir à la découverte de l'histoire de la ville et de son architecture.

Visitez la mangrove en VTT des mers (petits catamarans à pédales) avec un guide naturaliste passionné.

Partez en balade en char à bœufs à Marie-Galante ou au Moule.

Faites appel à un taxi spécialisé dans les visites sur mesure. La balade est organisée selon vos goûts.

C'EST TRÈS LOCAL

Ici le « bonjour » est de rigueur, dès lors que vous entrez dans un bâtiment ou que vous approchez d'un étal. Il en va de même pour « merci ». La population est très attentive à ces marques de politesse. De quoi démarrer les échanges sous de bons auspices.

Vous constaterez que quelques expressions sont utilisées très fréquemment telles que « Fais çà pour moi » ; « A demain si Dieu veut »…

Il est demandé à tous les visiteurs, même s'ils sont en vacances, de se vêtir d'une tenue correcte dans tous les commerces et de ne pas entrer en maillot de bain ou sans tee-shirt pour les hommes sous peine de se voir refuser l'entrée par la sécurité.

La pratique du *topless* n'est pas très répandue car elle est assez mal vue sur les plages guadeloupéennes. Mieux vaut vous installer sur la plage isolée de Tarare à Saint-François dédiée au naturisme.

PRATIQUE

SE RÉGALER

HORAIRES

Peu de restaurants proposent un service en continu dans l'archipel. Les horaires d'ouverture des restaurants restent généralement classiques (12h et 15h et 19h et 23h) avec quelques variantes selon l'animation de la commune et l'affluence de touristes sur l'île. La population locale a l'habitude de sortir assez tardivement les soirs de week-end, ainsi dans certaines zones telles que la marina de Gosier - Pointe-à-Pitre, il s'avère possible de dîner plus tard.
Le 27 mai, jour de l'abolition de l'esclavage pour la Guadeloupe, constitue le seul jour férié pendant lequel même certains restaurants choisissent de fermer.
Sur la zone commerciale de Jarry, la plupart des restaurants sont ouverts le midi. Seuls quelques-uns restent ouverts le soir.
Sur l'île de Marie-Galante, la plupart des restaurants ne servent plus après 21h même en haute saison.

BUDGET / BONS PLANS

Il est possible de se restaurer, quel que soit le budget que vous souhaitez consacrer à ce poste de dépenses. Les *food trucks* présents sur tout le territoire, à proximité des plages, sur les marchés, dans les zones touristiques proposent des sandwichs, des *bokits*, des *agoulous*... vous mangez pour 8 à 10 €, boisson incluse. Les restaurants typiques créoles proposent des plats à partir de 10-12 € selon leur catégorie.
Les restaurants traditionnels (entre cuisine française et créole) affichent des cartes très variées (de 12 € le plat jusqu'à 30 €).
Enfin, les restaurants gastronomiques disséminés sur l'île s'adressent à des clients ayant un budget de 45 € minimum par personne.
La plupart des établissements acceptent aussi bien les espèces que la carte bancaire en paiement. Par contre, les chèques hors place (avec une adresse dans l'Hexagone) sont souvent refusés.

EN SUPPLÉMENT

Aucun supplément ne peut être exigé, car les taxes et services sont inclus dans les tarifs affichés sur les cartes. Ensuite, le pourboire, non obligatoire, reste à discrétion de chaque client en fonction de son appréciation de la cuisine et du service.

C'EST TRÈS LOCAL

Beaucoup de restaurants proposent une cuisine métissée composée de plats traditionnels français élaborés avec des produits locaux. Mais la véritable cuisine locale se découvre généralement dans les petits restaurants typiques qui ne paient pas de mine, avec une déco minimaliste, mais les saveurs sont bien au rendez-vous. Dans la cuisine créole, les plats sont bien souvent mijotés. Pour les amateurs, la viande bleue ou saignante n'est pas présente dans la gastronomie antillaise. Toutefois certains restaurants proposent de belles pièces à la dégustation.
Les épices et aromates sont indissociables de la cuisine créole. Ils parfument tous les plats. Gingembre, cannelle, clou de girofle, muscade, curcuma, poudre à colombo, bouquet garni, piment, roucou, la cive sont présents dans toutes les cuisines. Le piment vert ou rouge s'utilise sous toutes ses formes. Attention à sa manipulation. Protégez vos doigts et ne le mettez pas en contact avec votre bouche ou vos yeux ! Le piment végétarien permet d'obtenir le goût du piment sans son piquant. Ses jolies couleurs permettent de l'utiliser en décoration de plats sans aucun risque.

À ÉVITER

Évitez de tutoyer les serveurs, cela pourrait être mal interprété de leur part, car la notion de service reste encore assez complexe et le tutoiement pourrait être pris comme un manque de respect.
Soyez vigilants sur les propositions de « bons plans » que l'on pourrait vous proposer sur place (achat de lambi en dehors de la saison de pêche, plat à base de tortues ou de leurs œufs dont la consommation est interdite... Mais aussi des langoustes sur le bord des routes, certaines sont pêchées dans des zones interdites car contaminées au chlordécone, fournissez-vous auprès des pêcheurs).

FUMEURS

Beaucoup de restaurants disposent d'une terrasse, permettant ainsi de pouvoir fumer, mais attention, il doit s'agir d'une terrasse ouverte et non couverte.

LES ATTRAPE-TOURISTES

On peut difficilement parler d'attrape-touristes en termes de restauration. À vous de bien regarder les cartes ou les ardoises annonçant les plats et leurs tarifs. Le seul piège pourrait peut-être consister à vous présenter un plat de langouste congelée pour une fraîche...

FAIRE UNE PAUSE

HORAIRES

Les établissements de type bars et restaurants sont très plébiscités par la population locale pendant le week-end et les jours fériés, ce qui, ajouté à la fréquentation des visiteurs, produit une forte affluence. Beaucoup d'établissements situés dans les zones les plus touristiques restent ouverts 7j/7 pendant la haute saison.

BUDGET / BONS PLANS

Pratiquement tous les établissements acceptent aussi bien les espèces que la carte bancaire en paiement. En revanche, les chèques hors place (avec une adresse dans l'Hexagone) sont souvent refusés.

A PARTIR DE QUEL ÂGE

La consommation d'alcool est interdite aux moins de 18 ans.

C'EST TRÈS LOCAL

Le ti punch et le planteur sont les incontournables de l'apéritif aux Antilles. Les cocktails de jus de fruits frais sont également proposés par la plupart des bars.

ENFANTS

Les enfants sont accueillis dans les bars et restaurants de l'île. Seul l'accès aux casinos est interdit aux moins de 18 ans.

FUMEURS

Les fumeurs peuvent s'installer sur les terrasses ouvertes (sans toiture). Les salles même climatisées ne sont pas autorisées aux fumeurs.

LES ATTRAPE-TOURISTES

Lorsque vous demandez un cocktail de fruits, demandez bien confirmation qu'il s'agit de jus de fruits frais et non d'un jus en bouteille avant qu'il vous soit servi...

(SE) FAIRE PLAISIR

HORAIRES

Les boutiques sont ouvertes, en règle générale, de 9h à 12 h et de 15h à 18h. L'ouverture des boutiques dans les centres commerciaux est plus tardive (vers 9h30), mais elles restent ouvertes ensuite un peu plus tard en soirée.

Les magasins situés dans les villes de Basse-Terre et de Pointe-à-Pitre ferment vers 13h le samedi et sont fermés le dimanche.

Les divers marchés, qui animent les centres-villes ouvrent généralement dès 6h pour fermer au plus tard à 14h. Les marchés nocturnes (le jeudi à Sainte-Anne, le vendredi à Gosier, le mercredi au Moule) ouvrent vers 17h, mais s'animent réellement après 18h.

Les centres commerciaux connaissent une affluence la veille des jours fériés notamment lors des fêtes de fin d'année. Ils sont bondés lorsque la population vient se ravitailler lors d'une alerte cyclonique. Si vous n'avez aucun besoin impérieux, évitez d'aller faire du shopping à cette période, car l'ambiance est assez électrique.

Le 27 mai correspond à l'anniversaire de l'abolition de l'esclavage en Guadeloupe : beaucoup de commerces ne sont ouverts que le matin.

BUDGET / BONS PLANS

Les chèques hors place sont souvent refusés également dans les boutiques. Privilégiez les paiements en carte bancaire ou en espèces.

SOLDES

Les périodes de soldes ne sont pas identiques à celle de l'Hexagone. Leurs dates varient selon chaque territoire d'Outre-mer. En Guadeloupe elles sont programmées du 6 janvier au 3 février 2024 pour la période hivernale et du 28 septembre au 26 octobre 2024 pour la période d'été.

C'EST TRÈS LOCAL

En Guadeloupe, le marchandage n'est pas habituel. Il peut être assez mal apprécié notamment par les artisans qui vendent eux-mêmes leurs produits et qui le ressentent comme un manque de respect pour leur savoir-faire.

LES ATTRAPE-TOURISTES

Les artisans et artistes sont très nombreux dans l'archipel. Ils proposent de nombreux objets et créations à base de sable, de graines, de bois flotté, de calebasse, de noix de coco… Certains étals vendent des produits en provenance d'Asie achetés à bas prix qui n'ont rien à voir avec la qualité et le savoir-faire local. Soyez vigilants dans le choix des boutiques lors de vos achats.

N'hésitez pas à vous fier aux établissements que nous mettons en avant dans chaque commune à cet effet.

Les conques de lambi (coquillages), les carapaces de tortue, les coraux sont des produits interdits à la vente, car ces espèces sont protégées. Ne les achetez pas même à bas prix, vous risqueriez de le payer cher…

Boutique à Pointe-à-Pitre.

PRATIQUE

BOUGER & BULLER

BUDGET / BONS PLANS

Bon nombre d'activités une fois sur place se pratiquent gratuitement. Le farniente à la plage, qui occupera une partie de votre séjour, en fait partie, sous réserve de ne pas occuper les équipements (transats, parasols) qui sont installés par les centres nautiques. Si vous souhaitez en disposer, il faut vous acquitter d'une location à l'heure ou à la journée. Une grande partie des randonnées pédestres peuvent s'effectuer sans nécessiter la présence d'un guide professionnel.

C'EST TRÈS LOCAL

Très prisé par la population locale et bien moins connu que le bain dans les rivières et dans les sources d'eau chaude, le bain de boue de la plage de Babin à Vieux-Bourg est réputé pour ses vertus. Il rend la peau particulièrement douce et soulagerait également les rhumatismes. Ainsi l'activité des personnes présentes sur cette plage consiste, non pas à se dorer au soleil, mais à s'enduire de boue.

VOS PAPIERS SVP

Pratiquer la plongée en exploration requiert une licence de la FFESSM et une carte de niveau qui indique à quelle profondeur vous pouvez plonger. Le permis bateau est nécessaire lorsque vous naviguez sur un bateau moteur de plus de 4,5 kW. Les balades en scooters des mers ne nécessitent pas le permis lorsqu'elles sont encadrées par un moniteur diplômé. Certains loueurs disposent de bateaux pour lesquels le permis n'est pas nécessaire et qui permettent de belles balades.

A RÉSERVER

Il est recommandé de réserver pour vous assurer de pouvoir pratiquer, surtout en haute saison, la plongée, ou pour une sortie bateau ou scooter, bénéficier d'un massage, partir pour un survol des paysages de l'île...

LES ÉVÉNEMENTS

Pour disposer des rendez-vous incontournables pendant votre séjour, jetez un œil à notre agenda et rendez-vous sur le site ou la page Facebook du Comité du Tourisme des îles de Guadeloupe qui, tous deux, recensent les diverses manifestations.

- **Dès le premier dimanche du mois de janvier,** les festivités commencent avec le lancement du carnaval, qui, en Guadeloupe, dure plusieurs semaines, avec des temps forts (défilés dans des communes, mercredi des Cendres, Brulé Vaval...).
- **À Pâques,** la tradition veut que les familles se réunissent sur les plages. Si vous cherchez la quiétude, fuyez la plage et la rivière à cette période.
- **Mai :** Tour de voile traditionnelle.
- **Juillet :** Festival du Gwo Ka.
- **Début août :** Tour cycliste.
- **Novembre (tous les 4 ans) :** l'incontournable Route du rhum, transat à la voile. La prochaine aura lieu en 2026.

LES ATTRAPE-TOURISTES

Pour buller tout en étant bien installé sur un transat et à l'ombre d'un parasol, choisissez un restaurant sur la plage qui offre ces équipements à ses clients.

Kitesurf à Sainte-Rose.

SORTIR

HORAIRES

Les horaires correspondent à ceux de l'Hexagone. Les bars ne commencent vraiment à s'animer que vers 22h surtout les week-ends. Les formules *happy hours* sont proposées généralement de 18h à 19h.

BUDGET / BONS PLANS

Beaucoup de bars et de restaurants organisent des soirées thématiques ponctuellement (*happy hours*, karaoké...).

Des boîtes de nuit offrent l'entrée aux femmes certains soirs, d'autres accordent des tarifs préférentiels à ceux qui arrivent avant 22 h... Toutes ces programmations se retrouvent sur les pages Facebook des établissements.

A RÉSERVER

Lorsque les restaurants et les bars organisent des événements, il est vivement recommandé de réserver surtout en haute saison, car la population locale aime faire la fête et certains établissements sont très prisés.

TRANSPORTS NOCTURNES

Les bus ne fonctionnent pas après 21h. Pour vous déplacer, vous ne pourrez compter que sur les taxis, VTC ou la location d'une voiture.

C'EST TRÈS LOCAL

Les Guadeloupéens et Guadeloupéennes sont toujours très bien habillés lorsqu'ils sortent.

LES ATTRAPE-TOURISTES

Comme dans l'Hexagone, certains quartiers sont à éviter le soir pour éviter tout problème. Ne laissez pas d'objets en évidence dans votre voiture sur un parking lorsque vous allez à la plage, au restaurant...

SE LOGER

BUDGET / BONS PLANS

Les tour-opérateurs spécialisés dans la destination proposent également des prix défiant toute concurrence avec des forfaits incluant le billet d'avion, l'hébergement, voire la formule demi-pension. En basse saison, certains *packages* sont quasi identiques au seul prix du billet d'avion annoncé par les compagnies !
Les hébergements proposent des tarifs très intéressants sur leur site internet. N'hésitez pas à les consulter avant de réserver via les plateformes de réservation en ligne qui répertorient tous les hébergements.

À RÉSERVER

La haute saison correspond à la période pendant laquelle les températures sont les moins élevées dans l'Hexagone. Ainsi, la période de décembre à fin avril, très attractive par son climat, est la plus plébiscitée : les tarifs sont les plus élevés (avec un pic pour les fêtes de fin d'année). La Guadeloupe se plaçant dans le top 10 des destinations préférées des Français, elle attire de plus en plus de touristes : le cap du million de visiteurs a même été dépassé en 2019. Une bonne nouvelle pour l'archipel qui cependant, induit pour les touristes de préparer leur séjour en amont en termes d'hébergement et de location de véhicules. La Guadeloupe accueille notamment un nombre de visiteurs très fidèles (parmi lesquels des retraités) qui viennent chaque année dans le même logement en prenant soin de réserver leur séjour une année à l'avance.

C'EST TRÈS LOCAL

Les gîtes et logements chez l'habitant sont de plus en plus présents dans l'archipel et sont de plus en plus plébiscités par les visiteurs à la recherche de contact direct avec la population.

Quel que soit le type d'hébergement, vous serez amené à régler une taxe de séjour par jour et par adulte dont le montant varie selon les EPCI et la catégorie du logement. Cette somme doit apparaître distinctement sur la facture de l'hébergeur qui ensuite la reverse à la collectivité concernée. L'objectif de cette taxe étant de permettre le développement de l'offre touristique sur le territoire.

POUR LES GOURMANDS

Certes, le petit déjeuner s'est largement européanisé dans les Antilles, mais si vous avez l'occasion de goûter au petit déjeuner traditionnel guadeloupéen ou « didiko », qui revient à la mode depuis quelques années, laissez-vous tenter sans hésiter. Certains bars et hôtels organisent ponctuellement ce type de prestation. Au menu, pas de viennoiseries, de céréales, ni de tartines beurrées, mais des légumes pays, du concombre, de la morue, du féroce d'avocat, des œufs brouillés, en omelette ou des œufs durs (servis chauds), du bacon, des saucisses, des fruits frais (pastèque, ananas, melon)... Côté boisson, des jus de fruits frais, de prunes de Cythère, de groseilles (dont la saison est en décembre), accompagnés d'infusions de thé-pays avec des plantes médicinales (cannelle, menthe-gingembre, bois d'Inde...).
Il s'agit d'un repas bien consistant qui permettait aux Guadeloupéens, qui se lèvent dès les premiers rayons du soleil, pour aller nourrir les animaux ou s'occuper du jardin avant de partir travailler, de tenir jusqu'au prochain repas.

FUMEURS

Les chambres d'hôtel sont, en règle générale, non-fumeur. Certains établissements précisent que le non-respect de cette obligation engendre des frais.

PRATIQUE

VIE QUOTIDIENNE

ALLO ?

Les numéros fixes commencent par le 05 90 pour la Guadeloupe, 05 96 pour la Martinique, 05 94 pour la Guyane.

Antilles vers la France. Numéro de l'abonné (10 chiffres).

Antilles vers l'étranger. 00 + indicatif du pays + numéro de l'abonné.

France vers Guadeloupe. Numéro de l'abonné (10 chiffres).

Pour appeler la Guadeloupe de l'étranger, depuis un poste fixe, vous devez composer le 590 et le numéro de votre correspondant sans le zéro initial.

Téléphonie mobile. Les îles de la Guadeloupe sont couvertes par les réseaux de téléphonie mobile (Orange Caraïbes, Sosh, Digicel et SFR). Les opérateurs de l'Hexagone assurent la continuité du service (sous réserve de contrat optionnel spécial voyage, à demander avant le départ en général).

Depuis mai 2016, les frais de *roaming* n'existent plus. Cela implique que votre opérateur téléphonique ne peut plus facturer de surcoût lorsque vous voyagez. Vous pouvez ainsi téléphoner de l'Hexagone vers l'Outre-mer (et inversement) au tarif des communications normales.

Whatsapp : pour appeler ou envoyer des messages à un numéro de mobile guadeloupéen il faut composer l'indicatif pays et les premiers numéros du téléphone portable sans le zéro, comme ceci : +590 690 suivi des six derniers chiffres du numéro que vous souhaitez joindre.

ACCESSIBILITÉ

Bon nombre d'hébergements disposent d'aménagements spécifiques et sont en mesure d'accueillir des personnes en situation de handicap. Il en est de même pour les restaurants et les bars ainsi que certains sites (cascade aux écrevisses, zoo de la Guadeloupe…).

Les parents avec des enfants en bas âge sont les bienvenus en Guadeloupe. Beaucoup d'établissements peuvent accueillir les familles et mettre à disposition des lits bébé, des chaises hautes, des baignoires… sur demande.

La destination Guadeloupe est déjà bien connue des personnes âgées. Nombreux sont les retraités qui viennent passer l'hiver au chaud pendant quelques mois et qui reviennent chaque année.

SANTÉ

Un nouveau CHU est en construction à Perrin aux Abymes avec une mise en service prévue fin 2024. Mais le chantier est gigantesque avec 618 lits, 14 salles d'opération, 6 pôles médicaux et chirurgicaux soit plus de 85 000 m² à construire tout en respectant les normes para-sismiques et para-cycloniques. Dans cette attente, la situation du CHU actuel des Abymes, bien que maîtrisée, reste délicate en cas de crise sanitaire : l'établissement a subi des dégâts après un incendie fin 2017. Certains services sont délocalisés dans les cliniques privées alentour. L'autre CHU situé sur la commune de Basse-Terre ne dispose que d'une capacité très réduite ; les cas graves étant rapatriés à Pointe-à-Pitre.

Moustiques. Protégez-vous des moustiques vecteurs de maladies comme la dengue, le chikungunya ou le Zika (ces deux virus ne circulent plus depuis 2014 et 2016 en Guadeloupe), grâce à des répulsifs et en portant des vêtements longs et clairs en soirée. Sur les plages du Souffleur à Port-Louis et de la Chapelle à Saint-François, des nuées de *yens-yens*, de minuscules moustiques quasiment invisibles envahissent les lieux dès 15h. Vous verrez les baigneurs avertis quitter la plage avant leur arrivée, sous peine de subir le feu de leurs piqûres !

Mancenillier. Lorsque vous êtes en quête d'un endroit ombragé pour une farniente sur la plage, prenez garde à ne pas vous installer sous un mancenillier. Lorsqu'il pleut, les feuilles et les fruits de cet arbre produisent un liquide toxique, qui une fois en contact avec votre peau provoque de graves brûlures. Ces arbres signalés par un cercle rouge autour de leur tronc sont présents sur quelques plages seulement, notamment à Saint-François et Marie-Galante.

URGENCES SUR PLACE

Voici la liste des numéros de téléphone utiles en cas d'urgence. Police-secours : 17. Pompiers : 18. Samu : 15. Détresse en mer : 196. Personnes sourdes et malentendantes : 114. Numéro d'urgence européen : 112.

Les médecins n'effectuent pas de visite à domicile et reçoivent généralement uniquement sur rendez-vous. Si vous ne pouvez pas patienter sans toutefois nécessiter de vous rendre aux services des urgences de l'hôpital, le centre médical situé à l'aéroport est ouvert 7j/7. Soyez alors patient, car la file d'attente est toujours impressionnante.

L'alternative consiste à appeler le médecin régulateur des maisons médicales de garde (05 90 13 13 ou le 15). Ces centres sont situés au Moule, à Sainte-Rose et aux Abymes (ADGUPS près du CHU). Ils prennent le relais des médecins le soir, le week-end et les jours fériés, certains seulement sur rendez-vous.

En cas d'intervention, les pompiers conduisent les blessés vers les CHU (Abymes ou Basse-Terre) ou la clinique des Eaux Claires située à Baie-Mahault.

Pour les pharmacies de garde, vous pouvez appeler le 3237 (0,34 c. la minute depuis un poste fixe).

Pour les chirurgiens-dentistes de garde, appeler le médecin régulateur (05 90 13 13).

Centre anti-poison : 05 90 89 10 10.

SÉCURITÉ

Pour éviter toute déconvenue, prenez les précautions habituelles, celles qui relèvent du bon sens que vous adopteriez en métropole. En général, les touristes ne sont pas concernés par la violence ordinaire. Cependant, ne vous promenez pas la nuit dans un quartier que vous ne connaissez pas, surtout à Pointe-à-Pitre et dans sa périphérie (place de la Victoire, Carénage, Bas-du-Fort...). Les nuits sont également « chaudes » sous ce climat ! Attention à ne pas attirer l'œil des voleurs avec vos bijoux en or, smartphones et autres objets de valeur (utilisez plutôt le coffre-fort de votre hébergement). Ne vous promenez pas avec trop d'argent sur vous, et ne laissez rien traîner en vue dans les voitures de tourisme, notamment en allant à la plage. Sachez que les touristes sont tout de suite repérés par la population : ils représentent une manne idéale pour se procurer du cash, un appareil-photo, un smartphone... pour les opportunistes.

LGBTQ

L'homosexualité reste encore un sujet relativement tabou en Guadeloupe. Si les choses évoluent, cela se fait plus lentement que dans l'Hexagone, la libération de la parole est encore difficile. L'archipel est une destination sûre pour les personnes LGBTQ+, mais toute démonstration d'affection au grand jour peut exposer à des remarques ou des réactions désagréables.

POSTE

Les lettres ou les cartes postales doivent porter la mention « Par avion ». Le délai d'acheminement est de trois à cinq jours ouvrables. En dehors de la poste, les timbres sont rares, ce qui provoque de considérables files d'attente d'autant que les bureaux, selon leur situation, ferment entre 13h et 15h en général. Les levées sont quotidiennes pour le transfert postal par avion. L'affranchissement est le même que dans l'Hexagone. Un distributeur de timbres est disponible au rez-de-chaussée de l'aéroport où se situe une agence de La Poste.

Les bureaux de Poste sont pris d'assaut chaque début de mois, car beaucoup d'habitants disposent d'un compte bancaire à la Banque Postale, mais ne disposent pas de chéquier ni de carte bancaire ; ils viennent ainsi retirer de l'argent.

MÉDIAS LOCAUX

Pour vous imprégner des nouvelles locales et être informé des événements, quels qu'ils soient :

- **Presse écrite.** *France-Antilles* est le seul journal local. Il est disponible en version numérique payante ou en version papier, vendu dans les grandes surfaces et les épiceries.
- **Radios.** Radio Caraïbes international (RCI) : 98.6 (Grande Terre) - 106.6 (Marie-Galante) - 106.2 (Basse Terre) - 100.4 (Les Saintes). Guadeloupe la 1re radio : 88.9 et 96.9 (Grande Terre) - 97.1 et 92.3 (Basse Terre - Les Saintes) - 89.1 (Marie-Galante). Radio Transat : 91.5 et 91.7
- **Web Infos.** Karib'Info (www.karibinfo.com) est une plateforme d'informations générales et politiques caribéenne. Guadeloupe, Martinique, Guyane : toute l'information chaque jour. Mais aussi des rubriques pour vous évader : Zenitudes...
- **Chaînes TV.** Guadeloupe la 1re TV (chaîne publique), Canal 10 et ETV (chaînes privées locales).

VAVAL
VAVAL
TROPIC
Voyez la Vie côté VAVAL

DÉCOUVRIR

Que vous soyez plutôt farniente au bord de la mer, randonnées en montagne ou en forêt, sports nautiques, féru de patrimoine ou axé sur les découvertes culinaires, la Guadeloupe et ses îles sauront satisfaire chacune de vos attentes !
Cette richesse, on la doit à sa diversité de paysages. D'un côté Basse-Terre, la volcanique à la végétation luxuriante, aux cascades vertigineuses et aux sources d'eau chaude relaxantes. De l'autre, Grande-Terre, la corallienne, avec ses plages de sable blanc dignes des plus belles cartes postales, ses falaises de calcaire abruptes dont la teinte évolue au fil des heures, ses champs de canne qui lui donnent un côté bucolique. Sans oublier la mangrove, les Saintes, Marie-Galante, la Désirade et Petite Terre.
Une richesse que l'on doit aussi à sa population chaleureuse et métissée, dont les vagues d'immigration choisies ou non, ont façonné l'histoire, la culture et la gastronomie de l'archipel.

LE RHUM GUADELOUPÉEN

Véritable culture, dans tous les sens du terme, le rhum fait partie intégrante de la tradition dans toute la Caraïbe. Parmi tous les produits traditionnels de la Guadeloupe, le rhum occupe une place de choix ! Il occupe une place de choix parmi les produits du terroir. Fabriqué dans l'archipel depuis plus de 300 ans, cet alcool issu de la canne à sucre se décline sous différentes variétés : rhum blanc, rhum jeune industriel, rhum grand arôme, rhum vieux... Une longue initiation s'avère nécessaire, ne serait-ce que pour apprendre à distinguer les diverses variétés. De nos jours, l'archipel compte encore 12 distilleries ouvertes à la visite pour tout comprendre de la fabrication de ce produit traditionnel à la renommée mondiale. Ainsi, pourquoi ne pas se laisser tenter par la dégustation du fameux « ti-punch », dont la réputation n'est plus à faire ? (avec modération, évidemment, car il n'est jamais aussi bon que sous le soleil !).

Histoire et fabrication du rhum en Guadeloupe

Vous trouverez deux sortes de rhum dans le commerce : les rhums agricoles, produits aux Antilles françaises (Martinique, Guadeloupe, Marie-Galante) et obtenus par la distillation du produit de la fermentation du jus frais de la canne, et les rhums industriels ou de sucrerie, qui, eux, sont obtenus par la distillation du résidu de la fabrication du sucre, la mélasse et fabriqués dans le monde entier. Les connaisseurs de rhum sont aussi pointus que leurs homologues du cognac ou de l'armagnac.

Les rhums martiniquais, contrairement aux rhums guadeloupéens, possèdent l'appellation AOC. Cependant ces derniers rivalisent brillamment et sont très souvent récompensés pour des cuvées d'exception notamment lors du salon de l'agriculture.

Distillerie Longueteau Karukéra, Capesterre-Belle-Eau.

Lorsqu'on remonte aux origines du rhum, le premier nom qui apparaît est celui du fameux père Labat. En débarquant sur l'île, au début de l'année 1694, le révérend est terrassé par une terrible fièvre. Selon des sources historiques, il est sauvé par une décoction composée d'un alcool, ancêtre de ce que l'on appelle aujourd'hui le rhum. En 1722, Jean-Baptiste Labat mentionne dans ses mémoires intitulés *Nouveau voyage aux îsles d'Amérique* : « L'eau-de-vie que l'on tire des cannes est appelée guildive. Les sauvages et les nègres l'appellent tafia, elle est très forte, a une odeur désagréable, et de l'âcreté à peu près comme de l'eau-de-vie de grain. Le lieu où on la fait se nomme la vinaigrerie... ». Ce breuvage, issu de la fermentation de différents déchets sucrés provenant de la fabrication du sucre, passait ensuite dans un alambic qui rendait un liquide clair appelé tafia. À l'époque, cet appareil à distiller était très rudimentaire, ce qui explique la mauvaise qualité de cette boisson aux vertus cependant avérées.

Au XVIIIe siècle, la Guadeloupe vend des mélasses (déchets de l'industrie sucrière) aux colonies nord-américaines qui produisent déjà du rhum industriel. Cette technologie, mise au point par les Anglais, ne sera utilisée en Martinique et en Guadeloupe qu'à la fin du XIXe siècle. Les usines guadeloupéennes disposent en effet de grandes quantités de mélasse et commencent à produire du rhum pour améliorer leurs revenus. Une production qui permet de trouver un autre débouché à la canne à sucre.

Le rhum agricole

Étroitement liés à l'arrivée de la machine à vapeur appliquée au moulin à canne, les débuts du rhum agricole en Guadeloupe suivent cette révolution technologique qui va engendrer une nouvelle manière de produire avec la concentra-

© SHUTTERSTOCK OKFOTO

Rhums, marché de Sainte-Anne.

tion des petites habitations regroupées, la création d'usines centrales équipées de machines à vapeur, autour desquelles gravitent les petites exploitations. Un réseau ferroviaire en forme d'étoile permet d'acheminer la canne à sucre des champs jusqu'à l'usine. Un certain nombre de petites habitations ne peuvent pas accéder à ce réseau en raison de leur situation géographique isolée : elles se retrouvent donc complètement écartées des usines centrales et du circuit sucrier. Certaines habitations commencent à distiller directement le jus de la canne (vesou) et donnent naissance au rhum agricole, appelé à l'époque *rhum z'habitants*. Par la suite, les différentes crises sucrières transforment peu à peu les usines centrales en distilleries agricoles.

On commence par écraser la canne en la passant dans une presse. La bagasse, masse compacte ainsi obtenue, est introduite dans un broyeur équipé de trois cylindres qui assurent un broyage de plus en plus fin pour extraire un maximum de jus (vesou). La dernière bagasse, très fibreuse, est utilisée comme combustible et fournit à l'usine l'énergie nécessaire à son fonctionnement. Le broyage doit être réalisé au plus tard 36 heures après la coupe des cannes. La période de coupe s'étend chaque année de février à juin.

Le rhum agricole provient de la distillation directe du vesou et de la transformation de son sucre en alcool. Ce procédé nécessite une colonne à distiller en continu. Le vesou, soigneusement filtré, est placé dans des cuves à fermentation pendant 36 à 48 heures jusqu'à la vinification, appelée « grappe », titrant 5 à 6°. La suite du processus relève du travail classique du maître de chais. Une tonne de canne à sucre donne en moyenne 100 litres de rhum agricole à 55°.

Différents rhums agricoles sont produits dans les distilleries guadeloupéennes. Le rhum blanc, base de préparation du ti-punch, garde intacts les arômes de la canne fraîchement coupée. Après une réduction du taux d'alcool, effectuée à l'eau distillée ou à l'eau de source, il est commercialisé à 50° et 55° en Guadeloupe, et à 59° à Marie-Galante.

Conseil d'un Marie-Galantais : mettez le rhum 59° au congélateur, et servez-le comme on le fait avec la vodka ; frappé ! Si vous avez l'occasion de goûter les différents rhums de Guadeloupe, vous constaterez qu'ils ont une saveur et une odeur bien différentes.

Le fameux liquide est incolore à la sortie de l'alambic. Il ne se colore qu'après avoir vieilli en fût. Pour la fabrication du rhum vieux, une partie du rhum blanc produit en distillerie est placée en fûts de chêne. Il ne devient vieux qu'au bout de trois ans. On peut obtenir un vieillissement plus poussé en conservant certains rhums plus longtemps encore : ainsi naissent les « 3 ans d'âge », avec un degré d'alcool de 45° environ. Les « 5 à 40 ans d'âge » rivalisent avec les plus grands spiritueux et s'apprécient à la manière des vieux cognacs.

Le rhum ambré, lui, est obtenu après être resté en foudre de chêne pendant une période d'environ 12 à 18 mois, ce rhum a pris une coloration dorée et titre généralement à 50°. C'est un rhum fort et parfumé destiné à la pâtisserie, aux crêpes et aux cocktails.

Le rhum industriel

Aussi appelé rhum de sucrerie, le rhum industriel est élaboré à partir de la mélasse, issue du raffinage du sucre. Dans les distilleries directement rattachées aux sucreries de canne, les mélasses sont mises à fermenter avec des levures.

Cette fermentation rapide donne un jus alcoolisé qui titre de 5° à 6°. Ensuite, la distillation s'effectue dans des colonnes identiques à celles qui sont utilisées pour le rhum agricole. L'alcool en sortie titre de 65° à 75°. La législation n'admet pas plus de 65° pour la commercialisation. On y remédie en y ajoutant de l'eau distillée.

Le rhum jeune traditionnel est un rhum de consommation courante qui contient 40 % d'alcool en volume. Son arôme est assez fort. Il est utilisé pour la confiserie, la pâtisserie et la cuisine.

Le rhum grand arôme, lui, est très aromatisé du fait de la longue fermentation (8 à 10 jours) d'un mélange de mélasse et de vinasse dans les cuves de bois, ce rhum se consomme en cocktails, et s'emploie en cuisine et en pâtisserie. Il est méconnu localement, car toute la production est exportée. Il est produit essentiellement à la Jamaïque et en Martinique (usine du Galion).

Quel rhum choisir ?

Connaître les différentes spécificités de fabrication figurant sur l'étiquette aide à se repérer ! Les rhums industriels sont colorés par l'ajout de caramel tandis que le rhum agricole n'obtient cette teinte dorée qu'après avoir vieilli en fûts de chêne. À chaque rhum, son utilisation ; le rhum blanc et le rhum ambré sont très appréciés en ti-punch, planteur ou autres cocktails, car leurs parfums s'accordent parfaitement aux jus de fruits ; les rhums arrangés associent au rhum blanc des épices, des plantes ou des fruits, qui après macération, permettent d'apprécier des saveurs et des arômes sur mesure, le tout toujours avec modération ; la famille des rhums vieux se déguste traditionnellement en digestif. Les amateurs avertis préfèrent les rhums vieux d'au moins 12 ans d'âge, plus doux et parfumés.

Distilleries et routes du rhum

En 1939, on comptait 55 distilleries en Guadeloupe. En 1954, il en reste 37 et, aujourd'hui, on en compte 10. Comparée à la Martinique, la Guadeloupe n'a pas d'appellation d'origine contrôlée, mais elle a conservé une activité sucrière importante et produit aussi bien des rhums agricoles que des rhums industriels. La distillerie dite fumante, qui fait fonctionner chaque année sa propre colonne de distillation, produit ainsi du rhum pour plusieurs autres producteurs locaux. La marque est produite par une distillerie fumante. Parfois, une partie de la fabrique encore active continue à embouteiller sur place ou à faire vieillir ses rhums. Les anciennes distilleries dites non fumantes ne fonctionnent plus.

En Guadeloupe, les rhums sont plus suaves, plus bruts, plus nerveux que leurs homologues martiniquais. Dernière étape célèbre pour la fabrication de rhum agricole, l'île de Marie-Galante, où subsistent trois distilleries pour une fabrication artisanale de rhums au titre final plus élevé (59°). La Guadeloupe est régulièrement récompensée au Concours général agricole lors du Salon de l'agriculture chaque année.

Les distilleries guadeloupéennes se visitent toute l'année. Toutes sont pourvues de comptoirs de dégustation et de boutiques (rhum agricole, rhum vieux, punch-fruit, planteur, confitures, etc.). Si les distilleries se visitent toute l'année, les usines de fabrication ne sont en fonction que pendant la période de récolte (de février à juin).

Chaque distillerie possède ses spécificités et utilise son savoir-faire ancestral afin de produire des rhums de qualité avec des arômes et des saveurs uniques. Pour exemple il n'y a qu'à Marie-Galante que l'on produit le rhum blanc « réduit » à 59°.

Afin de toucher un public large, d'amateurs et de passionnés, les gammes conçues par les différentes distilleries s'élargissent : 40° pour les cocktails, 55° (à faire sourire plus d'un puriste marie-galantais), 60°/62° et même... 73,5° pour les plus téméraires qui oseraient s'y frotter.

On trouve aussi des produits encore plus raffinés. Avec la complicité des maîtres de chai, certains rhums atteignent la catégorie des spiritueux. 12 ans, 15 ans, 19 ans et même parfois fois 25 ans d'âge, raviront les collectionneurs, les amateurs ou même les curieux souhaitant se procurer ces précieux breuvages.

Une forte concentration de distilleries se trouve en Basse-Terre, avec la possibilité de les visiter : **Reimonenq** (p. 334) (Sainte-Rose), **Bologne** (p. 285) (Rivières-des-Pères), **Montebello** (p. 251) (Petit-Bourg), **Longueteau/Karukéra** (p. 263) (Capesterre-Belle-Eau), **distillerie Bonne Mère** (p. 334) (seul rhum industriel) et la **Distillerie Papa Rouyo** (p. 257) (Goyave). En Grande-Terre, la **distillerie Gwadinina** (p. 210)et la **distillerie Damoiseau** (p. 208) située au Moule qui est la véritable usine au centre du bassin cannier. D'autres distilleries sont également implantées à Marie-Galante ! Il s'agit de la **Distillerie Bielle** (p. 347), la Distillerie Poisson, la **Distillerie Bellevue** (p. 363) et de la petite dernière, la **Distillerie Rhum Rhum** (p. 349).

Le rhum, une tradition locale

Le rhum est le produit phare de la Guadeloupe. Et il occupe une place bien particulière dans le quotidien des Guadeloupéens ! En fonction du moment de la journée où il est consommé, plusieurs appellations et manières de le déguster existent. On peut notamment citer le traditionnel « décollage » du matin, aussi appelé « mise à feu ». C'est un « sec », c'est-à-dire un rhum blanc consommé sans aucun ajout : la pratique traditionnelle veut qu'il soit bu « cul-sec », d'où cet autre surnom. Le shrubb est la boisson de Noël, réalisée à partir d'épices et d'écorces d'agrumes macérés dans le rhum dès le mois d'octobre.

LE CARNAVAL, MODE D'EMPLOI

Chaque début d'année, l'ambiance festive envahit l'île et sa population ! Pendant plusieurs semaines, des défilés sont organisés. Les plus marquants ont lieu le Dimanche gras à Pointe-à-Pitre, le Lundi gras à Basse-Terre ainsi qu'une parade nocturne à Saint-François, le Mardi gras à Basse-Terre et le mercredi des Cendres à Pointe-à-Pitre, pour le « brilé Vaval ». Des milliers de carnavaliers se défoulent dans les rues avant la période de restriction du carême. Cette tradition remonte à la période coloniale. Les chants, les costumes et traditions qui remontent aux origines africaines s'expriment à nouveau lors de ces défilés. Beaucoup de pratiques ont lieu en souvenir de cette période, à l'image de l'utilisation des fouets qui claquent dans la rue. Assister au carnaval, c'est la garantie de découvrir une ambiance et un spectacle mondialement réputés. Rythmes dansants et mosaïques de couleurs sont chaque fois au rendez-vous !

La plus grande fête de l'année

Le carnaval est la plus importante fête de l'archipel. Il s'agit de la fête la plus fédératrice de l'année, capable de faire bouger toute l'île !

Le dimanche qui suit l'Épiphanie ouvre les festivités, avec le « ben démaré » dans la mer, en guise de purification pour les «groupes à peaux » qui déboulent dans les rues. La fête dure ensuite jusqu'au mercredi des Cendres. Les jours et les nuits se succèdent dans la frénésie et la joie !

Les costumes rivalisent d'inventivité. On dit que, après Rio de Janeiro et la Louisiane, les parades de Pointe-à-Pitre et de la Basse-Terre sont les plus élaborées. Le perpétuel retard des défilés par rapport à l'horaire annoncé tend chaque année à s'amenuiser. Mais le spectacle n'en reste pas moins féerique ! Dans les boutiques spécialisées et les ateliers de confection, on s'affaire dès le début de l'hivernage. Du costume romantique au plus moderne, en passant par la tenue sexy ou le naïf bricolé... Des habits de strass et de lumière qui font resplendir chaque groupe le temps d'une parade.

Le carnaval de Guadeloupe compte plusieurs types de groupes. Les groupes à caisse claire, de véritables orchestres avec leurs trompettes, leurs saxophones, leurs tambours et autres instruments. Ils sont reconnaissables à leurs costumes travaillés et chatoyants, ainsi qu'à leurs chorégraphies. Les groupes à peaux (ou *gwoup a po*) ont une approche plus ancestrale du carnaval ou du *Mas* (transformation du corps) comme ils l'appellent, leurs tambours sont recouverts de peaux de bêtes. Enfin les *Ti Mas*, souvent composés de jeunes arborant un masque de gorille, sont précédés de fouets qui claquent bruyamment.

Période de grand défoulement, le carnaval reste l'ultime exutoire des différences. Ces semaines-là, Noirs, Blancs, Coolies, Békés ou Métisses évoluent sous le masque de l'anonymat. Et comme dans les férias du sud de l'Hexagone, on y libère son envie d'être ensemble.

Les trois jours les plus importants du Carnaval ont chacun une couleur dominante que l'on retrouve dans les déguisements de la population. Cette rencontre de masques et de costumes s'opère dans le cadre d'une intrigue musicale et rythmique. Vaval, roi de la fête en est le personnage mythique. On brûlera son effigie en fin de carnaval pour bien signifier que la fête est finie. Bien sûr, radios, chaînes de télévision et Internet prennent alors le pas et diffusent une sorte d'hymne, en général un tube aux paroles explicites et détournées, qui bat tous les records d'audience. Le carnaval guadeloupéen, c'est un an d'attente, un trimestre de préparatifs, mais surtout des semaines de fête et de liesse populaire très attendues par toute la population !

Histoire du carnaval

Le carnaval guadeloupéen trouve son origine dans le passé colonial de l'archipel. Lors de l'installation des colons catholiques dans les Antilles durant le XVIIe siècle, ces derniers apportent avec eux leurs coutumes, dont les festivités carnavalesques. Se rendant au sein des propriétés des uns et des autres, ils organisent de belles réceptions et bals masqués, avant la période du Carême. À cette époque, les esclaves, eux, ne peuvent participer à toutes ces festivités. Ils sont en effet interdits de tout rassemblement par l'article 16 du Code Noir promulgué par Louis XIV, en 1685. Ils vont alors organiser leurs propres fêtes, mais en y ajoutant leur touche. On retrouve alors des éléments directement importés de leur culture africaine tels que les masques, les chants, les instruments de musique (tambour, ti-bois, cha-cha...) ou même les croyances.

Les maîtres vont alors tolérer l'organisation de parades au sein des propriétés, utiles dans certains travaux, grâce au pouvoir d'entraînement du rythme. Un véritable exutoire pour les esclaves qui, par exemple, se moquaient de leurs maîtres avec des chansons ou des costumes. Si les jours de fête s'achevaient le Mardi gras pour les maîtres, laissant place au carême, le carnaval des esclaves se poursuivait jusqu'au mercredi des Cendres.

Durant le XVIIIe siècle, le carnaval était soumis à des interdictions. Avant l'abolition de l'esclavage, il était interdit aux esclaves de défiler au-delà de la propriété des maîtres. Ce n'est qu'après la fin du système esclavagiste, que les affranchis ont enfin pu défiler pleinement dans les rues.

Des symboliques liés à l'histoire

La période du carnaval permet aux chrétiens de s'amuser et de profiter avant la période de privations du Carême. Elle commence le mercredi des Cendres et dure 40 jours. Aujourd'hui encore, le carnaval antillais possède des éléments symboliques très marqués par la culture africaine et l'esclavage : fouets, masques, tambours, instruments de musique… Il faut avoir connaissance de l'histoire particulière des Antilles et de la lutte des esclaves pour leur liberté pour comprendre la présence de ces symboles.

Les jours gras

Si la période de fête s'étend sur plusieurs semaines, les jours les plus festifs sont les jours gras, du dimanche au mercredi des Cendres.

Le dimanche gras est marqué par une grande parade masquée et colorée avec chars et orchestres. Les fouets qui claquent sont une référence directe aux siècles d'esclavage. Le lundi gras est le jour de l'inversion. Les hommes se déguisent en femmes et inversement. Des mariages burlesques ont lieu. Le soir, une grande parade nocturne est organisée. Mais la plus grande parade est organisée le Mardi gras à Basse-Terre, où de nombreux chars défilent.

Enfin, le mercredi des Cendres est le jour du grand « déboulé ». Il s'agit de la clôture en apothéose du carnaval, après des mois de préparation et des semaines de fête. Les groupes défilent en noir et blanc et célèbrent la fin des festivités. Vaval finit brûlé dans l'allégresse générale. Il renaîtra de ses cendres l'année prochaine en arborant un nouveau visage... À la mi-Carême, des « déboulés » sont organisés, tout le monde est alors habillé en rouge et noir.

Vaval, le roi du carnaval

Si le carnaval chrétien possède un roi des fous qui sera sacrifié avant le Carême, le carnaval antillais, aux influences multiples, possède lui aussi une figure emblématique. On y retrouve un roi qui prend l'apparence d'un mannequin défilant dans toute la ville. Il s'agit de Vaval, roi du carnaval. Chaque année, une thématique sociétale, politique ou environnementale est attribuée au nouveau roi Vaval. Ce personnage mythique défile lors de plusieurs parades, avant d'être brûlé sur la place publique. Le « brilé Vaval » signe la fin du carnaval. Cette crémation est hautement symbolique : il s'agit d'une purification des âmes avant de débuter la période du carême où les restrictions seront de rigueur.

Les groupes, stars des parades

Les grandes parades sont donc formées par de nombreux groupes carnavalesques. La Guadeloupe en compte aujourd'hui environ 80. Il est possible de classer ces groupes en différentes catégories.

Des groupes utilisent des instruments modernes. On retrouve par exemple les groupes à caisses claires, où danseurs et musiciens défilent à pied, le tout dans un mélange de couleurs et de costumes sublimes. Les cuivres donnent le rythme du défilé. Les groupes à synthétiseurs se composent de « synthés », de guitares basses et d'enceintes embarquées sur une camionnette. Les chorégraphies des danseurs sont au rendez-vous. Ce type de groupe était très répandu jusqu'aux années 1970, où les défilés à pied vont prendre plus d'importance.

Aujourd'hui, les groupes traditionnels sont de plus en plus présents dans les parades. Les « groupes à peau » sont composés de musiciens qui usent d'instruments traditionnels : tambour recouvert d'une peau de cabri ou conque de lambi. De jeunes carnavaliers, à l'avant des groupes, claquent des fouets en souvenir de l'esclavage. Le groupe *Akiyo* est une référence en la matière.

Apparus dans les années 2000, les « groupes à Ti Mas » attirent majoritairement des jeunes. Les membres portent un masque de gorille, tandis que les musiciens frappent sur des bidons et caisses claires. Le plus connu de ces groupes est *Mass Moul Massif*, dont la réputation n'est plus à faire. Des personnages que l'on retrouve souvent sur les routes les week-ends en journée. Ils arrêtent la circulation, occasionnant quelques embouteillages, et esquissent quelques pas de danse devant les voitures, qu'ils laissent repartir en échange d'une pièce.

Mas Vyféò est un groupe originaire de la commune de Vieux-Fort. Formé au début du XXe siècle, il possède la particularité d'avoir toujours conservé le même costume traditionnel : tissu madras, rubans, masque en grillage, miroirs au niveau de la coiffe. Le style musical du groupe est également original puisqu'il est à base de flûte, d'accordéon, de triangle et de cha-chas.

LE CARNAVAL, MODE D'EMPLOI

© SHUTTERSTOCK - OLIVIER VAN HELDEN

Lors de la parade du carnaval de Basse-Terre.

Le carnaval permet aussi la rencontre des communautés culturelles minoritaires sur le territoire guadeloupéen, puisqu'il existe des groupes haïtiens, brésiliens, dominicains. On retrouve même un groupe breton, *Bagad-Karukéra*, qui mélange les sonorités de la cornemuse et du Ka (tambour traditionnel local).

Des personnages mythiques

Au cœur des groupes qui défilent, vous croiserez des personnages mythiques devenus des symboles au sein des parades. Tous ces personnages sont inspirés par la culture européenne, africaine et dans la période de l'esclavage.

Des hommes et des femmes se déguisent et incarnent le « Neg Marron ». Vêtus d'un pagne, ils sont entièrement recouverts de mélasse (sirop de batterie mélangé à de la suie). Ils représentent les nègres marrons, c'est-à-dire les esclaves fugitifs qui avaient déserté les plantations et qui vivaient en autonomie dans les forêts, se cachant des maîtres.

Les souffleurs de conque soufflent dans une conque de lambi qui fait office d'instrument de musique. À l'époque, cet instrument était utilisé dans les bourgs pour annoncer un décès ou une catastrophe naturelle.

Autres personnages reconnaissables, les « malpwops » sont des personnes s'habillant en tenues très sexy ou en petites tenues pour défiler. Ils étaient initialement présents lors des mariages burlesques du lundi gras, avant de devenir plus répandus. Les tenues et les attitudes suggestives font partie de la tradition du carnaval antillais : elles incarnent cette idée de défoulement.

Une fête populaire

La période du carnaval est la plus attendue de l'année pour les Guadeloupéens. Cette fête possède une forte dimension populaire. Les festivités se préparent des mois à l'avance. Les groupes travaillent leurs chants, chorégraphies et costumes avec de nombreux ateliers et séances de répétitions.

Le carnaval est un événement qui réunit les familles : petits et grands sont membres des groupes. Les spectateurs se rendent également en famille sur les lieux des parades. À chaque défilé, les rues sont envahies de Guadeloupéens et visiteurs impatients de vibrer aux rythmes des groupes et de s'émerveiller devant les mosaïques de couleurs. Les plus habitués s'installent le long du parcours avec leurs chaises pliantes et leurs glacières. Nombreux sont ceux qui se rendent sur place très tôt afin de bénéficier du meilleur emplacement pour admirer la parade !

Chaque année, le carnaval est également l'occasion de revendications et de dénonciations. Nombreux sont les carnavaliers ou les spectateurs à exprimer, sur des pancartes ou banderoles, leurs opinions sur des thématiques de sociétés (politique, social, santé, histoire), non sans un certain sens de l'humour ou sur un ton décalé !

Le « Ben démaré », prémices des festivités

Chaque 1er janvier, certains groupes carnavaliers se réunissent pour effectuer le traditionnel « ben démaré ». Il s'agit d'une petite parade avant de se rendre à la mer pour s'y baigner. Une manière de bien débuter l'année en se débarrassant de toutes les mauvaises choses qui se sont produites durant l'année précédente.

GÉOGRAPHIE

L'archipel guadeloupéen est un ensemble d'îles. Deux îles principales, d'un côté la Grande Terre d'origine corallienne et de l'autre la Basse Terre d'origine volcanique, elles forment la Guadeloupe dite « continentale ». Ces îles sont séparées par un étroit bras de mer (La Rivière Salée) et communiquent par deux ponts (La Gabarre et L'Alliance). Trois autres îles habitées (Les Saintes, La Désirade, Marie-Galante) et la réserve naturelle de Petite-Terre, forment l'archipel guadeloupéen. Pour les voyageurs qui découvrent la destination pour la première fois, cette notion d'archipel est souvent une bonne surprise, elle correspond réellement à la promesse d'une diversité de paysages, de destinations et de populations. En effet, chaque île a ses propres spécificités et se démarque par une identité forte. Un voyage dans les îles de la Guadeloupe constitue une plongée dans une multitude d'ambiances et de décors au charme garanti.

Grande-Terre, paysages et ambiance animée

À l'est, Grande-Terre, où la ville de Pointe-à-Pitre fait office de « capitale », s'étend sur 590 km². La Grande-Terre abrite les plages de sable fin idéales pour les amateurs de farniente ou de sports nautiques. Vous y trouverez également des paysages sublimes (Pointe des Châteaux, Porte d'Enfer, Pointe de la Vigie...). Les structures hôtelières de grande capacité y sont quasiment toutes installées.

C'est également le lieu de prédilection des noctambules avec des casinos (à Gosier et Saint-François), des discothèques et bars à foison, sans oublier de nombreux musées dont le Mémorial ACTe, centre d'expression dédié à la traite et à l'esclavage. La partie Nord, dominée par le plateau calcaire d'origine corallienne, et quasiment occupée par la culture de la canne à sucre, est bordée d'une côte découpée et de hautes falaises. Au Sud, le relief descend en collines sur d'immenses plages de sable blanc, bordées de palmiers. Les Grands Fonds, plus ruraux et à la topographie atypique, offrent au regard de multiples mornes et ravines encaissées.

Sa côte sud, bordée par un littoral plus calme, abrite la zone la plus touristique. À Saint-François, se trouve un golf international de 18 trous (parcours de 5 990 m), un aérodrome, point de départ de nombreux loisirs aériens pour découvrir la Guadeloupe vue du ciel et le départ des navettes maritimes pour l'île de la Désirade.

Basse-Terre, plongée en pleine nature

Autre île principale de l'archipel, Basse-Terre, à l'ouest, s'étend sur 848 km². Elle est séparée de la Grande-Terre par un bras de mer. Elle accueille la préfecture éponyme. Plus sauvage et escarpée, elle est dominée par la présence vivante de la Soufrière, volcan et point culminant de l'archipel (1 467 m d'altitude) surnommé « la vieille Dame ».

Au centre, il y a le Parc national de la Guadeloupe, poumon vert, véritable paradis pour les randonneurs et terrain de jeu parfait des amoureux de la nature, avec ses 300 km de sentiers pédestres (appelées traces en Guadeloupe) au cœur de la forêt. Ces derniers sont ponctués de chutes d'eau, de bassins, de sources (parfois chaudes). La **Cascade aux écrevisses** (p.311), petite cascade d'environ 10 mètres de hauteur est accessible aux personnes à mobilité réduite. Les **Chutes du Carbet** (p.261) et l'ascension du volcan constituent des thématiques courantes de randonnées à la journée. La Côte-sous-le-vent, elle, abrite des criques, des anses et de grandes étendues de plage.

Marie-Galante, « La grande galette »

Marie-Galante (surnommée La grande galette, l'île aux cent moulins ou l'île sombrero), à environ 50 km de Pointe-à-Pitre, possède un relief peu élevé, ne culminant qu'à 204 mètres d'altitude.

© SHUTTERSTOCK - BENNY MARTY

Pointe de la Vigie, Grande-Terre.

DÉCOUVRIR

© ISTOCKPHOTO.COM - NICOLASBOIVIN

Les Saintes, chapelet de neuf îlots volcaniques au sud-ouest de Grande-Terre.

On la compare à une large galette, de formation calcaire et 15 km de circonférence. Sur une superficie de 158 km², le territoire marie-galantais alterne champs de canne à sucre et superbes plages. Il accueille trois communes : Grand-Bourg, Saint-Louis et Capesterre-Belle-Eau. Il y règne une atmosphère rurale. L'île et ses 13 000 habitants s'ouvrent doucement au tourisme, mais avec discernement et pertinence afin de conserver son cachet authentique. Sa nature très présente en fait un cadre parfait pour les visiteurs amoureux de grands espaces. Vous y trouverez de magnifiques plages à l'aspect sauvage. Marie-Galante est marquée par sa nature préservée ! L'île possède aujourd'hui encore de nombreuses traces historiques de son passé agricole, avec en tête de liste les moulins des distilleries. Dans le Sud-Est de l'île, la commune de Capesterre est un village charmant bordé par la belle plage des Feuillère. Saint-Louis, au Nord-Ouest, possède une baie parfaite pour profiter du calme et du décor marie-galantais.

La Désirade, paradis des randonneurs

Cette petite île, située à une quinzaine de kilomètres de la pointe des Châteaux, semble plantée dans la mer comme un rocher. Véritable réserve naturelle, l'île de 22 km² de superficie (11 km de long pour 2 km de large), pour 1 406 habitants, ne compte qu'une étroite bande de terre habitée dans sa partie Sud, le Nord déployant falaises et ravines. Les habitants de la Désirade sont particulièrement accueillants. Vous ne pouvez que tomber sous le charme. L'île s'atteint après 45 minutes de bateau au départ de Saint-François. C'est un paradis pour les randonneurs. Elle abrite une faune étonnamment variée et protégée pour certaines espèces, et possède de nombreuses petites criques donnant sur la mer. Sa beauté, ainsi qu'un certain caractère familial lui confèrent une place de choix parmi les endroits les plus agréables de Guadeloupe.

La réserve naturelle de Petite-Terre

Les îlets de Petite-Terre, à 12 km au Sud de la Désirade, ne sont habités que par une colonie d'un millier d'iguanes antillais, de crabes et d'oiseaux marins. Seul un garde de l'Office National des Forêts loge dans le « phare du bout du monde », construit en 1840. Son rôle : préserver la quiétude du site. Toute autre occupation humaine a cessé depuis 1972. Ces îles sont réputées pour la richesse de leurs fonds marins, habités par tortues de mer, requins-citron, dauphins et poissons… Le site étant une réserve naturelle, il est impossible d'emporter des souvenirs (quels qu'ils soient). Pensez également à ne laisser aucune trace de pollution en repartant avec tous vos déchets !

Aux Saintes, un point de vue mondialement reconnu

Les Saintes, chapelet de neuf îlots volcaniques au Sud-Ouest de Grande Terre, s'étirent sur 13 km² de superficie et abritent des mornes sauvages, des rochers et des criques désertes. Sa baie figure au palmarès du club des plus belles baies du monde. Seuls deux îlots sont habités : Terre-de-Haut (1 513 habitants) est très prisée par les touristes en excursion à la journée débarqués des navettes de Guadeloupe continentale ; Terre-de-Bas (939 habitants sur 6,8 km²), se montre plus sauvage et plus calme d'un point de vue fréquentation. Non dépourvue d'intérêt, Terre-de-Bas est parsemée de sentiers aménagés par l'Office national des Forêts, qui promettent de belles randonnées. Le bourg de Terre-de-Haut est le cœur de la vie de l'île. Vous y trouverez la majorité des commerces. Le Fort Napoléon, témoignage de l'histoire de l'île, offre une remarquable vue sur la baie des Saintes ! La célèbre plage du Pain de sucre (p.383), elle, offre un petit coin de paradis au sein d'une petite crique isolée.

NATURE

Lors de la période coloniale, la faune et la flore guadeloupéenne ont subi d'importants bouleversements. Animaux, arbres, fleurs et plantes ont été importés d'Afrique, des Indes et des Amériques au fil des implantations dans ces paysages et climats nouveaux. Toutes ces importations offrent aujourd'hui à la Guadeloupe une richesse naturelle impressionnante. Que ce soit sur terre ou en milieu marin, de nombreuses espèces animales, dont certaines endémiques, sont devenues des symboles de cette biodiversité époustouflante, qu'il est possible d'admirer au Parc zoologique de l'île, dans certains jardins botaniques ouverts au public ou simplement dans la nature. Les fleurs, omniprésentes dans les îles, offrent un spectacle multicolore de tous les instants et font rêver les Hexagonaux : hibiscus, bougainvillées, anthuriums et autres espèces aux formes les plus diverses répandent leurs parfums et épatent par leurs formes et leurs couleurs.

La faune

Sur terre. La vedette incontestée du parc national est le raton laveur. C'est l'animal symbole du parc zoologique. Très recherché par les braconniers, il a trouvé refuge au cœur de l'île de Basse-Terre. Vous observerez également des tortues terrestres, différentes espèces d'iguanes, des agoutis (gros rongeurs) et des mangoustes (introduites dans les plantations pour lutter contre les rats).

L'avifaune est particulièrement intéressante dans la réserve naturelle. La forêt abrite un grand nombre d'insectivores dont le pic noir ou tapeur (*Melanerpesherminieri*), espèce endémique de la Guadeloupe. On y trouve le crabier-bois (ou crabier grosse tête), un oiseau devenu rare dans les Caraïbes, mais aussi le ramier bleu ou la perdrix rouge ainsi que des oiseaux terrestres (passereaux), qu'ils soient sédentaires ou migrateurs, également des oiseaux de mer (sternes, frégates, pélicans bruns) et d'eau douce (poules d'eau, martins-pêcheurs). La plus importante colonie de pélicans bruns (dont l'espèce est protégée) avait été répertoriée en 2007 sur les falaises en contrebas du bourg de la ville du Gosier, qui en a fait son emblème. Une statue de pélican brun trône d'ailleurs à un carrefour. Une centaine de nids y avaient été dénombrés jusqu'en 2017 mais le comportement de certains résidents (dérangés par cette présence) a eu raison de ce site de reproduction complètement abandonné par ces oiseaux à ce jour. Les autorités françaises ont été interpellées à ce sujet par une ONG américaine (Birds Caribbean) en juin 2022 afin de mettre en place des actions afin de sensibiliser la population et de veiller à la tranquillité des autres zones de nidification de l'archipel. Il ne reste que trois colonies représentant une centaine de nids au total (deux aux Saintes et le troisième sur des îlets au cœur du Grand Cul-de-Sac marin). Ces trois sites, situés dans le parc national de la Guadeloupe, bénéficient d'une meilleure protection car il est interdit de s'en approcher à moins de 60 mètres en bateau. Quant aux pélicans du Gosier, il est désormais possible d'en apercevoir uniquement et ponctuellement dans le port de Saint-Félix.

En milieu marin, de nombreuses espèces de poissons (diodon, mombin, poisson-papillon, poisson-perroquet, poisson-chirurgien...) et d'invertébrés (oursins, lambis, étoiles de mer) sont présentes. La chasse et le braconnage ont entraîné la disparition du flamant rose et du lamantin, un mammifère marin herbivore. Une tentative de réintroduction de deux lamantins en 2016 s'est révélée infructueuse avec la mort (suite à une infection rénale) d'un des deux animaux. Le second s'est envolé, en 2018 pour le parc zoologique de Vincennes. Le projet est actuellement en stand-by et ne pourrait, semble-t-il, être désormais envisagé que par des relâchés de lamantins semi-sauvages directement en milieu naturel.

Le poisson-lion, originaire de l'océan Pacifique, a été observé, pour la première fois, en 2010 dans les eaux guadeloupéennes, sa population n'a cessé de croître depuis. Il s'agit d'une espèce carnivore, doté d'épines venimeuses, qui représente une menace pour la faune sous-marine. Une des solutions envisagées pour réduire sa prolifération est la pêche, car sa chair est fine et délicieuse avec le slogan « Manjé'y an tout sòs » (Mangez-en à toutes les sauces).

On peut rencontrer différentes espèces de tortues dans l'Archipel : la tortue caouanne, la tortue olivâtre ou cul-rond, la tortue verte et la belle tortue luth qui se nourrit de méduses. Certaines s'étouffent en confondant les sacs en plastique flottant avec leur repas préféré. Leurs lieux de prédilection pour s'alimenter et s'abriter sont les mangroves et les herbiers marins. Depuis 1991, toutes les tortues de l'archipel guadeloupéen sont protégées par la législation française : interdiction totale de capture, de transport et de vente des tortues ou de leurs œufs. Elles se font rares dans les eaux des Caraïbes, qui constituent pourtant un site de choix.

Après avoir été mangées à toutes les sauces, abattues pour leur carapace et recherchées pour leurs œufs qui donnent, paraît-il, de merveilleuses omelettes, on s'est enfin rendu compte que l'espèce menaçait de s'éteindre. Les plages recensées comme lieux de ponte font l'objet de surveillance.

Les moustiques. Leurs piqûres n'ont rien d'anodin lorsqu'il s'agit du moustique *Aedesaegypti,* car il peut transmettre la dengue et le chikungunya, qui a fait son apparition aux Antilles fin 2013. En 2016, c'est le Zika, déjà constaté au Brésil, qui est apparu aux Antilles. Ce virus se transmet par les mêmes moustiques. S'il s'avère asymptomatique pour la majorité des personnes, le Zika peut être dangereux pour les fœtus au cours des six premiers mois de la grossesse et provoquer des microcéphalies. Les huiles essentielles mélangées (citronnelle, géranium, lavande) ont une certaine efficacité, mais seuls les répulsifs à base de DEET (30 ou 50 %) éloignent durablement les moustiques. Les vêtements longs à la tombée de la nuit sont conseillés. Même si la Guadeloupe n'a pas connu une nouvelle épidémie de Zika depuis, la dengue, quant à elle, reste bien présente chaque année après la saison des pluies. La population est invitée à rester vigilante en supprimant tous les contenants pouvant accueillir de l'eau stagnante pouvant servir à la ponte des moustiques.

D'autres insectes, répandus, mais inoffensifs, sortent de l'ombre : le ravet et la blatte américaine. Attention en revanche à la scolopendre, une variété de mille-pâtes doté de crochets et de glandes de venin dont la piqûre est douloureuse, voire dangereuse en fonction de sa taille. Il faut alors désinfecter la piqûre et se rendre à la pharmacie ou chez un médecin, surtout s'il s'agit d'un enfant ou d'une personne allergique au venin.

La flore

Sur la Côte-sous-le-vent, zone périphérique du Parc naturel, se développe une forêt d'halliers, d'épineux et de brousses cactées. Plus de 300 espèces d'arbres aux racines parfois en contreforts (châtaignier-pays, acomat boucan) ou en échasses, de lianes et de plantes épiphytes suspendues aux branches ou agrippées aux troncs... Ces différentes espèces sont décrites aux abords des sentiers botaniques et au travers d'expositions (entrée libre) organisées par la Maison de la Forêt, que l'on trouve sur la route de la Traversée, près de la cascade aux Écrevisses.

En altitude, la forêt est saturée d'humidité. L'eau ruisselle partout, imbibant le sol et y creusant des fossés. Les cours d'eau finissent par se disperser dans des criques marines ou des marécages.

Autour de la Soufrière, des mousses, lycopodes et ananas sauvages tapissent le sol : nombre de fougères, choux-palmistes, châtaigniers petites-feuilles, acajous blancs, gommiers blancs, lauriers-roses de montagne... Dans la forêt marécageuse, la végétation est dominée par le mangle-médaille. Le palétuvier jaune à grosses racines apparentes (qui lui donnent l'impression de bouger), les racines palmées de l'acomat boucan (derrière lesquelles les Caraïbes se cachaient et faisaient leurs barbecues), le bois-côtelette et ses feuilles aux superbes courbes symétriques, ou encore le bois bandé ou bois rouge (utilisé pour le parquet des anciennes maisons créoles et dont l'écorce réduite en poudre est utilisée, comme la mandragore, comme un puissant aphrodisiaque) sont autant d'espèces végétales étonnantes à découvrir.

Près du littoral, notamment autour du bras de mer qui sépare Basse-Terre de Grande-Terre, se développe la mangrove, une végétation typique des marécages tropicaux, où poussent les palétuviers, la mangle rouge et la mangle blanche. On rencontre d'autres espèces tropicales près du littoral, comme les cocotiers bien sûr, originaires d'Asie, mais aussi le palmier royal, le fromager, le frangipanier, le flamboyant cher aux poètes (aux fleurs d'un rouge éclatant), le raisinier... Citons enfin le mancenillier, dangereux, car très corrosif ; lorsqu'il pleut, cet arbre dégage un acide qui peut se coller à vous. Il est généralement signalé par un marquage rouge sur son tronc.

Une multitude espèces d'arbres et d'arbustes habite ainsi la Guadeloupe. Bon nombre d'entre elles ont été importées dans l'archipel dans le passé.

Abricot-pays (Mammea americana). Cet arbre des forêts tropicales humides américaines aime la lumière, les plaines et les clairières. À l'état sauvage, il produit un fruit de table endémique du bassin caribéen. L'abricot, qui n'a rien à voir avec son cousin hexagonal, possède un gros noyau comestible et une chair orange sucrée.

Arbre à pain (Artocarpus altilis). Originaire de la zone Pacifique, il a été importé de Tahiti par les Anglais à la fin du XVIIIe siècle. C'est l'un des arbres les plus célèbres de la période coloniale. Très prisé, on en acheminait les pieds par bateau afin de les replanter dans d'autres régions. Il en existe près de 40 variétés aujourd'hui.

Avocatier (Persea americana). Originaire de l'Amérique centrale, son nom vient de l'aztèque *ahuaguatl*. L'arbre et le nom seront rendus célèbres par les Espagnols aux XVIe et XVIIe siècles. Il en existe plus de 200 variétés. On suppose qu'il était déjà connu par les premiers peuples caribéens.

Bananier (type Musa). Originaire d'Asie, il est sans doute, avec les cocotiers, l'un des symboles les plus représentatifs du monde tropical, au sens large du terme. Alimentation de base pour les populations locales, son fruit, la banane se divise en une cinquantaine d'espèces sau-

DÉCOUVRIR

vages et cultivées. Dans les bananeraies des Antilles, l'épandage massif du chlordécone, un pesticide cancérigène, constitue l'un des scandales écologiques les plus marquants de nos temps.

Cacaoyer (ou cacaotier, Theobroma cacao). Introduit d'Amérique du Sud (Amazonie) par les Amérindiens. Il s'est répandu en Guadeloupe à partir du milieu du XVIIe siècle.

Calebassier (Crescentia). Très répandu dans les pays tropicaux, on ne connaît pas précisément ses origines (Amérique tropicale, Asie ?). Son fruit était utilisé par les Amérindiens dans la fabrication de divers objets usuels, une pratique qui a perduré à l'époque coloniale.

Canne à sucre (Saccharumofficinarum). Originaire de la péninsule indienne, elle a fait littéralement le tour du monde. C'est la plante la plus cultivée au monde ! Elle a été introduite dans les Caraïbes par Christophe Colomb, qui l'a rapportée des Canaries (1493).

Cannelier. Originaire du sud de l'Inde, il s'est bien acclimaté dans les Antilles tropicales humides. La cannelle est une épice et plante médicinale de renommée mondiale. Les feuilles du cannelier sont très aromatiques également.

Châtaignier des Antilles (ou châtaignier-pays). A ne pas confondre avec le châtaignier de France. On en consomme le noyau comme une châtaigne, d'où son nom. Il a les mêmes origines que l'arbre à pain.

Corossolier (*Anonamuricata*). Originaire d'Amérique du Sud (probablement du Pérou), son fruit est apprécié en jus et en sorbet. Connu aussi sous le nom d'annone (ou anone) en hommage au Suisse Jean-Jacques Annone.

Flamboyant (*Delonixregia*). Originaire du Madagascar, il est très répandu et d'une grande beauté entre ses tons du jaune au rouge. Sa période de floraison (entre juin et août) sur le littoral est un ravissement pour les sens !

Goyavier (*Psidium*). Originaire de l'Amérique centrale et de l'Amérique du Sud ainsi que du bassin caribéen, il s'est parfaitement adapté au milieu tropical. Son nom provient du terme arawak guajava. Le fruit plaît, mais l'arbre beaucoup moins, car il est envahissant, résistant et aime se développer au détriment de son environnement.

Manioc (*Janiphamanihot*). Cet arbuste est originaire d'Amérique du Sud. Les Amérindiens de la Caraïbe ont dû l'acheminer avec eux, car il constituait la base de leur alimentation. Ils transformaient ses racines en galettes (les cassaves).

Papayer (*Caricapapaya*). Ses origines un peu floues, car on le retrouve aussi bien en Amérique centrale et du Sud que dans les îles du Pacifique/Les Caribéens, qui l'ont sans doute introduit dans la région, l'ont nommé ababai.

La vedette de la faune guadeloupéenne le raton-laveur.

Il se développe très vite (jusqu'à 10 m par an dans de bonnes conditions), mais possède de fait une durée de vie très courte (4 à 5 ans en moyenne).

Piments (*Capsicum*). Originaires d'Amérique du Sud, ils sont cultivés dans les Caraïbes. Il existe plusieurs variétés (cooli, café, etc.).

Groseille peyi (*Hibiscus sabdariffa*). Provenant d'Asie, le groseillier est apparu en Afrique puis sur le continent américain au XVIIe siècle. Il s'agit d'un hibiscus buissonnant d'environ 3 m de haut. Il produit, une seule fois par an des fruits rouges qui s'ouvrent à maturité (entre octobre et février). La groseille pays est le fruit star de la période de Noël.

Un zoo et des jardins pour plonger au cœur de cette biodiversité

Le parc zoologique et botanique de la Guadeloupe (p.301) (à 20 minutes de Pointe-à-Pitre et à 1 heure de Basse-Terre) offre un éventail représentatif de la faune et la flore des îles. Au cœur du massif de la Basse-Terre, ce zoo consacre 4 hectares de forêt tropicale à la conservation d'espèces animales rares ou menacées. Il abrite près 85 espèces animales de la Caraïbe et de la Guyane : mammifères, oiseaux, reptiles, et arthropodes. L'ensemble de ces espèces évolue dans un cadre luxuriant fort de plus de mille espèces végétales. Plusieurs jardins, répartis sur l'île de la Basse-Terre plus luxuriante, dévoilent la richesse exceptionnelle de la flore locale (jardin de Valombreuse (p.252) à Petit-Bourg, jardin botanique à Deshaies (p.322), parc de Beauvallon (p.286) à Basse-Terre…). Le Parc de la Source (p.297) offre une immersion au cœur de la forêt mésophile (zone de forêt à la fois sèche et humide, bénéficiant de températures entre 25 et 30°C), qui regroupe plus de 150 variétés de plantes ainsi qu'un accès à une chute magique de 20 m de haut.

CLIMAT

En Guadeloupe, le climat est tropical, chaud et humide tout au long de l'année. Il existe une saison plus fraîche et sèche de décembre à mai et une autre plus chaude et pluvieuse de juin à novembre. Malgré la chaleur relativement constante, les alizés omniprésents contribuent à adoucir le ressenti. Les températures de l'eau sont très agréables pour la baignade. La période d'août à octobre est propice aux phénomènes cycloniques. Mais heureusement, ce n'est pas systématique et les ouragans ne sont pas tous d'une forte violence. Les deux derniers épisodes importants remontent à septembre 2017, avec les cyclones Irma et Maria. Pour profiter au maximum du climat tropical de la Guadeloupe, emportez des vêtements légers en coton ou en lin, un chapeau ou une casquette et de la crème solaire ! Il peut être judicieux de s'équiper d'un imperméable léger en cas d'averses, notamment si vous voyagez lors de la période pluvieuse de fin d'année.

Un climat tropical

Le climat tropical de l'archipel est clément. Soleil, pluie et vent par intermittence pratiquement toute l'année, avec un ensoleillement dominant et régulier. Les températures oscillent entre 26 et 35 °C dans la journée selon la période de l'année. Les alizés venant de l'Est contribuent à modérer la chaleur tropicale. En janvier et février, le thermomètre peut descendre au-dessous de la barre des 20 °C, la nuit dans le Sud de la Basse-Terre.

De fortes précipitations peuvent avoir lieu même en période de saison sèche. Elles peuvent occasionner des coulées de boue sur les reliefs, voire bloquer la route de la Traversée ou d'autres axes routiers plus fréquentés. Par temps de pluie, les randonnées sont déconseillées, car la montée rapide des eaux des rivières peut surprendre. Renseignez-vous toujours avant de partir en randonnée si vous n'êtes pas accompagné d'un guide expérimenté.

Dans les eaux du côté Atlantique, la température de l'eau tourne autour de 20 à 24 °C avec une mer généralement plus houleuse. Côté mer des Caraïbes, le climat est un peu plus chaud et humide, avec des températures autour de 25 °C et une mer plus calme, idéale pour les sports nautiques et surtout de voile.

Toute l'année, le lever du soleil a lieu entre 5h et 6h. Le coucher du soleil lui, se produit entre 17h30 et 18h30. De quoi admirer de sublimes paysages de carte postale en fin de journée !

Il est possible de distinguer deux climats distincts sur le relief des Petites Antilles :

- **En plaine,** sur la Grande-Terre de la Guadeloupe continentale, l'île plate de Marie-Galante, les Saintes et la Désirade, les températures sont plus élevées, mais adoucies par les alizés et une faible pluviométrie surtout en Nord Grande-Terre.
- **En altitude,** sur la Basse-Terre très vallonnée, les températures sont légèrement plus basses et les pluies plus importantes dans les forêts humides engendrant une végétation luxuriante.

Deux saisons périodiques

Contrairement à l'Hexagone, les Petites Antilles ne connaissent que deux saisons climatiques. La saison sèche, de décembre à mai, appelée le Carême et la saison plus chaude et plus humide, de juin à novembre : l'hivernage.

De fin octobre à début décembre, durant les mois de l'automne hexagonal, la saison est humide. Le niveau de précipitations est très élevé et régulier : il peut pleuvoir tous les jours, en petites ou grosses averses. Les températures restent douces.

Juin et octobre, mois de transition, sont marqués par des averses et des pluies pouvant causer des dégâts matériels, sans rapport cependant avec la force des cyclones, véritables épées de Damoclès sur l'hivernage des Caraïbes.

Le risque cyclonique

Ouragans pour les météorologistes (hurricanes en anglais), les cyclones peuvent survenir dans les Caraïbes entre juin et novembre. À partir de 1950, on a décidé de les baptiser par l'ordre alphabétique de prénoms, exclusivement féminins. En 1978, après de longues protestations des ligues féministes, l'utilisation de prénoms féminins et masculins, français, anglais et espagnols est alternée. Il existe six listes. Lorsqu'un cyclone engendre des dégâts ou des victimes, son nom est supprimé par égard pour la population impactée.

Seuls sont nommés les cyclones et les tempêtes tropicales. Les dépressions tropicales, dont les vents sont inférieurs à 63 km/h, sont, quant à elles, numérotées. Un phénomène devient une tempête tropicale lorsque ses vents atteignent une vitesse comprise entre 63 et 118 km/h. Au-dessus de 118 km/h, il devient un cyclone dont la puissance est évaluée sur une échelle de 1 à 5.

À l'origine, simple zone de basse pression au large de l'Afrique, au niveau du Cap-Vert, le cyclone se forme si certains critères sont remplis. Il commence d'abord par se déplacer vers le continent nord-américain (côte Ouest). Tout se joue à partir de cet instant, dès qu'il commence à « remonter » (direction Nord), il « redescend » très rarement (direction Sud). Ainsi, les zones qui sont sur la même ligne savent déjà qu'elles seront épargnées. Il arrive aussi qu'il ne concerne aucune région terrestre en remontant vers le pôle Nord. Il fait alors le tour de l'hémisphère Nord et revient vers l'Europe sous forme de tempête… Contrairement à l'idée reçue, ce ne sont pas seulement les vents ultra-violents que l'on craint le plus, mais bien les très fortes pluies et la houle dévastatrices. Rien ne leur résiste ! Par ailleurs, toutes les îles ne sont pas logées à la même enseigne ! Plus l'économie du pays est pauvre, plus les moyens structurels manquent et plus l'impact sur la population et les infrastructures est élevé.

Un système d'alerte bien rodé, développement vital, aide considérablement les autorités et la population à s'organiser pour affronter ses phénomènes. Chaque année, avant le début de la saison cyclonique, l'ensemble des médias rappelle les consignes de sécurité à appliquer en cas de menace ou de confirmation de menace. Les services de secours effectuent une simulation en début de saison cyclonique, afin de remettre en mémoire les différentes phases d'alerte et revoir les moyens à mettre en œuvre en cas de déclenchement du plan de secours spécial cyclones.

Les phases d'alerte sont définies par un code couleur qui évolue au fur et à mesure de l'approche de la dépression. Les habitants des zones concernées sont tenus de s'informer régulièrement de l'évolution du risque par le biais des médias et des communiqués de la Préfecture, des bulletins météo, et bien sûr, de se conformer aux consignes de sécurité.

Des ouragans de diverses envergures

Le 5 septembre 2017, l'ouragan Irma – classé catégorie 5 et considéré par les météorologues comme un « supercyclone dévastateur » – a touché les Petites Antilles. La Guadeloupe a été relativement épargnée (le centre du cyclone est passé à 100 km des côtes de la Basse-Terre, occasionnant une très forte houle). Les îles de Saint-Martin et de Saint-Barthélemy ont, pour leur part, été fortement frappées. Cinq personnes ont perdu la vie sur l'île de Saint-Martin et d'innombrables dégâts ont été recensés…

L'ouragan Maria a lui aussi connu un passage dévastateur dans les Antilles. Le 18 septembre

© SHUTTERSTOCK - CAMILLE V

Le climat tropical dans la forêt de Basse-Terre.

2017, l'ouragan de catégorie 5 (la plus élevée sur l'échelle de Saffir-Simpson) a fait deux morts en Guadeloupe et une dizaine dans les Caraïbes. Son œil est passé à moins de 50 kilomètres du Sud de la Basse-Terre et à 20 kilomètres au Sud des Saintes. La quasi-totalité des bananeraies de l'île a été affectée par l'ouragan et l'eau et l'électricité ont été suspendues pendant plusieurs heures. Les voies de circulation ont été coupées, notamment dans le Sud de l'île, en raison des fortes inondations sur les routes.

Mais c'est sur l'île de la Dominique que le bilan est le plus lourd : plusieurs morts ont été recensés et 70 à 80 % des habitations ont été endommagées par des vents soufflant à plus de 240 km/h.

Le 16 septembre 2022, la tempête Fiona touchait le territoire guadeloupéen avec des pluies diluviennes et des vents violents provoquant des inondations, des glissements de terrains principalement sur la Basse-Terre. Le cumul de précipitations mesurés en quelques heures au sud de l'île étant équivalent à plusieurs mois de pluies en temps normal. De nombreuses habitations ont été touchées (un mort emporté avec sa maison), des infrastructures (routes, ponts) ont été détruites ainsi que le réseau d'eau potable qui souffrait déjà d'un énorme problème de vétusté. La tempête s'est ensuite orientée vers Porto Rico, la République dominicaine et Haïti et s'est transformée en ouragan de catégorie 3 avec des vents jusqu'à 140 km.

Ces phénomènes sont amenés à devenir plus fréquents. Le 2 octobre 2023, la tempête Philippe a déversé des pluies diluviennes sur l'archipel, touchant notamment le sud de Basse-Terre. Plusieurs routes ont été bloquées, la commune de Vieux-Fort a même été coupée du monde durant plusieurs heures, mais sans victime ou dégât majeur à déplorer.

© SHUTTERSTOCK - TUPUNGATO

Coucher de soleil sur la plage de Bois Jolan.

La procédure de vigilance « temps dangereux » aux Antilles

Sous l'égide de l'Organisation mondiale de la Météorologie (OMM) et afin de protéger les populations, notamment dans les pays les moins bien équipés, les régions du globe soumises aux cyclones tropicaux se sont regroupées afin de mettre en place des systèmes d'alerte précis, de façon à prévenir au mieux les risques de mer dangereuse sur le littoral et de fortes pluies dans les terres. Dans la région Caraïbes/Amérique centrale, le comité des Ouragans a adopté un plan d'opérations qui est réactualisé et complété chaque année. Les départements antillais ont leur Plan Spécialisé Urgence Cyclone (PSUC), qui définit les responsabilités coordonnées en matière d'observation des phénomènes, de prévisions, d'avis à émettre, et d'actions à entreprendre.

- **Vigilance jaune :** « Soyez attentifs ! » Une perturbation de type cyclonique (tempête tropicale ou cyclone) peut représenter une menace pour le territoire, à échéance plus ou moins rapprochée.
- **Vigilance orange :** « Préparez-vous ! » Le risque potentiel se rapproche.
- **Vigilance rouge :** « Protégez-vous ! » Le phénomène représente un risque rapproché à plus ou moins fort impact.
- **Vigilance verte :** « Plus de dangers significatifs ou dangers s'éloignant ! » La couleur verte peut alors être émise dès que les conditions météorologiques n'ont plus de risque de s'aggraver.

Hors cyclone, ces trois codes couleurs sont également utilisés pour prévenir d'un danger dû aux fortes pluies avec ou sans orages, aux alizés ou à une mer dangereuse.

Uniquement en cas de cyclone tropical violent devant sévir sur le territoire, deux autres couleurs ont été incluses dans cette procédure :

- **Vigilance violette :** « Confinez-vous, ne sortez pas ! » Un cyclone tropical intense (ouragan majeur) représente un danger imminent pour une partie ou la totalité du territoire, ses effets attendus étant très importants.
- **Vigilance grise :** « Restez prudents ! » Un cyclone tropical a traversé le territoire, avec des dégâts. Même si les conditions météorologiques sont en cours d'amélioration, il subsiste des dangers : inondations, coulées de boue, fils électriques à terre, routes coupées... Les équipes de déblaiement et de secours doivent pouvoir circuler et commencer à travailler sans être gênées dans leurs déplacements et activités. Continuez d'être à l'écoute des communiqués de la Préfecture, des médias, de la situation météo, etc. Attendez les consignes des autorités par le biais des médias.

La brume de sable

Ce phénomène bien connu aux Antilles fait l'objet d'alertes de pollution atmosphérique de la part de la préfecture et le réseau de surveillance Gwadair. Ces épisodes de brume de sable, qui interviennent entre juin et août, peuvent provoquer une gêne respiratoire, une toux, irriter les yeux selon le niveau d'alerte. La brume de sable provient du Sahara. Des particules de sable sont soulevées dans les airs par des vents désertiques qui les propagent notamment vers l'Ouest où elles traversent l'océan Atlantique grâce aux alizés.

Quand partir en Guadeloupe ?

Pour voyager en période de moindre affluence, nous vous conseillons les mois de mai, juin, septembre ou octobre, périodes pendant lesquelles les tarifs sont au plus bas. Entre juillet et septembre, il pleut plus abondamment, mais jamais très longtemps. Cette période fait l'objet d'une augmentation des tarifs car beaucoup d'ultramarins viennent rendre visite à leurs familles.

Si vous prévoyez une croisière en voilier durant la saison cyclonique (de juin à novembre). Faites confiance aux prestataires sur place, ils sauront vous conseiller d'autant qu'ils sont informés de la possible survenue d'un épisode météorologique plus d'une semaine à l'avance.

ENVIRONNEMENT

La situation géographique de la Guadeloupe et son état insulaire lui ont conféré une biodiversité exceptionnelle, avec un fort taux d'endémisme. Les amoureux de nature pourront y faire des observations inoubliables. Cependant les activités humaines ont fortement fragilisé les écosystèmes. L'urbanisation et l'agriculture intensive ont notamment contribué à la destruction de milieux naturels et ont engendré une pollution durable des eaux et des sols. La contamination au chlordécone reste un sujet très sensible. Le phénomène de prolifération des sargasses illustre quant à lui les effets des dérèglements planétaires engendrés par l'Homme. L'Archipel s'est fixé des objectifs ambitieux en matière de gestion des déchets. Il doit aussi préparer activement la transition énergétique de son territoire. L'archipel de Guadeloupe est en effet particulièrement exposé aux risques liés au changement climatique et notamment à la montée des eaux et à l'acidification de l'océan.

Parc national de Guadeloupe

La Guadeloupe fait partie des « points chauds » de la biodiversité mondiale. L'archipel présente des écosystèmes remarquables, incluant des espèces endémiques de végétaux, mollusques terrestres, oiseaux, reptiles, amphibiens et chauves-souris. La biodiversité marine est également importante. Les eaux du territoire accueillent notamment les baleines à bosse qui viennent s'y reproduire. Le Parc national de Guadeloupe a pour vocation la préservation des différents milieux naturels qu'il abrite : aire marine, forêt tropicale, montagnes de la Basse-Terre. Il compte également parmi ses missions la sensibilisation des publics à l'environnement, qu'il exerce au travers de manifestations, programmes de formations ou encore d'animations.

Des risques naturels et anthropiques

La Guadeloupe, située dans l'arc des Antilles, au carrefour de différentes plaques tectoniques, est soumise à un certain nombre de risques naturels : ouragans tropicaux, séismes, éruptions volcaniques. Les activités humaines engendrent également des impacts sur les équilibres naturels. Ainsi, la pression anthropique (développement de l'agriculture, artificialisation des sols) accentue l'érosion des sols, la fragmentation des milieux naturels et la pollution. L'introduction d'espèces invasives comme le poisson-lion constitue également une menace pour la biodiversité. L'activité touristique contribue elle aussi à la pression sur les ressources (eau et énergie) et à la production de déchets.

La gestion des déchets : une question prégnante

La structuration des filières déchets est encore récente en Guadeloupe. Les collectivités ont mis en place des plans de gestion pour les déchets ménagers et les déchets industriels. L'objectif était de mettre fin à la gestion dans la « ravine » (c'est-à-dire le dépôt dans les rivières), au bord de la route, l'incinération sauvage ou les décharges illégales. Le solde du passif historique est un des enjeux du territoire. D'anciennes décharges ont été fermées et d'autres transformées en centres de traitement et valorisation des déchets. En 2009, la Guadeloupe a commencé à déployer largement le tri sélectif des déchets. La région s'est fixé l'ambitieux objectif d'un « Archipel zéro déchet » en 2035 en définissant des objectifs de prévention, de valorisation et de recyclage des déchets. Le nombre de déchetteries et de ressourceries a sensiblement augmenté et l'économie circulaire se met doucement en place afin de réduire le gaspillage des ressources. Si l'enfouissement reste encore majoritaire, 43 % des déchets sont désormais recyclés dont la moitié en local.

Les défis environnementaux de l'agriculture

La colonisation du territoire s'est fondée sur une agriculture intensive (culture de la canne à sucre et de la banane) et une urbanisation qui ont entraîné déforestation, dégradation des sols et pollutions des milieux. Les eaux de ruissellement chargées en intrants chimiques ont également contribué à l'eutrophisation du littoral et à la fragilisation des écosystèmes marins. La contamination des milieux au chlordécone reste aujourd'hui un sujet de préoccupation environnemental et sanitaire. Cet insecticide organochloré considéré comme persistant fut utilisé de 1972 à 1993, pour lutter contre le charançon bananier, dans un contexte de monoculture intensive. Son utilisation a pollué non seulement les sols, mais aussi les nappes phréatiques et l'ensemble de la chaîne alimentaire. L'exposition au chlordécone est aussi un facteur de risque sanitaire. La stabilité de la molécule a pour conséquence sa rémanence dans les sols et nécessite la surveillance des zones contaminées. Une cartographie des zones polluées est mise à disposition par l'État.

L'agriculture reste l'activité à l'origine des pollutions les plus importantes des milieux aquatiques, avec l'assainissement, et avant l'industrie. Un autre phénomène mis en exergue par l'Office de l'eau de Guadeloupe est la salinisation de certaines nappes d'eau douce et leur pollution aux pesticides. Face à ces problématiques, des initiatives en matière d'agroécologie commencent à voir le jour sur le territoire.

L'invasion des sargasses ou le symbole de la pollution planétaire

Depuis 2011, la Guadeloupe est confrontée de manière épisodique à l'échouage sur ses côtes d'algues – les sargasses – *Sargassum fluitans* et *Sargassum natans*. La prolifération de ces algues brunes a des répercussions économiques directes sur le territoire (activités balnéaires et pêche) mais elle présente aussi des impacts environnementaux et perturbe la biodiversité locale : lorsque les algues sont dans l'eau, elles forment d'immenses nappes qui ne laissent plus passer la lumière affectant alors les coraux et les poissons. Ces radeaux d'algues sont également problématiques lors de la saison de ponte des tortues qui ne parviennent pas à accéder aux plages pour y pondre leurs œufs. Lorsque les sargasses s'échouent sur la côte, elles se décomposent et produisent de l'hydrogène sulfuré, un gaz toxique, à l'origine d'odeurs nauséabondes. Ce gaz, en fortes concentrations, peut devenir nocif et incommoder les personnes sensibles et les animaux.

L'origine de ce phénomène n'a pas encore été déterminée, d'après certaines études, il serait lié à l'agriculture intensive en Amazonie dont les nutriments semblent à l'origine de leur développement massif. En d'autres termes, la déforestation massive et l'utilisation intensive d'intrants – phosphates et nitrates – génèrent un lessivage des sols, dont les effluents se retrouvent ensuite dans le fleuve puis dans l'océan, où ils créent les conditions favorables au développement des sargasses. Les courants entraînent ensuite les algues jusqu'en mer des Caraïbes. Les brumes de sables issues du Sahara contribueraient également au déplacement des sargasses. Et le réchauffement climatique, quant à lui, pourrait induire la survenue plus fréquente de ces brumes de sables.

Actuellement, seul le ramassage mécanisé des algues sur les plages est retenu comme solution par les collectivités locales. Certaines optent pour des barrages flottants, pour tenter de bloquer les algues avant leur échouement.

Le plan national de prévention et de lutte contre les sargasses 2022-2025 vise à mettre en place des actions depuis la prévision des arrivées de sargasses jusqu'à leur valorisation en passant par les techniques de collecte sur le littoral et en mer.

Les défis énergétiques du territoire

La Guadeloupe fait face à l'augmentation de la demande énergétique et à une dépendance aux énergies fossiles. Cela s'inscrit en porte à faux avec les objectifs de la transition énergétique qui visent la baisse des consommations et la « décarbonation » de l'énergie. Les transports et la production d'électricité sont les secteurs les plus consommateurs d'énergie. Ils représentent à eux seuls 82 % des émissions de gaz à effet de serre de l'archipel. Le territoire vise l'autonomie énergétique d'ici 2030, via la maîtrise de la demande énergétique et le développement des énergies renouvelables, pour lesquelles des actions ont été mises en place (obligation de chauffe-eau solaire pour les constructions neuves, développement du solaire photovoltaïque, géothermie, biomasse, éolien). La mobilité reste un enjeu fort car pour la majorité des déplacements, il est nécessaire d'avoir recours à un véhicule.

La Guadeloupe face au changement climatique

Le réchauffement planétaire en cours pourrait affecter de manière très forte l'archipel, notamment avec l'intensification des phénomènes extrêmes (ouragans, inondations). La montée des eaux et l'érosion des côtes pourraient menacer non seulement les infrastructures, mais l'ensemble des activités humaines, et les ressources (eau et biodiversité). L'acidification des océans contribue quant à lui au blanchiment des coraux.

Le dysfonctionnement de l'eau en Guadeloupe

Le sujet est délicat compte tenu de son ampleur. Entre 65 et 85 % de l'eau distribuée par le réseau d'eau public se perd dans la nature entre son point de captage et le robinet de l'usager. Ce constat s'explique par la vétusté des canalisations qui sont rongées par des fuites. Le montant estimé pour la rénovation de ce réseau s'élève à 600 millions d'euros. En septembre 2021, le Syndicat mixte unique de gestion de l'eau et de l'assainissement en Guadeloupe (SMGEAG) a vu le jour afin de prendre le relais des diverses régies locales défaillantes depuis des années. Le SMGEAG dispose d'une capacité d'investissement de 170 millions d'euros pour les trois premières années. Des travaux de remise en état sont réalisés par tronçons.

La Guadeloupe vit depuis des années au rythme des tours d'eau, des coupures partielles pour économiser la ressource et conserver la pression nécessaire pour alimenter les foyers. Les ménages et les entreprises à l'image des hébergements touristiques s'organisent en s'équipant de citernes tampons ou de récupération d'eau de pluie qui permettent de pallier ce manque d'eau ponctuel.

Le passage de la tempête Fiona le 16 septembre 2022, qui a provoqué de nombreux dégâts, a, entre autres, endommagé le réseau d'eau potable pourtant déjà confronté à des difficultés structurelles majeures. Lors de sa venue en Guadeloupe, le ministre délégué aux Outre-mer, Jean-François Carenco, a déclenché le dispositif « Orsec eau potable » afin d'assurer la distribution de l'eau à la population.

HISTOIRE

Avant l'arrivée des Européens, la Guadeloupe était habitée par des peuples amérindiens. Il est difficile de définir cette période de façon précise, mais la présence des premiers groupes remonterait à 3000 av. J.-C, selon les traces archéologiques observées. L'arrivée des Européens au XVe siècle va, par la suite, bouleverser la vie de ces populations indigènes Arawaks et Caraïbes. Leur rencontre avec les colons a tourné au génocide. Il faut connaître l'histoire des Antilles françaises pour comprendre le contexte actuel. La connaissance du passé et du présent en Guadeloupe est directement liée à la politique que la France détermine pour les pays d'outre-mer, même si un cadre d'autonomie sur les décisions territoriales fonctionne en parallèle des décisions administratives de l'Hexagone. Les mouvements sociaux contre la vie chère en 2009 et dernièrement fin 2021 sont la preuve évidente que bon nombre d'Antillais s'estiment encore lésés.

L'île avant 1493

Son peuplement, comme pour l'arc antillais, remonte au 4e millénaire avant notre ère avec la migration de peuples originaires d'Amérique centrale et du Sud. Leur subsistance repose sur la pêche, la cueillette de plantes sauvages, la chasse sous-marine. Ils utilisent les coquillages, les os, la pierre pour leurs activités de subsistance. Ces populations nomades se déplacent d'île en île à bord d'embarcations proches du canoë.

À partir de 500 avant J.-C., une nouvelle vague venant d'Amérique du Sud se répand dans les Petites Antilles. Ces communautés, appelées Saladoïdes, plus sédentaires, développent l'agriculture et notamment le manioc, exploitent l'intérieur des terres par la chasse de petits animaux. La poterie fait son apparition. Des traces de leur présence sont visibles au Moule, à Saint-François, à Trois-Rivières et à Marie-Galante.

Les Arawaks (ou Taïnos) arrivent entre 300 et 700 avant notre ère. Ces derniers, originaires de l'Orénoque, vivent en communauté dans des villages près des rivières jusqu'au VIIIe siècle. Arrivent alors des Indiens navigateurs, les Caribs ou Kalinagos, venus également du Venezuela. Ces derniers, plus conquérants, prennent le dessus sur les paisibles Arawaks tout en épargnant les femmes, ce qui donnera lieu à un mélange du langage et des coutumes. Le nom de Karukera signifiant l'île aux belles eaux provient de cette communauté qui régnera ensuite sans partage sur l'île jusqu'à l'arrivée de Christophe Colomb.

La colonisation qui s'en suit va tourner au génocide, car les autochtones sont décimés par les maladies importées du vieux continent et les combats avec ces nouveaux arrivants qui veulent les soumettre.

Rencontre définitive des deux mondes

17 AVRIL 1492

Le 17 avril 1492, le cartographe et marin génois Christophe Colomb (1451-1506) est nommé amiral par Isabelle de Castille et Ferdinand d'Aragon. Après un voyage plus long que prévu (35 jours), devenu historique, il arrive dans la nuit du 12 octobre 1492 à la tête de trois bateaux (*La Pinta*, *La Niña* et *La Santa Maria*) et de 90 hommes, aux îles connues aujourd'hui sous le nom de Bahamas (à San Salvador), appelée *Guanahani* par les locaux. Par la suite, il se dirige vers Cuba, puis vers Haïti qu'il baptise *Hispaniola* (« l'île espagnole »). Bien que ces îles présentent des caractères différents, l'ensemble de leur population sera appelé Taïnos par « ces arrivants de l'au-delà des mers », l'expression phonétique proche des mots indigènes utilisés pour les accueillir.

4 NOVEMBRE 1493

Durant son deuxième voyage dans les Amériques, Christophe Colomb aborde la Guadeloupe et accoste sur la plage de Sainte-Marie au nord de Capesterre Belle-Eau. Un mémorial a été érigé à Sainte-Marie sur les lieux présumés du débarquement. L'île est alors peuplée d'Autochtones appelés Kalinagos et rebaptisés Caraïbes ou Caribs par les colons. Les Kalinagos surnomment cette terre « Karukéra », qui signifie « l'île aux belles eaux ». Christophe Colomb la rebaptise « Guadalupe », en référence au monastère espagnol de Santa-Maria de Guadalupe.

1492 - XVIIE SIÈCLE

Une rencontre qui tourne au génocide

Les deux mondes se découvrent mais la rencontre tourne rapidement au désastre pour les autochtones. La colonisation, entamée dès l'arrivée des flottes de Colomb, est en marche. De 1492 à 1502, soit dix ans à peine après la découverte des Amériques, la population autochtone des Grandes Antilles diminue, jusqu'à disparaître totalement vers le milieu du XVIIe siècle, décimée par les maladies nouvelles importées du Vieux continent (grippe, variole, etc.), par les combats et expéditions punitives, par les déportations et l'assimilation en masse, et bien entendu par l'esclavage. Les premiers habitants des Petites Antilles résistent plus longtemps, comme en attestent de multiples documents, mais ils disparaissent à leur tour au XIXe siècle, victimes d'un véritable génocide.

DÉBUT XVIE SIÈCLE

Dans la première moitié du XVIe siècle, l'administration du nouveau continent est hasardeuse car elle dépend entièrement des premiers colons espagnols, qui n'étaient pas des enfants de chœur... Christophe Colomb meurt en 1506. Les priorités étant surtout commerciales, les « petits espaces » comme la Guadeloupe ou la Martinique n'intéressent pas les Espagnols. Ils préfèrent les Grandes Antilles et une partie du continent, suivant la décision papale qui rendait l'Espagne seule maîtresse de la région. L'île d'Hispaniola, première colonie des Espagnols, devient une importante base arrière dans les Caraïbes, et le premier véritable relais de l'expansion ibérique vers le continent. L'Espagne se focalise sur des espaces précis, négligeant les grandes surfaces ou laissant des territoires hostiles aux autochtones. Leur reconversion en esclaves se révélant une tâche difficile, les conquistadors optent pour une solution radicale qu'ils connaissent déjà : se servir en Afrique. En Guadeloupe, l'importation des esclaves commencera plus tardivement (1644).

Arrivée des premiers colons en Guadeloupe

Après l'île de Saint-Christophe (actuelle Saint Kitts), la Compagnie des Isles d'Amérique missionne Charles Liénard et Jean Duplessis, sieur d'Ossonville, pour coloniser une ou plusieurs îles non habitées, comme la Guadeloupe, la Martinique ou la Dominique. Les premiers colons arrivent à la Martinique en 1635. La jugeant inhospitalière, ils s'établissent en Guadeloupe. Ils s'installent tout d'abord à Sainte-Rose puis se déplacent à Basse-Terre et Capesterre Belle-eau. Mal organisée, l'expédition rencontre de nombreuses difficultés, notamment la famine et les épidémies. Les colons observent les « sauvages », apprennent leur savoir-faire et découvrent la culture du manioc, de la patate douce, de l'igname... Les biens indigènes sont très vite convoités et les colons passent à l'attaque ! Ces épisodes conflictuels reflètent parfaitement la mentalité coloniale des débuts. En 1616, Charles Houël, sieur de Petit Pré (1616-1682), devient le gouverneur de la Guadeloupe. Il accueille un contingent de femmes afin de les marier aux colons candidats.

La société coloniale

Le planteur (dit « maître case ») est au sommet de la pyramide sociale. Il est propriétaire d'une surface agricole qu'il exploite par l'intermédiaire d'un commandeur (homme de confiance) ou d'un gérant et d'un certain nombre d'esclaves ou d'engagés (les « 36 mois »). Il vit dans la « plantation » d'où il dirige ses affaires. On distingue généralement les Noirs d'Afrique, aux travaux des champs, et les Créoles nés sur l'île, aux travaux domestiques. Le terme de ***nègre marron*** désigne un esclave en fuite. Le colon qui n'appartient pas à la classe convoitée des planteurs est appelé « petit-blanc » (péjoratif) ou encore « petit- habitant ». De par ses faibles moyens, il est souvent confondu avec l'engagé.

1648 Côté commerce, les affaires ne s'arrangent pas. La France va mal et la compagnie de Richelieu connaît la banqueroute en 1648. On vend donc « les biens ». Toutes les îles de la compagnie sont à céder. La Compagnie des Isles d'Amérique fait faillite et les îles sont à vendre : en 1648 Charles Houël achète l'archipel de la Guadeloupe avec son beau-frère. Les premiers colons français s'installent aux Saintes.

Les îles des Saintes ont une importance militaire en raison de leur emplacement stratégique et constituent le lieu de plusieurs batailles en mer.

1666 Le 15 août 1666, la France est victorieuse de la flotte anglaise. Les Anglais, malmenés par le passage d'un cyclone, sont mal en point et battus par les troupes de la garnison des Saintes. Le 15 août est d'ailleurs devenu le jour de la fête patronale des Saintes célébrée chaque année.

Jean-Baptiste Labat

1663-1738 Plus connu sous le nom de père Labat, ce botaniste et explorateur était un missionnaire dominicain. Il a été, à ce titre, le chroniqueur des premières années de colonisation des Antilles. Auteur du célèbre ouvrage *Nouveaux Voyages aux îles françaises d'Amérique*, il est considéré comme le « père » du rhum : afin de soigner une fièvre, il élabore une eau de vie qui deviendra la recette du rhum. Le Rhum du Père Labat qui porte son nom est produit sur l'île de Marie-Galante.

1664 Jean-Baptiste Colbert fait constituer la Compagnie des Indes occidentales. Les îles, dont la Guadeloupe, reviennent à la Couronne.

1674 La Compagnie des Indes occidentales fait faillite et est dissoute, mais l'Exclusif est maintenu : la France maintient un monopole commercial avec ses colonies.

Code noir, « édit sur la police des esclaves »

1685 Établi par Colbert et promulgué en 1685 sous l'égide de Louis XIV, ce code civil à l'usage des colons dans les Antilles françaises comporte 60 articles. Le statut, ou plutôt l'absence de statut juridique des esclaves y est largement détaillé, et donnera lieu à d'autres versions ultérieures. Le fond reste le même : l'utilisation massive des hommes et des femmes pour les plantations de la canne à sucre devait être réglementée pour « le bien de l'ordre public », et ne devait donner lieu à aucune familiarité avec les esclaves. Alors qu'en métropole des voix s'élèvent déjà contre ce système, dans les colonies, tout était permis. La « chosification » de l'homme apparaît comme le trait le plus violent du Code noir.

1691-1816

Occupation anglaise

Période pendant laquelle la Guadeloupe est à de nombreuses reprises occupée par les Anglais.

1720

Gabriel de Clieu, gouverneur de la Martinique, introduit le café aux îles.

19 FÉVRIER 1763

Traité de Paris

Sous Louis XVI (1774-1791), les finances sont au plus bas, ce qui n'empêche pas le roi d'apporter son soutien financier aux treize colonies américaines qui combattent pour obtenir leur indépendance vis-à-vis de l'Angleterre. La France cherchant à prendre sa revanche sur l'Angleterre depuis la guerre de Sept Ans (1756-1763), le traité de Paris signé le 19 février 1763 met fin à cette guerre à l'échelle mondiale qui oppose d'un côté la Grande-Bretagne, la Prusse et Hanovre et de l'autre la France, l'Autriche, la Suède, la Saxe, la Russie et l'Espagne. Elle divise les colonies et, entre autres, octroie des possessions françaises à la Grande-Bretagne.

1782

Bataille des Saintes

Elle se déroule du 9 au 12 avril 1782 entre la flotte anglaise menée par les amiraux Samuel Hood et Georges Rodney et la flotte française dirigée par le Comte de Grasse. La France a pour objectif de prendre possession de la Jamaïque, alors colonie anglaise.

Le Comte de Grasse part de la Martinique à destination de la Jamaïque le 7 avril 1782 avec ses 35 navires de ligne et 100 navires de transport. La flotte anglaise se lance à sa poursuite et, dotée de navires plus rapides, les rattrape rapidement. Le Comte de Grasse se réfugie près de la Guadeloupe, sous le vent de la Dominique, et se met en ordre de bataille pour faire face à l'ennemi. Les Français finissent par se retrouver pris en tenaille entre les bateaux britanniques et les côtes de l'île de la Dominique. Les deux flottes s'affrontent alors pour leurs possessions ; les Anglais en sortent vainqueurs, infligeant de grosses pertes aux Français, mais ne s'en sortent pas indemnes pour autant. Le comte de Grasse se rend avec son bateau amiral, laissant le reste de la flotte s'enfuir. Bien que composée encore de 40 navires, la flotte française, privée de son commandant, ne poursuit pas le projet d'envahir la Jamaïque. Cette défaite française assure alors la suprématie anglaise dans les guerres de conquête et d'occupation qui opposaient les différentes puissances maritimes de l'époque.

3 SEPTEMBRE 1783

Traité de Versailles

La bataille des Saintes est le dernier combat dans ces eaux, car en 1783, la France, l'Angleterre et l'Espagne signent un traité de paix qui délimite la frontière entre leurs différentes colonies. La signature du Traité de Versailles (1783) permet aux Français de reprendre l'archipel de Tobago et l'île de Sainte-Lucie. Ce traité est signé le même jour que le Traité de Paris qui met un terme à la guerre d'indépendance des Etats-Unis. Les Anglais occupent à nouveau les Saintes de 1794 à 1802. Les Saintes deviennent définitivement françaises en 1816.

1787

La Guadeloupe se dote d'une Assemblée coloniale pour se protéger de la Révolution.

1789

La Guadeloupe envoie cinq députés à l'Assemblée constituante.

1793

L'envoyé de l'Assemblée législative, Jean Baptiste Raymond Lacrosse, arrive en Guadeloupe avec le drapeau tricolore.

1794 Décret d'abolition de l'esclavage (Convention). Les Anglais occupent la Guadeloupe, mais Jean-Baptiste Victor Hugues reprend possession de l'île et introduit la guillotine.

1802 Napoléon Ier rétablit l'esclavage.

1766-1802

Louis Delgrès

Il représente le symbole de la résistance au rétablissement de l'esclavage. Colonel dans l'armée française, il est chargé de la protection de la Guadeloupe contre d'éventuels envahisseurs. Mais en 1802, Bonaparte veut rétablir l'esclavage aboli depuis 1794. Il décide de quitter l'armée pour organiser la résistance et prend la tête d'un groupe. Delgrès, avec 300 hommes, atteint les hauteurs de Matouba en Basse-Terre. Ils sont poursuivis par les 1 800 hommes de Richepance, envoyé par Bonaparte. Se voyant perdus, Delgrès et sa troupe décident de mourir ensemble et se font exploser avec toute la poudre encore en leur possession le 28 mai au cri de « Vivre libre ou mourir ».

© GILLES MOREL

1815 Interdiction de la traite négrière. Elle ne sera respectée qu'en 1831.

1843

Tremblement de terre

L'île est touchée très sévèrement et un incendie ravage Pointe-à-Pitre faisant environ 3 000 morts. Avec la reconstruction, la Guadeloupe entame l'ère industrielle. Les deux premières usines sucrières apparaissent. On en comptera 11 en 1863.

1848

Abolition de l'esclavage

Le décret pour l'abolition de l'esclavage est signé le 27 avril 1848 sous l'impulsion de Victor Schœlcher. L'abolition de l'esclavage est fêtée le 27 mai (jour férié) en Guadeloupe et à Saint-Martin, le 9 octobre à Saint-Barthélemy. L'événement est célébré un jour différent selon la date d'application du décret sur chaque île (le 22 mai en Martinique, le 10 juin en Guyane). Louisy Mathieu, ex-esclave, est élu représentant de la Guadeloupe (IIe République).

© GILLES MOREL

Victor Schœlcher.

1851 La Banque coloniale (Banque de la Guadeloupe, l'actuelle Banque des Antilles françaises, BDAF) est créée.

DÉCOUVRIR

1854 - 1887

Début de l'immigration indienne

Après l'abolition de l'esclavage, les propriétaires ont besoin de main d'œuvre. Ils font venir des travailleurs d'Inde («engagés ») qui disposent d'un contrat de 5 ans minimum. Mais les conditions du contrat ne sont pas respectées : ils sont mal nourris et manquent de soins entraînant une forte mortalité. Une négligence source de la rupture de l'accord entre la France et l'Angleterre. Après 96 voyages, l'immigration indienne est suspendue en Guadeloupe et en Martinique en 1887. Le dernier voyage s'effectue en 1885 avec 461 engagés. En 33 ans, quelque 42 000 Indiens sont arrivés en Guadeloupe.

1871

IIIe République

Représentation des colonies à l'Assemblée nationale, à la Chambre des députés, puis au Sénat. De nombreuses réformes sont lancées en France (laïcité, gratuité de l'enseignement, etc.) et sont répercutées en Guadeloupe.

1883

Le lycée Carnot est créé à Pointe-à-Pitre.

1897

Tremblement de terre, Pointe-à-Pitre est partiellement détruite.

1898

Hégésippe Jean Légitimus, l'un des fondateurs du Parti socialiste, est président du Conseil général.

1913

Première Guerre mondiale

Comme la Martinique, la Guadeloupe du gouverneur Emile Merwart est touchée par la guerre de 1914-1918. Les deux îles fournissent des renforts en hommes : 25 000 combattants, dont plus de 6 000 pour la Guadeloupe (1 027 morts). Les premiers conscrits partent en octobre 1913. Sur le front, les « Poilus d'outre-mer » sont un peu partout, même dans la célèbre bataille des Dardanelles. Le service militaire est instauré dans les colonies.

La guerre permet à la Guadeloupe d'exporter du rhum massivement jusqu'en 1922.

1922

Entrée timide de la banane dans l'économie

Après la Première Guerre mondiale, la Guadeloupe renoue avec un contexte économique défavorable. L'optimisme déclenché par le commerce du rhum s'estompe rapidement et les cours mondiaux du sucre s'effondrent, pour cause de surproduction. C'est à cette même période que la culture de la banane commence. Les premières plantations datent de 1922, à Gourbeyre et à Saint-Claude.

1928

Un cyclone balaye l'île

Cyclone dévastateur avec mer déchaînée et vents très violents : les morts se comptent par centaines, les blessés sont éparpillés sur l'île, les cultures anéanties, Basse-Terre est balayée. Pointe-à-Pitre, noyée, déplore de sérieux dommages.

1940

Constant Louis Sylvain Sorin, gouverneur vichyste, arrive en Guadeloupe. Il partira en juillet 1943. Marquée par un effort de guerre local et de restrictions, cette période de gouvernance est appelée « *An tan sorin* » (*Au temps de Sorin*).

1946 **La Guadeloupe devient département français**

La nomination en 1943 d'un haut-commissaire pour les Antilles signe la fin du régime de Vichy et la libération du territoire. Les communistes et les socialistes, vainqueurs des élections, soutiennent la loi de départementalisation. Elle est promulguée le 19 mars 1946. La Guadeloupe devient un département d'outre-mer (DOM).

14 FÉVRIER 1952 **« Massacre de la Saint-Valentin »**

Alors qu'un mouvement d'ouvriers et de paysans de l'industrie sucrière survient, il est violemment réprimé par les forces de l'ordre (4 morts et 14 blessés chez les habitants de l'île).

1960 Charles de Gaulle effectue une visite Guadeloupe du 3 au 4 mai. Le Président de la République présente des décrets ayant pour but de renforcer les pouvoirs de consultation des Conseils généraux dans les départements d'outre-mer.

1961 Le Bureau des migrations des départements d'outre-mer (BUMIDOM) est créé et prend en charge l'organisation de flux migratoires vers l'Hexagone.

1961-1965 Période marquée par des troubles indépendantistes.

1964 Création du quotidien régional *France-Antilles*.

MAI 1967 Des ouvriers mènent une grève pour obtenir 2 % d'augmentation. Mais des affrontements sanglants entre des grévistes et les forces de l'ordre font entre 7 et 87 morts (un bilan encore incertain à l'heure actuelle !).

1971 Inauguration de l'aéroport du Raizet à Pointe-à-Pitre.

1976 Éruption de la Soufrière. Près de 75 000 habitants de la Basse-Terre sont évacués vers la Grande-Terre.

1979 Passage du cyclone David.

1983 Création du Conseil régional de la Guadeloupe. L'adoption de la loi de décentralisation érige alors la région en collectivité territoriale, faisant de la Guadeloupe l'une des 26 régions françaises.

1989 **Cyclone Hugo**

Le cyclone passe sur la Guadeloupe le 17 septembre. Les rafales de vent dépassent les 300 km/h, et détruisent une très grande partie de l'archipel. Plus de 60 % de la récolte de canne à sucre, 100 % de la récolte de bananes ont été saccagés.

Les réparations coûteront plus de 4 milliards de francs. Environ 25 000 personnes se sont retrouvées sans abri et 35 000 en situation de sinistrés. Le bilan humain est lourd avec 107 blessés et entre 7 et 11 décès (sources divergentes).

1991

La Désirade est reliée

Une canalisation sous-marine de 14 km est construite pour acheminer l'eau douce de la Guadeloupe jusqu'à la Désirade.

JANVIER 1994

À Marie-Galante, une première

Sur l'île de Marie-Galante, Saint-Louis, Capesterre et Grand-Bourg sont constituées en communauté de communes, la première des DOM.

MAI 1998

Élection de Lucette Michaux-Chevry à la présidence de la région Guadeloupe.

1998

Célébration du 150e anniversaire de l'abolition de l'esclavage.

1999

Déclaration de Basse-Terre

Signée conjointement par les présidents des conseils régionaux Lucette Michaux-Chevry, Alfred Marie-Jeanne (Martinique) et Antoine Karam (Guyane), la déclaration se donne pour objectif de rendre public le bilan négatif de ces trois départements. La banane est au centre de la bataille commerciale que se livrent les États-Unis et l'Europe.

10 MAI 2001

Le gouvernement français reconnaît la traite et l'esclavage en tant que crime contre l'humanité.

2002

Crise économique

L'économie guadeloupéenne est en crise : le tourisme est touché par l'effet du 11-Septembre et la production bananière est sinistrée.

DÉCEMBRE 2003

« Non » à la reforme institutionnelle

Référendum sur l'avenir institutionnel : le « non » l'emporte avec 72,98 % des suffrages et un taux d'abstention de 49,66 %. La réforme proposait la création d'une collectivité territoriale unique se substituant à la région et au département. Cette assemblée unique aurait bénéficié de compétences en termes de politique culturelle, sportive, de transports, de fiscalité, d'urbanisme.

21 NOVEMBRE 2004

Un violent séisme

Un séisme de magnitude 6,3 réveillait la Guadeloupe à 7h41. Son épicentre se situait entre les Saintes et la Dominique. On déplore une victime (une fillette) à Trois-Rivières et des dégâts importants aux Saintes.

2005

Référendum sur la Constitution européenne

La Guadeloupe répond « oui » avec 58,6 % (faible participation de 30 %). Le comité de gestion de la Commission européenne débloque au total une aide de 110 millions d'euros pour la banane antillaise.

2007

Saint-Martin et Saint-Barthélemy quittent le Guadeloupe

Saint-Martin et Saint-Barthélemy se détachent de la Guadeloupe et deviennent des collectivités d'outre-mer.

17 AOÛT 2007

Le cyclone Dean (catégorie 3) dévaste une partie des plantations de bananes. Ses effets sont beaucoup plus dévastateurs sur la Martinique.

2009

Mouvement de grève générale

Le 20 janvier, le collectif Lyannaj Kont Pwofitasion (LKP), composé des syncicats et d'une quarantaine d'associations, a lancé une grève générale qui a bloqué entièrement l'économie de l'île pendant 44 jours. L'un des plus longs mouvements sociaux qu'aient connus les Antilles. La Martinique rejoignait la Guadeloupe le 5 février. Le 4 mars, Élie Domota, porte-parole du LKP, signait « l'accord Bino », du nom du syndicaliste tué durant la grève.

MAI 2012

Fortes inondations dans la région de Pointe-à-Pitre. Élections législatives portant à l'Assemblée nationale 4 députés de la majorité de gauche.

16 MAI 2012

Victorin Lurel est nommé ministre des Outre-mer dans le gouvernement de Jean-Marc Ayrault (socialiste). Il est remplacé à la présidence du Conseil régional par Josette Borel-Lincertin, élue le 3 août 2012.

10 MAI 2015

Jour de la commémoration de l'abolition de l'esclavage en France hexagonale, le Président de la République François Hollande inaugure le Mémorial ACTe, centre d'expression caribéen de mémoire de la traite et de l'esclavage en présence de chefs d'État de la Caraïbe et d'Afrique.

18 DÉCEMBRE 2015

Ary Chalus devient le 6e président du Conseil régional en obtenant 57,52 % des voix au second tour face au président sortant, Victorin Lurel.

19 SEPTEMBRE 2017

Passage de l'ouragan Maria, évalué en catégorie 5. On compte deux morts et deux disparus en mer, ainsi que de nombreux dégâts (bananeraies et végétations de l'île) ont été recensés.

27 JUIN 2021

Ary Chalus (LRM) est réélu pour un deuxième mandat à la tête du Conseil régional avec 72,43 % des voix au second tour.

FIN D'ANNÉE 2021

Le mouvement social fin novembre 2021

Suite à l'obligation vaccinale des soignants et à l'application du pass sanitaire, le LKP, initiateur du conflit social qui avait duré 44 jours en 2009, lance un nouvel appel à la grève générale à compter du 15 novembre 2021 pour soutenir les soignants et reprendre également la plateforme de revendications de 2009 concernant la vie chère, le scandale du chlordécone, le manque d'eau, le taux de chômage élevé... Le mouvement donne lieu à de multiples blocages des axes routiers, à des pillages, des saccages de commerces, des incendies et heurts violents avec les forces de l'ordre pendant plusieurs nuits. Si le mouvement s'essouffle au fil des mois, les revendications restent toujours d'actualité.

TOP 10

PERSONNAGES HISTORIQUES

Compte tenu du passé de l'île, ces personnages sont liés à la période esclavagiste. De par leurs actions, combattantes ou intellectuelles, ils ont contribué chacun à leur époque au combat pour l'abolition de l'esclavage ou à la lutte contre le racisme.

CAMILLE MORTENOL

Fils d'un ancien esclave affranchi, il est un des premiers Antillais à entrer à Polytechnique en 1880.

CHEVALIER SAINT-GEORGES

Né en 1745 d'un colon et d'une esclave, ce musicien virtuose était surnommé le « Mozart noir ».

© HARRIS BRISBANE DICK FUND, 1953 / THE MET

© LACROIX CHRISTINE - SHUTTERSTOCK.COM

LOUIS DELGRÈS

Fils d'un procureur du roi, colonel de l'armée française, il se révolte contre le rétablissement de l'esclavage de 1802.

SOLITUDE

Figure de la rébellion contre l'esclavage, elle sera suppliciée après son accouchement en 1802.

© GILLES MOREL

FERDINAND JOSEPH L'HERMINIER

Il se distingue par son courage lors d'une épidémie de choléra en 1865 et obtient la Légion d'honneur.

SAINT-JOHN PERSE

Menant une carrière de diplomate de haut rang mais aussi de poète, il reçoit le prix Nobel de littérature en 1960.

GABRIEL BOUSCAREN

Ce militaire mulâtre s'illustre lors de conflits au XIXe siècle. On attribue des pouvoirs surnaturels à sa sépulture.

HENRY SIDAMBAROM

Il lutte jusqu'à sa mort en 1952 pour l'accession aux droits civiques des Guadeloupéens d'origine indienne vivant sur l'île.

© GILLES MOREL

JOSEPH IGNACE

Né esclave puis militaire, il refuse de se soumettre lorsque l'esclavage est rétabli en 1802.

GERTY ARCHIMÈDE

Première femme noire à devenir avocate et seconde à entrer à l'Assemblée nationale en 1946.

© GILLES MOREL

LES ENJEUX ACTUELS

Ces 15 dernières années, la Guadeloupe a été émaillée de revendications sociales, que ce soit en raison du coût de la vie, des enjeux sanitaires (chlordécone, obligation vaccinale, accès à l'eau potable...), de l'état des infrastructures (incendie du CHU, état du réseau de distribution de l'eau) ou pour demander davantage de postes et de formations pour les jeunes. Si dernièrement l'économie locale a été malmenée par la pandémie et par l'inflation générée par la guerre en Ukraine, le tourisme recommence tout juste à renouer avec son niveau d'avant-crise. L'archipel est également vulnérable aux aléas climatiques. Le passage de la tempête Fiona en septembre 2022 l'a rappelé en causant de nombreux dégâts : dégradation du réseau de distribution d'eau déjà défaillant, enlisement de la marina de Rivière-Sens, Musée du Café sinistré... L'ouragan Tammy en octobre 2023 a causé lui-aussi d'importants dégâts.

Le tourisme en croissance

L'archipel a connu une crise au début des années 2000, provoquant la fermeture de plusieurs hôtels. Puis, en 2009, les évènements sociaux ont provoqué un quasi-arrêt de l'économie sur l'île pendant 44 jours. Le tourisme a alors subi une baisse conséquente. Ces dernières années, le secteur touristique connaissait une embellie, jusqu'au coup d'arrêt porté par la crise sanitaire. Depuis, l'archipel renoue doucement avec son niveau d'avant-crise, grâce notamment au fort attachement des voyageurs pour cette destination, qui se classe souvent dans le Top 10 des destinations les plus populaires durant l'hiver.

Si les conflits sociaux ont alimenté, au fil des ans, une image négative de la qualité du service. Le travail de communication du Comité du Tourisme sur l'importance de l'économie touristique porte ses fruits : la population, les salariés du secteur sont sensibilisés. Et les visiteurs sont charmés ! Environ 85 % des touristes de loisirs et 94 % des visiteurs pour raison professionnelle envisagent de revenir. Les croisières dans les Caraïbes amènent également de nombreux touristes dans l'archipel. L'île accueille deux types de croisières, celle de transit lorsque le navire effectue uniquement une escale d'une journée et celle dont le départ s'effectue de la Guadeloupe. L'île s'impose au fil des ans comme une étape incontournable en la matière. Deux compagnies, MSC et Costa, accostent à Pointe-à-Pitre, Basse-Terre ou aux Saintes. La Guadeloupe a accueilli 300 000 croisiéristes durant la saison 2022-2023. L'aéroport Guadeloupe-Pôle Caraïbes avait battu son record en 2019 en accueillant un peu plus de 2,4 millions de passagers. La plateforme espère atteindre les 3 millions de passagers d'ici 2025 malgré l'épisode de la crise sanitaire et l'augmentation généralisée du prix des billets.

La canne à sucre au cœur de l'agriculture locale.

© SHUTTERSTOCK - KBARDI

Port de pêcheurs à Deshaies.

Le poids économique du secteur agricole

L'économie de la Guadeloupe repose sur des secteurs traditionnels, comme bien sûr le tourisme (11 % du PIB), mais aussi l'agriculture, l'agro-transformation ou la pêche. D'autres secteurs en croissance gagnent en importance comme les énergies renouvelables, la construction en milieu tropical, les déchets, l'eau, l'assainissement, le numérique, les industries de la communication, culturelles et créatives, mais aussi les services à la personne et la "silver économie" avec le vieillissement de la population.

Les importations de biens et de produits sont ici bien plus élevés que les exportations. Les cultures historiques de canne à sucre et de bananes concentrent la majeure partie des aides de la politique agricole commune européenne dans l'archipel. Si les ventes de rhum à l'export continuent de progresser, la banane de Guadeloupe peine à tirer son épingle du jeu face à la concurrence internationale. Les exportations ont diminué de 8 % en 2022. Des productions vulnérables face aux aléas climatiques de plus en plus menaçants. Face à ces diverses pressions, les producteurs s'organisent et mutualisent leurs efforts pour se démarquer.

Par ailleurs, plusieurs agriculteurs dans l'archipel tentent de revenir à un mode de production plus traditionnel et plus durable, à l'image de l'agroforesterie ou du retour au jardin créole comme au temps des anciens… Avec pour objectif de se détacher des produits importés souvent chers et à l'empreinte carbone plus importante et de tendre vers l'autosuffisance alimentaire. Aubergines, courgettes, tomates, courges, avocats, spiruline, pleurotes, melon, patates douces, café, cacao, vanille… Tous ces produits poussent en Guadeloupe !

D'autres secteurs économiques importants mais fragiles

La part du secteur tertiaire est prédominante en Guadeloupe, puisqu'elle représentait 83% des emplois en 2020 (source INSEE). L'administration publique, la santé, l'enseignement ou l'action sociale emploient de nombreux Guadeloupéens (plus de 40 % des emplois en 2020). L'importance de l'administration remonte à la départementalisation en 1946 et à l'ouverture des recrutements dans les années 1960-1970. Le service public est alors présenté comme un "idéal républicain", mais le recrutement d'Hexagonaux à des postes hiérarchiquement élevés et le départ de Guadeloupéens vers l'Hexagone pour y être recrutés favorise les tensions.

Le secteur de la construction est également important dans l'économie guadeloupéenne, et comptait plus de 7 200 salariés en 2022 qui travaillaient majoritairement sur des activités de travaux publics, de voiries et réseaux divers. En berne depuis 2014, le BTP affichait des signes de reprises depuis 2018 avec notamment des commandes de chantiers importants (construction du nouveau CHU et extension de l'aéroport). Mais la crise sanitaire, l'augmentation du prix des matières premières et la pénurie de main-d'œuvre ont ralenti l'activité. Le secteur doit également se réinventer pour réduire son empreinte carbone et s'adapter aux nouvelles normes de construction environnementales.

Directement lié au secteur de l'hôtellerie-restauration, le secteur de la pêche déjà en difficulté a fortement été impacté par la crise sanitaire. Une période difficile qui a mis en exergue le manque d'infrastructures et la flotte vieillissante. Des problématiques auxquelles les collectivités et les subventions européennes ont tenté de répondre ces dernières années. Malgré cela, le secteur est en plein questionnement sur sa restructuration et doit désormais faire face à l'augmentation des prix du carburant, la raréfaction des poissons et le manque d'attractivité de la profession chez les jeunes.

Structures politiques

Si les régions de l'Hexagone regroupent plusieurs départements, les régions d'outre-mer se présentent sous une forme mono-départementale, c'est-à-dire que le même territoire est à la fois un département et une région. Les deux conseils siègent à Basse-Terre, capitale administrative de la Guadeloupe et chef-lieu.

Le Conseil régional de la Guadeloupe est dirigé depuis 2015 par Ary Chalus, sous les couleurs du GUSR (Guadeloupe Unie Solidaire et Responsable), qui a été réélu en juin 2021. Depuis cette même date, le Conseil départemental est présidé par Guy Losbar, président du GUSR. Pendant longtemps, la question de la fusion du Conseil départemental et du Conseil régional en collectivité unique a divisé les élus guadeloupéens. Mais depuis les élections de 2021, Ary Chalus et Guy Losbar œuvrent ouvertement pour préparer la transition. La Martinique et la Guyane sont devenues des collectivités uniques en 2015.

LA GUADELOUPE FACE À SON DESTIN

UNE CRISE SOCIALE PROFONDE

En 2009, à l'initiative de 46 organisations syndicales, politiques, associations diverses regroupées sous le nom LKP (Lyannaj Kont Pwofitasion), un mouvement de grèves a paralysé l'île pendant près d'un mois et demi. Pas moins de 165 points de revendication, dont les plus significatifs tournaient autour du pouvoir d'achat, des faibles revenus et une demande de considération de « la vie chère » pour les Ultramarins. Ces 44 jours de crise sociale et économique ont profondément marqué la Guadeloupe et sa population. L'économie de l'île a mis quelques années à s'en remettre, notamment le tourisme. Le secteur a connu de très belles années avant la pandémie, notamment en 2019, année de référence des professionnels du secteur.

Pandémie et crise sociale

Le virus de la Covid-19 a été fatal à plus de 1 000 personnes en Guadeloupe (sur 388 000 habitants) avec une 4e vague particulièrement violente. La pandémie a mis à mal l'économie de l'île, renforçant la pauvreté sur l'île et accentuant les inégalités. L'obligation vaccinale des soignants et du *pass* sanitaire ont été les déclencheurs d'un mouvement social fin novembre 2021. Cet appel à la grève générale a été initié par le Lyannaj Kont Pwofitasion et autres d'organisations. Si ce mouvement a provoqué, non seulement des barrages sur de très nombreux axes routiers de l'île, il a également donné lieu à des actes de violence, des pillages de commerces, des incendies, des affrontements avec les forces de l'ordre, dont certains avec échanges de coups de feu.

Les raisons de la réticence à la vaccination

Malgré la mortalité engendrée par le virus durant l'été 2021, seuls 33 % des Guadeloupéens sont vaccinés au moment de la grève fin novembre. Plusieurs raisons sont avancées par les opposants au vaccin entre le manque de confiance envers le vaccin ARN et son éventuelle toxicité pour le corps humain (entretenue par de nombreuses publications non étayées sur les réseaux sociaux), mais également le décès de Jacob Desvarieux, membre du groupe Kassav, qui malgré une triple vaccination, n'a pas survécu au virus en raison de graves comorbidités.

Le choix de privilégier la pharmacopée locale, la défiance envers l'État et les élus sont également mis en avant. Cette défiance ou ce manque d'intérêt pour la classe politique, s'était d'ailleurs fait ressentir lors des élections régionales et départementales avec de faibles taux de participation.

Le scandale provoqué par le chlordécone est une autre raison invoquée. Ce pesticide a été utilisé à grande échelle dans les bananeraies des Antilles, pour lutter contre le charançon, un insecte qui attaque les cultures de bananes. Reconnu comme perturbateur endocrinien, il a été interdit en France dès 1990, mais grâce à des dérogations, il a pu être utilisé jusqu'en 1993 dans les Antilles. Sa molécule, très rémanente, s'est répandue dans les sols et les rivières qui d'après certaines études sont contaminés pour des siècles. Les Guadeloupéens et Martiniquais ont ainsi consommé des aliments contaminés, qu'il s'agisse de fruits, légumes, poissons, viandes. Les cancers (notamment de la prostate) sont plus nombreux et plus sévères dans les Antilles que dans l'Hexagone, notamment chez les salariés et exploitants agricoles.

D'autres problématiques en ligne de mire

L'eau, encore plus cruciale en période de pandémie, fait toujours régulièrement défaut aux robinets de certains habitants. La vétusté du réseau ne permet plus d'alimenter tous les secteurs de l'île au même moment car la perte s'élève à plus de 60 % à cause de multiples fuites. Afin d'obtenir une pression suffisante, des tours d'eau sont organisés. Le problème s'amplifie depuis trois décennies et nécessite quelque 900 000 millions d'euros pour y remédier. Si les hébergements touristiques ont pu se doter de citernes pour pallier ce manque d'eau, la population la moins aisée n'a d'autre solution que de patienter. En 2021, un syndicat mixte a été créé (SMGEAG), des fonds ont été engagés par l'État afin de mener des travaux majeurs de réfection, qui pourraient prendre plusieurs années.

Le taux de chômage élevé (plus de 18,6 % en 2022 et avec un 1 actif sur 3 sans emploi) et le coût élevé de la vie sur l'île, contribuent au mal-être de la population qui se sent délaissée par les pouvoirs publics. Un sentiment amplifié depuis l'incendie du CHU de Pointe-à-Pitre en 2017. L'hôpital, ne pouvant fonctionner normalement depuis cet évènement, a dû péniblement faire face à la quatrième vague de malades de la Covid. À noter qu'un nouveau CHU est en construction. Sa livraison prévue pour fin 2024 permettra aux Guadeloupéens de disposer d'un des premiers hôpitaux français dotés d'équipements de toute dernière technologie.

ARCHITECTURE

Composée de diverses influences, l'architecture de la Guadeloupe a été fortement marquée par la colonisation de l'île et l'esclavage dont elle fut le triste théâtre. Après l'abolition de l'esclavage, l'architecture a évolué pour répondre aux besoins de populations désormais libres, mais économiquement précaires. D'une façon générale, qu'il s'agisse d'une architecture populaire ou plus prestigieuse, les charpentiers de marine, comme ailleurs aux Caraïbes, ont durablement influencé les constructions locales. Si aujourd'hui l'île est en quête d'un renouveau architectural au travers de grandes institutions et de projets contemporains, il est nécessaire de penser des bâtiments et habitations résistants aux aléas météorologiques et aux risques sismiques. Ainsi, les matériaux utilisés sont avant tout étudiés pour résister aux vents violents, aux séismes et aux incendies.

Habitations et bâtiments : entre histoire coloniale, tourisme et normes antisismiques

Les plus anciennes constructions de l'île sont les constructions amérindiennes. Ces habitations, situées au bord des rivières et des plages, ont disparu à la suite de la colonisation de l'île. Aujourd'hui il n'en reste que les croquis et descriptions faites par les premiers colons, conservés précieusement dans les archives des médiathèques de Guadeloupe. Des villages et huttes reconstituées sont néanmoins visibles sur l'île de la Dominique.

Durant la colonisation, les maisons de maître se développent, prenant souvent le nom du type de production qu'elles réalisent. Ainsi, on parle d'habitation-sucrière, caféière ou autre pour les désigner. Dans la maison principale vivent le propriétaire et sa famille, tandis que les esclaves qui lui appartiennent vivent sur sa propriété dans des villages appelés « rue case-nègre ». Visibles de loin, ces maisons sont de style Louisiane et font souvent office de musées aujourd'hui. Pour la petite histoire, la **Maison Zévallos** (p.211), entre Le Moule et Saint-François, a été créée à la suite d'une commande de la Louisiane à l'atelier de Gustave Eiffel. Cependant, le bateau transportant l'édifice eut des ennuis techniques durant son voyage pour les États-Unis et dut faire escale en Guadeloupe. Le capitaine déchargea les marchandises et vendit deux maisons à de riches propriétaires afin de payer les frais de réparation de son bateau, introduisant ainsi le style Louisiane dans l'île !

Maison Zévallos, près du Moule.

En ville, vous observerez avec intérêt de riches demeures contemporaines juxtaposées aux anciennes maisons de maître. Toutes font partie du patrimoine : **maison Saint-John Perse** (p.113) à Pointe-à-Pitre, **Habitation Zévallos** (p.211) et **Habitation Néron** (p.210) au Moule, **château Murat** (p.351) à Marie-Galante, **fort Delgrès** (p.285) à Basse-Terre, fort de l'Union (ou fort Louis), **fort Fleur-d'Epée** (p.143)…

Après l'abolition de l'esclavage, au XIXe siècle, les cases créoles traditionnelles apparurent. Les Guadeloupéens, désormais libres, s'installèrent sur les terrains vacants et y bâtirent leur maison. Les cases sont construites sur un plan carré et d'environ 5 à 6 mètres de côté (3 mètres pour les plus petites) et sont percées de plusieurs portes, jalousies (persiennes) et volets de bois. Elles sont traditionnellement coiffées d'un toit ondulé en pente, pour faciliter l'écoulement des eaux lors des averses, très fréquentes. Pour empêcher l'humidité, la case en bois est posée sur de grosses pierres, ou montée sur des poteaux métalliques fichés dans le sol. Bâti sur un modèle simple à deux pièces, cet habitat modeste peut être complété par une véranda périphérique ou une galerie en façade, avec un espace toilette, ou une cuisine extérieure. Une cour, un jardin potager avec l'arbre du fruit à pain nourricier et une basse-cour complètent cet espace de vie traditionnel. Peu résistantes, beaucoup de ces cases ont été détruites durant le cyclone Hugo en 1989, et remplacées par de petites maisons en dur.

Dans les années 1930, le ministère des Colonies charge l'architecte Ali Tur (1889-1977) de reconstruire une centaine de bâtiments gouvernementaux détruits par le cyclone *Okeechobee* en 1928. Il introduit alors le béton armé qui rompt avec l'architecture traditionnelle en bois et en pierre et fait entrer la Guadeloupe dans une ère moderne avec des bâtiments publics adaptés aux conditions climatiques. **L'ancien palais de justice** (p.116) de Pointe-à-Pitre, la préfecture à Basse-Terre, la mairie du Lamentin, le palais du Conseil départemental, les **églises de Morne-à-l'Eau** (p.139) et **Baie-Mahault** (p.238) comptent parmi ses œuvres les plus emblématiques.

Si l'influence architecturale d'Ali Tur a connu son heure de gloire sur l'île, ces dernières décennies les architectes s'en sont libérés. Ainsi, dans les villas créoles modernes, l'ère du tout-béton est passée et l'architecture est revenue à des expressions post-traditionnelles qui empruntent autant à la maison de maître qu'à la case populaire. Une symbiose qui allie charpentes en bois et structures métalliques, associe grands volumes (sur un ou deux niveaux), vérandas bioclimatiques, pergolas, aux dentelles de fer forgé ou fanfreluches en bois sur les façades…

Dans le même temps, le développement du tourisme de masse en Guadeloupe a entraîné la construction de nombreux complexes hôteliers dont l'esthétique, malheureusement, jure un peu avec les paysages. Dans tous les cas, la règle principale est désormais le respect des normes paracycloniques et parasismiques en vigueur ainsi que des réglementations thermiques spécifiques.

Moulins : témoins de la puissance de l'industrie cannière

Au début du XVIIIe siècle, on dénombrait jusqu'à environ 300 moulins à travers l'archipel, entre ceux à vent, à eau et à bêtes. Longtemps indispensables à l'industrie de la canne à sucre, avant l'arrivée des machines à vapeur qui disposaient de broyeurs à plat de plus grande capacité, ces moulins et surtout leurs vestiges jalonnent encore les paysages de l'archipel. Celui de la distillerie Damoiseau à Bellevue, au Moule, en Grande-Terre a été entièrement reconstitué (la distillerie se visite). La distillerie Séverin, située à Sainte-Rose au nord de la Basse-Terre, est toujours dotée d'une roue à aubes utilisant l'eau d'une source en provenance de la montagne pour actionner les moulins de broyage.

Vous apercevrez de nombreux moulins lors de vos pérégrinations dans tout l'archipel et notamment sur l'île de Marie-Galante surnommée «l'île aux cent moulins ». Le moulin de Bézard, à Capesterre de Marie-Galante, a bénéficié d'une restauration lors d'un chantier-école encadré par les Compagnons du Tour de France avec l'aide de la Région Guadeloupe et de l'État, en 1995, et est inscrit aux monuments historiques.

Ces édifices sont, de nos jours, dans des états d'entretien malheureusement très divers, notamment dans le Nord Grande-Terre. Certains sont situés sur des propriétés privées, chez des particuliers. Vous ne pourrez que les observer de loin. La plupart sont à l'état d'abandon, masqués par la végétation et le fameux figuier maudit dont les racines aériennes parviennent à envelopper tout type de bâtiment au fil des ans. L'un des moulins les mieux conservés se situe sur le domaine du Relais du Moulin au Hélleux à Sainte-Anne. Récemment restauré, il dispose d'un escalier permettant d'accéder jusqu'en haut du bâtiment.

Modernité : La Guadeloupe sur la route du renouveau architectural

Depuis quelques années, la Guadeloupe connaît un renouveau architectural porté par des institutions renommées. En 2000, la Maison de l'Architecture de Guadeloupe (MAG) a été créée à l'initiative du Conseil Régional de l'Ordre des Architectes de Guadeloupe. Cette association s'est donné pour but de stimuler les projets d'architecture et d'urbanisme au moyen de rencontres, de débats et d'échanges. Ainsi, la MAG organise de nombreux événements afin de faciliter la compréhension de l'architecture et de permettre aux professionnels et artistes de se rencontrer. La Maison porte un projet à dimension sociale qui défend que la culture architecturale a le pouvoir de changer les sociétés et d'améliorer la qualité du cadre de vie. En 2020, la MAG lance son premier Prix de l'Architecture de Guadeloupe pour faire connaître la production architecturale contemporaine locale et inspirer de nouvelles vocations. Dans une mouvance similaire, bien que plus historique, l'impressionnant **Mémorial ACTe** (p.112) ou « centre caribéen d'expressions et de mémoire de la Traite et de l'Esclavage », situé à Pointe-à-Pitre, a ouvert ses portes en 2015. Le bâtiment, conçu par les architectes guadeloupéens Jean-Michel Mocka-Célestine, Pascal Berthelot, Mikhëm Marton et Fabien Doré, est un symbole fort dans une île marquée par l'esclavage et la traite. Cette institution muséale a été pensée sur le concept d'une boîte noire d'une surface de 7 800 m² encerclée par des racines d'argent. Symboliquement, la boîte noire est l'écrin de la mémoire, dans laquelle siège une exposition permanente, tandis que les racines représentent les âmes des milliers d'êtres humains disparus durant l'esclavage. Elles font aussi référence à la légende du figuier maudit, une plante qui prospère sur les ruines et les protège de l'anéantissement… Métaphore architecturale lourde de sens dans une île où le passé reste encore très présent.

BEAUX-ARTS

La culture créole imprègne tous les champs de la créativité guadeloupéenne. La mixité donne le ton au point que peu de noms semblent se démarquer du paysage artistique. Pourtant, depuis des siècles, de grands talents sont nés et se sont épanouis sur les îles. Dès la fin du XVIIIe, le peintre Lethière a ouvert la voie à une école néo-classique que l'on peut désormais découvrir au musée des beaux-arts de Saint-François. Les amateurs d'art contemporain auront quant à eux l'embarras du choix. Au gré de vos balades, amusez-vous à alterner entre les galeries d'art, éparpillées sur tout le territoire, et l'art des rues.Il faut savoir que les peintres guadeloupéens n'hésitent pas à passer de la toile aux façades. Nul doute que l'omniprésence de la créativité participe à la douceur de vivre locale. Les arts picturaux embellissent le quotidien au même titre que la musique, la danse, l'art vestimentaire ou encore la gastronomie. Régalez-vous !

Pionniers des Beaux-Arts

L'un des plus grands connaisseurs d'arts aux Antilles est certainement Jérôme Filleau qui dirige la Galerie avec son épouse Catherine. Sur la marina de Saint-François, ce lieu présente un choix éclairé d'œuvres principalement figuratives. Dans ses deux salles, des tableaux et des dessins des XIXe et XXe siècles, et même quelques œuvres plus anciennes, font connaître les premiers artistes guadeloupéens, tristement méconnus. Il faut dire que la plupart des peintres des siècles passés ont étudié ou fait carrière sur le continent européen. Citons le peintre et dessinateur Pierre-Jérôme Lordon (1779-1838), élève de Prud'hon, qui a laissé de très belles compositions de facture classique. Ou encore Jean-Baptiste Gibert, né à Pointe-à-Pitre en 1803. Souvent cité comme le plus grand talent de son temps, Guillaume Guillon Lethière (1760-1832) est né à Sainte-Anne d'une mère esclave. Récompensé du Prix de Rome, ce maître néo-classique enseigna en Europe. Ce n'est pas un hasard si Jérôme Filleau s'est vu confier la direction du **Musée des Beaux-Arts de Saint-François** (p.184). Ouvert depuis peu, ce lieu comble un réel manque dans l'archipel puisqu'il privilégie les artistes nés et travaillant en Guadeloupe. Sur les murs écarlates du musée, l'accrochage remonte aussi loin que le XVIe siècle avec les écoles italiennes, hollandaises et flamandes.

Un art issu de la rue

Après une longue période qui fait la part belle à d'autres formes d'expression, il faut attendre les années 1960 pour que des personnalités artistiques s'affirment haut et fort sur le sol guadeloupéen. Particularité locale, l'art de la rue émerge à peu près en même temps que les domaines plus traditionnels. Des thèmes similaires sont abordés, comme le passé colonial, la quête identitaire ou la générosité de la faune et de la flore, le tout baigné d'une lumière chatoyante.

Dans l'archipel, le dynamisme de la scène street art est assuré par les collectifs, ou crews, actifs

« Le Jugement de Paris », Guillaume Lethière, huile sur toile, 198 x 279 cm.

depuis les années 1980 : BCP, CAF, FDP ou KSA. Que ce soit dans les agglomérations ou en dehors, vos déplacements seront certainement jalonnés d'œuvres murales qui ne demandent que votre attention. De Baie-Mahault à Basse-Terre, de Sainte-Rose, à Grand-Bourg ou Morne-à-l'Eau, en passant par le cimetière du Gosier, les terrains vagues de Pointe-à-Pitre ou l'échangeur de Grand-Camp, les graffeurs peyi sont des génies ! À l'aide de bombes de peinture acrylique, les artistes (Jimmy Sheikboudhou, Philippe Laurent, mais aussi Pwos, CédrikBoucart, Pacman) embellissent l'île-papillon. Les supports les plus insolites exposent leurs créations murales, souvent de grand format : ponts, murs d'enceinte, entrepôts, ronds-points, transformateurs électriques, abribus. Se déploient dans une explosion de couleurs, de plages idylliques, de paysages tropicaux, de jungle, de couchers de soleil, de portraits de pêcheurs ou de femmes en costume traditionnel, de divinités ou encore de rastas à la chevelure de lion. Si nombre de ces graffs constituent des commandes de collectivités, cet art a si bien intégré le paysage culturel qu'il fait désormais l'objet de commandes privées.

Shuck One est considéré comme l'un des pionniers de cet art. Déjà reconnu à Paris depuis son arrivée en 1983, le graffeur bénéficie d'une exposition médiatique avec une de ses œuvres installées au **Mémorial ACTe** (p.112), centre d'expression caribéen dédié à la traite et à l'esclavage situé à Pointe-à-Pitre. Shuck One a réalisé une fresque avec pour base la carte de la Guadeloupe. Il s'agit d'une reconstitution des combats qui se sont déroulés en Guadeloupe en 1802 lorsque Napoléon rétablit l'esclavage face notamment à la résistance de Delgrès.

À Port-Louis, vous pourrez aussi découvrir le travail d'Eddy Firmin, artiste d'origine guadeloupéenne. Il intervient souvent sur d'anciennes cases créoles en les recouvrant de nouvelles peaux avec des messages très limpides.

Al Pacman est devenu une référence en matière de peinture décorative et de fresques murales à travers toutes les îles des Caraïbes, mais aussi en métropole. Tout petit déjà, il dessine et se passionne pour la culture hip-hop et le street art, notamment à partir de 1993 en s'adonnant à ce qui est alors appelé « graffiti ». Pendant des années, Al Pacman s'exprimera sur différents supports et cherchera à relever des défis toujours plus audacieux. Son talent et sa notoriété grandissante lui ont permis de réaliser de nombreuses œuvres pour des clips vidéo, des téléfilms et des émissions de télévision.

À Pointe-à-Pitre, chaque ruelle recèle un trésor. Plus belles les unes que les autres, ces œuvres à tendance figurative évoquent un moment de l'histoire ou la condition d'un peuple à la culture passionnante. Mais pas seulement, car dès l'aéroport, deux papillons peints souhaitent la bienvenue, et à la sortie, un bloc accueille une

© AL-TRAVELPICTURE - ISTOCKPHOTO

Peinture murale à Pointe-à-Pitre.

fresque cubique réalisée par Jimmy Sheik dont les formes abstraites colorées rappellent la végétation luxuriante de Guadeloupe. Un iguane sur une palissade, des loups qui rament dans une barque… à vous de les débusquer !

Scène contemporaine

En Guadeloupe, les domaines artistiques les plus variés se confondent et s'enrichissent. Les peintres de chevalet n'hésitent pas à exalter leur art sur les façades et vice-versa. Parmi les chefs de file de la scène contemporaine, citons le peintre, sculpteur et illustrateur Michel Rovelas, né en 1938 en Guadeloupe. Il expose à Paris dès 1963 et fonde une école de peinture à Pointe-à-Pitre en 1972 à son retour de l'Hexagone. Ne manquez pas les panneaux muraux réalisés pour le bicentenaire du lycée Carnot ou encore les peintures monumentales exécutées en 1990 pour l'INSERM de Pointe-à-Pitre. Côté sculptures, voilà de quoi effectuer un beau parcours qui part de Gosier, au rond-point de la marina, avec Douvan jou a jôdi la ou Les Matins du présent, puis pour la ville de Lamentin, le buste en bronze René Toribio (1991).

Goodÿ, artiste autodidacte, vit et travaille en Guadeloupe, pratique le dessin et la poésie depuis son enfance. Mais ce n'est qu'après avoir rencontré de nombreux artistes qu'il se décide en novembre 2000 à se consacrer aux arts plastiques. La même année, il participe à de nombreuses manifestations autour de l'art et réalise sa première exposition individuelle. Depuis, outre des expositions collectives, il présente une exposition individuelle chaque année dans le but de toujours échanger avec son public et de rester dans sa démarche globale qui est le « regard sur l'évolution du monde ». Lui aussi fresquiste, et participant à des *happenings* (peinture en *live* lors d'événements), sa création repousse sans cesse les limites de l'art.

Artiste complet, Joël Nankin vit et travaille en Guadeloupe. Né en 1955, il est à la fois artiste peintre, musicien, mais aussi activiste politique, puisqu'il a fait de sa vie un combat pour l'identité créole. Sa lutte pour l'indépendance de la Guadeloupe lui vaudra d'être envoyé en prison de 1983 à 1989. C'est là qu'il découvre la peinture, s'initie à l'art des îles haïtiennes et à l'abstraction. Il utilise désormais des techniques mixtes, encre, acrylique, bombe. Ses œuvres, véritables poèmes dédiés aux hommes qui souffrent, dénoncent la domination et l'injustice.

Jean-Marc Hunt, artiste guadeloupéen né à Strasbourg en 1975, grandit en banlieue, où il s'immerge dans l'art du graffiti et la musique rap. Installé depuis 2003 en Guadeloupe, d'où il est originaire, il développe un style néo-expressionniste conjuguant dessin, peinture, sculpture et installation. Son art secoue les consciences à grand renfort d'ironie. Invité à des expositions collectives en Europe, aux Caraïbes et aux États-Unis, il pousse son goût pour l'expérimentation jusqu'au travail de scénographe et de commissaire d'exposition.

Rosy Auguste, originaire de Marie-Galante, et peintre autodidacte, ne cache pas son intérêt pour l'art brut. Ses résidences au Japon ou en Afrique alimentent son travail d'explorations techniques. Elle s'est inspirée du « all-over » de Janet Sobel et de l'expressionnisme abstrait new-yorkais pour fonder la méthode du « fluid'art » qui propose un regard unique sur le monde environnant. Rosy aime exposer en collaboration avec le sculpteur Armand Baptiste, bien connu des Marie-Galantais.

La scène contemporaine se retrouve dans les espaces de la Kreol West Indies (p.186) à Saint-François et de la galerie UKA (p.164) à la marina de Pointe-à-Pitre. Ce lieu au concept inédit retrace quatre siècles d'histoire en croisant œuvres d'art et objets du patrimoine.

Création multiforme

Félie-Line Lucol parvient à l'art par le dessin. Impliquée dans la protection de l'environnement, elle travaille avec des matériaux de récupération, qu'elle transforme en accessoires, sculptures ou installations. En 2004, elle invite la population de Morne-à-l'Eau à installer 350 000 bouchons en plastique sur la place Gerty Archimède pour participer au Téléthon. Lucol exerce également son art dans le portrait peint, l'illustration et la fresque murale, dont celle du clocher du Gosier.

Photographe autodidacte, Hélène Valenzuela photographie depuis l'âge de 18 ans et expose régulièrement en France (Palais de Tokyo) et à l'étranger (Finlande, Belgique, Royaume-Uni, Biennale Dak'Art). Attachée à la notion de mémoire, elle se consacre aux aînés, qu'elle photographie en maison de retraite ou à leur domicile. Elle a également exposé aux côtés de Renée Cox, à la Galerie T&T Basse-Terre et participe à de nombreux projets à travers le monde.

Kitsimi étudie les arts plastiques avant de se faire globe-trotter. Confronté à un drame, la sculpture lui est apparue comme le seul moyen de rebondir. Désormais, les projets créatifs font partie intégrante de son quotidien. Ses objets sculptés reflètent ses réflexions intérieures sur le sens de la vie. L'art de Kitsimi conjugue arts plastiques et création urbaine.

Symbolique de la scène guadeloupéenne, la galerie L'Art s'en mêle est le premier lieu alliant espaces de coworking et d'exposition. Si la peinture et la sculpture ont la priorité, la musique, le chant, la poésie se rencontrent ici sous le signe de la pluralité artistique.

Œuvre de Jimmy Sheikboudhou.

MUSIQUES ET SCÈNES

Quelles que soient les occasions, durant le carnaval ou dans un *lewoz*, en plein air ou en discothèque : la musique est omniprésente dans la société guadeloupéenne. Du zouk, incarné par les stars locales Kassav' au gwoka, la forme d'expression musicale et corporelle traditionnelle typique de l'île, en passant par la biguine ou le kompa haïtien (très présent), la Guadeloupe abrite un spectre musical incroyablement varié, surtout rapporté à la taille de son territoire. Quiconque s'est rendu à son carnaval, le plus grand événement de l'île, le sait parfaitement. Il est ce moment de l'année où toutes les formes d'expressions de l'île se mêlent pour ne faire plus qu'une et former l'identité guadeloupéenne. Alors en vous rendant sur place, n'oubliez pas de fermer les yeux et laisser la Guadeloupe se raconter au son des gwoka, chacha, tibwa et conques de lambi. Un dépaysement pour tous les sens.

La musique traditionnelle

Existe-t-il meilleur emblème de la tradition musicale guadeloupéenne que son carnaval ? Il est l'un des plus réputés au monde et s'étire sur un mois de frénésie, où se mêlent défilés de costumes splendides, musiques, fanfares, tambours et liesse populaire dans toute la Guadeloupe. Événement le plus important de l'île, les participants regroupés dans différentes associations se préparent des mois à l'avance en s'occupant notamment de la création des costumes. Et outre ces derniers, c'est bien la musique qui joue un rôle prépondérant lors du carnaval. L'instrumentation moderne pioche dans un spectre très large de percussions : fûts en plastique, cloche, *chacha* (variantes de maracas), *tibwa* (deux baguettes de bois frappées sur l'arrière d'un tambour ou d'un morceau de bambou) et le fameux gwoka. Beaucoup de groupes emploient également des *konn lanbi* (conques de lambi) comme instrument à vent. Naturellement avec le temps certaines formations sont devenues plus célèbres que d'autres. C'est le cas d'Akiyo, ensemble de centaines d'adhérents, de musiciens, percussionnistes et chanteurs, vedettes incontestées du Carnaval de Pointe-à-Pitre. À partir des années 1980, le succès du groupe l'emmène sur scène, accompagné parfois de quelque 80 musiciens et lui ouvre la porte des studios. Leur premier album *Mémoires* paraît en 1992 et annonce une discographie fournie. Plus qu'un simple groupe, Akiyo est devenu avec le temps un véritable mouvement culturel à l'impact social et politique.

Autre emblème musical incontournable de Guadeloupe : le gwoka. Forme d'expression traditionnelle typique de la Guadeloupe qui permettait autrefois aux esclaves de communiquer entre eux, le gwoka est un véritable pilier de la culture guadeloupéenne, inscrit au patrimoine immatériel de l'humanité par l'UNESCO depuis 2014. Principalement joué avec des tambours appelés « ka », souvent accompagnés d'autres percussions comme le chacha et le tibwa, c'est la taille des tambours qui distribue les rôles, le plus grand, le *boula*, jouant le rythme central et le plus petit, la mélodie. C'est ce dernier qui interagit avec les danseurs, chanteurs et chœurs aux voix souvent gutturales, nasales et rugueuses. Parmi les grands noms du genre, Ti Céleste et son tambour sur l'épaule, Marcel Lollia dit « Vélo » ou Guy Konquet sont considérés comme les maîtres.

Loin de l'outil de lutte qu'il constituait autrefois – et qui poussa la société coloniale à l'interdire, y voyant un acte de subversion – le gwoka est aujourd'hui une expression populaire et festive. Souvent, les samedis, on aperçoit les joueurs de gwoka et autres rastas se donner rendez-vous dans le centre de Pointe-à-Pitre, ou animer les fameux *léwoz*. Et vu l'importance de la discipline, un Festival du Gwoka a évidemment été créé. Se tenant généralement à la mi-juillet à Sainte-Anne, on y entend les meilleurs joueurs de tambour et autres percussions de l'île. Outre le Carnaval qui offre le meilleur panorama possible, quelques rendez-vous folkloriques comme Îlet en Fête (ville du Gosier) ou la Fête de la Saint-Barthélemy permettent aussi de goûter aux traditions musicales de l'île.

Marcel Lollia dit «Vélo».

© KOSTKANTOMAS - SHUTTERSTOCK.COM

Joueur de Gwoka.

Musique populaire

Bien évidemment, un genre est indissociable des Antilles françaises et particulièrement de la Guadeloupe : le zouk. Apparu dans les années 1980, il descend de la kadans (méringue haïtienne populaire dans les Antilles françaises durant les années 1970) et de la cadence-lypso (kadans de la Dominique) et convie de nombreux éléments locaux comme le gwoka, le tambour, le ti bwa ou la biguine. L'Histoire du genre est intrinsèquement liée à son groupe star, parent du zouk et icône antillaise : Kassav'. Tout commence en 1979, quand Pierre-Edouard Décimus, membre de l'orchestre phare de kadans de la Guadeloupe Les Vikings, décide avec Freddy Marshall, autre musicien antillais, de renouveler cette musique qu'ils ont toujours jouée. Jacob Desvarieux les rejoint et le groupe prend forme. Via son premier album, *Love and Ka dance*, ce tout jeune groupe nommé Kassav' donne naissance à un nouveau genre musical : le zouk. Avec le second album, *Lagué mwen*, entre en piste Jocelyne Beroard, Martiniquaise de naissance. Le groupe s'agrandit alors et Kassav' est couronné de succès dans le monde entier : Paris, Cap-Vert, New York, Japon... Sous l'impulsion du groupe, le zouk s'exporte et devient vite un carton mondial. En 2019, le groupe fêtait ses 40 ans d'existence et continuait à se produire sur les plus grandes scènes du monde entier devant un public conquis. Le 30 juillet 2021, le co-fondateur du groupe, Jacob Desvarieux, décédait, à l'âge de 65 ans, atteint par le virus de la Covid-19.

Aussi, si la biguine n'a plus son succès d'antan, elle continue d'être très jouée et dansée. Remontant à la fin du XIXe siècle, peu après l'abolition de l'esclavage, la biguine se constitue à partir du gwoka et incorpore du bélè – tambour martiniquais – ainsi que des influences de musique française. À l'origine, la biguine était jouée par un orchestre regroupant une flûte, un violon, une clarinette, une guitare, un banjo, un saxophone, une trompette et une batterie. Le genre possède plusieurs similarités avec le jazz de La Nouvelle-Orléans. De nombreux musiciens antillais, présents à Paris durant les années 1920, ont intégré des aspects du jazz à leur style. Le jazzman guadeloupéen Albert Livrat fut d'ailleurs un des plus grands musiciens de biguine de l'Histoire et reste célèbre pour avoir osé un mélange (réussi !) avec le bebop, inventant un nouveau style : le « wabap ».

Amateurs du genre de passage fin juin, ne manquez surtout pas le Festival international du Zouk, l'occasion de voir les plus grands noms du zouk, réunis au même endroit et au même moment avec au programme concours de danse, expositions, concerts, village artisanal... Autrement, l'île compte de nombreux endroits où assister à un bon concert comme Le Schiva (p.220) dans la ville du Moule, une des discothèques les plus connues de la Guadeloupe ou Le Cercle au Lamentin, un club avec soirées zouk le week-end.

Les musiques actuelles

Amoureuse de toutes les musiques, la Guadeloupe sait garder les oreilles ouvertes et les influences venues des îles voisines sont toujours les bienvenues. C'est ainsi que le ragga (ou *dancehall*) s'est imposé. Ce produit purement jamaïcain, a vite trouvé ses marques sur place et des artistes comme Krys ou Admiral-T sont rapidement devenus des cadors du genre.

Citons aussi le kako, genre né au début 2000 qui associe musique traditionnelle et sons plus modernes ou encore le rap qui, comme partout ailleurs, s'est aussi implanté en Guadeloupe, emmené par des artistes engagés tels qu'Edson X ou T Kimp Gee qui abordent des sujets de société et le quotidien d'une jeunesse abandonnée. Une bonne scène pour entendre du ragga ou du rap en Guadeloupe est le Touloulou, une discothèque située sur la plage de Petite-Anse à Marie-Galante, qui organise souvent des concerts.

Chez les plus jeunes, le bouyon venu de la Dominique et le Shatta sous-genre du dancehall jamaïcain, font de plus en plus d'émules et s'exportent au-delà de la Caraïbe. Les artistes martiniquais s'illustrent particulièrement (Kalash, Maureen, Meryl...) sur ce genre de musique très rythmée aux paroles explicites. Le festival All Day In Music au Moule propose un des plus grands shows caribéens en la matière.

La danse

Dans l'ensemble, l'ancienne génération reste attachée à la tradition musicale en habit folklorique. Les airs de gwoka, de laghia (danse de combat) ou de la kalenda (danse lascive) ont toujours autant de succès et ceux de la biguine, la valse ou la mazurka (danse fluide sur douze temps) sont toujours visibles dans les bals de campagne et les fêtes associatives. Quant aux jeunes, moins sensibles aux touffé yin-yin d'hier (musiques et danses traditionnelles), ils maîtrisent parfaitement le collé-serré du zouk d'aujourd'hui ou le déhanché rotatif et nerveux du ragga.

LITTÉRATURE

En survolant la littérature guadeloupéenne, il convient de la replacer dans son contexte caribéen, et au-delà, dans l'Hexagone, dans la diaspora avec une communauté d'écrivains originaires de l'archipel, qui en sont partis pour mieux y revenir. Deux périodes, la proto-littérature (de la fin du XVIIe siècle jusqu'au milieu du XIXe siècle) et la pré-littérature (1850-1950) n'utilisent que la langue dominante, le français. Saint-John Perse ou Simone Schwarz-Bart appartiennent à cette époque. La période moderne et contemporaine, qui a vu naître notamment la poésie en créole, cherche à mettre en avant l'identité guadeloupéenne et se fond dans un mouvement général de fiertés créoles. Longtemps, dans la société traditionnelle antillaise, les contes, comme en Afrique, constituaient une expression de transmission culturelle privilégiée. On se rassemblait pour les veillées communautaires, lors de fêtes patronales ou de réunions familiales.

Créolisme, mythes et réalités

Dans les années 1970, l'émergence du roman antillais en français fait connaître des noms qui deviendront célèbres : Maryse Condé, Ernest Pépin, Gisèle Pineau… Chacun, à sa manière, décrit les mythes et réalités de l'archipel. Tous seront remarqués et édités en France. Partant de ce constat, Ibis Rouge, une société d'édition insulaire créée en 1995, d'abord en Guyane puis en Guadeloupe, en Martinique et à la Réunion, entend apporter à ces auteurs un accompagnement professionnel sur place, au même titre qu'en métropole. Spécialisée dans les thèmes relatifs aux Caraïbes et à l'océan Indien, la structure indépendante possède un catalogue impressionnant.

Découvrir les plus grands écrivains guadeloupéens

Commençons par Alexis Leger, dit Saint-John Perse. Cet écrivain et diplomate français, né à Pointe-à-Pitre en 1887, a reçu le prix Nobel de littérature en 1960 pour l'ensemble de son œuvre. Ses principaux recueils, *Éloges* (1907), *Exil* (1942) et *Oiseaux* (1962), évoquent les années heureuses passées dans la nature guadeloupéenne. Ses œuvres complètes sont parues en 1972. Une belle maison coloniale du centre de Pointe-à-Pitre, qui porte son nom, est devenue un Musée (p.113) dédié à l'histoire et à la littérature. Une large part des expositions (photographies et manuscrits notamment) et une documentation littéraire sont dédiées au poète. Sa maison natale, quant à elle, a malheureusement été détruite en 2017.

Évoquons également Maryse Condé, une enseignante et romancière née en 1937. Après une vie entre la Guadeloupe, l'Afrique et la France, elle s'établit aux États-Unis où elle enseigne à l'université de Columbia et travaille pour la BBC. Récompensée à plusieurs reprises, elle est l'auteur de plusieurs romans, dont les plus connus sont *Le cœur à rire et à pleurer* (1999), retraçant son enfance, *Traversée de la Mangrove* (1989), *Ségou* (2 volumes, 1984-1985), *Moi, Tituba sorcière* (1986), *Desirada* (1997), *Célanire cou-coupé* (2000), ou *Histoire de la femme cannibale* (2005). Une autobiographie, *La vie sans fards*, est sortie à la rentrée 2012, et dans la continuité de cet ouvrage paru en 2015 *Mets et merveilles*. Elle est également présidente du Comité pour la mémoire de l'esclavage. Sur sa proposition, l'ancien président Jacques Chirac a créé la Journée de la commémoration des mémoires de la traite négrière, de l'esclavage et de leurs abolitions, fixée au 10 mai et célébrée pour la première fois en 2006. À ce titre, Maryse Condé a participé, en tant que professeur, au livre paru en 2013 : *Exposer l'esclavage, méthodologies et pratiques*. En 2015, Maryse Condé annonçait *Monts et merveilles* comme son dernier ouvrage. Mais, probablement inspirée par l'actualité, la romancière imagine le parcours d'un jeune radicalisé guadeloupéen dans *Le Fabuleux et triste destin d'Yvan et Yvanna*, paru en 2017. Le 12 octobre 2018, Maryse Condé se voit décerner le prix Nobel alternatif de littérature, une belle consécration pour l'écrivaine. En 2021, elle publie *L'Évangile du nouveau monde,* une sorte de *Nouveau Testament* transporté en Guadeloupe. *Kaz a Condé*, un lieu d'échanges et de réflexion a été inauguré en 2023 au Pavillon de la Ville (p.117) de Pointe-à-Pitre.

Impossible de passer à côté d'André et Simone Schwarz-Bart, dont la maison (p.258) se visite à l'occasion des Journées du Patrimoine en septembre. André Schwarz-Bart (1928-2006) est né en Moselle en 1928. Sa vie bascule pendant la Seconde Guerre mondiale, car ses parents sont envoyés dans un camp par les nazis en 1942. Il s'engage dans la résistance et met quatre ans avant de publier son roman *Le Dernier des Justes*, pour lequel il obtient le prix Goncourt en 1959.

Son roman relate la vie d'une famille juive persécutée de la période des Croisades jusqu'à la Shoah. En 1961, il épouse une étudiante guadeloupéenne Simone Brumant (née en 1938) avec qui il coécrit ensuite *Un plat de porc aux bananes vertes* et la *Mulâtresse Solitude*. Ils sont les parents du saxophoniste de jazz Jacques Schwarz-Bart. Bien que la *Mulâtresse Solitude*, jeune esclave libre, ait vraiment existé, il s'est créé une véritable légende autour de son personnage notamment grâce à André Schwarz-Bart. Son livre retrace en partie l'histoire de cette jeune martyre, même si, à la lecture, on s'aperçoit que les faits ne coïncident pas avec la véritable chronologie. Ce que l'on sait de la Mulâtresse Solitude : Elle est née, en 1772, d'un viol qu'a subi sa mère par un marin sur le bateau qui l'amenait en Guadeloupe. Sa mère s'enfuit de la plantation où elle était assignée avec sa fille. Cette dernière rejoint, à l'adolescence, le combat de Louis Delgrès et d'Ignace lorsque la France rétablit l'esclavage en 1802 après l'avoir aboli en 1794. Enceinte, elle est condamnée à mort et sera exécutée le lendemain de son accouchement, le 29 novembre 1802. En 1999, une statue de Jacky Poulier est dressée à sa mémoire au carrefour de Lacroix, sur le boulevard des Héros, aux Abymes.

Il y a aussi Ernest Pépin poète, romancier et critique littéraire né en 1950. Cet ancien professeur de français, marqué par la rencontre de Cheik Anta Diop en 1983, a été récompensé de nombreux prix pour ses romans, nouvelles, livres pour enfants et recueils de poésie. Son premier roman *L'Homme au bâton paru* en 1992, l'a fait connaître du grand public. Ses romans, *Le Tango de la haine* (1999), *Cantique des tourterelles* (2004), *L'Envers du décor* (2006) et *Toxic Island* (2010), et ses essais comme cette *Lettre ouverte à la jeunesse* (2001) montrent ses préoccupations sociales, ainsi qu'une forte acuité sur l'identité profonde de l'âme guadeloupéenne. À l'origine d'un salon littéraire (Mai du livre), Ernest Pépin est une personnalité intellectuelle très respectée. Le 25 septembre 2007, pour son anniversaire, Ernest Pépin a été fait chevalier de la Légion d'honneur. Son dernier roman, *Le Griot de la peinture*, inspiré de la vie du peintre Jean-Michel Basquiat paraît en 2015.

© GILLES MOREL

Maryse Condé.

Gisèle Pineau, quant à elle, est une infirmière qui s'est lancée dans l'écriture. Née en 1956 à Paris, de parents originaires de la Guadeloupe, elle suit ses études à Paris jusqu'en 1979, puis regagne Basse-Terre où elle travaille au Centre hospitalier psychiatrique de Saint-Claude. Cette expérience lui donne l'occasion de sonder les maux de la société antillaise. Dans ses livres, les femmes sont souvent au centre de l'écriture. En 1998, elle dirige l'ouvrage collectif *Les Femmes des Antilles, traces et voix, 50 ans après l'abolition de l'esclavage*. En 1994, *La grande drive des esprits* reçoit le prix du magazine *Elle*, *Fleur de barbarie* reçoit le prix Rosine Perrier (2005), et *Folie, aller simple : Journée ordinaire d'une infirmière* reçoit le Prix Carbet des lycéens (2011). Les romans *Chair Piment* (2005), *Morne Câpresse* (2008) et *Cent vies et des poussières* (2012) évoquent les parcours réalistes, souvent violents, de femmes guadeloupéennes. En 2015 paraît son 20e roman, *Les Voyages de Merry Sisal*, l'histoire d'une jeune femme haïtienne après le tremblement de terre de 2010. *Le Parfum des sirènes* paraît en 2018.

Évoquons encore Guy Tirolien, né en 1917 à Pointe-à-Pitre d'un père directeur d'école. Il va habiter à Marie-Galante à l'âge de huit ans, une île dont sont originaires ses parents, et à laquelle il sera toute sa vie très attaché. Administrateur colonial de carrière, il publie son œuvre majeure, *Prières d'un petit enfant nègre* en 1943 puis participe à la création, en 1947, de la revue *Présence Africaine* aux côtés de Léopold Sédar Senghor et Aimé Césaire notamment. Le poète s'engage également au sein du mouvement littéraire de la Négritude. C'est en 1961 qu'il publie son premier recueil de poèmes intitulé *Balles d'Or*. Il décède à 71 ans, en 1988, sur son île tant aimée.

Daniel Maximin. Né en Guadeloupe en 1945, Daniel Maximin est romancier, poète et essayiste. En 1960, toute sa famille s'installe à Paris. Il suit des études de lettres et de sciences humaines à la Sorbonne. C'est à la librairie Présence Africaine (surnommée La Sorbonne noire et lieu où la jeunesse venait découvrir dans les années 60 les pères de la décolonisation) qu'il s'est lié avec entre autres Aimé Césaire. Il devient professeur de lettres, puis chargé de cours à l'Institut d'Étude Sociales tout en écrivant. Entre 1980 et 1989, il est directeur littéraire aux Éditions Présence Africaine et également producteur de l'émission « Antipodes » sur France-Culture. Entre 1989 et 1997, il s'installe en Guadeloupe en tant que Directeur régional des affaires culturelles. Puis il revient en France en 1998 où il s'occupe d'organiser la Célébration nationale du 150e anniversaire de l'abolition de l'esclavage. Deux ans plus tard, il est nommé Conseiller à la Mission pour les Arts et la Culture au ministère de l'Éducation nationale. En 2006, il devient pour le festival « Francofffonies » responsable pour la littérature et l'éducation. En 2011, il est Commissaire général de L'année des outre-mer puis Commissaire général de l'exposition : Aimé Césaire, Lam, Picasso : « nous nous sommes trouvés », au Grand Palais à Paris. Depuis 2013, il est membre de l'Observatoire de la laïcité, qui est une commission consultative française chargée de conseiller et d'assister le Gouvernement sur le respect et la promotion du principe de laïcité. À côté de toutes ses fonctions qu'il occupe, il a écrit des ouvrages qui ont connu du succès. La trilogie de romans *L'Isolé soleil* (1981), *Soufrières* (1987), *L'Île et une nuit* (1996). Dans le premier, il évoque l'histoire tourmentée des îles sur cinq générations et peint le résultat de l'entreprise coloniale et négrière. Il a également donné des recueils de poésie comme *L'Invention des désirades* (2000). À lire également son ouvrage *Aimé Césaire, frère volcan* aux éditions du Seuil qui rend un bel hommage au grand poète ! Il faut également citer son livre de photographies *Antilles : Secrètes et insolites* (2011) dans lequel il partage son amour des Antilles en mettant en avant toute sa beauté ! Il faut noter qu'il a été couronné par différents prix : Chevalier de la Légion d'honneur (1993), Chevalier des Arts et Lettres (1995), Officier des Arts et lettres (2010), Officier de la Légion d'honneur (2013) et il a également reçu en 2017 le Grand Prix Hervé Deluen qui est un prix de la francophonie existant depuis 2007 et décerné par l'Académie française pour récompenser des écrivains étrangers de langue française ou des chercheurs en littérature française.

Sonny Rupaire. Né en 1940 pendant la Seconde Guerre mondiale, Sony Rupaire devient un militant de la cause nationaliste et exprime ses convictions par sa poésie qui devient son arme revendicatrice. Il est un des premiers à utiliser la langue créole en littérature. Encore étudiant, il se fait remarquer pour son poème sur l'esclavage et la colonisation « Les Dameurs ». Instituteur à Saint-Claude en 1961, il refuse d'intégrer les troupes françaises lors de la guerre d'Algérie. Condamné pour insoumission en 1963, il part porter soutien à l'Armée de Libération Nationale de l'Algérie. Il revient clandestinement en Guadeloupe en 1969 et est amnistié par le gouvernement en 1971. Il est réintégré dans l'éducation nationale en 1973. Devenu un syndicaliste actif et un militant, il décide d'écrire en créole. Il publie son recueil de poèmes bilingue, *Cette igname brisée qu'est ma terre natale* (*Gran parade ti cou-baton*). Il décède en 1991.

TOP 10

LECTURE

Quelques ouvrages pour découvrir la beauté de ce pays, son histoire et quelques plumes fort intéressantes.

UN PLAT DE PORC AUX BANANES VERTES

Roman écrit conjointement par les deux époux dont monsieur Prix Goncourt 1959.
André et Simone Schwarz-Bart. *Éditions du Seuil, 1967.*

LES MAÎTRES DE LA GUADELOUPE : PROPRIÉTAIRES D'ESCLAVES 1635-1848

© ÉDITIONS TALLANDIER, 2019.

Emmené par des universitaires, cet ouvrage éclaire sur l'esclavagisme à travers celle des propriétaires.
Collectif. *Éditions Tallandier, 2019*

LA SOUVENANCE

© CARAÏBÉDITIONS, 2019.

Dans ce roman plein d'amour et d'humanisme, l'auteur retrace le parcours de Simone et André Schwarz-Bart.
Ernest Pépin, *Caraibeditions, 2019.*

PETIT DICTIONNAIRE INSOLITE DES CULTURES ET DES LANGUES CRÉOLES

Un petit dictionnaire bien utile pour tout connaître de la culture et de la langue avant et pendant son voyage.
Suzy Palatin, *Larousse, 2018.*

TI NIKOLA KRÉYOL GWADLOUP : LE PETIT NICOLAS EN CRÉOLE DE GUADELOUPE

© CARAÏBÉDITIONS, 2014.

Le Petit Nicolas en version créole, très ludique !
Sempé et Goscinny, *Caraïbéditions, 2014.*

JE DÉCOUVRE LA GUADELOUPE

© ÉDITIONS AUZOU, 2019

Un beau livre pour les plus jeunes pour découvrir cette belle destination.
Collectif. *Auzou, 2019*

L'EXIL SELON JULIA

L'exil et la difficulté de s'intégrer dans un ailleurs, très beau récit.
Gisèle Pineau, *Le livre de Poche, 2000.*

KOKOLO : LES MOTS DU SEXE EN CRÉOLE DE LA GUADELOUPE

© CARAÏBÉDITIONS, 2011

Un dictionnaire rigolo.
Hector Poulet, *Caraïbéditions, 2011.*

SAINT-JOHN PERSE. L'IMAGINATION CRÉATRICE

© ÉDITIONS HERMANN, 2007

Pour ceux qui aiment découvrir la vie d'un auteur.
Colette Camelin, *Hermann, 2007.*

LA BIODIVERSITÉ DE GUADELOUPE ET DE MARTINIQUE EXPLIQUÉE AUX JEUNES

Pour les 9-12 ans, tout savoir de la jolie nature de Guadeloupe.
Michel Breuil et Lyne-Rose Beuze, *HC éditions, 2017.*

A L'ÉCRAN

On remarque que la Guadeloupe existe surtout dans le monde du cinéma à travers ses paysages paradisiaques composés d'eaux cristallines, de plages de sable blanc et de ciel toujours bleu. Plusieurs réalisateurs passent par cette île de l'archipel des Antilles pour les besoins de leurs films : *Speed 2 : Cap sur le danger*, le quatrième volet du mythique *Emmanuelle* ou encore *La Smala s'en mêle*. Mais le 7e art guadeloupéen ne s'arrête pas qu'à ses décors somptueux. En effet, la Guadeloupe développe son industrie cinématographique grâce à de nombreux évènements célébrant le grand écran comme le Festival régional et international du cinéma de Guadeloupe, Le Mois du film documentaire de Guadeloupe ainsi que le Festival Nouveaux regards. Enfin, la célébrité de la Guadeloupe n'est plus à faire au petit écran, grâce à la série *Meurtres au paradis*, qui depuis 2011, continue à planter l'entièreté de son décor sur l'île.

La Guadeloupe au cinéma

Christian Lara, décédé en 2023, était considéré comme le père fondateur du cinéma antillais, il puisait son inspiration dans la culture locale. En 1978, il réalise *Coco la Fleur, candidat*, le premier long métrage de fiction produit en Guadeloupe, dans les Antilles et dans la Caraïbe. Il s'attachait à raconter l'histoire des Antilles, tourner sur son île natale et faire jouer des comédiens antillais. Plusieurs acteurs tels que Greg Germain, Jacques Martial ou Pascal Legitimus connaissent un succès au-delà des Caraïbes. Sur l'île, une scène jeune, pleine de vitalité, s'est professionnalisée comme le montrent le Marché international du film et de la télévision caribéens (en janvier) et le Bureau d'accueil des tournages de la région, mis en place par le conseil régional. La relève est en effet assurée, plusieurs jeunes réalisateurs se distinguent ces dernières années sur le marché du film. Avec Anne-Sophie Nanki qui a remporté le prix du meilleur court-métrage de fiction au Festival du fil PanAfricain de Cannes 2022 avec *Ici s'achève le monde connu*. Ou Julien Silloray sélectionné aux Césars dans la catégorie court-métrage avec *Mortenol*, tourné dans les rues de Pointe-à-Pitre. Ou encore Nelson Foix et son court-métrage marquant *Ti moun Aw*.

La Guadeloupe attire des productions variées, tant pour la beauté de ses paysages que pour ses ressources humaines et matérielles. Des scènes du film *Rien ne va plus* (1977) sont tournées en Guadeloupe, mais aussi *Emmanuelle 4* (1984), *Speed 2 : Cap sur le danger* (1997) ou encore *Antilles sur Seine* (2001) et *La Smala s'en mêle* (2013). Quant aux productions typiquement guadeloupéennes, après *Nèg Maron* de Jean-Claude Barny, *Le bonheur d'Elza de Mariette Monpierre* (sorti en 2011) décrit les réalités sociales avec justesse. *Nèg Maron* nous entraîne dans l'univers de jeunes issus d'un quartier populaire en rupture avec le système social. Avec *Le bonheur d'Elza,* le spectateur suit la quête identitaire d'une jeune fille de 20 ans, fraîchement diplômée et vivant dans l'Hexagone, qui annonce à sa mère et sa sœur qu'elle a pris la décision de se rendre en Guadeloupe, île qu'elle ne connaît pas, pour retrouver la trace de son père qui les a abandonnées.

Événements et petit écran

En termes d'événements, chaque année, la communauté des cinéastes antillais fait connaître ses dernières réalisations au cours du très suivi Festival régional et international du cinéma de Guadeloupe (FEMI). Très attendu, il met à l'honneur la culture créole dans le cinéma international. On note aussi Le Mois du film documentaire de Guadeloupe, qui en 2019, s'installe dans la ville de Gosier, à la médiathèque Raoul Georges Nicolo. Cet événement très attendu en Guadeloupe a pour but de mettre en lumière des œuvres documentaires peu connues du grand public. Côté petit écran, on cite la série à succès *Meurtres au paradis*, tournée entièrement en Guadeloupe, principalement à Deshaies. Cette co-production de la BBC et de France Télévisions relate les aventures d'une équipe de police (dont les acteurs évoluent au fur et à mesure des saisons) dans les Caraïbes sur l'île de Sainte-Marie (île fictive). La saison 13 devrait être diffusée prochainement et la saison 14 est en préparation avec un tournage prévu en 2024.

Deshaies où a été tournée en partie la série «Meurtres au paradis ».

POPULATION

Noirs, mulâtres, chabins, Indiens, Békés, Blancs créoles, Métros, Chinois, Libanais, Syriens, Haïtiens, Dominicais (de la Dominique), Dominicains (de la République Dominicaine)... Aux Antilles, la population est très métissée, de par son histoire et par les différentes vagues d'immigration (choisies ou non) qui l'ont ponctuée au fil des siècles. Les colons blancs venant d'Europe, les esclaves africains arrachés à leurs terres, les travailleurs engagés (Indiens, Normands, Bretons, Chinois, Syriens, Libanais...), dont la très grande majorité ayant quitté leur pays pour des raisons économiques, les habitants des îles voisines... Ces communautés diverses composent aujourd'hui la multiculturelle société guadeloupéenne. Si certaines communautés se mêlent moins que d'autres (notamment par le passé), les échanges et les mélanges de ces populations, leur alimentation, leurs croyances, leurs religions ont donné lieu à la culture créole.

Noirs de peau et métissage, principale communauté

Majoritaires sur les îles, les descendants des esclaves arrachés à leurs terres africaines forment la principale communauté en Guadeloupe. Les mélanges, forcés pour certains du temps de l'esclavage, ont engendré les mulâtres nés d'une union « domino » (Blanc-Noir), les métis ou les quarterons (un quart de sang noir, c'est-à-dire un seul grand-parent noir dans une descendance blanche). Ils sont les garants de la culture créole, métissée elle aussi, et encore très vivante : langue, littérature, musique, danse, arts culinaires...

Aux Saintes, la blondeur des *locks* est due à une origine indiscutablement celte. Beaucoup de Saintois ont gardé les yeux clairs et les cheveux blonds de la Bretagne ou de la Normandie, patrie d'origine de leurs aïeux. Parfois, leur identité bretonne est très prononcée ! Néanmoins, ils revendiquent leur appartenance totale à la Guadeloupe.

Sur les îles de Marie-Galante et de la Désirade, les métissages ont façonné une population plurielle qui, bon gré mal gré, a dû s'adapter, cohabiter et travailler ensemble.

Les Indiens Coolis, une communauté soudée

À partir de 1854, après l'abolition de l'esclavage, les propriétaires terriens ont fait venir des Indiens dans l'archipel pour travailler dans les champs de canne à sucre et les usines sucrières. Les colons y voyaient là une main-d'œuvre bon marché. Quittant leurs conditions de vie miséreuse sur leurs terres natales, les Indiens espéraient un contrat, voire un lopin de terre. Ces conditions du contrat furent rarement respectées, et pourtant la plupart d'entre eux sont restés. Installés majoritairement dans les communes du Moule, de Saint-François, de Capesterre-Belle-Eau, sur les hauteurs de Saint-Claude et à Matouba, les Indiens ont cultivé la terre avec adresse, parfois à flanc de volcan comme c'est le cas à Saint-Claude. Encore aujourd'hui, la communauté est très soudée et intégrée, mais ce ne fut pas toujours le cas. À leur arrivée, les anciens esclaves ont nourri de l'animosité à leur égard. Il a fallu des générations pour calmer cette hostilité. Si l'usage des langues tamoul et hindi a pratiquement disparu, des éléments de la vie quotidienne indienne sont passés dans le patrimoine guadeloupéen. Tout le monde connaît le gombo, le colombo, les tissus Madras... La canne à sucre provient également d'Inde. Le mot « punch », en sanskrit, vient du chiffre « cinq » (*pancha*), un rappel des cinq ingrédients de la boisson que les maîtres britanniques commandaient à leurs domestiques indiens. Les Indiens ont choisi de conserver une partie de leurs traditions et croyances, tout en ayant pour la plupart adopté la religion chrétienne (catholique, adventiste, évangéliste...). Ils ont bâti plusieurs temples en Guadeloupe, dont celui de Capesterre-Belle-Eau, le plus spectaculaire qui peut s'observer depuis la route nationale.

Les Békés, descendants de grandes familles blanches

Descendants d'une trentaine d'anciennes grandes familles blanches propriétaires de domaines, ce groupe, très présent en Martinique, l'est moins en Guadeloupe. Ils conservent une perception aristocratique de leur identité. Il n'existe pas de codes écrits, mais les membres de cette communauté sont régis par des us et coutumes traditionnels, qui les soudent. Le non-respect de ces « règles » peut entraîner une mise à l'écart de la communauté, voire l'isolement social. La culture béké, fondée sur l'économie coloniale, a subi de profondes mutations depuis les années 1980. Les échanges avec le reste de la société se sont considérablement intensifiés, même dans l'agriculture. Reconnus comme descendants des colons et donc présents sur l'île depuis des générations, ils connaissent parfaitement leurs terres et la langue créole. Même si de nombreux Békés continuent à exploiter la terre, la communauté s'est largement reconvertie vers les secteurs secondaires et tertiaires, notamment dans la grande distribution locale (alimentation, concession automobile, etc.). Ils sont toutefois moins présents qu'en Martinique, car contrairement à la Guadeloupe qui reste sous influence française pendant la Révolution, l'île sœur est sous tutelle anglaise. En Guadeloupe, l'esclavage est une première fois aboli, puis l'usage de guillotine qui vise principalement la classe des planteurs colons va chambouler les schémas préétablis entre Noirs et Blancs. La Martinique échappe à ce changement et maintient sa structure interne. Les conséquences de cette bipolarité se font encore sentir aujourd'hui sur l'île, où le pouvoir économique y est principalement détenu par les Békés.

Métropolitains

Retraités, familles en quête de soleil ou d'un nouveau départ, amoureux de la Guadeloupe, fonctionnaires... Nombreux sont les Hexagonaux qui se sont installés et s'installent encore dans l'archipel, pour quelques mois, quelques années ou toute une vie. Si la plupart du temps cette installation se déroule de façon sereine, ces arrivées ont parfois pu provoquer des tensions, notamment par le passé. Que ce soit du côté des nouveaux arrivants, dont certains individus ne font pas d'effort pour s'intégrer, que du côté des Antillais dont certains, contrariés par ce genre de comportement, peuvent afficher une certaine méfiance.

En moyenne, le « Métro » séjourne trois années aux Antilles (faisant référence aux fonctionnaires venant de l'Hexagone), ce qui affecte les relations durables. Une fois le cap des cinq années passées, les relations ont de fortes chances de changer, dans le bon sens.

Blanc-Matignon

Groupe dont l'appellation est associée à une section des Grands-Fonds du Moule. Leurs descendants et leurs noms sont parvenus jusqu'à nous, accompagnés d'innombrables légendes... On leur prête même des liens familiaux avec les Grimaldi de Monaco ! A priori, ils doivent leur nom à une très grande famille de planteurs, dont le premier est recensé en Guadeloupe au milieu du XVIIe siècle : Léonard Matignon. Comptant plusieurs centaines de membres, ces propriétaires terriens se sont spécialisés dans les secondes cultures, comme le café, le cacao ou le coton, et ont pendant un temps, apporté un soin particulier à préserver « l'uniformité » de leur groupe par des mariages internes. L'effondrement de l'économie coloniale et les nombreux changements au sein de la société guadeloupéenne ont quelque peu chamboulé ces habitudes.

Chinois, Japonais, Libanais et Syriens

Dans une proportion moindre, les Chinois font comme les Indiens et parlent parfaitement créole. Ils tiennent aujourd'hui des restaurants ou des petites boutiques d'alimentation. Les Libanais et les Syriens ont également formé une communauté. Premiers commerçants ambulants (vêtements, tissus, bijoux, etc.), ils quadrillaient les campagnes, offrant selon eux les meilleurs crédits. Ils ont ensuite investi les grandes rues commerçantes de Pointe-à-Pitre et enfin les locaux commerciaux de la zone de Jarry à Baie-Mahault ou de la nouvelles zone de Providence située au Abymes.

Caribéens

Des populations des îles voisines émigrent vers la Guadeloupe, pour son niveau économique plus élevé que la moyenne dans la région. Les communautés haïtienne, dominicaine (République dominicaine), dominiquaise (île de la Dominique), tentent de s'intégrer malgré une certaine réticence d'une partie la population locale. Le nombre d'immigrés reste difficile à déterminer, car un certain nombre parvient à entrer clandestinement. Ces immigrés caribéens sont souvent relégués aux postes les moins qualifiés et leur niveau de vie reste très inférieur au reste de la population.

Le créole, l'empreinte d'une culture nouvelle

Avec des origines qui remontent à plus de cinq siècles, le mot « créole » désigne bien plus que la langue vivante des îles. Empreint d'histoire et de culture, dont la pratique de la langue est l'une des composantes, il dépasse largement les frontières de la Guadeloupe, des Antilles, voire des Caraïbes. Le créole est pluriel, il convient donc d'en parler dans toute sa diversité. Les plus anciens textes connus datent du milieu du XVIIIe siècle. Né pendant la période coloniale, utilisé par les deux puissances, le mot a une origine espagnole (*criollo*) ou portugaise (*crioullo*). Comme dans toute émigration par vagues successives, les esclaves ont été coupés de leurs idiomes naturels. Leurs descendants ne connaissent que le nouvel environnement des îles et des Amériques. On a donc commencé à parler du « créole » pour désigner la population noire des îles, puis rapidement le mot a fini par englober toute la culture coloniale, enrichie par les langues parlées dans les différents pays occidentaux et africains qui la composent.

La déportation massive des peuples du continent africain, mais également du sous-continent indien, joue un rôle dans sa propagation, d'autant que les groupes sont systématiquement séparés. À partir de là, il est facile d'imaginer l'incroyable mosaïque qui s'est formée ; un terrain favorable pour la naissance et le développement d'une nouvelle langue. Longtemps stigmatisé, le créole a été affublé de diverses qualifications, souvent péjoratives ou ironiques pour le décrire. On moquait alors ce « Français déformé, simplifié à l'extrême, aux intonations anormales, ce baragouin »... Longtemps interdit dans certaines familles, le créole est aujourd'hui utilisé par tous au quotidien. Depuis 2012, le créole est une langue enseignée dans les écoles de l'archipel, il a même été reconnu comme langue officielle en Martinique en 2023.

La mythologie créole

La période révolutionnaire a amorcé un changement : contes, chansons populaires, textes humoristiques et déclarations politiques de la Convention sont désormais écrits en créole. Le début d'une période faste où l'on rédige des grammaires en créole, où Lafcadio Hearn publie des contes, où l'on peut lire des feuilletons dans la presse comme *Les Mémoires d'un vonvon* de Tonton Dumoco... Les histoires pour enfants sont riches en animaux (Kompè Lapen, Kompè Macak, Kompè Tig) et de personnages savoureux (Ti Jean, Ti Chica, Misié Liwa, La Diablès ou encore Manman Dlo). Les légendes sont pleines de zombis, de volants, de soucougnans et autres mofwazé.

La parenthèse se referme au milieu du XXe siècle, alors que la tendance est à l'assimilation. Les écrivains, sauf quelques exceptions, ne reconnaissent guère plus la littérature créole et restent très proches de la langue française. Pourtant, depuis plusieurs décennies, militants syndicalistes, politiques et personnalités culturelles cherchent à réhabiliter cette langue, devenue un enjeu politique et culturel, un moyen de défendre l'identité antillaise contre les conservateurs assimilateurs. La poésie ou encore les bandes dessinées déferlent sur le marché en créole, la publicité se transforme, la musique zouk, le reggae et même le rap explosent en créole. Fait sans précédent, l'université Antilles-Guyane institue, en 1973, un cours de linguistique créole.

Depuis 1981, il existe à Aix-en-Provence un institut d'études créoles et francophones. Des écrivains locaux ont remporté des prix littéraires prestigieux à l'image de Maryse Condé, guadeloupéenne, qui a été récompensée par le prix Nobel de littérature alternatif fin 2018. Pour fédérer ces tendances, les chercheurs et les pédagogues tentent d'établir un lexique commun au créole des Antilles, et lancent en 1981 un nouveau mouvement : Bannzil Kréyôl (« Archipel créole »). On parle aussi de créolisation du monde. La Fête internationale du créole est célébrée le 28 octobre. Si le CAPES de langue créole voit le jour en 2002, ce n'est qu'à la rentrée scolaire 2019 que l'agrégation de créole est lancée à l'Université des Antilles. Désormais, des professeurs de créole sont recrutés dans le second degré et l'enseignement supérieur.

Le vieillissement de la population, un défi majeur dans l'archipel

La Guadeloupe fait face au vieillissement de sa population. Cette décroissance démographique, qui se confirme d'année en année, s'explique par différents facteurs entre l'allongement de l'espérance de vie, la baisse du taux de fécondité et le départ des jeunes pour poursuivre des études ou trouver un emploi dans l'hexagone, faute de débouchés sur place. À titre d'exemple, l'archipel a perdu 23 700 habitants entre 2010 et 2020.

En 2030, un tiers de la population aura plus de 60 ans contre un quart de la population en 2017. La Guadeloupe se trouve ainsi face à un problème majeur en termes de santé, de soins et de prise en charge des personnes dépendantes. D'ici 2030, le nombre de personnes dépendantes devrait atteindre environ 28 000 alors qu'il était de 20 000 en 2021. (Source : Insee.)

C'est pourquoi depuis plusieurs années des associations antillaises comme "Alé Vini" en Guadeloupe, œuvrent pour aider les nombreux jeunes diplômés ou dans la vie active, partis dans l'Hexagone pour les études ou le travail, à se réinstaller dans leur territoire d'origine.

SOCIÉTÉ

D'un point de vue socio-économique, la Guadeloupe est touchée par de nombreuses problématiques. Au-delà d'un taux de chômage plus élevé que la moyenne nationale, la grande pauvreté, comme dans d'autres territoires d'outre-mer, est une réalité. 34 % de la population vit sous le seuil de pauvreté et 12 % sont en situation de grande pauvreté, c'est trois fois plus qu'en France hexagonale. Si l'entraide et la solidarité sont inhérentes à la société guadeloupéenne, ces particularités ont été mises à mal par la pandémie, qui a renforcé les inégalités. Des conditions qui entraînent depuis plusieurs années une montée de la violence, principalement entre gangs. La délinquance, notamment chez les jeunes, y est plus importante que dans l'Hexagone. La Guadeloupe est également confrontée à un problème d'infrastructures, en plus d'un réseau de distribution d'eau défaillant, le système de santé a été fragilisé par l'incendie du CHU fin 2017.

Un taux de pauvreté important

En Guadeloupe, il y a six fois plus de personnes qui vivent en situation de grande pauvreté que dans l'Hexagone, un taux proche de celui de la Roumanie (11 %). C'est-à-dire qu'elles subissent à la fois une privation matérielle, monétaire ou encore psychologique (le fait de ne pas pouvoir manger quotidiennement un repas protéiné contenant de la viande, du poison ou un substitut végétal, le fait de ne pas pouvoir s'acheter de vêtements neufs...). Une situation qui touche beaucoup les familles monoparentales, souvent composées de femmes seules à s'occuper des enfants, un modèle de famille très répandu en Guadeloupe. Les seniors ne sont pas épargnés, 11 % des retraités sont concernés. Le chômage et les prix de l'alimentaire (33 % plus élevés en Guadeloupe que dans l'Hexagone) sont autant de facteurs qui favorisent cette situation. 17,6 % des ménages sont dépendants des prestations sociales en Guadeloupe (source INSEE 2022).

Famille, des modèles qui évoluent

La famille monoparentale est une réalité relativement bien présente en Guadeloupe. Certaines femmes guadeloupéennes se débrouillent souvent seules avec un ou plusieurs enfants, parfois issus de différentes paternités. On parle alors de femmes « Potomitan », qui tiennent la famille. Par ailleurs, en Guadeloupe, on trouve encore de nombreux foyers composés de plusieurs générations. Au cours des dix dernières années, la recherche de liens familiaux s'est accentuée pour pallier les effets de la vie citadine et du modèle occidental, grâce aux rencontres familiales qui se développent et aux recherches généalogiques. Mais on constate dans le même temps une augmentation du nombre des personnes âgées vivant seules ou en EPHAD, alors que le modèle guadeloupéen tendait à garder les personnes âgées au sein de la famille.

Hommes et femmes, des caractères marqués

L'habillement et l'élégance sont en général assez importants, notamment le dimanche pour se rendre à la messe ou lors d'événements publics. Si le port de la coiffe a disparu dans l'habillement quotidien, les bijoux traditionnels en or (créoles, mailles grains de café, boucles « tété négresse »...) sont toujours autant arborés. Des atours qui permettent aux femmes de s'exprimer et d'affirmer leur caractère. Malgré un machisme encore présent, de nombreuses femmes ont réussi à imposer leurs ambitions avec talent et efficacité dans la société guadeloupéenne, et sont, pour certaines, parvenues à une véritable notoriété. Citons à titre d'exemple Maryse Condé, Marie-José Alie, Tanya Saint-Val, Jocelyne Béroard, Mounia, Simone Schwartz-Bart.... Les politiques au long cours comme Lucette Michaux-Chevry ancienne ministre décédée en 2021, Gabrielle Louis-Carabin (actuelle maire du Moule qui comptabilise la plus grande longévité de l'archipel), l'ancienne préfète Marcelle Pierrot, ou encore l'ancienne présidente du conseil départemental, Josette Borel-Lincertin. Les hommes, eux, sont souvent galants mais peuvent parfois se montrer pressants à l'égard des femmes.

Sécurité

Si ces dernières années, la délinquance a augmenté comme ailleurs dans le pays, les données concernant les territoires d'Outre-mer sont au-dessus de la moyenne nationale. Sur la période 2020-2022, le taux d'homicide s'élevait à 7 pour 100 000 habitants en Guadeloupe contre 1 homicide pour 100 000 habitants en moyenne sur toute la France. Il s'agit principalement de règlements de comptes et de violences entre gangs. De par son caractère insulaire, la circulation des armes est importante dans l'archipel. Depuis plus de 10 ans, la préfecture a instauré la campagne « déposons les armes » pour endiguer ce fléau. Toute personne qui le souhaite peut se départir d'une arme auprès des forces de l'ordre, sans craindre de poursuites. Plusieurs milliers d'armes et munitions ont ainsi pu être détruites depuis 2013.

© FERNANDOMADEIRA - SHUTTERSTOCK.COM

Le trafic de drogue est également en augmentation, notamment en raison du renforcement des contrôles en Guyane, principale porte de sortie des stupéfiants de la Caraïbe. Le trafic s'est depuis peu recentré sur les Antilles, avec un phénomène de mules en recrudescence à l'aéroport. Les contrôles à Pôle Caraïbe et au Grand port maritime ont par conséquent été renforcés.

Rapporté à la population, le nombre d'accidents de la route est très élevé en Guadeloupe. Les deux-roues sont particulièrement vulnérables. Depuis plusieurs années la préfecture met en place des campagnes pour lutter contre la vitesse et les incivilités et multiplie les contrôles sur les routes.

La petite délinquance existe, les précautions à prendre pour s'en prémunir relèvent du bon sens (ne pas laisser d'objets apparents dans le véhicule garé, éviter certains quartiers la nuit, ne pas se promener avec des grosses sommes d'argent ou bijoux de grande valeur…).

Santé

La Guadeloupe étant un département français, le système de santé est le même que dans l'Hexagone, alors n'oubliez pas votre carte vitale ! L'archipel dispose d'un centre hospitalier universitaire (CHU, à Pointe-à-Pitre), d'un centre hospitalier régional (CHR, Basse-Terre) et de plusieurs cliniques (Baie-Mahault, Le Gosier, Le Moule, Trois-Rivières, Gourbeyre, Saint-Claude…). Le CHU de Pointe-à-Pitre, infrastructure de santé principale de l'île a été touché par un important incendie en 2017 et tourne depuis au ralenti. Les soins et les urgences y sont tous toujours traités. Un nouveau CHU est en construction. Sa mise en service est prévue pour fin 2024.

La Guadeloupe est un des territoires français les plus touchés par le virus du SIDA. Ces dernières années le nombre de dépistages reste stable (62 personnes diagnostiquées en 2020, 63 en 2021). Malgré de nombreuses campagnes de prévention, l'usage du préservatif n'y est pas toujours systématique, notamment chez les jeunes.

Il y a régulièrement des épidémies de dengue et de chikungunya des virus transmis par le moustique tigre. Pensez à bien vous protéger avec du répulsif et vous couvrir le corps (vêtements clairs, manches longues et pantalon) si nécessaire.

La pandémie de la Covid-19 a suscité de vives inquiétudes avec une quatrième vague particulièrement meurtrière de juillet à octobre 2021. Près de 1 000 décès liés au virus ont été enregistrés dans l'archipel, sur une population de 383 600 habitants, peu vaccinée et présentant de nombreuses comorbidités. Les hôpitaux de Pointe-à-Pitre et de Basse-Terre, débordés, ont tout d'abord reçu l'aide des cliniques privées, puis des renforts de soignants venus de l'Hexagone. Le sujet de la vaccination divise encore la population. Un rejet de la vaccination qui s'explique en partie par le scandale du chlordécone qui a généré une méfiance de la population vis-à-vis des autorités.

Homosexualité

L'homosexualité reste encore un sujet relativement tabou en Guadeloupe. Si les choses évoluent, cela se fait plus lentement que dans l'Hexagone, la libération de la parole est encore difficile. L'archipel est une destination sûre pour les personnes LGBTQ+, mais toute démonstration d'affection au grand jour peut exposer à des remarques ou des réactions désagréables.

RELIGIONS

En Guadeloupe, on dénombre une multitude de religions et de croyances héritées de son histoire et de différentes évolutions au fil des siècles. La colonisation de l'archipel et l'arrivée d'esclaves emmenés de force depuis l'Afrique s'est accompagnée d'une évangélisation. Le code noir de 1685 (textes de loi régissant l'esclavage) ne reconnaît en effet que la religion catholique. Des missionnaires sont envoyés dans les îles afin de convertir de force les esclaves. La religion catholique s'installe alors dans la société guadeloupéenne et perdurera. Mais, dans les Antilles françaises, elle connaît des évolutions qui sont un témoignage de l'histoire de ces territoires et des populations : les esclaves ont intégré à la religion des pratiques et des croyances issues de leur culture africaine. Elles occupent aujourd'hui encore une place centrale. Depuis les années 1970, d'autres religions ont émergé (évangélistes, Témoins de Jéhovah, adventistes...).

Une chrétienté très marquée

La religion chrétienne est pratiquement omniprésente. Lors de leur découverte de l'archipel, les Européens ont converti au catholicisme les esclaves venus d'Afrique. Cette religion a, au fil des décennies, évolué. Les esclaves y ont en effet intégré des éléments issus de leur culture africaine, donnant lieu à l'intégration de nombreuses croyances populaires dans la religion.

Le grand nombre d'églises témoigne de la place occupée par la religion catholique et de la foi des Guadeloupéens. On compte une église dans chaque commune et également deux cathédrales, l'**église Saint-Pierre-et-Saint-Paul** (p.116) à Pointe-à-Pitre et Notre-Dame-de-Guadeloupe à Basse-Terre. La messe dominicale est fréquentée et donne l'occasion de sortir bijoux et beaux vêtements.

Chaque enterrement rassemble toute la commune. Les avis d'obsèques sont diffusés sur des radios locales quotidiennement. Lors de la disparition d'un proche, une veillée funèbre est organisée dans la maison du défunt. Chacun peut venir lui rendre hommage autour d'un verre et d'un en-cas. À la Toussaint, tous les cimetières sont illuminés. Toute fête patronale fait l'objet d'une célébration avec pèlerinages et processions.

La diversité du culte ne se limite pas au catholicisme, aux pratiques vaudou ou à l'animisme : les Témoins de Jéhovah, les évangélistes, les adventistes du septième jour, les rastas et d'autres encore disposent de belles audiences. Les hindous ont, quant à eux, conservé leurs rites.

La mort en fête

Une semaine avant la Toussaint, les tombes sont nettoyées, repeintes et fleuries. Les cimetières sont tous illuminés dès la tombée de la nuit. Celui de Morne-à-l'Eau, implanté en escalier et en carrelage à damier noir et blanc et celui de Port-Louis aux sépultures de terre battue décorées de lambis en forme de baignoire, sont les plus pittoresques. Il faut faire la fête avec les aïeux et tenir toute la nuit avec l'aide du Saint-Esprit, sans oublier le pique-nique et le rhum. L'ambiance n'est pas du tout morose comme dans l'hexagone. Le 2 novembre, fête des Morts, est un jour férié aux Antilles. Le soir venu, toutes ces petites bougies attirent bien sûr des photographes. Demandez l'autorisation avant de faire des photos ! La mort se fête avec les conteurs pour les familles traditionnelles. Ils sont de véritables « marqueurs de parole », exorciseurs de la dualité païenne et chrétienne. La tradition de la veillée funèbre à la maison est toujours d'actualité en Guadeloupe même si les entreprises de service funèbre sont bien présentes. À l'intérieur de la maison, le défunt est entouré de sa famille et des voisins ; à l'extérieur, les amis arrivent les uns après les autres pour accompagner l'âme du mort en buvant un verre. Lorsqu'il est présent, le conteur récite des fables, seulement interrompues par des chants accompagnés par le *gro ka* ou *gwo ka* (tambour africain). Compère Lapin y côtoie bœufs, cochons et éléphants. La vie se reconstruit ainsi, avec des histoires gaies, des gestes excessifs et même des rires.

Le beau cimetière de Morne-à-l'Eau.

DÉCOUVRIR

RELIGIONS

© SHUTTERSTOCK - FILIP FUXA

L'église Saint-Pierre-et-Saint-Paul à Pointe-à-Pitre.

Croyances et traditions

Reflets de l'histoire et des composantes diverses de la population, les croyances et superstitions guadeloupéennes sont teintées de l'esprit haïtien, et notamment influencées par le rite vaudou. Ce ne sont pas des choses dont on parle facilement, mais elles existent. Les Antillais disent souvent qu'ils ne sont pas au courant, ou écartent les questions embarrassantes en parlant d'histoire ancienne. C'est finalement dans la littérature de l'île que l'on trouve le plus de révélations. Ernest Pépin, célèbre auteur, évoque souvent dans ces livres l'univers des soucougnans, êtres humains capables de voler (Toxic Island), dorlis, des malins qui abusent des femmes pendant leur sommeil (L'homme au bâton), bêtes à Bon Dieu et autres diablesses (L'Envers du décor), tous mus de pouvoirs spirituels qui font chavirer le commun des mortels. Les maisons hantées, la nature luxuriante et la nuit précoce participent à ces forces surnaturelles. Beaucoup croient à l'existence d'esprits bienveillants ou malveillants, que l'on peut convoquer avec l'intention de faire le bien ou de nuire.

Les quimboiseurs

Très populaires aux Antilles, ce sont des personnages que l'on consulte comme une voyante ou un marabout, et qui interviennent dans la vie sociale. Encore aujourd'hui, on va voir le *gadèd zafé*, ou diseur de bonne aventure, pour comprendre et déjouer les mauvaises fortunes, chasser la maladie, et attirer l'amour, l'argent ou la réussite. L'usage du *quimbois* est plus trouble puisqu'il peut s'agir d'ingurgiter un philtre à base de végétaux et de rhum (*coud'zeb*), un breuvage censé agir sur la réalité. Les *quimbois* sont le plus souvent des petits paquets composés d'objets divers portant des inscriptions, d'ingrédients, d'animaux morts qui sont censés envoûter celui ou celle à qui il est destiné.

Les guérisseurs

Si les *z'esprits* et les zombis influencent la société antillaise, ce sont bien les guérisseurs qui ont le pouvoir. Ils connaissent le maniement des plantes curatives, raclent l'écorce des arbres tropicaux, concoctent des poudres médicinales avec les feuilles de corossol... Certains utilisent les techniques des rebouteux, pratiquent les massages, replacent les os. Ils n'ont pas pignon sur rue, et vous n'aurez pas leurs adresses si facilement, mais cette pratique des soins naturels est bien ancrée dans la mentalité antillaise.

Les traditions festives et les commémorations

Ces croyances multiples induisent une philosophie du temps présent, sorte de *carpe diem* local qui consiste à profiter de l'instant puisque le bonheur, éphémère par essence, peut être interrompu de mille façons. Il faut donc vivre intensément et célébrer les occasions de se réunir. Et elles ne manquent pas : veillées mortuaires ou culturelles, soirées *lewoz* et *gwoka*, Carnaval, fêtes de Noël, Mardi gras, Pâques, mais aussi combats de coqs, boeufs-tirants, fêtes patronales, événements associatifs comme les déjeuners champêtres le dimanche...

Le mouvement rastafari

Ce mouvement, né dans les années 1920 en Jamaïque, très développé dans les îles anglophones, a atteint la Guadeloupe à partir des années 1970. Il induit un mode de vie et une philosophie basés sur des croyances religieuses fortes : végétarisme, autosuffisance, vie en harmonie avec la nature... Cette communauté est présente par petits groupes en Guadeloupe.

QUE RAPPORTER ?

La visite de la Guadeloupe donne lieu à la découverte de sublimes paysages. Elle permet, entre autres, de réaliser des photos dignes des plus belles cartes postales. Mais après un séjour dans l'archipel, vous pourrez difficilement résister à l'envie de rapporter de petits « trésors » afin de garder en tête encore quelque temps le charme et les saveurs de l'archipel. Les étals des marchés, les commerces regorgent d'idées afin de satisfaire tous les budgets. Les amoureux des saveurs pourront mettre dans leurs valises une multitude de produits locaux. Les amateurs d'artisanat auront accès à des créations originales à base de matériaux locaux à l'image d'objets de décoration ou d'objets du quotidien revisités. Vous trouverez également un peu partout des souvenirs à l'effigie de la Guadeloupe et de ses symboles typiques. Découvrez notre sélection d'idées souvenirs à rapporter de votre voyage.

Le rhum

C'est le souvenir phare ! Si vous souhaitez rapporter à la maison un produit local, le rhum est la solution pour laquelle opter. Selon vos goûts et vos envies, il se présente sous différentes saveurs. Le rhum blanc et le rhum ambré sont idéals pour le ti-punch, le planteur ou autres cocktails réalisés à base de rhum. Les rhums arrangés sont des mélanges de rhum blanc, d'épices, de plantes ou de fruits macérés moins forts, car plus sucrés que les précédents. Enfin, les rhums vieux vous garantissent un digestif fort en goût (certains l'apprécient aussi en Ti punch). Autant de choix qui vous permettront de vous remémorer votre séjour en le dégustant. De nombreuses distilleries proposent des visites guidées avec dégustations, après lesquelles vous pourrez faire vos achats. Attention, le nombre de bouteilles d'alcool dans les valises est limité par la douane ! Renseignez-vous auprès de votre compagnie aérienne. Possibilité d'en acheter en *duty free*.

Les épices

Elles sont le secret de la cuisine guadeloupéenne : les épices. Le climat et la géographie de l'archipel sont en effet très favorables à leur culture. Alors, pourquoi ne pas en rapporter quelques-unes pour vous remémorer la Guadeloupe grâce à vos petits plats faits maison ? Une multitude de choix s'offre à vous : cumin, piments, gingembre, roucou, safran, noix de muscade, oignons-pays, cannelle, vanille, citron vert (pour ses zestes et jus), graines à roussir... Si l'envie vous prend, vous pourrez ainsi concocter un délicieux colombo de poulet, un court-bouillon de poisson… Ces épices sont disponibles sur les différents marchés de l'île. Pensez à demander conseil aux commerçants pour connaître les recettes et les meilleures conditions de conservation des épices.

Les confitures de fruits exotiques

L'archipel guadeloupéen regorge d'une variété de fruits tous aussi délicieux qu'aromatiques ! Optez pour des confitures à base de fruits exotiques tels que la mangue, la banane, le coco, le fruit de la passion, la papaye ou de groseille pays (fruit phare pendant les fêtes de fin d'année). Certaines sont réalisées à base de mélange de fruits et d'épices, pour un goût agréablement surprenant. Offrez à votre palais des saveurs mémorables ! Elles sont proposées dans des pots de différentes tailles, de quoi ravir les plus gourmands !

Le tissu Madras

Ce tissu est typique des Antilles françaises, importé par les travailleurs Indiens au XIXe siècle. Habillé d'un quadrillage et de multiples couleurs, on le retrouve partout. Il peut être utilisé aussi bien pour des vêtements, des foulards, hamacs que pour des nappes et serviettes. On le retrouve d'ailleurs sur les uniformes de certains petits écoliers. Vous pouvez ainsi repartir de Guadeloupe avec des pièces de tissus, ou encore avec des objets confectionnés à partir du madras. Il existe d'ailleurs des petites poupées vêtues de robes traditionnelles en madras pour les collectionneurs.

Robes en madras, tissu traditionnel.

QUE RAPPORTER ?

© SHUTTERSTOCK - TUPUNGATO

Récipients en calebasse sculptés de façon artisanale.

Les fleurs et fruits exotiques

Si vous avez été subjugué par la beauté de la flore guadeloupéenne durant votre séjour, vous avez la possibilité d'en rapporter pour habiller votre salon ou pour offrir. Mais attention, depuis peu un certificat phytosanitaire est demandé pour le transport de fleurs coupées. Vous devrez en obtenir un auprès de la DAAF (Direction de l'alimentation, de l'agriculture et de la forêt) en faisant la demande au moins 48h avant le voyage. Le document devra accompagner le colis durant le trajet. Même chose pour les fruits, si la banane, la noix de coco ou l'ananas sont autorisés dans vos valises, sans restriction, il vous faudra demander un certificat phytosanitaire pour transporter des avocats ou des fruits de la passion. Quant aux mangues, agrumes, aubergines et boutures de plantes, ils sont tout simplement interdits, sous peine de poursuites, en raison de la présence d'organismes nuisibles, de bactéries ou d'insectes sur ces végétaux.

Les objets artisanaux

Le savoir-faire local est remarquable : les artisans proposent une large variété d'objets à base de matières premières naturelles entre le bois flotté, le sable, les fibres de noix de coco, de calebasse (fruit sec)... Cette dernière est, par exemple, très utilisée, car elle offre une multitude de possibilités ; elle peut être transformée en récipient (*coui*), en photophore, en masque de décoration ou même en lampe. Ces matières sont minutieusement sculptées pour un rendu aussi surprenant qu'original. Vous trouverez également des bijoux à base de graines, des pots à crayons, des tableaux de graines ou de sable... Autre idée de souvenirs, les produits cosmétiques. De plus en plus d'entreprises et d'artisans élaborent des gels douches, shampoings, gommages, savons, crèmes, à base de produits locaux comme la vanille locale bio, le soufre, le moringa, etc.

Les vêtements et objets souvenirs

En plus des cadeaux artisanaux, vous trouverez de nombreux vêtements et accessoires à l'effigie de la Guadeloupe (serviettes de plage, paréos, sacs, t-shirts, sets de table, torchons, magnets, nappes...). Pour un cadeau encore plus original, rendez-vous dans les boutiques de marques de prêt-à-porter locales (**LOVE Marie-Galante** (p.361)) ou de vêtements et accessoires confectionnés par des artistes locaux (**Kreol West Indies** (p.186) à Saint-François, **UKA** (p.164) au Gosier), à arborer fièrement de retour chez vous !

Où les acheter ?

Ces souvenirs de voyage sont en vente dans divers commerces de l'île. Mais il existe des lieux incontournables dans lesquels vous êtes assuré de trouver votre bonheur. La plupart des établissements touristiques (**Maison du Cacao** (p.313), **Jardin botanique** (p.322), **Zoo de Guadeloupe** (p.301), **Aquarium de Guadeloupe** (p.143), **Parc de la Source** (p.297), les distilleries ...) disposent de leur propre boutique.

Les marchés de Sainte-Anne et de Pointe-à-Pitre foisonnent de produits locaux à ne pas rater. Saveurs et ambiance sont au rendez-vous. Celui de Sainte-Anne est installé sur un boulevard en bord de mer, à proximité de restaurants et bars décontractés. Le marché de Pointe-à-Pitre, lui, propose des étals très colorés. Laissez-vous guider pour profiter du parfum des épices et autres senteurs locales et n'hésitez pas à demander conseil aux vendeuses.

Le marché artisanal de Saint-François, situé sur la Pointe des Châteaux, fait la part belle à l'artisanat local qui y est présenté dans de jolies échoppes ; vous y trouverez des bijoux, des objets à base de noix de coco, des vêtements, du rhum ...

D'autres commerces de souvenirs sont présents aux marinas de Gosier et Saint-François.

SPORTS ET LOISIRS

L'archipel guadeloupéen a vu naître de nombreux champions, qui font la fierté de la France lors des grandes compétitions internationales. Citons Marius Trésor, Lilian Thuram ou Thierry Henry (football), Marie-Josée Pérec (athlétisme), Laura Flessel et Yannick Borel (escrime), Teddy Riner (judo), Gaël Monfils (tennis), Grégory Baugé (cyclisme), Florent et Michael Pietrus (basket), Mathieu Bastareaud (rugby), Jean-Marc Mormeck (boxe)... Entre deux parties enflammées de dominos, les Guadeloupéens font donc beaucoup de sport. Le football est une institution, l'athlétisme très pratiqué et le Tour cycliste de la Guadeloupe début août est l'événement sportif de l'année. Pour ses visiteurs, la Guadeloupe offre un large éventail d'activités. Des loisirs balnéaires sur les côtes aux loisirs verts dans la nature luxuriante, en passant par les loisirs aériens, la Guadeloupe se révèle sous toutes ses formes et toutes ses couleurs.

Une destination balnéaire d'exception

Ici, les amoureux des sports nautiques sont comblés ! Toutes les activités sont disponibles, que l'on soit à la recherche des baleines, d'un cabotage tranquille en voilier, de sites de plongée d'exception, de surf, de scooter des mers ou encore de paddle ou de kayak de mer... De nombreux centres proposent des formules de location à l'heure, à la demi-journée ou plus, avec ou sans guide.

▶ **Balades en mer.** Le concept est simple : une journée avec un guide, souvent avec son propre bateau, à la découverte des îles : les Saintes, Marie-Galante, la Désirade, l'îlet de Petite-Terre... La journée se déroule en plusieurs étapes ; arrêt baignade et snorkeling, déjeuner à bord ou dans un restaurant local, visites libres ou commentées sur place... Les départs se font principalement depuis les marinas du Gosier, de Saint-François, de Rivière-Sens à Gourbeyre, de Sainte-Rose et sur la plage de Malendure près de Bouillante. À bord d'un maxi-catamaran ou parfois d'un bateau à moteur, la journée commence tôt le matin, aux alentours de 8h ou 9h, et s'achève avant la tombée de la nuit, vers 17h-17h30.

▶ **Cétacés à tribord !** Baleines et cachalots séjournent dans la mer des Caraïbes à certaines périodes de l'année. Les cétacés viennent d'abord pour se reproduire dans les eaux chaudes de décembre à mai. Après la saison des amours, ils remontent au nord de l'Atlantique pour se constituer des réserves de graisse grâce au krill. On peut les apercevoir au large de la côte (en Basse-Terre, Côte-sous-le-Vent, du côté de Deshaies, Bouillante ou Pointe-Noire, ou en Grande-Terre, du côté de la pointe de la Grande Vigie, de la Pointe des Châteaux). Parfois aussi, des dauphins malicieux semblent ouvrir la route aux bateaux, mais rien n'est garanti dans l'observation des grands mammifères marins.

▶ **Bateau à fond de verre.** Pour ceux qui ne veulent pas plonger, les bateaux à fond de verre sont accessibles à tous et permettent de découvrir la faune et la flore aquatiques, tranquillement assis sur un banc au fond du bateau avec un arrêt baignade. Départs de Bouillante, de la plage de Malendure.

▶ **Voile.** Événement nautique des grandes vacances en Guadeloupe le Traditour est une course en canots saintois à voile traditionnelle comme il en existe peu ! Les canotiers, organisés en équipes, se lancent dans ce challenge local avec force et persévérance. Pendant l'année, bénévoles et plaisanciers s'entraînent en participant à de petites courses et contribuent à faire vivre la tradition maritime de la Guadeloupe. De nombreuses animations sont organisées à l'arrivée de chacune des 8 étapes du Traditour, réparties sur 7 jours.

Et pour les amateurs de voile, l'archipel de la Guadeloupe est riche en excellents ports d'attache et offre des mouillages splendides dans la mer des Caraïbes et dans les îles proches. L'initiation à la voile pour les petits comme pour les grands est aussi proposée par plusieurs bases nautiques de l'archipel.

▶ **Plongée sous-marine.** Si Karukera, « l'île aux belles eaux », mérite son nom par ses nombreuses rivières, ses cascades fraîches et ses sources, elle peut le revendiquer aussi par la beauté de ses plages et de ses fonds sous-marins. Les plongeurs du monde entier ne s'y trompent pas ! Les eaux sont translucides, chaudes toute l'année, les fonds colorés, la flore abondante et la faune diversifiée. Deux îlets (Kahouanne et Tête-à-l'Anglais) au nord de Basse-Terre, une multitude d'arches et de grottes au large de Saint-François, sans oublier le Gosier, Trois-Rivières et l'extrême Sud de l'île, jusqu'au mythique Sec-Pâté dans le canal des Saintes : il y a tant de sites de plongée remarquables en Guadeloupe, qu'il serait difficile de les lister ici !

Un autre site incontournable est la réserve Cousteau, au large de la plage de Malendure, sur la commune de Bouillante. Un écrin fabuleux blotti entre les îlets Pigeon, où la pêche maritime de loisir est interdite. Un buste du célèbre commandant, immergé par 13 m de fond, veille désormais pour l'éternité sur la beauté de ce monde du silence... Les lieux abritent la plus grande variété d'éponges au monde, plus de cent espèces aux surprenantes architectures, et pas moins d'une centaine de coraux dont les cornes d'élan, les cerveaux et le corail de feu, disséminés entre gorgones et anémones ; sans oublier les superbes bouquets de sabelles, dont les panaches se rétractent au moindre toucher. Sur le sable, vous pourrez observer des mollusques cachés dans leur coquille protectrice, et les tortues de mer. On y découvre également les imposants lambis, que vous aurez l'occasion de déguster sur les tables guadeloupéennes, ainsi que les petites et précieuses monnaies caribéennes, délicates comme des porcelaines ! Le volcan de la Soufrière (la Vieille Dame) est actif, bien qu'endormi pour l'instant, et vous aurez la surprise de trouver à cet endroit des résurgences d'eau chaude, mais douce !

▶ **Surf.** Ce sport a fait son apparition en Guadeloupe il y a près de 30 ans. Et les spots sont nombreux. Sur les côtes du Nord, c'est la baie du Moule qui a remporté la majorité des suffrages lors de l'élection du meilleur spot, pour la régularité de ses vagues, puis viennent Anse-Bertrand (plage de la Chapelle), Saint-François (Anse à la Gourde), avec de longues houles hivernales du nord et des alizés qui fournissent des conditions de vent idéales. D'autres spots très fréquentés sont situés sur la côte sud, principalement à Petit-Havre, la Caravelle, Le Helleux à Sainte-Anne. En Basse-Terre, les plages de Cluny à Sainte-Rose et des Bananiers à Capesterre-Belle-Eau sont également idéales.

▶ **Kitesurf.** Discipline très en vogue actuellement, le kitesurf est une planche de glisse, genre wakeboard, tractée par un cerf-volant. Après seulement quelques cours, dispensés dans différentes écoles comme à Bois-Jolan à Sainte-Anne ou à la plage des salines au Gosier, les sensations fortes seront au rendez-vous !

▶ **Foil, e-foil, wind-foil.** Cette discipline récente qui donne l'impression de voler sur l'eau se démocratise de plus en plus en Guadeloupe. Les clubs et écoles proposant des cours ou de la location sont de plus en plus nombreux. N'hésitez pas à leur demander conseil pour découvrir les plus beaux spots.

▶ **Canoë-kayak et paddle.** Voilà des sports de découverte physique et écolo pour explorer les îlets Pigeon, la Côte-sous-le-vent, le Grand Cul-de-sac marin, la mangrove... C'est sympathique, facile et convivial, et vous en prendrez plein les yeux !

▶ **Pêche au gros.** Encadrée par des professionnels de la navigation, la pêche au gros reste possible, mais n'est pas de tout repos. Toute pêche est interdite aux plaisanciers dans la réserve du Grand Cul-de-sac marin, à l'îlet Pigeon, à Petite-Terre et au nord de la Désirade (banc du Crabier). Les professionnels vous indiqueront les bons coins où traquer le poisson, et vous renseigneront des interdictions dans certaines zones.

Dans les terres aussi, découvertes garanties !

Mais la Guadeloupe, ce n'est pas seulement la mer ! Pour qui veut connaître la Guadeloupe de

Le canoë est une activité idéale pour découvrir le littoral du pays.

Catamaran près de Petite-Terre.

l'intérieur, rien ne vaut une bonne randonnée sur le littoral ou dans les terres. La nature tropicale luxuriante, les rivières abondantes pour se rafraîchir, les bassins naturels, le patrimoine agricole et les écomusées rythment les balades, plus ou moins sportives, à votre convenance. D'autres opteront pour des disciplines plus confidentielles comme l'équitation ou le golf.

Randonnée. Avec ses 300 km de pistes (tracés balisés), ses différentes réserves naturelles réparties sur près de 1 800 hectares de forêt tropicale et ses aires de pique-nique, la Guadeloupe est particulièrement ouverte à l'exploration pédestre. Il vous faudra combiner les sentiers côtiers avec ceux du parc naturel et des zones agricoles, le tout ponctué de baignades sur les plages et dans les lagons. Sur Basse-Terre, on n'a que l'embarras du choix, en adaptant la balade à vos capacités physiques. Dans le parc national de Guadeloupe, la nature exubérante vous séduira. Même si la plupart des randonnées ne présentent pas de difficultés majeures, certaines nécessitent tout de même une bonne condition physique. La présence d'un guide est recommandée pour mieux découvrir les paysages et la flore. Le Parc national de la Guadeloupe a mis au point une application (www.randoguadeloupe.gp) grâce à laquelle vous pouvez choisir le type de randonnée selon sa difficulté, son lieu, sa durée… Très pratique également, l'état des sentiers est mis à jour régulièrement sur www.guadeloupe-parcnational.fr.

Trekking, aquarando, canyoning. Sur la sympathique trace des Étangs, qui vous prendra entre 1h30 et 2 heures de marche entre Capesterre et Matouba, ou sur le véritable parcours sportif des chutes du Carbet à Capesterre, qui nécessite à la fois puissance et endurance pour quelques passages délicats, différents paliers sont à envisager. Près de Goyave, on appréciera le chemin des chutes de Moreau à Goyave (4h), le tour de la Soufrière (2h30), agréable et pas trop ardu, et la mythique trace Victor-Hugues, réservée aux randonneurs chevronnés, qui traverse toute la Basse-Terre en passant par les plus beaux sites. Pour les accros d'endurance, il y a les descentes de rivières à la nage, sauts et glissades sur les rochers (avec bivouac ou non), et les raids aventure pour découvrir l'archipel en mode adrénaline. Ne partez pas sans guide si vous avez la moindre incertitude, car cette nature sauvage ne pardonne pas aux imprudents…

Parcours d'aventure. Les parcours accrobranche, qui se développent en Guadeloupe, offrent la possibilité de marcher sur des filets suspendus dans la végétation, au milieu d'arbres parfois centenaires. Un large choix de balades inédites dans la canopée est à votre portée. Une activité accessible à toute la famille.

Équitation. Pour les amateurs d'équitation, de grandes balades sur la plage, des promenades en forêt et des escapades à travers les champs de canne à sucre sont possibles. Plusieurs clubs proposent ces prestations, aux cavaliers chevronnés comme aux débutants.

Golf. Saint-François possède un golf international avec un parcours de 18-trous. Le bourg a largement bénéficié de ces infrastructures, qui attirent une clientèle cosmopolite.

Loisirs aériens. ULM, parapente, chute libre, hélicoptère… Nombreuses sont aussi les façons de découvrir l'archipel vu du ciel. Pour un souvenir inoubliable !

LA ROUTE DU RHUM
DESTINATION GUADELOUPE

Cette course transatlantique en solitaire à la voile, imaginée par Michel Etevenon, réunit tous les quatre ans les plus grands skippers du monde qui s'affrontent sur des bateaux de toutes les tailles. Cette compétition rassemble des skippers professionnels et des amateurs qui doivent effectuer le même parcours sans aide extérieure. La ligne de départ se situe au nord de la pointe du Grouin, près de Saint-Malo, avec un passage de la bouée du Cap Fréhel. Après 3 542 miles de traversée en solitaire, chaque marin doit contourner la Guadeloupe en la laissant à bâbord, passer par l'îlot de la Tête à l'Anglais, la bouée de Basse-Terre avant d'atteindre la ligne d'arrivée proche de Pointe-à-Pitre.

Lors de la 12e édition en 2022, les bateaux ont pris le départ le 9 novembre après un report de 3 jours en raison de conditions météo difficiles au large de l'Hexagone. C'est finalement sous un grand soleil que la flotte a pris le départ. 14 nationalités étaient représentées parmi les 138 skippers (131 hommes et 7 femmes), dont 8 Guadeloupéens : Keni Piperol, Sacha Daunar, Willy Bissainte, Rodolphe Sépho, Damien Seguin, Thibaut Vauchel-Camus, David Ducosson, Étienne Hochédé ainsi qu'un Martiniquais, Daniel Ecalard. On dénombrait ainsi 8 participants en Ultim, 8 en Ocean Fifty, 37 en Imoca, 55 en Class 40, 14 en Rhum Mono et 16 en Rhum Multi. Un nouveau record a été battu puisque Charles Caudrelier a rejoint Pointe-à-Pitre en 6 jours et 19 heures 47 minutes et 25 secondes après son départ de Saint-Malo sur son Maxi Edmond de Rothschild, devant François Gabart sur son Ultim SVR-Lazartigue. Vainqueurs des autres catégories : Erwan Le Roux en Ocean Fifty, Thomas Ruyant en IMOCA, Yoann Richomme en Class40, Loïc Escoffier en Rhum Multi puis Jean-Pierre Dick en Rhum Mono. Sur les 138 skippers, 30 ont abandonné et 5 ont terminé hors délai. À noter que l'arrivée au Mémorial ACTe a été endeuillée par la mort de deux passagers à bord de bateaux suiveurs entrés en collision.

L'épreuve est ouverte aux monocoques et multicoques répartis en plusieurs classes selon la longueur du bateau : ULTIM (multicoques de moins de 60 pieds), MULTI50 (multicoques), IMOCA (monocoques), CLASS40 (monocoques), RHUM Multi (multicoques de 39 à 60 pieds), RHUM Mono (monocoques de moins de 39 pieds).

Quelques dates à retenir de cette épreuve populaire devenue mythique :

- **1978** : Première édition et 38 concurrents au départ dont des skippers de renom parmi lesquels Florence Arthaud, Olivier de Kersauson, Philippe Poupon, Bruno Peyron .... On retiendra la tragique disparition d'Alain Colas sur son trimaran *Manureva* le 16 novembre. Victoire de Mike Birch sur *Olympus Photo* après 23 jours de traversée.
- **1982** : Sur 52 marins inscrits, 19 abandonnent. Vainqueur : Marc Pajot sur *Elf Aquitaine* en 18 jours.
- **1986** : 33 skippers au départ. Cette édition est marquée par la disparition en mer de Loïc Caradec le 14 novembre après un chavirage de son maxi catamaran de 26 mètres lors d'une tempête. Vainqueur : Philippe Poupon sur *Fleury-Michon VIII* en 14 jours.
- **1990** : Vainqueur : Florence Arthaud sur *Pierre 1er* en 14 jours. Elle est la première femme à gagner la Route du Rhum.
- **1994** : 24 bateaux au départ avec une nouveauté ; deux courses en une entre multicoques et monocoques. Vainqueur : Laurent Bourgnon sur *Primagaz* (multicoques) en 14 jours et Yves Parlier sur *Cacolac* (monocoque) en 15 jours.
- **1998** : 19 multicoques et 18 monocoques au départ pour les 20 ans. Nouvelle victoire de Laurent Bourgnon sur *Primagaz* en 12 jours (multicoques) et de Ellen MacArthur (monocoque) sur *Kingfisher* en 20 jours (22 ans) en catégorie 50 pieds.
- **2002** : 58 concurrents au départ mais seulement 28 bateaux à l'arrivée suite au passage d'une dépression sur la route des concurrents. Vainqueurs : Michel Desjoyeaux sur trimaran et Ellen MacArthur en IMOCA en 12 jours.
- **2006** : 74 skippers alignés au départ dont 62 rejoignent la Guadeloupe. Vainqueur : Lionel Lemonchois sur son multicoque en 7 jours.
- **2010** : 85 skippers au départ dont 9 « géants des mer » (Ultim). Vainqueur : Franck Cammas (Ultim) en 9 jours.
- **2014** : Pour la 10e édition de la Route du Rhum, 91 skippers sont au départ dont 6 Guadeloupéens. Vainqueur : Loïc Peyron (Ultim) en 7 jours, 15 heures, 8 minutes et 32 secondes soit une vitesse moyenne de 19,34 nœuds.
- **2018** : Pour le 40e anniversaire, on constate une affluence record avec 123 skippers dont 8 Guadeloupéens. Vainqueur : Francis Joyon (Ultim) 7 jours, 14 heures, 21 minutes et 47 secondes qui détient un nouveau record.
- **2022** : Nouveau record battu pour le vainqueur Charles Caudrelier sur son Ultim 32/23 Maxi Edmond de Rothschild qui rejoint la Guadeloupe le 16 novembre, soit 6 jours et 19 heures 47 minutes et 25 secondes après son départ de Saint-Malo.

GASTRONOMIE

La gastronomie guadeloupéenne se nourrit la diversité des populations qui composent sa société, venues des quatre coins du monde. Le roucou, comme le manioc proviennent des Amérindiens, les gratins de légumes, les fricassées et les courts-bouillons sont directement issus de la tradition culinaire française, les épices à colombo, le gombo, la canne à sucre qui sont des spécialités emblématiques de l'île, furent importées par les Indiens dont la présence a eu une influence déterminante sur la cuisine des Antilles. Si le poulet, le porc et le cabri sont appréciés, les poissons et les fruits de mer sont les vraies stars de l'île, avec des espèces que l'on ne retrouve pas ailleurs, à l'image du lambi, du chatrou ou des ouassous. S'ajoutent à ces produits, une foule de légumes parfumés et de fruits tropicaux succulents. Sans oublier l'incontournable rhum de Guadeloupe, sans hésitation l'un des meilleurs du monde.

Produits caractéristiques

Les poissons et les fruits de mer sont indissociables de la cuisine de la Guadeloupe. Parmi les espèces les plus appréciées citons la morue, le vivaneau (un gros poisson très commun), le balaou (un poisson long mangé frit), la pisquette (un petit poisson, frit, mangé entier) et enfin le requin, souvent mijoté longuement avec de la tomate et des épices à l'étouffée (touffé).

Le lambi est un énorme mollusque recherché tant pour sa chair délicate que pour sa magnifique coquille. De texture ferme, plus fine que celle du calamar, sa chair est très appréciée. La langouste est la star des Antilles. Elle fut longtemps considérée comme un plat de pauvre par les pêcheurs, car elle était abondante dans les criques et les lagons, avant que l'engouement occidental ne la transforme en mets de luxe. Bien qu'elle reste toujours plus accessible dans les Antilles qu'en France hexagonale. La cigale de mer est un crustacé à la carapace plate et à la chair très fine, alors que la cirique est un petit crabe. Le ouassou, grosse crevette d'eau douce, vit dans les rivières et est consommée à Pâques. Les palourdes sont directement ramassées dans le sable. Enfin, le chatrou est un type de petit poulpe.

Pour accompagner ces nombreux produits de la mer, les Guadeloupéens utilisent une multitude de légumes, comme le giraumon (potiron), le manioc, le gombo (qui a l'aspect d'un piment vert, mais qui est apprécié pour sa chair gélatineuse qui permet d'épaissir les sauces), l'igname, la patate douce et le fruit à pain dont la chair farineuse après cuisson ressemble presque à un pain un peu dense. On peut même en faire des frites. La christophine est un légume ressemblant à une poire, mais avec un goût proche de la pomme de terre, souvent préparé en gratin.

Tous ces ingrédients sont assaisonnés avec beaucoup d'épices. Bien sûr impossible de ne pas citer le mélange colombo à base de curcuma, de cumin, de coriandre, de clous de girofle, de poivre noir, de fenugrec (aux graines légèrement amères), de moutarde et de gingembre. Préparé sous forme de poudre ou de pâte, il contient aussi parfois de la cardamome, du fenouil ou de l'anis. En Guadeloupe, la cuisine est parfois enflammée grâce notamment au piment antillais *Bondamanjak* ressemblant à un minuscule poivron et au piment oiseau long d'à peine quelques centimètres. Les deux variétés sont particulièrement fortes. Il existe également du piment végétarien qui a le goût du piment mais pas son côté piquant. Le tamarin est un condiment issu d'un arbre qui possède des gousses remplies d'une pulpe aigre-douce aussi bien utilisée pour le salé que le sucré. Enfin la plus douce des épices, la vanille, est issue d'une orchidée dont les lianes grimpent le long des branchages. En Guadeloupe, on cultive les variétés pompona et planifolia.

Langouste.

DÉCOUVRIR

© SHUTTERSTOCK - SYLV1ROB1

Poulet colombo servi avec des accras.

Les basiques de la cuisine guadeloupéenne

On commencera un repas antillais avec des acras, les immanquables beignets à la morue, parfois aux crevettes ou au crabe, voire au giraumon pour le jeûne. Ils sont plus ou moins pimentés selon les cuisiniers. Autre amuse-bouche, les crêpes de poisson des Saintes sont de fines galettes fourrées d'une crème de poisson puis roulées et panées. Sans oublier les pâtés salés, de petits chaussons feuilletés farcis de chair à saucisse finement épicée. Le *dombré* est un type de boulettes de farine cuites avec des légumes secs, souvent des haricots rouges. Le *dombré de ouassous* est une version plus raffinée, garnie de crevettes d'eau douce. Sinon on peut opter pour du *bébélé*, une soupe copieuse, de Marie-Galante, à base de tripes, de *dombrés*, de bananes vertes et de fruit à pain. Autre soupe, *le calalou* contient gombos, épinards et autres légumes avec du crabe ou du porc. La féroce est une purée d'avocat, de morue, de farine de manioc, d'oignon vert et de piment.

Recette emblématique, le boudin créole noir finement épicé est une spécialité à base de sang, le boudin blanc est à base de poisson, il se décline aussi au lambi ou aux légumes. On ne peut pas non plus rater le poulet boucané, un poulet fumé cuit dans un four fermé aux trois-quarts, surmonté d'une cheminée. La viande marinée est placée très au-dessus du foyer et cuit tout doucement avec la fumée, lui donnant un goût inimitable. Enfin, le colombo – de cabri, de poulet, de porc, de requin – est probablement le plat en sauce le plus connu de Guadeloupe, il mijote longuement dans un mélange d'oignon, d'épices et de bouillon. Pour les fêtes quelques plats spécifiques s'invitent sur la table comme le jambon de Noël, les pâtés salés, les boudins créoles, le sirop de groseille, l'igname de Noël ...

On retrouve également des plats plus simples dont certains en-cas comme le *bokit*, un petit pain brioché qui a la particularité d'être frit, puis ensuite garni avec des crudités, de la morue ou du poulet grillé. Sans oublier *l'agoulou*, un pain moelleux, grillé, puis fourré de viande hachée et de légumes. Le *poyo & morue* est un plat servi le matin, composé de morue accompagnée de banane verte. Sinon on dégustera le blaff qui contient de poisson ou des fruits de mer cuits au court-bouillon. Le *matété* est une fricassée de crabes alors que le *chiquetaille* de morue est constitué de morue émiettée, servie en vinaigrette.

Desserts et fruits des tropiques

Côté entremets et pâtisseries, ne manquez pas les tourments d'amour, une spécialité saintoise fourrée à la confiture de coco, de banane ou de goyave, à déguster plutôt tiède, mais aussi le flan (ou blanc-manger) au coco. De fabrication artisanale, les sorbets ici sont à base de lait, le plus souvent aromatisés à la noix de coco, avec un goût prononcé de cannelle ou de vanille. Le *snowball ou sinobol* est un gobelet de glace pilée arrosée d'un trait de sirop (grenadine, menthe, ou orgeat). Plutôt réservé au matin, la *kassave*, une galette de farine de manioc, se cuit sur une plaque, que l'on agrémente souvent de confiture de coco. Spécialité de Marie-Galante, le *caca-bœuf*, qui possède effectivement une forme équivoque, se présente sous la forme une brioche roulée parfumée à la cannelle, nappée de confiture à la noix de coco.

Il existe une extraordinaire variété de fruits tropicaux succulents en Guadeloupe. Bien sûr on retrouve les classiques comme l'ananas, la banane (en accompagnement pour la plantain ou en dessert comme *la fressinette,* la banane figue ou la banane pomme), l'avocat, la mangue, la papaye, le pamplemousse, la goyave, le fruit de la passion (maracuja) et la noix de coco. Mais il existe bien des espèces plus étonnantes comme la carambole allant du vert-jaune à l'orange, qui a l'aspect d'une étoile lorsqu'on la coupe en tranches, l'abricot-pays à la chair orangée, parfumée et sucrée, le corossol, un gros fruit pourvu d'une chair blanchâtre très sucrée ou encore la prune de Cythère qui ressemble à une petite mangue de forme oblongue. Sa chair sucrée, acidulée et fibreuse se déguste nature et donne un excellent jus, riche en vitamine C.

Le café de Guadeloupe est classé parmi les meilleurs des Antilles. Il a été très longtemps utilisé pour améliorer des cafés de moindre qualité. Sa production est relancée grâce à une coopérative (Copcaf) d'une cinquantaine de petits producteurs situés sur la Basse-Terre, entre Capesterre-Belle-eau et Pointe-Noire sur une superficie d'environ 100 ha, où le climat et les conditions géologiques lui sont très favorables. 30 tonnes de café AOC sont produites chaque année. Autre boisson, le *chodo* est une sorte de lait de poule purement guadeloupéen, parfumé à la noix de muscade et au citron vert, que l'on sert en accompagnement d'un gâteau au coco nommé *Mont Blanc,* notamment lors des mariages, baptêmes et autres fêtes.

Au paradis du rhum

Le rhum et sa dégustation jouissent d'un véritable culte dans les Antilles. Deux sortes de rhums coexistent dans le commerce : les rhums agricoles, produits aux Antilles françaises (Martinique, Guadeloupe, Marie-Galante) et les rhums industriels, fabriqués dans le monde entier. Les rhums martiniquais, contrairement aux rhums guadeloupéens, possèdent une AOC. Le rhum comme on le connaît aujourd'hui est issu d'une décoction d'alcool de canne à sucre. La mélasse de canne est envoyée aux colonies nord-américaines dès le XVIIIe siècle, mais le développement du chemin de fer va permettre une production industrielle de rhum à partir du XIXe siècle. Si le nombre de distilleries a fortement diminué sur l'île depuis le début du XXe, il en reste un certain nombre notamment en Basse-Terre. Les distilleries se visitent toute l'année et proposent des ventes et des dégustations, mais attention, les usines de fabrication ne fonctionnent que pendant la période des récoltes (de février à juin).

La fabrication du rhum agricole provient de la distillation directe du vesou (jus de canne à sucre) et de la transformation de son sucre en alcool, qui fermente pendant 36 à 48 heures jusqu'à la vinification (5-6°). Une tonne de canne à sucre donne environ 100 litres de rhum agricole. Le rhum industriel est élaboré à partir de la mélasse – issue du raffinage du sucre – mise à fermenter avec des levures. Cette fermentation rapide donne un jus alcoolisé (5-6°), ensuite distillé en colonne jusqu'à atteindre un l'alcool titrant à 65-75°. La législation n'admettant pas plus de 65° pour la vente, on y ajoute de l'eau distillée pour retomber à 50°.

On retrouve ainsi différents rhums agricoles comme le rhum blanc, base du ti-punch, que l'on peut servir frappé (glacé). Le rhum vieux est issu du rhum blanc placé en fûts de chêne pour une durée d'au moins 3 ans. Certains peuvent atteindre 40 ans d'âge et rivalisent avec les plus grands spiritueux. Le rhum ambré reste en foudre de chêne pendant une période d'environ 12 à 18 mois, lui donnant une coloration dorée. Il titre généralement à 50°. Idéal pour les cocktails et les pâtisseries. Côté rhums industriels on peut citer le rhum jeune traditionnel qui contient 40 % d'alcool avec un arôme assez fort ou le rhum grand arôme très aromatisé du fait de la longue fermentation (8 à 10 jours) d'un mélange de mélasse et de vinasse dans les cuves de bois.

Fruits tropicaux.

AGENDA

Il y a toujours un événement pour faire la fête en Guadeloupe, quel que soit le moment de l'année ! Les fêtes de fin d'année et les chants de Noël sont à peine terminés que commence déjà la frénésie du carnaval et ce pour de longues semaines de défilés, de musique et de couleurs. Arrive ensuite la période de Pâques, très importante en Guadeloupe, avec la fête du crabe. Puis les festivals et manifestations s'enchaînent sur la fin de la période scolaire (Terre de Blues, festival de Zouk), les grandes vacances (la All Day In), jusqu'à la Toussaint. Un moment très important pour les familles qui se retrouvent pour honorer leurs morts en illuminant les cimetières (les 1er et 2 novembre sont fériés), un temps de partage et de joie. Les Guadeloupéens aiment sortir, se retrouver et faire la fête. Voici une liste (non exhaustive) de tous les événements et manifestations qui ponctuent l'année à travers l'archipel.

FESTIVAL RÉGIONAL ET INTERNATIONAL DU CINÉMA DE GUADELOUPE (FEMI)

✆ 0590 99 66 74
https://femifestival.com
En janvier.

Deux femmes guadeloupéennes sont à l'initiative de cette manifestation créée depuis 1992 axée sur la promotion du cinéma d'auteur au travers de documentaires, de courts et longs métrages qui sont diffusés dans la plupart des villes de l'archipel pendant toute la durée de la manifestation. Le FEMI organise des rencontres entre les différents acteurs du milieu cinématographique (internationaux, locaux, caribéens). Chaque année, un jury composé de personnalités du 7e Art récompense les meilleurs films lors de la cérémonie de clôture.

CARNAVAL DE GUADELOUPE

Du dimanche de l'Épiphanie, en janvier, au mercredi des Cendres, en mars.

Il s'agit sans conteste de la plus importante fête de l'archipel car toute la Guadeloupe y participe ! Le dimanche qui suit l'Épiphanie ouvre les festivités, qui durent jusqu'au mercredi des Cendres. Les jours et les nuits se succèdent dans la frénésie et la joie.

Les costumes rivalisent d'inventivité. On dit que, après Rio de Janeiro et la Louisiane, les parades de Pointe-à-Pitre et de Basse-Terre sont les plus élaborées. Le perpétuel retard des défilés par rapport à l'horaire annoncé, tend chaque année à se réduire. Mais le spectacle n'en reste pas moins féerique ! Dans les boutiques spécialisées et les ateliers de confection, on s'affaire quasi une année à l'avance. Du costume romantique au moderne en passant par le plus sexy au naïf bricolé... Les habits de strass et de lumière de chaque groupe resplendiront le temps d'une parade. Certains de ces costumes s'avèrent très coûteux. Chacun donne libre cours à son imagination où s'attache à une thématique, à travers de chatoyants déguisements, jouant son rôle un peu mieux chaque jour, assurant sa propre mise en scène... Période de grand défoulement, le Carnaval reste l'ultime exutoire des différences. Pendant cette période, Noirs, Blancs, Coolies, Békés ou Mulâtres évoluent sous le masque de l'anonymat. Et comme dans les ferias du sud de l'Hexagone, on y libère son envie d'être ensemble.

Les trois jours les plus importants du Carnaval ont chacun une couleur dominante que l'on retrouve dans les déguisements de la population.

- **Jours gras.** Grande parade carnavalesque qui commence le Samedi-Gras, inaugure le temps du Carnaval et occupe les rues jusqu'au mercredi des Cendres. Le Dimanche-Gras, la parade arrive dans le secteur piétonnier de Pointe-à-Pitre. Le Lundi-Gras, tous les participants – organisés en associations festives, comités des fêtes, compagnies de danses, groupes et fanfares – se retrouvent à Basse-Terre. Le Mardi-Gras, les multiples parades défilent dans plusieurs communes. Le Grand Vidé en noir et blanc clôture cette semaine de festivités.
- **Brûlé Vaval.** Huit semaines après le début du Carnaval arrive le « Brûlé Vaval » qui sonne la fin des festivités avec le mercredi des Cendres : l'effigie de Vaval, roi du carnaval, est brûlée, à la nuit tombée, place de la Victoire à Pointe-à-Pitre, devant des festivaliers vêtus de blanc et de noir et entouré de ses pleureuses qui crient, gesticulent et miment le chagrin. Le personnage de Vaval, une marionnette géante, change chaque année de visage en fonction de l'actualité. Il peut notamment représenter une personnalité publique, politique...

petit futé
Alexa, lance Petit Futé !
Des idées week-end
et vacances
pour partir en France
et dans le monde !
petit futé
Essayez, «Alexa, je veux partir en juillet ?»
avec les podcasts tourisme
SUD RADIO
Amazon, Alexa, Echo, et toutes marques associées
sont des marques d'Amazon.com, Inc. ou de ses sociétés affiliées.
© PATRYK KOSMIDER - STOCK.ADOBE.COM

Marre de passer des heures sur internet pour trouver des bons plans ?
my petit fute
M'A FAIT GAGNER UN TEMPS FOU AVEC SES RECOMMANDATIONS D'ITINÉRAIRES ET SES BONS PLANS TESTÉS PAR DES RÉDACTEURS LOCAUX.
© VIKTOR GL - ISTOCKPHOTO.COM
VOTRE GUIDE NUMÉRIQUE SUR MESURE EN MOINS DE 5 MINUTES POUR 2,99 €
mypetitfute.fr

CARNAVAL DE LA DOMINIQUE [MAS DOMNIK]

Le carnaval se déroule en février avec une cérémonie d'ouverture un mois avant.

Un rendez-vous attendu pour la population qui attire beaucoup de visiteurs pour son authenticité et son originalité. Les chars, les déguisements font l'objet de préparations pendant de longs mois. Un mois avant le début du carnaval, les festivités commencent par une cérémonie d'ouverture officielle avec des spectacles, des fêtes de villages, des compétitions, dont le concours de la reine de beauté du carnaval, l'élection du roi du Calypso (une musique très répandue en Dominique).

MI-CARÊME

Le carnaval reprend ses droits le temps d'une journée comme dans un dernier sursaut avant l'année prochaine et une pause pendant la période du Carême. Si vous avez manqué les nombreux défilés de la période canarvalesque, vous pourrez vous rattraper en assistant ou en participant à celui-ci. La tradition veut que les festivaliers défilent dans les rues de Pointe-à-Pitre et de Basse Terre à l'occasion d'un «déboulé » ou d'un «vidé », jusque tard dans la nuit, en costumes différents des autres jours ; en rouge et noir. Le jour de la Mi-Carême est un jour férié.

PÂQUES

Pendant ce long week-end, voire bien souvent quelques jours avant et après pour les plus chanceux, toutes les plages et tous les bords de rivière sont pris d'assaut par des familles entières qui réservent leur emplacement plusieurs jours à l'avance et s'y installent pour camper dans une ambiance des plus festives. On y apporte les tentes, le réfrigérateur, la glacière, le groupe électrogène, la sono et la grande marmite pour préparer le fameux matété... Si vous recherchez la quiétude, le littoral est à éviter pendant cette période.

COMMÉMORATION DE L'ABOLITION DE L'ESCLAVAGE

Le 27 mai.

Ce jour est férié en souvenir de l'abolition de l'esclavage. Si le décret d'abolition à Paris date du 27 avril 1848, il ne sera appliqué qu'à réception officielle de la nouvelle dans chaque colonie (le 22 mai en Martinique, le 27 en Guadeloupe et le 10 juin en Guyane). Ainsi les 87 000 esclaves de Guadeloupe se seront considérés libres qu'à compter du 27 mai 1848. Des commémorations ont lieu un peu partout et notamment dans les forts Delgrès à Basse-Terre et Fleur d'épée au Gosier. Les administrations et les supermarchés sont fermés toute la journée.

TERRE DE BLUES

Rue Pierre Leroy
GRAND-BOURG
✆ 05 90 97 56 51
www.terredeblues.com

Week-end de la Pentecôte. Informations, billeterie à l'office de tourisme de Marie-Galante.

Depuis 2000, l'île de Marie-Galante accueille le festival Terre de Blues, du vendredi au lundi de Pentecôte. Devenue au fil des ans un événement culturel caribéen essentiel pour l'île, cette manifestation rend hommage au genre musical né dans les plantations pendant la période coloniale. De nombreux artistes locaux et internationaux s'y produisent à chaque édition. Sur place, un village du festival avec une aire d'exposition mise à la disposition des artisans en provenance de toutes les îles de Guadeloupe afin de valoriser leur savoir-faire.

FESTIVAL DE GWO KA

Les Galbas
SAINTE-ANNE

Généralement mi-juillet.

Ce festival se déroule mi-juillet sur la commune de Sainte-Anne. Il est consacré à ce genre musical typiquement guadeloupéen qui met en scène des joueurs de tambour (en créole *tambouyés*), des percussions, des souffleurs de conques de lambis chanteurs et des danseurs. Lors de soirées populaires, le public s'installe en cercle autour des danseurs qui font face aux tambours. Alors qu'il était interdit dans les plantations pendant la période esclavagiste, le Gwo Ka de la Guadeloupe est inscrit au patrimoine immatériel de l'humanité depuis 2014.

FESTIVAL INTERNATIONAL DU ZOUK

✆ 06 90 30 52 19

http://festivalduzouk.org

Fin juillet en général.

Amoureux du zouk, ce festival est pour vous : les plus grands noms de ce style musical antillais sont réunis à l'occasion de ce festival qui a lieu chaque année. Au programme, entre autres, des concours de chant, pour les groupes *live* mais aussi les DJ (avec vote du public), appelés « Les tremplins du FIZ ». C'est également l'occasion de découvrir des artistes locaux (plasticiens, peintres, sculpteurs et poètes) lors d'expositions qui leur sont dédiées, de participer à des tables rondes, des concerts, des *shows* consacrés au zouk.

ALL DAY IN MUSIC FESTIVAL

LE MOULE

✆ 06 90 56 59 75

alldayinmusicfestival.com

En juillet ou en août. Tickets en vente sur le site Internet.

C'est LE rendez-vous de la jeunesse des grandes vacances. En 16 ans d'existence, le festival All Day In a acquis une notoriété importante. Les amateurs de rap, dancehall, d'afropop, de soca, de trap, de shatta ou encore de bouyon, affluent de loin pour vibrer au son d'artistes venus de la Caraïbe ou de l'hexagone. Organisé initialement à Saint-François, puis dans la commune du Moule, le lieu de l'édition 2024 n'était pas encore connu au moment du bouclage.

TOUR CYCLISTE DE GUADELOUPE

Fin juillet/août sur toute l'île.

L'un des grands évènements sportifs de l'archipel qui attire la population en masse sur le bord des routes pendant une semaine. Certains Guadeloupéens prennent leurs vacances spécialement pour suivre cette course. Le premier Tour de Guadeloupe a vu le jour en 1948. De nos jours, il réunit plus d'une centaine de coureurs venus des quatre coins du monde. Renseignez-vous sur le parcours de la course pendant si vous êtes présent en Guadeloupe à cette période car les routes sont totalement bloquées pendant le passage des coureurs.

FÊTE DES CUISINIÈRES

Cathédrale Saint-Pierre Saint-Paul

POINTE-À-PITRE

Le samedi le plus proche de la Saint-Laurent. À la cathédrale Saint-Pierre-et-Saint-Paul (après la messe).

Une grande messe en l'honneur du patron des cuisinières, saint Laurent, est organisée à la Cathédrale Saint-Pierre Saint-Paul de Pointe-à-Pitre. La messe est ensuite suivie d'un défilé de ces cuisinières en costumes d'apparat auquel sont conviées les personnalités de l'archipel dont le Maire de la Ville, le Préfet… Les cuisinières présentent leurs plats dans les rues de Pointe-à-Pitre, et invitent la population à déguster des mets traditionnels à cette occasion. L'association regroupe plus de 200 adhérents (femmes et hommes).

FESTIVAL DE L'ÉMANCIPATION

En août.

L'esclavage a été aboli par le gouvernement britannique en 1833 sur l'île de la Dominique, avant les colonies françaises. Les Dominiquais rendent hommage à leurs ancêtres au travers de ce festival pendant lequel chants, poésies, théâtre, danses et spectacles sont au rendez-vous. L'hommage à ces victimes de l'esclavage est également présent par une randonnée nationale (Neg Marron Emancipation Hike) qui reprend le trajet emprunté par les esclaves de la Dominique.

KALINAGO WEEK

Semaine du 19 septembre.

Cette semaine de célébrations remonte au 19 septembre 1930. Les Kalinagos avaient pour habitude de commercer au moyen du troc avec les territoires français proches (Guadeloupe et Marie-Galante). Les autorités de l'île ont jugé qu'il s'agissait d'un commerce illicite et l'ont interdit, provoquant alors un conflit avec la communauté Kalinago. Depuis 1981, la semaine Kalinago, qui a lieu sur son territoire, a pour objet de souder les liens de cette communauté. Les festivités, activités et débats sont ouverts au public et permettent de découvrir ce peuple.

DOMINICA'S WORLD CREOLE MUSIC FESTIVAL

dominicafestivals.com

Chaque année en octobre.

Ce rendez-vous musical est majeur à la Dominique. Les artistes créoles les plus prestigieux viennent interpréter leurs chansons à succès pour un public de plus en plus nombreux venu des Antilles et d'ailleurs. Tous les styles caribéens sont représentés, du reggae au zouk en passant par la salsa, l'afro jazz, le bèlè, le compas... Si vous souhaitez vous y rendre, anticipez le voyage car les rotations (maritimes ou aériennes), bien que multipliées pour l'évènement, sont prises d'assaut.

LA ROUTE DU RHUM - DESTINATION GUADELOUPE

www.routedurhum.com

Tous les quatre ans avec un départ début novembre de Saint-Malo.

Cette course transatlantique en solitaire, devenue mythique, réunit tous les 4 ans les plus grands skippers du monde (professionnels et amateurs) qui doivent effectuer le même parcours sans aide extérieure sur des bateaux répartis en plusieurs classes. Le départ a lieu à Saint-Malo début novembre – Arrivée à Pointe-à-Pitre après une traversée de 3 542 milles. Au fil des ans, les records sont pulvérisés, dernier en date, celui de Charles Caudrelier en 2022 en classe Ultim en 6 jours, 19 heures.

FÊTE DE LA TOUSSAINT

Les 1er et 2 novembre dans tout l'archipel (le 2 novembre étant également férié en Guadeloupe).

On vient honorer ses défunts dans le plus grand respect, mais dans une ambiance bien différente de celle de l'Hexagone : les marchands ambulants sont installés sur le parking car on mange et on boit en l'honneur des disparus. Pour l'occasion, les tombes sont nettoyées, repeintes, fleuries et ornées de bougies. Tous les cimetières s'illuminent à la tombée de la nuit. Le plus réputé est celui de Morne-à-l'Eau, dans le Nord Grande-Terre. Implanté en escaliers, avec des caveaux recouverts de damiers noirs et blancs. Le 2 novembre est un jour férié en Guadeloupe.

CHANTÉ NWEL

Dans tout l'archipel.

De fin novembre jusqu'au 24 décembre.

Les Chanté Nwel (chanté Noël) sont organisés principalement en soirée notamment le week-end. Cette tradition initiée par la commune de Vieux-habitants se pratique désormais dans tout l'archipel. Chacun vient doté de son cantique afin de reprendre en chœur les paroles des chants de Noël revisités aux rythmes des Antilles. De nombreuses associations se sont spécialisées dans les Chanté Nwel : le spectacle est des plus agréables. Les régions, mairies et entreprises privées, dont les centres commerciaux, font appel à leurs services chaque fin d'année.

INDEPENDENCE DAY

Le 3 novembre.

La Dominique est devenu indépendante de la Grande-Bretagne le 3 novembre 1978. Des fêtes se déroulent chaque année à cette date, aux quatre coins de l'île, pendant quatre semaines. Toutes sortes d'activités culturelles sont au programme de ces festivités entre gastronomie, danse et musique traditionnelles. C'est également l'occasion de mettre en avant les diverses influences culturelles du pays à l'image du bélé, une danse africaine, et du quadrille et de la valse venus d'Europe qui se côtoient. Le costume traditionnel (la robe Wob Dwiyet) est revêtu.

RÉVEILLON DE NOËL

Le 24 décembre dans tout l'archipel.

Après la messe de minuit vient le temps des chants et des danses autour du repas traditionnel de Noël avec le *schrub* (boisson traditionnelle de Noël à base de rhum et d'écorces d'agrumes), le sirop de groseille pays, du boudin, du ragoût de porc accompagné d'ignames, de pois de bois, du jambon de Noël... pour les puristes qui tiennent à conserver la tradition. D'autres ont depuis longtemps adopté champagne, foie gras, saumon fumé, crustacés... car tous les produits de l'Hexagone sont livrés en Guadeloupe, mais à un coût plus élevé.

GRANDE-TERRE

L'île de la Grande-Terre constitue la partie Nord-Est de la Guadeloupe. Elle est séparée de la Basse-Terre par la Rivière Salée que le pont de la Gabarre permet de traverser sans même s'en apercevoir. Elle abrite des paysages contrastés avec ses falaises de calcaire abruptes au nord, des zones rurales, des champs de canne mais également de superbes plages de sable fin ombragées par des cocotiers et des palmiers. Ces dernières correspondent en tout point à l'image de carte postale que l'on peut avoir de cet archipel. La Grande-Terre concentre la majeure partie des grands complexes hôteliers et des petits établissements plus intimistes (gites, résidences hôtelières, appartements, bungalows, villas de standing ...) sur Gosier, Sainte-Anne et Saint-François, les stations balnéaires de la Guadeloupe. L'habitat y est très concentré. Il devient beaucoup plus diffus dans le Nord et dans l'arrière-pays appelé les Grands Fonds.

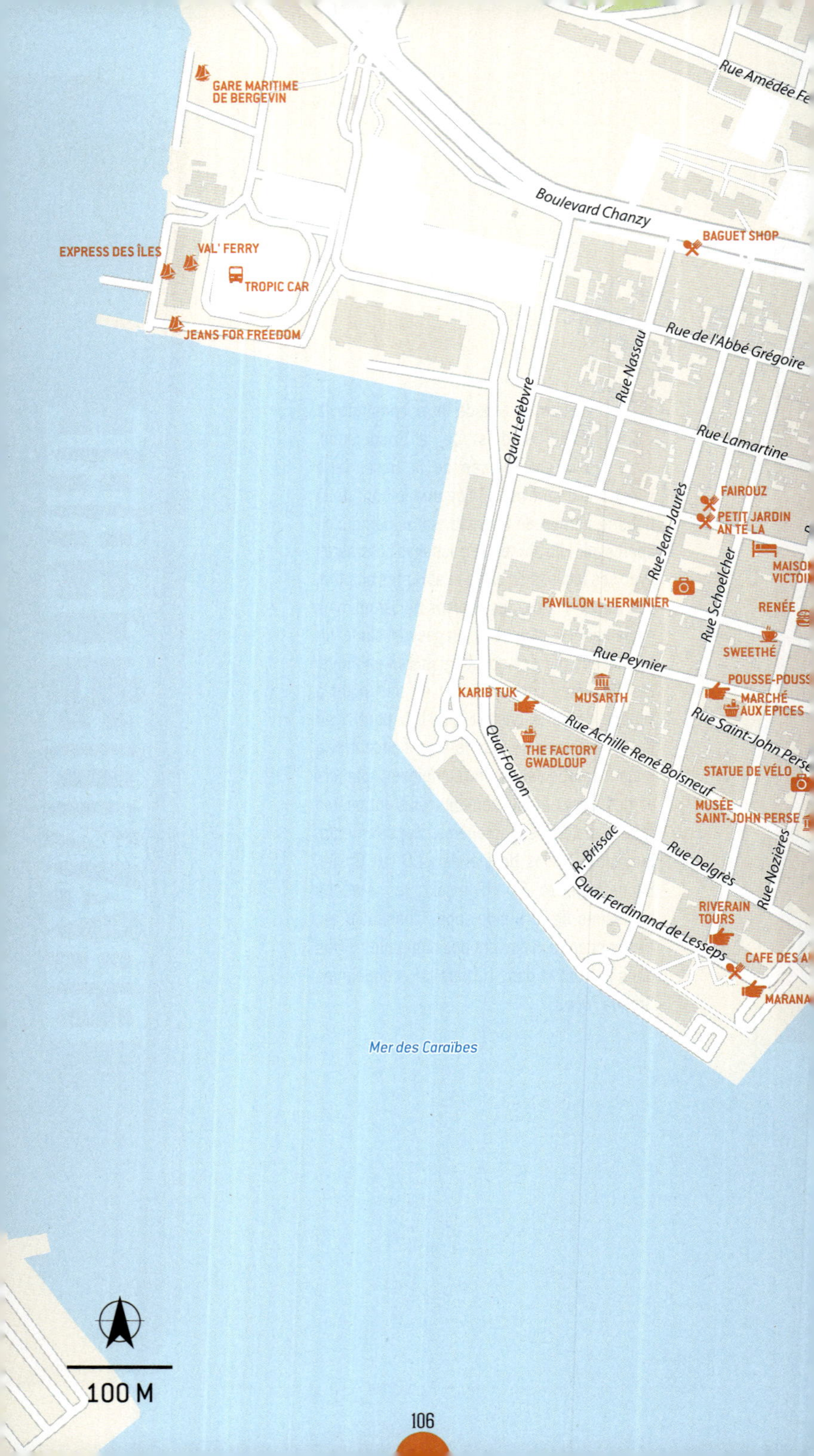
GARE MARITIME DE BERGEVIN
Rue Amédée Fe
Boulevard Chanzy
BAGUET SHOP
EXPRESS DES ÎLES
VAL' FERRY
TROPIC CAR
JEANS FOR FREEDOM
Rue de l'Abbé Grégoire
Rue Nassau
Quai Lefèbvre
Rue Lamartine
FAIROUZ
PETIT JARDIN AN TÉ LA
Rue Jean Jaurès
Rue Schoelcher
MAISON VICTOI
PAVILLON L'HERMINIER
RENÉE
SWEETHÉ
Rue Peynier
POUSSE-POUSS
KARIB TUK
MUSARTH
MARCHÉ AUX EPICES
Rue Saint-John Perse
Rue Achille René Boisneuf
Quai Foulon
THE FACTORY GWADLOUP
STATUE DE VÉLO
MUSÉE SAINT-JOHN PERSE
R. Brissac
Rue Delgrès
Rue Nozières
Quai Ferdinand de Lesseps
RIVERAIN TOURS
CAFE DES A
MARANA
Mer des Caraïbes
100 M

Pointe-à-Pitre
Rue Anatole Léger
Bd. Nelson Mandela
Boulevard Armand Hanne
D 103
Rue d'Ennery
Rue Bebian
Rue de la République
ÉGLISE SAINT-PIERRE-ET-SAINT-PAUL
DÉSIRS DU PALAIS - FABIENNE YOUYOUTTE
MARCHÉ AUX FLEURS
FÊTE DES CUISINIÈRES
Rue du Général Rhuillier
AN CHODYÈ LA, LA KAZ À SOUPE
PAVILLON DE LA VILLE
R. du Cdt. Mortenol
Rue Louis-François Vatable
TOUT' NASYON
R. A. Isaac
Rue Gilbert de Chambertrand
CODE 809
Quai Perrinon
Chemin de la Loge
Faubourg Alexandre Isaac
COMITÉ DU TOURISME DES ÎLES DE GUADELOUPE
Rue Dugommier
Rue Louis-François Vatable
SAN MELE
PLACE DE LA VICTOIRE
Ô BOD' LANMÈ
Faubourg Victor Hugo
MARCHÉ DE LA DARSE
Rue Duplessis
HOSTEL
Q. Gatine
Rue de Massabielle
Rue Dubouchage
Rue Denfert
GARE ROUTIÈRE DE DARBOUSSIER
Rue Raspail
Deuxième Ruelle
Rue du Chemin Neuf
Rue de l'Institut Pasteur
R. J. Cicofran
Rue Raspail
R. J. Cachemir
INTEMPORELLE
MACTE - MÉMORIAL ACTE
R. d. la Ve. Ferrée
107

Grande-Terre
Altitude (en mètres)
500
400
300
200
100
Route principale
Route secondaire
Ville
10 KM
Océan Atlantique
Anse Laborde
Trou Madame Coco
ANSE-BERTRAND
Campèche
Pointe d'Antigues
PORT-LOUIS
Beauport
Gros Cap
Parc national de la Guadeloupe
Ste-Marguerite
Les Mangles
Anse Maurice
PETIT-CANAL
Pte Macou
Ilet à Fajou
Canal des Rotours
La Rosette
LE MOULE
Vieux-Bourg
MORNE-À-L'EAU
Porte d'Enfer
Grand Cul-de-sac Marin
LA DÉSIRADE
Beauséjour
Pointe de la Grande Rivière
Pointe Colibris
LAMENTIN
BAIE-MAHAULT
LES ABYMES
GRANDE-TERRE
LES GRANDS-FONDS
POINTE-À-PITRE
LE HELLEUX
SAINT-FRANÇOIS
SAINTE-ANNE
Anse de la Barque
Mare Gaillard
ÎLE DE LA PETITE TERRE
Petit Cul-de-sac Marin
Pointe de la Verdure
LE GOSIER
St-Félix
Petit Havre
Îlet
PETIT-BOURG

PAGES

●● L'OUEST

111

Sur cette partie de Grande-Terre, que de contrastes ! Les communes les plus au sud, Pointe-à-Pitre et les Abymes, sont très urbanisées. Mais après avoir passé l'aéroport Pôle Caraïbes et la zone d'activités de Perrin, la campagne reprend ses droits. Si la commune de Morne-à-l'Eau, plus retirée dans les terres et longée par la mangrove du Grand Cul-de-Sac marin, impose sa douceur de vivre, loin de toute agitation, elle n'en est pas moins touchée par une circulation dense aux heures de pointe qui nous ramène rapidement à la réalité. Ensuite le rythme de vie s'annonce plus détendu dans les communes de Petit Canal, Port-Louis et Anse Bertrand plus au Nord ou le Moule, sur la côte Est.

La communauté d'agglomération Cap Excellence, qui regroupe les villes des Abymes, de Baie-Mahault et de Pointe-à-Pitre, travaille sur plusieurs projets axés sur l'environnement, les déplacements, la qualité du cadre de vie, l'architecture urbaine, le social et l'économie. En dehors de cette zone très urbanisée se trouvent des joyaux de la nature, comme le Grand et le Petit Cul-de-Sac marin, la rivière Salée qui sépare les deux ailes du Papillon, et la mangrove. Les zones de Dothémare et Perrin aux Abymes connaissent une dynamique ces dernières années avec notamment la construction d'une zone de commerces, d'activités et de logements, d'un pôle administratif et le nouveau CHU qui devrait ouvrir ses portes fin 2024.

POINTE-À-PITRE ★★

111 Si vous comptez rester sur Grande-Terre, prenez une journée ou deux pour visiter Pointe-à-Pitre, mais choisissez plutôt votre hébergement au Gosier, à Sainte-Anne, au Moule ou à Saint-François. Vous serez plus près des belles plages !

128 **LES ABYMES**

137 **MORNE A L' EAU**

Vue sur Pointe-à-Pitre.

PAGES

POINTE-À-PITRE ★★

Malgré le passage du cyclone dévastateur de 1928 et ensuite de Hugo en 1989, la ville de Pointe-à-Pitre, poumon économique de la Guadeloupe sans toutefois en être le chef-lieu, conserve encore quelques maisons coloniales à balcons de bois typiques au milieu d'immeubles de béton. L'association de quartier « Pli Bel La Ri » (« Plus belle la rue ») repeint les façades des maisons abandonnées, et y crée des jardins partagés, des fresques provoquant une nouvelle dynamique dans ces quartiers. Ces actions sont menées par les habitants qui améliorent ainsi leur cadre de vie. Une belle initiative qui donne de l'élan car les propriétaires des maisons alentour jouent le jeu en rénovant à leur tour leurs biens immobiliers.

Histoire

En 1654, un armateur juif hollandais dénommé Peter, qui avait échoué à Pointe-à-Pitre après son expulsion du Brésil, raconte dans ses souvenirs qu'il vendait son poisson près d'une pointe rocheuse, le long d'une jetée située au bas du fort Saint-Louis. Le lieu-dit a pris le nom de « Pointe à Peter » et le petit village, établi par la suite près du vieux fort, a ensuite été baptisé Pointe-à-Pitre. Selon d'autres sources, il faudrait plutôt, pour retrouver l'origine du nom, chercher du côté de la rivière à Pitres, mentionnée sur certaines cartes du XVIe siècle. Enfin, selon une troisième hypothèse, « Pitre » viendrait du mot espagnol *pitera*, un arbuste parasite du palétuvier.

Capitale économique de l'île, Pointe-à-Pitre ne prend véritablement son essor qu'avec l'occupation anglaise. A cette époque, la ville est une zone insalubre et marécageuse située au milieu du morne Renfermé, point de départ du développement de la ville. Grâce à la main-d'œuvre esclave, les Anglais vont y effectuer de vastes travaux d'assainissement et poser les bases du développement des échanges maritimes. Un petit port est créé pour combler les marécages. En 1748, les habitants d'un bourg voisin rattachent leur commune à la mer par l'actuelle rue Frébault.

En 1763, les Français reprennent l'île ; le gouverneur de la Bourlamaque apporte désormais un soutien régulier au développement de la ville qui sera marquée par la Révolution, mais plus encore par le tremblement de terre de 1843. Détruite presque entièrement par le séisme, puis reconstruite en 1847, elle connaîtra d'autres fléaux et catastrophes naturelles : épidémie de choléra en 1865, incendie en 1899, conflits sociaux à la fin du XIXe siècle, violents cyclones en 1928 et 1989.

Après la construction en 1869 de l'usine Darboussier à Carénage, Pointe-à-Pitre devient un centre industriel important. Jusqu'en 1974, l'usine sucrière accueille toute la canne de la région, grâce à un système ferroviaire venant de Baie-Mahault, de Petit-Bourg et d'une partie de la Grande-Terre.
L'arrivée des premiers hydravions à la Darse, à partir de 1935, en provenance de métropole, donne un nouvel essor à la ville jusqu'en 1966, date à laquelle la Guadeloupe construit son premier aérodrome aux Abymes. Pointe-à-Pitre devient donc le poumon économique de la Guadeloupe.

Quartiers

Le centre-ville piétonnier offre une alternative bienvenue à la circulation intense. La vie nocturne se concentre principalement sur la marina. Sachez que lorsque vous entendez parler de la marina de Gosier ou de celle de Pointe-à-Pitre, il s'agit en fait du même lieu : ces deux communes adjacentes se partagent la marina.
La ville de Pointe-à-Pitre est en pleine mutation, à l'image du secteur qui accueille le nouveau palais de justice érigé en 2018, la Préfecture, le futur ciné-théâtre situés Place de la Victoire ou encore le Mémorial ACTe, sur le site d'une ancienne usine sucrière. Un quartier d'affaires intégrant une démarche de développement durable verra le jour prochainement à proximité immédiate du palais de justice. Depuis quelques années de jeunes guadeloupéens souhaitent redonner ses lettres de noblesse à la ville et ouvrent tour à tour auberge de jeunesse, boutique-hôtel, circuits de visites guidées thématiques...

GRANDE-TERRE

MACTE - MÉMORIAL ACTE ★★★

Darboussier ✆ 05 90 25 16 00
www.memorial-acte.fr
Ouvert du mardi au dimanche 9h à 18h, vendredi jusqu'à 21h. Tarifs : 15 €/pers. gratuit -6 ans.
Le Mémorial ACTe a été inauguré par le président François Hollande le 10 mai 2015, jour de la commémoration de l'esclavage en France hexagonale. De nombreux chefs d'Etat de la Caraïbe et d'Afrique avaient fait le déplacement. Ce monument est érigé sur le site de Darboussier, qui fut la plus grande unité sucrière des Antilles, en mémoire aux victimes de l'esclavage et de la traite négrière.
Ce centre caribéen d'expression est polyvalent, en constante évolution. Il ne s'agit pas d'un musée traditionnel avec une exposition figée, mais d'un mémorial avec une trame qui laisse davantage de place à l'imagination. L'édifice de 7 800 m^2 abrite une salle d'exposition permanente de 1 700 m^2 dotée de 6 espaces comptant 36 îlots thématiques de l'Antiquité à nos jours. Une autre salle de 700 m^2 est dédiée aux expositions temporaires. Les visiteurs sont accueillis dans le patio monumental appelé « arbre de vie ». Un espace de recherche regroupe 6 000 à 8 000 arbres généalogiques de familles guadeloupéennes. Une passerelle de 11,5 mètres de haut et de 275 mètres de long offre une balade entre ciel et terre qui mène au « Morne Mémoire », un jardin panoramique de 2,2 ha où étaient situés la maison du maître, un vinaigrier et le cimetière d'esclaves.
Un audioguide gratuit vous est remis au début de la visite, il permet de disposer de commentaires au choix en français, anglais, espagnol, italien, allemand ou créole. Les sacs, téléphones, appareils photos doivent être déposés dans les consignes individuelles qui sont situées à l'entrée.

SOUS-PRÉFECTURE

Place de la Victoire
Ce bâtiment construit au milieu du XIXe siècle abritait une caserne d'infanterie. Il a été reconstruit en 1843 après le tremblement de terre et agrandi en 1858. L'édifice se présente sous la forme d'un plan en H avec une architecture caractéristique des bâtiments militaires. Les peintures extérieures de couleur vive tranchent avec l'austérité en termes de décoration. Derrière la façade s'ouvre une grande cour où se trouvaient les annexes. Aujourd'hui, l'édifice est à usage administratif puisqu'il accueille les services publics de la sous-préfecture.

RUE SAINT-JOHN-PERSE

Rue Saint-John-Perse
Voici l'une des artères les plus commerçantes de la ville. Elle est dans le prolongement de la place de la Victoire et de la Darse. Vous y trouverez de nombreuses boutiques (principalement du prêt-à-porter et des bijoux) mais également des petits bars où s'arrêter prendre un rafraîchissement. Le quartier est très animé chaque matin. Il s'agit du passage obligé des touristes qui débarquent des bateaux de croisière. Attention, dans la ville de Pointe-à-Pitre, les commerces sont fermés le samedi après-midi, le dimanche et les jours fériés.

MUSARTH

24 Rue Peynier

✆ 05 90 82 08 04

www.cg971.fr/lieu/musee-schoelcher/

Ouvert du lundi au vendredi de 9h30 à 17h.

Ce bâtiment néoclassique en calcaire coloré, dont la construction a commencé en 1885, se remarque facilement. Il est doté de deux étages avec une façade jaune et des garde-corps bleus. Il a été inauguré le 21 juillet 1887, à la Saint-Victor et la veille du 83e anniversaire de Victor Schoelcher. En hommage à ce fervent républicain, critique d'art et artisan de la dernière abolition de l'esclavage, le 21 juillet est considéré comme un jour férié en Guadeloupe, seules les administrations sont fermées. Victor Schoelcher, amateur d'art antique, a fait don d'une partie de ses collections personnelles au Conseil départemental de la Guadeloupe en 1883 afin de créer un musée. Ce sera d'ailleurs le premier musée sur l'île et de la France d'outre-mer.

Aux dons de Victor Schoelcher sont venus s'ajouter des dépôts consentis par l'État. Ce mélange d'objets et d'œuvres hétéroclites qui évoquaient les grands courants artistiques occidentaux s'est enrichi par des objets issus des arts et traditions populaires des différentes contrées que Victor Schoelcher avait parcourues (Mexique, Caraïbes, Égypte, Sénégal...) et de l'histoire de l'esclavage.

Le musée départemental d'Art et d'histoire Victor Schoelcher figure parmi les 18 sites patrimoniaux emblématiques de la « La Route de l'Esclave - Traces mémoires en Guadeloupe », un circuit mémoriel créé par le Conseil départemental pour une meilleure compréhension de l'histoire douloureuse de l'archipel. Il s'inscrit dans le projet international « La Route des personnes mises en esclavage » de l'UNESCO.

MUSÉE SAINT-JOHN PERSE ★★

9 rue Nozières ✆ 06 90 68 64 63

Du lundi au vendredi 7h30-16h30, 8h-12h le samedi. Samedi après-midi et dimanche matin en haute saison. Entrée gratuite.

Cette ancienne maison de Souques-Pagès, un colon esclavagiste, fut occupée à l'époque par les directeurs de l'usine Darboussier. Le musée fut inauguré en 1987, à l'occasion du centenaire de la naissance d'Alexis Léger allias Saint-John Perse, célèbre poète, diplomate et prix Nobel de littérature en 1960. Né à Pointe-à-Pitre en 1887, il n'a jamais vécu dans cette demeure. La bâtisse, classée aux monuments historiques le 17 août 1979 et labellisée «Musée de France » et «Maison des Illustres », abrite une collection de costumes bourgeois, ainsi que des photos, manuscrits et documents appartenant au poète au premier étage.

L'architecture de la bâtisse rappelle les constructions de la Nouvelle-Orléans notamment par ses balcons. Elle a été réalisée à partir d'une structure métallique des ateliers Gustave Eiffel. Une autre habitation d'architecture similaire, la maison Zévallos, est visitable au Moule.

La maison natale de Saint-John Perse, rue Achille-René-Boisneuf, a, quant à elle, été démolie par arrêté municipal, après avoir été laissée à l'abandon. Une partie de ses vestiges a fait l'objet de pillages avant l'arrêté municipal de démolition daté du 25 septembre 2017. Elle devrait être reconstruite à l'identique, notamment grâce aux éléments de ferronnerie récupérés.

Depuis sa réouverture en octobre 2022, le musée Saint-John Perse est dans une phase de redynamisation de l'environnement littéraire et muséal de l'archipel. Le rez-de-chaussée accueille des expositions temporaires de thématiques variées sur l'histoire de la Guadeloupe.

RIVERAIN TOURS

3 Rue Frébault

✆ 05 90 91 72 10

www.rivtours.com

Agence ouverte de 8h30 à 13h et de 14h à 17h en saison.

Cette agence de voyages guadeloupéenne est présente depuis 25 ans sur l'archipel dans plusieurs agences dont Marie-Galante, Le Moule et Basse Terre. Ses agents sont parfaitement à même de vous guider quel que soit le type de séjour recherché. Vous pouvez découvrir des promos séjours aux tarifs attractifs sur leur site. Possibilité d'acheter son billet d'avion en ligne, de trouver une location de véhicules, de dénicher la croisière de vos rêves, leur sélection d'hébergements ou encore de les laisser vous concocter un voyage de noces pour des souvenirs inoubliables.

DAVID GREGOIRE

✆ 06 91 23 38 32

https://david-gregoire.net/

Durée : entre 1h30 et 3h.

Passionné d'histoire, de photographie, d'architecture et de Pointe-à-Pitre, David Grégoire vous propose de découvrir la ville à travers une visite guidée pédestre. Plusieurs thématiques : architecture du XXe siècle, architecture du centre-ville, visite autour des arts plastiques pour les artistes dans l'âme, autour de la nature des sols de cette ville bâtie sur la mer, ou visite de la marina. Il vous fera voir Pointe-à-Pitre sous un nouvel angle et observer tous les détails qui la rendent unique.

GRANDE-TERRE

PAVILLON L'HERMINIER

27 rue Sadi-Carnot

✆ 05 90 82 09 30

Pas de visite. Le bâtiment est uniquement visible pour son architecture.

Cette maison de briques de style colonial, datant de 1871, est dotée d'une structure métallique et d'un escalier en pierres volcaniques. Elle dispose d'un perron à emmarchement qui donne accès à la galerie, faite de petites colonnes en fonte et de balcons dentelés. Felix Louis Lherminier (1779-1833), après des études de chimie et de botanique, décide de s'installer en Guadeloupe en 1798. Il y rencontre sa future épouse qui lui donnera 6 enfants, dont Ferdinand-Joseph (1802-1866) qui partage la même passion que son père. Devenu pharmacien à Marie-Galante, il expédie au Muséum de Paris divers végétaux, animaux et minéraux. En 1809, lors d'un périple vers la France, il est fait prisonnier par les Anglais. Il peut toutefois revenir en Guadeloupe en 1819. Il est alors nommé naturaliste du Roi. Son fils, Ferdinand-Joseph, ornithologue et botaniste comme son père, se distingue par son courage lors d'une épidémie de choléra en 1865, car il officie en tant que médecin à l'hôpital de Pointe-à-Pitre. Il obtient la Légion d'Honneur un an plus tard.

Le musée est détruit lors du cyclone dévastateur de 1928. Il est reconstruit avec un niveau supplémentaire. On pouvait alors y observer toutes sortes de spécimens jusqu'en 1960 (fossiles, insectes, os de baleine, rostres, mais également des haches amérindiennes). La salle des délibérations abritait les collections d'histoire naturelle du Docteur L'Herminier. La bâtisse, aujourd'hui vidée de ses collections, est inscrite au titre des monuments historiques depuis 2008.

PLACE DE LA VICTOIRE ★

Il s'agit de la plus ancienne place de la ville de Pointe-à-Pitre. Elle fut le théâtre des combats victorieux de Victor Hugues contre les Britanniques en 1794. Pour célébrer l'événement, des sabliers, des palmiers royaux, des flamboyants et des tulipiers du Gabon ont été plantés sur le site.

La végétation, sur fond d'architecture créole du XIXe siècle, compose un plaisant décor, lieu de rendez-vous et de promenade. Son rectangle central semble rassembler la ville autour de lui. En 1995, un vaste espace circulaire, l'agora, inspiré du théâtre d'Epidaure, a été aménagé pour relier le jardin à la darse. A côté de bâtiments anciens tels que le pavillon de la Ville (ancien presbytère), le marché de la Darse (une halle à la structure métallique typique du XIXe siècle) se trouve la sous-préfecture et des maisons coloniales. Dans le jardin, ont été érigés les bustes de Félix Eboué et du Général Frébault, un monument aux morts et un kiosque à musique. Animée par des commerces ambulants, la Place de la Victoire se visite de préférence la journée. Il vaut mieux éviter de s'y promener à pied dès la tombée de la nuit. Le premier cinéma de l'île la Renaissance, fermé depuis 2001, trônait autrefois fièrement face à la place. Il a été détruit par un incendie en 2020. Entièrement démoli début 2022, il est dorénavant dans l'attente d'une restauration. Le site devrait ensuite faire l'objet d'une reconstruction par un investisseur privé pour la reprise d'une activité économique qui reste encore à définir à ce jour.

ÎLE Y A

✆ 06 90 40 82 78

www.ileya.fr

Réservations par téléphone, départ 9h30 les samedis depuis le Marché aux épices, prix libre. Durée 1h30-2h.

Aloha et Francisca vous font découvrir Pointe-à-Pitre sous un nouveau jour. Les fondatrices de cette association née en 2018 ont recueilli les témoignages des aînés pointois pour élaborer leur circuit. Cases créoles bigarrées, fresques urbaines engagées et lieux emblématiques du patrimoine ponctuent le parcours. Les visites piétonnes évoluent au gré des mémoires collectées et de la météo. Elles s'adaptent au public et aux rencontres avec les habitants. Il n'est d'ailleurs pas rare de croiser un "gran moun" (personne âgée) fier de raconter l'histoire du quartier.

KARIB TUK

56 Rue Achille René-Boisneuf

✆ 06 90 76 56 54

Visites, de 9h30 à 15h30 du lundi au samedi, de 15 à 45 €/personne selon le circuit et la durée.

Confortablement installés à bord d'un tuk tuk électrique (tricycle motorisé), embarquez pour une visite guidée, au détour des rues de Pointe-à-Pitre. Quatre circuits thématiques sont proposés ; pour les passionnés d'histoire une découverte de la ville et de ses monuments, un circuit axé sur le street art, un tour «Black history» sur l'histoire des luttes guadeloupéennes de 1802 à nos jours et un circuit sur l'économie bleue du littoral. Un circuit très complet traitant à la fois de l'histoire, de l'économie de la façade maritime de la ville, et de l'environnement.

Place de la Victoire, Pointe à Pitre.

SANG, CHAÎNES - 100 CHAÎNES - SANS CHAÎNE ★

Place de la Victoire

Le monument a été érigé en mémoire des événements du 26 mai 1967. Un épisode dramatique de la lutte syndicale avec un bilan humain difficile à évaluer. A l'occasion d'une grève, les ouvriers du bâtiment réclament sans succès une augmentation de 2,5 % des salaires et la parité des droits sociaux. Alors qu'ils sont rassemblés devant la Chambre de Commerce et d'Industrie de la ville, les forces de l'ordre, appelées sur les lieux, tirent sur la foule. Un syndicaliste de 24 ans, militant du GONG (Groupe d'organisation nationale de la Guadeloupe), Jacques Nestor, est le premier à être touché mortellement par un tir de la part des forces de l'ordre. La nouvelle se répand très vite et les affrontements s'étendent sur la ville pendant trois jours. Le bilan officiel fait état de huit morts, d'une soixantaine de blessés parmi la foule et 26 membres des forces de l'ordre blessés. Les organisations militantes et les Guadeloupéens en général annoncent des chiffres bien plus élevés (jusqu'à 200 morts). Un bilan difficile à évaluer car beaucoup de familles auraient pris en charge les corps sans vie sans les déclarer par peur de représailles. En 1985, le gouvernement français annonçait 87 morts.

Plus de cinquante ans après, ces événements restent encore dans la mémoire de la population qui souhaite toujours connaître la vérité à ce sujet. Un collectif d'associations a été créé à cet effet : « Doubout Pou Mé 67 » (Debout pour mai 67), il lutte pour connaître la vérité et obtenir justice.

PLACE GOURBEYRE

Rue de la République

La place Gourbeyre, anciennement appelée place de l'Eglise, a été aménagée en 1843. Elle était alors entourée de l'ancien palais de justice, de l'Eglise Saint-Pierre-et-Saint-Paul, de l'ancien presbytère devenu aujourd'hui le Pavillon de la ville et de la gendarmerie. Vous y découvrirez le buste en bronze du contre-amiral Gourbeyre, érigé en 1848. L'homme s'est illustré à plusieurs reprises. Il a notamment participé vaillamment à la bataille contre les Anglais en 1809. Il est ensuite devenu amiral, gouverneur de la Guyane, puis gouverneur de la Guadeloupe de 1841 à 1845. C'est après le tremblement de terre de 1843 qui a détruit la ville de Pointe-à-Pitre que le gouverneur Gourbeyre s'est à nouveau illustré pour avoir conduit les secours à l'égard de la population.

Depuis le dernier réaménagement de la place Gourbeyre, dans les années 1980, elle accueille le marché aux fleurs. Située face à la porte principale de l'église, elle constitue son parvis. La population, très pieuse, vient régulièrement s'y approvisionner en vue de faire une offrande à l'église. Ce marché est un véritable plaisir pour les yeux et l'odorat car il déborde de plantes tropicales aux couleurs exubérantes, aux formes singulières entre anthuriums, héliconias, alpinias, balisiers, roses de porcelaine, oiseaux de paradis, becs de perroquet, orchidées... Le marché aux fleurs est ouvert quotidiennement de 6h à 14h30. Les vendeuses de fleurs proposent des colis à emporter en soute dans l'avion, voire des livraisons directes à l'aéroport.

GRANDE-TERRE

ANCIEN PALAIS DE JUSTICE

Place Gourbeyre

Le palais de justice constitue le premier chantier confié à l'architecte Ali Tur envoyé en Guadeloupe par la France pour reconstruire les bâtiments détruits par le cyclone de 1928. Les travaux débutent en 1930. L'inauguration du nouveau palais a lieu le 30 juin 1932. Le choix est fait de le reconstruire sur le site du Palais de Justice conçu en 1843 par Edgar Quin. Ali Tur a un objectif : conserver le socle de l'ancien bâtiment et ses volumes. Il a pris soin de l'adapter aux critères esthétiques de l'époque, a pris en compte les conditions climatiques, le risque sismique en optant pour un matériau encore peu utilisé et peu connu aux Antilles, mais résolument moderne : le béton. Il faut noter que le mobilier d'origine des salles d'audience a également été conçu par Ali Tur. Le bâtiment reflète la conception qu'il se fait d'une architecture moderne et, en même temps, adaptée aux conditions tropicales avec une structure en béton armé pour résister aux intempéries. Les galeries du bâtiment sur deux niveaux ouvrent sur le patio central aéré et doté, à l'époque, d'un bassin avec jet d'eau pour rafraîchir l'atmosphère. De nos jours, le bassin n'est plus en état. Les divers locaux ont accueilli, jusqu'en octobre 2018, les salles d'audience, le greffe du tribunal et les bureaux des magistrats.

Les services de la justice ont déménagé dans un bâtiment à l'architecture contemporaine érigé derrière la sous-préfecture. Le nouveau palais est trois fois plus grand afin de replacer la justice au cœur même de la ville de Pointe-à-Pitre.

ÉGLISE SAINT-PIERRE-ET-SAINT-PAUL ★★

17 rue de la République

✆ 05 90 82 02 17

Construite en 1807 puis détruite en 1843 par un violent tremblement de terre qui fit près de 3 000 morts, cette remarquable église a été reconstruite par l'architecte Alexandre Petit, venu de métropole. Elle a ensuite été remaniée en 1867 en raison de la faiblesse de sa toiture. Cette église surélevée, à la façade néo-classique blanche et sable, a fière allure en haut de ses marches. Sa façade principale néoclassique est dotée de trois grandes portes. Sur l'entrée principale sont présents les deux saints patrons saint Pierre et saint Paul, qui ont donné leurs noms à la cathédrale, et qui sont entourés par les quatre évangélistes. À l'intérieur, la hauteur de la nef surprend les visiteurs et les colonnes aux chapiteaux néogothiques ne laissent pas indifférent. L'intérieur est baigné d'une belle lumière naturelle. La cathédrale a survécu aux catastrophes naturelles qui ont terrassé la ville à plusieurs reprises (tremblement de terre et cyclones).

De lourds travaux de restauration ont également été entrepris pour assurer sa stabilité et la conservation des fers. Elle est d'ailleurs surnommée la «cathédrale de fer », faisant ainsi référence à sa structure en fer assemblée par les Ateliers Gustave Eiffel.

Cathédrale, siège des grandes cérémonies religieuses de la paroisse et connue pour son orgue, elle est aujourd'hui inscrite aux monuments historiques et reste l'édifice religieux le plus important de la ville de Pointe-à-Pitre avec une capacité d'accueil de 3 000 fidèles.

Vue aérienne de Pointe-à-Pitre.

PAVILLON DE LA VILLE ★

Rue de la République

À proximité de la cathédrale Saint-Pierre-et-Saint-Paul, cet ancien presbytère, construit en 1806, a été détruit par le tremblement de terre de 1843. En 1845, il est reconstruit en bois et avec une toiture en ardoise... jusqu'au passage du cyclone de 1928. Le bâtiment actuel est représentatif de l'architecture antillaise, avec une ossature entièrement en bois et un détail d'importance en façade : son fronton triangulaire. Ce dernier est entouré, sur trois côtés, d'une galerie en fonte et se dresse au centre d'un joli jardin. La galerie sur deux niveaux date des années 1940. L'édifice dispose de deux entrées ; celle donnant sur la place de la Victoire est dotée d'un escalier en pierres volcaniques.

Les travaux de rénovation du bâtiment se sont achevés en 2006. Autrefois propriété privée, puis possession de la paroisse jusqu'en 1992, l'ancien presbytère est désormais classé aux monuments historiques. Devenu Pavillon de la Ville, il accueille au rez-de-chaussée le centre d'interprétation de l'architecture et du patrimoine et des expositions temporaires. L'étage est consacré aux expositions permanentes sur l'évolution de la cité des origines à nos jours. Le Pavillon de la Ville expose également des pièces remarquables, témoins de la vie liturgique de la cathédrale Saint-Pierre-et-Saint-Paul. Depuis 2023, le Pavillon accueille l'association Kaz a Condé, un lieu d'échanges et de réflexion pour promouvoir l'œuvre de l'autrice Maryse Condé, prix Nobel Alternatif de la littérature en 2018, et soutenir les auteurs et artistes.

STATUE DE VÉLO ★

Rue Saint-John Perse

C'est sous l'impulsion du mouvement culturel Akiyo que cette œuvre en bronze du sculpteur guadeloupéen Jacky Poulier a été créée et inaugurée lors d'une cérémonie solennelle le 5 juin 2004 à Pointe-à-Pitre. La statue, inspirée de Marcel Lollia dit «Vélo » disparu il y a 40 ans (1932-1984), incarne ce célèbre joueur de tambour traditionnel ayant, vers la fin des années 1970, contribué à faire renaître le *gwo ka* (tambour traditionnel) en Guadeloupe. Le gwo ka est issu de l'esclavage. Il permettait aux esclaves de communiquer entre eux.

«Vélo » y est représenté sur le point de frapper le ka de ses deux mains. Un premier monument érigé en 2004 pour lui rendre hommage, dans un des quartiers les plus fréquentés de la ville de Pointe-à-Pitre, a été vandalisé en 2013 (les doigts de la statue ont été découpés, les plaques commémoratives souillées) ; une nouvelle statue en résine a été inaugurée en décembre 2014, lors d'une cérémonie officielle, en présence de la population venue nombreuse, du maire de Pointe-à-Pitre, Jacques Bangou et des différents groupes qui incarnent cette musique. Une cérémonie qui a donné lieu à un déboulé des groupes Nasyon a Neg Mawon, Mas ka klé et Akiyo (dont «Vélo » a fait partie pendant quelques temps).

C'est autour de sa statue que tous les samedi matin, la communauté rasta et les joueurs de *gwo ka* se réunissent symboliquement. Ils vous feront découvrir les sonorités de ces tambours à l'influence africaine bien marquée (bien que les percussions utilisées dans les Caraïbes soient différentes).

MARANATHA TOURS

17 Centre Saint-John-Perse

✆ 05 90 88 51 58

www.maranatha-tours.com

Cette agence est spécialisée dans l'organisation de séjours et d'excursions axés sur la nature et l'écotourisme. Les visiteurs sont encadrés par des guides et accompagnateurs qui savent transmettre leur passion pour l'histoire, la culture et la nature de toute la Caraïbe. La structure, détentrice de la concession des chutes du Carbet / Grand Étang (Capesterre Belle-eau), organise des randonnées guidées, des ateliers créatifs, des activités sensorielles, des moments d'échange et de partage sur le site du Grand Étang. Renseignez-vous pour connaître la programmation.

POUSSE-POUSSE

Place du marché aux épices

✆ 06 90 61 47 37

www.poussepousse.net

Street art tour guidé à 39 €.

Cette structure propose plusieurs types de véhicules urbains et écologiques pour visiter Pointe-à-Pitre comme le tricycle motorisé de 6 places, inspiré des tuk-tuk thaïlandais composé de 3 roues, d'une banquette et d'un toit. Une visite atypique de la ville, qui vous emmène à la découverte du *street-art*, des meilleurs spots photos et des coins les plus branchés. Pour une découverte en autonomie, optez pour la Bip Bip, voiture ultra compacte pour se garer aisément et silencieuse, disposant d'un audioguide, d'un système de géolocalisation et de *geofencing*.

SERVICE DU PATRIMOINE DE POINTE-A-PITRE

Rue José-Marty ✆ 06 90 31 87 52
www.pointeapitre.fr
Visite à partir de 14h30. Tarif : 8 € (tarif réduit (pass patrimoine & famille à 5 €). Réservation impérative.

Laissez-vous conter l'histoire de la ville de Pointe-à-Pitre en compagnie de guides conférenciers agréés par le label des Villes et Pays d'Art et d'Histoire. La ville détient ce label depuis 2002. Il est attribué par le ministère de la Culture aux collectivités qui valorisent leur patrimoine.

Ces visites sont une excellente occasion de découvrir la face oubliée de cette ville, capitale économique historique de l'archipel. Dans ce centre municipal qui abrite notamment le service du patrimoine, des visites thématiques guidées à la découverte de Pointe-à-Pitre sont organisées mensuellement. Le programme est édité chaque mois ; les visites durent en moyenne 1h30 en compagnie de l'un des passionnants guides conférenciers agréés par le ministère de la Culture.

Ces visites comportent plusieurs thématiques qui évoluent au fil des années. Parmi les thèmes récurrents à disposition, vous partez pour une balade au cœur de la ville ancienne pour découvrir les places de Pointe-à-Pitre et des explications quant à l'évolution urbaine de la ville depuis le XVIIIe siècle. En marge des places et des grands monuments, vous découvrez l'histoire des rues honorant des personnages primordiaux dans l'histoire de la Guadeloupe entre Frébault, Éboué, Gourbeyre, Schoelcher... ou Saint-John Perse qui fait l'objet d'une balade poétique. Une visite est dédiée au créolophone : *An ka sonjé Lapwent* qui signifie « Je me souviens de Pointe-à-Pitre »). Visites sur demande, jusqu'à 6 personnes.

CARAIBES AUTO

Aéroport ✆ 06 90 25 47 45
www.caraibes-auto.fr
Tarifs très attractifs en basse saison.

Un large choix de véhicules de 5 à 7 places (Peugeot 208 ; Dacia Sandero, Lodgy et Duster, auto ou manuelles), climatisés, propres et régulièrement entretenus. Pas d'attente à votre arrivée, votre véhicule est livré à l'aéroport ou à la gare maritime ou sur le lieu de résidence (supplément pour la Basse Terre). Possibilité de location en courte ou longue durée. Le petit plus : l'accueil et la grande disponibilité de David, le propriétaire de l'agence joignable 24h/24 et 7j/7. Prêt de réhausseur et de siège bébé. Second chauffeur inclus. Assurance et km illimités.

EUROPCAR GUADELOUPE

Aéroport Pôle Caraïbes
✆ 05 90 93 18 15
www.europcar-guadeloupe.com
Agence ouverte tous les jours de 7h à 21h.

Europcar est présent en Guadeloupe depuis de nombreuses années et dispose de plusieurs agences réparties sur l'archipel. Ce loueur propose des véhicules de toutes les catégories et de toutes les marques, essence ou diesel, économiques, berline, monospace, 4 x 4, automatique, utilitaires, sans permis ou prestige. Possibilité de GPS ou de siège-auto. Tous les véhicules sont climatisés. Assistance 7/7. Plusieurs types d'assurance sont proposés. Option de livraison du véhicule à domicile. De nombreux services ou options sont également proposés.

GARE MARITIME DE BERGEVIN

Il s'agit du point de départ des navettes à destination des îles des Saintes, de Marie-Galante, de la Dominique, de la Martinique... Elle accueille les compagnies Express des Iles, Val Ferry, Jeans for Freedom. Elle est dotée d'un parking payant, mais également d'une billetterie pour chacune de ses compagnies maritimes. Côté pratique, la gare routière est située à proximité immédiate de l'embarcadère. Vous pouvez ainsi la rejoindre à pied aisément, même avec des bagages.

GARE ROUTIÈRE DE BERGEVIN

Boulevard de l'Amitié des Peuples de la Caraïbe
www.karulis.com
De 5h30 à 21h. Tickets en vente dans les bus. Pass disponibles dans les points de vente et à l'agence Karu'Lis.

Située à proximité immédiate de la gare maritime, la gare routière accueille tous les bus à destination des diverses communes. Certains autres bus partent du marché de la Darse, à proximité de la Place de la Victoire, vers Le Gosier, notamment. Le transport en commun a sensiblement évolué ces dernières années suite à un grand plan de restructuration du transport interurbain. Les tickets s'achètent auprès des conducteurs. Pass disponibles dans les points de vente et à l'agence Karulis.

LE DÉPARTEMENT
GUADELOUPE
LE GOSIER :
ORT FLEUR D'ÉPÉE
LE MOULE :
HABITATION NÉRON
MUSÉE EDGAR-CLERC
ANSE-BERTRAND :
HABITATION
LA MAHAUDIÈRE
POINTE-À-PITRE :
MUSARTH
Vivez
L'EXPÉRIENCE DU
PATRIMOINE DÉPARTEMENTAL
INFOLINE : 0590 99 77 77
www.cg971.fr | Conseil Départemental de la Guadeloupe

GARE ROUTIÈRE DE DARBOUSSIER

karulis.com

Tickets en vente auprès des chauffeurs de bus. Pass disponibles dans les points de vente et à l'agence Karu'Lis.

Cette gare routière est utilisée pour les dessertes du sud de la Grande-Terre (Pointe-à-Pitre – Gosier – Sainte-Anne – Saint-François) et du nord de la Grande-Terre (Anse-Bertrand - Petit-Canal Port-Louis). Si vous avez le moindre doute sur votre destination, vérifiez auprès du chauffeur et ensuite indiquez-lui à quel endroit vous souhaitez descendre. Les horaires et les lignes sont indiqués sur le site ou la page Facebook du réseau de transport urbain Karulis (bus orange).

EXPRESS DES ÎLES

Gare maritime ✆ 0 825 35 90 00

www.express-des-iles.com

Liaison vers les Saintes, Marie-Galante, la Dominique, la Martinique, Sainte-Lucie.

Depuis 1982, L'Express des Iles a transporté plus de 20 millions de passagers et environ 700 000 en 2023. Avec une flotte de 3 navires à grande vitesse équipés de salons climatisés et de ponts supérieurs ouverts, cette compagnie maritime assure un service de transport régulier et fiable entre la Guadeloupe, Marie-Galante, les Saintes, la Dominique, la Martinique et Sainte-Lucie. Réservez en ligne pour profiter des meilleures offres disponibles. Les navires sont accessibles aux personnes à mobilité réduite et aux chaises roulantes.

JEANS FOR FREEDOM

Gare Maritime

✆ 0590 685 309

jeans-for-freedom.com

À partir de 79 € A/R vers la Martinique (Saint-Pierre et Fort-de-France, aller simple), les Saintes à partir de 24 €.

Il s'agit de la compagnie maritime low cost des Antilles avec des offres disponibles sur internet ou par téléphone uniquement. Vous disposerez des meilleures offres pour voyager entre la Guadeloupe, Les Saintes et la Martinique à bord d'un navire à grande vitesse de 437 places assises. La compagnie organise au départ de Deshaies ou Pointe-à-Pitre des Journées découvertes vers Montserrat, Antigua, Saint-Kitts et la Dominique. Il est conseillé de se renseigner avant le départ, car les horaires et les jours peuvent être sujets à modification selon la météo.

KARIBBEANCARS

✆ 06 63 32 55 00

www.karibbeancars.fr

Cette plateforme de location de véhicules entre particuliers à bas prix est basée sur l'échange et la proximité, avec kilométrage illimité, assurance tous risques inclus et 2e conducteur sans frais supplémentaires. Le petit plus : les tarifs sont les mêmes quelle que soit la saison. Les véhicules disponibles sont indiqués sur le site (Opel Corsa, Mériva, Zafira, Peugeot 108, Dacia Sandero et Renault Espace). Les tarifs sont dégressifs selon la durée ; vous économisez sur le tarif à la journée en organisant votre séjour de façon à louer le véhicule plus longtemps.

LIGNE POINTE-À-PITRE / BASSE TERRE

✆ 06 90 56 02 25

Trajet Pointe-à-Pitre/Basse-Terre : 3 €. Départs de 5h30 à 18h30 du lundi au samedi et le dimanche matin.

La gestion de la ligne Pointe-à-Pitre > Basse-Terre vient d'être reprise par le Conseil Régional afin de proposer un service de transport interurbain plus rapide et plus abordable. Empruntez la ligne 105 pour vous rendre de la gare routière de Bergevin à la gare routière de Basse-Terre. Cette ligne dessert également plusieurs arrêts dans les communes de Baie-Mahault, Petit-Bourg, Goyave, Capesterre-Belle-Eau et Trois-Rivières. Durée du trajet : 1h10.

AUTO DISCOUNT LOCATION

Aéroport Pôle Caraïbes

✆ 05 90 971 000 - www.auto-discount.fr

À partir de 19 €/jour. Lundi au samedi de 7h30 à 18h30, dimanche et jours fériés de 9h à 18h

Discount ? Oui, mais que sur le prix ! Parmi les leaders de la location à petit prix, ce loueur 100 % local est implanté à la Guadeloupe depuis plus de 20 ans. Entre citadine économique, spacieux minibus 9 places, SUV tout-terrain, voiture sans permis, automatique ou manuelle : trouvez le véhicule adapté à vos vacances dans l'une des 4 agences. Un déménagement ? Des travaux à faire ? Du petit fourgon au camion à benne basculante, particuliers ou professionnels, un utilitaire, c'est nécessaire ! Profitez de la large flotte caribéenne.

MARINA BAS-DU-FORT

Bas-du-Fort

✆ 05 90 93 66 20

www.marinaguadeloupe.com

Ouverte tous les jours de 8h à 13h et de 14h à 17h30.

Cette marina située à quelques kilomètres au sud de Pointe-à-Pitre dispose de 1 300 places à quai. Les pontons peuvent accueillir des bateaux jusqu'à 60 m pour un tirant d'eau de 4,50 m. Sur place, une zone technique avec travel lift 55 t/ dock flottant 700 t. À disposition, l'eau, l'électricité, de la glace, le fuel, des sanitaires réservés aux usagers, une laverie, Wifi gratuit, service postal, bulletins météo quotidiens, assistance 24h/24 en cas d'urgence, défibrillateur à l'accueil de la capitainerie, taxis, informations touristiques, location de voiture...

TOTO LOCATION

Gare de Bergevin

✆ 06 90 65 64 99

www.toto-location.com

Ouvert tous les jours.

TOTO Location est également présent sur l'île de Marie-Galante (aux débarcadères de Grand-Bourg et de Saint-Louis). Le loueur propose un large choix de véhicules de 5 à 9 places : Kia Rio, Stonic, Hyundai i20, Dacia Logan, Jogger, Sandero, Renault Trafic, Panda hybride... Les voitures sont toutes climatisées. Le kilométrage est illimité. Des scooters, des motos, des vélos électriques sont également disponibles à la location à Marie-Galante. Possibilité de livraison à domicile. Paiement par carte bancaire accepté. Les pré-réservations s'effectuent en ligne.

RENT'ILES

✆ 04 20 10 03 90

www.rentiles.fr/guadeloupe.html

Réseau de loueurs indépendants.

Le réseau Rent'Iles sélectionne les agences de location de véhicules indépendantes de qualité sur l'île. Les prix sont souvent les plus bas du marché et la prise en charge peut se faire à l'aéroport, au port ou en livraison sur toute l'île de la Guadeloupe et à Marie-Galante. Les options comme le rehausseur, siège bébé ou conducteur additionnel sont la plupart du temps offertes par l'agence et vous feront économiser sur le montant total de votre location. Les tarifs sont indiqués sur le site. Les réservations s'effectuent en ligne.

VAL' FERRY

Gare maritime

✆ 05 90 91 45 15

www.valferry.fr

Rotations maritimes vers Marie-Galante, les Saintes, la Dominique.

Les navires de la compagnie opèrent des rotations régulières entre les îles de la Guadeloupe, Marie-Galante, les Saintes mais aussi la Dominique au départ de la gare maritime de Pointe-à-Pitre. Elle assure également des rotations pour l'île des Saintes depuis la commune de Trois-Rivières située sur la Basse Terre. Le pass 2 îles donne accès à un A/R pour les Saintes et Marie-Galante, une formule idéale pour découvrir l'archipel. Les horaires et tarifs sont indiqués sur leur site. Toutefois, vérifiez les horaires car ils sont sujets à modification.

GREEN HOSTEL €

Quai Lardenoy

Chambres à partir de 40 €. Lit en dortoir : 32 €.

Cette maison de ville, au cœur de Pointe-à-Pitre, est reconvertie en auberge de jeunesse écoresponsable, *concept-store* et résidence d'artistes. Des artistes locaux ont participé à faire revivre la façade de cette bâtisse désormais repérable. D'autres exposent lors de soirées thématiques. L'objectif étant de faire découvrir la culture et le mode de vie de l'île aux visiteurs. Le site a été rénové avec des matériaux de récupération. 50 couchages sont répartis en dortoirs et chambres. Sur place, une cuisine partagée et un snack-bar sur la terrasse végétalisée.

KARU 'VELO

Rue Victor Hugues

https://karuvelo.ecovelo.mobi/

Utilisation ponctuelle : 0,10 €/minute. Forfait touristique à 10 €/3h, au-delà 0,10 €/minute. Location limitée à 24h.

Cette station de vélos électriques en libre service dispose de 35 vélos répartis dans Pointe-à-Pitre sur cinq stations (place de la Victoire, place de l'Hôtel de Ville, place des Dissidents, parcours Canguio et à l'université des Antilles à Fouillole). Avant de louer le véhicule, il est nécessaire de créer un compte *via* l'application Karu'Vélo ou le site. Une fois inscrit, vous avez accès au forfait. La fonction « arrêt minute » grâce à la chaîne du vélo pour faire une course et mettre en veille le temps de location est très pratique.

LA CASE EN MER €€

Les îlets

✆ 05 90 26 45 13

150 € la nuit pour deux personnes, petit-déjeuner inclus. Séjour de 3 nuits minimum. Table d'hôtes sur réservation.

C'est en bateau que vous vous rendez à la Case en Mer. Les propriétaires de cette maison d'hôtes originale vous reçoivent dans une habitation typiquement créole équipée d'un spa. Françoise et Joël y louent 2 chambres d'hôtes. Havre de paix, cet îlet résidentiel offre une vue splendide sur Basse-Terre. La villa est bordée par la mer sur 3 côtés. Il est possible de retourner sur «le continent » (à 2 min) à tout moment de la journée, grâce au bateau des propriétaires et à l'embarcadère privé. Table d'hôtes sur la terrasse en bord de mer le soir.

KARU'LIS

Boulevard Legitimus

✆ 05 90 24 26 06

https://karulis.com/

Tickets à partir de 1,20 € selon la zone.

Karu'Lis assure, avec ses bus orange, le transport de passagers sur Baie-Mahault, Abymes, Pointe-à-Pitre, Gosier, Sainte-Anne, Saint-François et La Désirade. 4 lignes desservent l'aéroport (repérables par la lettre AE), 3 lignes fonctionnent le week-end et les jours fériés (lettre Z) et un bus électrique circule dans le centre de Gosier. Les titres de transport sont disponibles dans les points de vente précisés sur leur site et en agence. Pratique, l'appli KARU'LIS qui permet de rechercher un itinéraire ou de connaître l'horaire de passage en temps réel.

BAGUET SHOP €

Angle du boulevard Chanzy et de la rue Nassau

✆ 05 90 21 52 23

www.baguet-shop.com/

Du lundi au samedi de 6h à 19h30 et le dimanche de 6h à 12h30.

Baguet Shop est situé sur l'axe le plus fréquenté de Pointe-à-Pitre, à proximité des gares routières et maritimes. Cette enseigne antillaise, qui a célébré ses quinze ans en 2020, s'est développée avec 13 points de vente en Martinique avant de s'implanter en Guadeloupe qui compte désormais 7 points de vente répartis sur l'île. Elle propose une large gamme de produits sucrés et salés entre le pain encore tout chaud, des sandwichs, des viennoiseries, des desserts, des entremets, des salades fraîches, des plats cuisinés, le tout avec des saveurs locales.

CAFÉ DE FRANCE €

8 place de la Victoire
✆ 05 90 83 83 89
www.cafedefranceguadeloupe.com
Ouvert de 6h30 à 15h30. Le samedi jusqu'à 14h. Fermé le dimanche.

L'établissement dispose d'une terrasse avec vue sur la mer et sur la place de la Victoire. Une adresse pratique et appréciée pour ses sandwichs faits sur commande, ses salades, une sélection de cafés. Vous y trouverez également des menus pour le petit-déjeuner, des brunchs... Pour le déjeuner, place à la cuisine locale avec des plats du jours (cuisine antillaise et française) et des menus incluant le plat, le dessert et une boisson. Egalement des salades végétaliennes et végétariennes préparées avec des fruits locaux de saison. Wifi gratuit.

MUNCHIES FOOD TRUCK €

Sur le parking en face du Mémorial ACTe.
✆ 06 90 98 05 78
Ouvert du mardi au samedi 18h à 22h30. Barquette à partir de 9 €.

Une adresse à connaître en fin de journée, après une visite au Mémorial ACTe ou une balade dans Pointe-à-Pitre. Ce *food truck* version Gwada est spécialisé dans les viandes et les poissons grillés, accompagnés de salade et de frites. Plusieurs menus (avec plusieurs viandes au choix ou lambi ou poisson selon l'arrivage), des sauces, des accompagnements et des desserts, le tout fait maison. Paiement possible en espèces, par cartes bancaires (Visa et American Express) et Tickets restaurant. Les commandes sont à passer uniquement par WhatsApp.

TROPIC CAR

Gare Maritime - Bergevin
✆ 05 90 91 84 37 - www.tropic-car.com
A partir de 18 €/jour. Tarifs très attractifs pour des longs séjours. Ouvert de 7h à 13h et de 16h à 17h30. Dim 16h-18h.

La gamme de véhicules proposés par ce loueur entre Fiat Panda Eco, Opel Corsa, Nissan Micra, Kia Picanto, Skoda Fabia, Fiat Tipo, Ford Ka+... est tellement vaste que vous ne pourrez qu'être assuré de trouver celui qui vous convient selon vos besoins. Une navette est à disposition depuis l'aéroport pour arriver jusqu'au bureau d'accueil. Assistance téléphonique 24h/24. Services personnalisés sur demande. À la réservation, indiquez le jour et l'horaire d'arrivée ainsi que la compagnie aérienne afin d'organiser au mieux votre accueil.

GRANDE-TERRE

RENÉE €

53 rue Frébault
✆ 05 90 89 03 79
Ouvert du lundi au vendredi de 6h30 à 17h30, le samedi de 6h30 à 15h. Fermé le dimanche.

Renée, c'est LE concept de sandwicherie/pâtisserie/restauration rapide de la Guadeloupe. Il a été créé dans les années 1960. C'est une histoire de famille qui s'est développée autour d'un produit phare très apprécié des Guadeloupéens, le sandwich « Renée », petit pain au lait accompagné d'un jus local, mais aussi des pâtisseries aux saveurs locales ou encore l'incontournable chocolat antillais dans la pure tradition, un véritable régal à tester absolument, et une offre de restauration le midi. Une enseigne familiale empreinte de tradition et de modernité.

AN TOL LA €

Fouillole
✆ 06 90 71 49 72
Ouvert du lundi au samedi de 12h à 16h. Prix moyen hors alcool : de 15 à 18 €.

Ce petit restaurant de spécialités antillaises est situé non loin de l'université dans le quartier populaire de Carénage à Pointe-à-Pitre. La paillote, certes, ne paie pas de mine mais elle a son charme, avec ses nappes plastiques à l'ancienne ! Elle est située en bord de mer avec une petite terrasse. La cuisine familiale qui y est proposée est appréciée des locaux qui s'y retrouvent pour la pause déjeuner, notamment pour le blaff de burgots, le poisson grillé, le court-bouillon de poisson... Les plats sont élaborés à partir de produits locaux et frais.

GRANDE-TERRE

MAISON VICTOIRE €€€

24 rue Barbès
✆ 06 91 24 64 11
www.maisonvictoirepap.com
5 chambres. De 196 € à 236 €.

Récemment inauguré, ce boutique-hôtel situé dans un bel immeuble des années 1930 en plein cœur de Pointe-à-Pitre est destiné aux voyageurs en quête de lieux inspirants. La Maison Victoire dispose de cinq chambres. Le parquet en bois rouge, les carreaux de ciment d'époque et le mobilier chiné avec goût rappellent la Guadeloupe d'antan. Un patio arboré invite à la détente, au rez-de-chaussée un restaurant propose une cuisine créole raffinée. Le bar niché sur le *rooftop* est le lieu idéal pour siroter un cocktail tout en contemplant la ville.

LEWOZ KAFÉ €

Lauricisque
✆ 06 90 16 76 49
Ouvert les vendredis et samedis de 12h à 14h et de 19h à 22h. Addition moyenne 30 €.

Ce restaurant en bois au cadre typique est situé face au petit port de pêcheurs. Vous êtes tout de suite plongé dans l'ambiance locale avec le chef Chonchon. Les murs sont décorés de tonneaux dédicacés par diverses personnalités. Les plats (poisson grillé, court-bouillon, accompagnés de légumes du pays…) sont cuisinés au feu de bois. La spécialité de la maison est le léwoz, une sorte de galette à base de manioc agrémentée d'une garniture au choix à un prix tout à fait abordable ! L'ambiance musicale est assurée par des artistes locaux.

TOUT' NASYON €

64 Rue Vatable
✆ 0690 49 29 24
Du lundi au samedi de 11h à 15h30. Le samedi soir de 19h à 00h. Addition moyenne : entre 10 et 20 €.

Ne vous fiez pas à la devanture du restaurant, vous y mangerez de bons plats gouteux antillais (dombrés, court-bouillon, ragoût de porc, ragoût de cabri, poulet coco, fricassée de lambi, riz djondjon, etc.). Les assiettes sont bien garnies. Le samedi soir, un choix de viande, poisson et fruits de mer grillés, accompagnés de frites de légumes peyi (patates douces, fruit à pain, igname), de crudités et de riz. Possibilité de plats à emporter mais également de livraison sur certains secteurs proches du restaurant sous réserve de commander au minimum 3 plats.

AN CHODYÈ LA, LA KAZ À SOUPE €€

59 rue Gilbert de Chambertrand
✆ 05 90 82 59 72
Ouvert du jeudi au samedi soir à partir de 18h jusqu'à 23h30. Soupes entre 12 € et 15 €.

Amateurs de soupe à la mode créole, vous serez les bienvenus dans ce petit restaurant situé en plein cœur de Pointe-à-Pitre. Plusieurs formules de dégustation de soupes sont proposées, avec, pour les plus gourmands, une part de quiche en plus. Les diverses soupes (giraumon, lambi, langouste, ouassous, tripes, calalou de crabe, poulet citronnelle…) sont toutes servies avec des croûtons. Egalement au choix des tartes. Le cadre intimiste et très original saura vous charmer.

CAFE DES ARTS €€

22 Quai Ferdinand Lesseps

✆ 05 90 55 76 84

Ouvert du mardi au samedi midi et soir. Addition moyenne 34 €.

Comme son enseigne l'indique, l'établissement est un point de rencontre des amateurs d'Art. Le restaurant dispose d'une vue panoramique sur le Mémorial ACTe. L'accueil du patron est chaleureux et son petit accent venu de Venise pourrait fournir un petit indice sur certains plats que vous allez pouvoir déguster. Toutefois, si vous trouverez, au menu, des pizzas, pâtes et charcuteries italiennes, la carte fait également la part belle à la cuisine créole et à la gastronomie traditionnelle française avec du foie gras, des accras, des ouassous flambés, du magret...

CODE 809

19 rue Gilbert de Chambertrand

✆ 06 90 80 98 94

Ouvert le mercredi midi et du jeudi au samedi midi et soir.

Préparez-vous à vous immerger dans une ambiance 100 % latino ! Kirssis a déménagé son restaurant dans cette belle case en bois des années 1940, ancienne adresse du *1973*. Au menu, de délicieux plats latino-américains (ceviche, empanadas, tacos...). L'espace bar-lounge permet de siroter des cocktails autour de tapas, le tout dans une ambiance familiale, musicale et festive. Chaque 1er dimanche du mois, la rue de Chambertrand se transforme à la nuit tombée en véritable piste de danse. L'animation musicale est assurée par un groupe cubain et un DJ de musiques latino.

CHEZ DOLMARE €€

lauricisque

✆ 05 90 91 21 32

chez-dolmare.gp

Ouvert tous les midis et vendredis et samedis soirs. Fermé le dimanche. Plat du jour entre 15 € et 27 €.

Comme l'indique son emplacement, sur le port de pêche de Lauriscique, Dolmare est spécialisé dans le poisson frais pêché du jour cuisiné à la créole (donc très goûteux). La spécialité du lieu est le court-bouillon de poisson, le lambi (lors de la saison de pêche) avec l'accompagnement typique de riz-haricots rouges. Ce restaurant, sans chichi, s'avère toutefois bien connu localement. Il constitue une des enseignes de restauration très fréquentée par toute la population. La réservation est ainsi recommandée pour disposer du choix dans le menu.

FAIROUZ €€

17 rue Jean-Jaurès

✆ 05 90 91 39 69

www.restaurantfairouz.com/

Ouvert midi et soir du lundi au samedi.

Ce restaurant libanais est situé dans le centre de Pointe-à-Pitre. Il a depuis longtemps une bonne réputation et il est très apprécié localement, entre autres par la communauté libanaise qui est très présente à Pointe-à-Pitre. Le service est souriant et la cuisine soignée. Une bonne adresse pour apprécier ou découvrir les kibbis, falafels, le taboulé vert, le houmous, les brochettes d'agneau épicées, le boulghour, les desserts au sésame et autres loukoums ou encore un mezze (assortiment de plats) qui permet de goûter aux mets principaux ou un menu végétarien.

GRO'T AN NOU €€

9 Rue Hincelin

✆ 05 90 24 44 27

Du mardi au samedi de 12h à 15h. Ticket moyen à 35 €.

Une adresse incontournable pour découvrir la cuisine créole avec quelques notes évolutives du chef : salade de poisson-coffre, dombrés au lambi, fricassée de chatrou, fricassée de la mer, ragoût de porc ou de bœuf local, court-bouillon de poisson, langouste grillée... accompagnés de riz et haricots rouges, de mousseline de patate douce. La spécialité du chef Alain Jarny est à goûter absolument, il s'agit des ti farcis (au lambi, au poisson). Le service est rapide et l'accueil chaleureux, dans cette « grotte » à la décoration originale. Service de plats à emporter.

L'INTEMPORELLE €€

Darboussier

✆ 06 90 28 87 22

www.lintemporelle-restaurant.com

Ouvert tous les midis et les jeudis, vendredis et samedis soirs. Fermé le lundi

Situé au cœur du Mémorial ACTe, le restaurant bénéficie d'un cadre soigné et d'une magnifique terrasse avec vue sur la baie. Le midi, l'Intemporelle propose une sélection de plats version snacking avec des recettes originales. Le soir, la carte vous réserve une cuisine métissée plutôt raffinée, mettant principalement les produits locaux à l'honneur. Le bar à rhums dispose d'une belle collection à déguster ainsi qu'une carte de cocktails. Des évènements musicaux sont organisés régulièrement : le planning est disponible sur la page Facebook.

GRANDE-TERRE

LE PETIT JARDIN AN TÉ LA €€

4 rue Barbès

✆ 05 90 68 27 89

Ouvert du lundi au samedi de 7h à 17h.

Pour échapper au bruit de la ville sans cependant s'en éloigner, découvrez cette halte des plus rafraîchissantes qui vous accueille dès le petit-déjeuner ! Niché dans un petit jardin, le restaurant propose des spécialités créoles savoureuses, des plats mijotés du jour (les accras sont excellents), de larges salades complètes, des douceurs dont des glaces et des crépiteroles (à découvrir). Le petit plus ? Les jus et smoothies maison, parfaits pour un goûter au frais. Des évènements musicaux sont organisés ponctuellement en soirée.

LE YATCH CLUB €€

Quai Lardennoy - La Darse

✆ 06 90 74 57 11

Ouvert du lundi au samedi midi et soir et le dimanche midi.

Situé à deux pas de la place de la Victoire, le Yacht Club dispose d'une superbe vue sur la Darse et le Mémorial ACTe. Un très beau lieu pour boire un verre en fin de journée. Au menu, une cuisine antillaise et du monde (colombo, fricassées, magret de canard, poisson grillé...). Du mardi au samedi, l'établissement propose des pizzas sur place ou à emporter. Plusieurs événements sont programmés comme des soirées karaoké, des dîners-concerts, ou des barbecues avec de la musique live le dimanche après-midi, la programmation est disponible sur les réseaux sociaux.

RESTO EVELYNE €€

64 Carénage

✆ 05 90 83 61 79

Du mardi au samedi le midi. Plats aux alentours de 25 €.

Depuis plus de 30 ans, le restaurant Chez Evelyne est une valeur sûre pour découvrir la cuisine antillaise, préparée principalement à base de fruits de mer mais aussi une fricassée de cabri ou une côte de bœuf. Du poisson, en passant par la langouste, le lambi, les budgets, les palourdes et les oursins, la chef Evelyne régale ses convives dans la plus pure tradition avec des plats faits maison. En dessert, le Coco sur patate (un savoureux sorbet au coco sur son lit de confiture de patate douce) est particulièrement apprécié. La vue sur mer est un plus.

DÉSIRS DU PALAIS - FABIENNE YOUYOUTTE

53 Chemin des Petites Abymes

✆ 05 90 88 54 40

www.fabienneyouyoutte.com

Ouvert du mardi au dimanche de 11h à 19h.

Glacière, pâtissière et chocolatière, Fabienne Youyoutte excelle dans les créations qu'elle renouvelle très régulièrement. Elle propose de succulentes glaces maison en cornet, en pot ou au litre, dans des parfums des plus classiques aux plus surprenants (patate douce, pain d'épices, chodo, fruit à pain, canne à sucre, etc.). Au-delà des glaces, des chocolats, confiseries, gâteaux glacés et pâtisseries sont également proposés. Son maître-mot : la valorisation des produits locaux.

SWEETHÉ

9 Rue Sadi Carnot

http://sweethe.fr

Ouvert du lundi au vendredi de 9h à 16h30 et le samedi de 9h à 13h30.

Une véritable pause fraîcheur au cœur de la ville de Pointe-à-Pitre : voilà ce que propose Sweethé, ce concept de thé glacé frais, naturel qui s'avère rafraîchissant et nourrissant à la fois. Leur thé est agrémenté de billes de sirop : de nombreuses saveurs de la Caraïbe sont ainsi disponibles pour combler tous les palais les plus gourmands : ananas, mangue, passion, goyave... Petit plus : le client peut choisir également le taux de sucre souhaité. Une jolie boîte à repas composée de wraps tout chauds est également proposée tous les midis.

L'ARHUM.COM FWI

Rue de la Ville de Soukhoumi

✆ 0690 57 68 28

https://larhum.com

Boutique en ligne.

Cette épicerie fine en ligne a été créée par un couple amateur des bonnes choses de la vie et des bons moments à partager lors de voyages culinaires. Audrey et Richard ont ainsi le souhait de faire connaître les produits d'exception et présentent une vaste sélection de divers alcools à découvrir parmi lesquels des bières, des vins rosés, blancs et rouges, divers champagnes, des rhums blancs et vieux, une gamme de thés, des sirops de batterie… Ces produits proviennent du terroir guadeloupéen mais également de divers horizons selon leur inspiration.

LES CIRES DE NAKIA

✆ 06 16 73 07 30

https://lesciresdenakia.ecwid.com

Produits en vente en ligne sur le site.

Ces charmantes bougies et petites cires parfumées artisanales, fabriquées à la main par Céline, s'avèrent aussi décoratives que gourmandes. A l'image d'un bouquet de fleurs, elles permettent de créer des atmosphères personnalisées mais également de changer d'ambiance selon chaque pièce ou le moment de la journée. Les petites cires sont des galets parfumés à placer dans un brûleur pour embaumer une pièce avec un large choix de parfums 100 % naturels. Bien loin des bougies classiques, elles sont parfaites en cadeau original et également disponibles en coffrets.

MARCHÉ AUX EPICES

A l'angle des rues Thiers et Frébault

Situé à l'angle des rues Thiers et Frébault. De 6h à 14h. Fermé le dimanche et les jours fériés.

Il s'agit d'un des plus anciens marchés de la ville également connu sous le nom de marché Saint-Antoine, qui accueillait les maraîchers sous une halle en bois qui fut détruite par un incendie en 1871. Les nouvelles halles métalliques datent de 1874. L'ambiance y est colorée et parfumée par les fruits et épices présentés. Vous y trouverez également des punchs, de la vannerie ou des philtres d'amour... Certaines des marchandes arborent toujours la tenue traditionnelle avec la coiffe. Il est conseillé de demander l'autorisation avant de prendre une photo.

MARCHÉ AUX FLEURS

Sur la place entre le tribunal et l'église Saint-Pierre-et-Saint-Paul.

Ouvert tous les jours de 6h à 14h.

Le marché aux fleurs est situé sur le parvis de l'église Saint-Pierre et Saint-Paul appelée également cathédrale Saint-Pierre et Saint-Paul. Le spectacle est impressionnant, car c'est une profusion de couleurs à l'image des becs de perroquets, des balisiers, des roses de porcelaine, des héliconias... Beaucoup de Guadeloupéens, catholiques très pratiquants, s'y rendent pour faire des offrandes de fleurs. Il est possible d'acheter des fleurs tropicales ou des plantes à emporter en soute ou de se faire livrer directement à l'aéroport, dans un emballage adapté.

MARCHÉ AUX POISSONS DE LAURICISQUE

Port de pêche de Lauricisque

Du lundi au samedi de 7h à 18h. Le dimanche de 7h à 12h.

Ce marché aux poissons, situé sur le petit port de Lauricisque, a été complètement remis à neuf et inauguré en 2019, il permet désormais aux pêcheurs professionnels de proposer des poissons locaux et des produits de la mer bruts ou encore transformés dans des conditions sanitaires respectueuses des normes. Les poissons et préparations y sont proposés sur des étals spécifiques de vente ou d'écaillage. Les restaurateurs et les professionnels viennent s'y approvisionner directement.

MARCHÉ DE BERGEVIN

Boulevard de l'Amitié des Peuples de la Caraïbe

Ouvert lundi, mercredi et samedi de 3h à 13h.

Ce marché n'est pas le plus fréquenté par les touristes, mais il s'agit d'un des plus grands de Pointe-à-Pitre. Il est plébiscité par la population pour son offre alimentaire, car les prix y sont vraiment très intéressants : les petits producteurs viennent présenter le fruit de leur travail au quotidien. Les étals sont très nombreux et variés entre les fruits, les épices, les légumes locaux et des poissons fraîchement pêchés. C'est une excellente occasion de consommer local sans se ruiner tout en favorisant la production locale.

SAN MELE

7 Rue Victor Hugo

✆ 0690 49 40 99

Ouvert de 10h à 17h du mardi au vendredi, le samedi de 9h à 13h30.

Catherine, surnommée Kty, a mis en place un concept dans sa boutique qui permet une mise en avant des productions pour des artistes, des artisans d'art guadeloupéens ou encore issus de toute la Caraïbe, pour lesquels l'aspect commercial reste un obstacle. Kty se charge de promouvoir leurs créations avec un espace animation qui évolue sans cesse en fonction des événements proposés au fil de l'année. La boutique accueille ainsi des vêtements de créateurs, des accessoires, des sacs, des bijoux qui pour certains constituent des pièces d'exception.

MARCHÉ DE LA DARSE

Place de la Victoire

Ouvert du lundi au samedi de 6h à 14h. Pas de marché le dimanche et les jours fériés.

L'ancienne halle datait de 1928. Elle avait été construite par l'architecte Ali Tur après le cyclone dévastateur de 1928. Devenue vétuste bien des décennies plus tard, elle a été détruite pour laisser place à un nouvel espace de 300 m². Vous trouverez des fruits, légumes et épices (cannelle, safran, mélange pour colombo, anis étoilé, girofle, poivre vert... pour accompagner les viandes grillées, des graines de roucou qui parfument et colorent l'huile pour les courts-bouillons de poisson... N'hésitez pas à demander des conseils aux vendeuses pour vos achats.

THE FACTORY GWADLOUP

✆ 06 90 76 56 54

Du lundi au samedi de 9h30 à 17h30. Fermeture à 14h le samedi. Ouvert le dimanche pendant la saison touristique.

Un concept singulier qui associe, dans une petite épicerie fine, le savoir-faire des artisans, des producteurs, à la créativité d'artistes et designers guadeloupéens. Vous y trouverez des produits locaux du plus classique au plus éclectique, tel que le foie gras 100 % *made in* Guadeloupe. La boutique qui fait aussi galerie d'art, organise des « Afterworks Factory » avec des dégustations de divers produits locaux, des expositions, et se transforme de temps en temps en café littéraire. Des vinyles sont à disposition pour faire votre propre playlist.

Ô BOD' LANMÈ

La Darse

✆ 06 90 11 08 81

Présent à la Darse de 6h à 11h environ.

La devise de ce pêcheur est très engageante : « vous faire savourer le meilleur de la mer ». Voici une bonne adresse pour trouver diverses espèces de poissons frais qui sont préalablement vidés et écaillés. Selon la pêche du jour, vous pourrez également trouver des langoustes, des burgots et du lambi (mais uniquement lors de la saison de pêche autorisée). De quoi agrémenter un bon barbecue durant votre séjour ! Consultez la page Facebook pour connaître la pêche du jour. Possibilité de commander et de vous faire livrer. Le paiement en carte bancaire est accepté.

LES ABYMES

C'est au prix d'assainissements et d'assèchements des marécages que la ville a pu se développer afin d'accueillir une population toujours croissante attirée par la proximité de Pointe-à-Pitre et de la zone industrielle de Jarry. L'implantation de l'aéroport en 1953 a permis un réel développement. Elle est la plus peuplée de l'île (plus de 52 000 habitants) alors qu'elle en comptait seulement 4 400 vers la fin du XVIIIe siècle. Désormais, son expansion est telle que ses limites sont difficilement repérables, intégrées en continuité naturelle de Pointe-à-Pitre et s'étendant jusqu'aux Grands Fonds. La ville doit accueillir le nouveau CHU cette année.

TAONABA MAISON DE LA MANGROVE ★

Chemin de Belle-Plaine
✆ 0590 48 93 16
Ouvert du lundi au vendredi 8h-15h.

Taonaba signifie « marais et forêt inondée » en langue caraïbe. Cette plateforme de valorisation environnementale et touristique s'étend sur un sentier long de 1,5 km. Elle intègre aussi un espace muséographie et scientifique dédié aux zones humides littorales. Marais, prairies humides, mangrove, forêt marécageuse... se découvrent ici lors d'une balade pédestre, sur caillebotis. Les prairies humides bordant le canal permettent d'observer la flore et de nombreux oiseaux.

COMITÉ DU TOURISME DES ÎLES DE GUADELOUPE

Immeuble Antarès Dothémare
✆ 05 90 820 930
www.lesilesdeguadeloupe.com
Accueil public lundi 10h-12h, du mardi au jeudi de 7h30 à 12h.

Installés depuis les années 1980 sur la place de la Victoire à Pointe-à-Pitre dans un superbe bâtiment néo-classique datant de 1927, les bureaux du Comité du Tourisme des Iles de Guadeloupe viennent de changer d'adresse. Le site internet est complet avec toutes les infos pratiques à connaître avant et pendant le séjour : une liste d'hébergements, d'activités, de locations de véhicule, des circuits à découvrir. La rubrique « Guadeloupedia » est particulièrement intéressante.

COEUR DES ILES

Aéroport Pôle Caraïbes
✆ 05 90 21 71 74
http://coeurdesiles.travel

Cœur des îles est spécialisé dans les excursions depuis plus de 10 ans. L'équipe propose un panel d'excursions et d'activités à votre mesure entre accueil et assistance, location de voitures, visites guidées de l'archipel, croisières, traversées maritimes, ateliers culinaires avec dégustation, balades à cheval, balades tout-terrain en 4x4 ou buggy... Plus insolite ; la découverte des lieux du tournage de la série policière *Meurtres au paradis*. Cœur des îles assure également sur demande les transferts privés depuis et/ou vers l'aéroport Pôle Caraïbes.

GRANDE-TERRE

AIR CARAIBES GUADELOUPE

✆ 0820 835 835

www.aircaraibes.com

Sur son réseau régional, la compagnie aérienne Air Caraïbes dessert la Martinique (Fort-de-France), la Guadeloupe (Pointe-à-Pitre), Saint-Martin (Grand Case) et la République dominicaine (Saint-Domingue). La destination de Saint-Barthélemy est aussi proposée avec une desserte opérée par St. Barth Commuter. Elle offre également une liaison air-mer vers Marie-Galante, la Dominique et Les Saintes avec navigAIR, via la Guadeloupe. La compagnie relie également la province et la Belgique aux Caraïbes au départ d'Orly grâce à TGV AIR.

ADA

Aéroport Pôle Caraïbes

✆ 05 90 25 30 27

https://adaguadeloupe.com

Ouvert du lundi au samedi de 7h à 20h, le dimanche de 8h à 20h.

L'agence se trouve dans l'enceinte de l'aéroport de Guadeloupe Pole Caraïbe. Vous pourrez ainsi récupérer directement votre voiture dès votre descente de l'avion. Un large choix de véhicules vous est proposé entre les gammes économique, familiale, tout confort, 4 x 4 SUV et prestige à des tarifs très compétitifs mais également des utilitaires. Certains véhicules sont équipés d'un GPS intégré, d'autres sont dotés d'une boite automatique. L'assistance 7j/7 est incluse sur toute la Guadeloupe en cas d'immobilisation du véhicule.

GRANDE-TERRE

ALWÉGO

Morne Vergain
✆ 05 96 78 35 58
www.alwego.rent
Réservation en ligne recommandée. Consultez les nombreuses offres. Location de véhicules automatiques également.

#AlwegoAnNouAy - Le credo de l'agence est clair : une communication pétillante et dynamique, à l'image de son équipe. Cette agence locale est implantée depuis 1989 aux Antilles. Alwego loue tous types de véhicules, de la petite citadine au minibus de neuf places. Les catégories intermédiaires comme les SUV et berlines sont également proposées à des tarifs attractifs. Livraison aéroport et port. La navette vous dépose et vous récupère, l'agence est située à 5 min de l'aéroport. Réservez en ligne sur leur site Internet, c'est plus efficace et rapide.

GO GWADA LOCATION

13 Rue de la céramique, ZA Petit Pérou,
✆ 0 590 93 37 91
www.gogwada.com
Réservation en ligne.

Ce loueur bénéficie d'une excellente réputation entre la qualité d'entretien de ses véhicules et la qualité de service à des tarifs imbattables. La vaste flotte (climatisée, en version essence ou diesel, manuelle ou automatique) est renouvelée régulièrement afin de disposer de véhicules récents à faible kilométrage. Le plus : on vient vous chercher à votre arrivée pour la récupération du véhicules et vous êtes raccompagné le jour de votre départ jusqu'à l'aéroport. La voiture peut être livrée également directement sur votre lieu d'hébergement.

AUTO DISCOUNT LOCATION

Rue Emmanuel Varieux
✆ 05 90 97 10 00
www.auto-discount.fr
À partir de 19 €/jour. Agence ouverte du lundi au samedi de 7h à 19h, dimanche et jours fériés de 8h30 à 18h30.

Implanté aux Antilles depuis presque 25 ans (6 agences en Guadeloupe, 1 agence en Martinique, 1 agence à Saint-Martin et 1 agence en Guyane), ce loueur 100% local vous propose le meilleur rapport qualité-prix. Citadine économique, spacieux minibus 9 places, SUV tout terrain, voiture sans permis, automatique ou manuelle : trouvez le véhicule adapté à vos vacances ou à vos besoins quotidiens. Un déménagement, des travaux ? Du petit fourgon au camion à benne basculante, particuliers ou professionnels, trouvez aussi le parfait utilitaire !

BAG PACK

Aéroport Pôle Caraïbes
✆ 06 90 57 79 70
À partir de 10 € selon la taille du bagage.

Voici la solution idéale pour protéger vos bagages des nombreux chocs, des risques de fissures ou encore contre le vol de vos objets personnels. Cette petite entreprise propose d'envelopper vos valises, poussettes, sacs de voyage... d'un film plastique protecteur transparent agréé par les compagnies. L'agent pèse également les bagages, permettant ainsi de savoir avant l'enregistrement si vous avez bien respecté le poids autorisé. L'agent est installé à l'étage des départs où sont situés les guichets d'enregistrement de chaque compagnie aérienne.

DOLORENT FWI

Perrin ✆ 0690 71 76 00

A partir de 18 €/jour (voir conditions en agence).

Dolorent FWI dispose d'un parc composé d'un large choix de véhicules récents disponibles en boîte automatique ou bien manuelle à des tarifs attractifs. Toutes les catégories sont proposées. À votre disposition, plusieurs types de voitures ; Hyundai i20 et i10, Peugeot 108, 208, 301, Dacia Lodgy, Fiat 500, Suzuki Swift et Ignis... mais aussi le Citroën Jumpy (minibus 9 places). Vous roulez en toute tranquillité grâce à leur assistance 24/24. La livraison est possible partout (voir les conditions). La structure propose également la location de Jet ski et bateaux.

GUADALOC

Rue Rollier Arnoux

✆ 05 90 01 20 20

https://www.guadaloc.com/

Ouvert du lundi au samedi de 8h à 18h, et le dimanche de 12h à 18h.

Des équipes sérieuses et dynamiques vous accueillent à l'aéroport pour Gwadaloc et sur l'île de Marie-Galante sous l'enseigne Magaloc. Grand choix de véhicules disponibles. Accueil et retour gratuits à l'aéroport. Transfert possible de l'aéroport vers la gare maritime pour les clients de l'agence de Marie Galante. Possibilité de continuité de votre location entre la Guadeloupe continentale et Marie-Galante. Réduction sur des billets de bateau pour Marie-Galante, voire des billets gratuits pour une location de véhicule d'une durée minimum de 2 semaines.

HELICONIA LOCATION

6 Lotissement Dugazon de Bourgogne

✆ 06 90 60 25 25

heliconialocation.fr

Ouvert du lundi au samedi de 10h à 19h.

Heliconia propose une large gamme de véhicules de location récents de la citadine au SUV. Navette gratuite de votre lieu d'arrivée (port ou aéroport) à l'agence située à quelques minutes de l'aéroport ou de la gare maritime. Vous pouvez réserver en ligne à tout moment pour bénéficier de leur meilleur tarif selon la période de l'année ; vous recevez ensuite la confirmation par mail. Sur place, vous bénéficierez d'une assistance 24h/24 et 7j/7 pendant la période de location du véhicule. Kilométrage illimité et assurance tous risques inclus.

HERTZ ANTILLES

Aéroport Pôle Caraïbes

✆ 0590 21 13 46

www.hertzantilles.com

Agence ouverte du lundi au samedi 7h-22h, dimanche 8h-22h.

Vous êtes accueilli dès votre sortie de l'aéroport, car la navette vous accompagne jusqu'à la zone des loueurs où sont stockés les véhicules. En cas d'arrivée en dehors des heures d'ouverture de l'agence, il reste possible de récupérer sa voiture (en supplément) : dans ce cas, il suffit d'indiquer l'heure d'arrivée et le numéro de vol lors de votre réservation en ligne. Il est également possible de restituer le véhicule dans une des autres agences situées en Grande-Terre ou en Basse-Terre. Ce loueur dispose désormais d'une gamme de véhicules électriques.

LOKEA

Centre commercial Perou

✆ 0590 839 884

www.lokea-location.fr

Véhicule dispo 24h/24, 7j/7 et jours fériés. Agence ouverte de 7h à 23h. En dehors de ces horaires, appelez l'agence.

L'agence est située à proximité immédiate de l'aéroport et du port de Pointe-à-Pitre. Les transferts sont offerts. Vous y trouverez tous types de véhicules de la petite citadine jusqu'au van 9 places, en passant par le véhicule électrique. Les livraisons s'effectuent partout sur l'île selon vos besoins. Elle bénéficie d'une excellente réputation en termes de professionnalisme et d'accompagnement client. Elle saura vous orienter selon vos envies pour votre séjour. Très active, l'équipe privilégie le contact téléphonique pour vous guider au mieux dans vos choix.

MAGALOC

Morne Vergain
✆ 05 90 01 20 20
www.magaloc.net/
Ouvert de 8h à 18h et le dimanche de 11h à 18h.

Magaloc, entreprise locale, dispose d'une belle variété de véhicules dans sa flotte entre citadines, compactes, SUV, Pick-up... Ces divers types de voitures vous permettront de visiter l'île à votre rythme et de bénéficier d'un véhicule en toute sécurité. Magaloc dispose d'applications (téléchargeables par Apple Pay ou Google Play) pour bénéficier des meilleurs tarifs et promos. L'application Magaloc permet d'obtenir une réservation simplifiée et rapide. Magaloc H24 permet de louer un véhicule sans l'intervention d'un agent et d'attente au comptoir.

RENT A CAR

Aéroport Pôle Caraïbes
✆ 05 90 47 59 05
www.rentacarguadeloupe.fr
Agence ouverte de 7h30 à 21h et de 8h30 à 21h les dimanches et jours fériés.

L'agence est située dans la zone dédiée aux loueurs. Elle propose une large gamme de véhicules récents et bien entretenus, de tourisme, automatiques, des minibus et des services pratiques (accessoires pour bébé, réduction de franchise, etc.). Pour les visiteurs dont le temps est compté, Rent a Car organise la mise à disposition du véhicule directement sur le parking de l'aéroport avec une prise en charge prioritaire (réservation réalisée au préalable). Des prestations complémentaires sont proposées telles que l'accès prioritaire à la navette et au comptoir.

SQUEE

Aéroport Pôle Caraïbes
✆ 05 90 47 59 05
www.squee.fr
Agence ouverte de 7h à 21h du lundi au samedi, de 8h30 à 21h le dimanche.

Marque discount d'un grand loueur, Squee propose un parc de plus de 500 véhicules récents et bien entretenus, avec assistance 24h/24. Une navette vous amène jusqu'au parc de véhicules situé dans la zone des loueurs. Pour les arrivées en dehors des heures d'ouverture, pensez à le préciser lors de la réservation. Le tarif «local » permet d'éviter les majorations de prix des grandes enseignes, tout en bénéficiant d'un service de qualité et d'un large choix de voitures (citadines, berlines, SUV, familiales, électriques, hybrides, automatiques, fun et prestige).

RL LOCATION

Morne Mamiel
✆ 06 90 40 75 17
www.rl-location.com
Ouvert 7j/7 de 7h à 23h y compris les jours fériés. Réservation possible en ligne.

Ce loueur propose un large choix de véhicules de tourisme allant de la mini citadine aux utilitaires, en passant par la compacte en version manuelle ou automatique, essence ou diesel. Tous les véhicules sont récents, régulièrement entretenus et climatisés. La prise en charge peut s'effectuer à l'aéroport ou à la gare maritime. La restitution du véhicule peut avoir lieu à l'aéroport sans supplément même si vous l'avez loué dans une autre commune. Plusieurs équipements sont disponibles en option : GPS, rehausseurs, nacelles pour la famille.

THRIFTY

Aéroport Pôle Caraïbes
✆ 05 90 21 28 75
www.thriftyantilles.com
Agence ouverte du lundi au samedi de 7h à 21h30. Les dimanches et jours fériés de 8h à 20h30.

Ce loueur propose des véhicules en location à la journée, à la semaine ou au mois. Divers services sont proposés : suppression totale de la franchise, de la franchise dommage collision, siège-auto bébé ou enfants adapté à l'âge de vos enfants (de 9 à 36 kg). Vous avez le choix entre trois catégories de véhicules : A (Peugeot 108 ou similaire) - B (Peugeot 208 ou similaire) - C (Peugeot 308 ou similaire). Paiement en ligne via leur plateforme sécurisée (pour bénéficier de la tarification la moins élevée) ou à l'agence lors du retrait du véhicule.

GRANDE-TERRE

JUMBO CAR

Aéroport Pôle Caraïbes
✆ 05 90 21 13 50
www.jumbocar-guadeloupe.com/fr
Agence ouverte de 7h à 21h, 8h-21h le dimanche.

La navette vous récupère à la sortie de l'aéroport et vous amène en quelques minutes à l'agence située dans la zone des loueurs. Si votre avion a du retard ou s'il atterrit après la fermeture de l'agence, vous serez attendus (sous réserve d'avoir communiqué au préalable votre numéro de vol et l'heure d'arrivée prévue). Large gamme de véhicules récents de la gamme économique au SUV en passant par les berlines de luxe, les monospaces, les minibus et les véhicules utilitaires. Consulter leur site pour bénéficier des meilleurs tarifs. Pré-paiement en ligne.

BOKIT CENTER €

Rue Rolière Arnoux
✆ +590 690 58 52 52
https://bokit-center.com
Ouvert du lundi au samedi midi et soir, fermé le dimanche.

Le bâtiment se repère facilement grâce à sa façade jaune. De par son engagement écoresponsable, Bokit Center a choisi de faire appel à des fournisseurs locaux, de privilégier les fruits et légumes de saison et d'utiliser des emballages recyclables. Le *bokit* est une spécialité guadeloupéenne à base d'une pâte à pain sans levure frite dans l'huile. Vous composez vous-même votre *bokit*, la pâte (classique ou au curcuma) et la garniture grâce à un large choix d'ingrédients pour répondre à tous les goûts et à tous les régimes alimentaires.

COCHON + €€

Rue Loulou Orthez
✆ 05 90 20 01 58
https://cochon-plus.com/
Ouvert du lundi au jeudi de 9h30 à 20h, vendredi-samedi de 9h à 20h30, dimanche de 9h30 à 14h30.

Cette adresse est une véritable institution en Guadeloupe. Situé à proximité du rond-point de Perrin, Cochon + est spécialisé dans les grillades et la cuisine créole. Cette enseigne familiale installée depuis 2008 privilégie les produits locaux. La carte change tous les jours : travers de porc caramélisés avec mousseline de patate douce, poisson grillé et giraumonade, bébélé, colombo, lasagnes de fruits de mer... La cuisine est simple, les parts sont copieuses, à déguster sur place ou à emporter pour un pique-nique sur la plage, par exemple.

PERRIN GRILL €

Voie principale de Perrin
✆ 0690 51 52 94
Ouvert de 17 à 21h30 du lundi au jeudi, jusqu'à 23h vendredi et samedi.

Ce *food-truck* installé en bord de route propose de nombreuses grillades préparées à la mode créole à emporter avec quelques tables également pour consommer sur place. Au choix des *ribs* caramélisés, du poulet boucané (cuit à la fumée), des saucisses, des ailes de dinde, des brochettes de viandes et poissons, du lambi... À noter : quelques spécialités boucanées caramélisées, la côte de bœuf Tomahawk, le magret de canard, les rouelles de porc, *chicken wings*... Selon la saison, les frites sont de pomme de terre, de patate douce, de fruit à pain ou de banane jaune.

AN KANN'LA €

Bois-Vinière – Gare Rosa Perrin
✆ 05 90 20 27 28
Ouvert tous les jours. Compter 30 €/personne. Ambiance musicale le dimanche.

Pour parvenir jusqu'à ce restaurant, vous ferez une petite incursion au beau milieu des champs de canne. Ne vous attardez pas sur l'architecture du bâtiment car il s'agit d'une grande salle située dans un hangar. La cuisine est proposée sous forme de buffet à volonté, idéal pour les gros mangeurs, avec un grand choix d'entrées et de plats de poissons et viandes locaux faits maison. Les formules sont variées allant jusqu'au buffet tout compris de l'apéritif au café (entrée - plat - dessert). Des déjeuners en musique sont organisés certains dimanches.

LA CAVE 20/20

ZAC Dothémare Sud ✆ 05 90 82 04 29
Ouvert du lundi au vendredi de 9h30 à 18h30, et le samedi de 9h à 13h.

Une sélection de références en vins de Champagne, Bordeaux, Bourgogne et vins étrangers ainsi que toute la gamme de produits Damoiseau. La Cave 20/20 propose également une gamme de thés, tous les accessoires qui permettent d'apprécier un vin dans les meilleures conditions (verres, carafes et un système de préservation du vin qui permet de boire un verre de vin sans ouvrir la bouteille...). Vous pouvez déguster le vin de votre choix accompagné d'une assiette de charcuterie, ou bien de fromages, le tout servi dans le cadre agréable de la boutique.

2020
L'UNIVERS DU VIN
Rhum
Damoiseau
L'abus d'alcool est dangereux pour la santé
Milenis
Cinestar
Damoiseau
Parc d'Activités
La Providence
ABYMES
Tél. 0590 47 13 04 - cave20sur20dothemare@damoiseaudistribution.com

POZ' DOUCEUR

25 Boulevard Daniel Marcin

Ouvert du mardi au dimanche 14h30-19h, jusqu'à 20h les samedis et vendredis.

Vous découvrirez des saveurs locales car les glaces sont élaborées avec des fruits locaux mais également des goûts inédits comme, entre autres, les glaces aux plantes médicales et celle au charbon actif, pour ajouter une touche détox à cet instant de gourmandise. Vous trouverez également des crêpes, des cornets, des gaufres, des *smoothies*, des *bubble waffles*, un thé pays… L'accueil est très agréable et le service est rapide. Le glacier Poz' Douceur est également présent dans la commune de Deshaies située au nord de la Basse Terre.

AÉRO PRESTATIONS

43 bis rue de la documentation

✆ 06 90 58 89 70

Baptême de l'air et survol de la Guadeloupe.

Plusieurs survols touristiques sont possibles au départ de Pointe-à-Pitre, Baillif ou Saint-François vers les îles qui composent l'archipel guadeloupéen ; Marie-Galante, Les Saintes, la Désirade. Patrick Amable est pilote professionnel et instructeur en vol. Il propose des survols en avion de l'archipel afin de constater que « d'en haut, c'est encore plus beau », comme l'annonce son slogan. Vous pourrez ainsi apprécier des panoramas inédits, car la Guadeloupe, vue du ciel, constitue une véritable palette de paysages aux contrastes surprenants.

BBLOU

Aéroport Pôle Caraïbes

✆ 06 90 65 56 88

www.bblou.gp/

Poussette à partir de 1,50 €/jour, siège-auto à partir de 1,15 €/jour, siège de randonnée à partir de 1 €/jour.

Voyager avec des enfants en bas âge rime souvent avec excédent bagage. C'est pourquoi cette enseigne présente à l'aéroport vous propose dès votre arrivée toute une gamme d'accessoires de puériculture, indispensables durant vos vacances. De la poussette, en passant par le siège-auto, le porte-bébé de randonnée, le lit parapluie, le trotteur, la table à langer, le chauffe-biberon, la chaise haute, sans oublier les accessoires de plage... Utile aussi pour les petits oublis ! Les produits sont récents, contrôlés et aux normes françaises et européennes en vigueur.

COMITÉ GUADELOUPÉEN DE RANDONNÉE PÉDESTRE (CGRP)

1 bis avenue du Général-de-Gaulle

✆ 05 90 35 17 54

http://guadeloupe.ffrandonnee.fr

Le CGRP (Comité de Randonnée Pédestre) valorise et promeut la randonnée à travers différentes actions. Elle organise des événements, gère le balisage des sentiers et coordonne les diverses initiatives. Son site répertorie les différentes sorties proposées par les associations adhérentes et invite à découvrir quelques hauts lieux de l'île comme la Porte d'Enfer, la Pointe Lézard, le Bassin Bleu ou la Soufrière, avec systématiquement quelques recommandations appropriées.

CENTRE COMMERCIAL MILENIS

✆ 05 90 48 08 61

Galerie marchande ouverte du lundi au samedi de 9h à 20h. Supermarché ouvert de 7h30 à 21h et dimanche de 8h à 12h30.

Milénis est le deuxième plus grand centre commercial de la Guadeloupe après celui de Destreland situé sur la commune de Baie-Mahault. D'une superficie de 12 800 m^2, la galerie marchande regroupe près de 70 boutiques et services (loisirs, high tech, mode, bijoux, culture, enfants, beauté et santé, services, sports, maison et déco...), le supermarché Carrefour, mais aussi des points de restauration (Hippopotamus, Mc Donalds, KFC, Délifrance, Dolce Vita, L'italien).

GOLF-ÉCOLE

Morne Mamiel

✆ 05 90 89 93 03

L'école de golf, sous l'égide de la Ligue de Golf de Guadeloupe, accueille les enfants et les ados (de 3 à 16 ans). Le site, d'une surface de 8 ha, dispose d'un practice et d'un 6-trous compact. La structure propose des initiations, ces cours, des stages, des compétitions. La licence est obligatoire pour jouer sur le *practice*. Une section féminine a pour objectif de permettre aux femmes licenciées du club de pouvoir pratiquer le golf via des rencontres amicales, des entraînements, des compétitions... Des journées « porte ouverte » sont organisées.

L'INSTANT

Morne Vergain
✆ 06 90 60 33 30

Ouvert du mardi au dimanche. Le tarif d'entrée varie selon la soirée. Afterwork dès 19h le jeudi.

L'Instant est une discothèque très dynamique et très appréciée des fêtards ! C'est le rendez-vous des plus de 30 ans avec une programmation musicale et des événements ponctuels adaptés pour faire la fête toute la nuit jusqu'à l'aube. Elle dispose d'un espace extérieur. Les soirées à thème, concerts et spectacles d'artistes de la région attirent un public éclectique et sont renouvelés chaque semaine. Mardi : karaoké. Créole Comic show, salsa, quadrille le mercredi. Soirée à thème les vendredis et rétro les samedis. Retrouvez le programme complet sur Facebook.

MORNE A L' EAU

Un nom poétique comme un air de chanson pour cette commune rurale avec les collines de Grands-Fonds en arrière-plan et un paysage qui se prolonge jusqu'au Grand Cul-de-sac marin. Morne-à-l'Eau vit doucement à l'heure locale. Cette commune sucrière autrefois d'importance tire son nom du canal, d'une couleur brune assez peu engageante, qui draine les bateaux de pêche avec les poissons du jour. Aujourd'hui, ses ressources sont la culture vivrière, l'élevage, et dans une moindre mesure, la pêche et quelques activités touristiques du côté de Vieux-Bourg et la mangrove. La Fête du crabe, qui se tient au mois d'avril, est un rendez-vous annuel couru.

CANAL DES ROTOURS

Le canal des Rotours a été creusé en 1827 par des esclaves, à l'initiative du baron des Rotours, en vue de désenclaver Morne-à-l'eau à Pointe-à-Pitre. Il a constitué une réelle avancée pour la commune en lui permettant de se développer, car il permet le transit des marchandises. Des sucreries ont été construites le long du canal. On a dénombré jusqu'à 20 habitations. Aujourd'hui, le canal a une fonction touristique, il est utilisé pour la visite de la mangrove par des structures privées et constitue un atout important dans l'économie touristique de la commune.

ÎLET MACOU

Grand-Cul-de-Sac-Marin

Véritable écrin de végétation peuplé de bernard-l'hermite, l'îlet Macou est un lieu idéal pour observer la faune et la flore dans leur élément le plus naturel. Situé dans la Réserve naturelle du Grand-Cul-de-Sac-Marin, l'îlet reste peu fréquenté par les touristes, mais plutôt par les habitants de Guadeloupe, qui viennent parfois se recueillir dans la petite chapelle en dur, située à l'extrémité de l'îlet. Les départs pour l'îlet se font depuis la ville de Vieux-Bourg sur Grande-Terre. On peut aussi y accéder en demandant à un pêcheur moyennant quelques euros.

GRANDE-TERRE

Canal des Rotours.

© TUPUNGATO - STOCK.ADOBE.COM

CIMETIÈRE DE MORNE-À-L'EAU ★★

RN5

Ce cimetière dispose d'une réputation internationale. Il est implanté en plein bourg, ultime refuge des Blancs-Matignon. Bâti à flanc de colline, il est très impressionnant avec ses 1 800 tombes en carrelage de faïence disposées en damier noir et blanc (et parfois même rose et bleu !). Ce cimetière est cité dans les guides du monde entier. Selon les historiens, il semblerait que la première sépulture ait été dressée en 1847, soit 20 ans après la construction de la commune, par une famille de Békés. Chose étonnante, certains caveaux ressemblent à de petites maisons dont quelques-uns ont été bâtis par des architectes. De l'agriculteur au musicien en passant par le planteur béké, toutes les couches de la société sont aujourd'hui représentées dans cet incroyable lieu. Mais le moment de l'année le plus important se situe à la période de la Toussaint : chaque tombe, chaque caveau, est nettoyé et repeint si nécessaire. Le cimetière s'illumine de mille et une bougies les 1er et 2 novembre car le 2 novembre, fête des morts est un jour férié en Guadeloupe ; les familles viennent visiter leurs défunts au moment de la tombée de la nuit, avec d'imposants bouquets de fleurs. Le lieu devient alors très animé, notamment grâce à la présence de vendeurs de bokits, de pistaches ou encore de snowballs. Bien loin de la morosité des cimetières métropolitains, ce splendide amphithéâtre à flanc de colline, parsemé de végétation, continue d'émerveiller tous les visiteurs qui s'y rendent.

ÉGLISE SAINT-ANDRÉ ★

6 rue Bébian

L'église Saint-André de Morne-à-l'Eau a été construite en 1930 par l'architecte Ali Tur, en remplacement du précédent édifice détruit par le cyclone dévastateur de septembre 1928. Ali Tur a eu la charge de réaliser 120 édifices, dont 5 autres églises, lors de la reconstruction de la Guadeloupe.

L'église est représentative de la richesse identitaire du territoire et de l'introduction du béton dans les constructions. Un matériau encore très peu utilisé à l'époque, mais qui va, peu à peu, prendre le pas sur les constructions en bois. L'église Saint-André domine le parvis sur lequel s'ouvre le presbytère, lui aussi réalisé par Ali Tur. L'édifice a été bâti selon un plan basilical avec la nef qui culmine à 13 mètres de hauteur. Elle est éclairée par de grandes baies verticales qui favorisent la ventilation et produisent des jeux de lumière. Ce même principe a été utilisé pour fermer le plafond de la nef et les murs de la tribune. Le clocher, également construit en béton, est aujourd'hui en mauvais état et ne répond plus aux normes de sécurité parasismique. Compte tenu du risque sismique élevé en Guadeloupe, il a entraîné la fermeture de l'église en 2013. Parmi les travaux de restauration à effectuer figurent ainsi le démontage et le remontage de ce clocher en béton et rendre la nef accessible.

L'église Saint-André a été sélectionnée par la Fondation du patrimoine en 2019 parmi 18 projets emblématiques. Une aide bienvenue pour sa restauration dans le cadre du Loto du Patrimoine (tirages du loto et des jeux de grattage).

PLAGE DE BABIN ★★

Sur cette plage, la seule que compte la commune, ne vous attendez pas à alterner bronzage sur un tapis de sable blanc et baignade dans une eau turquoise. La plage de Babin est tout au contraire réputée pour sa boue. Elle est fréquentée par la population locale qui lui attribue de nombreuses vertus. Sa boue soulagerait les rhumatismes, l'arthrose, les maladies de peau et adoucirait la peau de façon exceptionnelle. Il est donc très fréquent de rencontrer des personnes, voire des familles entières, sortir de l'eau, recouvertes de cette si précieuse argile.

PRESTIGE CARAÏBES

Le bourg

✆ 06 87 49 04 22

prestigecaraibes.com

Service de conciergerie haut de gamme.

Marine et Olivier, professionnels du tourisme depuis des années, proposent un service de conciergerie haut de gamme. Ils sont à même de vous concocter un séjour sur mesure grâce à une sélection d'hébergements de standing, de services (personnel de maison, chef, baby-sitting, livraison de courses, soins bien-être...), de loueurs de véhicules, d'activités sportives et d'excursions adaptées à vos attentes. Ils se chargent également des transferts depuis et vers l'aéroport. Vous êtes ainsi libéré de toute contrainte... excepté de la préparation de votre valise.

CAP LAGON

✆ 0690 38 19 64

Excursions à partir de 40 € pour 2h. Départ tous les jours, sur réservation.

Vous embarquez à bord du *Matapalo* pour partir à la découverte du Grand Cul de Sac marin. La visite s'effectue en petit comité (6 personnes maximum) pour profiter d'une excursion confortable et en toute convivialité. Plusieurs excursions sont proposées entre la visite guidée du canal des Rotours, de la mangrove et de l'îlet Macou pour 2h ou encore 3h (avec baignade) ou la découverte des récifs dans le lagon du parc national autour de l'îlet Fajou. Il est également possible de disposer du bateau en formule privatisée accompagné d'Arnaud, le capitaine.

CARAIBES AUTO

Blanchet

✆ 06 90 25 47 45

www.caraibes-auto.fr

Ouvert tous les jours.

Un large choix de véhicules de 5 à 7 places (Peugeot 208, 2008 ; Dacia Sandero, Lodgy, Duster) climatisés, propres et régulièrement entretenus, boîte manuelle ou automatique. Pas d'attente à votre arrivée, votre véhicule est livré à l'aéroport ou à la gare maritime. Les petits plus : l'accueil et la grande disponibilité de David, le propriétaire de l'agence et la disponibilité de l'équipe 7j/7 et 24h/24. Le second chauffeur et le prêt de siège bébé ou rehausseur sont inclus dans le tarif de location. Location courte ou longue durée.

LES DÉLICES DU PORT €

Port de plaisance
✆ 05 90 90 08 82
Plat du jour à partir de 12 €. Ouvert les vendredis, samedis, dimanches midis et le vendredi soir.

Situé sur le port de Vieux-Bourg, ce petit restaurant dispose d'une salle et d'une terrasse bien ventilée avec vue sur la mangrove. Les spécialités sont, bien sûr, le poisson, le lambi, le chatrou sous toutes leurs formes. En desserts, des sorbets, flan coco... Le choix est assez limité et les plats indiqués ne sont pas toujours disponibles, mais la cuisine est bonne. Un restaurant idéal pour se restaurer en toute simplicité après une belle balade dans la mangrove à bord d'un kayak, d'un VTT des mers ou encore d'un bateau électrique.

D'LO AN BOUCH €

Port de Vieux-Bourg
✆ 05 90 25 15 75
Ouvert le midi du mercredi au dimanche. Menu à partir de 20 € avec le planteur offert.

Ce petit restaurant situé sur le port de Vieux-Bourg porte bien son nom ! Les spécialités créoles vous mettront véritablement l'eau à la bouche. Poissons frais, lambis, chatrou, légumes croquants sont à l'honneur, mais aussi des spécialités vegan. Un endroit très calme pour profiter d'une superbe vue sur la mangrove. Le dimanche, un buffet à volonté tout compris, y compris l'apéritif (planteur ou cocktail de jus) est proposé avec un beau choix d'entrées et de plats. Le petit plus : le restaurant s'inscrit dans une démarche écologique en bannissant le plastique.

LE ROMARIC €€

230 rue Achille Labuthie
✆ 0590 82 83 35
Ouvert les midis du mardi au dimanche et le vendredi soir.

Le Romaric est une institution à Vieux-Bourg, spécialisé dans le poisson, les fruits de mer et les produits frais et locaux. Rony et Marie-Laure vous accueillent avec le sourire et proposent une cuisine antillaise généreuse. La décoration est simple, mais le cadre est agréable avec vue sur le plan d'eau. Les plats sont de qualité. Court-bouillon de poisson, blaff de palourdes, poisson grillé ou frit, ragoût de bœuf, langouste (selon arrivage)... Sans oublier les incontournables accras. En dessert, laissez-vous tenter par l'incontournable flan au coco.

LA TERRASSE DE VIEUX-BOURG €€

Vieux-Bourg
✆ 05 90 24 74 49
Fermé le mardi. Ouvert le midi ainsi que les vendredis et samedis soir. Comptez environ 25 € par personne.

Une terrasse ombragée sur les hauteurs de Vieux-Bourg avec un panorama sur le port et sur la mangrove, voilà qui ne manque pas d'attraits. La Terrasse est un restaurant qui sort un peu du lot avec des plats créoles et de cuisine française traditionnelle. Vous trouverez également des langoustes, selon arrivage. De la terrasse, vous pourrez voir, en direct, arriver les produits de la pêche qui sont utilisés pour réaliser les plats. Le service est très souriant. Réservation conseillée.

VICNET

Route de Champs-Fleury
✆ 05 90 24 69 48
Visites du lundi au samedi sur réservation.

Chaque samedi, Victor et Netty organisent un marché et ouvrent sur demande les portes de leur exploitation agricole, qui abrite aussi un élevage de bovins. C'est l'occasion d'apprendre à se nourrir sainement pendant votre séjour avec des produits frais, de saison et issus d'une agriculture saine avec des produits cultivés de façon responsable. Une bonne adresse pour découvrir des fruits et légumes locaux de qualité (madère, malanga, canne à sucre, ignames, patates douces, papayes, giraumons, avocats, concombres...). La ferme propose aussi des nuitées en camping.

BEL'MANGROV VTT DES MERS

Port de Vieux-Bourg ✆ 06 90 36 60 30
www.belmangrov.com
Journée : 75 €/ad et + 12 ans. 50 €/+8 ans, 25 €/+2 ans. Demi-journée : 35 €/ad et + 12 ans. 25 €/+8 ans, 15 €/+2 ans.

Cette balade écotouristique est riche de sensations. Le VTT des mers est équipé de flotteurs, couplé à un catamaran à pédales. Silencieux et écologique, il est tout à fait adapté à la découverte de la mangrove et peut embarquer 3 passagers. Accompagné d'un guide naturaliste, vous aborderez aussi l'île aux Oiseaux, sans oublier les moments de détente dans le lagon du Grand Cul-de-sac marin et le barbecue sur la plage d'un îlet désert lors de l'excursion à la journée. Les excursions s'effectuent aussi en 1/2 journée (5h env.). À recommander à tous, petits et grands.

GET UP STAND UP PADDLE

Départ de Vieux-Bourg, Sainte-Rose, Petit-Canal ou Le Gosier, selon la randonnée.
✆ 06 90 97 62 37
www.sup-guadeloupe.com
Randonnées de 2h30 à partir de 40 €. Location de stand-up paddle : 40 €/jour.

Le stand up paddle est devenu le support incontournable et accessible à tous pour visiter le lagon du Grand-cul-de-sac-marin. Matthew se fera un plaisir de vous initier au paddle sur des planches adaptées et un plan d'eau calme avant de longer une côte sauvage de mangrove. Le moniteur naturaliste vous fera découvrir les différentes espèces de la mangrove et vous expliquera son fonctionnement dans un milieu paisible loin des parcours touristiques. L'activité est accessible à tous et à tous les niveaux après l'initiation à la prise en main du paddle.

TI-EVASION KAYAK

Port de pêche de Vieux-Bourg ✆ 06 90 84 33 84
www.ti-evasion.com
Départ de 9h à 12h30 ou de 14h à 18h. Rando Kayak : 38 €/adulte. 22 €/enfant - Rando en paddle/38 €. 22 €/enfant.

Ti-Evasion propose la découverte de la réserve naturelle du Grand Cul-de-sac marin, plus grand lagon des Petites Antilles, à bord d'un canoë-kayak ou encore en paddle, tous deux parfaitement adaptés à la découverte de cet espace d'exception tout en respectant la nature. Vous partez en compagnie d'un guide diplômé d'Etat connaissant parfaitement le milieu... La mangrove, habitée par de nombreux oiseaux, poissons et crustacés, les îlets coralliens et leurs plages désertes sont parmi les moments forts d'une sortie en mer, à la fois sportive et dépaysante.

TI-YOT

Port pêche ✆ 06 90 58 22 11
www.ti-yot.com
Excursion à la journée : 86 € par adulte, 58 € par enfant de 10 à 14 ans, 31 € par enfant de 3 à 9 ans. Fermé le lundi.

Le bateau accueille 8 personnes au maximum. Il est propulsé par des moteurs électriques et conçu pour proposer des prestations haut de gamme avec sa vaisselle en porcelaine, ses équipements confortables entre hamacs, bar flottant... Le bateau permet de se déplacer silencieusement au cœur de la mangrove sans perturber la faune dans le respect de l'environnement. Au programme de la journée : départ à 9h, visite commentée de la mangrove, baignade en haute mer, apéritif, déjeuner à bord du bateau, *farniente* ou baignade, observation des oiseaux, retour vers 17h30.

YALODÉ

Base nautique de Vieux-Bourg
✆ 06 90 56 58 10
www.kayak-guadeloupe.fr
Rando kayak 38 €/ad - 22 €/enf. Canyoning au départ de Pointe-Noire : 44 €/ad - 39 €/enf. Bivouac à partir de 160 €.

Pascal est un guide breveté d'Etat de rivières et de mangrove depuis plus de 10 ans. Il est également passionné de contes et légendes qu'il intègre dans ses balades. Il propose des formules inédites en kayak dans la mangrove au départ de Morne-à-l'Eau ou en aquarando au départ de Pointe-Noire. La balade s'effectue par petit groupe dans des kayaks aux sièges adaptés à la forme du dos pour un meilleur confort. La balade guidée dure une demi-journée. Yalodé propose également un bivouac nature et ayurveda 2 jours/1 nuit pour se régénérer.

NAUTIC BLUE CARAIBES

Base Nautique Municipale
✆ 06 90 65 55 55
www.nbcaraibes.com/
Randonnées de 12 € à 95 €/pers.

Avec Nautic Blue, la seule base de loisirs nautiques écoresponsables de la Caraïbe, venez en famille visiter la plus grande réserve de biodiversité des Petites Antilles. Nautic Blue Caraïbes propose à la location des pédalos à assistance électrique, des karts et des motonautiques sans permis qui se pilotent dès 9 ans. En autonomie ou en visite guidée, c'est une occasion unique de naviguer au cœur de la mangrove et de partir à la découverte des îlets et îlots du Grand Cul-de-sac marin.

LE GOSIER ★★★★

A 7 km de Pointe-à-Pitre et 10 km de Sainte-Anne, Le Gosier a pu s'orienter vers le tourisme grâce à la pointe de la Verdure : sa longue plage de sable blanc abrite la plupart des grands complexes hôteliers ainsi que le casino. Chaque hôtel dispose de sa plage avec cependant un accès libre au public. Seuls les équipements (bains de soleil, parasols) sont réservés à la clientèle. La plage du bourg avec sa piscine naturelle ainsi que l'îlet Gosier constituent d'autres atouts majeurs de cette ville qui abrite de très nombreux hébergements de toutes catégories accessibles à tous les budgets.

La ville doit son nom aux nombreux pélicans que l'on pouvait apercevoir sur ses côtes déjà au XVIIe siècle. Cet oiseau de mer, doté d'un grand bec à poche est également appelé « grand gosier » et est devenu l'emblème de la ville. Suite aux incivilités de certains riverains qui se plaignaient de leurs nuisances, les sites de nidification de cette espèce menacée ont disparu du secteur depuis 2020.

Quartiers

La ville balnéaire est attractive grâce à l'îlet Gosier à quelques encâblures de la plage municipale, son casino, sa marina et sa concentration d'hôtels, de restaurants, de bars et de clubs. C'est l'une des villes les plus animées la nuit. La marina a la particularité d'être divisée entre le Gosier et Pointe-à-Pitre, limitrophe. Nous avons, dans un souci de simplifier vos recherches, classé tous les établissements de la Marina dans la rubrique du Gosier alors que vous constaterez que l'adresse postale de certains relève de Pointe-à-Pitre.

ANSE CANOT

Anse Canot

Autrefois, l'Anse Canot était le point de départ des navettes pour se rendre à l'îlet du Gosier. Le site a bénéficié d'un aménagement complet fin 2019. Ce projet avait pour objectif de conférer un visage beaucoup plus moderne avec un accent porté sur l'accès, le stationnement et l'embellissement pour une mise en valeur de la vue sur le lagon. L'aménagement inclut désormais un parvis uniquement piéton, une végétalisation, une aire de stationnement, des sanisettes et un système de gradins qui doit venir faire la transition entre la voie et la plage.

ANSE TABARIN

Dans le bourg du Gosier.

Au niveau de l'école de voile municipale, suivez le petit chemin qui descend vers la mer et qui donne sur un paysage assez charmant : une plage agréable, cachée dans une petite crique rocheuse avec espaces ombragés, qui jouit d'une relative tranquillité grâce au parc qui sépare la plage de la route. Cette petite crique est située à proximité de la plage de la Datcha. C'est également sur ce site que se trouvent la piscine d'eau de mer et l'embarcadère pour l'îlet Gosier situé en face. Il est également possible de se rendre en nageant ou en kayak jusqu'à l'îlet.

GRANDE-TERRE

Carnaval des enfants au Gosier.

AQUARIUM DE LA GUADELOUPE ★

Place Créole ✆ 05 90 90 92 38
www.aquariumdelaguadeloupe.com

Ouvert de 9h à 19h, 18h30 hors vacances scolaires. La visite dure environ 45 min. 14,50 €/adulte. 9 €/enfant -12 ans.

Vous allez découvrir la riche faune marine des Caraïbes et les multiples biotopes antillais au travers de plus de 50 bassins qui présentent les différents écosystèmes de l'archipel guadeloupéen. Montrer de façon ludique les espèces de ses fonds marins, voici la mission de l'aquarium qui se double aujourd'hui d'une urgence écologique. Plus de 2 000 poissons et invertébrés sont présentés, du petit hippocampe au requin en passant par la majestueuse raie qui se livre à un véritable ballet aquatique.

Comprendre le fragile équilibre de la barrière de corail mais aussi celui de la mangrove, les fonds sableux et les abysses où poissons, invertébrés et plantes qui les peuplent, restent un mystère. Des points vidéo et panneaux pédagogiques ponctuent la visite. Trois espaces de jeux sont à disposition des enfants.

L'aquarium propose diverses activités accessibles aux familles avec Seatour, une structure qui permet de découvrir la mangrove, de pratiquer la plongée ou de faire une balade en voilier. L'aquarium est aussi en partenariat avec l'association IGREC Mer, un centre de soins pour les tortues marines. Une fois rétablie, la tortue est relâchée. Les écoles et le grand public sont invités à la remise en mer afin de sensibiliser la population.

Un audioguide gratuit (français, anglais et espagnol) est disponible via son smartphone afin de réaliser une visite plus en profondeur et apprendre mille et une choses sur le monde marin ! Le site est accessible aux personnes à mobilité réduite.

JARDIN D'ALEXINA

62 rue Nicolas Ballet
✆ 06 90 54 79 56

Visite guidée à 9h30 et 14h30 du mardi au samedi sur RDV. 15 €/adulte, 12 €/11-15 ans, 9,50 €/6-10 ans, 5 €/3-5 ans.

Au cœur de Gosier, ce jardin de 3 000 m² empiète sur la forêt marécageuse de Belle Plaine. Il est mis en valeur par une association qui l'a transformé en promenade promotionnelle du patrimoine local. Vous découvrez la faune et la flore locales dans un jardin pédagogique qui comprend une grande diversité d'arbres dont l'origine se situe en Guadeloupe ou dans la Caraïbe. Sur place également, une ruche avec des abeilles, une mare avec sa faune et flore adaptées, une pépinière et une zone dédiée à la fabrication du compost. Dégustation offerte en fin de visite.

FORT FLEUR D'ÉPÉE ★

À la sortie de Pointe-à-Pitre, en direction du Gosier. Prendre la direction du centre commercial Leclerc Bas-du-Fort puis suivre les panneaux vers Bas-du-Fort.

Ouvert tous les jours de 9h à 17h, à partir de 10h le lundi. Visite gratuite. Expositions temporaires.

Le fort est situé sur les hauteurs de Bas-du-Fort qui est un quartier de la ville du Gosier. Le site est entouré de remparts et son entrée est gardée par 3 canons. Construit au XVIIIe siècle, entre 1750 et 1763, il fut le théâtre d'affrontement entre les Anglais et les Français. Dominant la rade de Pointe-à-Pitre, la Pointe de la Verdure et la baie du Gosier, il eut une importance capitale, notamment pendant la guerre qui a opposé la France à l'Angleterre. Les occupants anglais sont à l'origine de sa construction, mais il fut achevé ensuite par les Français. Son nom bucolique lui viendrait de Fleur d'Epée, le surnom d'un soldat particulièrement valeureux pendant les combats.

Sur le site (classé), les fortifications et la galerie souterraine qui mène à de petites salles, où se tiennent des expositions temporaires, sont bien rénovées. La poudrière et la cuisine avec son four sont encore bien visibles.

Les magnifiques arbres flamboyants, les espaces verts et les plantes grasses augmentent le plaisir de la balade. Belle vue plongeante sur la marina de Bas-du-Fort et le Petit-Cul-de-Sac-Marin.

Le Fort Fleur d'Epée est une des étapes du circuit patrimonial « La Route de l'Esclave - Traces-Mémoires en Guadeloupe ». Il est inscrit à l'inventaire complémentaire des Monuments historiques.

Le site est désormais un lieu consacré à l'art contemporain ; des expositions temporaires y sont régulièrement organisées, et les galeries souterraines abritent le fonds d'art contemporain du Conseil Général de Guadeloupe. L'accès est gratuit.

PLAGE DE LA POINTE DE LA VERDURE

Route des hôtels

Occupée en grande partie par des hôtels, cette plage reste cependant entièrement accessible au public. Elle part de la plage de l'Auberge de la Vieille Tour et s'étend jusqu'au Canella Beach. Un passage piéton est situé à gauche de l'entrée de l'hôtel Arawak. Chacun peut s'installer sur la plage à l'endroit qu'il souhaite : seuls les parasols et transats installés sur la plage sont payants et/ou réservés exclusivement à la clientèle de chaque hôtel (ainsi que les piscines).

GRANDE-TERRE

ÎLET DU GOSIER ★

Ilet du Gosier

Accessible à la nage, ou en bateau (5 €/ adulte, de 9h à 17h).

A moins de 5 minutes en petit bateau de pêcheur depuis l'anse Tabarin, à côté de la plage de la Datcha, vous atteignez l'îlet du Gosier, que vous pouvez admirer déjà à l'horizon de la pointe de la Verdure, depuis le bourg du Gosier ou encore depuis le littoral. On peut accéder à cet îlet, à 500 mètres de distance, à la nage ou en kayak. Au retour, les courants sont favorables et vous poussent vers la plage du Gosier.

Si vous souhaitez effectuer le retour en bateau, prévoyez-le avant votre départ, sinon vous serez contraint d'entreprendre le retour à la nage également ! Les dimensions modestes de cette terre justifient son appellation d'îlet. Le sentier découverte sous-marin est au programme de quelques associations et autres accompagnateurs indépendants qui proposent de vous conduire sur l'îlet, où vous pourrez passer la journée. Vous pourrez monter au phare (deuxième plus vieux phare de Guadeloupe, il date de 1929), vous baigner et vous détendre sur le sable blanc dans une lumière éclatante. En période d'affluence, l'îlet peut être pris d'assaut et il devient difficile de disposer d'un coin au calme. A ne pas manquer, la découverte des fonds marins et des animaux qui vivent au cœur des récifs coralliens. Vous pourrez à loisir observer et nager avec les poissons, et parfois les tortues. Trois bouées descriptives de la faune et de la flore ponctuent la randonnée subaquatique, avec palmes, masque et tuba. A proximité de l'anse Tabarin se trouve également une piscine d'eau de mer et une école de voile.

© GILLES MOREL

MUSÉE COSTUMES ET TRADITIONS

En venant de Sainte-Anne, prendre à gauche, direction Gosier au niveau du Leader Price.

✆ 05 90 83 21 70

Ouvert du mardi au dimanche de 9h à 14h30. Après-midi sur RDV. 10 €/adultes, 6 €/enfants, gratuit pour les - 6 ans.

Ce musée a vu le jour afin de faire revivre, au travers des costumes, tout un pan de la civilisation afro-indienne et caribéenne et la réalité du patrimoine multi-éthnique. Dans la galerie royale sont exposés les habits des souverains de plusieurs époques (certains sont d'époques et d'autres confectionnés par la propriétaire). Puis viennent les représentations de scènes quotidiennes de la période précolombienne à l'arrivée de Christophe Colomb, et au temps des plantations jusqu'à l'époque moderne. Les costumes sont intégrés à des scènes de la vie courante. La case créole (Ti Kaz An Mwen), qui montre l'environnement d'une case, est bordée d'un jardinet où l'on a planté des plantes médicinales (Rimed razié). Egalement la cuisine de Mionnette, la cour avec ses jeux traditionnels et un espace audiovisuel. Si vous avez la chance de faire la visite avec Camélia et son mari, les propriétaires, tous deux professeurs aussi enthousiastes que passionnés, comptez jusqu'à 3 heures car vous ne verrez pas le temps passer entre expériences personnelles et anecdotes de leur part. Ils vous expliqueront notamment le code vestimentaire d'une époque qui permettait de savoir où vous alliez ou bien de quel endroit vous reveniez en fonction du vêtement porté. La population locale vous apparaîtra ensuite sous un autre jour. Les photos ne sont pas autorisées. Prévoyez 2 heures de visite sans guide. Une visite guidée peut être organisée en fonction du nombre de personnes.

PLAGE DE PETIT-HAVRE

À la sortie de Gosier, en direction de Sainte-Anne. Après le quartier de Mare-Gaillard, prenez sur la droite la direction de Petit-Havre.

Une petite plage avec d'un côté, un sport de surf et de l'autre, une petite anse plus calme par laquelle arrivent les pêcheurs. Entre l'eau transparente, le sable blond et la végétation qui permet de bénéficier de zones ombragées, tout est réuni pour un moment de détente assurée. Sur place, un restaurant et une petite boutique. En vous y rendant le matin assez tôt, vous rencontrerez des locaux qui viennent s'y baigner avant d'aller travailler. Un sentier de randonnée part de la plage pour accéder à un joli point de vue en hauteur.

PLAGE DE LA DATCHA

Dans le bourg (Gosier centre), derrière la poste et face à l'îlet Gosier.

Cette petite plage populaire aux eaux claires dispose en arrière-plan du panorama sur l'îlet du Gosier et de la luxuriante Basse-Terre. De nombreux bars et restaurants sont implantés sur ce site. Le soir, l'ambiance de la plage devient plus animée, car elle reste éclairée jusqu'à 23h. La journée, la plage reste plus calme, bien que très fréquentée, car elle est très prisée par les familles guadeloupéennes surtout pendant les week-ends et les vacances. C'est un lieu idéal pour le snorkeling, une petite balade en kayak ou en bateau à pédales. C'est également le lieu de prédilection de nombreux joggeurs que l'on peut croiser très tôt le matin ou en fin de soirée lorsque les rayons du soleil sont moins agressifs.

Ce plan d'eau très apprécié de la population locale fait l'objet d'une première phase d'aménagement d'une ligne d'eau en cordage flottant entre l'appontement de l'îlet du Gosier et Anse Canot afin que les nageurs puissent désormais nager en toute sécurité car les kite-surfeurs, les utilisateurs de scooters des mers, les plaisanciers, de plus en plus nombreux ces dernières années, n'y ont plus accès. La zone de baignade sera ensuite étendue par une seconde ligne d'eau entre l'appontement de l'anse Tabarin et celui de l'îlet Gosier.

En projet également, la création d'une zone de mouillage à anse Tabarin pour accueillir les plaisanciers avec des services d'équipements légers (point d'eau potable, cyberbase, laverie automatique...) afin que la commune du Gosier bénéficie d'une meilleure attractivité maritime.

PLAGE DE SAINT-FÉLIX

A la sortie du Gosier, en direction de Sainte-Anne. Prendre à droite au rond-point de Saint-Félix.

La plage est en général assez venteuse. Longue de 500 mètres, cette côte de sable blanc est prisée des marcheurs, joggeurs et sportifs. La plage est longée par un parcours de randonnée qui rejoint l'anse Vinaigri d'un côté ou la plage des Salines de l'autre côté. Elle est assez fréquentée le week-end et pendant les vacances par la population locale qui y a ses habitudes. La plage est également connue sous l'appellation de l'anse Dumont. Un petit port de pêche se trouve juste à proximité. On peut y voir évoluer de nombreux pélicans, emblèmes de la ville du Gosier.

PLAGE DES SALINES

Pointe des Salines

Une grande plage de sable blanc balayée par les alizés tout en étant protégée par la barrière de corail au large. Elle est plutôt fréquentée par les amateurs de sports nautiques, de kitesurf et de windsurf en tête (notamment sur la bande la plus proche de Sainte-Anne). Une très belle plage qui mériterait vraiment plus d'attention de la part de la commune en termes d'entretien car elle est sans cesse envahie par des algues. Le site a vu débarquer Victor Hugues qui a participé à l'abolition de l'esclavage. Une stèle est érigée sur la plage depuis 2000.

LA RIVIERA DU LEVANT

Les Galbas - **SAINTE-ANNE**

✆ 05 90 212383 - rivieradulevant.fr

Lundi, mardi et jeudi de 7h30 à 13h et de 14h30 à 17h. Mercredi et vendredi de 7h30 à 13h.

Cette communauté d'agglomération regroupe certaines communes de Grande Terre avec La Désirade, Saint-François, Sainte-Anne et Gosier. Elle est dotée des plusieurs compétences dont le développement durable telles que la collecte et le traitement des déchets, la protection et la mise en valeur de l'environnement, la gestion de l'eau (sujet très sensible sur l'île) et l'assainissement, la politique de la ville, l'action sociale. Les actions de développement économique dont le tourisme sont également au cœur de la mission afin assurer le rayonnement de ce territoire.

GRANDE-TERRE

OFFICE DU TOURISME DU GOSIER

93 Boulevard du Général de Gaulle
www.rivieraguadeloupe.com

L'office du tourisme vous accompagne pour votre séjour sur le premier territoire touristique de la Guadeloupe qui regroupe les communes du Gosier, de Sainte-Anne, de Saint-François et de la Désirade. Des bureaux d'information sont situés dans chaque commune. Les agents sont formés pour répondre à vos questions mais aussi pour vous communiquer les dates des manifestations culturelles ou sportives ponctuelles. Les offres d'hébergement, de restauration et d'activités y sont très variées.

CARAÏBES SHUTTLES

Poucet
✆ 0690 80 05 81
Service de transport 24h/24 et 7j/7 à la demande.

Depuis 2019, Caraïbes Shuttles propose des transferts partout sur l'île, ainsi que des circuits guidés en minibus ou en berline. Si vous êtes nombreux, voyagez à bord d'un confortables minibus (8 à 16 passagers) ou d'une berline tout confort si vous êtes en plus petit comité. Cécile et ses chauffeurs connaissent l'île comme leur poche et vous feront découvrir tous les bons plans shopping, restaurants, évènements. Des circuits élaborés sont proposés, ils peuvent être adaptés à vos envies. Service de qualité, à la journée, à la demi-journée ou à la semaine.

LE CYRANO

La Marina
✆ 06 90 46 70 20
100 €/adulte la journée, 85 €/enfant, repas inclus. Retour vers 15h45.

Vous partez à bord d'un catamaran de 11 m dans une ambiance très conviviale, depuis la marina de Bas-du-Fort. Programme d'une journée à bord avec son capitaine Charly : visite de la rivière salée et de sa mangrove, arrivée à l'îlet Caret pour un apéro les pieds dans l'eau, retour sur le bateau pour une dégustation de produits locaux (chiquetaille de morue, brochettes de poulet, accras...), accompagnée d'un planteur et de jus de fruits frais puis direction l'îlet Fajou pour une escale découverte. À bord kayaks, paddle, masques et tubas sont à votre disposition.

AUTO DISCOUNT LOCATION

Pointe de la Verdure
✆ 06 90 297 298
auto-discount.fr
À partir de 19 €/jour. Lundi, mardi, jeudi et vendredi 8h-12h30 et 13h30-16h30, mercredi et dimanche 8h-12h30.

Discount ? Oui, mais que sur le prix ! Parmi les leaders de la location à petit prix. Ce loueur 100 % local est implanté sur la Guadeloupe depuis plus de 20 ans. Entre citadine économique, spacieux minibus 9 places, SUV tout terrain, voiture sans permis, automatique ou manuelle : trouvez le véhicule adapté à vos vacances dans une de leurs 4 agences. Un déménagement ? Des travaux à faire ? Du petit fourgon au camion à benne basculante, particuliers ou professionnels, un utilitaire, c'est nécessaire ! Profitez de leur large flotte caribéenne.

CAPITAINERIE DE LA MARINA BAS-DU-FORT

La marina
✆ 05 90 93 66 20
marinaguadeloupe.com/fr/
Facilement accessible 24h/24 avec un balisage des chenaux très complet. Contact : VHF 9.

Entre Pointe-à-Pitre et Gosier, cette Marina accueille des bateaux de plaisance et grande plaisance, voiliers et moteurs. Elle dispose de 1 100 places à quai et sur bouées pour un tirant d'eau de 4,50 m pour des bateaux de 50 m de long. Les pontons sont fermés avec accès réservés aux usagers par carte magnétique. Tous les quais, équipés en eau et électricité, sanitaires, sont sécurisés par vidéo surveillance. Des bornes spéciales sont réservées aux bateaux aux normes américaines.

EUROPCAR

Face au Casino.

✆ 05 90 84 45 84

www.europcar-guadeloupe.com

Du lundi au samedi de 7h à 12h.

Europcar est présent en Guadeloupe depuis de nombreuses années et dispose de plusieurs agences réparties sur la Guadeloupe. Ce loueur propose des véhicules de toutes les catégories et de toutes les marques, essence ou diesel, économiques, berline, monospace, 4 x 4, automatique, utilitaires, sans permis ou prestige. Possibilité de GPS ou de siège-auto. Tous les véhicules sont climatisés. Assistance 7j/7. Plusieurs types d'assurance sont proposés. Option de livraison du véhicule à domicile. De nombreux services ou options sont également proposés.

HERTZ ANTILLES

Route des hôtels

✆ 05 90 84 20 24

www.hertzantilles.com

Lundi au samedi 7h30-11h30 et 14h-17h. Le dimanche de 8h à 11h.

Basée sur la commune du Gosier, au cœur de la zone touristique où sont situés les principaux hôtels, l'agence propose ses locations de voiture pour la durée de votre séjour, mais également à la journée selon vos envies. Elle est à quelques minutes à pied des hôtels de la Pointe de la Verdure. Si le transfert aéroport-hôtel est inclus dans votre séjour, vous pouvez récupérer votre véhicule le lendemain de votre arrivée à l'agence du Gosier. Selon l'hôtel dans lequel vous résidez, l'agence peut venir vous chercher pour gérer le contrat de location.

JUMBO CAR

Pointe de la Verdure

✆ 05 90 22 74 14

www.jumbocar.com/

Ouvert du lundi au vendredi de 7h à 13h. Samedi de 7h à 12h. Fermé dimanche et jours fériés.

L'agence Jumbo Car est située sur la pointe de la verdure, face à l'entrée des grands complexes hôteliers (Karibea, Créole Beach) et à seulement quelques minutes des plus belles plages du Gosier. Large gamme de véhicules récents, de la gamme économique au 4x4 SUV en passant par les berlines de luxe, les cabriolets, les monospaces, les minibus, les véhicules utilitaires, les boîtes manuelles, les boîtes automatiques, les véhicules électriques/hybrides... Consultez leur site pour bénéficier des meilleurs tarifs. Pré-paiement en ligne.

LAGON TRAVEL

Résidence Porte des Caraïbes

✆ 06 90 33 03 22

Réseau de loueurs locaux indépendants

Lagon Travel a sélectionné une dizaine de loueurs de voitures locaux et indépendants, afin de vous proposer les meilleurs tarifs. Le petit plus : livraison et remise du véhicule où vous le souhaitez. L'autre avantage de faire appel à un réseau de loueurs, c'est le large choix de véhicule qui s'offre à vous. 5, 7, 9 places, 4X4, SUV, Jeep, moteur diesel, essence ou hybride, boîte automatique ou manuelle... Le kilométrage est illimité, assurance tous risques avec franchise incluse. La pré-réservation s'effectue en ligne, sur un site sécurisé.

TRUST RENT

782 Route de Cocoyer

✆ 07 84 72 44 24

trustrent.fr

Ouvert du lundi au samedi de 9h à 20h30. Le dimanche de 9h à 13h. Location à partir de 20 €/jour.

Trust Rent propose 3 formules de location de voitures. La « all inclusive » comprend la location de véhicule, mais aussi l'hébergement, l'assistance 24h/24, le kilométrage illimité, la livraison et la récupération de la voiture, ainsi qu'un service de conciergerie pour vous aider à planifier vos vacances. La « 2 en 1 » comprend la location de véhicule, l'hébergement, l'assistance 24h/24 et le kilométrage illimité. Et la formule « expérience » propose la location de véhicule avec chauffeur privé à la journée, pour un séjour en toute tranquillité et tout confort.

WEST INDIES CAR

30 ter Lotissement Fareaux
© 05 90 845 045
http://westindiescar.free.fr
Véhicules à partir de 27 €/jour pour 30 jours de location. Tarifs dégressifs selon la durée.

Cette entreprise familiale propose un large choix de voitures sans avoir augmenté ses tarifs et des logements à petits budgets. Au choix des véhicules à prix très bas, également des modèles climatisés, des diesels, des automatiques, des Jeeps ; des cabriolets, des minibus 6 à 9 places et désormais des Peugeot 208 électriques dotées d'une autonomie de 300 km. Elles sont réservées aux personnes logeant soit chez Raoul et Antoinette, soit chez des hébergeurs disposant d'une installation électrique avec une prise classique et une place de parking privé.

CANELLA BEACH €€

Pointe de la Verdure
© 05 90 90 44 00
http://canellabeachhotel.com/fr/
A partir de 145 €/nuit/chambre double, de 195 €/appartement duplex, de 245 €/suite duplex quadruple.

Cet hôtel, situé à l'extrémité de la Pointe de la Verdure, dispose d'une plage aux eaux calmes. Différents loisirs sont proposés sur place entre activités nautiques, pétanque, ping-pong... Les 143 chambres, de diverses catégories, sont réparties autour de la piscine dans plusieurs bâtiments. Les hébergements, tous climatisés et dotés d'une kitchenette sur la terrasse, disposent d'une surface confortable : 25 m^2 pour les chambres standard, 40 m^2 pour les suites junior et jusqu'à 65 m^2 pour les chambres familiales pouvant accueillir jusqu'à 6 personnes.

LES BANANIERS €

Rue des Phares et Balises
© 05 90 84 10 91
www.lesbananiers.fr
A partir de 85 € en chambre standard (basse saison). Réception ouverte sur rendez-vous (entre 14h et 21h).

Cet hôtel à taille humaine est situé dans le centre-ville du Gosier à proximité de la plage de la Datcha. Il dispose de huit chambres pouvant accueillir une ou deux personnes. Les hébergements sont répartis autour de la piscine dans un jardin tropical. Toutes les chambres sont climatisées. Quatre chambres disposent d'une terrasse et d'un coin kitchenette (avec réfrigérateur, plaque électrique et vaisselle). Parmi les services : petit déjeuner offert (boisson chaude, pain, beurre confiture et jus), wifi gratuit, parking, téléviseur doté de la TNT locale.

CAP SUD CARAIBES €€

Chemin de la plage
© 05 90 85 96 02
https://capsudhotel.fr
Chambre double de 119 € à 139 €, petit déjeuner inclus. Séjour minimum de 2 nuits.

Un petit hôtel de 8 chambres, toutes personnalisées d'une belle superficie de 30 m^2 (6 chambres doubles, 1 chambre triple et une pour accueillir 4 personnes). Les hébergements disposant d'une terrasse ont vue sur les îles de Marie-Galante, les Saintes ou encore sur le jardin. Vous êtes seulement à 200 m de la plage de Petit-Havre. A votre disposition, accès wifi, un coin détente avec une grande piscine, un carbet avec transats et hamacs, parking. Séjour minimum de 2 nuits. Possibilité de lit bébé sur demande ou de lit supplémentaire (avec supplément).

KARAÏBES HÔTEL €

Pointe de la Verdure
© 05 90 84 51 51
www.karaibeshotel.com
Chambre standard à partir de 63 €.

Situé à 100 m de la plage de la Pointe de la Verdure, cet hôtel de 66 chambres fait partie des meilleurs du marché. Les chambres ont été rénovées en 2019 et peuvent accueillir jusqu'à 4 personnes. Elles sont accessibles aux personnes à mobilité réduite. Petits plus : la laverie, la piscine, le petit-déjeuner, le réfrigérateur. Le Karaibes Hôtel propose des appartements « DELUXE » rénovés en 2021 du studio ou T3 avec cuisine équipée pour 1 à 7 personnes. Sur place, une borne automatique permet d'obtenir une chambre pendant la fermeture de la réception.

FLEUR D'ÉPÉE €€

49 impasse du Bas du Fort © 05 90 90 40 00
www.hotel-fleur-depee.com
Chambre à partir de 108 € pour 2 personnes, petit déjeuner inclus. Possibilité de formule all inclusive.

Cet hôtel de 187 chambres, dont 4 suites, est implanté au cœur d'un jardin tropical et offre une vue imprenable sur la mer. Les chambres standard (26 m^2) sont équipées d'un grand lit et d'un canapé-lit convertible pour deux couchages supplémentaires (pour enfants de moins de 12 ans). Certaines disposent d'une terrasse avec vue sur la mer. Egalement des chambres communicantes pour les familles. Sur place, deux restaurants, un bar ouvert, une piscine de 260 m^2, une boutique, un salon de coiffure, comptoir d'excursion, et de location de véhicules, une base nautique.

ARAWAK BEACH RESORT €€€

41 route des Hôtels ✆ 05 90 48 69 48
www.arawakbeachresort.com
Chambre double à partir de 185 € et 210 € pour la vue mer.

Situé sur la plage et à quelques pas du casino et de nombreux commerces, l'hôtel dispose d'un espace piscine composé de bassins et bains à remous, d'une salle de sport face à la mer, d'un centre de bien-être et de 2 bars : l'un avec une vue imprenable sur les Saintes, l'autre à quelques pas de la plage. Le restaurant propose des mets mêlant saveurs créoles et cuisine cosmopolite avec vue mer. Les chambres standard et supérieures disposent d'un balcon avec vue sur la ville et la campagne environnante

LA MAISON CRÉOLE €€

À proximité du bourg de Gosier.
✆ 05 90 84 36 43
www.lamaisoncreole.com
Tarifs très attractifs (à partir de 82 €) sur le site avec réservation sécurisée.

Légèrement en retrait de la route, l'hôtel bénéficie d'un emplacement particulièrement calme car situé au cœur d'un jardin créole. Les plages du Gosier sont à 15 minutes à pied. Cet hôtel à taille humaine accueille une clientèle à la recherche de sérénité et de convivialité. Plusieurs catégories de studios avec kitchenette sont proposées dont certains avec terrasse privative en rez-de-chaussée côté piscine ou encore des hébergements VIP avec espace coin et coin salon côté jardin. Des chambres sont équipées pour recevoir des personnes à mobilité réduite.

PETIT-HAVRE €€

Route de la Plage de Petit Havre
✆ 05 90 85 20 83
www.hotelpetithavre.com
À partir de 75 €/nuit pour 2 personnes en basse saison, 110 €/nuit en haute saison. Petit-déjeuner inclus.

À l'entrée d'un lotissement résidentiel, cette demeure familiale créole est nichée dans un écrin de verdure. Elle propose 12 chambres d'une capacité d'accueil jusqu'à 3 personnes. Elles sont équipées de climatisation, téléphone, télévision, réfrigérateur, bouilloire, balcon, coffre-fort, sèche-cheveux. Accès wifi gratuit. Certaines offrent la vue sur la mer et les îles Marie-Galante, les Saintes ou Basse-Terre. Piscine sur place. À proximité, la plage de Petit-Havre et un peu plus loin, la plage municipale de Sainte-Anne. Service de laverie en supplément.

VILLAGE SOLEIL €€

Route de la Marina
✆ 05 90 90 85 76
https://hotelvillagesoleil.fr
Studios à partir de 120 € en basse saison.

Situé sur une colline qui surplombe la marina, cet hôtel-résidence de 59 logements propose 4 catégories d'hébergement. Les studios standards (27 m²) sont situés en rez-de-jardin, les supérieurs (33 m²) avec balcon sont à l'étage et les duplex peuvent accueillir jusqu'à 4 personnes. Les suites junior disposent d'une chambre, d'un salon avec 2 couchages et d'un coin-cuisine équipé. Chaque hébergement, sauf les suites junior, est doté d'une petite terrasse dont certaines ouvrent sur la marina. Le petit déjeuner est servi sous forme de buffet. Wi-Fi gratuit.

ZENITUDE LE SALAKO €€

10 Pointe de la Verdure
✆ 0590 82 64 64

Cette résidence (ancien Karibea) a changé d'enseigne depuis septembre 2021. Trois bâtiments sont répartis sur le site (Salako, Clipper et Prao) au cœur d'un vaste jardin et autour de la piscine. La longue plage de la Pointe de la Verdure à est quelques pas. Seul le bâtiment Prao dispose d'hébergements dotés d'une cuisine équipée. Les autres chambres sont dotées d'un réfrigérateur. Les grandes chambres et les appartements permettent l'accueil des familles. Sur place, un bar près de la piscine et un restaurant qui propose des repas sous forme de buffet.

AUBERGE DE LA VIEILLE TOUR €€€

Route de Montauban
✆ 05 90 84 23 23
auberge-vieille-tour.fr
À partir de 169 €/nuit pour 2. Tarif Flash (sous conditions) attractif en ligne.

Situé au centre de Gosier, cet hôtel de style colonial, construit autour d'un ancien moulin du XVIIIe siècle, est implanté dans un jardin tropical de 3 ha surplombant la mer. Il offre une vue imprenable sur les îles. Les 103 chambres de diverses catégories et la suite offrent toutes une vue sur la mer des Caraïbes. Sur place, une plage naturelle de sable fin nichée dans une petite crique, un snack, un restaurant panoramique, un bar, un court de tennis, une piscine.

MAHOGANY HÔTEL RÉSIDENCE & SPA €€€

Pointe de la Verdure
✆ 05 90 90 46 46
hotel-mahogany.com
Chambre double hors petit déjeuner à partir de 147 €.

Situé sur le même site que La Créole Beach Hôtel & Spa avec qui il partage les infrastructures (bar, restaurants, piscine, animations et activités sportives), le Mahogany Hôtel Résidence & Spa dispose de 46 chambres, 12 duplex et 6 suites répartis dans 3 bâtiments. Les hébergements sont classés en 3 catégories : chambres Confort avec vue jardin ou avec vue mer, avec terrasse et kitchenette, duplex de 68 m² avec vue mer, et suites de 120 m² avec terrasse vue sur mer.

HANS LOCATION €

Rue Wenceslas Beziat
✆ 05 90 91 19 75
www.hanslocation.fr
A partir de 95 € pour un Loft (2 personnes), de 70 € pour un gîte (jusqu'à 4 personnes).

Les bungalows (40 m²) sont composés de deux pièces dont une chambre. Ils peuvent accueillir jusqu'à 4 personnes. Les lofts, conçus pour 2 personnes, comportent une grande chambre (46 m²), un espace salon, un coin cuisine, une salle à manger, un balcon et une terrasse. La vue est imprenable et le jardin tropical qui entoure le lieu en fait un cadre agréable. Piscine avec dispositif de sécurité et machine à laver le linge commune à tous les logements. Parking privatif. Prix dégressifs en fonction de la durée du séjour. Possibilité de location de véhicule.

LAGON PARADIS €€€

Impasse Pierrot
✆ 06 90 40 83 26
lagonparadis.fr
Villas à partir de 81 €/nuit 2 pers, 106 €/nuit 4 pers, 154 €/nuit 6 pers, 226 €/nuit 8 pers (suivant villa et saison).

Ces 6 villas de standing (3 et 4 étoiles) de capacités variables (2 à 8 personnes) sont situées à 5 minutes à pied de la plage de Saint-Félix. Chaque villa est indépendante, dans un jardin clos et arboré, sans vis-à-vis, avec entrée individuelle. Elles possèdent chacune une piscine privée ou un spa et bénéficient de tout le confort : cuisine entièrement équipée, terrasse couverte, chambres et suites parentales climatisées, fibre, Smart TV, équipement bébé, parking sécurisé, citerne d'eau... Apéritif de bienvenue et premier petit-déjeuner offert.

RAOUL ET ANTOINETTE €

30 ter lotissement Faraux ✆ 05 90 84 50 45
http://westindiescar.free.fr

Studio à 30 €, F2 à partir de 40 € par jour (jusqu'à 14 jours). Couchage en chambre commune : 20 €/pers.

Les logements, situés dans un quartier résidentiel de Gosier, sont parfaits pour les visiteurs à petits budgets. À disposition, une machine à laver et le réseau wifi. La plage du bourg est à 1,5 km, les commerces et restaurants à 700 mètres. Raoul, le propriétaire, est un passionné de perroquets. Il en possède une dizaine que vous pourrez contempler sur la terrasse. Certains sont en liberté et accourent à son appel. Raoul organise pour ses locataires une sortie pique-nique sur la plage. Il propose également des packages avec voiture à des tarifs très raisonnables.

RÉSIDENCE TURQUOISE €€

33 boulevard Amédée Clara
✆ 05 90 84 44 13

Séjour de 3 nuits minimum, de 4 nuits pour la période de fin d'année.

Sur la route longeant la mer et face à l'îlet Gosier, cette résidence propose à la location 7 appartements (du studio au F3) rénovés en 2023 et décorés dans le style balinais. Tous les commerces sont à proximité immédiate, car cette résidence est située dans le centre-ville. Vous disposez de tout le confort : climatisation, cuisine entièrement équipée, téléphone avec ligne directe, télévision avec lecteur DVD, Internet grâce à la fibre, dans chaque appartement. La terrasse ouvre sur la mer et le lagon, le regard portant facilement jusqu'aux Saintes.

LA CREOLE BEACH HOTEL & SPA €€€

✆ 05 90 90 46 46
www.creolebeach.com

À partir de 184 €/nuit pour deux personnes en chambre classique.

Situé à l'extrémité de la Pointe de la Verdure, cet hôtel de 218 chambres spacieuses et de haut standing se trouve au cœur d'un jardin tropical. Le petit déjeuner est servi sous forme de buffet américain. Sur place 2 restaurants et 1 snack de plage, une vaste piscine, un accès direct à la plage, un spa, une salle de fitness, un business center, une boutique et en soirée, un piano-bar. Immanquable, l'Espace Créole Loisirs (la Conciergerie), qui tient une permanence tous les jours.

VACANCES HIOP €€

Montauban
✆ 06 90 32 04 51
www.vacanceshiop.fr

Studios à partir de 200 €/semaine en basse saison.

Situés dans un lotissement aux airs de petit village, ces studios disposent d'une terrasse, d'une kitchenette équipée, d'une salle d'eau et d'une chambre climatisée dotée d'un écran plat. A votre disposition, un barbecue à charbon, un petit parking intérieur. Wifi en option. Les plages de la Datcha et de l'Anse Tabarin sont à quelques minutes à pied. A proximité, de nombreux commerces, restaurants et le marché nocturne de fruits et légumes du vendredi (de 16h à 22h), une éco-laverie et les navettes pour se rendre à l'îlet Gosier.

VILLAS LOKEA €€

Salines
✆ 05 90 83 98 84
www.lokea-location.fr/

Villas à partir de 2 000 €/semaine. 2 nuits minimum.

Au cœur d'un grand terrain vallonné et arboré, 4 nouvelles villas de 330 m² avec leur propre piscine au sel et chauffée. Elles possèdent chacune 4 suites climatisées avec salle de bain et smart TV. Sur place une cuisine américaine équipée avec îlot central, 3 terrasses par villa, avec barbecue. Garanties sans coupure d'eau, d'électricité ou d'internet. Ces villas vous apporteront tout le confort nécessaire à votre séjour, dans un décor moderne. Aussi, un petit loft composé d'une suite avec salle de bains, cuisine équipée et piscine, peut accueillir 4 personnes.

BE FRESH €€

Marina

✆ 05 90 48 41 32

Ouvert du lundi au samedi de 8h à 15h. Salades entre 9 € et 13 € en fonction de la taille.

Situé à la marina côté parking, ce bar à salades conviendra à toutes les faims. À vous de composer votre salade avec les ingrédients disposés dans la vitrine (base, protéine, accompagnement, *topping*, sauce). L'enseigne propose aussi des *pasta box* et des sandwichs. À déguster sur place ou à emporter, dans un grand espace à la décoration tendance et qui se transforme, une fois la cuisine de la saladerie fermée, en bar-restaurant : le Mojo. Une nouvelle saladerie de la franchise a récemment ouvert à deux pas de la place de la Victoire, au cœur de Pointe-à-Pitre.

BOULANGERIE GAHAGNON €

Anse Dumont

✆ 05 90 22 96 01

Ouvert du lundi au samedi de 6h30 à 18h, le dimanche jusqu'à 13h.

Très bonne idée d'installer cette boulangerie - pâtisserie - traiteur au rond-point de Saint-Félix. L'établissement a vite trouvé sa clientèle : l'ouverture le dimanche, très pratique, permet de s'approvisionner en salades et bon petits plats pratiques pour un pique-nique improvisé sur la plage. L'établissement dispose d'un parking privé. Il est doté d'une petite terrasse ombragée pour une pause gourmande au goûter ou pour profiter d'une salade, d'un plat chaud à midi. Également un large choix de sandwichs, viennoiseries et pâtisseries sur place ou à emporter.

BYRON BURGER BAR €

Marina

✆ 05 90 90 94 83

Ouvert midi et soir. Burgers à partir de 15 €, salades entre 18 et 21 €.

Si vous souhaitez découvrir le hamburger en version gourmet accompagné de frites maison (de pommes de terre ou de patates douces), c'est l'endroit où il faut vous rendre : le burger y est présent sous toutes ses formes : végétarien, montagnard, à l'indienne, à l'italienne, au poisson ; le tout accompagné de très bonnes sauces maison. L'établissement propose également des salades, un tartare (poisson ou viande), des *tenders, wings, oignon rings*... Service sur place sur la terrasse de la marina ou à emporter. Le service est, en général, assez rapide.

SO FRESH 971 - BEACH FOOD BOX €

Plage de la Datcha

✆ 06 90 49 14 58

Ouvert 7j/7 (sauf lundi en basse saison). À partir de 15,50 €/burger, de 17,50 €/brochette, de 16,50 €/maxi-salade.

Le food truck est installé sur le parking de la plage de la Datcha. La baignade est à seulement quelques pas. Vous pouvez profiter de leurs spécialités en étant installé sur place, face à la mer, ou encore à emporter. Au choix, des formules burgers accompagnés de frites maison, des maxi salades, des brochettes de viande, poisson ou bien mixtes. Les burgers sont préparés à base de viande hachée et marinée par leurs soins. Grand choix de cocktails avec ou sans alcool.

AKA DIAZ €

Après le bourg du Gosier, en direction de Sainte-Anne.

✆ 05 90 46 80 01

Ouvert du vendredi midi au dimanche midi.

Le cadre est agréable, avec une superbe vue sur les îles environnantes, de jolies tables installées sous des carbets dans un quartier calme et ventilé. Ce restaurant propose une cuisine guadeloupéenne typique et sans chichis. Ne vous attendez pas à venir y déguster des plats gastronomiques. Le lieu est bien connu de la population locale qui vient prendre un verre et un repas. Ces habitués peuvent rendre le restaurant quelquefois très animé, car aux Antilles on parle et on rit fort ! Une belle façon de vous familiariser avec les habitudes locales...

LA FRÉGATE €

✆ 05 90 90 77 70

Ouvert tous les jours de 12h à 14h30 et de 19h à 23h30. Comptez environ 25 € par personne.

Ce bar-brasserie propose une carte variée entre salades, cuisine créole et cuisine française (entrecôtes, pluma de porc, maxi salades, araignée de mer, boudin de lambi, ouassous flambés au rhum etc.). Une bonne adresse, que ce soit pour se détendre autour d'un verre, pour un déjeuner ou un dîner en famille en toute sérénité, d'autant que la vue sur les bateaux est très agréable. L'accueil est chaleureux, le service est rapide et l'ambiance conviviale. L'établissement met gratuitement à disposition de ses clients son réseau wifi toute la journée.

LES IGNORANTS €

Marina

✆ 0690 98 84 12

Ouvert du lundi au samedi de 17h à minuit.

Situé sur la marina du Gosier, ce bar à vin propose une sélection de vins, de rhums, de bières locales. Outre les conseils avisés des gérants pour vous assister dans le choix d'un vin, l'établissement propose également des planches de fromages (avec du fromage à la truffe), de charcuterie, un camembert chaud pour simplement grignoter ou encore une petite carte plus élaborée (foie gras, risotto, blanquette de veau...) et une carte de desserts faits maison... Le tout à accompagner d'un verre de vin ou de rhum. L'ambiance y est très conviviale.

LE PAM PAM €

La Marina

✆ 05 90 90 83 92

De 8h à minuit non-stop sauf le lundi matin.

L'établissement est situé sur la marina face aux bateaux de plaisance. Au menu, un large choix de crêpes salées, de galettes, de gaufres servies copieusement ou bien encore des tapas. Vous pouvez vous restaurer dès le matin avec un petit-déjeuner brunch version continentale, locale, américaine ou encore à la mode bretonne. C'est également un lieu connu pour sa carte de cocktails ou encore de coupes glacées et smoothies. L'attente peut être un peu longue en période d'affluence, mais le service reste souriant et agréable. Pratique, le parking sur la marina.

LE JISS €

Place créole

✆ 05 90 28 82 66

Ouvert tous les jours midi et soir. Addition moyenne : 35 €. Salades et plats à partir de 20 €.

Ce bar-restaurant lounge est implanté dans l'enceinte de l'aquarium. La terrasse couverte bénéficie d'un cadre très agréable avec vue sur la marina et les voiliers. À la carte, des planches de tapas, des plats traditionnels (entrecôte, brochette de bœuf, pavé de poisson grillé, tartare de poisson...), des pâtes (dont un plat à la langouste), des salades, auxquels viennent s'ajouter les suggestions du jour. À la carte pour le dîner : de bonnes pizzas gastronomiques savoureuses. Le service est efficace et agréable. Un grand parking est situé sur place.

LA KAZ A LOULOUZ €

Boulevard de la Riviera

✆ 05 90 84 64 55

Ouvert tous les midis et du mardi au samedi soirs. Plats à la carte à partir de 18 €.

Ce restaurant figure toujours parmi les valeurs sûres si vous souhaitez manger de savoureux plats créoles tels que des accras, du crabe, du chatrou, du lambi en fricassée ou en version grillée ou panée, des palourdes farcies, du poisson frais et autres spécialités locales dont la langouste. La population locale connaît bien cette adresse et il n'est pas rare d'y rencontrer des personnalités locales. L'accueil est sympathique, mais le service peut être un peu lent en période d'affluence. Au choix la terrasse ventilée ou la salle climatisée.

LE SELECT DU GOSIER

5 Rue Montauban

✆ 05 90 59 08 54

Ouvert à midi mercredi, jeudi, samedi et dimanche midi. Buffet à 18,90 €, dimanche et jours fériés à 25,50 €.

Le restaurant est situé en bord de route, sur la droite, en direction du bourg du Gosier. En période d'affluence, il peut être nécessaire d'aller jusqu'aux parkings situés près de la Poste pour pouvoir se garer. Au menu, des plats antillais proposés en formule buffet à volonté (gratins de légumes locaux, crudités, colombo de poulet, crudités, grillades, lentilles consommées, glaces et sorbets, fruits frais, salade de fruits, etc.). Certaines places assises permettent de bénéficier d'une belle vue sur la mer. Le nombre de places est limité.

COCO KAFÉ €€

Place Créole ✆ 05 90 93 63 02

https://cocokafe.com

Ouvert tous les jours midi et soir. Addition moyenne : 30-35 €.

Situé sur la marina, à proximité immédiate de l'Aquarium, le restaurant dispose d'un cadre intimiste et d'un bel espace salon en extérieur pour savourer une boisson tout en profitant de la vue sur les voiliers dans la marina. La salle est traversée par une petite rivière artificielle. À la carte, des spécialités créoles mais aussi une cuisine traditionnelle (brochette de boeuf grillée, sauce aux cèpes, andouillette grillée, brochette de poulet coco...). Il est conseillé de réserver car l'adresse est connue des résidents et le restaurant est souvent complet.

LE 9 €€

Quai n° 9

✆ 05 90 20 39 87

Ouvert tous les jours de 18h à minuit. Planches à partir de 18 €, addition moyenne 40 €.

Situé à l'extrême droite de la marina, ce restaurant lounge-bar à vins arbore une décoration contemporaine. Sa carte est orientée cuisine du monde avec du foie gras, des carpaccios, des tartares, des samossas, confit de canard, tempura, camembert au four...). Au menu également des planches gastronomiques (charcutière, fromages, italienne, créole, corse ou mix), des formules plancha (viande, poisson et crustacés) à cuisiner soi-même, pour 2 ou 4 personnes incluant le vin. Cet établissement possède une très belle carte des vins, avec plus de soixante références.

LE CANOPY €€

43 Pointe de la verdure ✆ 05 90 84 79 68

www.casinodugosier.com

Ouvert midi et soir du mardi au samedi. Menus à partir de 39 €. Entrées : 17 à 20 €, plats 29 à 35 €, dessert : 12 €.

Vous êtes accueilli dans un cadre cosy. Le chef propose une carte gastronomique avec des produits nobles (côte de bœuf Tomahawk, pièce bœuf Pincanha Black Angus, langouste, crevettes sauvages…) et des menus dont un « découverte » qui évolue au gré des saisons et du marché. Le restaurant le CANOPY est doté d'un *rooftop*. Un endroit idéal pour prendre l'apéritif, dîner dans un beau cadre ou pour prolonger la soirée dans une bonne ambiance musicale. Des animations musicales sont également organisées. Consultez la programmation sur la page Facebook.

BISTROT DE LA MARINE €€

La Marina

✆ 06 07 08 07 18

Ouvert de 10h à 00h tous les jours.

Une belle adresse à ne pas manquer sur la marina. Ce restaurant raffiné propose une carte d'excellents cocktails, des tapas et une cuisine très variée. L'accueil et le service sont particulièrement agréables grâce à une équipe dynamique et aux petits soins pour les clients. La carte est élaborée à partir de produits frais et de qualité avec une offre de plats diversifiée qui tranche avec les cartes des alentours (tartare au piment végétarien, risotto de coquillettes à la truffe, linguine au pesto, poisson fumé). La réservation est conseillée.

DRAGONFLY €€

Galeries de la Marina

✆ 05 90 90 95 10

Ouvert tous les jours midi et soir, fermé le dimanche. Addition moyenne : 25 €.

Un restaurant vietnamien authentique en parfaite harmonie avec sa décoration zen. Les plats sont cuisinés avec amour par la patronne. Au menu, des plats vietnamiens (samoussas, nems, beignets de crevettes, rouleaux de printemps, *cha gio, banh cuon, tom, pho*...) bien sûr, mais également des plats créoles revisités. Tout est fait maison, ce qui justifie l'attente, qui est largement récompensée à l'arrivée des plats dont les portions sont copieuses. Le rapport qualité-prix est très bon et l'accueil chaleureux. Plats à emporter également.

coco kafé
Restaurant
OUVERT
MIDI & SOIR
DU LUNDI AU DIMANCHE
0590 93 63 02
0690 34 30 62
Cuisine Maison
Maître Restaurateur
BRASSERIE TRADITIONNELLE
LA MARINA - LE GOSIER
Coco Kafé
cocokafe
mail: coco.kafe@orange.fr
Site: cocokafe.com

GARGANTUA GRILL €€

Marina
✆ 05 90 83 71 04
Ouvert le soir du mardi au jeudi, midi et soir les jeudi, vendredi et samedi. Addition moyenne à 40 €.

Une excellente adresse pour les amoureux de bonnes viandes, des steaks classiques en passant par les pièces d'exception ou maturées. La cuisson des viandes est bien maitrisée, ce qui est un atout. Également à la carte, un choix de tapas, de salades et de poissons frais. À noter la présentation soignée des plats. Beau choix de desserts qui se démarquent des cartes classiques (riz au lait, pain perdu...) et de cocktails maison. Le service se déroule en terrasse ou dans la salle climatisée à la décoration zen. Soirée karaoké le mardi.

GWADA JOE CARIBBEAN STEAKHOUSE €€

Bas-du-Fort ✆ 05 90 20 63 73
www.gwadajoe.com
Ouvert à partir de 19h du lundi au samedi. Formules à partir de 31 €. Addition moyenne à la carte : 35 €.

Un *steakhouse* d'inspiration sud-américaine mais pas que... Une bonne adresse pour déguster des viandes (*ribs*, entrecôte, magret de canard...) mais aussi des poissons (thon, marlin, crevettes...) de bonne qualité et des plats tels que les *chicken wings*, *fish & fries*, crevettes *crispy* tempura, avec sauce au choix. Petits et grands trouveront leur bonheur dans ce restaurant qui propose des plats simples sans grande surprise mais goûteux et aux portions généreuses.

INFINI RESTAURANT

99 route de Montauban
✆ 0690 27 28 75
Ouvert tous les jours midi et soir. Fermé le lundi. Addition moyenne 50-60 €.

Le restaurant du complexe Infini (ex-Cheyenne) propose une cuisine bistronomique franco-créole, faite à partir de produits frais et locaux. Les plats sont à déguster en salle ou à l'extérieur, la carte change tous les 3-4 mois en fonction des saisons. Le restaurant dispose également d'une partie pizzeria et d'un service traiteur événementiel. Deux fois par semaine, les dîners sont animés par des concerts de groupes locaux, caribéens ou internationaux, dans une ambiance *jazzy*. Sur place un bar *lounge*, ainsi qu'une discothèque. Petits-déjeuners servis de 8h à 12h.

CHEZ MARGAUX €€

74 impasse Bas du Fort
✆ 0690 14 14 14
Ouvert midi et soir, fermé le mercredi.

Entrez dans cette petite case à la végétation grimpante, juste en face de l'hôtel Fleur d'Épée, pour une belle expérience culinaire. Jean-François, le chef, vous reçoit chaleureusement. Sa cuisine créole-chic, fraîche et raffinée ne vous laissera pas de marbre. Thon mi-cuit, trio de poulpe rôti, magret de canard, croustillant de daurade, fricassée de ouassous... Les desserts sont tout aussi savoureux. Et si vous avez encore une petite place, laissez-vous tenter par une glace artisanale sans sucre ajouté à Corossol, la partie glacier du restaurant, deux pas de là.

NEW TI PARIS €€

25 Avenue de Périnet
✆ 06 90 71 88 37
Le soir du mardi au dimanche. Plats à partir de 20 €, 22 € pour une assiette et pour une planche.

Césarina, cheffe guadeloupéenne, propose une carte variée avec diverses assiettes (créole, de la mer ou végétarienne) et planches (de charcuteries, de fromages ou mixtes), des burgers avec entre autres un pain au curcuma fait maison, des tartares de poissons, tataki de thon, ouassous, moules-frites pour la partie mer et des brochettes, entrecôtes, magret pour les carnivores. Le New Ti Paris se transforme en salle de concert du mercredi au samedi avec une programmation annoncée sur leur page Facebook. Renseignez-vous sur le supplément demandé lors de ces soirées.

QUAI OUEST €€

La Marina ✆ 05 90 85 73 26
www.quai-ouest-guadeloupe.com/
Ouvert tous les jours sauf le dimanche midi et le lundi. Service en continu. Addition moyenne 30 €.

Depuis la terrasse ombragée, vous avez vue sur les bateaux à quai ou de passage. Vous pouvez déguster des tapas avec un cocktail pour admirer le coucher de soleil ou bien apprécier une cuisine locale traditionnelle. La carte de ce maître-restaurateur est assez variée ; tartare de poisson ou de boeuf, tataki de thon, burger du boucher, court-bouillon de poisson, fricassée de chatrou ou ouassous ou encore des sushis réalisés avec les poissons de la pêche du jour. Sur demande, une navette entre le parking et le restaurant. Soirée karaoké le dimanche soir.

O BISTROT €€

Marina
✆ 05 90 21 23 59
Ouvert midi et soir 7j/7. Addition moyenne à 25 €. Pizzas à partir de 12 €.

Vous pouvez vous installer sur la terrasse avec en panorama les bateaux dans la marina ou bien dans la salle climatisée, plus en retrait. Le Chef propose une carte inventive avec un mélange des saveurs parfait. Les suggestions sont sans cesse renouvelées ce qui permet d'y retourner régulièrement sans se lasser. À tester, l'une des spécialités ; la meule de parmesan : des linguini à la crème flambés directement dans une immense meule de parmesan... Également un large choix de plats traditionnels, de pizzas et de pâtes. Pratique, le service jusqu'à minuit.

O KANAILLES DU SUD OUEST €€

Route de la marina ✆ 06 90 92 84 20
Ouvert midi et soir du mardi au samedi. Addition moyenne 35 €.

Aussi connu sous le nom de «Chez Péyo », ce lieu possède une atmosphère bien différente des autres restaurants de la marina ; dès l'entrée, tout vous rappelle l'ambiance du Sud-Ouest. Le four à bois placé au cœur de la salle permet au chef de réaliser toutes les cuissons sous vos yeux. À la carte, pas de poisson, mais des viandes de qualité (magret de canard, côte de bœuf, cochon de lait, agneau...) accompagnées de gratins (dauphinois, macaroni au chorizo...). La cave compte plus de 45 références, à accompagner d'une assiette de charcuterie espagnole ou d'un plat.

LA ROUTE DU RHUM €€

Marina ✆ 0590 90 90 00
Ouvert du lundi au samedi de 10h à 23h. Entrées de 9 à 18 €, plats de 18 à 28 €.

Le restaurant La Route du Rhum est baptisé ainsi en référence à la mythique transatlantique qui a lieu tous les 4 ans. L'établissement, avec vue sur les pontons et les bateaux, est situé près de la capitainerie de la marina. Il est accessible facilement à pied par 3 accès différents. Un grand parking est à disposition gratuitement à proximité immédiate. Au menu des plats créoles (accras, boudins créoles, court-bouillon de poissons, langouste, ouassous, colombo...) et quelques plats de cuisine traditionnelle française (magret, entrecôte, pièce du boucher...).

GRANDE-TERRE

LE RÔTISSEUR DES ÎLES €€

La Marina

✆ 05 90 68 19 79

https://rotisseurdesiles.com/

Ouvert du lundi au samedi de 9h à 15h, le dimanche de 8h à 13h. Déjeuner sur place ou à emporter.

Située sur la marina, Le Rôtisseur des îles dispose d'un rayon traiteur et d'un service pour déjeuner sur place sur la terrasse ou dans la salle climatisée. Les mets sont originaux et renouvelés très régulièrement. Le lieu est réputé pour partir en pique-nique improvisé ou disposer de plats à emporter de qualité lors de sorties en mer. Le Chef Gérard Lo Pinto a été Meilleur ouvrier de France en 1994. Il fut également cuisinier du Président de la République et a reçu le prix de l'entrepreneur de l'année par le guide *Gault & Millau* Antilles-Guyane 2018.

ZOO ROCK CAFÉ €€

La Marina

✆ 05 90 90 77 77

Ouvert tous les soirs. Addition moyenne : 35 €.

Cet établissement est un haut lieu de la vie nocturne du Gosier et notamment de la marina. Vous pouvez y boire un verre, dîner et danser au même endroit. La partie restauration dispose de deux ambiances différentes : la salle du restaurant à l'atmosphère conviviale qui jouxte le bar avec une terrasse surélevée et le patio, légèrement à l'écart, à l'ambiance cosy. La carte est variée, les portions sont très généreuses, car ici tout est « maxi » ; le burger, les salades... La viande proposée est d'excellente qualité et le service est rapide, en règle générale.

LE DOMAINE DU L €€€

104 Montauban

✆ 0690 97 00 17

Ouvert midi et soir du mardi au dimanche. Entrées entre 16 et 28 €, plats entre 28 € et 50 €.

Ce restaurant (ancienne Auberge d'Autrefois) est situé à proximité du bourg du Gosier entre la Clinique de Choisy et l'hôtel La Maison Créole. L'établissement dispose de trois salles dont deux salons qui peuvent être privatisés. L'ambiance y est feutrée grâce avec des nappes blanches en tissu et une décoration qui rappelle celle des grands restaurants de l'Hexagone. Le chef y propose une cuisine authentique composée de plats revisités à partir des produits du terroir (côte de bœuf, magret, carpaccio et tartare de poisson, escargot de Bourgogne...).

LE ROSINI €€€

Résidence Porte des Caraïbes
✆ 05 90 20 52 31
www.restaurant-rosini.com
Ouvert tous les jours midi et soir. Plat principal à partir de 30 €.

Ce restaurant est une institution en Guadeloupe. Les deux piliers de ce restaurant, Christophe, le maître d'hôtel, et son chef Jean-Marc, vous accueillent tous les jours en compagnie de leur équipe. Il y règne une ambiance chaleureuse à l'image de l'Italie comme l'indique l'enseigne. Le chef propose une cuisine traditionnelle française et italienne, mais également des pizzas. La carte associe les saveurs de ces divers terroirs avec des plats tels que la langouste, l'assiette de bruschettas, la blanquette de veau, le foie de veau persillé, les rognons...

LE BRANTÔME €€€

7 La Marina ✆ 0590 90 91 28
Ouvert du mardi au samedi midi et soir. Entrées de 17 à 19 €. Plats de 32 à 42 €. Desserts de 12 à 14 €.

Ce restaurant est une valeur sûre pour profiter d'une étape gastronomique digne de ce nom. Vous apprécierez son cadre élégant, son atmosphère chaleureuse avec ses fausses pierres murales, son carrelage imitation parquet, ses nappes en tissu plongeantes et le service attentionné. La carte, inventive, est élaborée uniquement à partir de produits frais avec une préférence pour le poisson local selon la pêche du jour. Le tout travaillé avec passion par le chef. Pour information, Brantôme est un village situé au nord de Périgueux, surnommé la Venise du Périgord.

BLUEBERRY 5

Marina
✆ 0690 68 80 54
Ouvert 7j/7 à partir de 16h.

Le Blueberry est un bar à cocktails, tapas et chichas doté d'une décoration très moderne. Implanté dans la marina, cet établissement bénéficie d'un beau point de vue sur les bateaux. Il constitue un lieu idéal pour débuter une soirée avant d'aller dîner ou bien encore pour terminer une soirée dans une atmosphère conviviale, que vous soyez en duo ou entre amis. La carte propose une large gamme de cocktails, de shooters, de bières, du champagne... L'ambiance est généralement très animée et agréable et les serveurs sont attentionnés.

INFINI

99 Rte De Montauban
✆ 0690 272875
Ouvert du vendredi au samedi de 22h à 4h. Le dimanche de 18h à 22h. Entrée 15 €.

Ce complexe est composé de 3 espaces différents destinés à vous faire passer une soirée inoubliable ! Le restaurant propose une cuisine bistronomique savoureuse, le bar-lounge possède une grande sélection de cocktails maison et la discothèque vous invite à vous déhancher au rythme de programmations variées. Les soirées du vendredi et du samedi sont animées par un DJ résident, le dimanche c'est «Bal Titane » et musique *live*. Des soirées à thèmes sont organisées (Halloween, Beaujolais nouveau, Noël, carnaval...) : retrouvez la programmation sur les réseaux sociaux.

LA BOCA

La Marina
✆ 05 90 28 90 98
Ouvert à partir de 17h sauf le dimanche.

L'un des bars les plus branchés de la Marina du Gosier - Pointe-à-Pitre. L'ambiance espagnole et les tapas qui sont proposées invitent à prolonger l'apéritif, voire à rester sur place pour grignoter. C'est aussi un bon endroit pour prendre un verre, avant d'aller dîner ailleurs. La Boca propose également un service de tapas à emporter. C'est un des lieux de rendez-vous de la jeunesse aisée des environs. Au programme des soirées, lundi, ambiance rétro Zouk ; mardi et jeudi cours de Salsa ; mercredi, cours de Kizomba ; vendredi et samedi Clubbing.

LA JACQUERIE

Bas-du-Fort
✆ 05 90 90 92 83
Du lundi au vendredi de 6h30 à 14h et de 16h à 19h30. Samedi de 6h30 à 14h et jusqu'à 13h le dimanche.

Cette boulangerie-pâtisserie est très pratique car elle est située sur la route d'accès des plaisanciers qui partent pour une balade en mer depuis la marina de Bas-du-Fort. L'établissement permet d'emporter de quoi grignoter pour un pique-nique sur la plage ou sur le bateau, ou encore de prendre un bon petit-déjeuner. Vous y trouverez chaque jour un large choix d'excellents pains, sandwichs, salades, pizzas, viennoiseries et pâtisseries y compris des formules très attractives. La boulangerie est ouverte tous les jours, y compris les jours fériés.

KARUKERA CAFE

Pointe de la Verdure
✆ 05 90 20 42 44
Ouvert tous les jours, à partir de 17h.

Ce bar lounge, situé sur la Pointe de la Verdure qui accueille la plupart des grands hôtels du Gosier, dispose d'une terrasse ouverte pour déguster un large choix de cocktails. Il dispose également d'une belle cave à rhums. Les boissons peuvent être accompagnées de tapas, de planches de fromages ou charcuterie. Un endroit où il fait toujours bon passer un moment entre amis d'autant que des soirées musicales, à thèmes et des concerts sont régulièrement programmés. Les tarifs des cocktails sont réellement très raisonnables et l'accueil y est des plus agréables.

PÂTISSERIE LABEYRIE

✆ 05 90 22 93 09
Ouvert 7h30-13h30 et 16h30-19h. Dimanche de 7h30 à 12h30. Fermé mercredi et jeudi.

Cette boulangerie-pâtisserie 100 % artisanale est implantée sur la route principale du centre-ville, à proximité de la plage de la Datcha et de la Poste. C'est un excellent endroit pour une petite pause gourmande avant ou après un bain de mer. La boutique propose une gamme de pains, de viennoiseries, de sandwichs, de salades, de quiches, de tartes salées, de fougasses, du jus frais fabriqué par un producteur local, etc. Au-delà du régal pour les yeux, les pâtisseries sont un délice pour les papilles (mousse chocolat banane, îlet coco, tarte à la crème...).

MOJO

Marina de Pointe-à-Pitre
✆ 0590 21 86 26
Ouvert tous les jours dès 15h.

Cet endroit branché est le lieu idéal pour prendre un verre en fin de journée, situé sur la marina côté parking. Un grand choix de cocktails joliment décorés, avec ou sans alcool, s'offre à vous, et que vous pouvez accompagner de tapas ou d'une assiette de charcuterie. À déguster dans un espace à la décoration tendance, ou au bord du terrain de pétanque. Une petite faim ? Ce bar est aussi un restaurant. Salades, tartare de poisson, tataki de thon, ribs, tacos de poulet, gnocchi, linguini, sans oublier le fameux cheese burger du Mojo, avec sa seringue de cheddar !

LE PETIT NEW-YORK

Route de la plage
✆ 06 90 24 20 24
Ouvert tous les soirs. Réservation conseillée.

Le petit New-York est situé à l'extérieur du centre-ville de Gosier. Ce restaurant et bar à thèmes, dans une ambiance world music, propose une large variété de cocktails maison dont certains sont à base de rhums ou encore de cognac. Un service de restauration est également proposé. Il s'agit de tapas et de restauration rapide. Des animations musicales sont organisées et font la part belle aux artistes de la Guadeloupe ou de la Caraïbe. Les évènements sont annoncés sur la page Facebook. Parking non surveillé d'environ 300 places.

NEW TI PARIS

25 Avenue de Périnet
✆ 06 90 71 88 37
Du mercredi au samedi à partir de 19h. Animations musicales : à partir de 10 € en supplément du repas.

Pour écouter du Jazz, Biguine, Gwoka, Funk, Soul, Salsa... au Gosier, tous les soirs, du mercredi au dimanche, rendez-vous dans ce restaurant et musique live. Une institution en Guadeloupe depuis 1993, adresse incontournable tenue par un saxophoniste professionnel où les mélomanes, amateurs, passionnés de musique se rassemblent autour d'un cocktail maison et d'un bon plat. À la carte, vous découvrirez une cuisine faite maison avec des produits frais. La programmation est à suivre sur Les deux pages facebook « NEW TI PARIS Jazz & Restaurant »

ZOO ROCK CAFÉ

La Marina
✆ 05 90 90 77 77
Ouvert tous les soirs à partir de 18h.

Voici l'un des lieux animés de la marina depuis son ouverture il y a plus de 20 ans. Un des établissements toujours aussi incontournables de la marina. Il s'agit du lieu de rendez-vous des amateurs de nautisme, il y règne une ambiance décontractée. Côté fête, soirée à thème le jeudi et concert le vendredi. Les autres soirs, renseignez-vous sur place sur l'actualité des soirées, notamment sur la page Facebook. Vous pouvez y boire un verre, dîner et danser au même endroit. La partie restauration dispose de deux ambiances différentes.

O KANAILLES DU SUD OUEST

Route de la marina
✆ 06 90 92 84 20
Ouvert midi et soir du mardi au samedi.

Un lieu qui vous plongera dans l'ambiance du Sud-Ouest. Chaleur et convivialité sont au rendez-vous ! Un large choix de vins avec plus de 45 références, à déguster en terrasse ou en salle, autour d'une assiette de véritable charcuterie espagnole. Et pour les grosses faims, pourquoi ne pas se laisser tenter par de succulentes viandes cuisinées au four à bois et accompagnées de gratins ? Une excellente adresse pour boire un verre ou manger un bon plat à proximité de la marina avec un parking à disposition. Des soirées Féria sont organisées.

LA BOUTIQUE DU RHUM

Place Montauban Plaza au Gosier
✆ 05 90 89 70 60
Ouvert du lundi au samedi de 9h à 19h.
Dimanche : 9h à 13h.

Amateurs de rhum, cette boutique vous réjouira. A votre disposition, plus de 300 références de rhums de la Caraïbe dont, bien sûr, ceux de la Guadeloupe dans un décor soigné et chaleureux. Rien n'est laissé au hasard dans l'aménagement, pour la mise en valeur de chaque produit, à l'image des boutiques d'une marque de café bien connue. Également sur place, une belle cave à cigares et tous les accessoires. L'enseigne dispose d'une autre boutique, plus spacieuse, consacrée au champagne située rue Thomas Edison à Baie Mahault dans la zone industrielle de Jarry.

CRÉOLISSIME - ARCHIPEL WEB STORE EUROGOLD

✆ 03 80 26 30 20
www.creolissime.com
Achat de bijoux antillais en ligne.

Spécialiste des bijoux créoles, le site internet Créolissime propose un large choix de bijoux traditionnels, colliers, bracelets, mailles grain d'or, boucles d'oreilles gros sirop, créoles, pendentifs carte de la Guadeloupe, etc. Une bonne façon de pouvoir s'offrir un bijou antillais même une fois de retour chez vous ! Il existe également des boutiques Eurogold situées dans les centres commerciaux de l'île (Milénis, Bas-du-Fort et Destreland) et à Pointe-à-Pitre.

GALERIE BOUTIQUE UKA

22 le Mole portuaire
✆ 06 90 56 35 59
https://ukawear.com/fr/
Ouvert le lundi de 10h30 à 18h et du mardi au samedi de 10h30 à 19h30.

Le collectif UKA (United Karibean Artists), créé en 2015, ne se présente plus dans l'archipel. Il s'agit d'un des acteurs majeurs de la promotion d'artistes et de la culture de la Caraïbe en Guadeloupe. Idéalement placé sur la marina, cet espace comporte une galerie d'art et une boutique, où sont vendus les vêtements et autres produits de la marque. Les expositions changent toutes les 6 semaines et mettent en avant des collections thématiques et des œuvres d'artistes du collectif et d'ailleurs. Rendez-vous sur les réseaux sociaux pour les dates des vernissages.

BLEU OUTREMER / SUN JET

Route de Bas-du-Fort
✆ 06 90 83 58 39
www.plongee-bleu-outremer.com
Accueil à la base nautique 7j/7. Sorties plongée, Kayak, Canoë et stand-up paddle, Bouée tractée, jet-ski.

Le centre nautique Bleu Outremer vous propose des sorties plongée (sur demande des plongées de nuit ou des doubles plongées à la journée ou à la 1/2 journée), une randonnée palmée à l'îlet Gosier encadrée par une monitrice, une journée découverte écotourisme des îlets du Grand-Cul-de-Sac-Marin avec randonnée palmée. Egalement initiations et randonnées en scooter des mers sans permis, avec un moniteur diplômé, dans le Petit-Cul-de-Sac ou le Grand-Cul-de-Sac. Initiation au Flyboard. Balade en bouée tractée ou en stand-up paddle.

CATA BANANA

✆ 06 21 73 19 13
www.catabanana.com
Excursion à la journée à partir de 100 €/adulte et 85 €/enfant. Départ de la marina du Gosier (RDV à 8h).

Cata Banana propose des excursions commentées à la journée dans le Grand Cul-de-sac marin. Départ sous voile, en petit comité (12 personnes) en compagnie d'un équipage formé par le Parc national et autorisé à accoster sur des îlots moins fréquentés. Au programme, découverte de la Rivière Salée, des îlets Caret et La Biche, snorkeling près de la barrière de corail (masque et tuba non fournis), déjeuner puis balade en kayak ou paddle vers l'îlet Fajou. L'entreprise propose aussi des sorties à la journée en bateau moteur vers Marie-Galante, au départ de Sainte-Anne.

CORAIL CARAÏBES

✆ 05 45 61 07 00
www.corail-caraibes.com
Location de catamarans pour naviguer dans les Antilles.

Vous trouverez différents types de bateaux à louer. Plusieurs options sont disponibles ; avec skipper, avec hôtesse, location de matériel de pêche, de kayak... (moyennant des suppléments). Vous pouvez vous installer à bord de votre bateau pour la nuit (nuit à bord non facturée), mais pour la mise en main par l'équipe technique, vous devrez attendre le lendemain matin à partir de 7h30-8h. Prévoyez deux à trois heures pour la mise en main du bateau selon sa taille et son équipement. Possibilité de débarquer sur une autre île moyennant des frais de convoyage.

LE FLIBUSTIER

La Marina
✆ 05 90 69 63 00
www.le-flibustier.fr
110 €/adulte, 95 €/enfant de 2 à 12 ans, 30 € (bébé - 2 ans). Repas et boissons inclus. Rendez-vous à 7h45.

Embarquez à bord de ce catamaran à moteur tout confort pour une découverte du Grand Cul-de-Sac marin : traversée de la Rivière Salée et explications de la mangrove par son capitaine chevronné. Au programme, arrêt sur une épave pour une plongée en palmes, masque et tuba (non fournis), apéro les pieds dans l'eau à l'îlet Caret puis déjeuner à bord, préparé par un matelot expérimenté, dans le lagon de l'îlet Fajou, classé réserve naturelle, sur lequel peu de bateaux ont le droit d'accoster. Baignade parmi les étoiles de mer avant le retour au port.

GWADA GRIMPE

Route de la Riviera
✆ 06 90 99 98 88
www.gwadagrimpe.com
Tous les jours sans réservation de 15h à 20h. A partir de 15,50 €, chaussons d'escalade compris. A partir de 8 ans.

Voici la première salle d'escalade en pratique libre en Guadeloupe. Venez avec votre tenue de sport pour passer un moment convivial en famille ou entre amis. Vous risquez d'être vite conquis par cette discipline, qui est enseignée par des moniteurs pédagogues qui savent passer les consignes en douceur et efficacité. Cours d'escalade et cours de yoga. Stages selon l'âge et le niveau (accessibles aux enfants et aux adultes). Le planning est annoncé sur leur page Facebook. Snacking disponible sur place (burgers, crêpes, planches, boissons fraîches).

ATMOSPHÈRE

✆ 06 90 49 47 28
jetski-guadeloupe.com
Ouvert tous les jours de 8h à 17h. Randonnées en scooter des mers, flyboard, bouées tractée...

Idéal pour visiter l'île par la mer, hors des sentiers battus ! Vous partez en petit groupe avec un moniteur pour découvrir des endroits inaccessibles : la mangrove, la barrière de corail, les lagons cristallins et les îlets paradisiaques. Plusieurs formules : initiation, randonnée de 1h, 2h ou une demi-journée avec repas inclus... Découvrez aussi le flyboard pour vous élever dans les airs au-dessus de l'eau ! Le permis bateau n'est pas obligatoire pour les randonnées et les initiations car elles sont encadrées par des moniteurs diplômés.

GWADA MARINE

Quai 3
✆ 06 90 75 79 16
www.gwadamarine.fr
Location de bateau à partir de 150 € la demi-journée, 220 € la journée (permis côtier exigé).

Gwada Marine est spécialisé dans la location de bateaux à moteur bien entretenus pour 8 à 10 personnes. Au programme des destinations telles que la réserve de Petite Terre, le petit Cul de Sac Marin (îlets Fortune et Gosier), le Grand Cul de Sac Marin avec les îlets et sa mangrove (îlets Caret, La Biche, Fajou, Blanc...). Egalement location de planches de wakeboard, bouées tractées, skis nautiques, matériel de pêche au gros, la réservation d'excursions, des sorties plongées dans la réserve Cousteau... Une autre base est située à Gourbeyre.

JET ADVENTURE

Pointe de la verdure ✆ 0690 99 62 98
www.jetadventure.fr
A partir de 50 €/initiation jet ski, de 90 €/randonnée. 1/2 journée 220 €. Journée complète avec repas 270 €/2 p.

La structure propose des initiations au jet-ski pour découvrir de nouvelles sensations, mais également diverses randonnées et excursions en compagnie d'un moniteur d'une durée de 30 minutes à la journée complète. Les Jet skis se pilotent sans que le permis bateau soit nécessaire. Il est également possible de pratiquer le flyboard ou bien la bouée tractée pour des sensations fortes ou encore de partir à la découverte du Grand Cul-de-Sac marin en bateau à moteur. Jet Adventure est également présent à Sainte-Rose, avec un départ depuis le bord de mer.

JET FORCE

Hôtel Canella Beach
© 06 90 69 36 03
www.jetforce.fr
Tous les jours de 9h à 17h. Scooter des mers, bouée tractée, flyboard, parachute ascensionnel.

Jet Force propose des randonnées en jet-ski accompagné d'un moniteur, mais c'est vous qui pilotez. Diverses options sont possibles, de la balade de 30 min à la 1/2 journée de randonnée pour découvrir les plus beaux endroits de l'île. Ces dernières vous emmènent dans le Petit ou le Grand Cul-de-Sac marin, au cœur de la mangrove, à la découverte de magnifiques îlets... Vous pouvez également tenter de nouvelles sensations avec le parachute ascensionnel, le fly-board, ou bien profiter d'un moment convivial en vous laissant porter par une bouée tractée...

ONE BOAT CLUB

Quai 1 Marina de Bas-du-Fort
© 06 90 27 72 67
www.oneboatclub.com/
Bureau ouvert tous les jours de 9h à 18h. Location à partir de 199 € par jour.

Pour profiter des plaisirs de la mer en toute liberté et sans aucune contrainte, One Boat Club propose la location de bateaux au meilleur prix. Une large flotte équipée aux technologies de pointe pouvant accueillir de 6 à 20 personnes et un service premium pour vivre des moments inoubliables. Le petit plus : les bouées, canoës, wake-boards et jeux nautiques qui sont inclus dans la location. Et pas d'inquiétude, si vous n'avez pas navigué depuis longtemps, l'équipe vous offre la mise à jour de vos connaissances pour une bonne prise en main avant votre départ.

SAFARICARAIB ADVENTURE

© 06 90 56 17 03
http://safaricaraib.com
Excursions à la journée en 4x4 ou en bateau.

Vous partez accompagné de guides naturalistes, en 4x4 Land Rover pour le Sud ou le Nord de la Basse-Terre, à la découverte, par exemple, des rivières, des spas naturels, des cascades spectaculaires et des bananeraies ainsi que de la distillerie Longueteau ou du volcan jusqu'au sommet (comptez 4 heures de marche). Prévoyez des chaussures de randonnées, un coupe-vent, la crème solaire, les lunettes de soleil. Safaricaraib Adventure propose également une journée en Offshore à la découverte des Saintes, de Marie-Galante ou de la côte Caraïbe.

SPARKLING CHARTER

© 01 56 68 70 81
sparkling-charter.com/fr/

Sparkling Charter propose la location de voiliers neufs ou récents en partenariat avec Dream Yacht charter qui assure la commercialisation des croisières. Plusieurs types de croisières sont possibles au départ de la Guadeloupe ou de la Martinique ; avec ou sans équipage complet, avec skipper, avec hôtesse, croisière à la cabine, croisière longue durée. Des catamarans et des monocoques sont disponibles au départ de la Guadeloupe. Le détail des équipements de chaque bateau est disponible sur le site. Vous pouvez obtenir un devis directement en ligne.

SAINTE-ANNE ★★★

Aujourd'hui, avec ses hôtels, ses gîtes, ses villas, ses bungalows, ses appartements, ses restaurants, ses activités de loisirs, la ville de Sainte-Anne offre un large éventail de services qui annoncent le potentiel de la commune. Résolument tournée vers le tourisme, Sainte-Anne oriente son avenir vers ce secteur porteur tout en valorisant les artistes et les artisans locaux à travers diverses manifestations dont le fameux festival de Gwo Ka. Ce vecteur de l'identité guadeloupéenne est d'ailleurs inscrit sur la liste du patrimoine immatériel de l'Unesco depuis 2014. Le festival a lieu chaque année en juillet et attire des amateurs venus de tout l'archipel.

PLAGE DE BOIS-JOLAN

À la sortie de Sainte-Anne en direction de Saint-François.

Protégée par la barrière de corail et très agréable même si l'eau y est peu profonde, cette plage de sable blanc, de plus d'un kilomètre, est baignée d'une eau transparente d'un superbe vert émeraude mêlé à un bleu turquoise de carte postale. C'est le paradis des amateurs de kitesurf mais aussi des familles qui s'y rendent pour faire des pique-niques, protégées à l'ombre des cocotiers. La faible profondeur en bord de mer est également idéale pour la baignade des plus petits. Elle est très fréquentée le week-end et les jours fériés par la population locale.

PLAGE DE LA CARAVELLE

Suivez les indications à l'entrée de Sainte-Anne, en venant du Gosier. Un peu avant le bourg, à droite, face à la station service.

Cette magnifique plage de sable blanc, aménagée et entretenue par le célèbre Club Med, est bordée de nombreux cocotiers. C'est l'une des plus renommées de l'île, véritable carte postale, prisée pour la baignade en famille et la pratique des sports nautiques. Les équipements sur la plage (transats, parasols) appartiennent au Club Med et ne sont pas à disposition gratuitement. Il est possible de bénéficier des infrastructures du Club Med à des tarifs promotionnels pendant la basse saison. Cette plage est particulièrement fréquentée en haute saison.

PLAGE DU BOURG

C'est l'une des plages les plus réputées de l'île, les familles s'y retrouvent le week-end et les jours fériés. Une barrière de corail permet de se baigner dans des eaux claires et calmes en toute sécurité avec des enfants. Les adultes peuvent quasiment atteindre cette protection naturelle en ayant toujours pied à certains endroits. La plage est éclairée le soir. Elle est entourée de restaurants de toute sorte pour pouvoir se restaurer sur place et profiter d'une belle journée sur la plage. Le marché de Sainte-Anne, avec ses étals colorés, est à proximité.

BUREAU D'INFORMATION TOURISTIQUE - SAINTE ANNE

Les Trois Ponts Galbas
✆ 05 90 21 23 83
www.rivieraguadeloupe.com
Ouvert de 8h à 13h en basse saison, de 8h à 13h et de 14h à 16h en haute saison.

La structure dédiée à l'information touristique est située derrière le village artisanal. Elle se trouve à l'entrée de la commune en provenance du Gosier juste avant le boulevard principal. Le service est à votre disposition pour les informations sur la ville de Sainte-Anne, le patrimoine historique et naturel et les manifestations organisées tout au long de l'année et notamment les festivités organisées autour du festival de Gwo Ka chaque année en juillet.

LA RIVIERA DU LEVANT

Les Galbas
✆ 05 90 212383
rivieradulevant.fr
Lundi, mardi et jeudi de 7h30 à 13h et de 14h30 à 17h. Mercredi et vendredi de 7h30 à 13h.

Cette communauté d'agglomération regroupe certaines communes de Grande Terre avec La Désirade, Saint-François, Sainte-Anne et Gosier. Elle est dotée des plusieurs compétences dont le développement durable telles que la collecte et le traitement des déchets, la protection et la mise en valeur de l'environnement, la gestion de l'eau (sujet très sensible sur l'île) et l'assainissement, la politique de la ville, l'action sociale. Les actions de développement économique dont le tourisme sont également au cœur de la mission afin assurer le rayonnement de ce territoire.

CARIBBEAN SOUL TRIP

✆ 06 90 686 722
www.caribbeansoultrip.com/
Séjour minimum de 2 nuits. Contactez-les pour un devis.

Caribbean Soul Trip est une agence de voyage locale qui crée des séjours sur mesure adaptés à vos goûts et vos demandes. Adresses pépites, activités tendance ou insolites (cours de cuisine sur la plage, randonnées dans les grands fonds...), l'objectif est de vous faire découvrir une Guadeloupe confidentielle, au contact de la population et loin de la frénésie touristique. Des séjours clés en main et un service premium qui s'adapte à votre budget. L'agence propose aussi des Food Tours de Sainte-Anne et des Escapades Mystères pour se laisser surprendre.

GRANDE-TERRE

VTC GWADA

1130 route de bernard
✆ 06 90 55 24 09
vtcgwada.com
Disponible 24h/24 et 7j/7.

VTC GWADA propose des prestations toutes distances sur toute la Guadeloupe entre les transferts depuis l'aéroport ou le port, votre lieu de résidence, un transport pour une excursion, pour tout évènement festif ou professionnel. Il peut également tout simplement vous raccompagner jusqu'à votre domicile sur demande. Équipé d'un van haut de gamme «Business VIP » particulièrement confortable, il se charge de vous amener puis de vous raccompagner en toute sécurité, notamment lors de sorties nocturnes afin que la fête soit plus belle.

AUTHENTIQUE EXCURSION

Plage de la Caravelle
✆ 06 90 16 05 39
www.authentique-excursion.com

Authentique Excursion propose un large panel d'activités, des cours de surf ou de kite ainsi que la location de véhicules et de bateaux avec ou sans permis, du semi-rigide à la cigarette 12 places avec skipper. Toutes sortes d'activités sont disponibles entre plaisirs nautiques (pêche au gros, canyoning, kayak, plongée), des balades en buggy en Grande Terre, des circuits en 4X4 pour la découverte de la Basse Terre, ainsi que des baptêmes en ULM, parapente ou parachute. La structure est également présente sur la marina de Saint-François.

AUTO DICOUNT LOCATION

Mare Gaillard
✆ 06 90 29 72 98
www.auto-discount.fr
À partir de 19 €/jour. Lundi, mardi, jeudi et vendredi 8h-12h30 et 13h30-16h30, mercredi et dimanche de 8h à 12h30.

Implanté aux Antilles depuis 1999 (6 agences en Guadeloupe, 1 agence en Martinique, 1 agence à Saint-Martin et 1 agence en Guyane), ce loueur 100% local vous propose le meilleur rapport qualité-prix. Citadine économique, spacieux minibus 9 places, SUV tout terrain, voiture sans permis, automatique ou manuelle : trouvez le véhicule adapté à vos vacances ou à vos besoins quotidiens. Un déménagement, des travaux ? Du petit fourgon au camion à benne basculante, particuliers ou professionnels, trouvez aussi le parfait utilitaire !

LIBERTY CARAIBE

Port des Galbas
✆ 06 21 73 19 13
Excursion à la journée vers Marie-Galante : 100 €/adulte, 90 €/enfant.

La traversée s'effectue en petit comité (12 personnes maximum) d'environ 1 h pour accéder à Marie-Galante au port de Saint-Louis. Le rendez-vous est fixé à 7h sur le ponton du port de pêche des Galbas situé face au village artisanal. Le retour est prévu vers 17h. Au programme, arrêt au marché local, au site de Gueule Grand Gouffre, visite d'une distillerie, du château Murat, repas local, baignade à l'anse Canot, le tout dans la convivialité. Les réservations peuvent s'effectuer par téléphone ou par mail. Un acompte est demandé pour confirmer toute réservation.

EASY RENT GUADELOUPE

Impasse Julie
✆ 06 90 51 19 54
easyrent-gp.com
Ouvert 7/7j de 7h à 21h.

Une agence de location qui fait de la satisfaction de ses clients une priorité. Accueil et services personnalisés à l'aéroport (dont des conseils pour passer un agréable séjour), au port ou au lieu de votre choix par du personnel parlant français, anglais ou allemand. La flotte est composée de véhicules de qualité 5 portes neufs ou récents en parfait état, climatisés, semi-compacts ou compacts. Livraison possible sur toute la Guadeloupe selon les besoins. Location à la journée pour les croisiéristes (depuis le port de plaisance).

HERTZ ANTILLES

✆ 05 90 85 49 61

www.hertzantilles.com

Ouvert lundi, mardi, jeudi, vendredi, samedi 8h-11h et 16h-18h. Mercredi 8h-13h, jours fériés et chômés 8h-11h.

L'agence est située à proximité du complexe Pierre & Vacances. Grand choix de véhicules disponibles (économique, tout-terrain, compacte, routière, luxe et sport, utilitaire). Réservation en ligne sur le site. En cas d'arrivée en dehors des heures d'ouverture de l'agence située à l'aéroport, il est possible de récupérer sa voiture (en supplément) : il suffit d'indiquer l'heure d'arrivée et le numéro de vol lors de votre réservation. Il est également possible de restituer le véhicule dans une des autres agences situées en Grande-Terre ou en Basse-Terre.

JUMBO CAR

✆ 05 90 47 00 16

www.jumbocar-guadeloupe.com

Ouvert du lundi au vendredi de 7h à 13h, le samedi de 7h à 12h.

L'agence est située au sein du complexe hôtelier de Pierre & Vacances de Sainte-Anne. Elle propose une large gamme de véhicules récents, de la gamme économique au 4x4 SUV en passant par les berlines de luxe, les cabriolets, les monospaces, les minibus, les véhicules utilitaires, les boîtes manuelles, les boîtes automatiques, les véhicules électriques/hybrides... Consultez leur site pour bénéficier des meilleurs tarifs. Prépaiement en ligne. Egalement location en libre-service via l'application joapp.fr (pour l'aéroport uniquement).

KARU'LIS

Boulevard Legitimus

POINTE-À-PITRE

✆ 05 90 24 26 06

https://karulis.com/

Tickets à partir de 1,20 € selon la zone.

Karu'Lis assure, avec ses bus orange, le transport de passagers sur Baie-Mahault, Abymes, Pointe-à-Pitre, Gosier, Sainte-Anne, Saint-François et La Désirade. 4 lignes desservent l'aéroport (repérables par la lettre AE), 3 lignes fonctionnent le week-end et les jours fériés (lettre Z) et un bus électrique circule dans le centre de Gosier. Les titres de transport sont disponibles dans les points de vente précisés sur leur site et en agence. Pratique, l'appli KARU'LIS qui permet de rechercher un itinéraire ou de connaître l'horaire de passage en temps réel.

D S CARS RENTAL

Gissac

✆ +590 0691 25 14 85

www.dscarsrental.fr

Location de véhicules à partir de 15 €/jour.

Basé à Sainte-Anne, DS Car Rental se veut l'allié de vos vacances, en proposant plusieurs services sans supplément (siège bébé, conducteur additionnel, livraison du véhicule à l'aéroport Pôle Caraïbes...), ainsi que des « offres avantages » récurrentes. L'enseigne propose à la location des véhicules neufs et confortables : Citroën C3 Génération (5 places, 5 portes, manuelle, essence, climatisée...), ainsi que des Fiat Panda hybrides (5 places, 5 portes, manuelle, essence, climatisée...). L'équipe se veut réactive pour un service de qualité. Réservation en ligne.

ORKYD & KA €

Route Des hauteurs

✆ 0690 82 19 16

orchydeka.com

A partir de 80 € la nuit. Accessible aux personnes à mobilité réduite.

Les propriétaires ont fait le choix de combiner leurs deux passions, le gwoka et la nature. Ils vous accueillent dans cette résidence composée de 5 villas (T1 et T3) et d'un bungalow de style créole. Vous êtes hébergé dans un joli jardin de 1 500 m² planté d'une multitude d'orchidées, de fleurs et d'arbres fruitiers locaux, refuge de nombreux oiseaux. Vous découvrirez les sonorités du gwoka (cette danse et musique traditionnelle guadeloupéenne). À disposition de tous, un parking sécurisé, une piscine et un espace détente ombragé.

SIMONATO LOCATION

✆ 06 90 57 87 86

www.simonatolocation.fr

Ouvert du lundi au samedi de 7h30 à 18h.

La structure dispose d'une longue expérience dans la location de véhicules et les retours des clients vont dans ce sens avec de bons commentaires. Simonato Location propose un large choix de voitures entre des mini-citadines, des citadines, des économiques, des compactes ou encore des monospaces. Toutes les voitures mises à disposition sont en parfait état et très bien entretenues, d'autant qu'elles sont révisées à chaque retour. Mise à disposition possible dès l'arrivée à l'aéroport en supplément. Réservation en ligne. Location sans limite de kilométrage.

BOIS FLOTTE €€

23 Parc de Bois Jolan

✆ 06 63 48 78 63

A partir de 65 €/nuit pour 2 personnes en basse saison, et 80 €/nuit en haute saison.

Cette petite résidence à 15 min de la plage de Bois Jolan abrite 4 bungalows et une maison avec spa privatif, pouvant accueillir de 2 à 6 personnes, selon l'hébergement. Le matériau bois est évidemment privilégié comme l'indique l'enseigne. Chaque logement dispose d'une cuisine entièrement équipée, d'une terrasse. Il est possible de se faire livrer le petit-déjeuner. Le jardin est équipé d'un espace barbecue à disposition. Les propriétaires, Marine et Rémy, sont aux petits soins pour leurs hôtes et proposent aussi de la location de voiture.

ZANDOLIKOKO €

160 Rue Anse Gros Sable

✆ 06 90 54 34 07

www.zandolikoko.com

A partir de 51 €/nuit pour un studio double, 64 € pour un T2 ou 2 pers. et 89 € pour un T3 (4 pers).

Les sept bungalows aux couleurs éclatantes sont nichés, bien au calme, au cœur d'un jardin tropical. L'établissement est situé à 500 mètres de la plage entre Sainte-Anne et Saint-François. Le spot de surf du Helleux est à quelques minutes. Du studio au T3, les logements sont fonctionnels et confortables. Ils sont dotés d'une terrasse en deck à l'ombre des arbres (avec hamac) et d'un petit jardin privatif sans vis-à-vis. Le petit plus : les amateurs de peinture apprécieront les œuvres d'un artiste local exposées dans les bungalows.

BUNGALODGE €€

4 lotissement domaine de Gissac

✆ 0690 47 05 38

www.bungalodge971.fr

À partir de 120 € la nuit. Séjour de 2 nuits minimum.

Ce bungalow de standing tout en bois est construit sur pilotis. Il surplombe un grand étang. Il a été conçu dans le respect des règles bioclimatiques qui privilégient la ventilation naturelle sans toutefois restreindre le confort des occupants. L'hébergement peut accueillir 2 personnes. Il dispose d'une chambre climatisée avec dressing, d'un coin salon, d'une cuisine entièrement équipée et ouverte sur l'extérieur, d'une grande terrasse en deck avec piscine et équipements de détente, d'un barbecue. Le tout entouré d'un joli jardin.

CLUB MED €€

Plage de la Caravelle
✆ 05 90 85 49 50
www.clubmed.fr

Pour connaître les tarifs d'hébergement, consultez le site Web.

Le Club Med est implanté depuis plus de 30 ans sur cette superbe plage de sable blanc, bordée de palmiers et aux eaux turquoise. Elle figure au rang des plus belles de l'archipel guadeloupéen. Ici, tout est pensé pour vous relaxer, vous ressourcer ou bien vous défouler avec de nombreuses activités sportives proposées sur place. Un espace, dédié au bien-être et à la relaxation, est implanté à l'écart de l'animation qui règne au cœur de ce grand complexe notamment dans la zone d'activités toujours aussi plébiscitée par les familles.

COCONUT PLAGE €€

Castaing
✆ 0690 73 47 45
coconutplage.fr

À partir de 112 €/nuit pour un studio, 300 €/nuit pour un appartement 7 pers, villa 4 995 €/semaine. 5 nuits minimum.

Situé littéralement les pieds dans l'eau et dans le sable, ce gîte est composé de studios et d'un appartement à l'étage. Les hébergements sont logés dans un écrin de verdure. Les studios spacieux (40 m²) et climatisés sont situés en rez-de-chaussée. Ils sont dotés d'une terrasse avec coin repas. L'appartement de 170 m² dispose de 3 chambres, 2 salles de bain, d'une cuisine entièrement équipée, un grand salon, une terrasse sur mer. Il peut accueillir 7 à 8 personnes. Un deck sur la plage privée équipé de transats permet de profiter de moments de détente.

LES GÎTES DE L'ORÉE €€

Route de Bois Jolan
✆ 06 76 56 52 29
www.gitesdeloree.com

Tarif à partir de 350 € la semaine. Séjour de 5 nuits minimum. Forfait week-end : les consulter.

Les quatre logements, à la décoration contemporaine, sont situés dans une résidence à taille humaine à proximité de la plage de Bois-Jolan, encore préservée. Le bourg de Sainte-Anne, sa plage municipale, ses commerces sont seulement à quelques minutes. Les hébergements peuvent accueillir de 2 à 4 personnes. Ils disposent d'une chambre climatisée, d'une cuisine entièrement équipée (réfrigérateur congélateur, cafetière électrique, grille-pain...), d'une salle de bain et d'une terrasse ouvrant sur la piscine commune qui est aménagée en espace détente.

KONOKORA ÉCOLODGE €€

Route D102
✆ 0690 45 17 98
www.konokora.com

À partir de 290 € par nuit pour deux personnes.

Bien qu'à proximité du centre-ville, cet écolodge, dont le nom signifie «ma forêt » en amérindien, bénéficie d'un emplacement privilégié au cœur de la nature pour profiter d'une parenthèse durant votre séjour. Les cabanes sont dotées d'une chambre, d'un filet d'habitation, d'une salle de bain avec baignoire et jardin tropical, d'une grande terrasse, d'une kitchenette, d'une piscine privative et d'une douche à ciel ouvert. Vous bénéficiez de prestations haut de gamme dans une atmosphère cosy entre services de restauration, massage balinais...

LE ROTABAS €

Pointe de la Caravelle
✆ 05 90 88 25 60 - www.lerotabas.com

A partir de 110 €/nuit en double, petit déjeuner inclus.

L'hôtel est situé à 50 mètres de la plage de la Caravelle. Les bungalows disposent d'une terrasse avec jardin privatif. Certains sont équipés d'une kitchenette (avec réfrigérateur, plaque électrique et four à micro-ondes) sur le balcon. Ils sont équipés pour accueillir 3 personnes et certains sont adaptés pour les personnes à mobilité réduite. Les chambres (d'une superficie de 15 m²) avec un salon commun, équipées de 2 lits de 120 sont situées au premier étage du bâtiment qui surplombe la piscine. Sur place, un snack-bar et un restaurant ouvert midi et soir.

L'OISEAU BLEU €€

42 domaine de Dubellay
✆ 05 90 20 84 37
www.loiseaubleu971.com
Tarifs à partir de 40 € la nuit pour 2 personnes. 5 € par personne supplémentaire. Possibilité d'accueil à l'aéroport.

Situé à moins de 2 kilomètres du centre-ville de Sainte Anne et de sa plage, l'Oiseau Bleu propose à la location 2 bungalows entièrement équipés avec vue sur la mer et les îles environnantes et nichés au cœur d'un jardin créole. Les logements, à l'architecture créole et d'une surface de 30 m², peuvent accueillir jusqu'à 4 personnes. La chambre climatisée est équipée d'un lit deux places et le séjour d'un canapé clic-clac. Piscine commune pour les deux hébergements. Accès Internet gratuit. Les hôtes sont d'excellent conseil pour passer un agréable séjour.

LOGISREV €€

298 rue de l'Habitation
✆ 06 95 73 01 46
www.logisrev.com
À partir de 50 €/nuit pour un gîte 3 personnes, 65 €/nuit pour 4 personnes.

La propriété dispose de 5 bungalows pouvant accueillir toute l'année jusqu'à 20 personnes au total sur le site. Les bungalows peuvent accueillir jusqu'à 6 personnes (2 chambres + 2 couchages dans le salon). Tous les bungalows (de 30 m² à 80 m²) disposent de chambres climatisées, d'un coin salon, d'une kitchenette et d'une terrasse aménagée. Une piscine commune est présente au sein d'un joli patio ainsi qu'un carbet pour déguster des ti punchs à l'ombre. Une table d'hôtes est également proposée pour déguster de délicieux plats créoles.

LES NUITS DE L'ANSE €€

Anse à la barque
✆ 06 90 32 72 37
www.lesnuitsdelanse.fr/
À partir de 180 €/nuit. Frais de ménage non inclus.

C'est au calme dans une propriété de 4 hébergements indépendants, à 10 minutes de la plage de l'anse à la Barque, que vous séjournerez dans un gîte de construction récente avec un «bac à punch » privatif. Chaque hébergement pouvant accueillir entre 2 et 4 personnes est doté de 2 chambres climatisées, d'une salle de bains, d'une cuisine tout équipée, d'un coin salon avec Smart TV et d'une terrasse ombragée. À l'écart du bruit et de l'agitation du littoral, vous profiterez d'un cadre reposant tout en bénéficiant de la proximité des sites très prisés de cette région.

TI-SOLEIL €€

706 Rue du Moulin
✆ 06 90 57 62 17
www.ti-soleil.com
Studio pour 2 à partir de 245 €/semaine.

Les hébergements sont implantés au cœur d'un jardin de bananiers avec plusieurs plages à proximité. Entièrement équipé, le studio pour deux personnes de 37 m² propose une terrasse ensoleillée. Le studio avec mezzanine de 45 m² accueille pour sa part jusqu'à 4 personnes, et jusqu'à 5 personnes pour le T2 avec mezzanine. Ce dernier est d'une superficie de 52 m² avec une chambre fermée et une mezzanine de 15 m² avec 3 lits simples, un coin cuisine et une terrasse de 25 m². Espace laverie avec lave-linge commun à disposition. Premier petit déjeuner offert.

TI VILLAGE CRÉOLE €€

✆ 0690 580 586
www.tivillagecreole.fr
À partir de 50 €/nuit/studio, de 70 € /bungalow 2 personnes, de 104 €/bungalow 4 personnes.

Cette résidence se situe dans un cadre verdoyant, à proximité du centre-ville et des plages. Elle comprend 14 logements entre des studios, des bungalows 1 chambre ou 2 chambres. Chaque bungalow dispose d'une terrasse, d'une cuisine équipée, d'une ou deux chambres et d'un séjour avec canapé convertible. Un bungalow est équipé pour les personnes à mobilité réduite. Les studios sont dotés d'une terrasse avec coin cuisine et d'un jardinet. L'établissement dispose d'une piscine, d'un parking privé, d'une machine à laver et d'une petite épicerie.

LE VILLAGE DE SAINTE-ANNE €€

Lieu-dit Séo
✆ 05 90 47 00 00
pierreetvacances.com
Village classé 4 Soleils. Fermeture annuelle de septembre à mi-octobre.

Situé à mi-chemin entre Sainte-Anne et Saint-François, en bordure de deux plages, ce village est propice à la détente. Les 504 appartements peuvent accueillir jusqu'à 6 personnes. Ils sont répartis au cœur de jardins tropicaux. De l'autre côté du village, un vaste espace aquatique surplombe la mer : piscine, bassin à bulles et bassin pour enfants. De nombreux services sont disponibles : salle de fitness, soins du corps, club enfants, restauration, animations et activités nautiques.

LE NIL €€

Boulevard Ibené ✆ 06 41 87 59 10
www.lenilhotel.com

Chambre double à partir de 390 €/3 nuits et 910 €/semaine chambre double avec vue : 465 €/3 nuits, 1 085 €/semaine.

Ce petit hôtel familial est situé sur la plage municipale, avec la mer à seulement quelques mètres, en bout de plage, sur un site calme et sécurisé. Il dispose de sa petite plage privée avec des bains de soleil à disposition. Les chambres, le bar et le restaurant sont situés dans un jardin. Au-delà de son emplacement privilégié, cet hôtel propose des prestations de qualité, des chambres et des salles de bains dotées d'un beau mobilier et de volumes agréables avec un accueil personnalisé très appréciable. Certaines chambres disposent d'une terrasse vue mer.

LA TOUBANA HOTEL & SPA €€€

Fonds Thézan ✆ 05 90 88 25 78
www.toubana.com

À partir 283,50 €/nuit pour deux personnes en bungalow.

Cet hôtel de charme bénéficie d'une vue exceptionnelle sur l'océan. Les 33 bungalows avec terrasse privée sont répartis dans un jardin tropical. Les 12 suites sont dotées d'une petite piscine privée. Sur place, une piscine à débordement, une salle de fitness, un spa avec bain à remous, sauna et hammam, un restaurant. À disposition également 3 villas de 4 chambres avec salles de bain privatives, un grand séjour, une cuisine entièrement équipée et une piscine privée qui dispose d'un accès à la plage privée de l'hôtel d'une capacité d'accueil jusqu'à 10 personnes.

LE RELAIS DU MOULIN €€€

Le Helleux
✆ 05 90 88 48 48
www.relaisdumoulin.com

À partir de 210 € pour 2 personnes en bungalow, suite à partir de 270 €/nuit pour 2 personnes.

Cet hôtel de charme est niché au cœur d'un jardin tropical. Il abrite 60 chambres et suites dotées d'une terrasse privative. Les suites supérieures sont équipées d'un spa sur la terrasse. Sur place, une grande piscine, un court de tennis, une salle de sport, un spa/hammam, une conciergerie, un snack-bar et un restaurant. La plage du Helleux est à 700 m. Le moulin à vent rénové aux ailes éclairées apporte une touche de féerie à la nuit tombée. Elles permettent également de se repérer pour retrouver la route de l'hôtel car elles sont visibles de la route nationale !

LE BEL INSTANT €€

17 rue de la Plage
✆ 05 90 84 91 39
www.lebelinstant.gp

À partir de 195 €/3 nuits pour 2 personnes et de 360 €/3 nuits pour 4 personnes (tarifs basse saison). 3 nuits minimum.

Les quatre bungalows de charme sont situés devant la plage de Sainte-Anne, avec de nombreux commerces à proximité dont le marché local. Trois peuvent accueillir deux à quatre personnes et le quatrième est conçu pour recevoir quatre personnes. Possibilité d'ajouter un lit d'appoint dans chacun des hébergements. Tous les bungalows disposent d'une terrasse privée, de la climatisation et d'une décoration de charme. Les petits animaux de compagnie sont admis. Vous avez simplement à traverser la rue pour accéder à la plage municipale.

ALIZES BUNGALOWS €

249 rue Lethière ✆ 05 90 85 85 91
www.alizes-bungalows.fr

A partir de 53 € pour un bungalow classique (pour 2 personnes). Tarifs dégressifs selon la durée du séjour.

L'établissement est situé à 300 m de la plage municipale de Sainte-Anne et à proximité du centre-ville, des commerces et du marché local. Les 4 studios et les 9 bungalows sont nichés dans un grand parc ombragé de 7 000 m². Les bungalows sont équipés d'une cuisine américaine, et les studios disposent d'une kitchenette. Wi-Fi très haut débit en CPL accessible sur l'ensemble du site et connexion Internet gratuite sur place. Linge de maison fourni et changé chaque semaine. Parking privé. Promotions très intéressantes sur le site pour y séjourner à moindre coût.

COTTON RÉSIDENCES €€

Durivage 7
✆ 06 90 68 15 16
www.cotton-residences.com

À partir de 360 € pour 4 nuits. Séjour minimum 4 nuits.

Les 4 appartements sont situés dans une construction récente sur deux niveaux, à l'architecture créole. Les hébergements, d'environ 50 m², peuvent accueillir jusqu'à 4 personnes. Deux sont situés au rez-de-chaussée et deux à l'étage, dans des chambres mansardées. Chacun dispose d'une chambre, d'une cuisine ouverte, d'un séjour avec couchage pour 2 personnes, et d'une terrasse donnant sur le jardin. Nombreux équipements (wifi, téléphone, télévision TNT locale et box TV en streaming, machine à laver, barbecue, aspirateur...). Belles prestations.

ALAMANDA €€

7 lotissement Beauséjour
✆ 06 90 90 19 36
www.residence-alamanda.com

Appartement à partir 95 €/nuit, bungalow à partir de 115 €, villa à partir de 155 €. Location de 7 jours minimum.

Située entre Sainte-Anne et Saint-François, la résidence est composée d'une villa, d'un bungalow et de deux appartements nichés dans un jardin paysager luxuriant de 1 500 m² avec piscine. Chaque logement dispose d'une cuisine équipée, d'une terrasse sans vis-à-vis, de téléviseurs écrans plats et de chambres climatisées. Les plus : wifi gratuit, espace barbecue dans le jardin, machine à laver en libre-service avec supplément, réfrigérateur garni à l'arrivée pour le premier petit déjeuner. Service traiteur à domicile pour les repas du midi et du soir.

HABITATION I'SEO €€

Rue du Littoral sur Rue de l'Anse à la Barque
✆ 06 90 27 88 57
www.habitation-iseo.com/

À partir de 145 €/nuit/studio, 170 €/appart 2/4 p. hors frais de ménage et taxe de séjour. Séjour minimum 2 nuits.

À deux pas de la plage, vous êtes accueilli dans un des sept logements au design moderne et épuré où tout a été pensé pour le bien-être et le confort avec un concept unique de Tiny Piscines vitrées privatives. Le concept Adult Only permet de profiter de vrais moments de détente et de tranquillité. Au choix, des studios pour 2 et un appartement avec accès PMR jusqu'à 4 personnes en autonomie avec la possibilité de réserver des logements côte à côte afin d'augmenter la capacité d'accueil. Le petit déjeuner de bienvenue est offert le lendemain de l'arrivée.

IGUANE HOUSE VILLAS & MICRO SPA €€

Route du Flibustier
✆ 0690 840 728
www.iguanehouse.com
Villa à partir de 540 €/3 nuits. Séjours de 3 nuits minimum.

Valérie, aux petits soins pour ses hôtes et engagée dans le tourisme durable et responsable, propose 4 villas à la décoration contemporaine dotées de tout le confort et pourvues chacune d'une piscine et d'un jardin privatif. Ces hébergements peuvent accueillir 2 à 4 personnes à la recherche d'un lieu pour se ressourcer. Ils sont perchés sur une falaise et bénéficient d'une vue mer. Valérie propose également des soins de bien-être personnalisés ou un moment de détente dans le spa.

KOKOPLAJ-PISCINE €

Le Helleux
✆ 05 90 20 39 21
www.locations-guadeloupe.org
Hébergement à partir de 285 €/semaine. Location planche surf 70 €/semaine, 10 €/2 heures. Cours surf à partir de 25 €.

Idéalement situé à proximité de 3 plages dans un quartier résidentiel, à 150 m de la plage et du spot de surf du Helleux et à 5 min à pied de la plage de Bois Jolan protégée par la barrière de corail, le Surfcamp de kokoplaj-Piscine est composé de studios, de T2 avec spa privatif et de T3 duplex tous climatisés. Profitez de sa proximité à pied pour découvrir ou faire découvrir le surf en famille ou entre amis en toute sécurité avec Greg moniteur de surf diplômé, qui surfe au Helleux depuis l'âge de 7 ans ! Vous repartirez avec des souvenirs plein la tête...

TIKI PARADISE LODGE €€

14 Route de Fond vapeur
✆ 06 90 17 45 49
www.tikiparadiselodge.com
Bungalow à partir de 374,25 €/3 nuits. Séjours de 3 nuits minimum.

Le complexe a été pensé pour répondre aux attentes des clients qui souhaitent s'évader. Vos hôtes vous accueillent dans un cadre convivial et plein de charme. Le site est composé de 3 bungalows de 2 à 8 personnes implantés dans un jardin tropical autour d'un magnifique lagon artificiel situé à 10 minutes des plus belles plages environnantes. Au programme, des moments intimistes ou conviviaux autour du carbet barbecue et du spa privatif imitation pierres. Les services proposés : wifi, petits-déjeuners, table d'hôtes, excursions et location de voitures.

TROPIC ET CHIC €€€

Section Burat
✆ 0690 55 99 03
www.tropic-et-chic.com
Villas 2/4 personnes à partir de 750 €/5 nuits, 1 200 € pour 4/6 personnes. Séjour de 5 nuits minimum.

Situées sur les hauteurs de Sainte-Anne, les 3 villas de construction récente sont dotées chacune d'une piscine, d'une vue mer et sans vis-à-vis. Les pièces sont spacieuses et lumineuses et ouvrent sur la grande terrasse. La décoration est contemporaine, soignée et épurée. Chaque villa dispose d'une chambre (lit 180 x 200) avec salle de bain semi-ouverte, d'un séjour doté d'un canapé en cuir qui peut faire office d'un second couchage (140 x 200) avec un matelas très confortable, d'une cuisine ouverte entièrement aménagée. Très belles prestations !

L'AUTHENTIQUE €

Village Artisanal - Les Galbas
✆ 05 90 85 43 10
Ouvert du lundi au samedi de 8h à 20h et 7j/7 en saison. Formule à 15 €, snacking entre 5 et 10 €.

L'Authentique, au cœur du Village artisanal, constitue une halte bienvenue après une virée shopping, ou après une baignade à la plage du bourg. Ce snack-bar propose des sandwichs, des paninis, des menus steaks hachés... Parfaits pour une petite faim, à n'importe quelle heure de la journée. Cette adresse est également idéale pour boire un verre en fin de journée sur la terrasse ombragée. Laissez-vous tenter par une sélection de cocktails à base de rhum, un jus de fruits local ou fraîchement pressé. Un grand parking permet de se garer facilement.

ZANDOLI EXOTIC RÉSIDENCE €

100 Rue Bois Campêche ✆ 06 90 07 99 69
www.zandoli-exotic-residence.fr/fr

Studio à partir de 63 €/nuit. Appartement à partir de 126 €/nuit.

Située au cœur d'un quartier résidentiel, cette résidence est seulement à quelques minutes à pied de la plage de Bois Jolan. Pour le confort et la quiétude de ses locataires, cette résidence reste volontairement réduite : 5 studios de 45 m² pouvant accueillir jusqu'à 6 personnes et 2 appartements T4 de 120 m² d'une capacité d'accueil de 7 à 9 personnes. Vous serez charmé par l'élégance du site, son confort. Les logements sont dotés de la climatisation, du wifi, d'une piscine sécurisée, d'un solarium et d'un espace détente avec barbecue.

LA RÔTISSERIE DE SAINTE ANNE €

149 Boulevard Hégesippe Ibene
✆ 06 90 97 59 74

Du mardi au dimanche de 9h30 à 14h30. Addition moyenne à 15 €.

La rôtisserie est située sur le boulevard principal à proximité immédiate de la plage du bourg. Très pratique pour emporter des plats pour un pique-nique ou encore au retour de plage pour dîner tranquillement chez soi. A la carte : viandes rôties (poulet, jambon, rôtis de porc, saucisses, gigot, *ribs*...), gratins, sandwichs, frites et de belles salades. Les tarifs sont très raisonnables. Il est prudent de réserver car l'adresse est également bien connue des résidents.

BAGUET SHOP SAINTE-ANNE €

Rue de l'Habitation
✆ 05 90 23 74 58

Ouvert du lundi au samedi de 6h30 à 19h30, le dimanche de 6h30 à 18h.

Cette boulangerie-pâtisserie est parfaite pour un petit creux, en terrasse ou à emporter avant ou en revenant de la plage. Cette enseigne antillaise, qui a célébré ses quinze ans en 2020, s'est développée avec 13 points de vente en Martinique avant de s'implanter en Guadeloupe, qui compte désormais 7 points de vente répartis sur l'île. Elle propose une large gamme de produits sucrés et salés entre le pain encore tout chaud, des sandwichs, des viennoiseries, des desserts, des entremets, des salades fraîches, des plats cuisinés, le tout avec des saveurs locales.

TWADISYON GWADLOUP €

Boulevard Ibene
✆ 0690 91 25 24

Présent sur le marché de Sainte-Anne, samedi et dimanche de 7h à 13h.

Une excellente adresse pour déguster du boudin créole que nous considérons comme la meilleure de l'île ! L'artisan est présent sur le marché de Sainte-Anne les samedi et dimanche. Vous pourrez découvrir sur ses étals des boudins cuits au feu de bois en diverses versions : au poisson, au lambi, à la morue, au giraumon, à la papaye... Ils sont vendus chauds, prêts à déguster ou froids pour être réchauffés à la maison. N'attendez pas la fin de matinée sous risque de ne plus avoir de boudins. Egalement présent aux Abymes, à Petit-bourg et à Basse Terre.

KARIBBEAN FLAVORS €

Plage du bourg
✆ 06 90 85 88 02

Uniquement sur réservation. Prestation de 2 à 10 personnes.

Imaginez-vous dans l'eau en amoureux, autour d'un joli plateau flottant pour le petit déjeuner ou bien autour d'un brunch décoré de fleurs. Une *box lunch* est également proposée pour se restaurer le midi. Ce service de restauration est proposé en plein air, sur la plage, la rivière, ou bien au cœur de la nature, dans des lieux choisis avec soin par l'équipe. Sont aussi proposés : un salon de thé éphémère (événement ponctuel) ou encore la prestation « lever ou coucher de soleil », disponible sur plage de Bois-Jolan à Sainte-Anne ou La Coulée à Saint-François.

LE BAHÔLI €

Rue de la plage
✆ 0590 22 7 751

Ouvert de 18h à minuit le mardi, de 16h à minuit du mercredi au vendredi, et jusqu'à 2h vendredi et samedi.

Ce restaurant *beach bar* est situé à proximité immédiate de la plage du bourg de Sainte-Anne. L'établissement est doté d'un mobilier écologique créé à partir de palettes recyclées et de jolis tonneaux de rhum faisant office de tables. Très pratique, sa terrasse couverte pour affronter une éventuelle averse. Vous pouvez savourer, au son d'une musique branchée, des cocktails maison ou toute autre boisson de votre choix, mais également manger sur place. Des évènements festifs ponctuels sont organisés tels que des soirées DJ. Consultez leur page Facebook ou Instagram.

LES COCOTIERS €

Route de Courcelles

✆ 05 90 24 13 60

Ouvert midi et soir du mardi au samedi, lundi et dimanche midi. Buffet à volonté à partir de 22 €, 25 € le week-end.

C'est le rendez-vous des locaux qui apprécient le lieu pour ses formules à volonté et son ambiance musicale le week-end (dont un karaoké). Tout est à volonté, même l'apéritif que vous préparez vous-même ! La cuisine est locale avec un large choix de crudités, d'entrées, mais également de plats et desserts (accras, de la brandade de morue, des ribs, des ailes de dinde, du colombo, du poulet, du poisson grillé, gratins de légumes locaux). Le même concept est également proposé dans le restaurant éponyme situé sur la plage de Trois-Rivières. Réservation conseillée.

KASSAVERIE WIDY GRÉGO €

Fouché

✆ 0690 17 05 04

Table d'hôtes dimanche et jeudi midi sur réservation. Formules à partir de 15 €.

Widy Grégo, ancien sportif, s'est découvert une passion pour le manioc. Il a créé sa structure de transformation du manioc et propose des recettes végétaliennes sucrées et salées élaborées à partir de fruits et de légumes de Guadeloupe (tartes, cheese cake et pizzas végans, des boissons locales, du thé glacé)... Ses produits végans et sans gluten sont 100 % manioc. Vous pouvez retrouver également Widy Grégo les mardis et samedis au niveau du rond-point du Neg Mawon (à proximité du village artisanal de Sainte-Anne) où il vend ses fabrications à base de manioc.

KOULEUR KRÉOL €

Plage de Sainte-Anne

✆ 05 90 91 45 76

Ouvert tous les jours. Service de 12h à 15h et de 19h à 22h. Addition moyenne : 30 €.

Cette petite paillote est située face à la plage de Sainte-Anne. Jacques-Edouard, le propriétaire, propose des plats créoles (assiette créole, langouste, vivaneau lambi, chatrou...), à des prix raisonnables avec un menu du jour ou uniquement un plat du jour. Après un bon bain de mer, vous pouvez également y prendre un verre ; vous avez simplement la plage à traverser. Des événements musicaux sont organisés le week-end. Consultez la page Facebook pour connaître leur programmation. Très pratique : le parking réservé aux clients derrière le restaurant !

KONTIKI €

Plage municipale de Sainte-Anne

✆ 05 90 579542 - www.kontiki-guadeloupe.fr/

Ouvert 7j/7 de 9h à 19h. A partir de 16 €/plat chaud, de 3,50 €/sandwichs, de 4 €/crêpes. Langouste 9 € les 100 g.

Situé au bout de la plage municipale à l'opposé de la base nautique. L'emplacement est idéal, car l'établissement se trouve quasi les pieds dans l'eau du lagon aux eaux turquoise de la plage municipale. C'est parfait pour passer un moment convivial à l'ombre d'un carbet. La carte est très vaste avec des plats de viandes et de poissons (cuisine créole et traditionnelle française), de la langouste, des grandes salades, des sandwichs, des omelettes, des crêpes, un service snacking et des glaces. Possibilité de prendre une douche après la baignade.

PONCHO GRILL €

Le Helleux

✆ 09 74 56 02 83

ponchogrill.fr

Lun-sam de 11h à 23h en continu, jusqu'à 17h le dimanche. Plats du jour à partir de 10 €. Sur place et à emporter.

Le restaurant Poncho Grill vous propose, au bord de la route nationale (vous ne pouvez pas le manquer), un large choix de grillades au feu de bois (poulet, ribs, poissons, gigot d'agneau, entrecôte, brochette de bœuf, cochon grillé, langouste grillée....), servies copieusement avec divers accompagnements. Les plats sont à consommer sur place ou à emporter. Des animations musicales sont organisées le soir vendredi et samedi à partir de 20h30 et le dimanche à partir de 12h30. L'attente peut s'avérer assez longue en période d'affluence.

KOTE SUD €€

16 lotissement Doré

✆ 05 90 88 17 31

Ouvert du mardi soir au dimanche midi. Addition moyenne : 45 €.

Les propriétaires sont particulièrement agréables et toujours aux petits soins pour leurs clients. La carte est orientée vers une cuisine traditionnelle française aux saveurs créoles. Tous les plats proposés sont élaborés avec des produits frais et locaux et sont toujours originaux et authentiques selon la saison. La carte change très régulièrement, avec des options pour les végétariens. Les portions sont copieuses et bien présentées, un délice pour les yeux et les papilles ! L'adresse mérite toujours le détour ! La réservation est conseillée.

SOOPASOUP €

9 rue de la plage

✆ 06 90 93 86 30

Ouvert de 12h à 15h et de 18h à 22h du mercredi au samedi. Ticket moyen à 15 €.

Le slogan qui en dit long : « C'est simple de faire bien et pas cher ». Parfait pour découvrir la saveur des fruits et légumes locaux grâce à une équipe chaleureuse et dynamique, pour déguster des soupes à composer vous-même, des salades, des burgers, des *tété dwèt* (tapas locales), des crudités élaborés selon la pêche et la saison, mais aussi des jus frais locaux, le tout fait maison et 100 % bio. Le petit jardin permet de s'attabler en toute tranquillité. Et pour ceux qui souhaitent profiter de la plage située à deux pas, les repas peuvent être emportés.

LE LUCULLUS €€

Route de la plage

✆ 05 90 85 44 29

Ouvert midi et soir du mercredi au dimanche. Addition moyenne : 30 €.

Situé à environ 100 mètres de la plage, ce restaurant n'attire pas forcément le regard lorsque l'on passe devant. Toutefois, il bénéficie d'une bonne réputation notamment par les locaux et figure parmi les bonnes adresses du secteur. Vous pouvez y apprécier des plats typiques (accras, fricassée de lambi, poulet coco, blanc-manger coco, gâteau de patate douce, etc.), des grillades... Les tarifs sont raisonnables. L'accueil y est chaleureux. Le brumisateur sur la terrasse apporte un peu de fraîcheur bien appréciable. La réservation est conseillée.

LE GRAND BLEU €€

Route de l'hôtel Toubana

✆ 05 90 88 25 57

www.toubana.com

Ouvert matin (brunchs 7h-10h), midi et soir. À partir de 23 €/entrée, 30 €/plat et 14 €/dessert.

Il s'agit du restaurant de l'hôtel 5* La Toubana. La terrasse panoramique perchée sur une falaise domine les îles environnantes. À la carte, une cuisine française métissée et raffinée. L'établissement est spécialisé dans la langouste du vivier, mais tous les plats proposés sont vraiment réguliers en qualité et en fraîcheur. Il est préférable de réserver surtout le week-end et les jours fériés. La piscine est accessible aux clients du restaurant. Le restaurant-snack installé dans la petite crique en contrebas de l'hôtel permet de déjeuner les pieds dans l'eau.

LE NIL €€

Boulevard Ibené

✆ 06 41 87 59 10

www.lenilhotel.com

Ouvert 7j/7 midi et soir. Plats entre 20 et 25 €. Tapas aux alentours de 7 €. Parking privé gratuit.

Le restaurant est situé dans l'enceinte de l'hôtel éponyme, qui est implanté sur la plage à seulement quelques mètres de la mer. Il est ouvert aux personnes extérieures. La carte est composée de plats élaborés à partir des produits locaux. Les poissons proviennent directement du pêcheur Meddy, qui dispose d'un étal à quelques pas du restaurant. Au choix, des tapas, 2 plats de poisson, 2 plats de viande et des grillades au barbecue dont une énorme côte de bœuf à partager à deux ou pas... Le dimanche, à partir de 15h, un concert est organisé.

M'CO SAVEURS €€

Section Pavillon
✆ 0690 40 19 61
Ouvert le soir sauf le lundi. Réservation impérative au moins 4h avant le repas.

Ce restaurant gastronomique créole est particulièrement réputé. La Cheffe Marie a su mettre au point des assiettes à la présentation recherchée en misant sur la valorisation des produits locaux sélectionnés. Tout est fait maison à l'image de ses petits pains parfumés et aux goûts divers, des rillettes de poissons, des fruits séchés pour les cocktails... La salle à la décoration sobre et élégante, la mise de table soignée, le service aux petits soins et la cuisine savoureuse font de cet établissement un incontournable en Guadeloupe.

LE ZAMANA €€€

À la sortie de Sainte-Anne, dans l'enceinte de l'hôtel Le Relais du Moulin.
✆ 05 90 88 48 48
www.relaisdumoulin.com/
Ouvert du mardi au samedi de 19h à 22h.

Le restaurant bénéficie d'un superbe cadre car il est situé dans l'enceinte de Relais du Moulin, un charmant hôtel 4 étoiles. Le site, avec son moulin restauré et son jardin, vaut déjà à lui seul le détour. La grande terrasse, meublée et décorée avec élégance, surplombe la piscine. Des soirées à thème sont proposées (par exemple, barbecue, dégustation créole, soirée Méchoui à volonté avec DJ...). Consultez la page Facebook pour connaître les évènements à venir pendant votre séjour. Pour le déjeuner, une formule snack est proposée, mais uniquement sur réservation.

SALON DUCHESSE

102 Rue du débarcadère
✆ 0690 96 65 15
https://salon-duchesse.business.site
Lundi, mardi, jeudi de 10h à 21h, vendredi et samedi jusqu'à 22h, dimanche de 13h à 21h.

Le Salon Duchesse est un lieu parfait pour profiter avec bonheur d'une petite pause gourmande sucrée ou salée à tout moment de la journée. Vous êtes accueilli dans une atmosphère cosy et dans une ambiance très sympathique. Le choix est vaste entre gaufres, bubble waffles, hot-dog, thé local, confiseries et glaces artisanales 100 % locales avec des fruits pays savoureux. Lancez-vous et testez, par exemple, la gaufre au hareng-saur... Service sur place ou à emporter. Livraison possible par l'application Please. Wifi gratuit sur place.

FABIENNE YOUYOUTTE

11 rue Bastaraud
✆ 0590 48 57 33
www.fabienneyouyoutte.com
Du mardi au dimanche de 10h30 à 19h.

Fabienne Youyoutte, élue «Meilleur artisan de France » en 2019, propose des glaces, des sorbets, des confitures et des pâtisseries aux parfums locaux les plus surprenants parmi lesquels piment, manioc, patate douce, giraumon... à découvrir dans ses boutiques (Pointe des Châteaux à Saint-François, Pointe-à-Pitre et Grand Bourg à Marie-Galante). L'authenticité des fruits et autres produits locaux est parfaitement préservée pour le plus grand bonheur des amateurs de gourmandises. On peut également déguster un thé pays accompagné de mignardises sur place.

SWEETHE

111 Boulevard Ibené
http://sweethe.fr
Du lundi au vendredi de 10h30 à 17h30. Fermé le week-end.

L'établissement propose une véritable pause fraîcheur au cœur de Sainte-Anne et près de la plage : voilà ce que propose Sweethé, petit concept de thé glacé frais, naturel rafraîchissant et nourrissant à la fois. Leur thé est agrémenté de billes de sirop. De nombreuses saveurs de la Caraïbe sont disponibles pour combler les palais les plus gourmands : ananas, mangue, passion, goyave... Petit plus : le client peut choisir le taux de sucre souhaité. Une jolie boîte à repas composée de wraps tout chauds est également proposée tous les midis.

BLUE HAMAC CARAIBES

RN4

✆ 0590 23 46 53

www.bluehamac-caraibes.shop/

Ouvert du lundi au samedi de 10h à 19h.

Voici la boutique du hamac par excellence installée face au village artisanal de Sainte-Anne depuis une vingtaine d'années ! Vous y trouverez tous types de hamacs de très bonne qualité en provenance du Guatemala. Ils sont disponibles également en version chaise suspendue, de différentes tailles, matières, et en divers tissus et coloris. Ils sont accessibles à tous les budgets avec des modèles étudiés spécialement pour les enfants. Il est possible de se faire livrer dans l'Hexagone en commandant depuis le site. L'accueil y est toujours agréable et de bon conseil.

MEDY POISSON

Boulevard Hégésippé Ibéné

✆ 06 90 93 69 37

www.medy-poisson.fr

Du lundi au samedi de 7h30 à 12h.

Cette famille de pêcheurs propose le produit de leur labeur depuis plus de 15 ans maintenant. Au choix, chaque matin, selon la pêche du jour, du thon, de la dorade, des langoustes, des cigales, du marlin, du vivaneau, du lambi (pendant la saison autorisée)... ou encore du poisson-lion (une espèce invasive qu'il faut consommer pour limiter sa présence). Medy vous les prépare sur demande, le tout à un tarif intéressant. Il est également possible de disposer d'une livraison à domicile. Possibilité de paiement avec une carte bleue.

GÉOGRAINES

Villa Moris

✆ 05 90 88 38 74

De 9-12h /14-18h (en général) sauf dimanche et lundi.

Voici de l'artisanat 100 % local à privilégier pour vos achats ! Frédéric Dufour est un passionné de nature. Cet autodidacte, depuis plus de 30 ans, récolte des graines qu'il utilise ensuite pour ses créations. Il travaille le bois dans son atelier attenant au bungalow. Sa petite case créole regorge de trésors issus de ses récoltes et de sa créativité. Vous y trouverez des tables, des tableaux où se mêlent bois et graines, des bijoux, des lampes calebasses… Toutes les créations que vous trouverez dans ce lieu sont uniques et très originales.

PHILIP TATOO

Plage municipale

✆ 06 90 75 18 80

Tatouages temporaires de 3 à 25 €. Ouvert tous les jours. Si le stand est fermé, appelez et Philip arrive aussitôt.

Vous avez toujours souhaité vous faire tatouer, sans oser franchir le pas ? Philip propose, sur son stand en bord de mer, des tatouages éphémères qui se conservent au moins 10 à 15 jours pour sublimer votre silhouette, à l'occasion d'une fête ou simplement pour se faire plaisir. Les tatouages sont 100 % naturels. Ils sont réalisés avec du jagwa, un fruit de la Caraïbe utilisé par les Indiens d'Amazonie. Le jus du fruit devient bleu foncé ou noir au contact de la peau pour un rendu assez similaire à celui d'un tatouage permanent. Bon plan : 2 achetés = 1 gratuit.

MARCHÉ NOCTURNE

A côté du stade municipal.

Le jeudi de 18h à 21h.

Le marché nocturne aux fruits et légumes à côté du stade municipal est un véritable rendez-vous local. Les producteurs de fruits et légumes viennent directement proposer leurs produits à des tarifs intéressants. On peut également y déguster quelques plats et aussi des desserts à emporter. La commune accueille beaucoup d'habitués revenant chaque année dans ses nombreux gites et résidences de vacances, dont une majorité de retraités ; il est fréquent d'y rencontrer autant de résidents que de touristes dans une très bonne ambiance.

LA TAVERNE DE PAT

15 boulevard Ibene

✆ 05 90 24 63 07

Ouvert du mardi au samedi de 9h à 18h.

La boutique présente les différentes sortes de rhums guadeloupéens (Bellevue, Bielle, Bologne, Damoiseau, Karukera, Montebello, Père Labat, Reimonenq, Séverin...). Vous trouverez également du café, les chocolats des Suprêmes, des produits cosmétiques, du miel de Marie-Galante et divers produits locaux (Les Saveurs de Zia, Spice food, pâtes à tartiner et pâtes de fruits de la Manufacture gourmande...) ou encore les petits pots pour les tout-petits de la marque guadeloupéenne Potidou. La Taverne de Pat propose également divers coffrets cadeaux.

VILLAGE ARTISANAL

Les Galbas

Fermé le dimanche et les jours fériés. Ouvert de 9h à 19h.

Une enfilade de petites boutiques réunissant divers produits entre maillots de bain, tongs, paréos, sacs et vêtements de plage, souvenirs en tout genre et une épicerie de produits locaux. Vous êtes certains de trouver des petits cadeaux sympathiques (certes pas tous « made in Gwada ») ainsi que des épices. Sur place également, une billetterie pour les navettes à destination de toutes les îles et pour des excursions. À noter la présence d'un bar avec terrasse extérieure, ouvert tous les jours qui propose également un service de restauration.

AQUABIKE BASE NAUTIQUE

Plage municipale

✆ 06 90 34 38 81

Les consulter pour connaître les horaires. Séance d'essai : 10 €, séance unique 20 €, pack 3 séances à partir de 50 €.

Les cours d'aquabike d'une durée de 45 min se déroulent en eau de mer peu profonde avec le soutien d'un coach. Le groupe est de 10 personnes au maximum. L'activité est accessible à tous et ne génère pas de courbatures le lendemain. La pratique de l'aquabike qui combine l'aquagym, le cyclisme, la course à pied et le stretching est optimisée par les bienfaits du sel marin ! Vous pouvez pratiquer l'activité seul, en famille et entre amis. Inscription à la séance recommandée. D'autres horaires que ceux annoncés ci-dessus sont possibles, les contacter.

BOIS JOLAN

Tarif : gratuit. Durée : 2h. Difficulté : facile.

© VINCENT FORMICA

Cette balade facile en bord de mer relie les plages très réputées de Helleux et Bois Jolan, à 4,5 kilomètres au nord de Sainte-Anne. Le chemin se profile entre paysages de littoral, étangs et forêts sur six kilomètres aller-retour, offrant un aperçu sur les espèces végétales répandues sur l'île : cocotiers, palétuviers ou encore mapous noirs. La mangrove révèle également son écosystème complexe et les plus discrets pourront y observer de nombreux oiseaux. Mais le clou du spectacle reste sans conteste les eaux turquoise et peu profondes de la plage du Bois Jolan.

ATMOSPHERE

village de Pierre & Vacances

✆ 06 90 49 47 28

www.atmosphere-antilles.com

Ouvert tous les jours de 9h à 18h. Randonnées en scooter des mers.

Idéal pour visiter l'île par la mer, hors des sentiers battus ! Vous partez en petit groupe avec un moniteur pour découvrir des endroits inaccessibles : la mangrove, la barrière de corail, les lagons cristallins et les îlets paradisiaques. Plusieurs formules : initiation, randonnée de 1h, 2h ou une demi-journée avec repas inclus... Découvrez aussi le flyboard pour vous élever dans les airs au-dessus de l'eau ! Le permis bateau n'est pas obligatoire pour les randonnées et les initiations, car elles sont encadrées par des moniteurs diplômés.

FUN KITE ACADÉMY

Plage de la Caravelle

✆ 0590 100 752

https://funkiteacademy.com

Planche à voile : 60 €/leçon 1h, 30 €/1h location. Wingfoil/Windfoil : 140 €/leçon 1h. Kite : 150 €/leçon 1h.

Fun Kite Academy propose des formations individuelles avec notamment des cours particuliers haut de gamme (à partir de 6 ans) : un moniteur pour un seul élève ainsi qu'une assistance radio et un accompagnement en jet-ski lors des cours. Les personnes qui sont autonomes ont la possibilité de louer du matériel de qualité. La structure propose diverses activités nautiques entre la planche à voile, le kitesurf, le wingfoil, le foil tracté (dans le cadre de l'apprentissage du kitefoil), le windfoil ou encore le surf électrique 100 % écologique.

GRANDE-TERRE

LASTMINUTE EXCURSION 971

✆ 06 90 97 97 98
https://lastminute971.com
Bureau ouvert tous les jours de 9h à 19h, samedi et dimanche jusqu'à 17h.

En partenariat avec de nombreux prestataires, Nico propose, depuis 2011, des excursions et oriente selon les désirs de sa clientèle. Parmi ses prestations, visite de Petite-Terre, de Marie-Galante, des Saintes, de l'île Caret, de la Désirade, 4x4, quad, buggy, plongée, catamaran, ULM, voltige, kayak, canyoning, sorties cétacés, cours de surf, location de gîtes et de voitures. Nico vous propose de bons plans, des promos de dernière minute pour diverses excursions. Vous pouvez bénéficier de réductions si vous réservez plusieurs excursions.

YAKA GWADA - TROTTINETTE CROSS

✆ 06 90 39 94 90
Balades en trottinette cross partir de 50 €.

Serge propose des randonnées sportives et écoresponsables pour s'évader le temps d'un balade en trottinette cross 100% électrique. Vous découvrez la campagne de Sainte-Anne en partant de Dupré jusqu'à Bois-Jolan au cœur des champs de canne pour arriver jusqu'à la plage de Sainte-Anne. Yaka Gwada propose également, au départ de Petit-Canal, des balades à bord de buggy-quad biplaces pour circuler de la côte Est Atlantique jusqu'à la partie Ouest de la mer des Caraïbes.

LES GRANDS-FONDS

La végétation s'épaissit en parvenant aux Grands-Fonds par la D110, superbe et sinueuse départementale. Un réseau routier secondaire dense fait s'alterner vallons et hauteurs aux panoramas variés, sans jamais vraiment quitter la verdure. Les cyclistes aiment ces routes, aux multiples possibilités de parcours. Les voies communales ne se distinguent pas des routes départementales. Entre les mornes, ce ne sont que cheminements de routes et de ravines. A l'ouest et au nord-ouest se dressent des collines très escarpées. Prenez le temps de visiter les Grands-Fonds. Des panneaux indicateurs permettent désormais de s'orienter plus facilement.

LE HELLEUX ★★

Les amoureux de la nature y trouveront assurément isolement et quiétude. La route se rapproche de la mer sans vraiment la desservir. C'est l'occasion d'une balade à pied en campagne, en coupant à travers champs pour rejoindre la côte. Un peu plus loin à droite se trouve l'anse à la Barque, belle plage de sable blanc et aux eaux calmes restée authentique. Si l'on s'enfonce un peu vers l'intérieur, une route agréable mène à l'anse des Rochers. De Sainte-Anne à Saint-François, la nationale est doublée par une contre-allée qui suit la côte. Sur cette route parallèle se succèdent plusieurs offres d'hébergements (gîtes, hôtels, appartements, etc.).

FREDDY'S HOUSE

Le Helleux ✆ 06 90 75 34 82
Fermé les lundis et jeudis.

Ouvert depuis 1995, le lieu est à la fois un restaurant et une discothèque qui organise des soirées antillaises. Le mercredi soir donne lieu à une grande soirée compas (musique haïtienne) ; le samedi : c'est une soirée club. L'établissement dispose aussi d'un espace restaurant-bar-billard situé en terrasse. Karaoké et ambiance musicale sont au rendez-vous tous les soirs du mardi au samedi. Sur place également, à proximité immédiate de la discothèque, une boutique de lingerie sexy « Loveboutik » qui est ouverte du lundi au samedi de 16h à 19h.

PLAGE DU HELLEUX

Sur la droite à la sortie de Sainte-Anne, en direction de Saint-François.

Cette petite plage n'a rien à voir avec la plage du bourg ou de la Caravelle à Sainte-Anne. Elle constitue le point de départ d'une randonnée en bordure du littoral qui mène jusqu'à la plage de Bois Jolan. La balade est balisée par quelques panneaux. Elle est surtout fréquentée par les amateurs de surf, même les débutants, grâce à ses nombreux rouleaux, et bien sûr par des écoles de surf. Elle est composée de gros galets (d'où son autre nom de plage «Gros sable ») qui rend l'accès à la baignade beaucoup moins confortable pour les pieds nus.

ARAWAK SURF CLUB

✆ 06 07 67 41 90
www.arawaksurfclubguadeloupe.com/
Initiation au surf 35 €/1h30.

L'Arawak Surf Club dispense des cours et des stages de surf pour tous les âges et tous les niveaux, que vous soyez débutant, pratiquant amateur ou encore surfeur confirmé. Les cours se déroulent en compagnie d'Aaron ou Niko, des moniteurs diplômés d'État qui vous feront partager leur expérience et leur passion lors de cours collectifs (sur demande, des cours particuliers pour 1 à 3 personnes). Le matériel est fourni pour les débutants ou les voyageurs venus sans leur planche. L'école propose des cours pour les plus petits dès 4 ans.

JEX SURF SCHOOL

Plage du Helleux
✆ 0690 37 88 86
Tous les jours sur réservation par téléphone ou WhatsApp.

Cette école de surf dispense des cours sur plusieurs plages de l'archipel ; sur la plage du Helleux à Sainte-Anne, au Moule et à Port-Louis. Les cours sont adaptés à tous les niveaux dès l'âge de 6 ans (initiation, perfectionnement, stage). Ils peuvent se dérouler en solo ou en groupe. Une large gamme de planches adaptées à la morphologie et au niveau de chacun est également proposée à la location (planches en mousse pour les novices et des planches en dure pour les surfeurs confirmés.). Jex Surf propose aussi des cours de yoga surf au lever du jour.

SAINT-FRANÇOIS ★★★

La commune a obtenu la première appellation de station nautique de l'archipel. Outre ses belles plages de sable fin, Saint-François dispose d'infrastructures touristiques notamment avec sa marina, l'embarcadère pour les îles alentour, son golf 18 trous, un village artisanal, un casino et un aérodrome.

Quartiers

La Pointe des Châteaux abrite des petites plages qui permettent des baignades tranquilles (hormis les week-ends et vacances scolaires). Son point d'intérêt est incontestablement son extrémité avec sa mer déchaînée, ses falaises. Monter jusqu'à la croix permet de disposer d'un panorama sur les îles environnantes et d'apercevoir des baleines avec un peu de chance.

ANSE À L'EAU

Route de l'Anse à l'Eau

Cette petite crique calme bordée de sable blanc dispose de quelques cocotiers. La plage se mérite car le chemin pour y accéder n'est pas des plus aisés. Cet accès difficile la rend peu fréquentée et d'autant plus appréciable. Quelques places de parking ombragées sont situées au bout de la piste. Une fois sur la plage, vous pouvez admirer une variété de poissons en étant simplement équipé d'un masque, d'un tuba et de palmes car l'eau y est translucide. Cette anse est parfaite pour une baignade en toute quiétude avec peu de fond en bord de plage.

GRANDE-TERRE

© GILLES MOREL

Le Lagon.

© FYLE - STOCK.ADOBE.COM

Les Raisins Clairs.

ANSE A LA BARQUE

Entre Sainte-Anne et Saint-François.

Dans ce site sauvage, à l'embouchure de la rivière de l'Anse à la Barque, la plage de sable blanc aux eaux turquoise est bordée par la mangrove. Une riche végétation de palétuviers, mangles, lianes avoisine la plage. Proche du sable, les arbres apportent une ombre bienvenue pour se protéger du soleil ! Attention à la chute d'une noix de coco et aux mancelliniers dont l'essence des fruits toxique brûle la peau, qui doivent aussi être scrupuleusement évités (ne pas s'y abriter lors d'une averse). Ils sont signalés par de la peinture rouge autour de leur tronc.

ANSE A LA GOURDE

A gauche en direction de la Pointe des Châteaux, après le ralentisseur et côté Atlantique.

Cette longue plage de sable blanc idyllique et sauvage se situe du côté de la Pointe des Châteaux. C'est un site propice à la plongée en palmes, masque et tuba avec son eau limpide grâce à la barrière de corail en arrière-plan. Une route étroite mène à un site balayé par le vent du large, spot apprécié des surfeurs. Vous y accédez en traversant une zone boisée de raisiniers bord de mer et d'amandiers. La plage est aménagée de quelques carbets, mais les coins d'ombre y sont rares. Ce site a révélé la présence d'objets archéologiques précolombiens.

MUSÉE DES BEAUX ARTS DE GUADELOUPE ★

Marina

✆ 05 90 28 43 18

Ouvert du mercredi au dimanche (de 10h30 à 12h30 et de 14h à 19h). Entrée : 5 €/adulte, 3 €/enfant.

Il s'agit du premier musée des Beaux-Arts de Guadeloupe ouvert en 2017 par Jérôme Filleau, collectionneur d'art. Sa vocation première est totalement pédagogique ; il s'agit d'initier la population locale à l'art. À travers sept salles et une coursive, le lieu propose la découverte de près de 130 œuvres (tableaux, dessins et sculptures) du XVIe siècle à nos jours en privilégiant les artistes nés, exerçants ou ayant exercé sur l'île. Un parcours permet d'appréhender l'évolution de l'art aux Antilles. Vous découvrez des grands maîtres de la période néoclassique tels que Guillaume Guillon Lethière, né à Sainte-Anne (1760-1832), commune limitrophe de Saint-François. Certaines de ses œuvres se trouvent dans les collections du musée du Louvre, du musée de l'Histoire de France à Versailles, du palais présidentiel à Haïti ou encore au musée de l'Ermitage à Saint-Pétersbourg. Ensuite se succèdent les artistes du XIXe siècle comme l'illustre Evremond de Bérard, Sainte-Annais et peintre de l'école française (1824-1881). Les artistes contemporains guadeloupéens sont présents avec un bel espace qui leur est dédié avec des œuvres prêtées par des peintres et sculpteurs en vogue. Cette dernière partie de la visite surprendra à coup sûr les visiteurs par son originalité ! Cet espace est également dédié aux expositions temporaires renouvelées une à deux fois par an. Il est possible de bénéficier d'une visite guidée sans surcoût (groupe de 5 pers. minimum) en réservant par mail.

PLAGE DE TARARE

Cette petite anse sauvage est vraiment superbe avec ses eaux cristallines et son sable blanc. Elle se situe au bout d'un chemin escarpé. Les fonds marins peuvent s'admirer près des rochers simplement en palmes, masque et tuba. C'est également la seule plage de Guadeloupe à autoriser le naturisme ; elle est ainsi fréquentée par les partisans du « vivre nu ». La singularité de cette plage étant connue de la population, de temps à autre, des voyeurs viennent rôder dans les alentours en se cachant derrière les arbres ! Le lieu est déconseillé aux familles.

LES SALINES

Anse des Salines

Cette large bande de sable blanc est très agréable mais elle ne dispose d'aucune ombre. La plage des salines permet de faire une belle balade, avec vue sur la Pointe des Châteaux mais sous réserve de disposer d'un couvre-chef. Le point de vue sur cette plage, lorsque vous grimpez jusqu'à la croix de la Pointe des Châteaux, est réellement superbe. Vous aurez face à vous un petit lagon aux eaux translucides et protégé par le récif corallien. La barrière de corail permet de bénéficier d'une eau calme, sans vagues, idéale pour la pratique du snorkeling.

PLAGE DU LAGON

C'est la plage la plus proche lorsque vous êtes dans le bourg, au bout de l'avenue de l'Europe. Son accès en voiture est assez délicat car la voie est très réduite. Vous pouvez vous garer sur le boulevard et y accéder à pied. Autour de midi, à l'heure où il fait le plus chaud, l'eau prend sa plus belle teinte turquoise. Protégée par la barrière de corail, la zone est appréciée des amateurs de sports de voile. La marina de Saint-François est à quelques pas avec ses restaurants, ses commerces et boutiques, son golf 18 trous et ses hôtels.

BUREAU D'INFORMATION TOURISTIQUE - SAINT-FRANCOIS

Avenue de l'Europe

www.rivieraguadeloupe.com

Ouvert de 8h à 13h en basse saison, de 8h à 13h et de 14h à 16h en haute saison.

Le bureau est situé près de la marina et face au golf. Disposant d'un espace de stationnement dédié et d'un personnel à l'accueil souriant et disponible, il est ouvert au public et dispense toutes sortes d'informations sur les différents types d'hébergement, les restaurants, les agences de location de véhicules, les transports en commun, les horaires des bateaux pour les îles, la météo des plages, et propose également un agenda des manifestations et animations.

LES RAISINS CLAIRS

Une longue et belle plage de sable blanc qui doit son nom aux nombreux raisiniers qui ornaient autrefois le littoral. La plage est très fréquentée pendant les vacances, les week-ends et les jours fériés. Plusieurs points de restauration sont situés en bord de route. Si vous recherchez plus de sérénité et une cuisine plus diversifiée, suivez la route du stade et du gymnase, vous arriverez au restaurant La Plage, situé les pieds dans le sable et qui dispose de transats réservés à sa clientèle. Un grand parking non surveillé est à disposition gratuitement.

GRANDE-TERRE

KREOL WEST INDIES ★

Route de la Pointe des Châteaux
© 05 90 24 41 92
www.kreolwestindies.com
Ouvert 7j/7 de 9h30 à 18h. Entrée 3 €/ adulte, 1 €/enfant.

Kreol West Indies est un espace de promotion des arts et du patrimoine, il s'agit d'un point d'intérêt majeur de tourisme culturel. Ce concept novateur d'exposition historique fait office de machine à remonter le temps, mêlant arts contemporains et objets du patrimoine. Il propose une scénographie originale reconstituant chaque période préhistorique et historique par strates chronologiques : « Civilisations précolombiennes », « Flibuste et piraterie », « Débuts de la colonisation », « Intérieurs créoles du XVIIIe au XXe siècle » et « Les années 1940 ». Cette exposition permanente (400 m²) récemment enrichie baptisée *4 000 ans d'histoire*, dévoile une importante collection d'objets du patrimoine mobilier antillais dans une villa au cœur d'un jardin tropical. Le tout mêlé aux œuvres d'art contemporain d'artistes antillais de renom. Félie-Line Lucol, François Piquet, Jean-Marc Hunt, Bénito, Yeswoo, Jean-Marie Heraud y exposent plus de 300 œuvres à l'intérieur et dans le parc paysager de 2 000 m² qui accueille sculptures et installations. Une boutique écocitoyenne propose également du Beach Wear, des produits du terroir, des sacs et accessoires en voile et matériaux recyclés. Elle promeut l'association humanitaire Terre d'Azur dont elle commercialise les articles. Le lieu a récemment fait l'objet d'une extension proposant des expositions temporaires qui changent tous les mois et une résidence artistique. Les artistes mis en lumière sont des peintres et sculpteurs locaux et internationaux (Congo, Côte-d'Ivoire, Argentine...).

POINTE DES CHÂTEAUX ★★★★

Depuis Saint-François, à partir de la marina, quittez la N4 et continuez sur la D118 (la direction est bien indiquée). La route longe un littoral à la végétation sauvage, offrant des paysages très attrayants de mangrove et de marigot. Sur votre gauche, le village artisanal composé de charmantes boutiques proposant des produits artisanaux de qualité, des petits restaurants dans les terres qui diffusent des senteurs de langouste et de fruits de mer. D'autres sont situés côté mer et offrent ainsi des vues panoramiques sur la côte rocheuse. Les plages des environs sont probablement parmi les plus belles de l'île.

Le paysage, à l'extrême est de l'île, se montre plus sauvage au fur et à mesure que l'on avance, avec une végétation basse. Ce marigot quasiment désertique comporte peu d'habitations et procure cette impression de fin de terre, chère aux Bretons, bien que la comparaison s'arrête là. Un royaume farouche, aux flancs rocailleux battus par les vagues. Cette pointe ne s'apprivoise pas et vous offre bien plus qu'un spectacle singulier : une cure de nature à l'état brut. Certains disent que le diable a élu domicile dans ces rouleaux, la baignade y est d'ailleurs interdite car très dangereuse. Un sentier, à proximité, vous mènera jusqu'à la croix où un poème de Saint-John Perse a trouvé un refuge éternel. Admirez le point de vue marin et l'île de la Désirade, que vous pouvez apercevoir par temps clair. Cette superbe promenade peut s'effectuer tranquillement en une heure aller-retour en voiture mais il faut prendre le temps de monter jusqu'à la croix et admirer le panorama.

▸ **Des fouilles archéologiques** entreprises sur les sites de l'anse à la Gourde et de la Pointe des Pies ont révélé la présence d'Amérindiens, sur cette terre exposée aux alizés, de 300 à 1400 après J.-C.

La communauté religieuse des Capucins, qui s'y installe en 1683, lui donne le nom de la paroisse des Châteaux.

▸ **Une étonnante pointe calcaire qui s'avance dans la mer.** Il vous faudra marcher un peu, et monter par le petit sentier jusqu'au calvaire pour embrasser la vue panoramique, somptueuse. Des rochers et des pitons battus par les vagues que soulève le vent – le spectacle de la nature à l'état brut ! Comme à la Porte d'Enfer, au Nord, on dit que le diable vit dans ces rouleaux déchaînés, et la baignade sur la plage de l'Anse est d'ailleurs interdite.

▸ **Ne repartez pas sans avoir goûté au fameux sorbet coco** (d'autres parfums sont proposés) préparé selon la tradition locale sur place devant vous grâce à une sorbetière traditionnelle antillaise.

Pointe des Colibris à Pointe des Châteaux.

LA RIVIERA DU LEVANT

Les Galbas - **SAINTE-ANNE**
✆ 05 90 212383
rivieradulevant.fr
Lundi, mardi et jeudi de 7h30 à 13h et de 14h30 à 17h. Mercredi et vendredi de 7h30 à 13h.

Cette communauté d'agglomération regroupe certaines communes de Grande Terre avec La Désirade, Saint-François, Sainte-Anne et Gosier. Elle est dotée des plusieurs compétences dont le développement durable telles que la collecte et le traitement des déchets, la protection et la mise en valeur de l'environnement, la gestion de l'eau (sujet très sensible sur l'île) et l'assainissement, la politique de la ville, l'action sociale. Les actions de développement économique dont le tourisme sont également au cœur de la mission afin assurer le rayonnement de ce territoire.

CARIB HOLIDAYS

10 Les Comptoirs de Saint-François
✆ 0690 50 39 28
www.caribholidays.fr
Ouvert du lundi au vendredi de 8h30 à 18h30, le samedi de 8h30 à 12h30 et de 14h à 17h.

Carib Holidays est une agence de voyages basée aux Antilles depuis de nombreuses années. Forte de cette expérience du tissu touristique local, la structure est spécialisée dans la vente de produits touristiques sur l'archipel guadeloupéen, la Martinique, Saint-Martin, Saint-Barthélemy, la Guyane, Antigua, Sainte-Lucie... Carib Holidays propose des billets d'avion, des week-ends, des escapades sur mesure dans les îles alentour (séjours *all inclusive*, de charme...), des locations de véhicules, des croisières à des tarifs attractifs.

PASSION OUTREMER

17 Centre des Arcades
✆ 05 90 47 17 17
www.passion-outremer.com
Tous les jours de la semaine de 8h30 à 17h.

Cette agence réceptive est spécialisée dans l'accueil des groupes de visiteurs. Son équipe peut se charger du transport aérien en proposant des offres sur mesure aux meilleurs tarifs. Forte de sa longue expérience en Guadeloupe, cette structure, bien implantée localement, est en mesure de proposer un vaste choix d'hébergements, d'excursions, de circuits sur tout l'archipel de la Guadeloupe, mais également des séjours combinés entre la Guadeloupe et la Martinique, ainsi qu'à Sainte-Lucie, la Dominique, Saint-Martin, la République dominicaine, Cuba...

AUTHENTIQUE EXCURSION

Marina ✆ 06 90 16 05 39
www.authentique-excursion.com
Ouvert de 8h à 18h sauf le dimanche.

Authentique Excursion propose un large panel d'activités, des cours de surf ou de kite ainsi que la location de gîtes, de véhicules et de bateaux (avec ou sans permis, du semi-rigide à la cigarette 12 places avec skipper). Toutes sortes d'activités sont disponibles entre plaisirs nautiques (pêche au gros, canyoning, kayak, plongée), des balades en buggy en Grande Terre, des circuits en 4X4 pour la découverte de la Basse Terre, ainsi que des baptêmes en ULM, parapente ou parachute, des sorties vers les îles de Petite Terre, Les Saintes, Marie-Galante...

MIAMI VICE

Marina
✆ 05 90 69 87 87
www.excursions-miami-vice.fr
Excursions en basse saison : 90 €/adulte, 80 €/enfant. 110 €/adulte, 95 €/enfant en haute saison.

Le départ s'effectue depuis la marina de Saint-François. Miami Vice propose des excursions quotidiennes à bord de bateaux rapides privés qui vous emmèneront vers des destinations de rêve telles que Petite-Terre, Marie-Galante ou encore La Désirade. Les excursions comprennent des pauses baignade et détente, des balades, la pause apéro et un déjeuner ainsi qu'une visite guidée pour certaines destinations. Les bateaux peuvent accueillir jusqu'à 12 personnes en mode VIP dans le meilleur confort. Pensez à réserver au préalable.

OTANTIK TOURS

Route de bel étang
✆ 06 90 37 98 59

Otantik Tours propose des visites de la Guadeloupe authentique, accompagnées de guides et de chauffeurs passionnés. L'ambiance est conviviale et propice à la rencontre de la population afin de favoriser les échanges. Vous partez, en petit comité, pour une exploration de l'île hors des sentiers battus en 4x4, dans le Nord et le Sud de Basse-Terre, en Grande-Terre ou en randonnée pédestre à la Soufrière. Les excursions combinent balades, visites de sites naturels ou culturels et sont ponctuées d'un déjeuner créole et d'une baignade en mer ou dans une cascade.

PATOU EXCURSIONS

Avenue de la République
✆ 06 90 85 71 42
www.patouexcursionsbateaux.com
Ouvert 7j/7 de 8h30 à 13h et sur rendez-vous l'après-midi.

Patou propose une multitude d'activités dans tout l'archipel : croisières à la journée en voilier et/ou visite des îles de Guadeloupe, découverte de la Grande-Terre en buggy ou en 4x4, canyoning, aqua-randonnée, randonnées en Basse-Terre, rencontre avec les cétacés, activités nautiques... Elle dispose également de bonnes adresses en termes d'hébergement et de location de véhicule. Patou sait s'entourer de professionnels sérieux, qui savent faire apprécier la Guadeloupe aux visiteurs tout en leur inculquant le respect de la nature.

TRAVEL'S GUADELOUPE

Route du Gouffre
✆ 06 90 41 65 64
taxi-guadeloupe.fr

Travel's Guadeloupe propose des excursions et des activités originales pour découvrir les richesses de la Grande-Terre et de la Basse-Terre selon la thématique de votre choix. Tous les circuits comprennent le transport aller-retour, la visite et une collation. Possibilité de circuit sur mesure pour une découverte selon vos envies. Les trajets s'effectuent en minibus 9 places avec guide et chauffeur privé. La structure propose également des transferts vers la plage de Sainte-Anne depuis le port de croisière de Pointe-à-Pitre, Gosier et Saint-François.

AUTO DISCOUNT LOCATION

Rond-point Martin Luther-King
✆ 06 90 92 98 09
www.auto-discount.fr
À partir de 19 €/jour. Lundi, mardi, jeudi et vendredi 8h-12h30 et 13h30-16h30, mercredi et dimanche 8h-12h30.

Implanté aux Antilles depuis presque 25 ans (6 agences en Guadeloupe, 1 agence en Martinique, 1 agence à Saint-Martin et 1 agence en Guyane), ce loueur 100% local vous propose le meilleur rapport qualité-prix. Citadine économique, spacieux minibus 9 places, SUV tout terrain, voiture sans permis, automatique ou manuelle : trouvez le véhicule adapté à vos vacances ou à vos besoins quotidiens. Un déménagement, des travaux ? Du petit fourgon au camion à benne basculante, particuliers ou professionnels, trouvez aussi le parfait utilitaire !

ARCHIPEL 1 / COMADILE

Gare maritime
✆ 0690 49 49 33
www.comadile.fr/
Aller-retour à partir de 37 €/adulte pour La Désirade, 41 € pour Les Saintes et Marie-Galante.

La compagnie dispose de deux bateaux : *Archipel 1* (287 places) effectuant deux rotations quotidiennes pour La Désirade (45 min de traversée) et le *Saint-Germain* (157 places) en liaison quotidienne avec Les Saintes et Marie-Galante (entre 45 min et 1h30 de traversée). Il est possible de voyager avec un vélo, un scooter et des animaux en prévenant au préalable la compagnie. Il est préférable de vérifier les horaires des traversées annoncés car ces informations sont soumises aux aléas climatiques. Un conseiller est joignable par téléphone chaque jour.

IGUANA BEACH

Gare maritime ✆ 06 90 50 05 09
www.comatrile.com
A/R à partir de 46,50 € (35,50 €/enfant). Aller simple 35 € (22,50 €/enfant). Tarif unique sur toutes les destinations.

L'Iguana Beach assure la liaison entre les îles de Marie-Galante, les Saintes et Saint-François, en saison uniquement (des vacances de la Toussaint à juin, de mi-juillet à fin août). Le catamaran est constitué de 190 places à l'intérieur et 70 à l'extérieur. La traversée depuis Marie-Galante dure 45 minutes et environ 1h30 depuis les Saintes pour atteindre Saint-François. Horaires et jours de rotation à consulter sur le site par téléphone, car ils sont sujets à modification selon la saison et la météo. Les passagers doivent se présenter 30 minutes avant le départ.

KARULIB

Marina

✆ 06 90 95 32 52

www.karulib.com

Ouvert le matin. Location de vélo à partir de 10 €, vélo électrique 25 €/jour.

Karulib propose des vélos et vélos électriques à la location. La structure fournit aussi des suggestions de parcours avec des itinéraires qui empruntent des chemins et sentiers de campagne afin d'éviter au maximum les axes routiers principaux. Les véhicules sont acheminés sur les points de départ. Vous pouvez également choisir l'option caméra pour conserver un souvenir de votre périple. Un service d'assistance est disponible en cas de crevaison (N° de portable indiqué dans les coordonnées téléphoniques). La réservation s'effectue par téléphone.

KARU'LIS

Boulevard Legitimus

POINTE-À-PITRE

✆ 05 90 24 26 06

https://karulis.com/

Tickets à partir de 1,20 € selon la zone.

Karu'Lis assure, avec ses bus orange, le transport de passagers sur Baie-Mahault, Abymes, Pointe-à-Pitre, Gosier, Sainte-Anne, Saint-François et La Désirade. 4 lignes desservent l'aéroport (repérables par la lettre AE), 3 lignes fonctionnent le week-end et les jours fériés (lettre Z) et un bus électrique circule dans le centre de Gosier. Les titres de transport sont disponibles dans les points de vente précisés sur leur site et en agence. Pratique, l'appli KARU'LIS qui permet de rechercher un itinéraire ou de connaître l'horaire de passage en temps réel.

VTT 971

N5 avenue Martin Luther King

✆ 06 25 06 61 04

www.vtt971.com

Ouvert de 8h30 à 12h et de 15h30 à 18h. Fermé les jeudis et dimanches.

VTT 971 propose à la location des vélos urbains ou de course, des scooters électriques, des VTT avec ou sans assistance électrique avec, en option, la possibilité de vous doter d'un GPS pour circuler sur les sentiers adaptés car la Guadeloupe ne dispose pas de trace balisée pour la pratique du VTT. Vous pouvez également opter pour une balade accompagnée ou encore une visite guidée. Dans ce cas, un accompagnateur vous entraîne vers les plus beaux sites de l'île. La réservation peut s'effectuer sur place, par téléphone ou bien par mail.

LOR'AUTO

✆ 06 90 13 02 30

Ouvert 7j/7. Voitures à partir de 15 €.

L'agence Lor'auto propose à la location une flotte de véhicules bien entretenus, avec une diversité d'options, dans la limite des disponibilités : manuelle ou automatique, diesel ou essence, de la petite berline au 9-places; de la Nissan Micra à la Juke en passant par le Docker, le Stepway, ou le Duster... Cette agence à taille humaine saura être attentive à vos demandes. Elle propose des services personnalisés : livraison du véhicule sur le lieu de vacances, prise en charge dès l'aéroport ou le port pour faciliter le transport de bagages...

CANNELLE €

Route de la Pointe des Châteaux

✆ 06 85 68 52 80

http://gitecannelle.fr

Bungalow à partir de 60 € la nuit pour 2 personnes.

Situé à la Pointe des Châteaux à proximité des criques et dans un environnement calme, le Gîte Cannelle propose plusieurs hébergements aux commodités variées entre les 4 bungalows (pour un couple ou une famille de 2 adultes et 2 enfants) et le cottage pouvant accueillir 4 adultes (ou 2 adultes et 3 enfants). Les hébergements sont tous dotés d'une cuisine équipée, d'une salle de bains, du wifi, de la climatisation et d'une terrasse privée. Une piscine entièrement clôturée et une machine à laver sont libres d'accès. Le site est équipé de citernes d'eau.

LE COLIBRI €

Bois de Bragelogne
✆ 05 90 91 71 55
http://gitecolibri.com/
À partir de 294 €/semaine pour 2 adultes et 364 €/semaine pour 3 ou 4 adultes.

Deux gîtes en bois identiques indépendants et intégrés dans le cadre superbe d'un jardin tropical. Ils sont dotés d'une terrasse aménagée avec hamacs donnant sur le parc. A l'intérieur, un séjour, une cuisine équipée, une chambre, une salle de bains, une mezzanine de 18 m² aménagée en chambre à laquelle on accède par une échelle. L'accueil est assuré par Pascale et Laurent qui sont aux petits soins pour chaque hôte. Ancien guide écotouristique, Laurent vous donnera une mine de conseils et d'informations pour tout savoir sur les activités possibles sur l'île.

AMAUDO €€

Anse à la Barque
✆ 05 90 88 87 00
www.amaudo.fr
Chambre double à partir de 204 € en réservation directe sur leur site.

Le bâtiment de style colonial surplombe l'Anse à la Barque. Sa petite capacité d'accueil est la garantie d'un séjour de détente. Les chambres (9 doubles, 1 triple et une suite) sont spacieuses et jouissent d'une vue magnifique sur l'océan et les îles voisines. La suite dotée de 2 chambres peut accueillir jusqu'à 6 personnes. Les terrasses bénéficient d'un superbe point de vue. Petits déjeuners copieux et accueil excellent. La piscine à débordement, surplombant la mer, est une invitation à la rêverie… Accès à la plage de l'Anse à la Barque.

LA FERME DES PAPAYERS €

Dubédou ✆ 05 90 88 58 04
lespapayers.com
Location à partir de 400 € la semaine pour 2 personnes. 150 € par personne supplémentaire.

Voici un mode d'hébergement parfait pour permettre la relation avec la population locale immergée en pleine nature. Les bungalows, de type traditionnel, sont situés sur une propriété agricole. Les hébergements sont simples et très lumineux. Ils disposent d'une chambre climatisée, d'un séjour avec canapé convertible pouvant faire office de couchage supplémentaire, d'une salle de bains, d'une cuisine équipée et d'une terrasse donnant sur le jardin. Sur place, une piscine. Possibilité de louer une voiture. La plage de l'Anse à l'Eau est à seulement quelques minutes.

L'ATTRAPE- RÊVES €€

Rue des Donneuses d'Eau
✆ 06 90 49 29 07
www.gite-ty-koko.fr/
À partir de 70 €/nuit. Séjour de 5 nuits minimum en haute saison et 2 nuits le reste de l'année.

A 4 km du centre, à l'écart de toute agitation et proche des plus beaux lieux touristiques, 6 gîtes équipés et climatisés, dans un cadre calme et verdoyant. Sur place, une belle et grande piscine, un spa et un parking sécurisé. Possibilité de réserver vos petits déjeuners complets à votre gîte ou sous le carbet près de la piscine. Dans une ambiance chaleureuse et conviviale, Cathy et Stéphane vous accueillent toujours avec le sourire afin de passer de votre réalité à leurs rêves. Le petit-déjeuner est offert pour les séjours d'au moins une semaine.

CHEZ HONORÉ €

Plage de l'Anse à la Gourde
✆ 06 90 63 68 70
villagehonore.com
Bungalow 1 pièce à partir de 530 €/semaine. Bungalow 2 pièces à partir de 700 €. Villas à partir de 1 000 €.

Situé au bord de la plage de l'Anse à la Gourde, à la Pointe des Châteaux, l'emplacement est idéalement calme, à 30 mètres d'une plage de sable blanc. Plusieurs gammes d'hébergement sont disponibles : des studios, des bungalows 1 et 2 pièces et des villas 2 et 3 chambres à l'architecture et à la décoration typiquement créoles. Sur place, un snack, un bar et un restaurant réputé, le tout sans avoir besoin de prendre votre voiture. Honoré est une figure connue de la Pointe des Châteaux et sa famille vous accueillera avec convivialité.

LES COCCINELLES €€

Chemin des donneuses d'Eau
✆ 06 90 94 38 66
https://gitesléscoccinelles.com
À partir de 120 € la nuit pour 2 personnes.

Ces charmants bungalows tout en bois sont situés dans un bel écrin de verdure. Le site appelle à la détente pour profiter d'un séjour entre amis ou bien en famille. Les hébergements disposent tous d'un jardin individuel et d'une terrasse reliée à la cuisine par un passe-plat pour plus de convivialité. Trois des bungalows sont dotés de 3 chambres, d'une cuisine équipée, d'une salle de bains pour accueillir jusqu'à 10 personnes. Le dernier bungalow est doté d'une chambre et d'un spa privatif. Une piscine commune, un BBQ et un espace bar sont à disposition des hôtes.

LES GITES DE L'ANSE €€

Anse à la Barque
© 06 90 15 47 29
www.gites-de-lanse.com
À partir de 390 €/semaine pour un T2 (2 personnes), de 600 € pour un T3 (4 personnes).

Les 4 hébergements (3 appartements, 1 chambre et un appartement 2 chambres de 65 m^2) sont mitoyens mais sans vis-à-vis. Ils disposent de vastes chambres climatisées avec chacune leur salle de bain, un séjour, une cuisine entièrement équipée, une terrasse privative. Sur place, une piscine végétalisée commune. Egalement, lave-linge, lave-vaisselle et wifi à disposition. L'établissement est situé à proximité de nombreuses plages et du centre de Saint-François (marina, golf, des restaurants, un casino, toutes sortes de boutiques…).

MAJESTY PALM €€

32 Les Hauts de Saint-François
© 05 90 90 70 10
www.majesty-palm.com
Suites à partir de 360 €/2 nuits (séjour minimum 2 nuits). Villa à partir de 750 €/3 nuits (séjour minimum 3 nuits).

Une résidence touristique de charme composée de quatre suites et trois villas, autour d'une piscine, à moins de 5 min de la Pointe des Châteaux. Chaque hébergement dispose d'un spa privatif et peut accueillir de 2 à 4 personnes avec une chambre climatisée et un canapé-lit dans le séjour. Les villas, entourées d'un jardin privatif, peuvent accueillir de 4 à 6 personnes avec une chambre climatisée, un séjour climatisé doté d'un canapé-lit ouvert sur une cuisine entièrement équipée ; à l'étage, une chambre et sa salle d'eau, un dressing, une terrasse.

LES GÎTES PAPILLON €€

Route de Dubédou
© 0690 57 79 02
À partir de 52 €/nuit.

Les gîtes Papillon se trouvent au cœur de la campagne saint-franciscaine, au bout d'une allée de palmiers royaux. Ils sont composés de 2 studios dans un grand jardin calme. Le premier pour 2 personnes est accessible aux personnes à mobilité réduite, il possède une chambre. Le second comprend une chambre et un clic-clac dans le salon pouvant servir de couchage. Les 2 hébergements sont équipés de la clim, d'une salle de bains, d'une kitchenette et d'un espace extérieur. Sur place, une piscine clôturée et un coin barbecue en commun.

RÉSIDENCE MARACUDJA €€

Bellevue
© 06 90 49 20 38
www.gite-maracudja.fr/

Cette propriété arborée de plus de 4 000 m^2 est ventilée par les alizés. Elle dispose de 6 bungalows créoles dotés de un à trois couchages, une ou deux salles d'eau et une cuisine équipée ouverte sur la terrasse couverte, sans vis-à-vis et donnant toutes sur un jardin tropical. Les chambres sont toutes équipées de climatisation. Machine à laver le linge à disposition avec participation aux frais. Séjour court possible selon les disponibilités. La piscine commune est à l'écart des bungalows pour conserver la quiétude des hébergements.

HOSTELLERIE DES CHÂTEAUX €€

Route de la Pointe des Châteaux © 05 90 85 54 08
www.hostellerie-des-chateaux.com
À partir de 108 €/nuit en chambre, 126 € en bungalow. Petit déjeuner et ménage quotidien inclus.

La résidence est située sur la route de la Pointe des Châteaux, à seulement quelques minutes de plusieurs plages. L'établissement, à flanc de colline, domine la mer et bénéficie d'un superbe panorama. Vous pouvez choisir de loger dans une chambre située dans le bâtiment principal ou dans un des bungalows indépendants dans le jardin. Ces derniers sont équipés de kitchenettes et de grandes terrasses privées. Cette résidence à taille humaine permet de s'y sentir comme chez vous. Sur place, une belle piscine centrale avec un coin spa et un restaurant.

AQUA LODGE €€€

Lagon de Saint-François
© 05 90 90 16 81
www.aqualodge.fr
À partir de 385 € la nuit. Séjour de 2 nuits minimum en basse saison et 3 nuits en haute saison.

Les aqualodges, de conception locale, sont positionnés dans le lagon de Saint-François : un cadre de rêve pour s'imaginer en Robinson Crusoé. Ces bungalows flottants, d'une surface de 80 m^2, sont composés de deux chambres, d'une salle d'eau, d'un salon avec canapé convertible, d'une cuisine aménagée, d'une terrasse et d'un solarium à l'étage. Ils peuvent accueillir jusqu'à 6 personnes. Ce nouveau concept est totalement respectueux de l'environnement. Chaque aqualodge dispose d'une annexe électrique pour vos allers et venues sur la terre ferme.

COCOTEL €€€

Route de Kerdoret
✆ 06 90 95 50 30
hotel-lecocotel.com

Chambre à partir de 150 €/la nuit pour 2 pers. Villa à partir de 260 € la nuit (minimum 3 nuits).

Situé à quelques pas du centre-ville, cet hôtel, ouvert en 2020, à taille humaine, dispose de 10 chambres doubles aux services haut de gamme. Les trois catégories de chambres sont disposées autour de la piscine centrale et sont toutes dotées d'une terrasse privative. Sur place également, un spa et un bar. Le Cocotel propose également une villa avec services hôteliers. D'une superficie de 110 m^2, elle accueille trois chambres, deux salles de bains, un vaste séjour-cuisine (avec deux couchages supplémentaires), deux terrasses, une piscine privative.

COCO PARADISE €€

Bellevue
✆ 06 77 11 74 95
http://location-villa-cocoparadise.fr/

À partir de 990 € la semaine. Séjour d'une semaine minimum.

Cette villa neuve d'une superficie de 100 m^2 est à 800 mètres de la plage dans un quartier résidentiel. Elle peut accueillir 6 personnes. Elle est composée de 3 chambres climatisées (avec lit king size) avec leur propre salle d'eau dont une à l'étage, d'un séjour et d'une cuisine entièrement équipée, avec îlot central, ouverte sur la terrasse. La terrasse est équipée d'un spa et aménagée en espace détente avec des hamacs. L'équipement est complet (lave-linge, lave-vaisselle, cave à vin...). Apéritif de bienvenue et petit-déjeuner offerts.

DOMAINE DE MAY €

Section May
✆ 05 90 88 79 51
http://domainedemay.fr/

À partir de 519 €/semaine/studio et appartement, de 759 €/bungalow. 7 nuits minimum. Frais de ménage en supplément.

Un bel ensemble de style créole, noyé dans un jardin tropical très bien entretenu. Les 19 logements (appartements et bungalows) disposent de tout le confort et sont tous décorés et aménagés avec soin. Ils sont répartis sur 2 niveaux et peuvent accueillir de 2 à 8 personnes selon la catégorie. Sur place, une piscine et un grand parking. A quelques minutes de la marina, de ses commerces et du casino. Les frais de ménage facturés selon le type d'hébergement sont obligatoires. Une majoration est appliquée pour les séjours inférieurs à une semaine.

EDEN LODGE €€

Route de la point gros boeuf
✆ 07 85 63 66 30
www.edenlodge-guadeloupe.com

Villa à partir de 165 €/nuit. Séjour de deux nuits minimum en basse saison et quatre nuits en haute saison.

Cette structure ouverte depuis juillet 2021, propose quatre jolies villas neuves à l'architecture créole. Afin de conserver le caractère intimiste et la quiétude du site, les hébergements sont conçus pour accueillir seulement deux personnes. Chaque villa est dotée d'une chambre, d'une salle d'eau avec douche à l'italienne, d'une kitchenette, d'une terrasse avec coin détente, d'une piscine (3x3 m) et d'un jardin privatifs. Il est possible de bénéficier du petit déjeuner, mais également, en saison, d'un service de table d'hôte le samedi soir.

RÉSIDENCE MAPOU €€

Bien-Désirée
✆ 0690 61 49 98
www.residence-mapou.com

Bungalows à partir de 66,50 €/nuit. Taxes de séjour 0,80 €/jour/personne, forfait ménage fin de séjour 50 €.

Stéphanie et Bertrand vous accueillent dans cette charmante structure composée de trois bungalows en bois au cœur d'un jardin tropical. Les hébergements conçus pour deux personnes sont pensés pour respecter l'intimité de chacun. Ils disposent de la climatisation, d'un coin salon, d'une salle de bains privative, d'une cuisine entièrement équipée. Ils sont meublés et décorés avec soin, dans une ambiance zen, avec la possibilité de massages et de cours de yoga. L'espace détente avec piscine, carbet, hamac et salons de jardin est accessible aux occupants.

VILLA BOUBOU €€€

Sur la droite après le golf.
✆ 06 90 62 75 74
www.villa-lagon-guadeloupe.com

Tarifs de location pour 7 nuits consultables sur leur site.

Location de villas de luxe à Saint-François « les pieds dans l'eau » à 15 m du lagon, 300 m du golf, de la marina et des commerces. Ce domaine abrite 12 villas de prestige avec piscine et spa privés et accès direct à la mer. Les villas disposent de 3 à 6 chambres, toutes avec salle de bains privative. Services possibles : conciergerie, ménage quotidien, cuisinier ou traiteur à domicile, garde d'enfant, massages... De nombreuses activités sont disponibles aux alentours (golf, plongée, parachutisme, shopping, pêche au gros, location de voilier...).

VILLAGE DE BRAGELONE €€

✆ 05 90 88 57 84

www.villagedebragelogne.fr

Appartement à partir de 92 €/nuit. Gîte à partir de 116 €/nuit. Villa à partir de 209 €/nuit.

Situé dans un cadre calme, fleuri et ombragé et doté d'une piscine sécurisée pour les enfants, ce complexe touristique propose trois types d'hébergements entre des villas jumelées, des bungalows et des appartements tout confort pouvant accueillir jusqu'à 8 personnes. Les logements sont composés d'une à trois chambres climatisées, d'un salon avec canapé convertible et téléviseur, d'une cuisine entièrement équipée, salle de bain, barbecue, terrasse. Vous êtes accueilli à l'aéroport, si vous louez un véhicule de son parc automobile.

LES VILLAS ROUGES €€

9 résidence Le Balaou

✆ 06 90 41 66 71

www.villas-rouges.com/

À partir de 430 €/semaine pour une villa de 4 personnes. Séjour de 7 nuits minimum.

Au cœur de Saint-François et à 50 mètres du lagon, ces 4 villas tout confort, dont deux avec piscine, offrent des prestations de qualité. La capacité d'accueil varie entre 4 et 6 personnes selon la villa. Les hébergements disposent de chambres climatisées, d'un séjour, d'une cuisine entièrement équipée, d'une terrasse couverte ombragée avec coin repas et BBQ. Sur place, un jardin bordé de cocotiers et une piscine. Le tout à proximité des plages et des restaurants. Le petit déjeuner du premier matin est offert ainsi qu'une corbeille de fruits.

ZEWELCOME €€

5 Immeuble Hotel Bwa Chic

https://zewelcome.com/

Experte dans la location de vacances, cette agence propose des villas, bungalows, gîtes, appartements et studios. Sa sélection répond à tous les budgets et toutes les envies : villa avec vue mer, piscine, spa, plage privée... sur Saint-François, Sainte-Anne, Le Gosier, Le Moule ou Les Saintes. Chaque hébergement est visité. Son site permet d'effectuer le règlement sécurisé en ligne, de disposer d'une assurance annulation. Chaque voyageur dispose d'un concierge attitré pour l'organisation de son séjour. Jusqu'à 25% moins cher que certaines plateformes...

L'ATELIER DE CRYSTAL BEACH €

les galeries de crystal beach

✆ 0690 490521

Ouvert midi et soir. Fermé le lundi et le dimanche.

L'équipe est aux petits soins pour ses clients, les accueillant avec le sourire dans une ambiance des plus chaleureuses. Au menu, des pizzas à la pâte fine et moelleuse à la fois élaborées avec des produits frais et de qualité, des burgers aux pains faits maison (dont un burger au foie gras et truffes, un autre au steak de poulet...), des pâtes, des frites et des sauces maison... Les tarifs sont très raisonnables. Le rapport qualité-prix est excellent.

BYRON BURGER BAR €

Centre commercial carrefour contact

✆ 0590 82 37 85

Du lundi au samedi de 12h à 22h, le dimanche 12h-14h30 et 18h-22h.

Si vous souhaitez découvrir le hamburger en version gourmet accompagné de frites maison (de pommes de terre ou de patates douces), c'est l'endroit où il faut vous rendre : le burger y est présent sous toutes ses formes : végétarien, montagnard, à l'indienne, à l'italienne, avec du poisson frais ; le tout accompagné de très bonnes sauces maison. L'établissement propose également des salades, un tartare (poisson ou viande), des *tenders, wings, oignon rings*... Service sur place ou à emporter. Le service est, en général, assez rapide.

CAFE CORAIL €

3 Résidence Kayéla

✆ 0690 96 30 23

https://cafecorail.fr/

Ouvert tous les jours de 8h30 à 14h, fermé le dimanche. Réservation conseillée.

Un espace chaleureux et confortable situé au cœur de la marina de Saint-François qui offre une belle parenthèse. Le lieu est parfait pour découvrir ou redécouvrir des produits sains, locaux et originaux sélectionnés pour leurs vertus énergétiques, des jus détox... Vous y trouverez une gamme de délicieux jus pressés à froid, de smoothies bowls, de tartines gourmandes, de houmous colorés, de thés et de cafés et bien plus encore. Le décor et l'ambiance cosy invitent à la détente, en salle, en terrasse ou pourquoi pas dans une confortable chaise boule.

619 €

Rond point Martin Luther King
✆ 06 90 72 13 01
Ouvert du mardi au samedi de 10h à 22h, jusqu'à 17h le lundi. La cave est ouverte de 9h à la fin du service.

Une adresse bien connue qui sent bon le Sud-Ouest de la France, Pays d'origine d'Eric le propriétaire. On y retrouve les spécialités basco-landaises, tels que le foie gras au rhum vieux, la terrine de cochon au piment d'Espelette, le confit de canard, le tout fait maison. La cuisine est servie en fonction du marché, et les poissons proviennent exclusivement des pêcheurs locaux. Quant à la carte des vins, elle est unique en Guadeloupe car le 619 c'est aussi une vraie cave, bar à vins avec plus de 200 références de bons vins, un choix de bières et d'alcools.

BIKKAFÉ €

8 Rue Joseph Turpin
✆ 06 90 23 36 58
https://bik-kafe.business.site/
Du jeudi au lundi à partir de 19h.

Ce restaurant-lounge est situé près du port de pêche et de l'embarcadère. Il s'agit d'une petite case atypique dotée d'une petite terrasse colorée. La carte est composée de plats originaux entre saveurs locales et cuisine traditionnelle française dont un de leurs plats signatures : les *ribs* de veau façon Bik Kafé (marinées durant plus de 12h), des tapas... La carte est renouvelée chaque mois. Consultez les réseaux sociaux pour connaître les plats proposés. Le lieu est parfait également pour commencer la soirée en dégustant un cocktail maison.

LE P'TIT ILET €

La Marina ✆ 06 79 51 80 65
www.leptitilet.com
Ouvert tous les jours midi et soir de 9h à 23h, petit déjeuner, fermé le jeudi

Cet établissement propose une nouvelle formule. L'équipe dynamique est aux petits soins pour ses clients qui sont accueillis dans une ambiance chaleureuse et cosy. Des soirées musicales sont organisées et annoncées sur leur page Facebook. La carte est orientée cuisine du monde avec également des plats locaux ou de cuisine française. L'établissement propose aussi des suggestions quotidiennes à des tarifs raisonnables. Le P'tit Ilet dispose également d'une belle carte de cocktails classiques et de créations signatures accompagnées de tapas locales.

LE CARRÉ €

Route touristique
✆ 0690 50 93 90
Ouvert tous les soirs.

Ce restaurant propose à la fois une large carte de pizzas et une cuisine semi-gastronomique. Les pizzas sont excellentes avec leur pâte fine et croustillante. Le choix est vaste entre les pizzas classiques et celles à base de crème truffée. Les produits sont frais. Quant à la carte plus élaborée, les plats sont inventifs à l'image de la côte du veau, du risotto aux agrumes et Saint-Jacques, des planches apéritives, des *poke bowls*, par exemple. Petit plus, l'accueil et le service sont des plus conviviaux. Bien qu'en bord de route, le site est très agréable.

LA PLAGE €

Plage des Raisins-Clairs
✆ 05 90 68 07 04
Ouvert tous les jours midi et soir.

Situé les pieds dans le sable sur la belle plage des Raisins Clairs, ce restaurant propose une cuisine traditionnelle, mais travaillée, avec des produits frais et locaux. Au menu : tartare de poisson, burgers, salades, risotto, plats végétariens... La Plage constitue une halte idéale pour une glace ou un cocktail avant ou après la baignade, à n'importe quel moment de la journée. Sur place, une salle de jeu avec billard, terrain de pétanque et un grand écran pour diffuser les matchs. La grande terrasse aux tables colorées permet d'admirer la mer durant le repas.

CHEZ CHRISTINE €

47 Domaine de Tuscany
✆ 06 90 99 78 78
Du mardi au dimanche de 18h30 à 22h. Addition moyenne à 25 €.

Dans ce petit restaurant agréable et convivial, il fait bon manger des plats métissés, alliant cuisine française et créole. À la carte, un vaste choix avec des plats tels que les accras, le colombo, les tagliatelles au lambi, la gigolette de poulet fermier, la christophine farcie à la morue, brandade de morue et lentilles... mais aussi des langoustes fraîches. Les portions sont généreuses. Christine vous réserve un accueil des plus chaleureux. Le service se déroule dans la salle ou sur la terrasse. Très pratique, le grand parking pour se garer sur place.

CHEZ HONORÉ €

Plage de l'Anse à la Gourde
✆ 06 90 63 68 70
villagehonore.com
Ouvert de 10h à 16h. Fermé le mercredi. Comptez 30 € par personne en moyenne (hors langouste).

Honoré se surnomme le « Roi de la Langouste ». Vous la trouverez à toutes les sauces (grillée, sauce mayonnaise, en fricassée). La carte est essentiellement locale avec un choix de plats tels que le célèbre colombo, le chatrou, le lambi, le blaff de burgots, le court-bouillon de poissons... Sur place, également un snack pour les petites faims pour y consommer sandwiches, salades, grillades, paninis... En période d'affluence, le service peut s'avérer long, mais profitez du paysage car vous êtes seulement à quelques pas de la plage.

I PATES €

Rue de La Republique
✆ 0690 74 13 41
Ouvert midi et soir du mardi au samedi.

L'établissement propose une vaste gamme de pâtes fraîches et de sauces faites maison à l'image des ravioles, des cappelletti, des spaghetti, des lasagnes (au bœuf, au saumon), des tagliatelles, des plateaux de charcuterie, une sublime burrata, du sauté de veau aux olives, de l'osso buco et bien sûr d'excellents desserts (tiramisu, panna cotta, mousse à la noisette...). Sur place, également un espace épicerie fine avec les meilleurs produits italiens du marché. Il est possible de consommer sur place ou à emporter, le tout avec un accueil des plus agréables.

QUAI 17 €

La Marina ✆ 05 90 88 52 36
https://lequai17.com
Ouvert de 9h30 à 23h tous les jours. Restaurant, pizzeria, glacier. Addition moyenne 25 €.

L'établissement est situé à l'angle de la marina avec vue sur les navires de plaisance. Les gérants, Thierry et Véro, proposent une carte adaptée à tous les goûts : salades, excellentes pizzas au feu de bois, hamburgers, entrecôtes, tartares, moules-frites, poissons, et tous les desserts sont faits maison. Le lieu est également parfait pour boire un verre et notamment des cocktails. Les assiettes sont copieuses, l'accueil et le service sont des plus agréables même en période d'affluence. L'établissement propose un service de pizzas et burgers à emporter.

O GAÏANA €

7 Résidence le Kaye'la - La Marina
✆ 07 88 28 06 01
Ouvert du lundi au samedi. Service jusqu'à 14h le midi et 21h le soir.

Située au cœur de la marina de Saint-François, cette nouvelle adresse propose une cuisine gourmande et chaleureuse. Pizzas, camembert rôti avec frites maison et charcuterie, tartare de bœuf, filet de daurade, joue de porc confite, rognons de veau, daube de bœuf... Côté dessert, laissez-vous tenter par un banoffee, ou bien une coupe créole glacée... La carte est réduite, mais change régulièrement, ce qui est gage de qualité ! L'établissement propose aussi d'excellents cocktails. Les assiettes sont bien décorées, le cadre sympathique.

LA PETITE CRÊPERIE €

La Marina
✆ 05 90 90 28 40
https://lapetitecreperie971.fr
Ouvert 7j/7 midi en haute saison et du mercredi au dimanche en basse saison. Addition moyenne : 23 €.

La Petite Crêperie jouxte la Marina, secteur animé de la ville de Saint-François. L'établissement compte parmi les valeurs sûres en termes de restauration. Les délices bretons se succèdent à l'intérieur de cette échoppe bien décorée : des galettes de sarrasin au beurre salé (100 % sarrasin et beurre demi-sel), des crêpes au froment goûteuses, des crêpes sucrées gourmandes (caramel amande, banane chocolat, pâte à tartiner...) pour finir le repas..., et des bouteilles de cidre fraîches. Une adresse parfaite pour une virée bretonne au cœur de la Guadeloupe.

LES PIEDS DANS L'EAU €

Rue de la République

✆ 05 90 88 60 02

Fermé les mercredi et jeudi. Plats traditionnels de 15 à 20 €, plats à base de langouste à partir de 45 €.

Le cadre est simple, avec des toiles cirées madras, mais avec une superbe vue sur le lagon et les barques de pêcheurs. Ce restaurant propose une cuisine basée sur la pêche du jour. C'est le cas de la langouste, c'est pourquoi il faut venir assez tôt si vous avez décidé d'en déguster une. Le serveur vient vous montrer le crustacé avant qu'il n'aille dans la casserole, il vous propose même de poser pour la photo ! La cuisine proposée est locale (colombo, poulet ou poisson grillé, fricassée de chatrou, de lambi, court-bouillon de poisson...).

TI TAB KREYOL €

Plage de l'Anse à la Gourde

✆ 06 90 56 72 78

Entre 18 € et 20 € hors boissons. Fermé mardi et mercredi.

Ce restaurant dispose d'une terrasse ombragée et ventilée. À la carte, une cuisine élaborée à partir des produits frais et du terroir. Les plats sont copieux et les assiettes bien présentées (accras, assiette végétarienne, lasagnes à la langouste, colombo, boudins, gratins de légumes pays, langouste... Vous pouvez également simplement y déguster une glace ou boire un cocktail en rentrant de la plage qui est à quelques pas. Très bon accueil avec un service rapide et très attentif. L'établissement propose également des déjeuners en musique le week-end.

L'AUTRE VERSION €€

Galerie Crystal Beach

✆ 05 90 93 09 15

www.lautreversion.net

Ouvert de 19h à 23h du mardi au samedi soir. Addition entre 45 € et 50 €.

Le cadre de ce restaurant est soigné et l'atmosphère intimiste est parfaite pour une soirée au calme en amoureux ou entre amis. La cuisine oscille entre plats caribéens et plats traditionnels métropolitains. La carte, composée de 6 entrées, 6 plats et 6 desserts, est réalisée à base de produits de saison et renouvelée très régulièrement. Vous avez le choix entre la salle climatisée ou encore la terrasse qui permet de passer la soirée bercé par le doux bruit des vagues. L'ambiance musicale est assurée par un pianiste qui sait respecter cette ambiance feutrée.

BLACK PEARL €€

Avenue de l Europe La Coursive Marina

✆ 0590 20 76 20

https://fr.restaurant-blackpearl.com/

Ouvert du jeudi au lundi soir et les lundis et dimanches midis. Plats à partir de 20 €.

Ce grand espace de 400 m², situé sur la marina, est entièrement décoré pour reproduire l'univers d'un bateau de pirates. La carte est extrêmement variée entre des spécialités créoles, de la cuisine traditionnelle française, des planches gourmandes, des grillades sur pierre, des salades, des moules-frites, des burgers maison et, bien sûr, des douceurs gourmandes. L'établissement dispose également d'une belle carte de cocktails. Le service est attentionné et contribue à passer un bon moment. La réservation en ligne est possible sur leur site.

LE COLOMBO €€

Route de la pointe des Châteaux

✆ 05 90 88 41 29

www.le-colombo.com

Ouvert tous les jours midi et soir. Fermé le mardi et le dimanche soir. Addition moyenne : 45 €, plats à 25 € environ.

Un joli cadre pour ce restaurant familial qui existe depuis 1974. Géré désormais par le fils Rudy, l'établissement est une valeur sûre. À la carte, des grillades et des plats créoles (colombo de cabri, fricassée de lambi, accras...). Les langoustes, présentées dans le grand vivier, sont de toutes les tailles et sont grillées au feu de bois de campêche qui apporte ce parfum si particulier. Le petit plus : possibilité de manger les pieds dans le sable, au bord de l'eau. L'établissement est très fréquenté le week-end et les jours fériés. Pensez à réserver.

LES FRÈRES DE LA CÔTE €€

Domaine de Tuscany

✆ 05 90 88 59 43

Ouvert midi et soir. Fermé le lundi, le dimanche et le samedi midi. Addition moyenne 40 €.

Ce restaurant parvient à conserver son authenticité d'année en année et à maintenir sa bonne réputation. Le chef propose un vaste choix de poissons assaisonnés grâce à un savant mélange d'épices. Tous les produits sont frais et issus de la pêche locale et selon le marché. Ainsi les énoncés des plats annoncés à la carte peuvent-ils varier selon chaque arrivage. La présentation de chaque plat est toujours soignée et le service est attentionné. Il est vivement recommandé de réserver en haute saison pour avoir une place sur la terrasse.

HOSTELLERIE DES CHÂTEAUX €€

Route de la Pointe des Châteaux © 05 90 85 54 08
www.hostellerie-des-chateaux.com
Fermé dimanche soir et lundi. Menus à partir de 23 €. Formules Grill-Party au déjeuner dès 27 €. Menu Langouste 55 €.

Le restaurant de l'Hostellerie des châteaux propose une cuisine variée mélangeant les saveurs créoles et françaises à déguster au bord de la piscine avec une superbe vue sur la mer. La formule Grill-Party au déjeuner inclut l'apéritif, le vin, le café et le vieux rhum. Le chef réalise des spécialités locales élaborées à partir des produits locaux du jour. La carte est agréablement variée entre pâtes, salades, grillades ou plats plus élaborés. La piscine est accessible aux clients du restaurant uniquement au déjeuner pour préserver la quiétude du site.

INDIAN MASALA €€

RN5 Desbonnes
© 06 90 99 93 04
https://indian-masala.fr/
Ouvert du lundi au samedi 11h-14h et 17h30-20h. Sandwich cheese naan à partir de 11 €, roll 8 €.

Situé sur la RN5 entre le Moule et Saint-François, Indian Masala propose des spécialités indo-caribéennes originales, mitonnées par des cuisiniers de Pondichéry dans un véritable four tandoor. En plus des grillades au four (poulet, agneau, pavé de daurade, crevettes...), laissez-vous tenter par un sandwich fait avec le *cheese naan*, pour un résultat ultra moelleux. Les *rolls* (option végétarienne disponible) sont élaborés avec de fines galettes. Ces délices sont à déguster à emporter (quelques tables sur place), n'hésitez pas à passer commande pour éviter l'attente.

LE JARDIN SECRET €€

Lieu-dit bel arbre
© 06 90 70 96 49
Ouvert du mardi au jeudi de 16h30 à 22h30 et le vendredi et samedi en continu de 12h à 22h30.

Le cadre de cet établissement singulier et cosy est particulièrement agréable entre boiseries et végétation et l'ambiance y est très chaleureuse. Vous pouvez vous installer pour jouer aux fléchettes, à des jeux de société, à la pétanque, au billard, pour profiter d'un bon moment entre amis en buvant un jus de pastèques frais, un cocktail original ou en grignotant. Côté restauration, les salades, les gaufres salées ou sucrées, les planches, les bowls sont élaborés à partir de produits frais et de qualité avec quelques suggestions véganes.

LE MABOUYA DANS LA BOUTEILLE €€

17 Saline Est
© 05 90 21 31 14
Ouvert de 19h à 23h sauf le jeudi. Addition moyenne 45 €.

Cette petite case créole située un peu à l'écart de la marina mérite vraiment le détour. Elle figure sans aucun doute parmi les meilleures tables gastronomiques de Saint-François. Le chef a l'art de faire découvrir des saveurs inédites composées d'influences caribéennes et méditerranéennes. La carte annonce des plats gourmands et également une formule végétarienne. Le décor est soigné tout comme le service. Les assiettes sont assez copieuses et leur présentation est impeccable.

LA RHUMERIE DU PIRATE €€

Route de la Pointe des Châteaux
© 05 90 83 25 94 - www.larhumeriedupirate.fr
Ouvert de 12h à 15h du mardi au dimanche midi ainsi que vendredi soir et samedi soir.

Un superbe emplacement pour ce restaurant tout en bois avec son immense terrasse avec vue panoramique sur la mer et les îles alentour. Toutes les spécialités antillaises sont proposées au travers de plats du jour et des nombreux menus à un tarif raisonnable (langouste grillée, fricassée de lambi ou chatrou, court-bouillon de poisson). Pour les amateurs, l'établissement propose plus de 40 variétés de rhums de la Caraïbe. Passage obligé : la photo en pirate des Caraïbes à l'entrée du restaurant ! Réservation conseillée.

LE ZAGAYA €€

21 rue de la République
✆ 05 90 88 67 21
Ouvert tous les jours midi et soir. Entrées à partir de 14 €, plats à partir de 19 €.

Avec l'arrivée de ses nouveaux propriétaires, Le Zagaya a fait peau neuve. Le chef met en avant les produits locaux au travers de techniques de cuisine internationale. La carte évolue selon la saison avec des plats signature autour de la langouste et de la viande, disponibles toute l'année. Le cadre est très lumineux et épuré, dans un esprit bohème. La vaste terrasse, construite autour d'un arbre, permet de déjeuner ou de dîner avec une superbe vue sur le lagon. L'ambiance est assurée par un groupe musical tous les mardis soir.

L'OPTIMISTE €€

5 Résidence Kayela
✆ 0690 724 814
www.bycmmanagement.com/loptimiste
À partir de 14 € pour une entrée, de 24 € pour un plat.

Vous goûterez ici une cuisine d'inspiration bistrot. Un concept axé sur la cuisine généreuse et goûteuse de nos grands-mères. Le tout dans un cadre à la fois chic et décontracté, avec un accueil des plus agréables. L'ambiance y est chaleureuse et conviviale. Les plats, très originaux, sont faits minutes et préparés avec des produits frais (os à moelle, carbonade à la joue cochon mijotée dans la bière, ris de veau aux morilles, moelleux au chocolat fait maison...). Une belle sélection de bières est proposée, une évidence pour Agnès la propriétaire, qui est belge !

LE MALOUBA €€

la Coulée route de la pointe des Châteaux
✆ 0590 88 61 37
Ouvert midi et soir du mardi au samedi et le dimanche midi. Entrées à partir de 7 €, plats à partir de 17 € environ.

La jeune équipe de ce restaurant a totalement remanié la décoration pour sa réouverture en avril 2022 (qui était auparavant l'ancien Iguane Taverne). Le cadre bénéficie de mobilier contemporain sobre et chaleureux. Le chef propose une carte qui associe la cuisine traditionnelle française aux saveurs locales à l'image de la brochette de ouassous sauce curry ou bien crème de coco, filet mignon à l'ananas, poisson sauce passion, le tartare de poisson.... Les plats varient selon l'arrivage. Un plat du jour est proposé chaque midi en semaine.

LE POIVRIER €€

30 rue de la République ✆ 05 90 24 79 29
www.le-poivrier.com
Ouvert midi et soir. Fermé mardi, mercredi, jeudi midi et dimanche soir. Comptez 35 à 40 € par personne.

Une belle terrasse au bord du lagon avec un superbe panorama, un accueil souriant et un service efficace, voici les bases de ce restaurant qui s'avère une très bonne adresse pour déjeuner ou dîner à Saint-François. La carte fait la part belle aux produits issus de la pêche (langouste, thon, daurade, vivaneau, thazard, colas). Des plats de cuisine française sont également présents, mais avec quelques touches locales, auxquels viennent s'ajouter des suggestions quotidiennes. Les assiettes sont joliment présentées. La décoration de la salle est sobre et élégante.

LE RHUMARIN €€

12 Rue de la république
✆ 0690 68 74 01
https://lerhumarin.fr/
Ouvert 7/7j d'octobre à avril et de juillet à août. Addition moyenne à 40 €.

Les «garçons », comme on aime à les appeler, proposent une cuisine «provencréole » qui ravit les papilles entre plats traditionnels provençaux mariés aux épices antillaises et les produits frais pays (avec une carte de poissons locaux). Ici, tout est fait maison avec amour et passion ! Les assiettes sont colorées et la présentation soignée. Le cadre vous charmera tout autant avec sa décoration recherchée. La terrasse permet de profiter d'une vue imprenable sur le lagon au déjeuner. Le soir, l'ambiance est plus feutrée. Le service est discret mais efficace.

LE TI BOUCHON €€

Route du lagon,
✆ 06 90 48 78 15
Ouvert de 9h30 à 16h sauf dimanche et lundi.

Situé sur la marina de Saint-François, ce restaurant propose une cuisine bistrot élaborée à partir des produits frais du terroir local. L'accueil de la propriétaire y est chaleureux et familial. L'ardoise change très régulièrement. Au menu, des plats variés pour s'adapter aux goûts de chacun et bien sûr des plats traditionnels de type bistrot : Foie gras frais maison, gigot d'agneau rôti aux herbes, carpaccio de marlin, tartare de bœuf, daurade à la tahitienne, gratin dauphinois, bœuf bourguignon, tataki de thon, assiette de fromages, poke bowls...

TI FRANCINE €€

49 Domaine de Tuscany
✆ 05 90 23 04 85
Ouvert de 19h à 22h. Fermé le dimanche. Addition moyenne à 30/35 €.

Dans un cadre convivial et coloré, à proximité de la plage des Raisins clairs, le restaurant Ti Francine propose une cuisine élaborée entièrement avec des produits frais et de la région. La carte surfe entre les pizzas bien copieuses composées d'ingrédients frais et des classiques de la cuisine créole (plancha de la mer, tataki de thon, brochettes de bœuf, ceviche, tartare de poissons, gratin de légumes pays...). L'ambition étant de proposer une cuisine sincère et ancrée dans la saison, authentique et colorée, joyeuse et généreuse.

GRAINES DE FOLIE

Route de la Pointe des Châteaux ✆ 05 90 28 16 31
www.graines-de-folie.fr
Ouvert tous les jours de 9h30 à 18h30.

Installée au Village Artisanal de la Pointe des Châteaux, Fabienne Troisgros confectionne des bijoux en graines naturelles : colliers, bracelets, boucles d'oreilles, porte-clés assemblés avec originalité et raffinement grâce à l'association des graines à d'autres matières nobles. Au-delà de ses créations originales, elle propose un grand choix d'artisanat local, tableaux de sable, calebasses, poteries, mobiles, bijoux de créateurs ainsi qu'une exceptionnelle collection de bijoux en Larimar, unique pierre fine de la Caraïbe à découvrir lors de votre visite.

LA PORTE DES INDES €€€

Desvarieux
✆ 05 90 21 30 87
http://la-porte-des-indes.fr/
Ouvert du mardi au samedi soir et dimanche midi. Comptez 55 € par personne.

Dans cette jolie villa créole entièrement en bois, à l'écart du centre-ville, le décor, avec son jardin, est vraiment superbe. Les spécialités indo-pakistanaises y sont proposées avec les incontournables tandooris, samossas, currys, nans (le pain indien). Mais la carte est si vaste qu'il vaut mieux demander conseil si vous n'êtes pas habitué à ce type de cuisine. Les plats permettent de découvrir ou de retrouver les saveurs indiennes parfaitement épicées. Les plats sont faits à la minute, ce qui implique toutefois une attente (précisée sur la carte).

BOULANGERIE ALÉONARD

Galerie commerciale de Crystal Beach
✆ 0590 48 53 27
http://aleonard-artisan-boulanger.com
Ouvert de 6h30 à 19h30 du mardi au samedi et jusqu'à 13h30 le dimanche. Fermé le lundi.

Un des meilleurs boulangers de l'île que nous ayons eu l'occasion de tester car il fait son pain au levain. Le pain est croustillant à souhait. Vous y trouverez toutes sortes de pains : pains spéciaux, baguettes, boules, pains de campagne, pain noir aux céréales, pain sans gluten... Hormis les pains, vous pouvez trouver des sandwiches, des viennoiseries parfaitement dorées, une large gamme de pâtisseries. La boulangerie propose d'ailleurs une formule petit-déjeuner en terrasse mais également des «pizzas apéros » en fin de journée.

L'ENTRACTE

Port de pêche
✆ 0590 90 04 90
Ouvert tous les jours de 17h à 00h30 en semaine et 2 h le vendredi et samedi.

Ce bar à cocktails, situé à quelques pas de l'embarcadère, dispose d'une terrasse offrant une superbe vue sur la mer et sur le port. Sandrine vous propose plus de 45 bières différentes, des cocktails alcoolisés ou non alcoolisés, des tapas, des salades, des planches apéritif, des bruschettas... Tous les week-ends, des concerts live sont organisés (consultez la page Facebook). Très bon accueil de Sandrine, la gérante. Le site est très agréable avec sa terrasse bien aménagée et colorée. C'est l'endroit parfait pour admirer le coucher de soleil.

LA BIZOUTERIE

13 Galerie Du Port La Marina
✆ 06 90 56 69 76
www.labizouterie.com/
Ouvert de 9h30 à 18h30 tous les jours. Créations disponibles également en ligne.

C'est avec un large sourire que Caroline vous accueille dans sa boutique de bijoux authentiques et faits à la main. L'échoppe est située au milieu du quartier animé de la Marina. Les bijoux sont composés essentiellement de coquillages en perles de Tahiti, en pierre, en argent... des sacs, tous uniques et tous issus de l'artisanat local. Notre coup de cœur : les calebasses colorées, pour emporter avec soi un joli souvenir de Guadeloupe. Autre idée plus mode, l'accessoire indispensable des Guadeloupéennes que sont les boucles d'oreilles créoles.

CAP CRÉOLE

Immeuble le trezel
✆ 0590 10 75 77
capcreole.com/les-boutiques/
Ouvert du lundi au samedi 9h-13h et 15h-19h30. Le dimanche 9h-13h.

Cap Créole est spécialisée dans la production de poissons fumés des Caraïbes depuis 1996. L'enseigne propose une gamme de produits de la mer très appréciée localement et qui mérite d'être découverte (rillettes de poissons fumés, planches de poissons fumés, filets de poissons, pâtés...). Certains sont disponibles en grandes surfaces. D'autres, de la gamme traiteur (carpaccios, steaks de poisson comme le haché de thon aux cives, le tartare de marlin au sel vanillé...) ne sont disponibles que dans les boutiques de la marque (Saint-François, Bouillante et Jarry).

COCODIE

✆ 06 64 90 94 09

Réception au showroom (secteur Anse des Rochers) en réservant par téléphone ou WhatsApp.

Voici des accessoires à teneur garantie 100 % pur exotisme réalisés artisanalement par Dodie ! Elle tire son inspiration de la magie qu'offre la Guadeloupe, son île d'adoption mais aussi de ses voyages en Afrique où réside sa famille depuis des générations. Elle utilise des tissus tels que le Madras, le Wax, le voile de coton indien.... Pour vous les faire découvrir, Dodie vous accueille, sur réservation, à Saint-François dans son « home sweet atelier » autour d'un bon café ou, si vous préférez, sur des marchés, des ventes privées...

KAZ A GRAINES

Belle allée

✆ 0690 44 30 03

Stand sur le marché de Saint-François. Visite de l'atelier sur RDV.

Cette petite entreprise familiale fabrique et propose des bijoux en graines aux couleurs très variées (colliers, bracelets, boucles d'oreilles). L'objectif étant la mise en valeur des végétaux qui sont récupérés sur l'archipel, tout est fabriqué de façon artisanale. Kaz à graines dispose d'un stand sur le marché de Saint-François à la Rotonde. Il est également possible de se rendre à l'atelier en plein air pour visiter le jardin de Rudy Denin et découvrir le travail (en le faisant soi-même) de transformation d'une calebasse en jolie lampe ou en bol.

LA TIT POZ RHUM

Route de la Pointe des Chateaux

✆ 06 90 61 36 26

Boutique ouverte de 10h à 18h tous les jours. Accessible aux fauteuils roulants.

Cette cave spécialisée dans le rhum est une adresse incontournable pour les amateurs. Jérémy, collectionneur, caviste reconnu dans l'archipel et grand passionné de ce spiritueux, possède un très grand nombre de références de rhums de Guadeloupe, de Martinique, mais aussi d'ailleurs. Sur place également un bar à rhum, dans lequel il est possible de siroter des cocktails et de déguster les références qui vous intéressent, sur une terrasse en bois de palette cosy. Un coin épicerie fine propose des produits locaux haut de gamme (chocolat, café, confiture, sirop...).

MAISON DE LA NOIX DE COCO

Route de la Pointe des Châteaux

✆ 05 90 85 00 92

www.maison-de-la-noix-de-coco.com

Ouvert tous les jours de 9h à 18h30. Entrée libre.

L'établissement est un véritable temple de l'artisanat dédié à la noix de coco pour démontrer le potentiel de ce fruit local. Un circuit de découverte avec explications et panneaux pédagogiques détaille le processus de croissance et d'exploitation du cocotier. Vous y trouverez divers objets : petit mobilier, lampes, bijoux, boîtes et pendentifs, mais aussi instruments de musique, épices, sucre et rhums locaux. Un verre de lait de coco vous est offert à l'entrée.

MARCHÉ NOCTURNE

Boulevard de l'Europe

Le mardi, à partir de 17h.

L'association Demain Saint-François a mis en place un marché, le mardi à partir de 17h, sur le boulevard de l'Europe. Les producteurs de la commune viennent vendre leurs fruits et légumes en direct. Vous y trouverez également des punchs élaborés localement, des plats cuisinés à emporter... Une partie du marché accueille les artisans locaux qui proposent des bijoux en graines, des poupées, des sculptures, des calebasses, des objets en noix de coco et divers objets et souvenirs. Souvent le marché est agrémenté d'une animation musicale.

VILLAGE ARTISANAL

Route de la Pointe des Châteaux
© 05 90 21 52 04
www.village-artisanal.com
Ouvert tous les jours de 9h à 19h.

Ce village artisanal est incontournable en termes d'artisanat local et d'objets exotiques. On y trouve une sélection d'artisanat d'art local original et unique en Guadeloupe : création de bijoux en graines, foutas et kikoys colorées, nappes brodées, pierres semi-précieuses des tableaux et photos des Antilles, des sculptures, des créations en verre soufflé, des vêtements de plage et des produits du terroir, tous les rhums de Guadeloupe et les excellentes glaces et autres douceurs maison de Fabienne You-youte. Très pratique, le grand parking sur place.

CARAÏBE PARACHUTISME

Aérodrome de Saint-François © 06 90 86 73 36
www.caraibeparachutisme.com
Baptême de chute libre 360 €/personne pour un tandem. Fermeture hebdomadaire les mardis et mercredis.

Si vous aimez les sensations fortes, après environ 25 minutes de survol de la Grande-Terre en avion, lancez-vous harnaché à votre moniteur. Le grand saut à 3 000 m d'altitude, vous descendez à la vitesse de 200 km/h pendant 35 secondes de chute libre ! Ensuite, vous avez droit à 5 à 8 minutes de descente sous voile, pour apprécier un panorama inédit, digne des plus belles cartes postales ! Vous pouvez même obtenir une option vidéo et/ou photos de votre saut. Attention : un certificat médical de non contre-indication à la pratique du parachutisme est obligatoire.

BALADE LITTORALE A SAINT-FRANCOIS

© 05 90 82 09 30

Cette balade assez facile de 9 kilomètres relie l'Anse à la Baie et l'Anse à l'Eau, au nord-est de la ville de Saint-François. Le départ se fait au niveau du parking de la première anse. De là, un chemin d'abord goudronné puis terreux vous mènera d'abord à la chapelle de la Baie Olive, puis jusqu'à la seconde anse en suivant le littoral. Arrivé à l'Anse à l'Eau, le sentier fait une petite boucle, qui n'est pas obligatoire, avant de faire demi-tour.

GOLF INTERNATIONAL DE SAINT-FRANÇOIS

Avenue de l'Europe
© 05 90 88 41 87
Ouvert tous les jours de 7h à 18h. Fermeture exceptionnelle le 1er mai et le 1er janvier.

Le golf est signé du célèbre architecte américain Robert Trent Jones Sr. Son parcours 18-trous, sur 5 990 km², s'étend entre cocotiers, bunkers sablonneux et lacs artificiels. L'ergonomie du parcours convient tout autant à la compétition qu'au golf touristique. Les créneaux les plus agréables restent les matinées et les fins d'après-midi. Deux professionnels du golf sont disponibles tous les jours de la semaine. Sur place, vente de matériel dans la boutique sur place.

GRANDE-TERRE

Pointe des Châteaux.

GWADA FLY

Route de l'aérodrome
✆ 0690 95 12 25
www.gwadafly.fr
A partir de 59 € par adulte et 39 € par enfant.

Il s'agit d'un vol en soufflerie qui recrée les conditions d'un saut en chute libre d'un avion mais sans parachute ! Le vol se déroule dans un large tube en verre transparent de 6 mètres de haut, sans vertige ni peur du vide. Vous bénéficiez d'une vue à 360°. La durée du vol dans le simulateur est équivalente à 2 sauts en parachute effectués à 4 200 mètres d'altitude. L'activité est accessible à partir de 5 ans que vous soyez sportif ou non et sans certificat médical (excepté pour les plus de 65 ans). Voir sur le site les consignes d'avant-vol.

LASTMINUTE EXCURSION 971

Pointe des Châteaux ✆ 06 90 97 97 98
https://lastminute971.com/
Bureau ouvert tous les jours de 9h à 17h. Une réduction est accordée pour plusieurs excursions réservées.

En partenariat avec de nombreux prestataires, Nico propose des excursions et oriente en fonction des souhaits de chacun. Ce baroudeur, polyglotte, connaît parfaitement son sujet et fournit de précieux conseils à chaque visiteur. Il propose un vaste choix d'excursions sur l'île, en mer ou dans les airs : visite de Petite Terre, Marie-Galante, Les Saintes, l'îlet Caret, La Désirade, des balades en 4x4, quad, buggy, kayak, ULM, de la voltige, du canyoning, des sorties plongée, découverte des cétacés, en catamaran mais aussi des locations gîtes et voitures...

MARINA DE SAINT-FRANÇOIS

Avenue de l'Europe ✆ 05 90 88 47 28
VHF 9. Capitainerie ouverte du lundi au vendredi de 8h à 12h et de 14h à 17h, le samedi de 8h30 à 12h.

Si l'approche du port est étroite, l'abri des bateaux est assuré avec à l'arrivée, pour les plaisanciers, une ambiance conviviale, des commerces, des boutiques et des restaurants à proximité immédiate. La marina est située au cœur de la commune. Elle se distingue par son infrastructure moderne. Elle a été rénovée récemment et peut accueillir jusqu'à 220 bateaux avec 7 nouveaux pontons flottants, tous équipés de bornes de distribution d'eau et d'électricité. Vous y accédez en bateau en passant par la « passe champagne » lors d'une approche d'est en ouest.

NOA PLONGÉE

Avenue de l'Europe
✆ 05 90 89 57 78
http://noaplongee.fr
Ouvert toute l'année, 7j/7 de 9h à 12h et de 16h à 18h30.

Une vingtaine de sites de plongée sont à découvrir sur les sites du banc des Vaisseaux et des Roches merveilleuses, aux abords de la réserve naturelle des îlets de Petite-Terre et de l'île de La Désirade (bancs de barracudas, requins dormeurs, raies pastenagues, tortues...). L'équipe propose des sorties le matin et l'après-midi dans une ambiance décontractée, le temps d'établir la confiance nécessaire pour vous lancer si vous n'avez jamais plongé. Au programme, des initiations, des baptêmes, des plongées découverte ou d'exploration.

QUAD BUGGY

Dubedou
✆ 06 90 51 50 51
www.quad-buggy-guadeloupe.fr
Randonnée en buggy à partir de 160 €, en quad à partir de 130 € (tarifs pour 1 ou 2 personnes).

Les randonnées sont basées sur la découverte de la faune et de la flore. Au choix, randonnée à la journée ou à la demi-journée en quad ou en buggy. Le parcours passe par la plage, la forêt et les marécages. Les randonnées sont adaptées selon le souhait et le niveau des participants. Permis B obligatoire pour le buggy 300 cm³, permis A ou B pour le quad 250 cm³. Plus sportif que le buggy, le quad nécessite environ 15 minutes de prise en main. Avant de venir, prévoir votre permis, des chaussures fermées, des bouteilles d'eau, des vêtements de rechange...

REVERIE CARAÏBE

Marina
✆ 06 90 35 30 86
www.reveriecaraibe.com/
Agence ouverte tous les jours.

Avec des années d'expérience dans l'activité touristique et de loisirs sur l'île, Julie et Nicole proposent bon nombre de prestations en vue de passer d'agréables moments de détente et de découverte sur tout l'archipel guadeloupéen. Au programme, des excursions à la journée en voilier, en kayak, en jet ski, visite de la mangrove, rencontre avec les cétacés, pêche au gros, canyoning, plongée, Kayak, croisières, scooter des mers, speed boat, saloon boat, survol en U.L.M... Bref, plus de 50 activités ainsi qu'une billetterie pour les navettes inter-îles.

DONUTS BBQ BOAT

Marina de Saint-François
© 06 90 62 05 55 - www.donutsbbqboat.com
Location journée (9h30-17h) à partir de 195 €. Formule duo/trio en semaine hors vacances scolaires à 150 €.

Ce service, proposé par Jenna et Stéphanie, permet de conjuguer balade, baignade et pique-nique dans l'un des dix plus beaux lagons du monde à Saint-François. Ces bateaux en forme de donuts géants, avec au centre un barbecue, sont dotés d'un moteur de 6 CV et se pilotent sans permis bateau. Après 10-15 minutes de formation, vous serez un(e) vrai(e) pro. Les donuts intègrent sonorisation Bluetooth, parasol, ancre plate, bar gonflable et peuvent accueillir jusqu'à 10 personnes. Côté vaisselle, tout est prévu, vous n'avez rien à gérer. Service Traiteur sur demande.

SALOON BOAT

© 0690 30 22 98
300 € la journée en week-end. En semaine : 150 € (jusqu'à 3 pers), 200 € (de 3 à 6 pers), 250 € (+6 pers).

Départ depuis la marina de Saint-François pour une journée de rêve et de détente dans le lagon en famille ou bien entre amis. Cette structure propose quatre petits bateaux pouvant accueillir jusqu'à neuf personnes et qui se pilotent sans permis bateau. Très confortables, les *saloon boats* sont équipés d'une large banquette, d'une échelle et d'un barbecue. Sont inclus également dans le tarif de location, la glacière (avec paillettes de glace), un bar flottant pour l'apéro en mer, les frites de bain et la musique via une enceinte connectée.

UHAÏNA CROISIÈRES

Route du lagon
© 06 90 38 58 28
www.uhaina-croisieres-guadeloupe.com
Journée Petite Terre (lundi-mardi-jeudi-samedi) : 110 €/adulte. Marie-Galante (mercredi et vendredi) : 100 €.

Les excursions s'effectuent à bord d'un catamaran. Départ en petit comité depuis la marina de Saint-François à 7h ou 7h15 selon la destination. Avec un peu de chance, vous pourrez apercevoir des dauphins et des baleines lors de la navigation. Prévoyez un maillot de bain, une serviette, un tee-shirt, la crème solaire, un couvre-chef... pour apprécier la traversée de façon optimale. Les catamarans sont également disponibles pour des évènements sur mesure et en toute convivialité le dimanche dans le lagon paradisiaque de Saint-François.

ULM ARCHIPEL

Aérodrome © 06 90 57 88 92
www.ulm-archipel.com
Tous les jours de 8h à 17h30 sur rendez-vous. Circuit à partir de 50 €. Accessible aux personnes à mobilité réduite.

Envolez-vous en ULM ou en autogires de l'aérodrome de Saint-François pour découvrir autrement la Guadeloupe et ses dépendances, avec des paysages à couper le souffle. Plusieurs prestations sont proposées : initiation au pilotage, baptême de l'air, survol touristique, prise vidéo de votre expérience d'exception pour conserver à tout jamais ce souvenir... La situation géographique permet de pouvoir survoler en toute tranquillité la Guadeloupe. Vous découvrirez ainsi pourquoi les indiens Caraïbes appelaient la Guadeloupe *Karukera* (l'île aux belles eaux).

ULM CARAIBES

© 06 90 64 28 48
www.ulmcaraibes.com
Ouvert tous les jours. Circuits touristiques à partir de 40 € selon le type d'appareil et le circuit choisi.

Au programme, des baptêmes, vols touristiques, cours de pilotage, formation d'instructeurs, location d'appareils et des randonnées aériennes, au-dessus des îles des Caraïbes... Parce que c'est plus beau, vu d'en haut ! L'archipel vu du ciel, une façon originale de découvrir les îles aux côtés d'un pilote dans un ULM biplace. Possibilité de voler en patrouille jusqu'à 4 personnes. Plusieurs circuits touristiques sont proposés. La flotte comprend également des autogires, appareils à l'allure de petits hélicoptères qui permettent une vision panoramique appréciable.

PARADOXE CROISIÈRES

Marina de Saint-François
✆ 05 90 88 41 73 - www.paradoxe-croisieres.com
Vers Petite-Terre 120 €, 100 €/enf. Marie-Galante à la voile 100 €, 80 €/enf. Catamaran moteur 130 €, 110 €/enf.

Des sorties en mer à bord d'un catamaran de 25 m. Les excursions vous emmènent à Petite-Terre ou Marie-Galante. Programme vers Petite-Terre : départ 8h, traversée de 1h30, baignade en PMT, repas sur la plage, visite pédestre guidée de l'île, et retour vers 17h30. Marie-Galante : départ 7h30 pour 2h de traversée, visite guidée en bus, repas, dégustation de rhum, et retour vers 18h. Le *Capresse*, catamaran à moteur de 15 m, vous propose des excursions vers Marie-Galante et des sorties privées (12 passagers) personnalisées. Réservation en ligne ou par téléphone.

VOL PENDULAIRE GPE

Aérodrome de Saint-François
✆ 06 90 49 72 19
www.volpendulaireguadeloupe.com
À partir de 60 € pour 15 minutes de vol (pour 2 vols minimum). Tous les jours sur rendez-vous (par téléphone ou mail).

La sensation d'être un oiseau, de planer doucement au-dessus du lagon, porté par le vol lent et stable d'un ULM pendulaire : voici l'expérience que vous vivrez sous une aile delta, confortablement installé en place arrière ! Gaëtan, le pilote, est un passionné qui saura vous faire apprécier le vol. Le petit plus : la stabilité du chariot motorisé suspendu à l'aile pour mieux apprécier la balade (lorsque l'aile bouge, le chariot reste stable). Plusieurs formules de vol sont proposées (15 minutes, 30 minutes, 45 minutes) permettant de découvrir cette activité.

CASINO

Lieu-dit Sainte-Marthe
✆ 05 90 88 41 31
www.casinosaintfrancois.com
De 10h à 2h du lundi au jeudi et les dimanches. De 10h à 3h vendredi, samedi et veilles de jours fériés.

Vous retrouvez de nombreuses machines à sous dans cet espace très populaire qui a été rénové et qui est ouvert tous les jours, dès le matin. N'oubliez pas la pièce d'identité qui vous sera demandée à l'entrée. L'établissement dispose de jeux de table et de cartes avec roulette américaine, stud poker, black-jack et d'une roulette électronique ZUUM. Dans la même enceinte, le piano-bar-restaurant, Le Joker, est ouvert du mercredi au samedi à partir de 19h. Il propose régulièrement des animations : soirées karaoké, concerts d'artistes locaux, défilés de mode...

LE MOULE ★★

Des fouilles archéologiques ont mis à jour le passé précolombien de cette zone. Ce témoignage est conservé au musée Edgard-Clerc (dont l'entrée est gratuite). Le Moule constitue un spot de prédilection pour les surfeurs car la mer y est souvent déchaînée. Ses rivages de sable blanc, ses falaises abruptes balayées par des vagues rugissantes et des pointes calcaires sculptées lui donnent un air sauvage. La commune abrite la sucrerie Gardel, la distillerie Damoiseau qui se visite gratuitement et qui est dotée d'un moulin restauré et l'habitation Zévallos dont l'architecture mérite le détour car sa structure métallique (identique à celle du Musée Schoelcher située à Pointe-à-Pitre) aurait été construite par les ateliers Eiffel.

La qualité des fonds marins et l'expérience des pêcheurs mouliens permettent de disposer de poissons frais, de toutes les espèces toute l'année. La Fête des pêcheurs, au mois d'août, leur est dédiée.

La ville aujourd'hui

Par la RN5, sur des kilomètres, les champs de canne se comptent par dizaines. Ce décor de campagne, calme, avec ses champs de canne et ses pâturages, plaît aux vacanciers en quête de nature apaisante, loin de l'agitation des grandes stations balnéaires. Le visage de la commune du Moule s'est toutefois transformé ces dernières années ; la ville fait beaucoup d'efforts pour redonner une image attractive, rénover ses bâtiments publics, moderniser ses infrastructures, se doter d'une zone commerciale attractive avec de nombreux commerces mais également un centre médical.

DISTILLERIE DAMOISEAU ★

Bellevue ✆ 05 90 23 55 55
https://rhum-damoiseau.com/

Visite gratuite et libre. La distillerie est ouverte tous les jours de 8h à 17h30, sauf les dimanches et jours fériés.

La famille Damoiseau perpétue depuis trois générations la tradition en produisant un rhum agricole blanc qui se distingue par sa richesse aromatique grâce au terroir ensoleillé de la Grande Terre, bassin cannier historique de la Guadeloupe. Leader incontesté sur le marché guadeloupéen, le rhum Damoiseau est présent dans l'Hexagone et dans plus de 40 pays. La célébration des 70 ans, en 2012, avait déjà donné naissance à un rhum vieux de 10 ans d'âge. La distillerie a fêté ses 80 ans en 2022, avec la sortie d'un rhum blanc de 2017 : L'Expérience 69 overproof réduit sur 4 ans, et un 15 ans d'âge mis en vieillissement en 2007.

Le rhum Damoiseau se voit chaque année récompensé au Concours général agricole du Salon de l'agriculture : en 2022, son Rhum vieux IG Guadeloupe 4 ans minimum a obtenu une médaille d'or, son rhum blanc 55 %, une médaille de bronze.

La distillerie reste fidèle à un savoir-faire traditionnel dans le respect des étapes indispensables du processus (récolte et broyage de la canne, fermentation, distillation, dilution et le vieillissement de quelques mois à quelques années selon les cuvées). Le moulin à vent du domaine a été restauré par des Compagnons afin de conserver cet élément-clé du patrimoine de l'île, autrefois pièce maîtresse de l'économie de plantation.

Passage obligé à la boutique La Cabane à Rhum, où vous trouverez une sélection variée de rhums en dégustation, mais aussi du sirop de batterie, des livres de recettes, etc.

CIMETIÈRE DES ESCLAVES

Anse Marguerite

Ce site a été sélectionné, avec 17 autres lieux patrimoniaux emblématiques, pour intégrer le circuit « La Route de l'Esclave - Traces mémoires en Guadeloupe » en raison de son lien avec l'histoire de l'esclavage. Un itinéraire qui a été développé pour une meilleure compréhension de ce contexte historique douloureux. Une opération de fouilles a révélé la présence d'un cimetière d'esclaves d'environ 150 sépultures. Le lieu constitue un site archéologique majeur en Guadeloupe. Il faut déplorer le manque d'entretien du site qui est jonché de déchets plastiques.

ÉGLISE SAINT-JEAN-BAPTISTE

Rue Jeanne d'Arc

Entrée libre le matin, du mardi au vendredi, après les offices.

Classée depuis 1978, cette église en forme de croix latine, d'inspiration néoclassique, est remarquable. Sa façade est dotée, de chaque côté du porche, de deux colonnes. Son clocher, le presbytère ainsi que sa sacristie ont été conçus par l'architecte Ali Tur. Des tableaux situés dans le chœur sont dédiés à la vie de saint Jean-Baptiste. Son décor boisé aux tons pastel, ses vitraux en font un lieu de prière et de méditation particulièrement apprécié des fidèles.

Rhum
Damoiseau
Grande Terre
Grand Rhum
RHUM DAMOISEAU
Damoiseau
RHUM VIEUX AGRICOLE
V.O
42% vol.
GUADELOUPE
70 cl
Damoiseau
GUADELOUPE
RHUM BLANC
70
Damoiseau
50°
RHUM AGRICOLE
DE LA
GUADELOUPE
rhum-damoiseau.com
facebook.com/rhum.damoiseau
instagram.com/rhum_damoiseau
twitter.com/RhumDamoiseau
ABUS D'ALCOOL EST DANGEREUX POUR LA SANTÉ. À CONSOMMER AVEC MODÉRATION.

DISTILLERIE GWADININA FWI

Domaine de Letaye
✆ 06 90 32 43 76
https://rhum-gwadinina-fwi.com
Distillerie et boutique ouvertes de 9h à 17h du lundi au samedi.

De par ses méthodes 100 % artisanales, la visite de cette distillerie familiale, qui a fêté ses vingt ans d'existence en 2022, est particulièrement intéressante pour comprendre la fabrication du rhum de A à Z. Randgy Oujagir, maître de chais et fondateur de Gwadinina FWI, ou bien un de ses collaborateurs, vous invite à découvrir leur savoir-faire. Tout commence par l'explication sur la présence de chevaux, vaches et cabris qui se nourrissent de la canne et dont le fumier est ensuite utilisé pour les cultures. Vous apprenez, entre autres, que les cannes sont coupées à la main, qu'elles sont nettoyées avec l'eau de pluie récupérée en citerne, comment est broyée la canne, qu'aucun produit chimique ou levure n'est ajouté. Tout est étudié pour obtenir une gamme de rhums, certes à petite échelle, mais d'une excellente qualité et plus ronds en bouche. Les fûts utilisés pour le vieillissement des rhums ne sont utilisés qu'une seule fois afin d'obtenir les meilleurs arômes. En fin de visite, vous découvrez que l'embouteillage et la pose des étiquettes sont également réalisés manuellement. Chaque visiteur a d'ailleurs la possibilité de participer à différentes étapes de la fabrication du rhum car toutes les machines sont adaptées à une utilisation manuelle. Ensuite vous êtes invité à déguster les rhums dans la boutique. La distillerie propose sa première cuvée baptisée Black Édition, un rhum qui a vieilli pendant dix années dans des tonneaux brûlés à l'intérieur.

HABITATION NÉRON

Section Néron
✆ 0690 31 61 96
https://habitation-neron.fr/
Visite découverte du lundi au samedi 8 €/30 min. Visite en charrette à bœufs 40 € pour 45 min, les samedis et dimanches.

Ce domaine de 11 hectares est une ancienne habitation sucrière datant du XVIIIe siècle. Il s'étendait autrefois sur 160 hectares où travaillaient des centaines d'esclaves. Après de nombreux rachats, l'habitation Néron est transformée en distillerie et connaît un grand succès avec la production du rhum Néron et devient même une des plus grosses distilleries du Moule, jusqu'à sa fermeture en 1962. Seuls un moulin, la maison de maître, la maison du géreur, une chapelle, ainsi que des vestiges de rouages sont encore visibles. Dans les années 1990, le Conseil général fait l'acquisition d'une partie du domaine et la commune du Moule rachète la parcelle où se situe la maison de maître. Pendant plusieurs décennies, le site n'est pas exploité, jusqu'à ce que la distillerie Papa Rouyo reprenne la gestion du domaine en 2021, avec pour projet la mise en place d'un parc de découverte agricole, artisanal, culturel et touristique, avec un accent mis sur le spiritourisme. Il est depuis possible de visiter les lieux en suivant un itinéraire ou de faire une visite guidée en charrette à bœufs. Le domaine dispose aussi d'une table d'hôte, et d'un bar mettant en avant les bières Lékouz, ouvert du jeudi au samedi.

Ce site a été sélectionné, avec 17 autres lieux patrimoniaux emblématiques, pour intégrer le circuit « La Route de l'Esclave - Traces mémoires en Guadeloupe » en raison de son lien avec l'histoire de l'esclavage. Un itinéraire qui a été développé pour une meilleure compréhension de ce contexte historique douloureux dans l'archipel.

ESPACE WIZOSKY

Port

En vous baladant, vous ne pourrez pas manquer les ruines de cette ancienne fabrique datant de 1807. Le bâtiment a été vendu à plusieurs reprises ; il a été transformé en usine à limonade puis en société dédiée à l'importation de plantes gérée par M. Wizosky. La bâtisse a été ensuite rachetée par la mairie dans les années 30 (après le passage du cyclone de 1928) et devient une école pour filles dirigée par les sœurs de Saint-Joseph de Cluny. Aujourd'hui, c'est une place publique réputée sur laquelle sont organisées des manifestations.

MAIRIE DU MOULE

Rue Joffre
✆ 05 90 23 09 00
Entrée libre du lundi au vendredi de 8h30 à 13h et de 14h à 17h. Mercredi 7h30-13h.

L'hôtel de ville a été inauguré en 1927. Il est construit en béton armé sur deux niveaux et est repérable avec ses deux tourelles aux formes arrondies et massives dotées d'une toiture en zinc qui le distinguent des autres bâtisses. Entre ces tourelles, on remarque deux loggias dotées de garde-corps en béton. Espace public oblige, vous pouvez entrer dans le hall d'accueil, et jeter un œil sur le décor intérieur des volumes, austères et majestueux. Un édifice qui a été construit aussi pour rappeler en toute circonstance la présence de la puissance publique.

MAISON ZÉVALLOS ★★

Nationale 5
✆ 0690 15 70 57
habitationzevallos.fr
Visite guidée : 8 € (4 €/enfant). Les mardis et vendredis à 14h30. Réservation obligatoire (nombre de places limité).

Depuis la route, on sent l'époque coloniale qui plane encore derrière la grille sur cette habitation si différente des maisons traditionnelles environnantes. Entre les ferronneries fines et élégantes, les structures métalliques longilignes, la toiture en tuiles roses et la loggia courante à l'étage : ces détails classent d'emblée cette demeure dans les meilleurs ateliers parisiens de la fin du XIXe.

Des recherches sont en cours pour connaître sa véritable histoire. Un riche habitant de Louisiane aurait commandé deux maisons pour chacune de ses filles à Gustave Eiffel. Fabriquées à Levallois-Perret, elles sont embarquées sur un navire à destination de La Nouvelle-Orléans, mais lors d'une grosse tempête, le navire se déroute vers le port le plus proche, celui de Pointe-à-Pitre. Le retard pousse le capitaine du bateau à vendre aux enchères la cargaison, craignant d'avoir à payer des intérêts moratoires à son commanditaire. L'une d'elles est achetée par Ernest Souquès, directeur de l'usine sucrière Darboussier, devenue le musée Saint John-Perse à Pointe-à-Pitre. L'autre est acquise par Stanley Auguste Duchassaing de Fontbressin, le propriétaire de l'usine sucrière de Zévallos qui l'a fait édifier entre 1873 et 1875. La cheminée de 18 mètres de haut témoigne encore de l'ancienne puissance sucrière. Zévallos fut la toute première usine centrale de la Guadeloupe.

Des légendes subsistent à propos de cette maison. Les locaux prétendent qu'elle est hantée et que la nuit, des cris de fantômes résonneraient. Des cris des travailleurs assassinés sur ordre du maître, le comte Hector Parisis de Zévallos, afin de mater une révolte. Les meneurs auraient péri dans le four de l'usine.

La sauvegarde du site est assurée par l'association « Les amis de Zévallos », qui propose des visites guidées. Patrimoine classé depuis 1990, la maison Zévallos a été sélectionnée par la Fondation du patrimoine et a bénéficié de 500 000 euros en 2020 destinés à la remise en état du site. La cheminée qui menaçait de s'effondrer, a bénéficié dernièrement d'une réhabilitation. Une restauration complète du site doit commencer en 2024. Des fouilles archéologiques ont donné des résultats inédits dans l'archipel en matière de recherche historique, sur l'économie de l'ère industrielle de la Guadeloupe. Ces résultats ainsi que les objets trouvés seront présentés dans le futur centre d'interprétation du site. Des événements et manifestations sont organisés dans les jardins, consultez le site internet et les réseaux sociaux pour plus d'informations.

MUSÉE EDGAR-CLERC ★

Route de la Rosette
✆ 05 90 23 57 57
Ouvert du lundi au vendredi de 9h à 17h. Entrée gratuite.

L'exposition permet de découvrir les travaux de l'archéologue Edgar Clerc, alors qu'il occupe le poste de directeur de l'usine sucrière Gardel. Sur les sites de Grande-Terre au lieu-dit Morel, des découvertes exceptionnelles sont alors mises au jour. La première exposition consacrée à l'archéologie précolombienne a lieu en 1965. Le musée ouvre ses portes en 1972. Les travaux pionniers d'Edgar Clerc ont permis de redéfinir la chronologie amérindienne sur l'archipel de la Guadeloupe et d'aborder certains aspects de la vie quotidienne des Amérindiens durant les premières périodes précolombiennes (200 av. J.-C. – 800 ap. J.-C.). Au travers des collections de céramiques, d'outils en coquillage ou en pierre mais aussi par des ouvrages significatifs, les visiteurs découvrent l'histoire des Amérindiens, premiers occupants des Petites Antilles en remontant jusqu'au XIXe siècle. Une reconstitution d'un village amérindien en maquette y est également présentée. Le parc du musée, luxuriant, propose aux yeux des visiteurs, un jardin amérindien constitué d'impressionnants arbres tropicaux (grenadiers, tamarins, calebasses ou encore maniocs) et des plantes médicinales. Ce musée départemental s'enrichit régulièrement de nouvelles pièces grâce aux découvertes réalisées lors de fouilles archéologiques. Divers évènements sont organisés tout au long de l'année sur le thème du jardin entre des ateliers, des animations, des visites guidées et des conférences. Les rendez-vous sont annoncés sur la page Facebook du musée.

PARC ARCHÉOLOGIQUE OUATIBI-TIBI

Le Moule
Ouvert tous les jours. Entrée gratuite.

Trois espaces composent ce site : un espace de mémoire en hommage aux populations originelles ayant habité le nord de Grande-Terre ; un centre d'interprétation archéologique pour les traditions amérindiennes et un parcours de santé doté d'accessoires sportifs accessibles à tous. Aménagé sur 7,5 hectares, ce parc archéologique est idéal pour la promenade, la détente et la méditation. Il bénéficie d'un beau panorama. Son nom est d'origine amérindienne et signifie « grenouille ».

GRANDE-TERRE

Maison coloniale de Zevallos.

PLAGE DE L'AUTRE BORD

Accès par la RN 5.

Cette longue plage de sable doré est idéale pour un pique-nique avec ses carbets dotés de tables. Elle est très fréquentée car elle se prête à la baignade en famille avec son lagon protégé par une barrière de corail. Elle dispose également de zones d'ombres grâce aux cocotiers et raisiniers qui s'y trouvent. En allant jusqu'au bout de la plage, vous atteindrez une autre plage, celle des alizés. Vous y trouverez des sanitaires et des douches. Sa surveillance est assurée par des maîtres nageurs. Un parc aquatique et plusieurs restaurants sont situés à proximité.

RIVIÈRE D'AUDOUIN

Pour la promenade et les loisirs nautiques, la rivière d'Audouin, longue de 2,5 kilomètres, se jette dans la baie du Moule. Elle est alimentée par la ravine d'Arles et la ravine de Corneille. Certaines structures privées y proposent des activités nautiques, des balades en bateau à pédales, des randonnées dans la mangrove en canoë-kayak ou en stand-up paddle. Durant la balade, on peut apercevoir des restes de moulins. La rivière est bordée par la mangrove et ses végétaux spécifiques, par des champs de canne, des zones de forêt sèche...

PLAGE DE LA BAIE

Un havre de paix protégé par la barrière de corail. Par-delà, hérissé d'ancres de bateaux, se trouve un spot de surf très prisé pour les sportifs de haut niveau, car réputé pour ses vagues immenses. Des compétitions nationales, voire internationales, y sont organisées. On peut y admirer de nombreux oiseaux à certains moments de la journée, car la plage longe la mangrove. Au bout de la route de la plage, le petit débarcadère mérite un arrêt pour le point de vue qu'il offre sur toute la station. Un restaurant créole se trouve sur le site.

ALMA LOCATION

13 rue Docteur Joseph Pitat
✆ 06 90 23 87 62
www.alma-location.fr/

Du lundi au samedi de 8h à 18h. À partir de 25 €.

Cette agence propose des citadines climatisées et confortables dernière génération (Nissan Micra, Citroën C3, Kia Rio, Picanto...), automatiques ou manuelles pour découvrir la Guadeloupe en toute sécurité en répondant à vos besoins. Les véhicules sont adaptés à tout type de séjour (court ou longue durée), du voyage privé à deux, en famille ou encore entre amis jusqu'au déplacement professionnel (avec la location de véhicules utilitaires). Le véhicule peut être livré à la gare maritime de Bergevin ou bien à l'aéroport. Les réservations s'effectuent par téléphone.

ROUTE DU MOULE À ANSE-BERTRAND

Cet agréable parcours côtoie une baie qui ne dispose pas de véritable plage, mais il est doté d'un littoral sauvage et ponctué de nombreux points de vue maritimes à proximité de la route. Les vagues viennent frapper les rochers à seulement quelques mètres de la chaussée, avant d'arriver au premier rendez-vous balnéaire que constitue la plage de la Baie, agréable, mais également proche de la route.

Vers Sainte-Marguerite et Gros-Cap. À la Rosette, une pancarte annonce la présence du musée Edgar-Clerc consacré à l'histoire précolombienne, témoin de la présence amérindienne. En poursuivant vers Bazin, les maisons se font plus rares tout comme les activités touristiques. Le paysage agricole est calme ; les vaches dans les prés regardent paisiblement passer les quelques visiteurs. Vers l'Anse-Maurice, en descendant vers la mer par une route sinueuse et pentue, on pénètre dans une vallée encaissée qui donne sur une plage sympathique (attention aux passages de cabris, voire d'ovins, en liberté, mais aussi aux mangoustes). Le lieu est peu fréquenté en basse saison, mais il devient plus animé en haute saison.

La D120 mène à la Porte de l'Enfer et la pointe de la Grande-Vigie. Cette belle route traverse des paysages désertiques bien différents du reste de Grande-Terre. Elle suit une côte escarpée entre la pointe du Piton et la pointe de la Grande-Vigie. La région sauvage, totalement dépeuplée et peu touristique, garde le charme authentique des territoires inoccupés. Les falaises sont vertigineuses et les panoramas sont de toute beauté, en particulier vers l'extrême nord, autour de la Porte d'Enfer, du trou Madame Coco et du trou du Souffleur. Ces appellations évocatrices de légendes ont été données à ces falaises abruptes, à ces calanques où la mer peut se montrer furieuse. Des fractures y forment de véritables canyons dans la mer, une curiosité géologique à ne pas rater.

De la pointe de la Grande-Vigie à l'Anse-Bertrand. La côte redevient plus calme, et le relief s'adoucit. Les villages de pêcheurs se blottissent sur des petites plages, tout comme les petits restaurants de langoustes et de poissons grillés au barbecue à la cuisine authentique.

De la pointe de la Grande-Vigie à l'Anse-Laborde, la route départementale D122 devient facile en arrivant à la mer. A proximité se trouve la commune d'Anse-Bertrand et sa jolie plage de la Chapelle, très prisée des surfeurs et des baigneurs pour son sable fin, ses cocotiers et son eau translucide et calme.

ALLAMANDA SURF €

Route de Saint-François
✆ 06 90 76 23 73
À partir de 200 €/personne et par semaine en bungalow (base de 3 personnes). Location de planche à partir de 15 €/jour.

Deux charmants bungalows et une maison créole typique parfaits pour passer des vacances sous le signe du surf, sont situés dans un parc tropical de plus de 5 000 m². Les hôtes, passionnés de ce sport, proposent des packages pour initiés ou débutants, et une large sélection de belles planches en location. Une large piscine trône au centre des logements et avec un joli carbet pour se détendre. Les tarifs sont proposés par personne, ce qui permet de limiter les frais d'hébergement pour les voyages en solo. Le transfert depuis l'aéroport est possible (en supplément).

LES GÎTES DE LA FERME €

Prendre la direction des Abymes depuis l'aéroport, puis des Grands-Fonds (D101).
✆ 05 90 24 00 11 - www.gitesdelaferme.com
À partir de 490 €/semaine pour un T2 et 539 € pour un T3. 90 €/nuit/T2 et 109 €/nuit/T3 à partir de 4 nuits.

Dans cette exploitation agricole de 9 hectares dédiée à l'élevage d'animaux de la ferme, Pierre et Roselyne Berlet proposent trois bungalows F2 ou F3 d'une capacité d'accueil de 4 personnes. Chaque logement est composé d'une chambre climatisée avec moustiquaire, d'un séjour avec couchage, une cuisine (avec réfrigérateur, plaques de cuisson, micro-ondes), d'une salle de bains, de WC indépendants, d'une terrasse avec un coin repas. Une machine à laver et un barbecue sont à disposition des occupants ainsi qu'une piscine. Possibilité d'accueil à l'aéroport.

SHAMBALA LODGE €€€

Gros Morne
✆ 06 90 55 79 57
shambalalodge.fr/
Entre 90 et 160 € par nuit. Séjour minimum de 2 à 5 nuits selon la saison.

Le confort, le ressourcement sont les maîtres mots de ces 5 lodges de type bungalows... Composés d'une chambre, d'une salle de bains, d'une terrasse équipée d'une petite cuisine et d'une douche à l'italienne, ces logements de luxe bénéficient tous d'un jardin privatif. Une magnifique piscine vient compléter ce tableau idyllique ainsi qu'un ensemble de soins du corps et de pratiques, telles que des massages, la relaxation, le yoga. En bonus : la plage de Porte d'Enfer et un spot de surf qui se situent à deux minutes seulement.

DOMAINE DE LAURÉAL €

Chemin des Ignames

✆ 05 90 23 50 09

www.domainedelaureal.com

À partir de 300 €/semaine/2 personnes en F2, 390 €/3 personnes en F3, 550 €/5 personnes en F4.

Il s'agit d'une propriété en pleine campagne composée d'appartements F2 (1 chambre, 50 m²), F3 (2 chambres, 70 m²) et 2 villas F4 (3 chambres). Repos et calme absolus sont les maîtres-mots dans ce jardin tropical bercé par les alizés. Logements très spacieux, entièrement équipés (télévision, réfrigérateur, fer à repasser...). Un barbecue est à disposition pour des soirées grillades. Au centre, se trouve une belle piscine de 10 m x 5 m. La connexion wifi est gratuite. Possibilité de se faire livrer des plats indo-antillais sur commande.

FLEURS DE CANNE €€

Route de Letaye

✆ 06 90 62 09 11

www.fleursdecanne.info

À partir de 100 € la nuit à partir de 4 nuits.

4 bungalows en bois, classés « meublé de tourisme 4* », dotés chacun d'une terrasse aménagée en coin détente avec hamacs, petite piscine, transats et jardin paysager privatifs sans aucun vis-à-vis pour préserver l'intimité de chacun des occupants. Les hébergements sont joliment décorés et aménagés entre mobilier colonial et contemporain. Ils disposent d'équipements de qualité et sont dotés d'une cuisine entièrement équipée ouvrant sur la terrasse. Wi-Fi gratuit. L'atout majeur, le cadre calme et agréable. L'accueil des propriétaires est très chaleureux.

VILLA NIAOULI €€

58 route de la Ravine sèche

✆ 07 56 97 01 03

À partir de 90 €/nuit.

En surplomb de l'océan Atlantique et au cœur d'un petit jardin arboré, la villa Niaouli invite à la déconnexion. Entourée d'une jolie piscine, la villa comprend une chambre climatisée, une cuisine équipée avec îlot central et une salle d'eau. La pièce à vivre s'ouvre sur la terrasse complètement en accord avec son environnement. La sublime décoration bohème chic, le mobilier, les boiseries dans les tons bleu et bois... Vous vous y sentirez comme chez vous. Une balançoire permet de survoler la piscine, un hamac invite à se prélasser au soleil.

LE BOKIT D'OR €

Place centrale

Ouvert le soir du mercredi au dimanche.

Véritable institution en ville, le grand camion blanc du Bokit d'Or, installé sur la place de l'église, a toujours la réputation de régaler ses clients avec de savoureux *bokits*. Ces fameux sandwiches typiques guadeloupéens qui sont frits dans de l'huile (et cependant non gras) sont dotés d'une garniture au choix. Vous y trouverez également des *agoulous* (pain non frit), des crêpes et des sandwiches tout chauds. Les habitués sont nombreux à venir s'y régaler et l'ambiance autour du camion est toujours festive, ce qui donne envie d'y revenir !

LA KAZ A ACCRAS €

Boulevard maritime

✆ 06 90 30 36 17

Ouvert midi et soir sauf le lundi et le jeudi. À partir de 2 € les 6 accras.

Cette petite échoppe bénéficie d'une terrasse ayant pour panorama le superbe littoral de la baie du Moule. Il s'agit d'un passage incontournable pour déguster de délicieux accras, avec un accueil chaleureux de Chelssy. Outre les classiques accras de morue croustillants à souhait, on peut y découvrir une variété de saveurs plus originales et inédites (banane/hareng saur, carotte-gingembre, poulet fumé, poivron, crevettes, giraumon, malanga, poireau...), tout est fait maison avec amour et passion, en fonction des demandes et, bien sûr, de la saison.

NIVA FRAÎCHEUR €

Plage de l'Autre Bord

✆ 06 90 93 65 87

Ouvert tous les jours de 9h à 17h. Fermé le mercredi. Plats à partir de 10 €.

Niva a installé son bar à fruits à quelques pas de la plage de l'Autre Bord. La plupart des jus de fruits et de légumes qu'elle prépare proviennent de son propre jardin. Les smoothies, salade fraîcheur, jus frais, barquette de fruits... sont préparés devant vous. Niva et sa fille proposent également des plats typiquement créoles afin de se restaurer (accras, poulet, poissons, ouassous, colombo...). Tous les produits sont frais et proposés à des prix très raisonnables, notamment la formule apéritif, entrée, plat et dessert bien proportionnée.

AKA LELÈNE €

Plage de l'Autre bord

✆ 05 90 90 80 85

Ouvert le midi sauf samedi et dimanche.

Bien que situé à l'angle de deux routes, ce petit restaurant mérite de s'y arrêter pour la qualité de sa cuisine et de son service toujours souriant et efficace. Lèlène propose une cuisine locale et authentique avec des plats traditionnels (excellents acras, soupes, langouste grillée, ouassous, poissons et légumes pays) avec un bel effort de présentation de chaque plat. C'est un plaisir de pouvoir apprécier des saveurs que l'on ne peut encore trouver que dans ce type de petit restaurant créole. Les tarifs sont plus que raisonnables.

CHEZ SOSSO €

21 Rue Saint-Jean

✆ 0590 23 25 81

Ouvert tous les jours midi et soir. Plats à partir de 16 €.

Ce charmant restaurant, situé dans le bourg, constitue une halte agréable. Solange (Sosso) propose une bonne cuisine locale et familiale, élaborée avec des produits frais pour un excellent rapport qualité-prix. À la carte, des crustacés (fricassée de chatrou, lambi...), des poissons grillés, de la viande marinée à souhait (colombo, ragoût de bœuf...), en fonction de l'arrivage et préparés selon les recettes locales. Le service peut être plus long en période de grande affluence. Si vous êtes pressé, il suffit de prévenir Sosso pour être servi plus rapidement.

BIK KARAIB €

Plage de l'Autre Bord

✆ 06 90 71 60 41

Ouvert midi et soir du mercredi au dimanche de 10h à 15h et de 18h à 23h. Fermé le mardi. Menus à partir de 11 €.

Situé en bord de mer avec vue sur la plage de l'Autre Bord, le site est pratique pour déjeuner en compagnie d'enfants sans qu'ils s'impatientent car ils peuvent jouer près des tables. À la carte, des plats classiques de cuisine créole tels que poulet boucané, brandade de morue, brochette de ouassous, poisson grillé, gratins de légumes pays... Le tout à des tarifs très raisonnables. La cuisine reste simple (entrecôte, côte ou ragoût de porc, cuisse ou colombo de poulet, poisson grillé...). Certains samedis, des soirées concerts sont organisées.

LA TONNELLE €

86 rue Saint-Jean

✆ 0590 23 25 00

Ouvert du lundi au vendredi de 5h30 jusqu'à 15h30. Comptez environ 6 € pour un plat principal.

Ce restaurant, à la décoration très simple, ne paie pas de mine effectivement, mais il mérite le détour pour sa cuisine et son excellent rapport qualité-prix. La cuisine est basée sur les spécialités guadeloupéennes (colombo de poulet, fricassée de chatrou, poulet et poisson grillés...) et, bien sûr, élaborée à partir de produits du terroir. Les plats sont très savoureux et les portions sont copieuses, le tout pour un tarif raisonnable. L'établissement propose également des petits déjeuners, des sandwiches et un service de plats à emporter.

LA CASE À SAVEURS €

Rue Saint-Jean

✆ 06 90 31 41 51

Menus à partir de 10 €. Buffet à volonté le dimanche midi à 25 €.

Un bon rapport qualité-prix pour ce petit établissement qui prépare des plats typiques et copieux. Chaque dimanche midi, l'établissement organise un repas dansant et un buffet à volonté avec *open bar*. L'aménagement de la salle reste basique avec des tables et des chaises en plastique. Les plats créoles sont en adéquation avec le tarif annoncé (accras, colombo, vivaneau entier, langouste, poulet, ouassous... accompagnés de riz, de gratins, de légumes pays, de bananes plantain...). Si vous commandez un ti-punch, on vous dépose la bouteille de rhum sur la table.

LE COMPTOIR DU LOCAL €€

5 Rue du 14 Février 1952

✆ 06 90 11 88 88

www.guadeloupeforever.com/reservation/

Tous les samedis de 12h à 15h. À partir de 35 €/pers. Réservation fortement conseillée.

Steve Salim est un producteur de fruits et légumes bien connu en Guadeloupe. Engagé dans une démarche durable, il milite pour le bien-manger, le circuit court et prône un retour à une agriculture plus consciente, comme du temps des anciens. C'est de là qu'est partie l'idée de ses *didikos*, des brunchs locaux organisés les samedis et mitonnés par des chefs. L'occasion de retrouver des saveurs du passé ou de s'essayer à de toutes nouvelles associations de goûts, végans, ou autour du poisson et de fruits de mer. En semaine, la boutique propose de succulents produits.

KRÉOL BAR €€

563 ZAC de Damencourt
✆ 06 90 08 38 15
Ouvert du lundi au samedi de 10h30 à 15h30.

L'adresse idéale pour déguster des plats sains aux saveurs locales. Le Kréol Bar propose des salades aux fruits et légumes de saison, des soupes traditionnelles revisitées, des tartes salées à la farine locale sans gluten, ainsi que deux plats du jour (poisson grillé, bébélé, bokit, burger "Kréol", ragoût de porc...), le tout fait maison. Pour les douceurs, laissez-vous tenter par une gaufre à la farine de fruit à pain ou par un jus frais. Vous hésitez ? Demandez conseil à Felly, la gérante passionnée du terroir guadeloupéen, elle saura vous orienter !

LA TABLE DU DOMAINE €€

Rte de Létaye
✆ 05 90 68 70 47
rhum-gwadinina-fwi.com
Ouvert du lundi au samedi à midi, et vendredi et samedi le soir.

Vous déjeunerez au cœur de la distillerie, puisqu'il s'agit du restaurant du domaine de Gwadinina. Une halte bienvenue après la visite de la distillerie et la dégustation. L'établissement propose une cuisine créole le midi (colombo, poisson grillé, fricassée et brochettes de ouassous arrosées au rhum issu de la production...). Le soir c'est «grillades party », le tout saupoudré d'une ambiance musicale. Le restaurant organise parfois des événements, n'hésitez pas à consulter le site et les réseaux sociaux pour plus d'informations.

BABOO TEA

Zac de Damencourt
✆ 05 90 48 49 29
Ouvert de 9h à 19h. A consommer sur place ou à emporter.

La boutique se repère facilement avec sa façade colorée dans la ZAC de Damencourt. Baboo Tea propose une large gamme de thés, de jus et de granités de la franchise Bubble Tea. Cette enseigne propose divers thés glacés, thé vert jasmin, thé noir, thé oolong, thé au fruit, avec ou sans lait, chocolat, taro, matcha... Ces boissons sont accompagnées de perles de tapioca (sans gluten) de couleur noire, multicolore ou incolores qui apportent une touche d'onctuosité. Baboo Tea propose également du pop corn salé et sucré, des *bubble waffles*, des glaces et des beignets.

POP UP LÉKOUZ

Habitation Néron
✆ 06 90 40 20 00
www.lekouz.com/
Ouvert du jeudi au samedi de 17h à 22h.

L'habitation Néron offre un cadre exceptionnel pour déguster une bière locale et artisanale Lékouz. En plus de Goyave, la brasserie Lékouz a choisi de s'implanter dans le parc de ce site historique, désormais géré par la maison mère, la distillerie Papa Rouyo. Guirlandes, transats, tables de pique-nique... Cette ambiance guinguette sur fond musical invite à la détente. Le bar est installé dans un conteneur coloré à deux pas de la maison. Pour se restaurer différents *food-trucks* investissent les lieux. En journée des visites guidées de l'habitation sont organisées.

CABANE À RHUM

Bellevue D 101
✆ 05 90 23 78 23
https://rhum-damoiseau.com/
Ouvert du lundi au samedi de 8h à 17h30, sauf jours fériés.

Il s'agit de la boutique du Rhum Damoiseau qui se trouve sur le même site que la distillerie qui abrite un moulin à vent datant du XVIIIe siècle. Sur place, une sélection variée de rhums (dont du rhum en cubi), bien sûr, mais aussi du sirop de batterie, des livres de recettes, des verres customisés... et bien d'autres produits locaux, car la boutique s'est agrandie et propose de plus en plus de choix de souvenirs de votre séjour à rapporter. Vous pouvez déguster les différents rhums (blancs, ambrés, vieux, punchs...) avant de faire votre choix.

RHUM GWADININA

514 route de letaye ✆ 06 90 32 43 76
www.rhum-gwadinina-fwi.com/
Ouvert de 9h à 17h sauf le dimanche. Visite et dégustation 8 € (9h30, 10h30, 11h30, 13h30, 14h30, 15h30).

Cette distillerie familiale et artisanale est engagée dans une politique écoresponsable. Le rhum Gwadinina est un assemblage de rhum blanc agricole distillé en moyenne à 65° sélectionné selon les goûts du maître de chai. Un bâtonnet de canne est ajouté dans la bouteille pour apporter des saveurs et des arômes naturels. La distillerie propose également un rhum vieilli dans des fûts de chêne ayant contenu différents alcools (bourbon, porto, cognac, armagnac, vin...). Le rhum vieux de 3 ans a remporté en 2022 la médaille d'or aux Spirits Sélection de Bruxelles.

FABRICATION ARTISANALE
R★G
RHUM
GWADININA
F.W.I
DOMAINE DE LETAYE
Visite guidée
+
Dégustation
Horaires
Du Lundi au Samedi
Boutique
de 9h à 17h
Visite et Dégustation
9h30 - 10h30 - 11h30
13h30 - 14h30 - 15h30
Venez aussi découvrir
La Table du Domaine
SNACK - RESTAURANT - BAR
Plats - Sandwiches - Salades
Cocktails
Cave à Vins - Champagnes
Du Lundi au Jeudi : Midi
Vendredi et Samedi : Midi et Soir
2002 - 2022
20 ANS DÉJÀ !
Domaine de Létaye
97160 LE MOULE
rhum.gwadinina.fwi@gmail.com
Rhum Gwadinina FWI
rhum_gwadinina_fwi
Infoline : 0590 68 70 47 / 0690 21 52 76

MARCHÉ NOCTURNE

Boulevard du Général de Gaulle

Le mercredi à partir de 16h.

Un marché haut en couleur avec les agriculteurs qui viennent vendre leur production de fruits et légumes mais également des vendeurs d'épices, de bijoux, des vêtements… Les Mouliens viennent y faire leurs courses croisant les visiteurs pour des échanges conviviaux. Une belle occasion de découvrir les saveurs authentiques et des produits inconnus dans l'Hexagone à l'image des oranges locales qui sont vertes, les bananes pommes, les crabes de terre pendant la période de Pâques… La visite s'effectue au rythme du Gwo Ka si vous arrivez vers 19h.

ZONE COMMERCIALE DE DAMENCOURT

Damencourt

Situé dans le centre-ville, son architecture rappelle une cité fortifiée, avec ses tourelles semblables aux anciens moulins qui font référence au passé. La zone compte un centre médical, un magasin de bricolage, un centre auto, un complexe Hi-Fi/électroménager, des banques, un salon de coiffure et d'esthétique, une parfumerie, une librairie, un centre de remise en forme, une agence immobilière, une compagnie d'assurances, une pharmacie, des restaurants et snacks.

KARUKERA SURF CLUB

3194 Route de la clinique

© 0690 99 23 66

Ouvert tous les jours de 9h à 17h. Des formules découverte ou à la journée sont proposées.

Karukera Surf Club est le premier club de surf à avoir ouvert ses portes en Guadeloupe en 1985. Il a eu l'occasion de former des champions (dont des champions du monde). L'école de surf s'adresse à tous, les enfants à partir de 5 ans et les adultes, avec des formules adaptées selon le public concerné, du débutant au plus compétiteur. Les cours sont dispensés sur le littoral de la Grande Terre selon la météo, la houle et, bien sûr, le niveau des stagiaires entre Sainte-Anne et Port-Louis. Il est également possible de louer des planches.

MOLEM-GLISS

Base nautique municipale

© 06 90 91 77 95

Base ouverte du lundi au samedi de 8h a 12h et de 13h30 à 17h.

Une très sympathique équipe de moniteurs diplômés anime ce centre. Au programme des activités, kayak de mer bi-places, stand-up puddle, canoë, *wave ski*, randonnée en rivières… Profitez d'une de leurs sorties accompagnées pour partir à la découverte du lagon et de la mangrove, au milieu d'une forêt de palétuviers. Idée sortie : le parcours découverte balisé de la mangrove, accessible à tous, qui peut s'effectuer en visite libre ou avec guide (Durée 2h30 à 3h). La structure organise des balades en groupe de 10 personnes sur réservation.

PARAPENTE GUADELOUPE

D120 © 06 90 58 40 05

a2l-parapente.com

Ouvert d'octobre à avril. À partir de 90 € le vol de 20 min. Coordonnées GPS du site d'envol : 61°23'31 »0, 16°21'21.1 »N

Offrez-vous une randonnée en parapente biplace accompagné d'un professionnel diplômé. Pour les moins téméraires, commencez par le survol de 20 min du littoral du Moule ou 35 min d'évolutions aériennes, pour apercevoir le Grand-Cul-de-Sac marin et la Soufrière. La participation physique est minime. Vous serez surpris d'atterrir exactement sur le lieu de votre envol. Voici le matériel nécessaire : une paire de chaussures qui maintiennent les chevilles, une paire de gants, une bouteille d'eau, de la crème solaire, une bonne météo et votre bonne humeur !

ANNO 1074
Affligem
Depuis 1074
1000 ans d'histoire.
C'est ce qui s'appelle
avoir de la bouteille.
Affligem
ANNO 1074
Affligem
BLONDE
DOUCE ET SAVOUREUSE
BIÈRE D'ABBAYE
Bouteilles
et capsules
recyclables
Trions-les
PUBLICIS CONSEIL
RCS Nanterre 414 842 062. Photo : Thomas Baltes
La bière Affligem® a été brassée pour la première fois il y a près de 1000 ans.
L'ABUS D'ALCOOL EST DANGEREUX POUR LA SANTÉ, À CONSOMMER AVEC MODÉRATION.

POYO SURF CLUB

821 route de Bories
✆ 06 90 76 46 07
www.poyosurfclub.com

Cours de surf particuliers 55 €/1h30, 70 €/2 pers, 28 € en groupe.

Le Poyo Surf Club est à la fois une école et un club de surf, de stand-up paddle et de Bodyboard itinérant en Guadeloupe avec une base dans la ville du Moule, une autre dans la commune de Sainte-Anne et sur l'île de Marie-Galante. Des cours de surf sont possibles également sur la plage du Helleux à Sainte-Anne. Au-delà des cours et des stages dispensés, la structure propose également du matériel à la location. Les trois pôles organisent régulièrement des compétitions, mais également des initiatives telles que le nettoyage de plage.

WANALAO

Plage de l'Autre Bord ✆ 06 90 52 44 06
www.wanalao.fun/

Ouvert mer-dim : 9h30-16h30. Cours windsurf 55 €/1h30 loc. 20 €/h, windfoil 70 €/1h30, loc. 35 €/h, loc. paddle 15 €/h.

Initiez-vous au windsurf (planche à voile), au wingfoil ou au paddle dans le beau lagon du Moule, la proximité de la mangrove et la rivière d'Audoin permettent diverses activités. La sympathique équipe de Wanalao vous recevra chaleureusement. Cette petite entreprise familiale pointue dans la qualité de l'enseignement de ces pratiques sportives se veut authentique, à l'image de la commune. Chaque premier samedi du mois, le club se transforme en *beach bar* avec de la musique *live* et des petits plats concoctés par une cheffe à domicile, dans une ambiance bon enfant.

LE SCHIVA

La Baie ✆ 05 90 23 53 59

Ouvert le samedi et dimanche soir.

L'une des discothèques les plus cotées de la Guadeloupe, notamment pour ses jeux de lumière et la qualité de sa musique. Elle dispose d'un coin VIP et d'un bar situé au rez-de-chaussée. Des soirées à thèmes sont organisées tout au long de l'année. Sur place, le restaurant Le Mandiana vous accueille pour une formule dîner/discothèque qui plaît à la clientèle festive. Les nuits y sont longues et animées ; les clubbers viennent de tous les horizons, de Pointe-à-Pitre comme des bourgs environnants. Prudence au retour sur cette portion de route très rurale.

PETIT-CANAL

La commune doit son nom au canal creusé pour assécher les terres et assurer le mouillage des bateaux. Des 52 sucreries qui existaient à la fin du XVIIIe siècle, il ne reste plus rien aujourd'hui hormis quelques vestiges de moulins. Le bourg paisible est bordé, à l'Ouest, par une côte plutôt marécageuse, couverte par la mangrove et à l'Est par de nombreuses anses. Au Nord se trouvent les marches aux esclaves et l'ancienne prison d'esclaves. Les petites structures d'hébergements (chambres chez l'habitat, gîtes) rendent le séjour des plus chaleureux. Cette petite commune qui s'étend d'un bout à l'autre du Nord Grande-Terre renferme de belles plages.

ANCIENNE PRISON DE PETIT CANAL

Petit-Canal était, au temps du commerce triangulaire, le site de débarquement des bateaux négriers qui transportaient les esclaves depuis le continent africain. Ces derniers étaient ensuite vendus aux propriétaires des exploitations locales. À proximité de l'église, on peut encore voir les ruines de trois salles en enfilade dans lesquelles on distingue des fenêtres à barreaux. La toiture a, quant à elle, quasiment disparu. Pendant longtemps considérée comme une ancienne prison d'esclaves, des historiens ont réussi à dater sa construction au début du XIXe siècle. Si des esclaves auraient effectivement participé à l'édifier, il est peu probable que ces derniers y aient été emprisonnés. Le bâtiment aurait simplement servi de prison pour les délinquants, puis de fourrière pour les animaux.

Les énormes racines et branches du figuier maudit confèrent une atmosphère très particulière à ce lieu. Les racines de cet arbre enserrent le bâtiment comme si la nature tenait à reprendre ses droits en enveloppant les murs petit à petit. La légende raconte que les esclaves contraints à la construction de la prison, auraient planté des graines de figuier afin qu'ils les vengent en détruisant le bâtiment. C'est pourquoi on parle de figuier maudit. Il s'agit, en fait, d'un arbre de la famille des ficus dont les racines se développent hors du sol et grossissent au fur et à mesure de la croissance de l'arbre. En raison des risques d'éboulements, un arrêté municipal interdit l'accès au bâtiment.

FORÊT DE DEVILLE-MAISONCELLE

Accès par la N6. Située à l'entrée de Petit-Canal.

Plantée dans les années 1950 par la société qui gérait l'usine de Beauport, sur les buttes calcaires de Petit-Canal, cette forêt de 116 hectares est aujourd'hui un domaine départemental. Sa préservation est assurée par l'ONF. Le site permet une belle balade en forme de boucle. C'est également l'occasion d'observer la faune et la flore lors d'une marche tranquille en famille. Elle abrite une grande diversité d'essences des forêts de la Grande Terre (bois d'Inde, mahoganis, poiriers pays, Campêche, fromagers, cannelle à puces, merisier, ti-bonbon, filao, gommier rouge...). Un sentier d'environ 5 km est balisé de marques jaunes et bleues, mais elles ne sont pas toujours très faciles à repérer. La balade entraîne le randonneur dans diverses zones entre sentier botanique, marécages, forêt sèche, ravines, plantations de cannes à sucre, bananeraies...

Les chaussures de marche sont indispensables. Il est également recommandé de se munir d'eau potable et d'un téléphone portable. Le Conseil Départemental met à disposition une application mobile « KaruExplo », une application mobile (Android et IOS) pour une découverte ludique de la forêt via des devinettes sur l'environnement et une chasse aux trésors virtuelle à la recherche d'animaux, de diverses essences, de plantes... Le parking est à côté du carbet de pique-nique situé sur la RN6 près du pont de la Ravine Deville. Comptez entre 1h30 et 2h de marche pour la bouche complète ou 30 minutes pour le seul sentier botanique.

ILET ROUSSEAU

Cet îlet, au cœur du Grand Cul-de-Sac marin, s'est constitué après le passage du cyclone Marilyn, le 15 septembre 1995. Seule une ligne de bosquets composée de palétuviers rouges existait avant cette date. Ces palétuviers ont contribué à arrêter des fragments de coquillages, de corail, de calcaire qui ont alors formé ce nouvel îlet. C'est aujourd'hui un refuge pour les oiseaux marins et un site de découverte de la faune et de la flore de la mangrove. Il fait l'objet d'approches par les bateaux qui organisent des visites dans la mangrove.

ÉGLISE - MARCHES DES ESCLAVES - MEMORIAL ★★

Perchée sur un promontoire, au-dessus du port de pêche, se dresse une église desservie par un escalier en pierres de taille baptisé « Les Marches des esclaves ». L'escalier mène à une esplanade sur laquelle étaient vendus les esclaves à peine descendus du bateau qui les amenait directement d'Afrique.

Selon une légende, chacune des 54 habitations où travaillaient les esclaves, aurait fabriqué une marche au moment de l'abolition de l'esclavage en 1848. Les marches restantes correspondraient à un don de la commune et du conseil de fabrique. Dans une autre version, les marches auraient été creusées par les esclaves eux-mêmes. Sur ces 54 marches, des plaques rappellent les noms des différentes ethnies africaines dont les membres furent amenés de force sur l'île. Cet escalier qui part du buste de Louis Delgrès aurait été utilisé par les esclaves lors de leur arrivée en Guadeloupe. Il mène au Tronc des Âmes, en haut des marches, considéré comme le plus ancien monument de l'île. Retour en bas des marches, où un immense « ka » pourvu d'une flamme éternelle, célèbre la mémoire de l'esclave inconnu. En contrebas, se trouve une ancienne prison pour compléter cette visite mémorielle. Le bâtiment à l'état de ruines, est enveloppé par les racines aériennes d'un figuier maudit (ficus), qui semble vouloir l'anéantir. Des esclaves auraient pris part à sa construction au XIXe siècle, mais aucun n'y aurait été enfermé. Un arrêté municipal interdit l'accès au bâtiment face au risque d'éboulements.

MUSÉE DE LA VIE D'ANTAN

19 rue de l'église ✆ 06 90 443 4 06

Visite guidée sur demande et à partir de 10 pers. Ouvert le matin et lun, mer, jeu, vend. après-midi. Fermé le dimanche.

À première vue ce musée ne paie pas de mine, mais les visites guidées sont riches d'apprentissages sur la société guadeloupéenne. Ce musée à thème est géré par l'association « Patrimoine et savoirs », créée en 1998 sous l'impulsion de l'historien Raymond Boutin. Pas d'exposition permanente, mais des expositions bisannuelles. Au 1er semestre 2024, l'exposition de « l'art de la récupération », qui marque encore aujourd'hui les familles guadeloupéennes, touche à sa fin. Elle laissera place dès début septembre à « Revenir sur la lumière », très axée sur la résilience.

PLAGE DE L'ANSE MAURICE

Accès par la D121 - En direction des Mangles après le bourg.

Joli panorama dans la descente assez raide pour accéder à la plage. Elle n'est pas visible depuis la route car elle est assez retirée, mais elle reste très fréquentée par les familles, notamment les week-ends et pendant les vacances. La plage est restée à son état naturel. elle est équipée de carbets pour pique-niquer et de nombreux raisiniers permettent de bénéficier de zones ombragées. Cette plage de sable blanc est protégée par une barrière de corail. La découverte de la faune et de la flore sous-marines peut s'effectuer simplement en snorkeling.

SITE DE BEAUTIRAN

Route des Mangles

À la sortie de la commune, face à l'arrêt du bus, un chemin indiqué, sur la gauche du stade, mène au sentier pédestre. Vous êtes sur l'ancien domaine d'une usine sucrière, fermée depuis la fin des années 1950, au milieu des champs de canne, des palétuviers et des arbres fruitiers, Une balade dans cette zone agricole à l'aspect forestier, avec pâturages et mangrove, s'offre à vous au fil d'un sentier bien balisé, parfait pour la randonnée pédestre ou cycliste, seul ou en famille. Un carbet sur place permet de se reposer avant le retour.

BUREAU D'INFORMATION TOURISTIQUE

Rue Hegesippe Legitimus

✆ 05 90 22 33 87

www.lenordguadeloupe.com/

Ouvert du lundi au vendredi de 9h à 13h et de 14h à 16h30.

L'agence de Petit-Canal de l'office de tourisme du Nord Grande-Terre vous reçoit avec le sourire pour vous renseigner sur les activités à tester dans la zone, sur les bonnes adresses du coin, mais aussi sur les idées de circuit ou de randonnée et sur tous les événements en cours ou à venir. N'hésitez pas à aller faire un tour sur le site ou les réseaux sociaux, une vraie mine d'or pour obtenir toutes les informations dont vous aurez besoin pour votre séjour dans le Nord Grande-Terre.

CLARISMATOUR

3 chemin Gros-Cap

✆ 05 90 22 51 15

https://clarismatour.com

3 excursions : coucher de soleil à 25 €, 1/2 journée 30 €, journée avec repas 60 €.

Clarismatour propose des balades en mer à bord de bateaux d'une capacité de 25 et 50 passagers à la découverte de la mangrove du grand Cul-de-sac marin. Le bateau permet de conserver une ambiance conviviale à bord, en compagnie d'un guide expérimenté. Le départ s'organise depuis le port de Petit-Canal. Au programme : découverte de la mangrove, puis de l'îlet Rousseau pour une randonnée pédestre. Pour finir par une baignade et de la plongée en palmes, masque et tuba sur la plage de Pointe Sable en point de chute et de détente.

AGOUTI DORE

Jardin Safer-Vermont

✆ 06 90 63 24 65

https://agoutidorelocation.fr/

Ouvert 7j/7.

Une petite agence familiale située dans le nord de la Grande-Terre où vous serez accueillis chaleureusement, dès votre arrivée. Les véhicules de la flotte (Peugeot 208 et 301, Citroën C3) sont neufs et climatisés. Les tarifs annoncés incluent les prestations suivantes : deuxième chauffeur, prêt d'un siège auto, kilomètres illimités. Les véhicules sont livrés à la demande du client, avec possibilité d'un chauffeur. Ils peuvent également être mis à disposition sur votre lieu d'arrivée (aéroport ou gare maritime). L'équipe est disponible 7j/7 et 24h/24.

LA CASE A CANNE €€

Rue des Mangles-Gelas ✆ 05 90 22 96 15
www.case-a-canne.net
200 €/2 pers. et 240 €/3 à 4 pers. pour 2 nuits. Table d'hôtes à 29 € sur réservation (le soir vendredi et samedi).

Une adresse pour découvrir la Guadeloupe authentique du Nord Grande-Terre. Vous êtes accueillis par une famille de Bourguignons installée sur le site depuis 2015. L'ensemble est composé d'une chambre d'hôtes et de 2 bungalows indépendants nichés dans un jardin tropical. Les bungalows peuvent accueillir de 2 à 4 personnes (2 chambres climatisées, salle d'eau, kitchenette) sur la terrasse dotée d'un coin détente avec hamac et chaise hamac. Une piscine avec coin balnéo est à disposition ainsi qu'un espace lagon avec carbet, barbecue et jeux d'enfants dans le jardin.

CHEZ PINPIN €€

Plage de l'Anse Maurice
✆ 05 90 22 52 97
Ouvert 7j/7 de (12h-14h30). Possibilité d'ouverture le soir sur réservation. Fermé en septembre. Compter 25 €/pers.

Ce restaurant est une institution à Petit-Canal, il est situé sur la plage de l'Anse Maurice depuis plus de 60 ans. C'est Marie-Line, la fille de Pinpin qui en est aujourd'hui la gérante. Elle propose une cuisine créole qui tient toutes ses promesses. Au menu : fricassée de ouassous, du poisson (frit ou en court-bouillon), colombo, poulet rôti, du chatrou ou du lambi en fonction de la saison et le week-end uniquement... Le restaurant domine la plage, l'immense terrasse permet d'avoir une vue mer, depuis presque n'importe quelle table.

LES DESTRIERS DU NORD

Route des Castes
✆ 0690 866 750

Ce centre équestre permet de pratiquer l'équitation dans des installations modernes en pleine nature, au nord de la Grande Terre. La structure participe désormais à dynamiser ce secteur en complément de l'activité de l'hippodrome de Saint-Jacques, situé à Anse Bertrand. Ce dernier en rénovation doit rouvrir en juillet 2024, il sera alors le plus grand de la Caraïbe. Le centre propose plusieurs activités : balades à cheval ou à poney, baby poney, jeux à poney, courses de poneys, équi fun, équi feel, tir à l'arc, dressage, etc...

PRESTIGE JET 971

Port de Petit-Canal
✆ 07 82 26 23 50
Ouvert de 10h à 17h sauf le lundi.

Pour profiter des loisirs nautiques dans le Nord Grande Terre, cette structure propose la location de bouées tractées, de scooters des mer, des initiations en flyboard (pour les plus sportifs ou les plus téméraires) et bien d'autres activités : des randonnées en jet sont également proposées en toute sécurité en compagnie d'un guide qualifié qui vous entraînera vers de magnifiques lieux qui ressemblent fort à de petits paradis sur terre tout en vous divulguant une mine d'informations. La structure propose également des randonnées à la journée avec repas.

SEA, STEP & SUN

Port de Petit-Canal
✆ 06 90 85 40 03
Randonnées à partir de 45 €/adulte. Location step paddle à partir de 15 €. Uniquement sur réservation.

Découvrez de nouvelles sensations de glisse avec le step paddle. Plus besoin de pagaie ; la planche est munie d'un guidon fixe. Elle se dirige facilement grâce à des poignées qui actionnent le gouvernail situé à l'arrière de la planche. Il suffit d'actionner la poignée du côté où l'on veut tourner. La planche avance grâce à l'action de vos jambes sur les pédales. Après quelques minutes d'initiation, vous serez apte à partir pour une jolie balade ou pour une randonnée « coucher de soleil ». Des kayaks doubles transparents sont également disponibles en location.

YAKA GWADA

Bazin
✆ 06 90 39 94 90
www.buggyquadyaka.com
Randonnées à partir de 100 €/buggy. Permis B obligatoire.

Vous découvrez le Nord Grande-Terre et ses paysages naturels à bord d'un buggy-quad biplace. Vous partez sur de nouvelles machines hybrides à prise en main immédiate, circulez de la côte Est Atlantique à la côte Ouest de la mer des Caraïbes, en immersion dans les champs de canne à sucre, à la découverte des vestiges de l'industrie sucrière ainsi que de la route des esclaves et de l'ancienne prison de Petit-Canal. Vous longez de belles plages en buggy avec arrêt baignade à la plage du Souffleur. La structure propose aussi des balades en trottinette à Sainte-Anne.

© JAKOB FISCHER - SHUTTERSTOCK.COM

Plage du Souffleur.

LE GRILLO

Route de Balin
✆ 05 90 24 15 02
Ouvert vendredi et samedi, mardi et mercredi à partir de 20h. Soirée dansante avec repas.

Ce restaurant et dancing est énormément apprécié par la population résidant autour de Petit-Canal et dans le nord de la Grande-Terre. C'est l'endroit idéal pour s'amuser. Des soirées thématiques y sont régulièrement organisées. Le menu ne varie guère : entrées, plats (poisson grillé, ragoût, entrecôte, bavette, langouste...) et accompagnement (riz, légumes ou gratins), et un dessert. On ne vient pas au Grillo spécialement pour sa restauration, mais surtout pour s'amuser dans une bonne ambiance avec les groupes en *live* les vendredi et samedi soir.

BEAUPORT

Beauport
✆ 05 90 48 96 30
www.beauport-guadeloupe.fr
Ouvert du mardi au dimanche de 9h à 17h. 20 €/ adulte, 15 € /enfant - 12 ans. Tarif famille (1 adulte et 3 enfants) 45 €

Cette ancienne usine sucrière est tournée vers la valorisation du patrimoine. Dans les années 1836, les propriétaires du domaine dominent l'activité sucrière de l'île. En 1901, endettée, la famille est contrainte à la vente. Plusieurs propriétaires s'y succèdent jusqu'au rachat par les 2 collectivités locales. Les espaces aménagés révèlent l'histoire de la filière canne. Diverses activités sont proposées : balade en train, accrobranche, spectacles, aires de jeu, salle d'expositions. Le site peut se découvrir avec l'appli KARUEXPLO (sur iOS et Android).

PORT-LOUIS ★

Port-Louis s'ouvre doucement au tourisme tout en conservant sa quiétude ; seules de petites structures d'hébergement, propices à une ambiance conviviale, permettent aux visiteurs de profiter d'un séjour apaisant. Au palmarès des plus belles plages de l'île, celle du Souffleur, avec son rivage de sable blanc et sa vue sur la montagne de Basse-Terre, est particulièrement appréciée ainsi que la pointe d'Antigues, propice au surf. Ses spots de plongée sont à découvrir pour leurs arches et leurs grottes sous-marines. Le site de l'ancienne usine sucrière est intéressant pour découvrir l'histoire de la culture de la canne à sucre.

PLAGE DE POINTE SABLE

Elle est accessible par bateau ou à pied, en longeant le littoral à travers la végétation. Peu fréquentée, elle dispose d'une plage au sable fin parsemée de cocotiers dotée de carbets avec tables et bancs. On peut y observer beaucoup d'étoiles de mer. Seul bémol, les yen yen (minuscules moustiques qui infligent des piqûres qui entraînent des boutons et démangeaisons très désagréables d'autant qu'ils parviennent à se faufiler sous les vêtements) : évitez de rester sur la plage au coucher du soleil ou tôt le matin et prévoyez un répulsif.

© GILLES MOREL

Pays de la Canne, Beauport.

PLAGE DU SOUFFLEUR ★★

En suivant le boulevard, sur le front de mer.

Parking gratuit.

L'une des plus agréables plages de la Grande-Terre ! Elle est particulièrement appréciée par les familles, car l'eau y est généralement calme. Au sommet des rochers, vous pouvez faire un petit plongeon et découvrir une multitude de poissons ! Se baigner ainsi avec une vue sur les montagnes de Basse-Terre laisse des souvenirs formidables de la Guadeloupe ! Le sable doré apporte un charme indéniable aux lieux... Quoi qu'il en soit, évitez de rester trop tardivement, car de minuscules moustiques – baptisés yens-yens – sont très nombreux en fin de journée.

PLAN D'EAU DE GASCHET

Baignade interdite.

Cette étendue d'eau artificielle a été aménagée dans les années 1980 afin de subvenir aux besoins en eau des agriculteurs. Il s'agit du plus grand plan d'eau douce de l'île. Le site est devenu un extraordinaire sanctuaire pour la biodiversité. Il abrite une grande variété d'espèces d'oiseaux dont des oiseaux d'eau. Une partie de l'étendue est classée réserve naturelle. À quelques minutes du barrage, on peut découvrir plusieurs moulins à vent.

L'application KARUEXPLO (sur Android et iOS) permet de découvrir le site de façon ludique grâce à une chasse au trésor.

BUREAU D'INFORMATION TOURISTIQUE

2 rue Gambetta

✆ 05 90 22 33 87

www.lenordguadeloupe.com/

Ouvert du lundi au vendredi de 9h à 13h et de 14h à 16h30.

L'agence de Port-Louis de l'office de tourisme du Nord Grande-Terre vous reçoit avec le sourire pour vous renseigner sur les activités à tester dans la zone, sur les bonnes adresses du coin, mais aussi sur les idées de circuit ou de randonnée et sur tous les événements en cours ou à venir. N'hésitez pas à aller faire un tour sur le site ou les réseaux sociaux, une vraie mine d'or pour obtenir toutes les informations dont vous aurez besoin pour votre séjour dans le Nord Grande-Terre.

MANGROV-LA KA

La Marina

✆ 06 90 58 08 18

40 €/visite de la mangrove (2h). 55 €/demi-journée, 85 €/journée avec un repas créole (110 € repas langouste).

Partez en excursion avec le sympathique Wony, marin et guide expérimenté, vert la Pointe des Sables, l'îlet aux Oiseaux et la mangrove ! La visite s'effectue en petit comité avec une pause déjeuner à l'îlet Caret. Au choix : repas créole ou langouste grillée, le tout arrosé d'un ti-punch, suivi d'une baignade en palmes, masque et tuba. Une belle sortie conviviale et confortable. Wony propose également des excursions vers les Saintes ou Marie-Galante avec repas inclus à bord de son nouveau bateau pouvant accueillir jusqu'à 12 personnes.

TROPICAL VAN

Rue Mahatma Gandhi
✆ +590 691 242 490
www.tropical-van.com
À partir de 120 € la nuit avec un minimum de 3 nuits.

Profitez d'une gamme de vans neufs et entièrement équipés aménagés pour 4 couchages et dotés de nombreux rangements. Ce type de véhicules est idéal pour partir à la découverte de la Guadeloupe en *road trip*. Leur motorisation puissante est adaptée aux routes de l'île. Leur équipement permet de bénéficier d'un bon confort (clim, sièges pivotants, WC chimique, douchette sur réservoir, réserve d'eau pour la vaisselle, cuisinette...). Un *roadbook* et une application sont fournis. Pour conduire ces véhicules, il faut avoir au minimum 23 ans et trois ans de permis B.

BEAUPORT €

Beauport
✆ 05 90 48 96 30
www.beauport-guadeloupe.fr
Hébergement 2 chambres à partir de 60 €/nuit, 3 chambres 90 € et 5 chambres à partir de 150 €.

Le site de Beauport propose des hébergements classés 3 épis en pleine campagne. Au choix, une maison forestière de 150 m² sur deux étages pouvant accueillir jusqu'à 13 personnes au total. Elle peut être divisée en deux logements distincts (un au rez-de-chaussée composé de deux chambres, une salle de bains, cuisine et séjour et le second, à l'étage, doté de trois chambres, deux salles de bains) ; ou encore une maison de 105 m² composée d'une cuisine ouverte sur le salon et de trois chambres, deux salles de bains, d'une capacité de 10 personnes.

CARAIBE CREOL' KEYS €

rue Jean-Marie Tjibaou
✆ 06 90 36 08 28
caraibecreolkeys.com
Tarifs : à partir de 65 € la nuit.

À 10 minutes à pied de la plage, ces deux studios (25 m² et 35 m²), situés dans une petite résidence, à la décoration moderne, sont fonctionnels. Un studio est adapté aux personnes à mobilité réduite. La cuisine est dotée d'un four à micro-ondes, de plaques électriques, d'un réfrigérateur, d'une cafetière électrique, d'un grille-pain, d'un lave-linge... la partie chambre (lit 140 cm) est climatisée. La salle d'eau dispose d'une douche à l'italienne. La jolie terrasse en bois permet de profiter du barbecue à disposition pour faire des grillades. Wifi gratuit.

KALADJA €

Pelletan Plaisance
✆ 0690 85 99 66
www.gitekaladja.com
À partir de 54 €/nuit pour 2 personnes. Petit déjeuner 12 €/adulte, 9 €/enfant.

4 studios indépendants et un F3 en pleine campagne, entourés de champs de canne. Ils sont climatisés, dotés d'une kitchenette, d'une salle d'eau avec douche, d'une terrasse avec coin repas. À disposition, un carbet avec BBQ, une piscine, un spa. Possibilité de massages, fish pédicure. La structure s'inscrit dans une démarche de labellisation qui privilégie les comportements écoresponsables : économies d'énergie et d'eau, tri des déchets, valorisation des produits locaux... Elle a ainsi obtenu le label Clé verte et le trophée de l'écocitoyenneté en 2015.

RÉSIDENCE MADÉLIA €€

3 rue Guy Mérault
✆ 05 90 22 92 65
www.madelia-locations.com
Bungalow à partir de 70 €/nuit 2 pers.

La structure dispose de trois logements situés dans un quartier très calme et au cœur d'un jardin tropical à 5 minutes de la belle plage du Souffleur. Les hébergements climatisés disposent d'une kitchenette entièrement équipée (réfrigérateur, micro-ondes, plaques de cuisson, bouilloire, machine à café). Un barbecue et une cuisine (avec congélateur) permettent de se restaurer sur place. Un lave-linge est à la disposition des occupants des bungalows. Des serviettes de plage peuvent être à disposition moyennant un supplément. Les animaux sont acceptés.

TI CAURI €€

Rue Schoelcher
✆ 06 32 21 80 20
75 €-95 €/nuit selon la saison. Location toute l'année, 3 nuits minimum.

Vanessa et Laurent vous proposent un hébergement de charme dans le cœur historique de Port-Louis, à proximité de l'église. Cette maison de ville sur deux étages est située à quelques minutes à pied des plages, du port de pêche et de toutes les commodités. Elle se compose d'une grande pièce à vivre et son patio avec douche extérieure, de 2 chambres pouvant accueillir 5 personnes, 1 douche à l'italienne, 2 WC séparés. Il flotte ici comme un air de vacances. Chaque pièce est décorée avec soin pour créer une ambiance *cosy*, hors du temps.

CHEZ GIGI AU COUCHER DE SOLEIL €

Port de pêche

✆ 0690 30 44 44

Ouvert tous les jours 11h30-16h et le soir sur réservation.

Un petit restaurant familial est implanté les pieds dans le sable en bordure de plage. Au menu : langouste grillée, poulet coco, colombo, fricassée de ouassous, poisson grillé, court-bouillon de poisson, palourdes et crabes farcis, assiette créole... Les plats sont annoncés par la propriétaire chaque jour selon la pêche. N'hésitez pas à demander le prix lors de l'annonce pour éviter les mauvaises surprises. L'établissement n'accepte pas la carte bancaire.

CHOUKASIK

Rue Rémy Nainsouta

✆ 05 90 90 84 10

Ouvert du mardi au samedi de 8h à 17h45. Le dimanche à partir de 9h.

Cette petite confiserie revisite à sa façon les douceurs locales et propose un subtil mariage entre recettes traditionnelles et innovations, le tout fait à base de fruits locaux. La spécialité de la maison à goûter absolument : les dentelles au coco, biscuit fin à base de noix de coco râpée, nature ou aromatisé aux fruits. Vous y trouverez également d'autres confiseries, des pâtisseries et des chocolats. La belle idée cadeau à offrir à vos proches : un assortiment de dentelles joliment présentées dans leur boîte en fer blanc aux couleurs de la Guadeloupe.

CORRIDA KREYOL €€

Port de pêche

✆ 05 90 22 92 33

Ouvert du lundi au mercredi jusqu'à 15h, du jeudi au samedi jusqu'à 19h30. Menu plat-dessert : 14 €.

Alizé et Christina vous accueillent chaleureusement dans ce petit restaurant situé sur le port de pêche. Leur cuisine locale est élaborée à partir de produits frais. Au menu : assiette du pêcheur, accras de crevettes, quiche au thon servie avec des crudités. Vendredi : brandade de morue au menu. Possibilité de plats à emporter. Il est conseillé de réserver, car la clientèle locale y a aussi ses habitudes. Les prix sont raisonnables et l'accueil est très agréable. Ce restaurant est aussi un bar à tapas, idéal pour prendre un verre au coucher de soleil le week-end.

EDEN PLONGEE

25 boulevard Achille-René-Boisneuf

✆ 06 90 68 12 27

www.edenplongee.fr

Ouvert de 8h30 à 17h, le jeudi à partir de 9h.

Labellisé Marque de Confiance par le Parc national de Guadeloupe, garantie de son implication écologique dans le cadre de ses activités, ce club peut accueillir 12 plongeurs. Il propose des baptêmes ainsi que des sorties plongées en mer en toute sécurité. Vous découvrirez l'architecture des grottes et arches de Port-Louis, ainsi que des épaves, refuges de l'aquafaune. Vous plongerez aussi près de la pointe de la Vigie. D'autres activités telle que des plongées de nuit, stages de photographie, de biologie sous-marine et des randonnées subaquatiques sont proposées.

POISSON D'OR €€

2 boulevard Achille René-Boisneuf

✆ 05 90 22 88 63

http://lepoissondor.fr/

Ouvert le midi. Le soir sur réservation.

Après avoir subi un incendie en 2022 qui a partiellement détruit l'établissement construit en bois, le Poisson d'Or vous accueille dans un nouveau cadre. Il dispose, comme auparavant, d'une salle et d'une terrasse dotées d'une vue superbe pour les tables les mieux situées. Notre conseil : réservez à l'avance ou venez en début de service afin de pouvoir bénéficier du meilleur emplacement. La famille Madel propose une cuisine traditionnelle locale (court-bouillon de poisson, colombo, ragoût de bœuf, fricassée de chatrou et lambi, des ouassous...).

JET HOLIDAYS

Plage du souffleur

✆ 06 90 12 22 22

www.jet-holidays.fr

Ouvert tous les jours de 9h à 17h.

Goûtez aux sensations extrêmes sur l'eau avec Jet Holidays. En famille ou entre amis, vous vivrez des moments uniques et vous découvrirez des sites remarquables, en jet-ski ou en bouée tractée. Et pourquoi pas prendre un peu de hauteur façon Iron man avec le flyboard ou le jet-pack initié par une équipe jeune, dynamique et, de plus, compétente ? Les sensations sont vraiment garanties ! La structure propose également des vélos flottants faciles à manœuvrer que l'on fait avancer en pédalant, pour 1 ou 2 personnes. Une activité accessible et confortable.

KAYAK DU SOUFFLEUR

Plage du Souffleur

✆ 06 90 64 77 69

Ouvert de 9h30 à 18h. location à partir de 12 €/bouée tractée, 15 €/cardibike, 10 €/aquabulles, 25 €/tapis flottant.

La structure propose des initiations et des randonnées en kayak simple, double ou transparent. Un moyen idéal pour partir à la découverte du littoral du Nord Grande Terre en toute sécurité. Avec le kayak transparent, la visibilité sous-marine est parfaite. Cette activité est accessible à tous les âges pour se divertir en toute quiétude. Vous pouvez choisir de partir en randonnée en solo, en duo, en famille. Vous aurez peut-être la chance, comme certains, d'être accompagné par des dauphins. Kayak du Souffleur propose également des paddles transparents.

SEACRETDIVE

Rue Gerty Archimède

✆ 0690 50 69 14

seacretdive.com

Ouvert tous les jours sauf le lundi. Rendez-vous à 8h30 et 13h30.

Ce nouveau centre est situé à quelques pas de la plage du Soufleur dans une petite case en bois. Les plongées s'effectuent avec 14 personnes au maximum accompagnées par Sophie et Renaud. Les sites de plongée les plus proches sont situés à 5 minutes. Le Nord Grande Terre est caractéristique avec ses sites de plongée abritant des grottes, des arches offrant des paysages extraordinaires, mais aussi une épave d'avion, le grand tombant d'une profondeur de 60 m. D'autres sites moins profonds, entre 5 et 10 m, permettent d'admirer la faune sous-marine.

XTREME GLISS 971

Plage du Souffleur

✆ 06 90 58 28 80

www.caraibesflyboard.com

Activités à disposition : hoverboard, flyboard, parachute ascensionnel, rando jet-ski, bouée tractée, paddle, surf...

Cette base de loisirs met à votre disposition diverses activités selon votre humeur et votre goût comme les randonnées en jet-ski pour lesquelles vous n'avez nul besoin de permis bateau. Les randonnées s'effectuent jusqu'à la journée complète, planteur et repas inclus. Plus ludique, la balade en bouée tractée peut se dérouler en famille ou entre amis. Sensations garanties avec l'initiation au flyboard, à l'hoverboard ou au parachute ascensionnel. Moment de sérénité avec la balade en stand-up paddle, dans les eaux turquoise du Souffleur.

ANSE-BERTRAND ★

Située à l'extrême Nord de la Grande-Terre, cette commune rurale était rattachée à celle de Port-Louis jusqu'en 1737. Ultime point de refuge des derniers Caraïbes alors pourchassés, cette terre aride était pourtant la première à être exploitée par les colons pour y cultiver le coton et la canne à sucre. Ce qu'il reste des moulins en pierre, éparpillés dans la campagne, rappelle son passé sucrier. Ce secteur est incontournable pour la beauté de ses falaises calcaires entre la Pointe de la Vigie et la Porte d'Enfer. La couleur des falaises évolue en fonction de la position du soleil. Un panorama changeant qui confère une sensation de bout du monde.

© VINCENT FORMICA

Plage de la Chapelle à Anse-Bertrand.

ANSE LABORDE

Anse-Laborde

Une belle et longue plage de sable blanc peu fréquentée, notamment à cause de sa baignade réputée dangereuse. Les vagues et les courants peuvent être forts selon le lieu de baignade. D'un côté, la plage est protégée par la barrière de corail, de l'autre, pour ce qui est de la zone située le plus au nord, les puissantes vagues peuvent entraîner les baigneurs vers des rochers. En revanche, la plage est bien aménagée avec des carbets pour s'installer à l'ombre ou déjeuner. En prolongeant, vous pouvez accéder à trois criques dont le Trou à man Lwi.

HABITATION LA MAHAUDIÈRE - ROUTE DE L'ESCLAVE

À la sortie, suivez la direction des Mangles (N 8). Après 3 km au niveau de la section Beaufond, prenez la D 120.

Le site de l'Habitation La Mahaudière a été sélectionné pour intégrer le circuit « La Route de l'Esclave - Traces mémoires en Guadeloupe » en raison de son lien avec l'histoire de l'esclavage dans l'archipel guadeloupéen. Il s'agit d'un itinéraire qui a été développé pour une meilleure compréhension de ce contexte historique douloureux. En 1848, 147 esclaves travaillaient sur les 465 hectares de cette exploitation sucrière qui était auparavant une cotonnerie.

PLAGE DE LA CHAPELLE

Cette longue plage de sable blanc aux eaux turquoise bordée de cocotiers et de raisiniers, compte sans doute parmi les plus belles de l'île. Une chapelle anciennement érigée à cet endroit lui a donné son nom. Elle est protégée par une barrière de corail et dispose de carbets, de douches et de toilettes. Plusieurs restaurants et snacks y sont installés. Très prisée par les résidents le week-end, elle reste plus sereine en semaine. C'est également un spot de surf réputé, des compétitions s'y déroulent. Ici aussi les *yens-yens* envahissent les lieux en fin de journée.

POINTE DE LA GRANDE-VIGIE ★★

D122 A

Depuis Anse-Bertrand, des panneaux indiquent la direction à prendre jusqu'à la falaise (sur six kilomètres environ). Vous voici au cap extrême du Nord de la région Grande-Terre. La route qui y mène est ponctuée de superbes points de vue. Bien souvent, vous serez tenté d'arrêter la voiture pour faire la photo idéale... avant de découvrir que le panorama est encore plus éblouissant quelques dizaines de mètres un peu plus loin. Sur l'aire de stationnement se trouve une échoppe pour les touristes (boissons, snacking, souvenirs...). De là, vous ne voyez encore rien, mais le bruit des vagues commence à se faire insistant, et vous incite à vous approcher... La balade s'avère assez facile avec toutefois un chemin rocailleux par endroits. Ce chemin permet de découvrir des paysages hors du commun. Au fur et à mesure que l'on s'avance, l'horizon apparaît doucement, les côtes s'épaississent et, soudain, la masse de roches calcaires se dresse avec une succession de pointes. Un spectacle plus impressionnant que ne le laisse supposer son altitude modérée (environ 90 m de hauteur). Une mer sauvage crache des vagues aux dentelles écumantes. Les familiers de la pointe du Raz en Bretagne ou des côtes normandes connaissent bien cette sensation et cette émotion. Ce bout du monde est l'un des sites les plus sauvages des Antilles. La pointe de la Grande Vigie offre, par beau temps, un panorama sur les îles de la Désirade, Montserrat et Antigua, plus lointaines.

Guadeloupe - pointe de la grande Vigie.

GRANDE-TERRE

LA PORTE D'ENFER ★

Accès par la D122.

Entre l'Anse à la Barque et la pointe de la Grande-Vigie, voici Anse-Bertrand, autrement dit la Porte d'Enfer. Le site est constitué de plateaux calcaires séparés par des dénivellations, dont la plus importante correspond à cette faille d'orientation Ouest/Nord-Est. Les vagues ont fini par creuser un couloir dans la falaise : la plage de la Porte d'Enfer donne ainsi sur un lagon aux eaux calmes qui avance vers la terre comme un couloir. Le calme avant la tempête où vous pourrez vous installer pour pique-niquer. Prévoyez le chapeau et la crème solaire !

BUREAU D'INFORMATION TOURISTIQUE

Rue Victor Schoelcher

✆ 05 90 22 33 87

www.lenordguadeloupe.com

Ouvert du lundi au vendredi de 9h à 13h et de 14h à 16h30.

L'agence d'Anse-Bertrand de l'office de tourisme du Nord Grande-Terre vous reçoit avec le sourire pour vous renseigner sur les activités à tester dans la zone, sur les bonnes adresses du coin, mais aussi sur les idées de circuit ou de randonnée et sur tous les événements en cours ou à venir. N'hésitez pas à aller faire un tour sur le site ou les réseaux sociaux, une vraie mine d'or pour obtenir toutes les informations dont vous aurez besoin pour votre séjour dans le Nord Grande-Terre.

LES ALGUES DE LA CHAPELLE €

23 rue de la Chapelle

✆ 05 90 20 27 50

www.lesalguesdelachapelle.com

À partir de 350 €/la semaine/2 personnes, 65 €/nuit pour 2 personnes.

Situé à 5 min de la plage de la Chapelle, le cadre est agréable. Les logements avec chambre séparée, séjour et terrasse avec vue sur la mer sont climatisés. Deux des bungalows peuvent accueillir 6 personnes et le troisième, 4 personnes. Vue mer depuis tous les logements excepté de l'appartement en rez-de-chaussée qui donne sur le jardin et la piscine. Un pot de bienvenue et le premier petit déjeuner sont offerts par les propriétaires, sympathiques et disponibles.

GÎTES MON TRÉSOR €

Rue du moulin de Mon Trésor

✆ 06 83 28 93 63

www.gites-mon-tresor-guadeloupe.com

À partir de 400 € la semaine jusqu'à 4 personnes. De 3 à 6 nuitées ; à partir de 65 €/2 pers.

À trois kilomètres des plages et des commerces, Catherine et Laurent mettent à votre disposition deux gîtes et un bas de villa au cœur d'un jardin calme et bien ventilé d'une surface 2 000 m². Les hébergements disposent de deux chambres climatisées, d'une salle de bain, d'un WC, d'un salon, d'une cuisine équipée et d'une terrasse. Le plus spacieux des hébergements (Kawan, 100 m²) dispose de deux salles de bains et de deux WC. La piscine et le barbecue dans le jardin sont accessibles aux trois hébergements. Un lave-linge commun, moyennant un supplément.

FLEURS D'ABEILLES €€

Fonds Rose

✆ 0690 16 79 04

https://gites-fleursdabeilles.fr

Bungalows à partir de 72,25 € la nuit. Villa en bois à partir de 149,60 €/nuit.

Située à 5 minutes de la « Porte d'Enfer », cette petite résidence aux jolies couleurs vous garantit un séjour calme et sécurisé. Elle constitue un point de départ idéal pour partir en balades à vélos, faire de la plongée, du kayak de mer, du surf, partir à la découverte du Nord Grande-Terre en 4x4 ou en quad... Deux logements 4* disposent d'une chambre, d'une salle de douche, d'une cuisine équipée (avec lave-linge) ouverte sur la terrasse. Le troisième hébergement (classé 5*) est doté de deux chambres. La piscine commune est accessible aux trois logements.

LA CASE À FERNAND €

107 rue Schoelcher

✆ 06 90 22 24 29

http://la-case-a-fernand.coconews.com/

Ouvert de 12h à 15h, le soir sur réservation. Fermé le lundi. Comptez environ 24 € par personne.

Une adresse de bord de mer que nous conseillons chaque année, car ici tout est réuni pour passer un bon moment avec l'accueil (même en arrivant tard), la qualité et le prix. La terrasse bénéficie d'une vue sur l'Atlantique. L'établissement propose des spécialités locales et des assiettes du terroir (accras, ouassous, chatrou, poulet coco, poissons fumés, tartare de poisson, assiette créole, poisson sauce créole, langouste en vivier à réserver...) Sur place, une petite boutique d'artisanat local. Le nombre de places étant limité, il est prudent de réserver.

LABORD' BEACH FWI €

Plage de L'Anse Laborde
✆ 0690 19 58 57
Ouvert mardi au dimanche de 10h à 22h. Tapas à partir de 8 €, salades à partir de 12 € et plats à partir de 16 €.

Ce restaurant-bar-lounge est situé sur la plage avec une vue mer entièrement dégagée. Le service se déroule sur une terrasse en deck, dans une ambiance musicale locale. L'accueil est très agréable et attentionné. La carte est assez variée entre assiette antillaise, acras, différentes assiettes de tapas, viandes et poissons grillés, langoustes, ouassous, des salades et *pasta bowls*... et bien sûr une belle carte de cocktails. L'établissement organise ponctuellement des soirées à thèmes notamment le week-end (soirée karaoké, soirées avec DJ...).

ZION TRAIN €

Plage de la Chapelle
✆ 06 90 64 28 32
Fermé le mercredi. Addition moyenne 25/30 €. Menu langouste à 40 €.

Ce restaurant existe depuis plus de 25 ans. Il est situé sur la plage de la Chapelle dont les vagues sont appréciées des amateurs de surf, vous le reconnaîtrez facilement à ses teintes (jaune, rouge et vert). L'emplacement est des plus agréables car la vue sur la plage est belle. Les assiettes servies sont copieuses et composées de plats créoles simples (accras, fricassée, poulet...) comme on les aime. Toutefois, le service n'est pas forcément des plus rapides d'autant plus en période d'affluence mais les serveuses sont généralement très agréables

L'OCÉANE €

109 rue Victor-Schoelcher
✆ 06 90 96 34 97
Ouvert le midi de 12h à 15h, fermé le jeudi. Fermeture en août. Comptez environ 17 € pour un plat.

C'est dans une case traditionnelle créole au décor authentique qui dispose d'un panorama exceptionnel, que vous déjeunez sur une petite terrasse bien colorée et bien ventilée avec pour panorama, la mer. La carte propose une cuisine familiale qui s'avère simple et sans chichis à l'image du cadre, mais assez goûteuse avec des accras, du colombo de poulet, des poissons grillés, des fricassées de ouassous, de chatrou ou de lambi, de bons gratins de légumes pays, et bien sûr l'incontournable et traditionnelle langouste (qui est à commander à l'avance).

TI MADRAS €

8 Résidence la Chapelle
✆ 06 90 00 38 86
Ouvert de 12h à 17h. Addition moyenne à 17 €.

Implanté au bord de la belle plage de la Chapelle, ce restaurant dispose d'une petite terrasse dotée d'une belle vue sur la mer évidemment. La carte propose des spécialités locales entre les boudins, les assiettes de crudités, les bokits, fricassées de lambi, fricassées de ouassous, des courts-bouillons de poisson, les langoustes et les incontournables accras. Les plats sont copieux et généralement savoureux. Le rapport qualité-prix est bon, l'accueil est agréable. Seul petit bémol, le service qui peut être long les jours d'affluence.

L'ANTHONIS €€

Rue du Commandant-Mortenol
✆ 05 90 22 04 02
www.lanthonis.com
Ouvert midi et soir tous les jours de décembre à fin avril. Fermé le mercredi de mai à novembre. Menus : 26,50-55 €.

L'emplacement bénéficie d'un superbe panorama sur la mer, vous aurez peut-être la chance d'apercevoir des baleines entre février et avril. Le chef Jean-Marie Balin propose une cuisine traditionnelle locale. A la carte, blaff de poissons, bébélé, colombo et langouste et cigale de mer, *ribs*, poulet, aile de dinde, lambi, chatrou, poissons... Plusieurs formules sont proposées de l'assiette rapide au menu gastronomique. Les portions sont copieuses. La langouste livrée, directement par les pêcheurs, est choisie sous vos yeux dans le vivier.

LE RAYON DE SOLEIL €€

6 Rue Du Commandant Mortenol
© 06 90 93 43 54

Ouvert le midi sauf le samedi. De décembre à mai ouvert 7j/7 (12h-15h), sur réservation le soir.

Ce restaurant est spécialisé dans les produits de la mer, tout est frais et locavore. Morgane, la cheffe, propose une carte réduite qui change régulièrement. Tartare de poisson, trio de poissons sauce maracudja-vanille, langouste du vivier, choix végétarien sur demande... Vous retrouverez en saison des spécialités indiennes (colombo, *lotis*, *vadè*...). Le service est attentionné et les assiettes sont copieuses. Le restaurant dispose d'une terrasse avec un superbe panorama sur la mer et la plage de la Chapelle. Morgane est également cheffe à domicile et traiteur.

BOULANGERIE DU SPORTIF

Rue Victor-Schoelcher
© 05 90 22 15 74
www.boulangeriedusportif.com

Boutique ouverte jusqu'à 19h30 du lundi au samedi et jusqu'à 13h le dimanche.

Cette boulangerie a été fondée dans les années 1960 par un vainqueur du tour cycliste de Guadeloupe, une véritable personnalité locale lorsque l'on connaît la popularité de cette manifestation sportive qui a lieu en août chaque année. M. Bernard avait réussi à ouvrir plusieurs boulangeries sur l'île, seule subsiste celle d'Anse-Bertrand, gérée par la 3e génération qui y apporte un peu de modernité. L'établissement propose les classiques pains, viennoiseries, tartes et flans coco, bokits, sandwiches... Il dispose également d'un rayon traiteur et d'une terrasse.

KANNEL & MISKAD

16 Rue Gratien Candace
© 06 90 94 22 15

Fermé lundi et mardi.

Envie d'une pause gourmande ? Goûtez aux glaces, sorbets, confiseries artisanales et tourments d'amour faits exclusivement à base de produits locaux. Nicaise fait découvrir avec passion les différents fruits, légumes et épices de la Guadeloupe, comme le curcuma, le giraumon, l'avocat, le gingembre, le manioc, la banane jaune, la groseille pays et bien d'autres. Cette histoire de famille se perpétue de mère en fille avec des recettes authentiques pour régaler les papilles des plus gourmands. Un point de vente est situé à la pointe de la Grande Vigie en saison.

PASSPORT

BASSE-TERRE

Voici l'autre aile de la Guadeloupe continentale dont on compare souvent la silhouette à un papillon. La Basse-Terre est plus luxuriante, plus nature que la Grande-Terre. Ce versant de l'île est le paradis de l'écotourisme. Le parc naturel, avec ses sentiers au cœur de la forêt tropicale, son volcan, ses bassins d'eau chaude, ses rivières, ses cascades vertigineuses attirent les amateurs de territoires encore préservés. Les plages de galets, les grandes anses de sable noir et les fonds marins, de la réserve naturelle au Grand Cul-de-sac marin, font le bonheur des amoureux de littoraux sauvages. La Basse-Terre se révèle particulièrement attractive avec son offre d'hébergements atypiques et de gîtes bien intégrés dans la nature. Si la Guadeloupe n'évoque pour vous que plages de sable blanc et cocotiers, vous serez surpris par cette partie inattendue de l'archipel. Apportez vos chaussures de randonnée et ouvrez grands vos yeux !

Basse-Terre
PARC NATIONAL DE LA GUADELOUPE
Ilet à Kohouanne
Anse du Vieux-Fort
Pointe Allègre
Duzer
Grande Anse
SAINTE-ROSE
Ilet à Fajou
Grand Cul-de-sac Marin
Pointe du Gros-Morne
DESHAIES
Pointe de la Grande Rivière
Sofaïa
Le Boucan
Grande Rivière à Goyave
Ferry
LAMENTIN
BAIE-MAHAULT
Baille-Argent
Pointe Morphy
POINTE-À-PITRE
POINTE-NOIRE
768 m.
Acomat
Prise d'Eau
Petit Cul-de-sac Marin
Mahaut
PETIT-BOURG
ROUTE DE LA TRAVERSÉE
Îlet Pigeon (P.N de la Guadeloupe)
Malendure
Plage de Malendure
Pigeon
Pointe à Lézard
BASSE-TERRE
Pointe de la Rivière à Goyave
BOUILLANTE
GOYAVE
PARC NATIONAL DE LA GUADELOUPE
1298 m.
Ste-Marie
Marigot
Rivière des Vieux
Morne du Col 1263 m.
VIEUX-HABITANTS
MATOUBA
LA SOUFRIÈRE
Routhiers
La Soufrière 1467 m.
CAPESTERRE-BELLE-EAU
SAINT-CLAUDE
BAILLIF
St-Sauveur
Bananier
BASSE-TERRE
GOURBEYRE
Monts Caraïbes
TROIS-RIVIÈRES
VIEUX-FORT
Pointe à Launay
Océan Atlantique
5 KM

BAIE-MAHAULT

Baie-Mahault reste attachée à ses terres agricoles mais elle a su depuis longtemps miser sur l'industrie. Elle constitue le poumon économique majeur de l'archipel grâce à la zone industrielle, logistique et commerciale de Jarry, entièrement bâtie sur la mangrove, d'une surface de 300 ha et qui génère 10 000 emplois (soit un tiers des salariés de l'industrie locale). La ville héberge également le plus grand centre commercial de la Guadeloupe.

Faune et Flore

Le Grand Cul-de-Sac marin constitue un véritable réservoir de biodiversité. Cette baie abrite la majorité des espèces coralliennes et 60 % des espèces de gorgones des Antilles françaises.

OFFICE DU TOURISME DE CAP EXCELLENCE

ZAC de Moudong Sud
✆ 05 90 47 73 01

Les villes des Abymes, de Pointe-à-Pitre et de Baie-Mahault constituent le coeur de la Guadeloupe et forment la communauté d'agglomération de Cap Excellence, située au centre du Papillon. Composé à 50% d'espaces naturels, le territoire héberge le Petit et le Grand Culs-de-Sac Marins, la Rivière Salée, la mangrove et une partie du littoral. La destination Cap Excellence offre de nombreuses expériences et activités, autour d'un tourisme naturel, culturel et patrimonial.

ÉGLISE SAINT JEAN-BAPTISTE

La retraite

Cette église paroissiale est représentative des constructions érigées par l'architecte Ali Tur. Construite en 1931, elle est en forme de croix. L'édifice est classé aux Monuments historiques depuis le 5 mai 2017. Elle dispose de deux tours cylindriques de chaque côté du porche en contraste avec la façade rectiligne et aérée qui abrite le clocher et ses trois cloches ainsi que l'horloge. Son autel est inspiré du style Art déco. Certaines zones sont fermées à la visite.

LA FLOTTE - PÔLE NAUTIQUE

Port de Baie Mahault
✆ 07 67 08 77 87

Tarif à la journée : adulte 95 €, enfant (-10 ans) 85 €. Tarif à la demi-journée adulte 49 €, enfant (-10 ans) 39 €.

Embarquez à bord d'un speedboat pour une journée inoubliable au cœur du Grand Cul-de-sac marin ! Dans une ambiance chaleureuse et intimiste, l'équipage est aux petits soins et vous apprendra à mieux connaître et préserver les écosystèmes de la réserve naturelle. Au programme : escale sur l'îlet Caret, snorkeling sur une épave et à la barrière de corail. Apéritif et déjeuner les pieds dans l'eau, baignade aux piscines naturelles de La Biche, et retour en passant par la mangrove.

BASSE-TERRE

© GILLES MOREL

Pointe Jarry.

JACKY AVENTURE

14 Résidence Toussaint Louverture
✆ 06 90 35 57 18
www.aventure-guadeloupe.fr

Randonnées et aquarando à partir de 30 €. Excursion 4x4 à partir de 45 €. Canyoning : 55 €.

Des journées sensations au programme avec des randonnées culturelles et sportives (Mini-raid aventure, canyoning, aquarando en immersion dans la nature, randonnées pédestres, ascension du volcan La Soufrière, découverte de cascades, excursions en tout-terrain...). Faites votre choix ! Prenez contact avec l'équipe pour connaître les tarifs. La structure propose également une formule bivouac. Les excursions sont encadrées par des accompagnateurs détenteurs d'un brevet d'Etat. L'enseigne est recommandée par la marque de confiance du parc national.

ADA

Impasse Emile Dessout
✆ 05 90 92 18 20
https://adaguadeloupe.com

Ouvert du lundi au vendredi de 7h à 12h et de 14h à 16h.

L'agence est située dans la zone industrielle de Jarry. En plus du large choix de véhicules (économique, familiale, tout confort, 4 x 4 SUV et prestige) disponibles dans toutes les agences de l'île, celle de Jarry propose un grand choix de véhicules, d'utilitaires, de camions pour un déménagement, de camions bennes pour vos travaux à des tarifs vraiment compétitifs. ADA c'est également une assistance incluse avec un équipe disponible 7 jours sur 7 sur tout le territoire de la Guadeloupe en cas d'immobilisation de votre véhicule.

EUROPCAR

voie principale
✆ 05 90 38 73 95
www.europcar-guadeloupe.com

Agence ouverte du lundi au vendredi de 7h30 à 12h30 et de 13h30 à 16h30.

Europcar est présent en Guadeloupe depuis de nombreuses années et dispose de plusieurs agences réparties dans l'archipel. Ce loueur propose des véhicules de toutes les catégories et de toutes les marques, essence ou diesel, économiques, berline, monospace, 4 x 4, automatique, utilitaires, sans permis ou prestige. Possibilité de GPS ou de siège-auto. Tous les véhicules sont climatisés. Assistance 7j/7. Plusieurs types d'assurance sont proposés. Option de livraison du véhicule à domicile. De nombreux services ou options sont également proposés.

HERTZ ANTILLES

Angle de la rue F.-Forest et du boulevard de Houelbourg ✆ 05 90 25 25 74

www.hertzantilles.com

Du lundi au vendredi de 7h à 18h, le samedi de 8h à 11h.

Cette agence est située dans la zone commerciale et industrielle. Grand choix de véhicules disponibles (économique, tout-terrain, compacte, routière, luxe et sport, utilitaire et électrique). Réservation en ligne sur le site.

En cas d'arrivée en dehors des heures d'ouverture de l'agence située à l'aéroport, il est possible de récupérer sa voiture (en supplément) : il suffit d'indiquer l'heure d'arrivée et le numéro de vol lors de votre réservation. Possibilité de restituer le véhicule dans une des autres agences situées en Grande-Terre ou en Basse-Terre.

PRO RENT

Rue Alfred Lumière ✆ 05 90 26 73 44

www.pro-rent.com

Ouvert en semaine de 7h30 à 19h, le samedi de 8h à 19h et le dimanche de 12h à 13h.

Ce loueur très professionnel propose une vaste flotte de véhicules neufs ou récents au suivi très régulier. Vous y trouverez au choix des voitures économiques, des automatiques, des diesels, des SUV, des monospaces, des utilitaires, des cabriolets. L'accueil à l'aéroport et au port est assuré 24h/24 et 7j/7 sur réservation. Une navette assure le transfert vers l'agence située à Jarry, à 10 minutes depuis l'aéroport et à 5 minutes depuis le port. Après 20h, les véhicules sont livrés sur le parking du port ou de l'aéroport (avec supplément).

HOUELBOURG LOCATION

1411 rue Henri Becquerel

✆ 06 90 37 66 07

www.houelbourglocation.com

Agence ouverte de 7h30 à 16h30 du lundi au vendredi, 8h30-12h30 le samedi et 9h-17h le dimanche.

Les retours des clients de ce loueur sont toujours très bons au fil des années. Large choix de véhicules climatisés renouvelés régulièrement pour une location de courte ou moyenne durée. Les véhicules sont entretenus et propres pour un tarif raisonnable. Au choix des véhicules essence 5 portes, des utilitaires, des véhicules diesel 7 places, véhicules 9 places et automatiques. La livraison est possible à l'aéroport, à la gare maritime ou sur le lieu d'hébergement en fonction de l'heure d'arrivée. Le retour du véhicule est pris en charge sur le lieu de départ.

JUMBO CAR

75 Impasse Emile Dessout

✆ 05 90 92 18 20

www.jumbocar-guadeloupe.com

Cette agence Jumbo Car implantée au cœur de la zone commerciale de Jarry est l'une des six agences de location de la filiale présentes sur l'île. Elle propose une large gamme de véhicules récents, de la gamme économique au 4x4 SUV en passant par les berlines de luxe, les cabriolets, les monospaces, les minibus, les véhicules utilitaires, les boîtes manuelles, les boîtes automatiques, les véhicules électriques/hybrides... Consultez le site pour bénéficier des meilleurs tarifs et repérer les offres promotionnelles. Le pré-paiement est possible en ligne.

cap COEUR GUADELOUPE
OFFICE DE TOURISME INTERCOMMUNAL
AIMEZ, BOUGEZ, PARTAGEZ !
Le coeur vous appelle
Grand Cul-de-Sac Marin
Cap Coeur Guadeloupe

Cap CŒUR GUADELOUPE

OFFICE DE TOURISME INTERCOMMUNAL AIMEZ, BOUGEZ, PARTAGEZ !

Destination du territoire des villes des Abymes, Baie-Mahault et Pointe-à-Pitre, **Cap Cœur Guadeloupe** est une réelle invitation à vivre des expériences inoubliables et uniques !

Aimer

l'authenticité de sites touristiques majeurs, de lieux remarquables, de paysages étonnants entre traditions, identité, savoirs faire et passions .

Bouger

aux rythmes des évènements, de multiples loisirs et activités qui vous feront découvrir l'incroyable union entre ville, littoral et nature.

Partager

des moments de convivialité, qui placent la rencontre et l'aventure au cœur de votre voyage.

Cap Cœur Guadeloupe, c'est tout simplement le début de votre histoire avec les richesses exceptionnelles d'un territoire aux multiples facettes.

Cap Coeur Guadeloupe

MOZ COFFEE €€

3 rue Ferdinand Forest
✆ 05 90 94 96 04
Ouvert du lundi au vendredi de 10h à 15h. Plats entre 9,50 et 17,90 €.

Voici une adresse saine et gourmande au cœur de Jarry qui ravira aussi bien les carnivores que les végétariens ! Margaux a rapporté de ses nombreux voyages des saveurs du monde entier qu'elle revisite avec des produits locaux. Elle propose des salades et *bowls* (végétariens, poulet, poisson) en libre-service, un plat du jour (burger de porc effiloché cuit à très basse température, *ceviche*, lasagnes...), et un service traiteur, accompagnés de jus frais et de desserts gourmands allégés en sucre. Une expérience urbaine et créole dans un cadre *cosy* et tendance.

KARU'LIS

Boulevard Legitimus
POINTE-À-PITRE
✆ 05 90 24 26 06
https://karulis.com/
Tickets à partir de 1,20 € selon la zone.

Karu'Lis assure, avec ses bus orange, le transport de passagers sur Baie-Mahault, Abymes, Pointe-à-Pitre, Gosier, Sainte-Anne, Saint-François et La Désirade. 4 lignes desservent l'aéroport (repérables par la lettre AE), 3 lignes fonctionnent le week-end et les jours fériés (lettre Z) et un bus électrique circule dans le centre de Gosier. Les titres de transport sont disponibles dans les points de vente précisés sur leur site et en agence. Pratique, l'appli KARU'LIS qui permet de rechercher un itinéraire ou de connaître l'horaire de passage en temps réel.

RENEE €

Voie principale
✆ 05 90 95 04 81
Du lundi au samedi de 6h30 à 17h30. Samedi de 6h30 à 15h. Dimanche de 7h à 13h.

Renée, c'est LE concept de sandwicherie/pâtisserie/restauration rapide de la Guadeloupe. Il a été créé dans les années 1960. C'est une histoire de famille qui s'est développée autour d'un produit phare très apprécié des Guadeloupéens, le sandwich « Renée », petit pain au lait accompagné d'un jus local, mais aussi des pâtisseries aux saveurs locales ou encore l'incontournable chocolat antillais dans la pure tradition, un véritable régal à tester absolument, et une offre de restauration le midi. Une enseigne familiale empreinte de tradition et de modernité.

BAGUET SHOP JARRY €

Angle Bd du Marquisat de Hoeulbourg et rue François Fresnau
✆ 05 90 32 02 69
Horaires d'ouverture : du lundi au samedi de 7h à 15h30.

Ce magasin Baguet Shop est situé en plein centre de la zone industrielle et commerciale de Jarry. Cette enseigne antillaise, qui a célébré ses quinze ans en 2020, s'est développée avec 13 points de vente en Martinique avant de s'implanter en Guadeloupe où l'on compte désormais 7 points de vente répartis sur l'île. Elle propose une large gamme de produits sucrés et salés entre le pain encore tout chaud, des sandwichs, des viennoiseries, des desserts, des entremets, des salades fraîches, des plats cuisinés, le tout avec des saveurs locales.

BANH MI €

Rue Henri-Becquerel
✆ 05 90 94 14 13
Ouvert du lundi au samedi de 10h à 15h30. Fermé le dimanche. Sur place ou à emporter.

Da et Brice proposent des sandwichs vietnamiens ainsi qu'un large choix de spécialités thaïes et cambodgiennes, notamment le fameux banh mi. Ce sandwich vietnamien allie la fraîcheur des légumes vinaigrés, la saveur d'une viande marinée (poulet, bœuf, porc) ou de crevettes, l'onctuosité d'une sauce et le croustillant d'une baguette traditionnelle, le tout accompagné de coriandre fraîche. Le Banh Mi est situé dans un centre commercial doté d'un grand parking. Vous pouvez déjeuner sur place, en terrasse ou sous la verrière commune à tous les espaces de restauration.

UCAR

Boulevard de la pointe de Jarry
✆ 05 90 411 111 - www.ucar.fr/guadeloupe
Ouvert du lundi au vendredi de 7h30 à 17h30 et le samedi de 8h30 à 12h30.

Spécialiste de la location, UCAR propose un large choix de véhicules de tourisme récents. Une enseigne de proximité à votre service, où vous serez accueilli chaleureusement. Ce loueur propose une flotte variée entre modèles citadines 5 portes parfaits pour les courts trajets, les économiques 5 places, les familiales plus puissantes et les utilitaires (de la camionnette de 5 m^3 jusqu'au fourgon 13 m^3). À votre disposition également un service sur-mesure avec la voiture mascotte UCAR qui vient à votre rescousse partout dans Jarry et ses alentours en cas de besoin.

BOKARAIBES €

Impasse Gustave Eiffel
✆ 0690 40 76 06
Bookits gourmets de 5 € à 16 €.

Ce snack typiquement créole propose des *bokits* à base de farine de fruit à pain dont la teneur en gluten est très réduite. Le *bokit* est une des spécialités très courues en Guadeloupe. Il s'agit d'un petit pain frit agrémenté de garnitures diverses telles que poulet, jambon-fromage.. mais également en variétés plus locales : au lambi, à la morue, poulet indien sauce Bokaraïbes (façon tandoori)... Leurs *bokits* sont légers et peu gras malgré la friture car la farine de fruit à pain absorbe moins l'huile. La farine est élaborée par une minoterie locale.

LE COMPTOIR DES SAVEURS €

rue de l'industrie
✆ 06 90 37 68 45
Ouvert le midi tous les jours et le soir du jeudi au samedi. Formules à partir de 18,90 € sur place, 12,90 € à emporter.

Située dans la zone industrielle de Jarry, la salle de ce restaurant est accueillante avec une belle décoration contemporaine. La présentation du buffet est également appétissante, les plats sont proposés à volonté. Les mets sont variés, mêlant cuisine créole (entre bébélé, colombo, darnes de poisson, gratins de légumes pays, langouste...) et cuisine française (crudités, charcuterie, poulet rôti, côtes de porc, entrecôtes, magret...), il y en a vraiment pour tous les goûts ! Des soirées karaoké sont organisées tous les jeudis. Réservation recommandée.

LE BOUCHE A OREILLE €€

Rue Henri Becquerel
✆ 05 90 99 13 96
Ouvert du lundi au vendredi de 9h à 17h. Addition moyenne à 25 € pour un déjeuner.

L'équipe de ce restaurant familial vous accueille chaleureusement dans un cadre cosy. Un large choix de plats cuisinés, salades, burgers (dont le burger sushi), omelettes, assiettes de charcuteries... desserts maison et des boissons gourmandes, pour vous restaurer du petit déjeuner au goûter ou simplement pour profiter d'une pause avec un rafraîchissement. Service en continu toute la journée dans la petite salle ou bien dans le patio couvert. Possibilité de plats à emporter également. Occasionnellement, un brunch sous forme de buffet à volonté est organisé.

PAKO LOUNGE €€

Section Pasquereau
✆ 0690 499 409
Ouvert du mercredi au jeudi de 19h à 23h, et du vendredi au samedi de 19h à 00h. Réservation obligatoire.

Le nouveau concept de ce vaste site initialement dédié aux réceptions et évènements est désormais un espace de restauration à l'ambiance lounge. Implanté en plein air, il dispose d'une piscine. La carte propose une cuisine locale (soupe de cheval, de bœuf, bébélé, balaou frit, *bokit*...), mais également des plats de cuisine traditionnelle française (entrecôte, brochette, moules-frites, plat du jour...) et des burgers, des tapas... Consultez leur page Facebook pour connaître les déjeuners (Pako lunchs) organisés le dimanche ou pour en savoir plus sur les soirées.

CAFÉ BRAVO BY LOULOUZ €€

Rue Henri Becquerel prolongée
✆ 05 90 26 99 54
Ouvert le midi du lundi au samedi et le soir du mardi au vendredi. Samedi 9h-15h. Entrées à partir de 8 €, plats 16 €.

Ce restaurant, à l'atmosphère bistrot, dispose d'une salle climatisée et d'une terrasse. Le personnel de salle est très accueillant. Le Chef propose une cuisine métissée entre saveurs créoles (dont le fameux lambi de Loulouz, cuisinière de talent, qui propose ce plat également au restaurant des spécialités créoles La kaz à Loulouz, situé au Gosier) et des plats traditionnels français. Des soirées musicales avec des groupes sont organisées le vendredi soir. Consultez la page Facebook pour connaître le planning des événements à venir.

LES SUGGESTIONS €€

Rue Emmanuel Condo
✆ 06 90 55 22 34
www.alencoline.fr
Menus à 40 € et 50 € qui varient chaque jour. Ouvert le midi du lundi au samedi.

Ce restaurant est situé au-dessous de la médiathèque et bénéficie d'un beau panorama. Vous dégusterez des recettes concoctées selon le marché du maître Restaurateur Alen Coliné. L'équipe aux petits soins vient vous annoncer les plats proposés car il n'y a pas de carte, le menu change tous les jours. La cuisine évolutive et gastronomique est élaborée essentiellement à partir de produits locaux (viandes, poisson frais, mais également à partir des fruits et légumes). À goûter absolument, le pain au fruit à pain ! La réservation est conseillée.

CAFÉ SOL €€

530 Rue de la Chapelle
✆ 0590 60 28 10
Plats de 9 € à 24 € - fermé le samedi et dimanche et tous les soirs sauf le vendredi.

Appréciez un déjeuner avec vue sur la baie de Jarry, dans ce cadre lumineux et *cosy*. On vient dans cette brasserie pour déguster une cuisine traditionnelle faite maison, et savoureusement efficace. Burgers, filet de bar aux graines et épices, curry de gambas, tataki de thon, pluma de porc à basse cuisson... Ce restaurant propose également un plat du jour qui change quotidiennement. Des plats de qualité qui satisferont tous les appétits ! L'ambiance y est agréable, la décoration tendance. L'établissement a récemment changé de propriétaire.

LE TOURNIQUET €€

44 rue de la Chapelle
✆ 0690 31 15 95
Ouvert le midi du lundi au samedi. Comptez entre 35 € et 40 € par personne à la carte.

Ce restaurant, situé au cœur de la zone d'activité commerciale de Jarry a l'avantage de disposer d'une terrasse avec une belle vue mer. Il est agréable de venir y déjeuner en couple ou entre amis. La cuisine, proposée par le même chef et propriétaire depuis des années, est métissée de différentes influences avec une présentation soignée. Les plats oscillent entre la cuisine traditionnelle française et les saveurs locales (entrecôte, magret de canard, pâtes aux fruits de mer..). Les assiettes sont copieuses. Côté pratique, un parking est à votre disposition.

LA BRASSERIE LB €€€

Boulevard de Houelbourg
✆ 05 90 25 21 88

Service continu lun-mar de 11h30-17h, mer-vend jusqu'à 22h, sam jusqu'à 17h. Plat du jour entre 20 € et 26 €.

Ce restaurant a su recréer l'ambiance et l'aménagement d'une brasserie parisienne. Au menu, une cuisine traditionnelle savoureuse à la présentation soignée (lasagnes, confit, choucroute classique ou de la mer, tartare de bœuf ou poisson...). Le choix est vaste et les plats sont de qualité et élaborés avec des produits frais. Ils sont à consommer sur place ou bien à emporter. Ambiance musicale animée par un pianiste tous les vendredis soir. L'établissement est facile d'accès bien qu'il soit situé au cœur de la zone industrielle de Jarry, grand parking sur place.

RESTAURANT S A M A €€€

33 Rue de l'industrie
✆ 0690 29 48 76

Le midi du mardi au vendredi, le soir du vendredi au samedi. Menu midi à 59 €, 89 € vendredi soir, 120 € samedi soir.

Ce restaurant gastronomique, situé dans la zone d'affaires de Jarry, mérite le déplacement même pendant un séjour dédié au tourisme. La cuisine proposée est si inventive qu'elle s'avère totalement inédite avec un mélange de saveurs sans égal pour le palais. Chaque assiette bénéficie d'une présentation extrêmement soignée qui est un pur régal également pour les yeux. La décoration de la salle, ainsi que des tables sobres et élégantes, vont parfaitement de pair avec les mets proposés (faits, bien sûr, à la minute et à partir de produits frais et du terroir).

LES BELLES ENVIES

3 boulevard du Marquisat de Houelbourg
✆ 05 90 92 79 34
https://lesbellesenvies.gp/

Ouvert du lundi au samedi de 8h30 à 18h30.

Si vous culpabilisez pour vos excès de gourmandise, cette boutique est faite pour vous car il s'agit de la seule pâtisserie à index glycémique contrôlé de l'île. Le sucre traditionnel blanc est remplacé par du sucre de fleur de cocotier et du maltitol, un sucre issu des céréales. Vous y trouvez des pâtisseries, des biscuits, divers chocolats à faible impact sur le taux de sucre ainsi que des produits d'épicerie, du pain multi-céréales maison utilisé pour les sandwiches. Ainsi, même si vous souffrez de diabète, vous pouvez profiter des gourmandises de votre choix.

KARAÏB' CONFISERIES

✆ 05 90 68 41 47
karaibconfiseries.com

Boutique ouverte du lundi au vendredi de 9h à 17h et le samedi de 9h à 13h.

Cette petite boutique pleine de gourmandises qui raviront les papilles les plus gourmandes vous accueille dans sa nouvelle adresse. Les confiseries inspirées des recettes traditionnelles de la Guadeloupe. Elles conjuguent le savoir-faire, la créativité et la gourmandise et sont préparées de façon artisanale avec des saveurs issues des produits 100 % locaux : sucres à coco, bananarhum, doucelettes, pâtes de fruits. Retrouvez le Confi'Truck, le *food-truck* des becs sucrés qui fait escale tous les samedis près du Jardiland de Convenance à Baie-Mahault de 9h à 19h.

VG DELICES

Les galeries de Houelgourg
✆ 0590 32 49 77
www.vgdelices.fr/

Ouvert du lundi au vendredi de 7h à 18h et le samedi de 7h à 14h.

Voici la première pâtisserie végétale de l'île. Vous y trouverez des produits 100% végétal, sans lactose, sans œufs et certains sans gluten. Au choix, des sandwichs à base de farine complète ou de poudre d'amande, des pizzas sans gluten aux légumes avec farine de manioc, des lasagnes au soja, banana bread, pains sans gluten, smoothies verts, couscous végétarien au soja, millefeuille, tarte aux noix, cookies au chocolat de fruit à pain, mais aussi un burger composé d'un bun maison, d'un steak veggie aux lentilles et légumes, de banane plantain et de végan cheddar.

LA BOUTIQUE DU RHUM

La Jaille
✆ 0590 89 70 60

Ouvert du lundi au samedi de 9h à 19h. Dimanche de 9h à 13h.

Amateurs de rhums, cette boutique vous réjouira. Plus de 300 références de rhums de la Caraïbe dont ceux de la Guadeloupe sont présentées. Le décor est soigné : rien n'est laissé au hasard pour la mise en valeur de chaque produit. Également sur place, une belle cave à cigares et tous les accessoires. Jouxtant la Boutique du Rhum, la Boutique du Champagne propose un panel de vins fins, d'alcools et de champagnes pour tous les budgets (la Guadeloupe détient la palme de consommation de champagne sur toute la France). Le tout à déguster avec modération !

BOUTIQUE RHUM BIELLE

Immeuble Acérola

✆ 05 90 38 78 75

www.rhumbielle.com

Ouvert du lundi au vendredi de 9h à 17h.

Si vous avez manqué la dégustation de rhums de la distillerie Bielle à Marie-Galante, la boutique au cœur de Jarry vous propose une session de rattrapage pour découvrir les produits de la marque.

La distillerie est réputée pour son légendaire rhum Bielle à 59°, ainsi que pour sa vaste gamme de rhums vieux très appréciés, elle propose aussi une sélection de liqueurs parfumées qui éveillent les sens. Chaque année, Bielle se distingue au Concours général agricole : en 2023, la distillerie a remporté la médaille d'or pour son rhum vieux de 4 ans, millésime 2018.

CAP CREOLE

Immeuble la City Houelbourg sud, Jarry

✆ 0590 95 45 66

capcreole.com/les-boutiques/

Horaires : 9h30-18h du lundi au vendredi et 9h-13h le samedi.

Cap Créole est spécialisée dans la production de poissons fumés des Caraïbes depuis 1996. L'enseigne propose une gamme de produits de la mer très appréciée localement et qui mérite d'être découverte (rillettes de poissons fumés, planches de poissons fumés, filets de poisson, pâtés...). Certains sont disponibles en grandes surfaces. D'autres, de la gamme traiteur (carpaccios, steaks de poisson comme le haché de thon aux cives, le tartare de marlin au sel vanillé...) ne sont disponibles que dans les boutiques de la marque (Saint-François, Bouillante et Jarry).

COFRIGO DISTRIBUTION

✆ 05 90 32 55 25

Ce grossiste entrepose et distribue plusieurs marques de boissons sur tout l'archipel de la Guadeloupe. Il s'agit de la première société de distribution de boissons soft. Elle distribue ainsi une gamme de marques via les commerces de la Guadeloupe parmi lesquelles Coca-Cola, Orangina, Caprisun, LOOZA, Danone Waters (les eaux Evian, Volvic), Didier et les marques de Heineken (Heineken, Desperados, Affligem, Edelweiss...). C'est aussi le distributeur exclusif des marques bien connues en local : L'Ordinaire, Royal Soda, Vaval, Jaigo et la bière Corsaire.

CENTRE COMMERCIAL DESTRELAND

✆ 05 90 38 53 85

www.destreland.com

Ouvert en semaine de 8h30 à 20h30, le samedi jusqu'à 21h et le dimanche (Carrefour et Mr Bricolage) de 8h30 à 12h30.

Il s'agit du plus grand centre commercial de l'île qui s'étend sur plus de 800 mètres de longueur. Vous y trouverez plus de 160 commerces, banques, services et des grandes surfaces (Carrefour, Mr Bricolage, Décathlon, etc...), du prêt-à-porter, de la téléphonie, mais aussi deux librairies, des restaurants, un maître chocolatier... et toutes sortes de boutiques, parmi lesquelles des enseignes réputées. Sur place également : un cabinet médical et des services bancaires.

CULTURA

Centre commercial Destreland

✆ 05 90 80 80 00

www.cultura.gp

Du lundi au vendredi de 9h à 20h, le samedi de 8h30 à 20h30.

Le groupe de librairies antillaises, présent dans le paysage culturel et le domaine de l'éducation en Guadeloupe et en Martinique depuis des décennies, est devenu l'enseigne française Cultura déjà bien implantée dans l'Hexagone avec près de cent magasins. Pour cette occasion, son espace de vente a été augmenté avec une offre de produits et de services culturels avec un concept plus large composé de nouveaux univers mais aussi de loisirs avec notamment une infrastructure numérique. L'objectif étant de conserver l'identité propre du magasin.

WOW!
WAY!
L'ORDINAIRE
DEPUIS 1952
WAY!
OOO
L'ORDINAIRE
DEPUIS 1952
#SOIFDESENSATIONS

LA GRANDE ÉPICERIE

Galerie Ibis
✆ 0590 25 38 37
Ouvert du lundi au samedi de 9h30 à 19h et le dimanche de 8h30 à 15h. Ardoise à partir de 20 €.

Cette épicerie fine mérite le détour, car il s'agit d'une véritable caverne d'Ali Baba pour les épicuriens. Tenue par un couple particulièrement sympathique (France-Lise, Guadeloupéenne, et Jean-Michel, Breton), cette boutique regorge de produits des terroirs breton et guadeloupéen des plus originaux. Profitez de cette visite pour déjeuner sur place au fond de la boutique, dans un cadre intimiste, et là encore, vous serez surpris par la qualité des plats. Une première ardoise propose des galettes de sarrasin, la seconde une formule entrée-plat-dessert.

ETS J. NOUY

Rue Ferdinand Forest
✆ 0590 38 08 33 - www.jnouy.fr/
Ouvert de 8h à 17h du lundi au vendredi et de 8h à 12h le samedi.

Ce magasin, visible, depuis le Boulevard de Houelbourg, est spécialisé dans la vente d'alcools, vins et spiritueux. L'établissement propose un large choix de références notamment en termes de vins, de bières, de champagnes et bien sûr de rhums locaux (rhum agricole ou rhum vieux). Des dégustations sont organisées afin de pouvoir découvrir les divers produits à disposition. Des idées cadeaux sont concoctées pour chaque événement (fête des pères, des mères, Saint-Valentin, fêtes de fin d'année...). Possibilité de bénéficier du service Drive.

RHUM.CARAIBES.COM

✆ 0590 25 38 37
rhumcaraibes.com

Cette boutique de vente en ligne dispose d'une sélection exceptionnelle de rhums issus de la Guadeloupe, de la Martinique et de toute la Caraïbe. Chaque distillerie est représentée sur le site avec une mise en avant de ses diverses productions, qu'il s'agisse de rhum blanc agricole, de rhum ambré ou vieux, de rhums arrangés (appelés punchs). Il est également possible d'y trouver des fûts de chêne de production française d'une contenance de 5 à 28 litres pour stocker et y faire vieillir la boisson de votre choix, ainsi que des vins et des produits régionaux.

LES ATELIERS FOODÎLES

Rue de la chapelle
✆ 06 90 72 27 16
lesateliersfoodiles.com
Comptez environ 70 €/adulte selon l'atelier. Réservation sur le site Internet.

Jessica et ses partenaires (des blogueurs et des chefs) vous proposent des ateliers de cuisine « comme à la maison ». Pendant quelques heures, enfants et adultes, débutants ou gastronomes s'initient à la cuisine antillaise, à la boulangerie, ou la pâtisserie, dans une ambiance ludique. Le matériel et les produits sont fournis. Ainsi vous n'aurez qu'à enfiler votre tablier et à vous laisser guider pour ce moment découverte ! Les ateliers se déroulent par groupe entre 4 et 10 personnes maximum. Possibilité d'organiser des ateliers sur mesure.

SODIPA

Rue Henri Becquerel
✆ 0590 26 80 00
Showroom ouvert de 8h à 16h, le samedi de 8h30 à 12h30, fermé le dimanche.

Ce showroom, à la décoration contemporaine, permet de disposer de précieux conseils dans le choix de vos vins pour sublimer un repas, des champagnes et divers spiritueux (rhums, whiskys). Plus de 1 000 références sont proposées dans un bel espace très lumineux aménagé depuis novembre 2020. La page Facebook met régulièrement en avant des nouveautés, des produits d'exception, des exclusivités ou encore leur sélection du moment, des promotions thématiques selon la période (fête des pères, des mères, Saint-Valentin, fêtes de fin d'année, foire aux vins...).

AZIMUT

Port de pêche ✆ 06 90 41 88 08
www.azimutcroisiere.com
115 €/adulte, 95 € jusqu'à 11 ans. Le départ s'effectue à 8h30 du port de plaisance de Baie-Mahault. Pensez à réserver.

Choisissez entre une balade à bord d'un catamaran à voiles (jusqu'à 20 personnes) ou à moteur (capacité 12 passagers) et direction le Grand Cul de Sac marin. Baignez-vous dans la barrière de corail, plongez dans une épave, découvrez l'îlet Caret et la mangrove... Durant l'excursion, vous croiserez de nombreux poissons multicolores, profiterez d'une sieste sur les filets du bateau ou d'un tour en canoë-kayak. Le parcours diffère légèrement selon le bateau choisi. Pour une expérience plus haut de gamme possibilité de louer un catamaran avec équipage (6 pers. max).

CARIBBEAN ORIGINAL
Carib®
Premium
LAGER
L'ABUS D'ALCOOL EST DANGEREUX POUR LA SANTÉ.
Ets Jacques NOUY
Rue Ferdinand Forest - Z.I de Jarry
0590 38 08 33 ouvert de 7h 30 à 17 H

BD LOCATIONS

Port de la Friche
✆ 06 90 80 15 99
Location kayak 5 €/heure/pers. Formule kayak + plat 20 €/pers. Ouvert tous les jours, réservation conseillée.

Chez BD Locations, un seul mot d'ordre : découvrir le littoral de Baie-Mahault en toute liberté ! En kayak (mono, duo), en paddle ou en bouée tractée, à vous de choisir. Les prix sont très attractifs, des formules avec restauration sont proposées (grillades, frites maison, salades, riz haricots rouges, crêpes salées...). Départs depuis la Friche ou le pont de l'Alliance pour naviguer sur la Rivière Salée, jusqu'à Pointe-à-Pitre pour les plus courageux. Sorties avec accompagnateur (en supplément), sorties matinales pour la pêche... L'équipe se plie à vos demandes.

FUN RENT

Impasse Émile Dessout
✆ 0690 54 74 41 - funrent.webador.fr
Location jet-ski à partir de 220 €/jour (permis bateau requis). Moto 45 €/jour. Carburant à la charge du client.

Amateur de sensations et de vitesse, en mer ou sur terre ? Fun Rent propose plusieurs types de bolides en location à la journée, ou à la semaine (tarif dégressif). En mer, vous avez le choix entre le GTX 170 3 places alliant confort et style, avec le système de freinage le plus intuitif du marché, et le GTI 130 2 places, norme de référence, stable et polyvalent. Également à la location des paddles dernier cri. Sur terre, enfourchez la 125 Scrambler 14 cv au look rétro, la 125 Roadster 14,6 cv au look racé, ou le Maxi Scooter 310 cc, maniable et performant.

GWAD BOWLING & POOL

198 impasse Emile-Dessout
✆ 05 90 24 35 09
Ouvert 7j/7. Du dimanche au jeudi de 15h à 0h. Vendredi et samedi jusqu'à 2h. Bowling à partir de 7,50 € la partie.

Une adresse que les Guadeloupéens connaissent bien pour un moment détente. Profitez d'une partie de bowling dans une joyeuse ambiance : six pistes sont à votre disposition pour perfectionner votre strike ; un espace est réservé aux tables de billard pour les amateurs ou les professionnels (facturé au temps passé à jouer) ; des jeux d'arcade, jeux vidéo accessibles à tout âge ; des billards facturés au prorata du temps passé à jouer ; des tables de baby-foot et un bar sur place. Forte affluence en soirée et pendant les vacances, pensez à réserver.

PETIT-BOURG

La ville de Petit-Bourg est surnommée le poumon vert de la Guadeloupe car 70 % de son territoire est implanté dans le parc national, bénéficiant ainsi d'un arrière-pays exceptionnel. En direction du Sud, par la RN1, entre Petit-Bourg et Goyave, se déroule une côte au vent hospitalière, avec de belles plages de sable gris. Les panoramas naturels sont, ici, encore préservés des constructions intempestives. La route qui monte vers le col abandonne les dernières habitations, passe devant la cascade aux Ecrevisses puis le parc zoologique, la Maison de la forêt et ensuite les Mamelles pour parvenir au morne qui culmine à 718 mètres.

Jardin de valombreuse.

BAIN À COLO

Au niveau du jardin de Valombreuse, suivez les indications pour y accéder par la route forestière puis prenez à droite à la fourche.

Randonnée accessible facilement. Chemin non carrossé.

Ce petit bassin naturel est parfait pour profiter d'une baignade sans avoir à effectuer une longue et fatigante randonnée.

Ce joli bassin sans trop de profondeur permet de se délasser ou de se prélasser entre amis ou en famille avec une petite cascade qui surgit d'un tunnel aménagé sous la route. L'ONF a aménagé une aire de pique avec des carbets ombragés dotés de tables et bancs à proximité immédiate du bassin. La piste a été remise en état début 2022 en partenariat avec le RSMA pour rendre l'accès plus facile et sécuriser le site.

DISTILLERIE MONTEBELLO

Carrère

✆ 05 90 95 41 65

https://distillerie-montebello.fr/

Visite gratuite le matin. Boutique ouverte lun-ven de 9h à 16h30, sam-dim 8h-13h.

L'une des distilleries renommées de l'archipel. Elle a été fondée en 1930, avec les plus anciennes machines. L'entreprise familiale a su se développer hors des Antilles, pour atteindre une belle dimension commerciale dans l'Hexagone. À Petit-Bourg, l'activité traditionnelle perdure. C'est en 1966 que Jean Marsolle et son fils Alain rachètent la distillerie dont la production de l'atelier de broyage ne dépassait pas les 3 tonnes à l'heure ! Après avoir fait ses armes dans la société Sainte-Marthe et l'usine sucrière de Gardel, Alain Marsolle entame une carrière de distillateur. Les rhums Montebello seront commercialisés à partir de 1975, date de l'achat de nouveaux équipements. Depuis fin 2011, la quatrième génération, Grégory et Dominique, de la famille Marsolle est à la tête de la distillerie Montebello. Encore de nos jours, 90 % de la production de la distillerie Montebello provient de canne récoltée à la main par de petits producteurs. Des planteurs qui travaillent sur les terres volcaniques du volcan la Soufrière sans intrants ni phytosanitaires.

Lors de la visite de cette unité familiale, vous découvrirez le processus de traitement de la canne, de sa distillation jusqu'à son vieillissement en fûts. La visite se termine par l'indispensable boutique et la dégustation de rhums. Vous trouverez le rhum blanc agricole classique (mais également diverses cuvées) dont « The Bolokos », des liqueurs, des punchs, des rhums vieux ambrés dont le Montebello Jack 42 % de 10 ans, affiné en fût de Jack Daniel's.

CARAÏBES FACTORY

✆ 0690 65 40 75

http://caraibesfactory.com/

Visites et ateliers sur réservation. Certaines visites sont gratuites.

Vous êtes en quête d'expériences atypiques pour sortir des sentiers battus ? Caraïbes Factory vous entraîne dans les coulisses d'entreprises locales, pour découvrir leur savoir-faire. Au programme, visite de la centrale géothermique, d'une distillerie, d'une carrière de pouzzolane, d'une brasserie, de domaines agroforestiers, d'un atelier de dégustation de rhum... Sylvia sera votre guide et vous dira tout (ou presque) sur les procédés de fabrication, l'histoire des machines et des hommes. Des visites virtuelles gratuites sont disponibles également sur le site.

BASSE-TERRE

JARDIN DE VALOMBREUSE ★★

Cabout ✆ 05 90 95 50 50

www.valombreuse.com

Tous les jours de 9h à 18h (dernières entrées à 16h30). 16,50 €/adulte et 11 €/enfant (3-12 ans).

Bien intégré au creux des vallons ombragés, ce grand parc floral a été créé en 1990 par une passionnée, Madame Magguy Chaulet. Après la destruction de sa plantation par l'ouragan Hugo en 1989, elle décide de créer le premier parc floral de l'île et d'y présenter les plus belles plantes. Ce jardin extraordinaire abrite une profusion végétale qui ravit les amoureux de la nature avec plus de 1 000 espèces de fleurs et de plantes tropicales issues des quatre coins du monde. Un plan vous est remis à l'accueil afin de vous aiguiller dans votre parcours. La visite peut également s'effectuer grâce au petit train 100 % électrique, le Valombreuse Express (gratuit) à partir de l'entrée du jardin. Comptez au minimum 1h30 de visite, sous de hautes futaies d'où jaillissent des plantes tropicales aux couleurs éclatantes entre les balisiers, les alpinias roses, rouges et blancs, les héliconias, les anthuriums, les roses de porcelaines blanches… Vous découvrirez des plantes au nom étonnant (« caractère des hommes »… et des femmes dont la couleur de la fleur se modifie au cours de la journée, des chapeaux chinois…). Vous observerez les colibris qui viennent boire le nectar des fleurs. Le jardin de Valombreuse, c'est également une faune extraordinaire et en particulier des espèces d'oiseaux, telles que les flamants des Caraïbes et des Ibis rouges ! Un espace jeu est dédié aux enfants au cœur du jardin. La boutique est située en fin de visite. Le restaurant situé sur le site est accessible sans entrer dans le jardin.

BELLEVUE GÎTES €

18 allée des Bougainvilliers

✆ 05 90 95 25 09

www.bellevue-gites.com

Gîtes à partir de 315 €/semaine pour 2 personnes, de 490 € pour 4 personnes.

Les hébergements sont situés dans un joli parc arboré très reposant avec une vue sur l'île de Marie-Galante, la chaîne de montagnes Basse-Terre et du volcan la Soufrière. Ils sont climatisés, disposent d'un coin cuisine équipé, d'un salon, d'une terrasse… Au choix, la chambre Ylang Ylang (avec frigo et cafetière), un studio, deux studios plus spacieux (pouvant accueillir de 2 à 4 personnes) dotés d'un lit 160 cm, d'un espace avec un canapé convertible, d'une cuisine sur la terrasse. En commun, un barbecue, le jardin et le spa. Table d'hôte sur demande.

GÎTES ANGÉLIQUES €

2456 Montebello

✆ 06 90 74 45 89

www.gites-angeliques.com

À partir de 360 €/semaine ou de 80 €/nuit/2 nuits. Pour une réservation d'au moins 4 semaines : 50 % sur la 4e semaine.

Ces deux hébergements en bois sont implantés dans un cadre verdoyant et reposant, à proximité de la forêt, à mi-chemin entre la plage et la montagne. Ils s'intègrent totalement à la végétation environnante. Une piscine est à disposition sur le site. Les hébergements peuvent accueillir 2 personnes (avec possibilité d'ajouter un lit d'appoint pour un enfant). Ils sont climatisés, dotés d'une kitchenette, d'une terrasse aménagée pour la détente et les repas. Vous êtes accueillis par un punch de bienvenue. Un formulaire de réservation est accessible sur le site.

GÎTES CREOLILES €€

1195 Route de Tabanon ✆ 05 90 32 04 99

www.creoliles.fr

À partir de 80 €/nuit ou 560 €/semaine (2 personnes), 130 €/nuit ou 910 €/semaine (4 personnes).

À seulement 15 km de l'aéroport, cette résidence sécurisée propose 14 bungalows, en bois de style créole, entièrement rénovés au cœur d'un joli jardin tropical de 6 000 m² doté d'une belle et spacieuse piscine. Les hébergements sont dotés de chambres climatisées, d'une salle de bains, d'une terrasse couverte de 24 m² avec kitchenette équipée (frigo, micro-ondes, plaques cuisson, cafetière). Un des bungalows est équipé pour les personnes à mobilité réduite. Sur le même site, un bar-restaurant propose une cuisine créole mais aussi des plats traditionnels.

LES GITES DE LA LEZARDE €€

Chemin de la Glaciere

✆ 06 90 42 18 78

www.lesgitesdelalezarde.com

À partir de 55 € par nuit pour 2 personnes. Formule petit déjeuner à 11 €. Massages sur réservation.

Les hébergements sont nichés dans un écrin de verdure sur les hauteurs de Petit-Bourg, face au parc national et à quelques mètres du Saut de la Lézarde. La suite familiale conçue pour 4 personnes dispose de 2 chambres, d'une cuisine équipée et d'une salle de bains. Les gîtes et cases créoles peuvent accueillir jusqu'à 3 adultes ou un couple et 2 enfants. La villa de 105 m², d'une capacité de 10 personnes, dispose de 4 chambres, 2 salles de bain, d'un salon-cuisine et d'une grande terrasse. Sur place, spa et piscine. Possibilité service traiteur, sur réservation.

MABOUYA & ZANDOLI €€

9 Allée des épinards - Duquerry
✆ 0690 41 77 01
65 € la nuit pour 2 personnes.

Isabelle et Gilbert vous accueillent avec chaleur dans leurs 2 hébergements indépendants qu'ils ont aménagés et décorés avec soin situés en bordure de la forêt tropicale dans une zone très calme. Les hébergements sont climatisés et dotés d'une chambre, d'un salon, une cuisine entièrement équipée, d'une salle de bains avec douche. Chaque appartement est équipé d'une télévision écran plat, d'un réfrigérateur et d'une machine à café. L'appartement Zandoli dispose d'un balcon avec une vue sur la montagne. Sur place, un parking privé et la connexion Wi-Fi haut débit.

HABITATION SAINT CHARLES €€€

Chemin de Grippiere ✆ 0690 41 28 74
habitation-saint-charles.com
À partir de 155 €/nuit/chambre, 280 €/nuit/bungalow 4 pers, petit-déjeuner inclus. Villas à partir de 379 €/nuit.

Ce récent boutique-hotel, construit avec des matériaux nobles, est situé au cœur de la Guadeloupe, dans une nature verdoyante. Il dispose de 9 chambres, 6 bungalows avec 2 chambres, 2 salles de bains, terrasse, bac à punch et piscine privatifs, 2 bungalows accès PMR et de trois luxueuses villas avec piscine privée (d'une capacité d'accueil de 6 à 15 personnes selon la villa). L'Habitation est dotée d'une piscine à cascade dans un décor naturel, d'un restaurant gastronomique, d'un spa pour profiter d'un massage relaxant et d'un bar pour déguster un cocktail.

QUALISUN €€€

1667 Chemin de Juston
✆ 05 90 98 66 78
www.qualisun.gp
À partir de 1 079 €/semaine pour une villa 4 personnes, 1 449 € pour 6 personnes et 2 369 € pour 8 personnes.

Ces cinq villas T3, T4 ou T5 conjuguent tradition créole et modernité. Elles disposent chacune d'un spa et/ou d'une piscine et d'un jardin tropical. D'une superficie de 100 à 250 m², avec 2, 3, 4 ou 5 chambres, elles peuvent accueillir de 4 à 10 personnes selon la villa. Les chambres sont climatisées. Les cuisines sont entièrement équipées... Les larges terrasses avec bains de soleil se prêtent au farniente. Chaque villa dispose d'un barbecue, coffre-fort, matériel hi-fi complet, douche extérieure, buanderie, parking, équipement pour bébé (lit parapluie).

BAGUET SHOP PETIT BOURG €

Centre commercial Collin ZAC de Colin
✆ 05 90 81 99 72

Horaires d'ouverture : du lundi au samedi de 6h30 à 19h30, le dimanche de 6h30 à 12h30.

Que vous habitiez Petit Bourg ou que vous soyez de passage, Baguet Shop est idéalement situé dans le centre commercial de Colin. L'enseigne antillaise, qui a célébré ses quinze ans en 2020, s'est développée avec 13 points de vente en Martinique avant de s'implanter en Guadeloupe qui compte désormais 7 points de vente répartis sur l'île. Elle propose une large gamme de produits sucrés et salés entre le pain tout chaud, des sandwichs, des viennoiseries, des desserts, des entremets, des salades fraîches, des plats cuisinés, le tout avec des saveurs locales.

LES CHOCOLATS D'ANNE-SOLÈNE

Vernou ✆ 0590 95 21 41
annesolene.fr/

Boutique fermée le dimanche. Ouvert lundi, mardi et jeudi : 9h-16h, mercredi, vendredi et samedi : 9h-18h30.

Anne-Solène travaille le chocolat de façon artisanale et propose une gamme de produits peyi ; des tablettes de chocolat, des pralinés, des ganaches, des pâtes de fruits aux parfums locaux, des nougats, des pâtes à tartiner originales version «crousti-coco » ou des caramels à la fleur de sel et au piment végétarien (pour apprécier les saveurs du piment sans le «piquant »). Ses chocolats et ses gourmandises sont disponibles dans la boutique et en ligne (pour la plupart des produits).

BYRON BURGER BAR €

Zac de Collin
✆ 05 90 25 00 70

Ouvert tous les jours de 12h à 14h30 et de 19h à 22h, 22h30 du vendredi au dimanche. Addition moyenne à 20 €.

Si vous souhaitez découvrir le hamburger en version gourmet accompagné de frites maison (de patates douces ou de pommes de terre), c'est l'endroit où vous rendre : le burger est présent sous toutes ses formes : végétarien, montagnard, à l'indienne, à l'italienne, au poisson et accompagné de très bonnes sauces maison. L'établissement propose également des salades et des tartares de poisson frais et des milkshakes originaux. Service sur place ou à emporter. Le service est, en règle générale, assez rapide avec un personnel accueillant.

LA BADIANE €

Chemin de la grande savane
✆ 0690 15 99 66
www.restaurantlabadiane.com/

Ouvert tous les jours de 11h30 à 14h45. Comptez en moyenne 35 €-40 € hors boissons. Réservation conseillée.

Le restaurant est situé dans l'enceinte du jardin de Valombreuse. Il s'agit de l'étape idéale pour déjeuner après avoir pris le temps de visiter le jardin d'autant que le service est très souriant et assez rapide. La salle, entourée d'un bassin avec des nénuphars, bénéficie d'une vue panoramique sur la végétation luxuriante du parc et sur la volière. La carte créative est basée sur les produits du terroir (dombrés aux ouassous, fricassée de lambi, sauté de chatrou, poissons locaux, poulet coco curry, dés de cochon roussi, accras...).

BASSE-TERRE

LES BIÈRES DE LA LÉZARDE €

1 allée de Merwart
✆ 0590 80 86 25
Ouvert de 11h30 à 21h du mardi au samedi.

Cette brasserie artisanale est située sur les bords de la rivière La Lézarde. Elle constitue une halte idéale au retour de la balade du Saut de la Lézarde. Vous pourrez vous rafraîchir sur la terrasse du bar tout en bois et découvrir une des bières (blondes ou blanches) brassées sur le site, aux notes et parfums locaux que vous pourrez ensuite acheter. Le cadre est agréable, en pleine nature. Il est possible de s'y restaurer avec des planches de charcuterie, fromages, crêpes, de poisson, hot-dogs maison, camembert rôti, tartes au fromage de chèvre...

KASSAVERIE €

îlet pérou
✆ 06 90 83 34 73
Du dimanche au vendredi de 9h à 17h. Fermé le samedi. Kassav entre 3 € et 5 € l'unité.

Cette kassaverie traditionnelle est située sous un grand carbet. Les kassav, ces petites galettes réalisées à base de farine de manioc, peuvent être salées et sucrées. Elles sont cuites sur un disque de métal que l'on appelle une platine. Elles sont préparées devant vous, directement sur les platines, à la demande et, en prime, le processus de fabrication vous est expliqué. Divers vendeurs sont présents sur place, vous pouvez y acheter également différentes farines (coco, manioc) et des punchs locaux (goyave, passion, abricot, etc.).

AKROPARK

Chemin de grande Savane
✆ 06 90 94 89 42 - www.akropark.fr/
Parcours à 12 €/les 3-5 ans, 20 €/les 6-10 ans et 25 €/les plus de 11 ans. 3 séances par jour : 9h-12h-14h30.

Ce parc d'aventure est situé dans la vallée verte de Petit-Bourg. Il est idéal pour les accros d'aventure en famille. Défis, sensations et aventures garantis pour les plus petits comme pour les grands. La piste « Ti Racoon » est destinée aux petits aventuriers en herbe (3 à 5 ans) sous la surveillance des parents ; « La petite forêt » accueille les enfant de 6 à 10 ans sur trois pistes entre tyroliennes, ponts et filets. Les trois pistes « Mahogany » sont, quant à elles, réservées aux plus de 11 ans accompagnés et aux parents pour se défouler en famille.

CHEZ ZEZETTE €€

23 rue Main Courante
✆ 0690 58 11 24
http://zezetteetpoupouille.free.fr
Ouvert midi et soir du lundi au samedi. Comptez 15 à 20 € par personne.

Ici, la restauration reste une histoire de famille. Zézette, la maman, est en cuisine et sa fille est au service. La cuisine est locale (colombo, fricassée de chatrou, roussi de porc, dombrés, ouassous.... selon le marché). Les suggestions du jour varient selon l'arrivage car les plats sont préparés à base de produits locaux. Les accras et les jus à base de fruits frais de saison sont excellents. La salle est très colorée et reflète bien l'ambiance typique du lieu auquel on est en droit de s'attendre en Guadeloupe. Le rapport qualité-prix est excellent.

JADIN PEYI TI BOU

Sur le parking situé au rond-point de Montebello en face de la plage de Viard.
Chaque vendredi de 15h à 20h.

Ce « jadin peyi ti bou » est un vrai marché avec une multitude de produits locaux. Il accueille de plus en plus de locaux qui ont pris l'habitude de ce rendez-vous pour se ravitailler en produits du pays de toutes sortes. Vous pouvez vous y promener, dans une ambiance conviviale, entre les étals de fruits et légumes des exploitants agricoles des environs, le camion-boucherie dont l'artisan ne propose que de la viande locale, un stand de sirops, de punchs, d'artisanat... Le parking est situé au niveau du rond-point de Montebello, à proximité de la plage de Viard.

CATARAIBES GUADELOUPE CLUB

Plage de Viard
✆ 06 90 39 14 44
www.lgvoile.com/
Ouvert lun-sam de 8h30 à 17h30. Location de planche à voile, catamaran, kayak, wave ski...

Situé sur la plage de Viard, ce club est affilié à la Fédération française de voile et de canoë-kayak. Sur place, au choix : des forfaits à la journée, des stages d'initiation ou de perfectionnement, et des séjours vacances en Hobie cat et kayak de mer avec une possibilité d'hébergement. Pour rappel, le Hobie cat est un catamaran de sport ultra-léger utilisé pour la régate, l'apprentissage de la voile et les loisirs. Location de bateaux à moteur et de planches à voile.

GOYAVE

Goyave a compté jusqu'à une dizaine d'habitations sucrières, une usine textile et une brasserie, au XVIIIe siècle. La dernière distillerie a fermé ses portes en 1970. Aujourd'hui, son activité économique s'appuie sur la production bananière, l'aquaculture, la pêche et le tourisme. Bien des vestiges de son passé sont à découvrir entre des ruines de distilleries, anciennes habitations, un pont de style Eiffel, un aqueduc...
Depuis les hauteurs, plusieurs traces constituent le départ de belles randonnées au cœur de la forêt dense et humide avec accès au bassin bleu, à la chute Moreau et à Bradford, moins réputée, mais tout aussi superbe.

CHUTES DE MOREAU ★

Sentier interdit depuis le passage de la tempête Fiona en 2022. Travaux en cours au moins jusqu'à fin 2023.

Une belle randonnée classée niveau 3. Comptez un peu plus de 4 heures aller-retour. Ce niveau 3 signifie qu'elle est réservée aux randonneurs confirmés, notamment à cause de plusieurs traversées de rivières. Soyez prudents ! Équipez-vous de bonnes chaussures de marche, emportez quelques provisions avec vous dans un sac étanche, prévoyez également de l'eau et un téléphone. Prévenez toujours une tierce personne de votre projet d'itinéraire (si besoin votre logeur qui pourrait donner l'alerte ne vous voyant pas revenir). En cas de pluie, ne vous y risquez pas et faites demi-tour car le niveau des cours d'eau peut alors monter très vite et les gués ne sont plus franchissables. La route d'accès ainsi que le sentier de randonnées ont été remis en état après les dégâts provoqués par le tremblement de terre de 2004. La balade est très agréable par temps sec car vous serpentez à travers la forêt au rythme de la rivière tout en admirant, au passage, de belles cascades rafraîchissantes ; vous vous enfoncez dans la verdoyante forêt de Moreau et vous marchez entre les longues lianes, les châtaigniers et les palétuviers. Après un peu plus de 2 kilomètres, traversant et retraversant cette rivière, vous parvenez à une fourche, qui dessert, à droite, une jolie cascade par la ravine Mangle. Vous pouvez faire le crochet, elle est seulement à 200 mètres ! L'arrivée face à la chute est spectaculaire. À ses pieds, un bassin est une belle occasion de vous baigner et vous rafraîchir. Les marches d'accès ont été taillées dans la roche.

© LESPHOTOSDEFAB - SHUTTERSTOCK.COM

Chutes de Moreau.

DISTILLERIE PAPA ROUYO

Rue de l'habitation
✆ 05 90 98 74 69
https://paparouyo.com/
Visites à 15h30 du lun au mer et à 10h30 et 15h30 les jeudis et vendredis. 12 pers max sur réservation. 15 €/pers.

Bien que la dernière-née des distilleries de l'archipel Guadeloupe, son savoir-faire prend naissance avec Charles Albert Ruscade dit Papa Rouyo (1900-1979). Ce fils de planteur pratique le colonage (la mise en valeur d'une exploitation agricole pour un temps défini en contrepartie de son entretien et du partage des bénéfices). Papa Rouyo cultive cette parcelle de canne, située au Moule, avec une passion qu'il transmettra à ses descendants. Pour preuve, quelques décennies plus tard, son arrière-petit-fils décide d'assurer la relève et choisit de collaborer avec des planteurs du Moule appelés maîtres-canniers chez Papa Rouyo tant ils sont un maillon essentiel dans le process du rhum. Ce collectif de passionnés travaille la canne avec rigueur sur un sol calcaire et argileux pour assurer une récolte de qualité et un rhum d'exception. Ils travaillent la canne de façon traditionnelle et naturelle et la transportent ensuite jusqu'à la distillerie implantée à Goyave pour sa mise en fûts dans les chais. La traçabilité des rhums de la canne à la bouteille est une priorité.

Cette petite distillerie familiale marque le retour à une technique de distillation ancestrale, l'alambic, qui requiert du temps et de l'attention. La commercialisation de son rhum n'a débuté qu'en juillet 2021. Les visites de la distillerie s'effectuent le matin ou l'après-midi (réservation sur le site), suivies d'une dégustation de rhum. Comptez 1h30 de visite. Vous aurez l'occasion de voir les alambics flambant neufs avec leurs cols de cygne en cuivre.

JARDIN D'EAU

✆ 05 90 95 95 95
www.jardindeau-guadeloupe.com
Ouvert de 9h30 à 17h30 mer-dim toute l'année et du mardi au dimanche en juillet/août. 10 €/ad, 8 €/enf (2 à 11 ans).

Ce jardin de huit hectares a été aménagé par Christiane Berthelot de Kermadec, tant pour les enfants que pour les plus grands. Un cadre verdoyant où les plantes ornementales se plaisent, où les bassins, étangs et rivières sont omniprésents. La visite est libre avec une diversité d'activités, une aire de pique-nique et de belles balades en perspective. Profitez d'un bain à la rivière, de balades en canoë-kayak ou en pédalo, à disposition sur le site. Un terrain de volley et un boulodrome sont également à disposition des clients.

PLAGE DE SAINTE-CLAIRE

Plage de Sainte Claire

Vous y accédez par la D33. Seule plage de la commune de Baie-Mahault, elle a été aménagée par l'ONF (Office National des Forêts) et a conservé son aspect naturel. Située au sud de Goyave, elle est caillouteuse et parfois un peu envahie par les algues. Tranquille, mais peu plébiscitée pour la baignade, la plage est ventilée, ombragée et équipée de carbets. Possibilité de s'y installer en famille le temps d'une journée ou d'un pique-nique. À proximité du site, des fouilles ont permis la découverte de vestiges précolombiens mais également de l'époque coloniale.

MAISON SCHWARZ-BART

Chemin de bon air
✆ 06 91 27 72 45
http://lasouvenance.org/

La maison n'est ouverte que pour les Journées du Patrimoine et lors des soirées ponctuelles (lectures, projections, concerts, résidence d'artistes, expositions, rencontres littéraires...) qui y sont organisées une fois par mois. Il est impossible de la visiter en dehors de ces créneaux. L'association La Souvenance - Maison Schwarz-Bart gère le lieu et informe des événements sur les différents réseaux sociaux.

Conçue, imaginée et construite dans les années 1960 par le couple mythique d'écrivains André et Simone Schwarz-Bart, la Souvenance est un lieu de création unique en Guadeloupe, lieu de rencontre ouvert sur la culture et les arts caribéens. En 2012, la maison s'est vue décerner par le ministère de la Culture le label Maison des Illustres, qui signale les lieux ayant vocation à conserver la mémoire des personnes s'étant illustrées dans l'histoire française.

La bâtisse, chargée de mémoire, abrite une grande terrasse où se déroulent les manifestations ponctuelles, un grand salon doté d'un superbe mobilier et d'œuvres d'art ainsi que le bureau des deux écrivains. À lire le roman *Un plat de porc aux bananes vertes* écrit à quatre mains par le couple ou encore *La Mulâtresse Solitude* d'André Schwarz-Bart décédé en 2006. Simone Schwarz-Bart revient sur sa vie aux côtés de son mari dans l'ouvrage *Nous n'avons pas vu passer les jours* co-écrit avec Yann Plougastel et publié en 2020. L'écrivain guadeloupéen Ernest Pépin a écrit un roman intitulé *La souvenance* racontant l'histoire de ce couple d'écrivains.

GITES DE BLONZAC €€

Blonzac
✆ 06 90 56 10 13
www.gitesdeblonzac-guadeloupe.com

Villa 6 personnes à partir de 250 € la nuit. Gîte 4 personnes à partir de 85 €/nuit. Séjour minimum 4 nuits.

Ces hébergements sont situés sur les hauteurs de Goyave, un endroit calme et reposant. Ils constituent un bon point de départ pour de belles balades en Basse-Terre. Les trois gîtes peuvent accueillir cinq personnes avec une chambre climatisée, un salon avec canapé convertible, une cuisine, une terrasse de 30 m² face à l'océan, ombragée et naturellement ventilée, ce qui en fait un parfait coin de détente. Sur place, une piscine avec vue sur la mer. Les résidents ont un accès gratuit au Jardin d'Eau pendant la durée de leur séjour.

VILLAGE O TI BOUBOUL €€

Chemin des Mineurs
✆ 06 90 72 99 34

A partir de 75 €/nuit pour deux personnes. Massages thérapeutiques à partir de 90 €.

Dominik, la propriétaire, vous accueille chaleureusement en pleine nature. Les gîtes type « chalets en bois » sont intégrés en pleine nature dans le respect de l'environnement. Ils sont entièrement équipés avec un coin cuisine et une terrasse aménagée pour prendre les repas depuis laquelle vous pourrez profiter de moments de détente, bercé par le bruit de la rivière et le chant des oiseaux. Sur place, un service de restauration avec des plats élaborés à partir des produits du jardin. Le site est idéal pour les visiteurs en quête d'authenticité.

VILLAGE O TI BOUBOUL

Chemin des Mineurs
✆ 06 90 72 99 34

Journée pique-nique 10 €/pers. Formule restaurant sur réservation à partir de 20 personnes, 45 €/pers.

Ce site agrotouristique est parfaitement aménagé pour se ressourcer en famille et profiter d'une journée dans ce cadre verdoyant. Que ce soit pour découvrir les arbres fruitiers et les plantes médicinales, pour un pique-nique au bord de la rivière qui est dotée de petites cascades avec un lit d'eau tiède ou pour se relaxer dans un autre bain d'eau froide, plus revigorant. Des tables, barbecues, transats, hamacs sont installés sur le site et sont à disposition. Vous pouvez également découvrir les produits du terroir à la table d'hôtes.

KOTE T'CHALIS €

place du débarcadère
✆ 06 90 62 43 39

Addition moyenne 20 €. Ouvert le midi du mardi au dimanche et le soir du jeudi au samedi.

Situé sur le port de Goyave, vous le repérez vite avec son enseigne qui est... une planche à voile. La vue sur les bateaux et la mer toute proche est reposante. Le restaurant dispose d'une jolie terrasse en bois, implantée proche de la jetée et entourée de verdure parfaite aussi pour prendre un verre. La cuisine proposée est locale et savoureuse avec une belle présentation et les plats sont copieux. Le rapport qualité-prix est excellent, l'accueil particulièrement amical. L'établissement propose aussi des déjeuners les pieds dans l'eau sur l'îlet Fortune en face.

BIBI BWA ART

✆ 0690 71 13 62
Arawakmarket.com
L'artiste reçoit à son atelier uniquement sur RDV.

Brigitte, artisan d'art autodidacte, crée des objets d'art en bois local précieux. En travaillant une matière vivante telle que le bois avec ses nuances, ses formes, chaque pièce qu'elle présente est unique. Vous trouverez des boucles d'oreilles, des colliers, des pendentifs en acier inoxydable, en ébène, en graines... mais également de magnifiques stylos et ouvre-lettres en bois ou associant le bois, l'acrylique, le plaqué or, l'acier chromé. Ses créations sont disponibles sur le site, dans les boutiques San Mélé ou Factory Gwadloup de Pointe-à-Pitre.

AU CŒUR DU PAPILLON €

349 rue de l'habitation, Rte de Ste Claire
✆ 06 11 08 80 95
www.aucoeurdupapillonpiscine.com/
De 70 €/nuit à 160 €/nuit. 2 nuits minimum.

Dans un jardin verdoyant, au milieu des arbres fruitiers et des fleurs tropicales se nichent 5 bungalows autour d'une piscine. 2 bungalows disposent de leur propre piscine et de 2 chambres, ils peuvent accueillir jusqu'à 5 personnes. Le bungalow en face de la piscine a une capacité de 6 personnes. Les deux autres bungalows sont dotés d'une chambre, l'un d'entre eux dispose de son spa privatif. Dans chaque hébergement : chambres climatisées, cuisine équipée, salle de bain et terrasse extérieure. Plancha et barbecue dans l'espace commun.

APONI MASSAGES BIEN-ÊTRE

3310 Route de Moreau ✆ 06 90 98 42 36
www.aponibienetre.com
Massages à partir de 45 €. Lundi-vendredi 9h-18h, le week-end sur demande. Accessible aux personnes à mobilité réduite.

Pour vous aider à vous détendre et à vous régénérer, Valérie Rousseau exerce en extérieur, en pleine nature dans un jardin tropical. Une immersion dans l'intense nature, au cœur d'une flore tropicale, luxuriante et apaisante pour « Être plus près de la nature et profiter de ses bienfaits ». Vous bénéficiez d'un massage bercé par le clapotis de l'eau et le chant des oiseaux. Après le massage, ce moment de détente est prolongé avec un espace privatisé pour chaque client (espace repos/lecture, piscine, douche extérieure, boissons et douceurs gourmandes...).

RANCH DE MOREAU

31 Village de moreau
✆ 06 90 17 55 00
ranchdemoreau.com
Balades à partir de 35 €. Réservation et paiement possibles sur le site Internet. Fermé le dimanche.

Le Ranch de Moreau vous invite à faire une escale en pleine nature pour une balade à cheval. Au programme différentes balades accompagnées et commentées : à travers la forêt et les bananeraies, en pleine rivière, au clair de lune ou au lever du soleil. Un excellent moyen de se détendre et de se ressourcer en profitant des bienfaits de la nature, en se laissant guider par Eve et Claude. Pour les plus craintifs, sachez que les balades sont tout à fait accessibles aux débutants. Le centre propose également des cours d'équitation en pleine nature.

CAPESTERRE-BELLE-EAU ★

La plage de Sainte-Marie est le lieu présumé de débarquement de Christophe Colomb le 4 novembre 1493. Une statue à son effigie a été érigée à l'entrée de Sainte-Marie, au nord de Capesterre-Belle-Eau. Après l'abolition de l'esclavage en 1848, des travailleurs indiens ont été embauchés dans les plantations comme main-d'oeuvre. Sous contrat, ils reprennent la tâche des anciens esclaves noirs et s'installent définitivement sur l'île. L'allée Dumanoir dispose d'un alignement parfait de palmiers royaux le long de la route sur plus d'1 km. Les premiers palmiers furent plantés vers 1850 par l'écrivain Pinel-Dumanoir pour délimiter sa propriété.

CIMETIÈRE DES ESCLAVES

Entre l'allée Dumanoir et la route d'accès aux chutes du Carbet. Accès libre.

À proximité de l'habitation Bois-Debout, en suivant un petit sentier en mauvais état, vous arrivez devant une stèle gravée, portant l'inscription : « À la mémoire de nos ancêtres esclaves. *Honneur et Respect* ». Seule cette stèle permet de savoir qu'il s'agit de l'emplacement d'un cimetière d'esclaves. Ici, une dizaine de tombes en terre battue sans nom sont entourées de conques de lambis, surmontées d'une croix avec la tête orientée vers l'Afrique. Un lieu de mémoire modeste, qui rappelle, non sans émotion, la période de la colonisation et de l'esclavage.

ALLEE DUMANOIR ★

Sortie sud vers N1. Elle correspond à l'entrée de Capesterre-Belle-Eau lorsque vous arrivez de Basse-Terre (en sortant de la rocade).

Cette portion de route figure sur de nombreuses cartes postales ! Elle est bordée de quelque 400 magnifiques palmiers royaux. Cette ancienne voie privée, parallèle à la nationale, a été plantée d'arbres centenaires gigantesques par la famille Pinel-Dumanoir en 1850 pour délimiter sa propriété. 300 d'entre eux sont d'origine ! L'espace de plus de 8 000 m^2, situé entre l'allée la RN1 et l'allée Dumanoir, accueille désormais un parcours sportif doté d'installations et dispose d'aires de jeux de plein air, d'espaces détente avec carbet et piste de VTT.

GRAND ÉTANG ★

Depuis Saint-Sauveur, empruntez la D4.
À la sortie des terres cultivées, tournez à gauche.
Un emplacement est réservé aux voitures.
Parking. Évitez de laisser des objets de valeur visibles dans votre voiture. Toilettes accessibles au public.

Les Amérindiens appelaient cet étang « la Grand'eau de la montagne ». Ce havre de paix est à quelques mètres d'un sentier envahi par la végétation. À 400 m d'altitude, vous découvrez la faune et la flore dans la forêt humide. Au hasard de la promenade, un autre sentier mène à un lac de 2 ha en forme d'as de pique situé sur la commune de Trois-Rivières. Restez prudent, lors de précipitations importantes, le niveau de l'eau peut monter de plusieurs mètres. L'agence Maranatha Tours organise des évènements sur ce site (https://maranatha-tours.com).

L'Allée Dumanoir, célèbre pour ses rangées de palmiers.

BASSE-TERRE

CHUTES DU CARBET ★★★★

Accès à 10 km à partir de la route nationale par la D4.

Accès 5,15 €/ad, 3,10 €/enf 4-11 ans. Tarifs famille et groupes. Pass annuel résident 8 €. Accueil ouvert de 7h à 17h.

Ces trois chutes, dont deux sont situées au cœur du Parc national, comptent parmi les plus belles et les plus impressionnantes des Petites Antilles. Elles contribuent fortement, au même titre que le volcan la Soufrière ou ses superbes plages, à l'attrait de l'archipel. Chaque année, près de 400 000 visiteurs viennent admirer les chutes. Ces dernières ont sans doute inspiré le surnom de l'île : « Karukera », qui signifie « l'île aux belles eaux » en amérindien. Quant à la rivière du Grand Carbet, son nom semble faire référence aux carbets, ces grandes cases ouvertes construites par les Amérindiens. Les eaux sulfureuses de la rivière du Grand-Carbet s'éclaircissent après les trois chutes pour se jeter 11 kilomètres plus bas, dans l'océan Atlantique. La légende veut que Christophe Colomb ait aperçu les deux premières chutes depuis le rivage lorsqu'il débarqua en Guadeloupe en 1493.

Ces trois chutes sont, généralement, accessibles après 1 à 3 heures de marche en prenant comme point de départ le belvédère de l'accueil du parc. Il arrive assez régulièrement que l'accès à l'une des chutes soit interdit suite à de mauvaises conditions météorologiques.

La première chute. À partir de l'aire d'accueil du Carbet, comptez environ 1h45 d'immersion dans la forêt tropicale pour atteindre cette première chute. Son accès s'effectue en deux paliers, car il s'agit de la plus haute située à 115 mètres d'altitude. Pour la balade, il faut ainsi compter au minimum 3h aller-retour avec un accès final assez difficile. Certains passages sont délicats, notamment la traversée de la ravine Longueteau qui est dangereuse par temps de pluie (attention aux crues soudaines). Il est recommandé d'arriver au départ du sentier (avant 13h) pour profiter de la balade car, sous nos latitudes, la nuit tombe au plus tard vers 18h.

La deuxième chute. Il s'agit du sentier le plus court et le plus facile. On peut l'atteindre en environ 45 minutes seulement. Le sentier d'accès à la deuxième chute est entièrement rénové. Il est désormais accessible aux personnes à mobilité réduite : les personnes se déplaçant en fauteuil roulant ont accès au site d'accueil et peuvent atteindre le premier panorama. Des passerelles ou grilles facilitent l'évolution dans cette forêt humide où les intempéries et activités sismiques ont remodelé le relief. Il faut donc être attentif pour arriver à cette chute de 110 mètres de hauteur visible depuis un pont suspendu pour des raisons de sécurité. Son approche peut s'avérer toutefois dangereuse en raison de fréquentes chutes de pierres. C'est pourquoi elle est aussi visible depuis une plate-forme d'observation accessible en 15 à 20 minutes de marche seulement.

La troisième chute est la plus célèbre. Son débit demeure impressionnant au regard de l'altitude modérée de cette troisième chute (20 m). L'eau se déverse dans un grand bassin circulaire. La randonnée jusqu'à cette chute peut s'effectuer par deux itinéraires différents. Par le nord, comptez 2 heures de marche depuis l'aire d'accueil. Par le sud, depuis Capesterre-Belle-Eau, comptez 1 heure de marche à partir des quartiers de Routhiers et de Petit-Marquisat. Attention, l'accès aux abords de la troisième chute (le dernier tronçon) est toujours interdit depuis un éboulement datant de 2008. Le dernier tronçon de la trace reste interdit au moment où nous bouclons cette édition.

Pour votre sécurité, veillez à toujours respecter les recommandations des agents d'accueil, à bien vous équiper, mais aussi à vous informer de l'état des traces qui peuvent être fermées suite à des intempéries. Au-delà de l'équipement indispensable telles que les chaussures de marche, un chapeau ou une casquette, un vêtement de pluie, prévoyez de l'eau, des fruits secs, un téléphone chargé. Autre recommandation importante : informez toujours quelqu'un de votre projet de randonnée (votre logeur, par exemple).

L'accès aux services est payant. Depuis juin 2021, la gestion du site a été confiée aux agents de Maranatha Tours. L'augmentation conséquente des tarifs d'accès peut surprendre les visiteurs habitués mais elle est notamment justifiée par les services proposés (parking, entretien des lieux, toilettes, boutique de souvenirs, ateliers...). Les sommes ainsi encaissées permettent le maintien de ce patrimoine naturel. Une équipe assure l'accueil et l'information sur place et sensibilise le public à l'environnement car des déchets sont encore abandonnés sur place, des plantes sont prélevées sur le site... Le parking et les toilettes sont accessibles uniquement aux visiteurs qui se seront acquittés du paiement.

Les environs des chutes du Carbet sont ponctués de plusieurs étendues d'eau comparables qui portent le nom d'étangs. Les multiples éruptions volcaniques sont à l'origine de la création de ces montagnes et de ces étangs. Certains sont envahis par la végétation, d'autres, non étanches, se vident au fur et à mesure. Les plus profonds accueilleraient encore des *ouassous* (les écrevisses locales).

Vous pouvez accéder au Grand Etang depuis l'aire de stationnement que vous trouverez un peu plus loin après le hameau de l'Habituée sur la route départementale 4. La balade autour du Grand Etang s'effectue en environ 1 heure. Vous évoluez alors dans une végétation de milieu humide qui attire une multitude d'oiseaux. Le sentier vous mène ensuite jusqu'à un poste d'observation flottant pour observer la faune locale sans la perturber. Depuis ce site, un autre parcours est à portée de vos pieds. Il s'agit de la Boucle des Etangs.

BASSE-TERRE

Chutes du Carbet.

DISTILLERIE LONGUETEAU ★

Domaine du Marquisat de Sainte-Marie
✆ 0690 99 38 01
www.rhumlongueteau.fr
Du lundi au samedi et dimanche matin (en haute saison). Visite guidée : 8 € à 9h30, 10h30, 11h30, 14h30, 15h30, 16h30.

Depuis 1895, le rhum Longueteau est fabriqué à l'Espérance - Monrepos qui est la dernière distillerie de la région à fonctionner encore à la vapeur à ce jour. Le rhum est distribué sous deux marques : le rhum Longueteau pour l'export, et le rhum Monrepos pour la diffusion dans l'archipel Guadeloupe.

La visite de ce domaine s'avère intéressante d'un point de vue historique mais également romanesque : Christophe Colomb aurait débarqué à quelques pas en 1493, donnant au site un aspect patrimonial. Vous découvrirez également l'histoire de ce domaine en compagnie de ses propriétaires accueillants : lors de la crise sucrière, à la fin du XIXe siècle, le marquis de Sainte-Marie, propriétaire, s'adonne aux jeux, mais sans succès. Il se retrouve alors contraint de vendre sa propriété qui deviendra le domaine du Marquisat de Sainte-Marie.

À partir de 1895, Henri Longueteau transforme l'ancienne sucrerie pour fabriquer le rhum agricole. Depuis, quatre générations se sont succédé dans cette aventure. La distillerie Longueteau est la seule de Guadeloupe à être 100 % autonome en cannes à sucre. Ces dernières proviennent uniquement de leurs plantations du domaine du Marquisat de Sainte-Marie qui sont situées au pied du massif de la Soufrière.

En fin de visite, une dégustation de ce rhum agricole si savoureux est proposée à la boutique.

Il est prudent de réserver car le nombre de places pour la visite est limité. Un système de réservation permet de réserver directement en ligne désormais via le lien indiqué dans leurs coordonnées.

HABITATION BOIS DEBOUT

Bois Debout
✆ 05 90 86 30 06

Propriété de la famille Dormoy depuis 1870, l'habitation exploitait à l'origine la canne à sucre et possédait une sucrerie. Après une période de crise au début du XXe siècle, l'usine est transformée en distillerie et compense partiellement la chute de l'activité par la production de rhum, la culture de la banane et du café. La distillerie est détruite en 1964, pendant le passage du cyclone Cléo. L'habitation se tourne alors petit à petit vers la culture de la banane. De ces activités successives sont conservés les vestiges d'un boucan, d'une balance, d'un parc à bœufs et de multiples chaudières à sucre éparpillées sur le site.

Dans la seconde moitié du XVIIIe siècle, la maison principale est composée par un bâtiment en maçonnerie, à deux niveaux, tout en longueur et peu profond. Il est agrémenté d'un grand perron en pierre. A l'avant, se dresse une bâtisse en pans de bois bardée de planches, ouverte sur des galeries et des balcons, construite au XIXe siècle. C'est à cette époque, dans les années 1890, qu'Alexis Léger (le poète connu sous le nom de Saint-John Perse et cousin germain des Dormoy), vient passer ses vacances jusqu'à l'âge de 10 ans. On retrouve dans son œuvre, la nostalgie de cette époque, notamment dans l'histoire du taureau fou, la fête des Indiens et la case à eau du poème *Le Bois debout*. La maison est encore aujourd'hui visible, atypique de par ses plans, ses reconstructions et ajouts successifs et sa volumétrie, évoquant l'opulence d'une propriété coloniale de la fin de XIXe siècle.

JARDIN BOTANIQUE DE CANTAMERLE

Chemin E-Baron
✆ 05 90 86 44 13
Visite guidée 10 €. Ouvert du lundi au dimanche de 9h30 à 17h.

Ce jardin, entretenu par un couple, s'étend sur 8 000 m² et abrite plus de 300 espèces d'arbres et de végétaux (fleurs tropicales, épices, cardamome, plantes aromatiques, médicinales...). Des visites guidées sont organisées par le propriétaire lui-même. Vous pouvez y acheter de la vanille, de la cannelle, ou de la muscade produites dans ce jardin, mais également des objets d'artisanat pour un souvenir 100 % local. Possibilité de pique-niquer sur place.

LES JARDINS DE LA RENCONTRE

Petite Mamelle ✆ 06 90 72 09 14
www.lejardindelarencontre.com/
Visite guidée 12 €, libre 10 €. 9h-17h sauf le samedi (15h le vendredi). Randonnées 4x4 : 40 €. Table d'hôtes : 25 €.

Ce jardin de 15 000 m² est composé de plantes médicinales et ornementales, d'arbres fruitiers, d'une bananeraie et d'épices, avec vue sur la Soufrière et les chutes du Carbet. La balade découverte en 4x4, d'environ 1h30, inclut la visite guidée de la bananeraie, de la forêt tropicale, de chutes d'eau, de rivières et bassins... Les produits et fleurs du jardin sont en vente (les bouquets peuvent être conditionnés pour l'avion). La table d'hôtes invite à d'un moment de détente sur place.

MÉMORIAL CHRISTOPHE COLOMB

Le 4 novembre 1493, Christophe Colomb aperçoit une terre et accoste sur un rivage. Il lui donne le nom de Guadeloupe en hommage à Santa Maria de Guadalupe en Estremadure. Le mémorial Christophe Colomb a été inauguré en 1916. Il s'agit d'un buste en marbre entouré de canons et de deux ancres de bateaux implantés au centre d'un espace de verdure offert par une famille de planteurs. Sous la statue est inscrit un poème écrit par le gouverneur de l'époque.

PLANTATION GRAND-CAFE

Rue de Caranguaise

✆ 05 90 86 33 06

Visites guidées à 10h30, 12 €/pers, 6 € jusqu'à 15 ans, l'après-midi sur réservation. Comptez 2h30 avec la dégustation.

Le domaine centenaire s'étend sur plus de 30 hectares. La visite de la bananeraie par le propriétaire ou son fils, se fait à pied et en charrette tractée (pouvant accueillir jusqu'à 60 personnes), elle est ponctuée d'anecdotes sur l'archipel. À l'entrée, les tracteurs déversent leur chargement. Les bananes seront ensuite découpées, lavées et emballées, conditionnées en cartons. La dégustation permet de tester de nouvelles saveurs (jus de banane, café...). À quelques mètres, nichée dans la bananeraie, se cache la petite maison du propriétaire, de style colonial.

PLAGE DE BANANIER

Bananier

Située entre Capesterre-Belle-Eau et Trois-Rivières, cette jolie petite plage de sable noir n'invite pas forcément au *farniente*, mais elle fait le bonheur des surfeurs en herbe. Pas de rochers, ni de corail dans l'eau, il s'agit de l'un des rares *beach breaks* (vague qui déroule sur du sable) de Guadeloupe. Prudence tout de même avec les rouleaux, la plage n'est pas surveillée. Ici, plusieurs écoles de surf proposent des cours. Parking gratuit sur place, mais vite saturé en cas d'affluence. À proximité également, quelques restaurants et snacks pour se restaurer.

PLAGE DE ROSEAU

Il s'agit indiscutablement de la plus belle plage du secteur. C'est aussi la plus fréquentée. La plage est éclairée le soir et accessible aux personnes à mobilité réduite. Elle est parfaite pour faire de belles balades à pied compte tenu de sa longueur, d'autant qu'elle est bordée de cocotiers qui apportent des zones ombragées appréciables. Elle est idéale également pour les familles, car les enfants peuvent se baigner dans des petits bassins aux eaux calmes formés par plusieurs petites jetées. Au Nord, on peut voir quelques bateaux des pêcheurs.

TEMPLE HINDOU DE CHANGY ★

Nationale 1

Le temple ne se visite pas.

À quelques mètres de la route nationale, entre Sainte-Marie et Capesterre-Belle Eau, vous serez surpris à la vue de ce temple indien éblouissant aux couleurs éclatantes. Vous vous trouvez devant le plus grand temple hindou de la Guadeloupe et le plus beau, mais également le plus fréquenté par les hindous pratiquants sur l'île. Il a été construit en 1974 sur un site où était érigée, depuis plus de 100 ans, une chapelle dédiée à Maliémin.

Sur la façade principale richement décorée, les statues de Maliémin, Kanadévi et autres figures de la religion hindoue trônent avec majesté. Quand des Indiens devenaient catholiques, d'autres continuaient à perpétuer leur culte religieux, héritage de leur pays natal ainsi que de leurs traditions. La Guadeloupe compte environ 60 000 personnes indiennes ou d'origine indienne. De nos jours, les Indiens de confession catholique continuent également à pratiquer le culte de leurs ascendants qui sont venus travailler sur l'île pour compenser le manque de main d'œuvre suite à l'abolition de l'esclavage. Les premiers Indiens sont arrivés en tant qu'engagés le 24 décembre 1854 à bord du bateau l'Aurélie.

Les cérémonies sont pratiquées dans des lieux modestes, une simple chapelle en tôle faisant l'affaire, ou dans de grands temples comme celui de Changy, appartenant à la famille Komla, le plus spectaculaire du pays. Ils se repèrent facilement dans les campagnes, grâce notamment à la présence de mâts multicolores dotés de réceptacles pour les offrandes, les bougies et les lampes à huile.

KARUKERA EXPÉRIENCES

✆ 0690 70 35 55

www.karukera-experiences.com

Escapades culinaires et culturelles à la journée.

Karukéra Expériences vous propose des visites guidées gourmandes et des spiritours en Guadeloupe. Vous découvrirez cet archipel à travers ses paysages, son histoire, sa gastronomie, ses rhums et spécialités locales. Votre guide vous immergera dans la culture et l'identité guadeloupéenne lors d'un circuit d'une demi-journée ou d'une journée complète. Le plus prisé est le circuit "De la Canne à sucre aux Rhums", qui vous plonge dans l'univers des rhums de Guadeloupe de 1560 à nos jours. On aime aussi leurs visites des marchés locaux et d'adresses gourmandes.

HABITATION CANTAMERLE €€

Route de Morne-l'Habituée

✆ 05 90 98 84 45

http://habitationcantamerle.com

À partir de 90 €/nuit en basse saison, 130 €/nuit en haute saison. Séjour 3 nuits minimum.

Ce domaine d'un hectare, planté d'arbres fruitiers et de fleurs tropicales est situé sur les hauteurs de Capesterre Belle-Eau. Il est composé de six maisons d'une capacité d'accueil de 2 à 8 personnes selon l'hébergement. Le site bénéficie d'une vue imprenable sur la montagne et les chutes du Carbet. Tous les logements sont très lumineux. Ils disposent de chambres climatisées, d'une cuisine équipée, d'une salle d'eau avec douche à l'italienne, d'une terrasse aménagée pour les repas, d'un barbecue et d'un spa privatif (excepté un logement).

LES GÎTES DE BEAUSÉJOUR €

Rue du plan incliné

✆ 06 90 06 86 69

À partir de 60 € la nuit. Tarif dégressif selon la durée. Séjour minimum de 2 nuits.

Les deux bungalows en bois entre mer et montagne sont idéalement situés dans un quartier calme qui permet de rayonner sur toute l'île. Le cadre est verdoyant et doté d'une vue sur mer et sur le jardin composé de plantes médicinales et de bananiers. Chaque bungalow est joliment décoré, climatisé et entièrement équipé pour recevoir deux adultes, avec deux enfants (sur demande). Dina vous accueille et vous offre l'apéritif de bienvenue, à déguster sur la terrasse ou dans votre piscine privative. Et elle se fait un plaisir de vous donner les bonnes adresses du coin.

LAMATÉLIANE €€

Rue des Ananas

✆ 05 90 86 31 37

www.lamateliane.com

À partir de 68 € par nuit pour deux personnes, de 88 € pour 2 adultes et 2 enfants.

A 5 km des commerces et idéalement situé pour profiter de toutes les activités sur la Basse-Terre. Les maîtres-mots de l'établissement sont sérénité et détente. Les propriétaires proposent 4 gîtes de 60 m² qui peuvent accueillir jusqu'à 5 personnes. Implantés sur un terrain arboré et fleuri de 3 000 m², ils sont parfaitement équipés et disposent d'une intimité appréciable. Ils sont dotés d'une chambre et un salon climatisés avec couchages supplémentaires, cuisine donnant sur la terrasse ombragée. Une grande piscine et un carbet sont réservés aux occupants.

GÎTES LA TROISIÈME CHUTE €

Route Petit Marquisat ✆ 06 90 50 51 89

À partir de 65 €/nuit pour 2 personnes. Possibilité de transfert aéroport - gîtes : 50 €.

Le site permet de profiter d'une vue sur la mer des Caraïbes et sur les montagnes environnantes. Il est idéal pour les amoureux des randonnées. Les deux gîtes sont situés dans un bâtiment au cœur d'un jardin. Chaque hébergement dispose de 2 chambres, d'une salle d'eau avec douche à l'italienne, d'un séjour, d'une cuisine entièrement équipée, d'une terrasse avec barbecue donnant sur le jardin. Sur place, un service de prêt de vélos et une petite piscine commune aux deux hébergements. Un service de navette assure le transfert jusqu'à l'aéroport (en supplément).

LATENTOUASIE €€

Rue de la Distillerie ✆ 05 90 32 76 04

www.latentouasie.fr

À partir de 70 €/nuit pour 2 personnes, 95 € pour 5 personnes. 5 nuitées minimum en haute saison et 3 en basse saison.

L'habitation est située à proximité de nombreux sites naturels ou culturels exceptionnels : chutes du Carbet, distilleries, jardins botaniques, parc zoologique, musées du cacao, de la banane... Les 4 bungalows disposent de deux chambres climatisées, d'une cuisine équipée donnant sur une jolie terrasse couverte. Par beau temps, vous pouvez apercevoir la Soufrière depuis les hébergements. Ces derniers sont situés dans un jardin arboré, avec piscine et espace barbecue communs aux 4 gîtes sous le Carbet. Tous les gîtes peuvent accueillir jusqu'à 5 personnes.

BASSE-TERRE

VILLA MAN'CINA €€

162 rue Domineaux
✆ 05 90 38 89 94
À partir de 136 € la nuit en chambre double, tarif dégressif à partir de 3 nuits. Petit déjeuner inclus.

À proximité de la forêt tropicale, le site est pratique pour partir à la découverte de la 3e chute du Carbet qui se situe à 600 m. La villa dispose de cinq chambres d'hôtes avec salle d'eau privée et terrasse avec vue jardin. Toutes les chambres sont climatisées, dotées d'un téléviseur, et du réseau wifi. Elles sont situées à l'étage et totalement indépendantes les unes des autres. Un espace cuisine, un salon, ainsi qu'une piscine sont à disposition des occupants. Le petit déjeuner est très copieux, l'établissement propose des tables d'hôtes sur réservation.

ZEMANIOKA €

Rond-point de Saint-Sauveur
✆ 06 90 49 28 46
zemanioka.com
Du mardi au samedi de 13h à 20h. Kassav à partir de 2,50 €, crêpes, bokits de 3,50 €.

Dans la famille Celeste, le manioc est une tradition qui se perpétue. Bercés dès leur plus jeune âge entre les sacs de manioc et les platines fumantes, Kévy et Ruddy, les petits-fils de «Man Bébé », ont repris le flambeau en proposant des produits à base de manioc. De la traditionnelle kassav au bokit, en passant par les crêpes, les accras ou les beignets, vous découvrez le manioc préparé sous plusieurs formes, agrémenté de garnitures sucrées et salées. Le manioc ne contient pas de gluten et convient ainsi aux personnes intolérantes.

KREOL' GITES €€

Chemin Edouard-Baron
✆ 05 90 86 47 93
kreolgites.free.fr
À partir 90 €/nuit pour 2 personnes, 125 €/nuit pour 4 personnes (3 nuits minimum).

Les hébergements de Kréol'gîtes sont installés sur les hauteurs de Capesterre-Belle-Eau, dans un secteur hébergeant de nombreux sites naturels tels que les gigantesques chutes du Carbet, la majestueuse allée Dumanoir... Les 3 bungalows disposent d'une chambre climatisée, d'un séjour avec canapé convertible, d'une cuisine équipée avec réfrigérateur et micro-ondes, d'une salle de bains et d'une terrasse aménagée pour prendre les repas avec vue sur la piscine commune pour les trois logements. Une machine à laver est à disposition des locataires sur place.

AN TI KAZ LA €

Village artisanal
✆ 06 90 27 30 88
Ouvert tous les jours de 11h à 15h, sauf le samedi et le dimanche.

Ce petit restaurant-bar-cocktail propose une cuisine métissée des saveurs antillaises et indiennes. Il est implanté sur le boulevard dans le village artisanal qui héberge également des artistes et artisans locaux ainsi que l'office de tourisme. À la carte, selon le marché et la pêche du jour, vous pourrez commander du colombo ou du moltani de cabri, une paella, de la langouste, des ouassous, du poisson frais, du paroka (cucurbitacée ressemblant au concombre) accompagné de morue et hareng, le loti (pain indien), des vadais (d'excellents beignets de pois chiches)...

AU P'TIT GOURMAND €

13 11 avenue Paul Lacavé
✆ 06 90 57 20 55
Ouvert du lundi au samedi de 10h à 14h et de 18h à 22h. Ticket moyen à 10 €.

Déguster des bokits légers et croustillants (qui sont très peu gras !) pendant ses vacances, qui n'en a jamais rêvé ? On vous recommande particulièrement le bokit au lambi (selon la saison) aux rouscailles (viande de bœuf épicée), au poulet ou agneau boucanés (selon la saison). Vous y trouverez également des agoulous (pour lequel le pain n'est pas frit mais toasté), des paninis, des crêpes salées et sucrées et des salades. Il est conseillé de commander ou de venir tôt, car l'adresse est connue et il peut y avoir de l'attente.

MANIOCRIE DE GERMAINE €

rue de l'Ilet Pérou
✆ 06 90 65 35 59
maniocriedegermaine.fr
Lundi à jeudi 8h-17h ; vendredi 11h-19h ; samedi 10h-20h.

Germaine et sa famille vous invitent à découvrir le manioc qu'elle travaille sous toutes ses formes. Les cassaves (sucrées ou salées) sont préparées sous vos yeux sur des platines vieilles de 200 ans mais aussi des mignardises à base de manioc (choux à la crème, cake chocolat noisette, tarte bourdalou, gâteau beurre/abricot pays, gâteau coco). Vous pouvez les déguster dans le jardin qui fournit les légumes et les fruits qui servent, entre autres, à la fabrication des confitures maison. Si Germaine a le temps, elle vous fera visiter elle-même son jardin.

MIAM MIAM €

6 Rés. Allée des Flamboyants
✆ 06 90 58 34 34
Ouvert du lundi au samedi 10h-15h, le soir de 18h à 21h et jusqu'à 22h30 vendredi et samedi. Addition moyenne 20 €.

Ce restaurant-traiteur familial et convivial est situé à une minute de la route nationale, et propose une cuisine antillaise traditionnelle, sur place ou à emporter. Pièces de viande grillée, brochettes XXL, véritables pizzas napolitaines, desserts faits maison… Les portions sont généreuses. Sur place, une salle climatisée et une petite terrasse. L'établissement dispose également d'un bar à cocktails, d'une belle panoplie de rhums vieux et de spiritueux. Des animations sont organisées le vendredi et le samedi soir, au programme : karaokés et concerts dînatoires.

BEACH PARADISE €€

En venant de Grande-Terre, tournez à gauche après la Poste de Sainte-Marie, suivez la route en passant entre les maisons. C'est tout au fond sur la plage. ✆ 05 90 95 16 64
Ouvert de 11h30 à 15h sauf le mardi. Comptez 23 €/plat. Pas de paiement par carte bancaire.

Vous arrivez devant une maison les pieds dans le sable mais dans un style *roots* pour passer un moment hors du temps dans le jardin ou sur la plage ; ne vous attendez pas à un service de restauration classique, vous seriez déçus. Julien prend le temps d'expliquer son mode de vie et prépare des accras, des frites de patate douce, de fruit à pain du poisson grillé ou en court-bouillon, des fruits de mer et bien sûr l'incontournable langouste. Le choix des plats est restreint mais la saveur est bien là car tous les produits sont frais. Très bon accueil.

LE TI PIC €€

37 rue Schoelcher
✆ 06 90 71 48 69
Ouvert de 11h à 15h du lundi au samedi. Addition moyenne 23 €.

Ce petit restaurant vaut le détour même si la carte semble simple. La spécialité du Ti Pic sont des brochettes géantes servies au sabre (très bien cuites et savoureuses) et accompagnées de garnitures de légumes pays copieuses ! À la carte également, un choix de salades, des plats traditionnels antillais, des cocktails, des milkshakes et des glaces. L'accueil y est vraiment toujours chaleureux et les prix sont abordables. L'établissement est fréquenté par une clientèle d'habitués. Il y règne une bonne ambiance. Les plats sont à consommer sur place ou à emporter.

JANGAL@KAFE €€

Route des chutes du Carbet ✆ 05 90 95 15 40
jangalkafe.com
Ouvert de 11h30 à 15h30. Comptez environ 15 € le plat. Menu complet 24,90 € (apéritif, entrée, plat, dessert, eau, café)

Après ou avant l'ascension des chutes, cette halte est la bienvenue pour requinquer les courageux marcheurs. La carte n'est, certes, pas très variée mais la cuisine est très bonne (le poulet caramélisé cuit au sucre de canne bien tendre reste une des spécialités de la cheffe ainsi que les frites de fruit à pain, le gratin de bananes). L'accueil est sympathique et les assiettes copieuses et appétissantes. Le service se déroule sous un grand carbet bien ventilé en pleine nature orné de bambou et de nappes madras pour la couleur locale. Très bon rapport qualité-prix.

POYO SURF CLUB

Plage de Bananier
✆ 06 90 76 46 07
http://poyosurfclub.com
Cours de surf particuliers (1h30) 55 €, 70 €/2 pers, 28 € en groupe.

Le Poyo Surf Club est à la fois une école et un club de surf, de stand-up paddle et de Bodyboard itinérant en Guadeloupe avec une base dans la ville du Moule, une autre dans la commune de Sainte-Anne et sur l'île de Marie-Galante. Des cours de surf sont possibles également sur la plage du Helleux à Sainte-Anne. Au-delà des cours et des stages dispensés, la structure propose également du matériel à la location. Les trois pôles organisent régulièrement des compétitions, mais également des initiatives telles que le nettoyage de plage.

TROIS-RIVIERES ★★

Voici le point de départ des navettes pour les Saintes et de circuits de randonnée (chutes du Carbet, volcan de la Soufrière, parc archéologique...). Son nom est lié aux trois cours d'eau qui la traversent : Trou au Chien, Petit Carbet et Grande-Anse. Ils prennent leur source dans le massif de la Soufrière dont le sol volcanique fertile a incité les colons français à s'y installer. Dès la première moitié du XVIIe siècle, le bourg est le lieu de villégiature de la bourgeoisie créole pour ses sources chaudes. L'économie est alors basée sur la culture du café, de la vanille, du cacao et de la canne. Aujourd'hui, c'est la banane qui y est produite.

HABITATION BELMONT - ROUTE DE L'ESCLAVE

chemin de rousse

Ce site a été sélectionné, avec 17 autres lieux patrimoniaux emblématiques, pour intégrer le circuit « La Route de l'Esclave - Traces mémoires en Guadeloupe » en raison de son lien avec l'histoire de l'esclavage. Un itinéraire qui a été développé pour une meilleure compréhension de ce contexte historique douloureux dans l'archipel. Cette habitation dispose d'un cachot visible depuis la route. Il date du XVIIIe siècle. Il était destiné à enfermer les esclaves.

EAUX DE DOLE ★

À proximité de la route départementale.

Sur ce site, on trouve trois bassins d'eau chaude : le bassin public, le bassin Capès et le Bain des Amours, dans lequel l'on peut se baigner dans une eau à 33°C, chauffée par la Soufrière. De 1920 à 1960, l'établissement thermal de Dolé-les-Bains a reçu toute la haute bourgeoisie de l'île. Les personnes souffrant de rhumatismes venaient y faire des cures. À partir de 1969, la S.A. des Eaux Capès-Dolé a repris l'exploitation du site par l'extraction et la mise en bouteille d'une eau minérale. Ne laissez rien dans la voiture afin d'éviter les vols sur le parking.

LITTORAL DE LA GRANDE POINTE

Pour y accéder, prenez la direction du chemin Neuf.

Une balade d'accès facile de 2 à 3 heures. Entre le chemin Neuf et l'anse Duquery, un sentier vous mène à la découverte d'une ancienne poudrière du XIXe siècle jusqu'aux ruines d'un ancien moulin à canne à sucre. À ne pas manquer sur votre route, une roche gravée baignant dans l'eau douce représentant une femme en train d'accoucher. Entre l'anse Duquery et le parc des Roches gravées, un chemin de sous-bois menant au lieu-dit d'Acomat vous révèlera des espèces végétales rares.

Côte de Trois-Rivières.

MAISON DE LA BANANE ★

RN1

✆ 06 90 69 21 59

www.maisondelabanane.com

Du lundi au samedi de 9h30 à 12h et de 14h à 17h. Visites : 8 €/adulte et 7 €/enfant.

Cette maison du planteur, datant de 1902, a été entièrement restaurée après avoir été partiellement détruite par le cyclone Hugo en 1989. Nancy Bureau, la maîtresse des lieux, est l'ambassadrice de ce fruit nourricier qu'est la banane. Elle vous accompagne pour une visite complète du site. Au fil de pièces meublées et décorées, vous découvrez des costumes, coiffes et objets d'antan, ainsi qu'une collection d'instruments anciens et des photos qui évoquent l'histoire et la culture de la banane, devenue premier employeur agricole des Antilles. Des panneaux explicatifs soutiennent les commentaires. La visite se termine par l'espace dégustation, évidemment de variétés de bananes et de produits concoctés à base de banane. Vous accédez aussi à la plantation, où un parcours aménagé pour les balades vous réserve des vues superbes sur les îles de l'archipel Sud, ainsi qu'un jardin botanique avec des plantes médicinales et de nombreuses espèces exotiques. Lors de la visite, vous pouvez assister au transfert des régimes de bananes par câble-way (sorte de haubanage aérien) les jours de coupe.

Nancy confectionne également des coiffes en feuille de banane, des poupées, des bracelets... que vous trouverez dans la boutique. Un atelier vous est proposé afin d'apprendre à fabriquer vous-même vos créations à partir de la banane. Si vous souhaitez passer plus de temps sur le site après la visite guidée, une formule panier pique-nique est désormais proposée (sur commande) avec des plats autour de la banane accompagnés de tisanes maison.

PARC ARCHÉOLOGIQUE DES ROCHES GRAVÉES ★★

Bord de mer

✆ 05 90 92 91 88

www.cg971.fr

Actuellement en travaux. La réouverture est prévue au courant du second semestre 2024.

Des inscriptions sans doute gravées par les Indiens Arawaks au IIIe ou au IVe siècle de notre ère, ont été découvertes sur des roches au début du XIXe siècle. Classé monument historique, le site est important pour l'histoire des Antilles précolombiennes. Les travaux prévoient un nouveau bâtiment d'accueil du public, incluant un espace offrant expositions et dispositifs ludiques, une boutique, un espace de restauration et une salle polyvalente pour accueillir des conférences.

PLAGE DE GRANDE-ANSE

Entre Trois-Rivières et Vieux-Fort, à 5 km du centre de Trois-Rivières.

Cette plage de sable noir est plébiscitée par les amateurs du jogging matinal, sans doute du fait de sa longueur exceptionnelle. C'est une très belle plage de sable noir bordée de cocotiers, très prisée également des amateurs de surf et de bodyboard. Attention aux vagues déferlantes qui peuvent parfois surprendre ! La vue sur les îlets des Saintes est superbe. C'est un lieu de pontes pour les tortues ; il est donc essentiel de rester vigilant en période de ponte. La route qui continue jusqu'à Vieux-Fort est très plaisante et rappelle le Sud de la France.

SENTIER DE L'ACOMAT

Suivre la D1, direction Capesterre. Prenez à droite le chemin de la Coulisse jusqu'au parking Duquery.

Trace de niveau 1.

Il s'agit d'une zone protégée par l'Office national des forêts. Il ne faut pas confondre ce site avec la cascade Acomat près de Pointe Noire. L'accès à cette balade, d'une durée de 45 minutes, s'effectue entre l'anse Duquery et le parc des Roches gravées. Il s'agit d'un sentier en bois dans la continuité du sentier de la Grande Pointe qui vous mènera à la rencontre d'espèces rares, voire pour certaines présentes uniquement sur ce site. Vous découvrirez très rapidement de beaux panoramas sur la mer avec des paysages de roches volcaniques noires.

SYMBIOSE CARAÏBES

✆ 0690 76 61 52

www.symbiosecaraibes.com

Randonnées accompagnées à partir de 25 €/adulte. Randonnée accompagnée pour la Soufrière : 45 € par adulte.

Toutes les randonnées que propose Yoann, guide breveté d'État, sont agrémentées de nombreux arrêts commentés qui vous permettront d'aborder la nature guadeloupéenne avec un autre regard. Outre l'incontournable Soufrière (dont il connait la végétation, la géologie et l'histoire sur le bout des doigts), il propose aussi de nombreuses autres balades plus secrètes, comme la trace des Neg'marrons, des randonnées les pieds dans l'eau sur toute la Basse-Terre (pour découvrir des cascades et bassins préservés), ou le plus classique mais superbe circuit Grand'Eau.

DEHER

Rue de la Dissidence
✆ 05 90 92 06 39
www.ctmdeher.com

Comptoir ouvert 7/7j. Réduction en cas de réservation. Parking du débarcadère : 5 € la journée (à régler en espèces).

La CTM Deher assure les liaisons vers Les Saintes depuis plus de 50 ans. La flotte de l'entreprise se compose de 4 vedettes ; *Antoinette* (181places), *Miss Karaibes* (130 places), *Miss des îles* (180 places) et depuis fin 2023 *Miss Outre-mer* (316 places). Plusieurs traversées quotidiennes sont opérées 7j/7. Les rotations peuvent varier selon les conditions météo. Comptez environ 20 min de traversée (voire un peu plus lorsque la navette fait halte à Terre-de-Bas). Possibilité de réserver en ligne sur le site (tarif spécial en réservant à l'avance).

KARIBTOURS

Place de l'embarcadère
✆ 05 90 99 73 80
www.karibtours.com

Centrale de réservation ouverte du lundi au samedi de 9h à 13h. Transfert en voiture 24h/24 et 7j/7, à partir de 80 €.

Cette agence, avec sa flotte de 4 véhicules, a mis en place une alternative au taxi ou à la location de voiture par un système de navette sur demande au forfait préalablement établi. Réservations par téléphone. Transferts en voiture 24h/24 et 7j/7 vers l'aéroport, de Trois-Rivières vers la Grande Terre, ou vers le Nord de la Basse Terre. Les transferts peuvent s'effectuer en navette privée ou collective si vous voyagez en famille ou entre amis. Les animaux sont acceptés. Possibilité de transfert en taxi-boat pour rejoindre les Saintes avec un partenaire.

KARU'FERRY

✆ 05 90 92 59 84
www.karuferry.com/

AR 19 €/pers, prix Petit Futé ! Tarif régulier : 21 €/personne pour Terre-de-Haut et Terre-de-Bas.

Il s'agit de la toute nouvelle compagnie maritime à effectuer des rotations entre Trois-Rivières, Terre-de-Haut et Terre-de-Bas. Elle a pour objectif de multiplier et de faciliter les trajets entre la Guadeloupe continentale et l'archipel des Saintes, mais également entre Terre-de-Haut et Terre-de-Bas. Vous embarquerez à bord d'un monocoque de 90 places, équipé d'un pont principal vous permettant d'être assis à l'intérieur ou à l'extérieur. Premier départ de Trois-Rivières à 8h, le dernier à 17h25 en semaine et 18h15 le dimanche. Durée de la traversée : 25 min.

VAL FERRY

✆ 05 90 94 97 09
www.valferry.fr

Ouvert 7/7. Ventes flash intéressantes sur le site. Parking du débarcadère payant : 5 € la journée (en espèces).

La compagnie propose des rotations vers les îlets de Terre-de-Haut et de Terre-de-Bas. Leurs meilleurs tarifs sont annoncés sur leur site internet avec des ventes flash différentes selon la période. Les tarifs sont plus élevés en achat de dernière minute au comptoir de vente. Vérifiez les horaires la veille du départ car ils sont sujets à modification sans préavis selon les conditions météorologiques ou encore les jours fériés. Comptez environ 20 min de trajet (voire un peu plus si le bateau fait d'abord une halte à Terre-de-Bas).

AN EOL CARAIBES €

1 chemin Lovelace
✆ 05 90 81 22 01
www.aneolcaraibes.fr

À partir de 38 €/nuit/ 2 personnes - 266 €/semaine. Bungalow Caraïbes à partir de 182 €/semaine. Petit déjeuner : 9 €.

Léa et Emmanuel vous accueillent dans leurs gîtes surplombant le bourg de Trois-Rivières. Il est idéalement situé pour partir aux Saintes (embarcadère à 5 min), ou pour les randonnées de la Soufrière et des chutes du Carbet. Les 8 bungalows indépendants et l'appartement sont répartis au cœur d'un jardin tropical avec une belle vue mer, les Saintes et la Dominique. Ils sont équipés d'une kitchenette et d'une terrasse ou d'un balcon et peuvent accueillir entre 2 et 6 personnes. Une piscine chauffée au sel est à votre disposition.

BASSE-TERRE

AN-TIKAZ-LA €

29 Faubourg
✆ 05 90 03 71 03
www.tikaz-la.com
À partir de 50 €/nuit pour 2 - 330 €/semaine, de 90 €/nuit pour 4 personnes - 590 €/semaine. Séjour de 4 nuits minimum.

Les cases créoles colorées sont construites en bois avec une vue magnifique sur les Saintes. Les gîtes en pleine végétation, sont équipés de chauffe-eau solaire, de lampes à basse consommation, d'une ventilation naturelle. Les Tikaz peuvent accueillir 1 à 3 personnes, le gîte complet composé de 2 cases jusqu'à 6 personnes. Des cours de yoga y sont proposés et massages sur demande. Également une formule camping dans les arbres (pour adultes : séjour de 1 ou 2 nuits) sous tente sur une plate-forme construite dans un manguier ! Fermeture août-septembre.

GÎTES DE CHECHETI €

12 Chemin de Savane ✆ 0590 92 96 40
www.checheti.com
À partir de 60 €/studio, de 70 €/bungalow, de 100 €/grand gîte de 4 à 6 personnes. Séjour minimum 2 nuits.

Les 7 gîtes sont destinés aux personnes en quête de tranquillité : 3 gîtes sont prévus pour 2 personnes, 1 gîte pour 6 personnes (2 chambres + canapé-lit dans le séjour), 1 gîte pour 4 personnes et 2 bungalows de 2 chambres pour 4 personnes. Idéalement placés sur l'île la plus « verte » de l'archipel guadeloupéen, les amateurs de randonnée, de plongée et d'écotourisme seront proches des spots pour la pratique d'activités « nature ». À noter la vue panoramique sur la mer des Caraïbes et l'archipel des Saintes ainsi qu'un jardin tropical rafraîchi par les alizés !

GÎTES COCO ET ZABRICO €€

Chemin de Gaigneron
✆ 05 90 92 83 50
www.cocoetzabrico.fr
À partir de 70 €/nuit/2-3 personnes ou 430 €/semaine.

L'ensemble est réparti dans un grand jardin fleuri de 3 000 m² avec piscine et aire de jeux pour les enfants. Le gîte comprend 5 hébergements, répartis en duplex et maisonnettes, pouvant accueillir jusqu'à 6 personnes. A votre disposition : livres, barbecue, serviettes de plage, machine à laver… Premier petit déjeuner et diner d'accueil offert à partir d'un séjour d'une semaine. Le cadre est reposant et les propriétaires sont très prévenants. La plage est à 10 minutes. Très proche du village, des commerces et de l'embarcadère pour les Saintes.

L'ÎLOT FRUITS GUADELOUPE €€

72 A route de la Regrettée
✆ 06 90 54 93 00
www.ilot-fruits.com
À partir de 80 €/nuit/2 personnes, de 90 € pour 4 personnes. Séjour de 2 nuits minimum en haute saison.

Si vous aimez la nature et le calme, vous apprécierez ce lieu dont les hôtes sont aux petits soins. Vous disposez d'une vue panoramique sur la mer. Le site héberge quatre gîtes et une villa de construction traditionnelle en bois. Chaque gîte peut accueillir jusqu'à 5 personnes avec une chambre, séjour, salle d'eau, cuisine et terrasse privée avec hamac et chaise longue. La Villa Gwanada (8 à 10 personnes) est composée de 3 chambres, 2 salles d'eau, une cuisine complète et d'une grande terrasse. Le barbecue et la grande piscine sont à la disposition de tous.

JARDIN MALANGA €€€

60 route de l'Hermitage ✆ 05 90 92 67 57
www.jardinmalanga.com
À p. de 308 €/nuit petit déjeuner inclus en cottage double. Fermé du 31 mai au 6 juillet et du 25 août au 12 octobre.

Cette authentique maison coloniale, située au cœur d'une ancienne bananeraie est dotée de 9 chambres. Dans la maison coloniale, trois chambres avec leur salle de bain pouvant accueillir 3 personnes chacune, dont une suite familiale. Les 3 bungalows répartis dans le jardin tropical possèdent chacun 2 chambres, ainsi qu'une terrasse privative avec vue sur les Saintes et la piscine. La plage de Grande-Anse est à 15 min en voiture. Possibilité de dîner à la table d'hôte Le Panga et accès à différents services sur réservation (massage, yoga, transfert, excursions..).

M'POZ DES ÎLES €

79 Route de l'embarcadère
✆ 05 90 94 17 94
Ouvert tous les jours de 6h à 19h. Formule petit-déjeuner avant le bateau 3,50 €, bokits à partir de 4 €.

Situé à quelques pas de l'embarcadère pour les Saintes, cet établissement qui a récemment changé de propriétaire propose une formule petit-déjeuner avant d'embarquer sur le bateau imbattable à 3,50 €. Jus pressés locaux, café, thé, chocolat, il y en a pour tous les goûts. À savourer tranquillement sur place ou à emporter. Le midi, la maison propose des formules à 11 €, ainsi que des plats à la carte : des bokits, des sandwichs, des burgers, de la viande grillée… À déguster sur la terrasse ou dans la salle climatisée à l'étage.

LES COCOTIERS €

Plage de Grande Anse
✆ 05 90 92 94 05

Buffet à volonté à 25 €. Fermé le dimanche soir, le lundi soir, le mardi soir, le mercredi soir et le jeudi soir. Service de 12h30 à 15h30 et de 19h30 à 23h.

Si vous appréciez les ambiances conviviales et les buffets à volonté, le restaurant Les Cocotiers est le lieu qui vous conviendra. Deux autres formules sont proposées, le menu entrecôte et le menu langouste. La cuisine est simple mais efficace avec un vaste choix de plats locaux. Tout est en self-service et vraiment à volonté de l'apéritif au dessert. Le samedi soir et le dimanche midi, l'endroit est très fréquenté par la population locale qui plébiscite la formule « à volonté » et qui adore danser et faire la fête, car des soirées sont organisées.

LA MAISON DU PLANTEUR

Route de la plage
✆ 06 90 29 34 59

Boutique ouverte de 10h à 18h.

Le planteur Cool & Bad créé par Maher Bad a remporté une médaille d'argent au salon de l'Agriculture de Paris en 2014 et a été estampillé « meilleur planteur du monde ». Fort de ce succès, Maher Bad a décidé d'ouvrir la Maison du planteur que vous reconnaîtrez à sa devanture orange ornée de ses bouteilles de planteurs. Vous pourrez effectuer une visite, découvrir la culture et la tradition dans une ambiance conviviale, au son de la musique locale et déguster la fameuse boisson. Les bouteilles sont disponibles en 50 et 100 cl ainsi que des punchs artisanaux.

LA PAILLOTE DU PECHEUR €

Route de l'hôtel Saint-Poor
✆ 05 90 92 94 98

Ouvert tous les jours sauf les lundi et dimanche soirs. Menus à partir de 22 €, menu langouste 40 - 45 €.

Avec plus de 36 années en mer, Jean-Claude Prudentos, pêcheur, a décidé de devenir restaurateur. Il est surnommé le Roi de la langouste dans les environs ! Chez lui, l'ambiance est familiale et l'accueil débonnaire. On vient à la Paillote pour la langouste entière et le poisson frais pêché du matin. La formule comprend une assiette crudités/accras de morue, langouste ou poisson grillés/riz et un café. Si vous souhaitez être installé en terrasse, mieux vaut réserver, car l'adresse est fréquentée par des habitués. Le service n'est pas toujours des plus rapides !

LE REPÈRE

Embarcadère de Bord de mer
✆ 0690 85 10 82

Tapas tous les jours à partir de 18h sauf dim. Petit déjeuner « pays » 7h-9h (chocolat antillais, tartines locales...).

À proximité de l'embarcadère, cette jolie boutique lounge est située dans une bâtisse datant de la fin du XVIIIe siècle aux murs de pierres. Vous la repérez facilement grâce aux nombreuses plantes qui délimitent son entrée. Une multitude de produits exclusivement locaux et particulièrement originaux y sont proposés (vêtements, articles de plage, tableaux de sable, miel, gammes de rhums, moutarde parfumée, ketchup, foie gras... le tout élaboré de façon artisanale). Ils proposent également une carte de tapas et de déguster les rhums proposés à la vente.

LA TORNADE

Débarcadère de Trois-Rivières
✆ 06 07 85 48 03

Ouvert tous les jours de 6h30 à 11h30 et à partir de 15h jusqu'au dernier bateau. Petit-déjeuner 9 €.

Préparez-vous à un tourbillon de fraîcheur ! Les jus de fruits frais et locaux préparés minute sont à déguster à tout moment de la journée. L'établissement qui vient de changer de propriétaire travaille avec des producteurs locaux pour vous proposer les meilleurs produits. Le matin avant d'embarquer, profitez d'un petit-déjeuner composé de viennoiseries, de toasts salés et sucrés et bien sûr d'un jus frais. Après votre retour des Saintes, vous pourrez y déguster des tapas. La sympathique et dynamique équipe vous réservera un accueil chaleureux.

ECURIES DE LA COULISSE

500 route de Chemin-Neuf
✆ 06 90 31 33 13
www.ecuries-de-la-coulisse.com

Randonnée commentée 52 €. Contact et découverte poney : 17 €/30 min.

Ce centre équestre dispose d'une vue panoramique extraordinaire notamment depuis sa carrière. Les randonnées équestres entraînent jusqu'au sentier de la Grande Pointe pendant environ 1h30, face aux îlets des Saintes. D'autres prestations sont proposées : un premier contact avec les poneys ; des cours d'équitation ; des stages... C'est également une ferme pédagogique qui accueille des animaux (cabris, vaches, veaux, cochons, un âne...), la visite de la ferme est libre. Le site peut accueillir les personnes à mobilité réduite pour des cours d'équitation.

VIEUX-FORT ★

Le clocher extérieur de l'église est le plus vieux de toute l'île. De loin, il ressemble à une barque inversée. Un sentier avance vers la falaise et le phare, construit en 1953 et inauguré en 1955 pour prévenir les bateaux qui croisaient dans le canal la proximité de la pointe. Le 16 février 1947, un voilier dominicain, *La Rochannia*, revenant de Montserrat et se dirigeant vers la Dominique, fit naufrage à la pointe sud de Vieux-Fort. Ce site marin, assez peu fréquenté, a le charme des côtes sauvages. Dans cette commune, les couturières perpétuent la tradition de broderie de Vieux-Fort. Au large se dévoile l'archipel des Saintes.

Phare de Vieux Fort.

CENTRE DE BRODERIE ★

Annexe mairie

✆ 06 90 33 19 79

Ouvert tous les jours de 9h à 17h30, fermé le dimanche. Visite guidée sur réservation par groupe (3 €/personne).

Le centre, situé dans une annexe de la mairie en attente d'un nouveau local, fut créé en 1980 pour promouvoir la broderie traditionnelle, une pratique séculaire des femmes de cette partie de l'île depuis 300 ans. Une quarantaine de brodeuses sont affiliées à cette association, elles exposent leurs créations ; de magnifiques ouvrages, nappes, robes de baptême, napperons en coton blanc et dentelles finement ciselées. Une boutique se trouve sur place. Des ateliers sont organisés durant les petites vacances scolaires. Appelez-les pour plus de renseignements.

MONTS CARAIBES ★

Trace sportive de niveau 4 avec des passages délicats.

Il s'agit du plus ancien massif montagneux de la Guadeloupe, bien distinct de celui du volcan la Soufrière. Les monts Caraïbes s'étendent sur plus de 1 000 hectares dans un environnement exceptionnel lié à l'histoire amérindienne, mais également coloniale. Ils sont un véritable sanctuaire écologique. Le site est bordé par des territoires variés. À réserver aux randonneurs confirmés, car l'accès peut s'avérer difficile pour les novices. Vous pouvez faire appel à un guide de moyenne montagne. Ces parcours de randonnée (comptez environ 4 heures) permettent de découvrir les monts Caraïbes en partant du bourg. Sur 1 370 hectares, répartie sur les communes de Gourbeyre, Vieux-Fort et Trois-Rivières, cette chaîne montagneuse culmine au Vent Soufflé (687 m).

Cette boucle sportive vous entraîne au sud de la Basse-Terre à la découverte de deux sortes de forêts tropicales existant en Guadeloupe avec une partie sèche en bord de mer et une autre plus humide en altitude.

Au Nord se dressent le massif du Houëlmont (428 m) et le morne Boucanier (481 m). Vous passez de la Côte au-vent à la Côte Sous-le-Vent. Du Gros Acajou à la ravine Grand-Fond, la végétation offre une faune et une flore très variées. Si vous avez pensé à apporter des jumelles, vous pourrez y observer toutes sortes d'oiseaux : tourterelles, perdrix, grives, pic de Guadeloupe... Partout s'exhibe la végétation luxuriante : fleurs tropicales, anthuriums, pois doux, bois trompette, ciguines et touffes de bambou sur le sol, et bien d'autres encore.

PHARE DE LA POINTE

Le 16 février 1947, un voilier dominicain *La Rochannia*, revenant de Montserrat et se dirigeant vers la Dominique, fit naufrage à la pointe sud de Vieux-Fort. Afin d'éviter un nouveau drame, le phare fut construit en 1953 pour signaler aux bateaux qui croisaient dans le canal, la proximité de la pointe. Vous aurez une superbe vue sur le canal des Saintes, les Saintes et Basse-Terre. Le littoral à proximité est doté d'une promenade avec des carbets pour profiter du paysage à l'ombre. Un restaurant est situé à proximité immédiate du phare.

GUIDES DE MONTAGNE

© 06 90 63 08 08

www.ogmc-guadeloupe.org

L'OGMC propose diverses sorties et balades sur toute l'île, sur terre ou en mer. Ces guides connaissent parfaitement le terrain. Ils ont une parfaite connaissance des consignes de sécurité, des traces interdites pour des raisons de sécurité, des bons plans, des itinéraires hors des sentiers battus. Ils ont aussi la charge du balisage des sentiers, bien utiles aux randonneurs sans accompagnateur. Pour rappel, les traits horizontaux blancs et rouges signifient une bonne direction sur le GR, et la flèche blanche indique la direction à prendre pour rester sur le GR.

GÎTES RACINES É ZEL €€

Route de Beausoleil

© 05 90 25 10 73

www.gites-racines-e-zel.fr/

À partir de 79 €/chambre d'hôte et petit déjeuner. Bungalow à partir de 575 € €/semaine. 295 €/3 nuits en basse saison.

Situés sur les hauteurs de Vieux-Fort, à environ 800 m de la mer, les trois gîtes indépendants et la chambre d'hôtes associent tradition créole et confort contemporain. Les gîtes colorés, d'une capacité d'accueil de 2 adultes et 2 enfants, sont situés autour de la piscine. Ils dotés d'une chambre climatisée, d'une salle d'eau, d'un salon avec canapé convertible, d'une cuisine et d'une terrasse. La chambre d'hôte peut accueillir 2 personnes. L'établissement dispose également d'une table d'hôtes avec des plats élaborés à partir de produits frais et locaux.

POINTE À L'AUNAY €

Dans le bourg

© 05 90 92 07 92

Ouvert midi et soir du mardi au samedi et les dimanche et lundi midis. Menu du jour 20 €/personne.

La terrasse de ce restaurant qui ne paie pas de mine bénéficie d'une vue imprenable sur les Saintes. La propriétaire, qui officie en cuisine, propose des plats créoles simples et copieux réalisés à partir de produits frais à des prix très raisonnables (accras, fricassée de chatrou, de ouassous, de poulet, paella antillaise, poisson grillé, légumes pays, bananes plantain, ananas ou brochettes de fruits flambés...). L'accueil est très agréable. Le service peut être un peu long les jours d'affluence, mais le panorama qui s'offre à vous permet de patienter.

GOURBEYRE ★

Entre Trois-Rivières et Basse-Terre, la petite commune de Gourbeyre offre plusieurs paysages : la marina de Rivière-Sens, ses ravines et vallées, les forêts du massif de la Madeleine et des Monts Caraïbes. Dos-d'Ane, de son ancien nom, a vu arriver, en 1838, l'amiral Gourbeyre comme gouverneur. Après un séisme en 1843 qui provoque la mort de 3 000 personnes. L'homme s'illustre par son dévouement auprès de la population. La commune lui rend hommage à sa mort, en 1945, en prenant le nom de son héros. Entre mer et montagne, Gourbeyre bénéficie de l'attrait écotouristique, sans oublier son point culminant, le volcan à 1 467 m, au-dessus de la ville.

BAINS CHAUDS DE DOLÉ ★

À Gourbeyre, au rond-point Valkaners, passez par le rond-point de la Bouteille pour prendre la route départementale numéro 7 qui mène vers la ville de Trois-Rivières. Quelques mètres après ce rond-point, il y a un petit parking. C'est le point de départ des bains de Dolé.

Plusieurs sources d'eaux chaudes sont présentes sur Gourbeyre, et notamment sur la zone de Dolé. Le bain dit «des Amours» est un bassin en pierres en forme de cœur anciennement baptisé «Bassin Capès». Une terrasse en bois extérieure est aménagée pour faciliter la baignade des visiteurs et l'entrée dans le fameux bassin est permise par un petit escalier. Il est possible de profiter d'un massage du dos grâce aux jets installés sur le pourtour du bain, dont la température moyenne est de 34 °C. Un vrai moment de douceur et de naturel pour les amoureux de la nature...

BASSIN BLEU ★

Suivez la route du Palmiste (R10), puis « bassin bleu ».

Balade d'1h30 aller-retour, altitude maximum : 620 mètres.

Passez par le Syndicat d'initiative pour connaître le chemin à suivre car les panneaux indicateurs sont quasi inexistants. Ne pas s'y aventurer par temps de pluie ! La jonction de la rivière le Galion et de la Ravine chaude donne naissance au bassin bleu. L'eau suit un parcours jalonné d'énormes roches volcaniques et atterrit dans une crique bleu turquoise. Un grand toboggan naturel et des cascades le long du parcours font de ce site un petit paradis. La baignade est possible à plusieurs endroits du parcours. Le parking est face au départ du sentier.

CASCADE DE LA PARABOLE

À réserver aux plus sportifs.

Cette cascade est située à Gourbeyre en remontant encore la rivière le Galion. Vous arrivez, environ 1 heure plus tard, devant un bassin aux eaux profondes. Son nom lui viendrait de la forme de sa roche érodée par l'eau. Cette balade permet de découvrir la forêt tropicale jusqu'au Bassin bleu. Elle s'effectue en majeure partie dans le lit de la rivière. Une randonnée à éviter par temps de pluie ! Attention, un propriétaire interdit désormais son accès par le passage sur son terrain (fermé par un portail) ; une bifurcation est donc nécessaire.

L'ETANG AS DE PIQUE ★★

Cette randonnée niveau 2 s'avère facile, avec seulement quelques passages difficiles. Il faut monter jusqu'au plateau de Palmiste qui constitue le point de départ de cette balade. Comptez 1 heure environ pour ce parcours de découverte ponctué d'arbres fruitiers, de bananeraies, de fleurs... qui contourne un étang à 720 mètres d'altitude. Vous aurez face à vous une superbe étendue d'eau dont la forme évoque effectivement celle d'un as de pique. En poursuivant cette marche, vous parviendrez au Grand Étang moyennant des efforts et du temps supplémentaires.

POINT BLEU SOLEIL

Sur la plage de Rivière Sens.

✆ 0590 26 39 27

Point Bleu Soleil propose un ensemble de services qui dynamisent la plage de Rivière Sens. L'équipe se charge de l'entretien de la plage, des douches et des toilettes. Un agent polyvalent est présent pour accueillir et informer le public. La location de transats est possible ainsi que la location de jeux de société pour passer un moment détente. Le site est également un espace d'animations avec des manifestations sportives, culturelles et des soirées musicales (programme à consulter sur Facebook). L'établissement est doté d'un snack-bar avec une grande terrasse.

HABITATION BISDARY

Bisdary

Classée Monument historique depuis 2007, l'Habitation Bisdary est la propriété de la Ville de Gourbeyre depuis 2015. Construite au début du XVIIIe siècle, elle a appartenu pendant plus d'un demi-siècle aux Jésuites. Il s'agit là de l'une des plus grandes habitations sucrières, qui s'étendait sur plusieurs centaines d'hectares. Plus de 300 esclaves y travaillaient quotidiennement. Lors de l'attaque anglaise de 1759, les bâtiments sont incendiés. Face à l'ampleur des dépenses de réparation, les Jésuites sont contraints de vendre la propriété. En 1783, une partie des bâtiments est à nouveau la proie des flammes. Ensuite, les ouragans de 1816 et 1825 endommagent un peu plus l'édifice. Les vestiges des cinq bâtiments (la maison de maître et son annexe, la maison du géreur, la case, la bonifierie, l'aqueduc et le four), témoins du passé industriel et colonial de l'île, vont être prochainement réhabilités dans le cadre du projet « Ensemble, sauvons notre patrimoine » qui vise à préserver des hauts lieux du patrimoine. La première phase du chantier portera sur la restauration de plusieurs bâtiments (charpente, couverture, menuiseries), dont la Bonifierie et l'aménagement du parc de l'Habitation. La seconde phase se concentrera sur la restauration globale de la maison principale et l'aménagement d'un bâtiment secondaire.

Le site devrait devenir un centre d'interprétation de l'histoire et du patrimoine du Sud Basse-Terre, lieu de mémoire qui participera également à la diversification de l'offre touristique du territoire.

SITE DE GRISEL

Palmiste

Situé au nord de la commune de Gourbeyre, le plateau du palmiste, avec une altitude de 530 mètres, accueillait des plantations de café et de cacao remplacées par la suite par des bananeraies. Il conserve la mémoire d'un pan de l'histoire avec la batterie militaire de Grisel qui formait un poste avancé en cas d'attaque venant de Trois-Rivières ou de Pointe-à-Pitre, car il bénéficie d'une vue imprenable. Le site militaire, qui date du XVIIe siècle, est entouré de fortifications qui comprennent des canons, les vestiges d'une citerne et les fondations de casernement.

POUDRIERE DU HOUELMONT

Route de l'observatoire volcanologique

Au cœur d'un site naturel protégé par le Conservatoire du littoral et la commune de Gourbeyre, ces vestiges militaires datent du début du XIXe siècle. Ils sont enserrés par un figuier maudit (une espèce de ficus). L'ensemble a été redécouvert il y a quelques années par un historien en charge du patrimoine au sein du Conseil régional de Guadeloupe. Il témoigne de la richesse de l'histoire militaire du Sud Basse-Terre entre la fin du XVIIIe et le début du XIXe siècle. La poudrière est entourée d'arbres remarquables, d'une voûte prolongée par une salle non couverte avec un dispositif d'abreuvage et d'alimentation des animaux.

Une première phase de réhabilitation du site a été achevée en janvier 2019. En tout premier lieu, un nettoyage complet du terrain a été effectué par les jeunes engagés du RSMA en 2017 (travail que les services techniques de Gourbeyre ont dû réitérer après le passage de l'ouragan Maria en septembre 2017). Est ensuite venu le temps de l'élagage du figuier maudit qui emprisonnait la structure depuis des années. L'objectif premier étant de réussir à maintenir l'équilibre entre cet arbre majestueux et cette poudrière qui semble sortie de nulle part. Une deuxième phase de travaux est prévue pour permettre une découverte optimale de ce monument, de la biodiversité des Monts Caraïbes et offrir un nouvel élément de connaissance historique, mais aussi de détente aux visiteurs. À terme, ce site d'intérêt patrimonial du quartier de Bisdary sera associé à des parcours sportifs de plein air, comme une piste de VTT.

SYLVATHÈQUE ONF

Blanchet

www.onf.fr

Ouvert du lundi au vendredi de 7h à 14h. Les jours et horaires d'ouverture peuvent être soumis à modification.

Cette « bibliothèque de la forêt » sensibilise le visiteur à l'environnement avec un jardin créole pédagogique, des animations multimédias, une exposition permanente (*La forêt passionnément*) et des expositions ponctuelles. Des publications ONF et des ouvrages consacrés à la flore et à la forêt tropicale sont consultables. Des randonnées pédagogiques sont encadrées par des professionnels de la forêt, dont une animation du sentier, la Rando croquis, qui initie le randonneur à la peinture en se promenant sur le littoral de Trois-Rivières.

HERTZ ANTILLES

ZA de Valkanaers

✆ 05 90 80 14 25

www.hertzantilles.com

Agence ouverte du lundi au vendredi de 7h à 17h, le samedi de 7h à 11h30.

L'agence est située au niveau de l'atelier A2 derrière But. Grand choix de véhicules disponibles (économique, tout-terrain, compacte, routière, luxe et sport, utilitaire). Réservation en ligne sur le site. En cas d'arrivée en dehors des heures d'ouverture de l'agence située à l'aéroport, il est possible de récupérer sa voiture (en supplément) : il suffit d'indiquer l'heure d'arrivée et le numéro de vol lors de votre réservation. Il est également possible de restituer le véhicule dans une des autres agences situées en Grande-Terre ou en Basse-Terre.

JUMBO CAR

✆ 0690 74 52 63

www.jumbocar-guadeloupe.com

Cette agence Jumbo Car est implantée dans une petite zone commerciale, en bordure de la RN1. Elle propose une large gamme de véhicules récents, de la gamme économique au 4x4 SUV, en passant par les berlines de luxe, les cabriolets, les monospaces, les minibus, les véhicules utilitaires, les boîtes manuelles, les boîtes automatiques, les véhicules électriques/hybrides, etc. N'hésitez pas à consulter le site pour bénéficier des meilleurs tarifs et repérer les offres promotionnelles. Le prépaiement sécurisé est possible en ligne.

MARINA RIVIERE SENS

✆ 05 90 86 79 43

www.marina-rivieresens.com

Agents de quai présents de 7h à 18h en semaine et le week-end de 8h30 à 9h30 puis de 17h à 18h.

La marina (la seule de plaisance en Basse-Terre) a une capacité de 340 places avec des pontons d'accueil de bateaux jusqu'à 25 m/54 pieds avec portails d'accès sécurisés. Suite au passage de la tempête Fiona en septembre 2022, la marina est en attente de travaux et ne tourne pas à pleine capacité. À disposition ; électricité, eau, fuel, wifi, vidéosurveillance, pompe de vidange eaux usées/eaux vannes, Shipchandler. À proximité, diverses boutiques (épicerie, laverie...), hébergements, restaurants, bureau de poste, distributeur de billets, plage de Rivière Sens...

BASSE-TERRE

L'INSTANT BISTROT €

Marina de Rivière-Sens

✆ 0590 60 71 44

Ouvert tous les jours sauf le vendredi, le midi de 10h à 15h, le soir de 18h à 22h, le dimanche de 10h à 22h en continu.

Ce petit restaurant n'est pas implanté sur la marina de Rivière-Sens, il faut traverser la route pour y accéder, car il est situé dans le bâtiment en face et à proximité de la boulangerie. Il dispose d'une terrasse avec vue sur les bateaux et de quelques places en intérieur. L'accueil du propriétaire y est sympathique et le service en salle est toujours souriant. L'Instant Bistrot propose une cuisine maison simple et généreuse (carpaccio de thon, rougail saucisse...) pour un rapport qualité-prix excellent. La carte change pratiquement tous les jours.

CHEZ DENIS €€

Dolé

✆ 05 90 92 14 43

www.restaurant-bain-des-amours.com

Ouvert le midi ainsi que les mercredis, vendredis et samedis soirs. Fermé le mardi. Menus à partir de 15,95 €.

Le restaurant est situé sur la route de Gourbeyre. Il constitue une halte pratique en revenant d'une balade à la Soufrière ou dans les environs avec des formules très abordables. Les spécialités de Denis sont les accras, bien sûr, mais également le poulet et le poisson frais boucanés à l'ancienne, la pizza de fruit à pain, les légumes du jardin...). L'accueil de Denis est chaleureux, il aime faire partager sa passion pour la cuisine faite maison. Une adresse sans prétention, mais bien agréable au pied des sources de Dolé et à quelques pas du Bain des Amours.

TI-MAZ €€

Marina de Rivière-Sens

✆ 06 90 46 12 24

Ouvert le midi sauf mardi et mercredi et le soir jeudi, vendredi et samedi.

La cuisine du Ti-Maz, situé sur la marina de Rivière-Sens, est inspirée des nombreux voyages du chef Matthieu Métais (Réunion, Provence, Vietnam...), ainsi que de la gastronomie antillaise. Les produits sont frais, fournis par une belle liste de producteurs du coin. Au menu : ribs «crousti-fondants » sauce caramélisée, accompagnés d'un velouté de patates douces, filet de thon saisi servi avec un curry de ti-concombres... La carte change régulièrement, les plats sont accompagnés pour ceux qui le souhaitent de cocktails originaux.

LA TIT' FABRIQUE À CONFITURES BY LILO RACCOON

Maison Ruillier

✆ 0690 38 21 73

http://liloraccoon.com

Ouvert du mardi au samedi de 15h à 18h.

C'est dans une petite case créole en pleine nature, à proximité du bain des amours, que sont élaborées ces excellentes confitures. Elles regorgent de saveurs gourmandes et authentiques à découvrir absolument, d'autant qu'elles contiennent moins de sucre et plus de fruits, d'épices et de plantes aromatiques. Elles sont également disponibles chez quelques distributeurs dont des épiceries fines. La liste est disponible sur les réseaux sociaux. Des dégustations et ateliers sont proposés.

GWADA MARINE

Marina de Rivière-Sens

✆ 06 90 75 79 16

www.gwadamarine.fr

Location de bateau à partir de 150 € la demi-journée et 220 € par jour en semaine.

Gwada Marine est spécialisée dans la location de bateaux à moteur. La structure dispose d'une base à la marina du Gosier et une autre à la marina de Rivière-Sens. Depuis la base de Rivière-Sens, vous pouvez louer un bateau accueillant jusqu'à 10 personnes (dont 2 enfants pour un meilleur confort) pour naviguer dans les environs des Saintes le temps d'une traversée de 45 minutes ou jusqu'aux îlets Pigeon de la réserve Cousteau sous la côte sous le vent, pour une partie de pêche ou encore observer les cétacés au large des côtes.

INFINI PLONGEE

Marina de Rivière-Sens

✆ 06 90 94 89 53

http://infiniplongee.com/index.html

Du mardi au dimanche de 9h à 18h.

Fanny et Stéphane forment un couple de plongeurs passionnés. Chez eux, la découverte des fonds marins se pratique en famille. Vous êtes accueilli dans leur local comme à la maison, avec un petit café. Une fois les explications fournies, vous partez à découverte des côtes de Basse-Terre, Gourbeyre, Vieux-Fort avec une vue imprenable sur la Soufrière depuis la mer. Pour les débutants qui redoutent la découverte des profondeurs, les moniteurs vous encadrent et sont aux petits soins pour suivre votre rythme. L'expérience n'en sera que plus belle !

RÊVE DE NAV' CROISIÈRE

Marina de Rivière-Sens
© 06 90 91 11 00
www.revedenav.com
Croisière à partir de 120 €/adulte, 115 €/1-12 ans. Journée privative à partir de 900 €.

Cette école de voile croisière propose des excursions participatives allant de la découverte jusqu'à l'apprentissage de la voile en vue d'une autonomie. Deux formules sont possibles : privative ou collective (jusqu'à 9 personnes). Partez naviguer en famille ou entre amis le temps d'une journée, à destination de l'archipel des Saintes au départ de la marina de Rivière-Sens. La navigation est ponctuée d'arrêts plongée. Cette activité qui mêle plaisir et apprentissage vous permettra de faire vos armes sur la baie des Saintes, l'un des plus beaux plans d'eau du monde.

SAINT-CLAUDE ★★

Commune la plus élevée des Petites Antilles (550 mètres d'altitude), Saint-Claude est surtout connue pour son illustre hôte, le volcan de la Soufrière. Les habitants l'appellent la « Vieille Dame », un peu parce qu'ils la considèrent comme une montagne sacrée, source de vie influant sur le climat et sur la nature en général. Située au sud de Basse-Terre, Saint-Claude s'étend sur une superficie de 34,2 km. Elle s'est transformée peu à peu en quartier résidentiel. L'origine de son nom remonte à 1858 et au père Joseph de Saint-Claude, un membre éminent de l'ordre des Jésuites. C'est la seule commune de Guadeloupe à ne pas posséder de littoral.

LES BAINS JAUNES ★

Situés sur la route du volcan de la Soufrière
Accessible gratuitement.

Ces sources thermales bénéficient d'une eau soufrée à 26/28 °C qui provient directement des entrailles de la Soufrière. Le bassin est nettoyé régulièrement et attire de nombreux touristes qui partent en randonnée. L'eau est réputée pour ses vertus contre les douleurs musculaires, les problèmes d'asthme et d'arthrite... La baignade est possible, mais l'eau n'est pas potable et un panneau précise bien qu'il ne faut pas mettre la tête sous l'eau en raison de la présence d'amibes. Attention également au sol qui peut être glissant, prévoyez des sandales adaptées.

CHUTE DU GALION ★

Route de la soufrière, Bains Jaunes, D 11.
Niveau 2.

Une balade de 5 km aller-retour. Comptez presqu'une heure de descente assez facile hormis les derniers mètres qui sont plus délicats. La remontée est assez ardue sauf pour les habitués de la randonnée. La chute du Galion, de près de 40 m de hauteur, est située au pied de la soufrière à 900 m d'altitude.

Depuis l'aire de stationnement des Bains-Jaunes, longez le bassin du même nom (attention le parking est vite saturé). Au croisement, le chemin descend en pente douce à travers une végétation de mangles montagne, de fougères arborescentes, de palétuviers, de marbris.

Après un 1/4 d'heure de marche, la vue se dégage sur le côté droit, en direction du Sud-Ouest et du Sud : brusquement, au détour du chemin, apparaissent de droite à gauche, les massifs de la Citerne, celui de l'Echelle et enfin le volcan la Soufrière. L'itinéraire plonge ensuite dans la ravine et, par quelques lacets, atteint le creux d'une jolie gorge. L'accès à la chute se fait soit par le sentier qui continue en face, soit tout simplement en remontant le lit du Galion, ce qui ne présente guère de difficulté et permet, en escaladant les roches, d'arriver dans un bassin au pied de la chute, qui mesure une quarantaine de mètres de hauteur. Le sentier est bien tracé et entièrement refait. La fin du trajet, un peu plus délicat, sur environ 100 m car il s'effectue par un passage équipé de cordages. Cette randonnée est à éviter si vous êtes en compagnie de très jeunes enfants et également en période de pluie. Il est impératif de s'informer sur la météo avant de partir.

LA CITERNE

Route de la citerne
Niveau difficile. Très boueux par temps humide.

Au départ des Bains Jaunes, cette balade de 4 km aller-retour vous mène à la citerne du massif de la Soufrière. Le chemin commence par le sentier en partie goudronné du Pas du Roy qui évolue dans une végétation tropicale dense. Sorti de la forêt, vous aurez le choix entre continuer en direction du sommet du volcan ou vous rendre à la citerne. À 1 103 mètres d'altitude, ce cratère volcanique abrite un petit lac et offre de belles vues sur les montagnes et l'océan. D'ici, vous pourrez faire demi-tour ou rejoindre l'une des nombreuses autres randonnées du massif.

HABITATION BEAUSOLEIL - ROUTE DE L'ESCLAVE

Section Montéran

Ce site a été sélectionné, avec 17 autres lieux patrimoniaux emblématiques, pour intégrer le circuit « La Route de l'Esclave - Traces mémoires en Guadeloupe » en raison de son lien avec l'histoire de l'esclavage. Un itinéraire qui a été développé pour une meilleure compréhension de ce contexte historique douloureux de l'archipel.

La centaine d'esclaves qui travaillaient dans cette habitation qui produisait du rhum et du sucre étaient logés dans des cases.

PAVILLON DU TOURISME

149 avenue du Maréchal Foch

✆ 05 90 60 90 23

Ce bel édifice aux couleurs orangées doté de colombages et au toit couleur brique est situé à proximité de l'université, ainsi que de la médiathèque de Saint-Claude. Il s'agit de la maison Darracq aux alentours de 1850, qui n'est autre que l'ancienne cuisine (dotée d'un cachot en sous-sol) du Camp Jacob (qui abrite l'université). Il s'agit de la seule bâtisse de l'archipel dotée d'un étage à colombage de type normand. Elle fut une maison particulière après la démilitarisation en 1911 avant de devenir le Pavillon du Tourisme.

VERT INTENSE

Rue du Camp-Jacob

✆ +590 6 90 55 40 47

www.vert-intense.com

Vert Intense est spécialisé dans la conception de voyages sport et nature en Guadeloupe. Avec l'appui du Parc national de la Guadeloupe, la structure propose des séjours respectueux de la nature et des hommes pour un tourisme durable. Vert Intense fait partie des guides habilités à accéder dans la zone la plus active de la Soufrière, obligatoirement muni d'un masque à gaz. Le site dispose d'une boutique en ligne qui permet de concevoir un séjour sur mesure en sélectionnant un hébergement et des activités parmi leurs différents partenaires.

GWADEXPLO

✆ 06 90 47 47 27

www.gwadaexplo.com/

Randonnées sur la Soufrière et en forêt tropicale, jusqu'à 16 personnes.

Yvan est un natif de Saint-Claude, la commune du volcan. Enfant, il passait ses journées à parcourir la Soufrière, qu'il connaît aujourd'hui comme sa poche. Après 12 ans d'ultra-trail et un diplôme en botanique, il a lancé son activité de guide. Randonnées privatives, excursions hors des pistes et immersion en forêt tropicale, Yvan s'adapte aux demandes et aux capacités de chacun. Faune et flore, culture guadeloupéenne, géologie du volcan… Ces thématiques n'ont plus aucun secret pour lui ! Un bon moment de partage avec un guide passionnant et passionné.

MAISON DE LA RANDONNEE ET DU TOURISME VERT

✆ 06 90 15 49 23

L'association permet de découvrir la Guadeloupe lors de randonnées pédagogiques, mais également culturelles, ou historiques. Au travers de thèmes tels que la botanique, la faune, le volcanisme, l'histoire, le patrimoine, l'économie… Les randonneurs sont accompagnés par un guide de montagne diplômé d'État. Certaines balades sont accessibles à tous, d'autres sont un peu plus sportives. Le planning des randonnées est accessible sur les réseaux sociaux.

CITY CAR

12 lotissement Rostand Saint-Phy

✆ 05 90 99 10 24

www.citycar971.com

Livraison sur toute la Guadeloupe 24h/24 en semaine.

City Car propose une gamme de véhicules économiques en 4 ou 5 portes climatisés, 4, 5 ou 9 places, essence (Kia Picanto, Peugeot 208, 308, Hyunday i10, i20…), mais également des utilitaires (essence ou diesel). L'ensemble du parc de véhicules est neuf. Vous pouvez effectuer votre réservation de voitures en ligne. La structure vous propose la livraison possible partout en Guadeloupe 24h/24 et durant la semaine moyennant des frais de mise à disposition. Le tarif comprend l'assurance tout risque, un kilométrage illimité et une assistance 7j/7 et 24h/24.

VOLCAN LA SOUFRIÈRE ★★★★

www.guadeloupe-parcnational.fr

Réservé aux bons marcheurs. Comptez 4 heures environ. Pensez à laisser des vêtements de rechange dans la voiture.

Quelques données. Altitude au sommet : 1 467 m. Famille : stratovolcan de type péléen (explosif). Caractère : activité en lente augmentation depuis 1992. Dernière éruption : 1976 (éruption phréatique dite mineure). Dernière éruption magmatique : 1530 (constitution du dôme). Réseau d'observation : près de 200 sites de mesure dont une soixantaine équipés de stations autonomes (avec batteries et panneaux solaires) télémétrées par radio-transmission vers l'Observatoire.

Description de la randonnée. Durée de la rando : 4h, classée facile. Dénivelé : 500 m. La Guadeloupe est riche de plus de 300 km de sentiers de randonnée (appelés *Traces en Guadeloupe*), mais la montée à la Soufrière figure parmi les incontournables à ne rater sous aucun prétexte : visiter un volcan actif est une activité que l'on ne peut faire tous les jours, alors autant profiter de l'occasion.

On démarre la randonnée par les Pas du Roy, une section pavée (en partie) par l'armée à la fin du XIXe siècle, pour atteindre en 40 min la Savane-à-Mulets. Cette portion, assez raide, permet d'atteindre l'ancien parking (d'avant le séisme de 2004) à travers une forêt humide dominée par la marbri, plus connue sous le nom de bois-bandé. Avec de la chance, la vue sur les Saintes et les montagnes environnantes est déjà splendide. La randonnée se poursuit ensuite par un petit chemin situé en haut du parking, près d'un panneau d'interprétation. Quelques mètres plus loin, dans une petite niche creusée en hauteur d'un énorme rocher, la statuette de Notre-Dame de Guadeloupe est protégée des voleurs par une grille en fer forgé. Il n'est pas rare de voir des cierges et des fleurs déposés en offrande au pied du rocher. Des fleurs, il en est aussi question tout au long du chemin : vous ne pourrez manquer le thym de montagne et ses jolies fleurs violettes, ni le fuchsia-montagne et ses fleurs roses. Plus haut, vous croiserez les ananas-jaunes montagne, qui forment des touffes impressionnantes et très denses au ras du sol, et le superbe « sapin de noël », qui est en fait une fougère primitive. Après encore quelques efforts, vous vous trouverez devant un site magnifique : l'éboulement Faujas. Il s'agit d'une faille créée par une éruption phréatique en 1798. La végétation y est remarquable, avec des murs végétalisés de toute beauté qui semblent se perdre dans le ciel. Encore une quinzaine de minutes de marche pour rejoindre la faille nord et le dernier raidillon avant l'ascension finale qui se fait en 20 minutes supplémentaires. Quelques mètres avant le sommet, vous passerez près d'un refuge en béton bien utile en cas de dégradation météo soudaine. Avec beaucoup de chance, la vue au sommet est à couper le souffle, puisqu'on peut admirer toute la Guadeloupe et les îles voisines. Avant d'entamer la redescente, vous passerez par la Porte d'enfer et le gouffre Tarissan : profond de 70 m, c'est le plus gros gouffre actif du sommet. Il contient un lac d'acide chlorhydrique bouillant en son sein !

Une fois de retour au point de départ, n'hésitez pas à profiter des bains jaunes : l'eau y est à plus de 30 °C en moyenne ! Attention toutefois aux amibes (ces micro-organismes qui peuvent être pathogènes) : ne plongez pas la tête sous l'eau.

Respectez la nature : l'ensemble du circuit est situé au cœur du Parc national de Guadeloupe. Si vous voulez que tout le monde puisse profiter de ce lieu exceptionnel, merci de respecter les interdictions : ne sortez pas du sentier, respectez le balisage, ne prenez pas de raccourcis dans les virages (cela dégrade fortement la végétation et entraîne des glissements de terrain), ne ramassez rien et ne laissez rien derrière vous, même pas une peau de banane ! Il n'y a aucune poubelle, que ce soit sur le sentier ou même sur le parking : **il faut rapporter tous ses déchets avec soi.**

Attention : entre 2014 et 2019, de nouvelles zones de fumerolles sont apparues au sommet, qui ont nécessité un arrêté pris le Préfet de la Guadeloupe pour élargir le périmètre de sécurité au sommet de la Soufrière afin de prévenir et réduire les risques pour les randonneurs. Une signalisation a été mise en place par les services du Parc national : merci de la respecter pour votre propre sécurité !

Pour s'approcher des gouffres du dôme de «la Vieille Dame », il vous faudra désormais être muni d'un équipement individuel de protection respiratoire (masque à gaz) et obligatoirement accompagné d'un guide diplômé et habilité.

Disposer d'informations actualisées sur le sentier : www.guadeloupe-parcnational.fr (rubrique Randonner). Le site randoguadeloupe.gp est également très utile. Il propose des itinéraires de randonnées détaillés, (leur niveau de difficulté, l'itinéraire à suivre, une cartographie dynamique, des traces GPS et offre une navigation 3D) et est régulièrement mis à jour par les agents du Parc, notamment sur la praticabilité des sentiers.

Conseils pour une randonnée en toute sécurité : Choisir une randonnée de son niveau, adaptée à ses capacités physiques. Le niveau des sentiers (appelés *traces* en Guadeloupe) est indiqué ainsi que leur durée. Se renseigner sur l'état des traces et sur la météo de la journée (les pluies peuvent provoquer des crues brutales des rivières). Toujours informer une tierce personne de l'itinéraire choisi et se tenir à cet itinéraire. Ne pas partir après 15h en randonnée, car la nuit tombe au plus tard à 18h sous les tropiques. S'équiper de chaussures de marche, d'eau, de nourriture (fruits secs, barres énergétiques...), d'un téléphone, de vêtements de pluie...

La Soufrière.

QUICKRENT

Morin
✆ 06 90 90 25 05
www.quickrent.fr
Ouvert de 9h à 21h.

Quickrent dispose d'un large choix de véhicules accessibles à tous les budgets ; avec ou sans climatisation, diesel ou essence. Plusieurs catégories de véhicules sont à votre disposition de la compacte (qui peut convenir pour un couple et un enfant) en passant par la berline (qui peut accueillir une famille) et le SUV (pour se faire plaisir le temps des vacances avec une voiture tout terrain spacieuse et confortable). La prise en charge peut se faire gratuitement à l'aéroport, à l'embarcadère de Trois-Rivières, au port de Bergevin, à Basse-Terre ou à Saint-Claude.

LES BANANES VERTES €

Choisy
✆ 06 90 55 40 47
www.lesbananesvertes.fr
Studios à partir de 90 €/nuit pour 2. Ecolodges à partir de 120 €/nuit.

Situé au pied de la soufrière, le gîte comprend 3 chambres, avec terrasses couverte et cuisine, face à une grande piscine et 5 écolodges entièrement construits en bois nichés dans un écrin de verdure. Chaque écolodge peut accueillir de 2 à 5 personnes. L'un d'entre eux dispose d'un spa privatif. Un des bungalows est niché dans les arbres avec deux chambres et une grande terrasse avec cuisine, une belle vue mer. Les propriétaires, amoureux de nature sont également les responsables de la structure Vert intense, qui propose des sorties randonnées en forêt tropicale.

LA VIEILLE SUCRERIE €€

3 rue de la Vieille Sucrerie
✆ 0690 23 27 51
À partir de 120 € la nuit pour 4 personnes. Personne supplémentaire : 20 €. Forfait ménage 50 €. Séjour minimum 2 nuits.

Ce charmant bungalow est implanté dans un grand jardin tropical arboré d'innombrables plantes, fleurs et arbres fruitiers, à quelques minutes d'une rivière. L'hébergement est composé de deux chambres climatisées, d'une salle de douche, un salon avec cuisine équipée situé sur la terrasse qui dispose d'une vue sur la mer des Caraïbes. Un espace détente avec transat et hamac, une buanderie avec lave-linge et un spa privatif en rez-de-jardin. L'énergie solaire du bungalow alimente non seulement le logement mais également une borne pour une voiture électrique.

SAINT GEORGES €€€

189 Rue Gratien Parize
✆ 05 90 44 63 63
www.hotel-stgeorges.com/
Chambres doubles et twins à partir de 98 €/nuit. Petit-déjeuner 18 €, 12 € pour les enfants -12 ans.

Situé sur les hauteurs de Saint-Claude, l'hôtel Saint-Georges a été entièrement rénové en 2019. Il bénéficie d'un cadre calme et verdoyant au pied de la Soufrière. Les chambres, dont la superficie varie de 20 à 30 m^2 selon la catégorie, offrent des prestations haut de gamme (sanitaires modernes, literie king size, climatisation, coffre-fort, télévision, minibar) et une vue panoramique. Certaines chambres sont équipées pour accueillir des personnes malvoyantes, à mobilité réduite et en fauteuil roulant. Sur place, restaurant, snack, bar et piscine.

MA CHAUMIÈRE €€

Rue Edward-Chevry
✆ 06 90 50 71 93

À partir de 80 €/jour, 500 €/semaine/2 personnes, 100 €/semaine, 600 €/semaine/3 p., 120 €/jour, 700 €/semaine/4 p.

Voici un petit appartement situé en rez-de-jardin d'une villa installé en plein centre-ville, mais cependant à 5 minutes d'une plage. L'hébergement est conçu pour accueillir jusqu'à 4 personnes. Il est composé de deux chambres, d'une salle d'eau, d'un salon, d'une cuisine équipée indépendante et d'une terrasse avec barbecue. Vous n'aurez pas besoin de climatisation, car vous êtes dans un joli jardin bien verdoyant avec vue sur les monts Caraïbes. Le mobilier et la décoration de l'hébergement sont du style traditionnel créole.

TI ROOTS BURGER €€

12 Allée des cocotiers
✆ 0690 40 49 23
www.tirootsburgers.com/

Ouvert du mardi au vendredi midi et soir et le samedi soir. Burgers entre 14,50 € et 23,50 €.

Ti' Roots burgers allie à la fois la culture bistronomique et la culture « street food » venue des États-Unis, avec des accents caribéens et antillais. Les burgers sont élaborés avec des produits de qualité, les buns sont faits maison, la viande est 100 % pur bœuf d'origine France et le poisson issu de la pêche locale. Ils sont accompagnés de frites aux saveurs nature, bacon ou poulet. L'établissement au premier étage d'un bâtiment est également une bonne adresse où prendre un verre, avec un large choix de cocktails faits maison et une sélection de bières locales.

KAZ'À POMPON €

135 Rue Robert Tamas
✆ 06 49 45 84 74
https://linktr.ee/kazapompon

Ouvert du mardi au samedi de 17h à 23h. Réservation fortement conseillée.

Les propriétaires ont ouvert la Kaz à Pompon avec un objectif : faire bouger Basse-Terre. Pari gagné, puisqu'en quelques mois, ce restaurant-bar associatif est devenu un lieu incontournable. La cuisine type « snacking » propose burgers, cocktails, wraps, croque-monsieur, mafés, rougails... Le tout fait maison. Cet endroit convivial organise des soirées de musique *live*, karaoké, cours de danse latine. Un grand espace ludique propose de nombreux jeux de société et jouets pour enfants. Ce lieu est aussi une auberge de jeunesse avec 4 chambres et un espace co-working.

L'ESTRADE DE CHARLINE €

11 rue des pâquerettes - secteur ducharmoy
✆ 0690 90 45 93

Ouvert midi et soir. Fermé le dimanche et samedi et mercredi midis.

Ce restaurant situé au rez-de-chaussée d'une maison d'habitation dans un jardin ombragé bien isolé propose une cuisine française traditionnelle avec quelques notes de cuisine créole. Entrecôte, tartare de thon, rognons, tête de veau, foie gras, salades... il y en a pour tous les goûts. La carte est variée, tout le monde peut y trouver son bonheur, y compris les enfants et les végétariens. Laissez-vous tenter par les cocktails ou mocktails préparés sur place, accompagnés de planches à partager. L'accueil y est chaleureux dans une ambiance lounge.

CHOCOLATS «LES SUPRÊMES »

14 Allée des cocotiers
www.chocolaterie-les-supremes.com/

Ouvert du mardi au vendredi 9h-18h, le week-end de 8h à 13h.

Marianne jeune chocolatière suisse, associe son savoir-faire aux saveurs de la Caraïbe. Elle travaille avec tous les produits que lui offre la Guadeloupe ici, dans son laboratoire derrière la boutique, où tout est réalisé à la main. Découvrez les pâtisseries, les 35 tablettes de chocolat classique ou aux saveurs locales (piment, rhum vieux, coco...), les dominos fourrés aux fruits péyi et des produits d'épicerie fine. Anciennement implantée au Musée du café de Vieux-Habitants, l'enseigne s'est réinstallée ici après avoir essuyé les dégâts de la tempête Fiona.

MATOUBA ★★

Le nom Matouba vient des Indiens Caribs et signifie « endroit où l'on trouve des oiseaux et des fleurs à profusion ». C'est aussi le lieu de production de l'eau de source du même nom, sur la commune de Saint-Claude.

Histoire

Ici, une page mythique de l'histoire guadeloupéenne s'est écrite : le commandant Delgrès s'y retranche avec 300 hommes, après avoir été assailli par les troupes du général Richepance, envoyé par Napoléon pour rétablir l'esclavage. Le bataillon d'irréductibles préfère se donner la mort plutôt que de se rendre. Le 26 mai 1802, ils mettent le feu aux poudres littéralement lors d'un suicide collectif au cri de « Vivre libre ou mourir » !

BAINS CHAUDS DE MATOUBA

Matouba

Trace de niveau 2 au cœur du Parc national. Comptez environ 1 h 30. Parking non surveillé.

Quel que soit le point de départ, la randonnée vers les Bains Chauds permet de découvrir la forêt humide avant d'accéder à une eau à 41 °C. Prudence, car l'eau peut même monter jusqu'à 60 °C. Cette eau aurait des vertus pour la peau et les rhumatismes. Le site est accessible à partir de la maison forestière de Matouba ou de Papaye, près de la clinique des Eaux vives. Le site a récemment été rénové et aménagé sous forme de douches en plein air avec une rampe de jets au milieu du bassin. Cette balade de 4,7 kilomètres est d'une difficulté moyenne.

FREZIAS NATURE

Sur les hauteurs de Matouba.

✆ 06 18 32 41 70

https://frezias-nature.com

Excursions à la 1/2 journée à 20 €/adulte et 10 €/enfant. Boutique de produits artisanaux 100 % naturels.

Une équipe de jeunes passionnés de nature et d'agriculture organise des excursions sur le thème de l'agroécologie dans la forêt de Frezia. Vous partez à la découverte des richesses de cette forêt entre sa flore et ses cascades, vous visitez une parcelle de reforestation en arbres fruitiers et vous participez à la plantation d'une de ces espèces. La visite s'achève par une dégustation de leurs produits artisanaux 100 % naturels et la découverte des plantes médicinales. Cette excursion est à réserver aux personnes en bonne forme physique.

LES CYCAS €€

Matouba

✆ 05 90 32 56 26

www.lescycas.gp

Studio à partir de 79 €/nuit - 497 €/semaine. Duplex à partir de 108 €/nuit - 700 €/semaine.

Sur les hauteurs, les 4 studios (2 personnes) et 4 duplex (4/5 personnes) climatisés sont nichés dans un jardin tropical fleuri orné de bassins avec jet d'eau, de cascades et d'arbres centenaires. Les studios sont équipés d'un coin séjour, d'une kitchenette donnant sur la terrasse, d'une chambre, d'une salle de bains et d'une terrasse avec vue sur le parc et le plan d'eau. Les duplex disposent d'un séjour, d'une kitchenette donnant sur la terrasse, de 2 chambres, dont 1 en mezzanine, d'une salle de bains et d'une terrasse avec vue sur le parc et son plan d'eau.

BASSE-TERRE

Fort Delgres.

TRACE CARMICHAËL ★

Trace sportive de niveau 4.

Cet itinéraire sportif est ponctué de richesses et de panoramas à couper le souffle. Des traces aux paysages particulièrement variés, une histoire géologique en lien direct avec le volcan la Soufrière. Il est fortement recommandé d'être accompagné par un guide, car le sentier reste dangereux. Son point de départ est situé au niveau du parking de la Savane à Mulets. Pour accéder à la trace Carmichaël ; suivez le chemin des Dames, puis tournez à gauche. Vous entrez alors dans une forêt dense. La trace est particulièrement boueuse et envahie par la végétation. Après 250 mètres de ligne droite et un virage à droite à 90°, quittez, sur la gauche, une première route, pour prendre la suivante qui est très proche. Un panneau visible au dernier moment indique le site. Au premier plan, des champs de bananiers s'étendent à perte de vue et, au bout de la ligne droite, vous apercevez l'habitation Joséphine. Garez la voiture à proximité du chêne et prenez à droite après le hangar de conditionnement des bananes. Suivez le chemin en pierre sur environ 400 mètres jusqu'à ce qu'il oblique par un coude à gauche. Ici, une petite allée étroite mène à un beau point de vue sur la Soufrière et le plateau de Papaye, puis à la rivière Saint-Louis jusqu'au saut du Matouba.

Infos pratiques :

D'une longueur de 12.6 kilomètres, ce parcours s'effectue uniquement à pied. Avec un dénivelé positif de 933 mètres, il est inscrit en difficulté de niveau 4 (difficile). Comptez environ 6 h pour effectuer le trajet aller-retour.

HABITATION MATOUBA €€

Route de Matouba © 06 90 56 56 08

http://habitationmatouba.com

À partir de 120 €/nuit ou 500 €/semaine/gîte, de 130 €/nuit ou 650 €/semaine/pavillon (base deux personnes).

Nicole, la propriétaire, native de l'île, a transformé cette ancienne demeure située au cœur d'un parc floral en quatre hébergements au mobilier créole. Il y règne une atmosphère de quiétude car elle soigne ses clients aussi bien que les plantes tropicales de son jardin. Les deux duplex Papa-Za et Maman-Za peuvent accueillir 4 personnes. Kaz-Mimi, le studio, est aménagé pour 2 personnes. Man-Goudie, le pavillon colonial indépendant, peut accueillir 2 personnes. Ici, pas de chichis avec une déco et du mobilier tendance mais des matériaux simples et authentiques.

BASSE TERRE

Basse-Terre a vu son influence économique reculer au profit de Pointe-à-Pitre. Elle reste cependant la capitale administrative de l'île, siège du Conseil régional, du Conseil départemental, de la Préfecture, du Palais de Justice ainsi que d'autres établissements publics importants. Après avoir été un port bananier majeur, la ville a développé des infrastructures publiques plus modernes, dont certaines datent des années 1930 et sont l'œuvre de l'architecte Ali Tur. Basse-Terre a su conserver une atmosphère sereine de petit bourg où les piétons qui vous croisent vous disent encore bonjour sans vous connaître.

CONSEIL DÉPARTEMENTAL

Boulevard Félix Eboué

© 05 90 99 77 77

https://www.cg971.fr/

Du lundi au mardi et le jeudi de 8h à 13h et de 14h à 17h, le mercredi et le vendredi de 8h à 13h30.

La mairie de Basse Terre, située sur le boulevard du gouverneur Felix Eboué, est le siège du Conseil Départemental de la Guadeloupe. Les données personnelles que vous fournissez seront traitées par le Conseil Départemental de la Guadeloupe et utilisées pour répondre à votre demande.

CATHÉDRALE NOTRE-DAME-DE-GUADELOUPE

Rue du Dr Pitat

L'édifice actuel est venu remplacer une petite chapelle, datant de 1763, dédiée à Saint-François, érigée par les Capucins après le don du terrain par le gouverneur. Suite à une autre donation de particuliers, une nouvelle église est construite en pierres volcaniques par les Jésuites sur un terrain plus vaste. Sa façade est ornée de statues de la Vierge et de Saints. En 1850, l'église paroissiale devient cathédrale. Depuis 1975, l'édifice est classé au titre des Monuments historiques.

DISTILLERIE BOLOGNE ★

Rivière des Pères
✆ 0590 41 14 07
www.rhumbologne.fr
Boutique ouverte jusqu'à 16h, 13h30 le samedi. Fermé le dimanche. Visites sur réservation, compter 1h30 et 8,50 €.

Située au pied du volcan, la distillerie Bologne, vieille de trois siècles, a conservé le nom des propriétaires de la sucrerie des XVIIe et XVIIIe siècles. Il s'agissait d'une famille de protestants originaire des Pays-Bas. La sucrerie, créée vers 1665, est au XIXe siècle l'une des plus importantes de Basse-Terre et la plus ancienne de Guadeloupe. En 1830, Jean-Antoine Amé Noël, homme libre de couleur et ancien pêcheur, l'a acquise. Après plusieurs changements de propriétaires, Louis Sargenton-Callard achète l'habitation Bologne en 1930 et en fait une distillerie moderne. Sur le site actuel, la distillerie et le bâtiment destiné à la mise en bouteilles marquent l'entrée principale du domaine. A l'arrière, se trouvent la maison principale et celle du gérant de l'habitation. Quelques vestiges sont encore visibles, notamment la masse à canal gravée du nom de Jacob Lesueur et le tombeau d'Amé Noël. Une roue hydraulique, un ancien moulin à canne et deux alambics en cuivre rappellent les activités de la distillerie.

Deux visites de la distillerie (accompagnées pour des raisons de sécurité) sont organisées en matinée (sur réservation). Cette distillerie a fait des efforts très importants sur le plan du traitement de ses déchets industriels récemment afin de les recycler intégralement. A l'issue de la visite, vous êtes invité à déguster un de leurs rhums ou des cocktails dans un cadre authentique, typiquement guadeloupéen. Une grande boutique de souvenirs propose les rhums Bologne et d'autres idées cadeaux.

JARDIN BOTANIQUE

57 Chemin de Circonvallation
✆ 05 90 81 62 52
Ouvert du lundi au vendredi de 8h30 à 12h30 et de 14h à 16h30. Entrée gratuite.

Voici le plus vieux jardin botanique de la Guadeloupe. Il est situé au cœur même de la ville de Basse-Terre. Il accueille le public entre ses différents espaces de détente et de découverte. Il s'agissait, à sa création en 1820, d'un lieu d'expérimentation et d'acclimatation des plantes exotiques. Ce site a désormais une vocation pédagogique car il abrite l'espace des biodiversités insulaires depuis 2013. Il a pour objectif d'informer le public des richesses des écosystèmes présents dans l'archipel et de la nécessité de les préserver.

FORT LOUIS DELGRÈS ★

✆ 05 90 81 37 48
Ouvert tous les jours de 9h à 16h30 sauf le lundi. Entrée gratuite.

Construit vers 1650, ce fort, l'un des fleurons du patrimoine architectural militaire de l'île. Il fut nommé successivement fort Royal, fort Richepance et fort Saint-Charles. C'est finalement la figure héroïque du colonel Delgrès (rendu célèbre par son action de bravoure contre le rétablissement de l'esclavage) qui l'emporta. Le fort a été le théâtre d'affrontements entre les hommes dirigés par Louis Delgrès et Joseph Ignace et le colonel Richepance venu rétablir l'esclavage sur ordre de Bonaparte en 1802.

Dans le fort, se trouve un cimetière où reposent les tombes des soldats décédés pendant la colonie, les vestiges d'un cachot et de la prison et la poudrière. Le site de 5 hectares a été classé Monument historique en 1977. Aujourd'hui, il intensifie son activité touristique en multipliant les expositions à thème tout au long de l'année, notamment sur l'histoire locale. Le 27 mai, jour de l'abolition de l'esclavage en Guadeloupe, vous pouvez assister à une reconstitution du combat du colonel Delgrès. Tout au long de l'année, le site donne lieu à une belle balade à faire avec une vue imprenable sur la mer des Caraïbes d'un côté et la Soufrière de l'autre. Une exposition permanente retrace les évènements mouvementés de la rébellion menée par Delgrès. Une seconde salle abrite une exposition consacrée au volcan la Soufrière. Le fort Delgrès est intégré à l'itinéraire de la Route de l'esclave qui jalonne sur 20 sites différents de l'archipel pour permettre aux visiteurs de comprendre l'histoire de la Guadeloupe.

© GILLES MOREL

BASSE-TERRE

MAISON CHAPP

42 Cours Nolivos

Construite à la fin du XVIIIe siècle en face du port, la Maison Chapp constitue l'un des plus anciens bâtiments de Basse-Terre. Un grand négociant, Charles Chapp, l'avait fait construire pour mener à bien ses affaires. Il pouvait ainsi recevoir et entreposer ses marchandises, tout en y vivant. La maison possède deux façades en pierre de taille, sur le Cour Nolivos et la rue du Docteur Cabre, qui abritaient l'une l'ensemble des écuries de la maison et l'autre les entrepôts. Elle faisait figure d'exception dans la ville car outre les bassins situés dans la cour, elle possédait une piscine, élément rare pour l'époque. Charles Chapp avait aussi une passion, la peinture. Des tableaux (portraits de famille, scènes de la vie locale) étaient présents à tous les étages. Après la mort de son propriétaire, elle est transmise à ses filles mais finit par être délaissée. Puis elle accueille un bar (Cour Nolivos) et un vendeur de barres de glace (Rue du Docteur Cabre), à l'époque où les réfrigérateurs étaient encore rares.

La Maison Chapp a été inscrite à l'inventaire supplémentaire des monuments historiques en 1987. Des travaux de réhabilitation (restauration, extension, mise aux normes sismiques) sont en cours à l'intérieur, ceux de la façade sont terminés. Admirez son élégance avec ses balcons en fer forgé, finement ouvragés. Les travaux entrepris par la Direction des affaires culturelles donneront une nouvelle vie à la maison Chapp, bien que sa finalité n'ait pas encore été déterminée, à l'heure où nous écrivons ces lignes.

PARC DE BEAUVALLON

193 chemin de Beauvallon

✆ 0690 85 70 44

12 €/ad, 6 €/enf. Fermé lundi, mardi, jeudi. Samedi-dimanche 9h30-12h30/15h30-18h. Mercredi et vendredi 15h30-18h.

Situé sur le site d'une ancienne habitation, au cœur de la ville de Basse-Terre, ce joli jardin botanique est disséminé sur une surface de 1 hectare et demi. Les essences tropicales agrémentent parfaitement l'ordonnancement asiatique de nombreuses espèces rares : 80 variétés de palmiers, arbres fruitiers, plantes médicinales et aromatiques. Au détour d'un chemin, vous aurez peut-être l'occasion de croiser d'inoffensifs iguanes, mais également des perroquets en liberté. Une aire de pique-nique est aménagée sur place. Prendre rendez-vous pour visiter le week-end.

PASSAGE DES MARCHES

Accessible depuis la rue de la République ou la rue Maurice Martin.

Cette ruelle est bien connue des habitants, car elle est située à proximité du marché (centre-ville). Elle est constituée de marches et a fait l'objet, en 2022, d'une rénovation. Cette œuvre intitulée « Sur les traces des Kalinagos » a été réalisée par un artiste local, Henry Hilaire, céramiste. Il a travaillé conjointement avec une association et des jeunes qui ont contribué au projet d'embellissement du site. Pour cette mise en valeur, les contremarches ont été recouvertes de mosaïques. La ruelle devrait, par la suite, être intégrée dans un circuit découverte.

PRÉFECTURE

Rue Lardenoy

Cette parcelle, située à l'écart du centre urbain, a été offerte par le Gouverneur Houël aux Jésuites en 1650. À la disparition de l'ordre des Jésuites, c'est tout d'abord un hôpital militaire qui y est construit en 1763, ensuite remplacé par une caserne d'infanterie (Caserne d'Orléans, en hommage au Duc d'Orléans) en 1830. Suite au cyclone dévastateur de 1928, l'architecte Ali Tur, envoyé par le gouvernement français, se voit confier la construction d'une résidence et de bureaux pour le gouverneur en 1932. Elle est inaugurée en 1935 sous le nom de Palais d'Orléans ou Palais du Gouverneur, afin de pouvoir accueillir en fin d'année 1935 et début 1936, les fêtes du tricentenaire du rattachement des Antilles à la France. Avec la loi de départementalisation du 19 mars 1946, les bâtiments appartenant à la colonie sont transférés au conseil général devenu depuis le conseil départemental. Le dernier gouverneur cède sa place le 11 octobre 1947 au premier préfet. L'immeuble devient, en 1951, le bâtiment qui abrite tous les services de la Préfecture de la Guadeloupe. Depuis cette date, le préfet dispose d'une résidence préfectorale dans une autre demeure située sur les hauteurs de Saint-Claude.

L'immeuble de la Préfecture, comme d'autres bâtiments étatiques, fait l'objet d'une réhabilitation parasismique afin de répondre aux normes en vigueur compte tenu du risque sismique élevé dans l'archipel. Un budget de 20 millions d'euros a été engagé pour cette réhabilitation, dont la livraison est prévue pour le premier semestre 2024.

CONSEIL DÉPARTEMENTAL

Boulevard Félix Eboué
✆ 05 90 99 77 77
https://www.cg971.fr/
Du lundi au mardi et le jeudi de 8h à 13h et de 14h à 17h, le mercredi et le vendredi de 8h à 13h30.

La mairie de Basse Terre, située sur le boulevard du gouverneur Felix Eboué, est le siège du Conseil Départemental de la Guadeloupe. Les données personnelles que vous fournissez seront traitées par le Conseil Départemental de la Guadeloupe et utilisées pour répondre à votre demande.

MÉDIATHÈQUE CARAÏBE LAMECA

54 rue Amédée Fengarol
✆ 05 90 99 37 47
www.lameca.org/
Ouvert du mardi au vendredi de 9h à 17h et le samedi de 9h à 12h.

Cette médiathèque départementale entièrement dédiée au monde caribéen est une vraie mine d'or pour en apprendre plus sur la Caraïbe, son histoire et les personnages qui l'ont marquée. Documents audio, vidéo et imprimés... La médiathèque a également créé le fonds *Palé pou sonjé*, une série d'interviews de musiciens, véritables mémoires orales de la Guadeloupe. La médiathèque organise régulièrement des événements culturels, la programmation est disponible sur les réseaux sociaux.

CONSEIL DÉPARTEMENTAL

Boulevard Félix Eboué
✆ 05 90 99 77 77
https://www.cg971.fr/
Du lundi au mardi et le jeudi de 8h à 13h et de 14h à 17h, le mercredi et le vendredi de 8h à 13h30.

La mairie de Basse Terre, située sur le boulevard du gouverneur Felix Eboué, est le siège du Conseil Départemental de la Guadeloupe. Les données personnelles que vous fournissez seront traitées par le Conseil Départemental de la Guadeloupe et utilisées pour répondre à votre demande.

RIVERAIN TOURS

14 cours Nolivos
✆ 05 90 25 50 14
www.rivtours.com
Ouvert de 8h30 à 13h et de 14h30 à 17h, le samedi de 8h30 à 11h30.

Cette agence de voyages guadeloupéenne est présente depuis plus de 25 années sur l'archipel dans plusieurs agences dont une à Marie-Galante. Ses agents sont parfaitement à même de vous guider quel que soit le type de séjour recherché. Vous pouvez découvrir des promos séjours aux tarifs attractifs sur leur site. Possibilité d'acheter son billet d'avion en ligne, de trouver une location de véhicules, de dénicher la croisière de vos rêves, leur sélection d'hébergements ou encore de les laisser vous concocter un voyage de noces pour des souvenirs inoubliables.

MAISON DU TOURISME DE BASSE-TERRE

2 Cours Nolivos
✆ 06 90 58 27 18

L'association « Maison du tourisme de Basse-Terre » est composée de bénévoles, elle a vocation à accueillir et renseigner le public sur les activités, les hébergements, les restaurants et les différents services touristiques présents sur la Basse-Terre. L'association conçoit également des circuits touristiques adaptés à chaque demande, les guides sont diplômés d'Etat. Elle propose aussi à la vente des billets de la compagnie CTM Deher vers les îles de l'archipel.

MAISON DU PATRIMOINE ★

24 rue Baudot
✆ 05 90 80 88 70
Visite 6 €/ad (3 pers. minimum), 3 €/enf. Ouvert lundi, mardi, jeudi de 8h à 17h, mercredi et vendredi de 8h à 12h30.

Cette maison créole, datant du XIXe siècle, abrite le centre d'interprétation de l'architecture et du patrimoine. Les guides proposent des visites pédestres des quartiers historiques et des monuments. Les visites sont organisées autour de thématiques telles que le patrimoine religieux, les maisons remarquables, les cases créoles, les bâtiments de l'architecte Ali Tur, l'architecture contemporaine, la ville à travers les poètes et les écrivains... Visites sur réservation. Ouvertures exceptionnelles à l'occasion d'événements et lors des Journées du Patrimoine.

BASSE-TERRE

DEHER

Port

✆ 05 90 92 06 39

www.ctmdeher.com

A/R vers Terre-de-Haut : 25 €/adulte, 20 €/enf. Une rotation les lundi, mercredi et vendredi sauf jours fériés à 12h15.

La CTM Deher assure les liaisons vers Les Saintes depuis plus de 50 ans. La flotte de l'entreprise se compose de 4 vedettes ; *Antoinette* (181places), *Miss Karaibes* (130 places), *Miss des îles* (180 places) et depuis fin 2023 *Miss Outre-mer* (316 places). Plusieurs traversées quotidiennes sont opérées 7j/7. Les rotations peuvent varier selon les conditions météo. Comptez environ 20 minutes de traversée (voire un peu plus lorsque la navette fait halte à Terre-de-Bas). Possibilité de réserver en ligne sur le site (tarif spécial en réservant à l'avance).

LIGNE BASSE TERRE / POINTE-À-PITRE

✆ 0690 56 02 25

Trajet Basse-Terre/Pointe-à-Pitre : 3 €. Départs de 5h30 à 18h30 du lundi au samedi et le dimanche matin.

La gestion de la ligne Basse-Terre > Pointe-à-Pitre vient d'être reprise par le Conseil Régional afin de proposer un service de transport interurbain plus rapide et plus abordable. Empruntez la ligne 105 pour vous rendre de la gare routière de Basse-Terre à la gare routière de Bergevin. Cette ligne dessert également plusieurs arrêts dans les communes de Trois-Rivières, Capesterre-Belle-Eau, Goyave, Petit-Bourg et Baie-Mahault. Durée du trajet : 1h10.

LE COLIBRI €

886 avenue Paul Lacave

✆ 05 90 81 89 70

Appartement à partir de 55 €/nuit pour 2 personnes. Séjour de 2 nuits minimum. Tarif dégressif à partir d'1 semaine.

Les gîtes sont situés dans une grande bâtisse blanche installée entre mer et montagne, à proximité de la forêt tropicale, du volcan et à quelques minutes de la plage. À votre arrivée, vous aurez le plaisir de découvrir des fruits, des fleurs, de l'eau, des jus de fruits et l'apéritif de bienvenue. Les hébergements (F1, F2 et F3) sont situés dans un beau jardin arboré et fleuri équipé d'un barbecue et d'un kiosque avec vue sur la Soufrière. Ils sont composés d'une cuisine équipée, une pièce principale (couchage 2, 4 ou 6 personnes), une salle d'eau.

RENEE €

Centre commercial Desmarais

✆ 05 90 25 30 38

Du lundi au samedi de 6h30 à 18h. Dimanche de 7h30 à 12h30.

Renée, c'est LE concept de sandwicherie/pâtisserie/restauration rapide de la Guadeloupe. Il a été créé dans les années 1960. C'est une histoire de famille qui s'est développée autour d'un produit phare très apprécié des Guadeloupéens, le sandwich « Renée », petit pain au lait accompagné d'un jus local, mais aussi des pâtisseries aux saveurs locales ou encore l'incontournable chocolat antillais dans la pure tradition, un véritable régal à tester absolument et une offre de restauration le midi. Une enseigne familiale empreinte de tradition et de modernité.

LEWOZ €

14 rue Paul Baudot

✆ 05 90 99 71 40

Ouvert du lundi au samedi de 7h à 19h. Environ 12 € pour un plat.

Située dans le cœur de la ville, cette brasserie créole dispose d'un bar au rez-de-chaussée et d'une salle de restauration à l'étage. La carte créole est simple, mais efficace ; vous pourrez y trouver la plupart des plats typiques relevés d'épices à souhait (poisson du jour, poulet coco, colombo... accompagnés de racines ou d'un gratin de légumes du pays). Pour une collation, l'établissement propose également des sandwichs. Les habitants de Basse-Terre connaissent bien cette adresse où l'ambiance est des plus sympathiques grâce à un accueil souriant.

LA SPATULE CRÉOLE €

30 rue du Dr Cabre

✆ 05 90 25 14 31

Ouvert tous les jours de 10h à 14h30. Plats à partir de 10 €, desserts à partir de 3 €.

Ce petit restaurant typiquement créole dispose d'un cadre bien agréable et surprenant au cœur de Basse-Terre. La petite salle, accolée au grand comptoir, est colorée et le patio est très agréable. Les plats changent chaque jour : ils sont indiqués sur la grande ardoise à l'entrée. Les tarifs sont vraiment abordables et les assiettes sont copieuses... Au menu, un large choix de plats traditionnels locaux entre porc roussi, dombrés de ouassous, court-bouillon, fricassée de chatrou, blaffs, bébélés... Accompagnés de gratins de légumes péyi ou encore de riz mélangé.

MAISON ANTILLAISE FONDÉE EN 1996
CAP CRÉOLE
Produits de la mer fraiment délicieux !
Poisson fumé des Caraïbes
Marlin
Voilier
Thon
Thazard
SUPRÊME DE POISSON SAUVAGE
Rillettes de Thon
au poivre vert
Rillettes de Marlin
Rillettes de Thazard
au colombo
invitez la mer à votre table
Rillettes de la mer - Tartares - Carpaccio - Steak de la mer - Crabes - Filets de poissons surgelés
Poissons fumés tranchés et en filet - Traiteur de la mer - Produits locaux
EN BOUTIQUES CAP CRÉOLE
Guadeloupe Saint-Francois
Bouillante / Jarry
Martinique : ZI, La Jambette
PRODUIT Péyi
AU RAYON FRAIS
Guadeloupe / Saint-Martin
Saint-Barth
Martinique
www.capcreole.com

Corsaire®
BIÈRE BLONDE
Corsaire
CERVEZA·BIÈRE·BIRRA·CERVEJA
Corsaire®
Bière Blonde
PREMIUM BEER
5,4% vol.
Corsaire
C ma bière

HABITATION DESMARETS €€

Lieu-dit Desmarais
✆ 05 90 81 73 69
www.habitationdesmarets.com
Ouvert mardi et mercredi midi. Midi et soir du jeudi au samedi. Comptez environ 50 €.

L'imposante bâtisse datant de 1823 est située sur le site d'une ancienne distillerie. Elle bénéficie d'une belle architecture en pierre et en bois. Le service a lieu sur la galerie ombragée qui entoure la maison ouvrant sur le jardin tropical, et sous l'œil attentif de Stéphanie et Rodolphe. Le chef mêle avec subtilité saveurs locales et cuisine traditionnelle française. Le cadre et la passion du métier lui permettent de figurer au rang des incontournables de l'île. Après de longs mois de travaux, la réouverture est prévue pour début 2024.

LE LOCAL

7 Boulevard Félix Eboué
✆ 05 90 46 49 20
Ouvert du mardi au vendredi de 9h à 13h et de 14h à 18h, le samedi de 9h à 13h30.

Cette adresse est désormais incontournable dans le sud de la Basse-Terre, Le Local est une épicerie fine qui offre, en un lieu unique, un panel de produits du terroir 100 % made in Guadeloupe, soigneusement sélectionnés. Sandrine vous accueille et vous conseille dans sa petite boutique où vous trouverez des confiseries, des épices (cannelle, muscade, vanille de Guadeloupe), du cacao et du café de terroir, des rhums blancs et vieux, des punchs, des produits cosmétiques et des objets d'artisanat à offrir ou à rapporter en souvenir de votre séjour.

LA RIVIERE AUX HERBES

4 Rue de la République
✆ 05 90 95 70 95
Du lundi au vendredi de 10h à 18h.

Une des rares adresses à Basse-Terre pour déguster une glace ou un sorbet aux fruits, des smoothies, des milk-shakes, des jus de fruits. Pour les plus gourmands ou les plus affamés, vous y trouverez également des crêpes, des gaufres, des pâtés, des viennoiseries... Ce salon de thé-glacier propose aussi un très bon chocolat antillais traditionnel (à tester absolument). Pour vous repérer, il est situé dans le centre-ville de Basse-Terre, à proximité de l'hôtel de ville (à environ une trentaine de mètres) avec une devanture aux tons rose et blanc.

TROPIK BOWL CENTER

Rue Joseph Ignace
✆ 0976 02 52 34
Ouvert tous les jours de 15h à minuit, vendredi-samedi 15h-2h. 8,50 € la partie, 9,50 € vendredi, samedi, dimanche.

Ce lieu de convivialité ouvert depuis 2019, est réellement un plus pour le dynamisme de cette partie de l'archipel. Il fait bon y passer une soirée entre amis, entre collègues, en famille, mais aussi en couple. L'établissement est situé au cœur du village associatif et centre de loisirs du quartier du Carmel. Le centre dispose, en plus des pistes de bowling, d'une zone de loisirs avec baby-foot, tables de billard, et deux air-hockey. Des jeux qui ont pour objectif de vous faire patienter en attendant qu'une piste de bowling soit disponible. Réservation conseillée.

SWEETHÉ

10 rue Germain Casse
✆ 06 90 95 67 35
http://sweethe.fr
Du lundi au vendredi de 9h30 à 16h30 et le samedi de 9h à 13h.

Une véritable pause fraîcheur au cœur de la ville de Basse Terre : voilà ce que propose Sweethé. Ce concept de thé glacé frais naturel s'avère rafraîchissant et nourrissant à la fois. Leur thé est agrémenté de billes de sirop : de nombreuses saveurs de la Caraïbe sont ainsi disponibles pour combler les palais des plus gourmands : ananas, mangue, passion, goyave... Petit plus : le client peut choisir également le taux de sucre souhaité. Une jolie boîte à repas composée de wraps tout chauds est également proposée tous les midis.

BAILLIF ★★

Entourée de ses voisines Basse-Terre, Saint-Claude et Vieux-Habitants, la commune de Baillif, intégrée dans le parc national de la Guadeloupe, laisse encore apparaître divers témoignages de son passé, entre traces de l'occupation amérindienne, vestiges militaires des combats entre la France et l'Angleterre pour la possession de la Guadeloupe. De son passé sucrier, seule subsiste aujourd'hui la distillerie Bologne, reconnue parmi les plus réputées de l'archipel. Surplombant la route nationale, l'église Saint-Dominique a été érigée sur l'emplacement de l'ancien lieu de culte dont seul le clocher a été conservé.

ADA

Zone industrielle de Baillif
© 05 90 26 65 98
https://adaguadeloupe.com
Agence ouverte du lundi au vendredi de 7h à 12h et de 14h à 16h.

L'agence est située dans la zone artisanale de Baillif. Un large choix de véhicules vous est proposé entre les gammes économique (Twingo, Clio Sandero), familiale (grand Scenic Lodgy, Traffic 9 places), tout confort (Captur automatique), 4x4 SUV (Duster, Tucson) et prestige à des tarifs très compétitifs, mais également des utilitaires. Certains véhicules sont équipés d'un GPS intégré, d'autres sont dotés d'une boite automatique. L'assistance 7j/7 est incluse sur toute la Guadeloupe en cas d'immobilisation du véhicule. Pré-paiement en ligne.

AUTO DISCOUNT LOCATION

Aérodrome
© 06 90 48 65 45
www.auto-discount.fr
À partir de 19 €/jour. Lundi, mardi, jeudi et vendredi 8h-12h30 et 13h30-16h30, mercredi et dimanche 8h-12h30.

Implanté aux Antilles depuis presque 25 ans (6 agences en Guadeloupe, 1 agence en Martinique, 1 agence à Saint-Martin et 1 agence en Guyane), ce loueur 100% local vous propose le meilleur rapport qualité-prix. Citadine économique, spacieux minibus 9 places, SUV tout terrain, voiture sans permis, automatique ou manuelle : trouvez le véhicule adapté à vos vacances ou à vos besoins quotidiens. Un déménagement, des travaux ? Du petit fourgon au camion à benne basculante, particuliers ou professionnels, trouvez aussi le parfait utilitaire !

HERTZ ANTILLES

ZI des Pères Blancs
© 05 90 99 04 00
www.hertzantilles.com
Ouvert en semaine : 8h-12h et 13h-17h30. Le samedi : 8h-11h.

L'agence est située dans la ZI des Pères Blancs, dans la concession Citroën. Grand choix de véhicules disponibles (économique, tout-terrain, compacte, routière, luxe et sport, utilitaire). Réservation en ligne sur le site. En cas d'arrivée en dehors des heures d'ouverture de l'agence située à l'aéroport, il est possible de récupérer sa voiture (en supplément) : il suffit d'indiquer l'heure d'arrivée et le numéro de vol lors de votre réservation. Il est également possible de restituer le véhicule dans une des autres agences situées en Grande-Terre ou Basse-Terre.

PARADIS TROPICAL €€

910 route de Saint-Louis
© 06 90 33 31 41 - www.paradistropical.net/
À partir de 75 €/nuit. Séjour minimal en haute saison.

Cette résidence touristique est située dans un parc fleuri et calme, avec vue sur mer et montagne. Les hébergements de 2 à 5 personnes disposent d'1 ou 2 chambres selon la catégorie, d'un séjour, d'une cuisine et d'une terrasse avec vue. Fauteuils de jardin à disposition autour de la piscine. Un bungalow peut héberger les personnes à mobilité réduite. Possibilité de petit déjeuner et repas sur réservation. Très bon accueil. Lodges en bois vue mer et montagne avec piscine semi-privative, et un bar ouvert en haute saison, espace de remise en forme et crossfit.

CAPRICE DES ILES €€

Boulevard du Père Labat
✆ 05 90 81 74 97

Ouvert du mardi au dimanche le midi et du jeudi au samedi le soir. Comptez 35 € par personne.

Derrière la simplicité apparente de la décoration, les préparations du chef sont assez sophistiquées et l'établissement mérite assurément sa réputation. On peut y déguster une excellente cuisine créole savoureuse avec des spécialités originales telles que le balaou en friture ou en beignets, blaff de poisson, carré d'agneau sauce créole et bien sur, des langoustes. Il est préférable de réserver afin d'être installé en terrasse pour bénéficier d'une belle vue sur la mer. Une bonne table bien sympathique et réputée localement. Parking sur place.

JUMBO CAR

ZAC des Pères blancs
✆ 05 90 26 65 98
www.jumbocar.com/

Agence ouverte du lundi au vendredi de 7h à 12h et de 14h à 16h.

L'agence est située à côté du Super U de Baillif sur l'Allée des pères blancs. L'entrée se fait à travers la concession Renault et Ada. Large gamme de véhicules récents, de la gamme économique au 4x4 SUV en passant par les berlines de luxe, les cabriolets, les monospaces, les minibus, les boîtes manuelles ou automatiques, les véhicules électriques/hybrides... Consultez leur site pour bénéficier des meilleurs tarifs. Pré-paiement en ligne. Jumbo Car possède également une agence à Gourbeyre, ainsi qu'à l'aéroport Pôle Caraïbes.

LE GUET APENS €€

Route de Saint-Louis
✆ 06 90 45 72 86

Ouvert du mardi au samedi de 19h à 23h. Addition moyenne à 30 €.

Ce restaurant est situé en bord de route et au cœur de la végétation. Pour le repérer, c'est assez simple : il s'agit d'une petite case tout en bois très colorée, illuminée le soir et ornée de fresques murales. Vous aurez droit à un accueil chaleureux de la part de Chantal et Henry dans un cadre atypique et à l'esprit intimiste. Vous y mangerez de délicieuses grillades au feu de bois. Que les grands estomacs se rassurent, les plats sont très généreusement servis, avec des spécialités locales, des grillades (viandes et poissons)...

Tour du Père Labat.

MARCHÉ DES MORNES

Face à la Tour du père Labat

Tous les vendredis de 13h à 20h.

Ce marché local est installé sur la petite place face à la tour du père Labat. Il est organisé par une association, l'ADARSUB (Association pour le développement agricole et rural du Sud Basse-Terre), qui regroupe des agriculteurs du territoire. Les producteurs locaux viennent y vendre leur production agricole directement aux particuliers. Les étals sont chargés de fruits et légumes, de poissons frais, de viandes locales, de fleurs, d'eau de coco, mais également de produits transformés (des boudins, des punchs, du cacao, des cassaves sucrées et salées)...

VIEUX-HABITANTS

Vieux-Habitants est considérée comme l'une des plus anciennes communes de l'île. Le terme de « Vieux Habitants » définissait les premiers exploitants des terres, et non pas les premiers habitants au sens où la toponymie des lieux pourrait le laisser entendre. Son histoire reste liée à celle de son église, l'un des édifices religieux les plus anciens de l'île. Dans ses vallées, qui bénéficient d'un microclimat sec et chaud, on cultivait le cacao, du café, de la vanille et du roucou. Aujourd'hui, ce sont les écomusées qui attirent les touristes. Vieux-Habitants a su conserver son caractère authentique tout en s'ouvrant à l'écotourisme.

CASCADE KALINAGO

Entre Baillif et Vieux-habitants.

Après avoir admiré les roches gravées par les Amérindiens dans la rivière du Plessis, de l'autre côté de la rivière, un chemin parallèle à un bras vous conduit en environ 15 minutes jusqu'à un bassin aux eaux turquoise entouré de hautes falaises d'où se jette une belle chute d'eau. Le chemin qui remonte la rivière est assez escarpé pour descendre au bassin. Chemin qu'il faudra ensuite remonter... Les Kalinagos étaient des Amérindiens. Certains de ces descendants vivent dans l'île voisine de la Dominique sur un territoire qui leur a été attribué.

MUSÉE DU CAFÉ ★★

Le Bouchu ✆ 05 90 98 54 96
www.cafe-chaulet.com

Ouvert du lundi au vendredi 9h-17h. Entrée payante, visite autonome.

La maison Chaulet est planteur depuis 1860 et torréfacteur depuis près d'un siècle. Son café est vendu partout dans l'archipel. Ce 100 % arabica, reconnaissable à son paquet uniformément vert ou jaune, descend d'une histoire agricole passionnante, à laquelle l'habitation Chaulet est étroitement attachée. Le café de Guadeloupe est issu des premiers caféiers en provenance des Amériques en 1721. Il est réputé pour être un des meilleurs cafés au monde et il est utilisé en qualité de *bonifieur* afin d'améliorer d'autres cafés.

La visite du musée complètement autonome permet de remonter le temps à la trace de la plante sur les cinq continents, de son implantation aux Antilles jusqu'à la production et la transformation du grain de café en cette boisson amère tant appréciée dans le monde entier. Une véritable épopée depuis 1721 qui retrace les techniques de production de l'époque jusqu'à nos jours. De la cueillette à la torréfaction, vous découvrirez une *bonifierie* entièrement restaurée, où toutes les opérations nécessaires sont évoquées. Sur place également, une boutique pour découvrir les différents produits Café Chaulet.

En septembre 2022, lors du passage de la tempête Fiona, la Grande Rivière est sortie de son lit et a complètement ravagé les installations. Le musée fermé depuis plus d'un an pour travaux a pu rouvrir en fin d'année 2023, un soulagement pour cette entreprise familiale emblématique de l'archipel guadeloupéen. La chocolaterie Les Suprêmes anciennement installée dans les locaux est désormais située à Saint-Claude.

DOMAINE DE VANIBEL ★

Cousinière

✆ 05 90 98 40 79

www.vanibel.fr

Entrée : 9,50 €/adulte, 5,50 €/enfant. Visites sur réservation. Fermé le week-end et les jours fériés.

Voici certainement la plus familiale des plantations de café. L'un des rares sites où l'on cultive encore le café, la vanille et bien sûr la banane où la tradition de la *bonifierie* à l'ancienne est conservée. Au XVIIIe siècle, le café guadeloupéen était considéré comme l'un des meilleurs au monde. Vanibel respecte la méthode artisanale et les différentes étapes de transformation qui lui assurent cet arôme, cette saveur incomparable du pur arabica sans amertume. Sur le domaine se trouvent des vestiges précolombiens, un moulin à eau, un aqueduc, une bananeraie.

PLAGE DE SIMAHO

Cette plage est située dans le petit bourg authentique et paisible de la commune de Vieux-Habitants. Son littoral est composé de sable volcanique gris et de galets. La commune a aménagé un parcours pour longer la plage en petite foulée si vous le souhaitez et des carbets pour pique-niquer à l'ombre. Elle n'est sans doute pas la plus agréable pour la baignade mais elle reste très pratique pour se détendre avant ou après le déjeuner, car plusieurs restaurants sont implantés sur cette plage. Ils proposent des spécialités créoles.

PAROISSE SAINT-JOSEPH

✆ 05 90 98 42 05

Elle est considérée comme la plus ancienne église de la Guadeloupe. Elle a été édifiée en 1636 par les Dominicains et n'est, au départ, qu'un abri de planches. En 1639, l'édifice est considérablement amélioré et agrandi. Il prend le titre d'église en 1640. L'église est brûlée en 1703 par les Anglais et reconstruite par les Capucins qui y ajoutent des contreforts et un porche classé monument historique en juin 1975. Un agrandissement a été effectué entre 1952 et 1962. L'Eglise Saint-Joseph a été inscrite aux monuments historiques en 2006 et classée en 2007.

LES ROCHES GRAVÉES DE LA RIVIÈRE DU PLESSIS

Départ depuis le terrain de sport de Baillif. La rivière sépare les communes de Vieux-Habitants et de Baillif.

Le site abrite des roches gravées par les Amérindiens. Vous pourrez découvrir leurs symboles, les visages de leurs divinités. Certaines roches sont situées au bord de la rivière et d'autres sont dans le lit de la rivière. Les gravures s'observent plus facilement lorsque les roches sont mouillées. Des panneaux pédagogiques fournissent des précisions sur ces roches et sur leur emplacement. D'autres roches gravées sont visibles au parc archéologique de Trois-Rivières.

BASSE-TERRE

PLAGE DE ROCROY

Située au sud de la Commune, la plage de Rocroy est une jolie petite anse aux eaux assez calmes bordée de galets et de sable volcanique gris foncé (qui s'avère très chaud pour les pieds nus). Elle est dotée de douches et de carbets pour le pique-nique. Elle est très prisée des habitants et s'avère assez fréquentée le week-end et les jours fériés. Sa fréquentation est plus agréable en semaine si vous recherchez la quiétude. Un restaurant-bar lounge est implanté sur cette plage. Le site est également réputé pour la beauté de ses fonds marins.

LES COCOTIERS €

664 chemin de l'Etang

✆ 05 90 98 33 18

www.bungalows-cocotiers-guadeloupe.com

À partir de 45 €/nuit en bivouac, 350 €/7 nuits/studio. Séjours Bien-Être 3 nuits en 1/2 pension + soins 270 €/pers.

Les hébergements, entre mer des Caraïbes et forêt tropicale, sont écoresponsables et situés à 300 mètres de la plage et du sentier littoral, à l'écart de l'afflux des visiteurs. Les forfaits Bien-Être avec soin énergétique et massages sont disponibles en studio ou en bivouac, à la belle étoile dans un jardin tropical sous un carbet doté d'une moustiquaire (à partir de 3 nuits). Des prestations sont proposées sur place : petits-déjeuners aux saveurs locales inclus, collation d'arrivée, table d'hôte, massage relaxant, soin énergétique.

KAZACHATGWADLOOP €

Rue Terreville Racon

✆ 05 90 80 10 05

85 €/nuit/2 personnes, 100 € en week end. 15 €/pers suppl. Capacité d'accueil 2 ad + 2 enf. Frais de ménage 70 €.

Vous connaissiez le bar à chats, eh bien voici un concept unique en Guadeloupe : la case à chats. Vous séjournerez dans un bas de villa créole, entourés de chats persans et de chiens de la «Karukera's Cattery », et d'oiseaux. Ce rez-de-jardin indépendant comprend tout le confort pour accueillir 2 à 4 personnes (1 lit queen size et 2 lits simples). La terrasse sans vis-à-vis se prolonge sur un deck qui donne sur un jardin agrémenté de bassins d'eau douce, dont l'un est propice à la baignade. Un second hébergement baptisé Kazasunset est situé à l'étage.

HABITATION GETZ €€

Route de Géry

✆ 05 90 24 46 86

www.habitation-getz.com

Cabanes à partir 80 €/nuit/3 pers. ou 104 €/4 personnes. Chambre à partir de 80 €/nuit. Petit déjeuner 20 €/jour 2 pers.

Les 2 chambres d'hôtes et les 3 cabanes perchées dans les arbres sont sur les hauteurs de Vieux-Habitants. Ce site abrite une ancienne plantation de café transformée par ses propriétaires dans le respect de la nature. Tout est pensé : le choix des arbres, l'orientation des cabanes pour une ventilation optimale, les cabanes sont suspendues par des câbles et non pas clouées, ni vissées afin de ne pas maltraiter les arbres, le mobilier est en bois, toilettes sèches... Wi-Fi gratuit et illimité. A votre disposition, un couloir de nage.

DOMAINE DE VANIBEL €€

Cousinière

✆ 05 90 98 40 79

www.vanibel.fr

À partir de 350 € la semaine pour 2 personnes, à partir de 550 € pour 4. Fermé en septembre.

Cet ensemble est implanté sur un site historique agricole, une plantation où l'on cultive encore le café et la vanille. Un jardin créole avec barbecue, piscine, et balançoire entoure les logements, qui comprennent 1 ou 2 chambres, une salle d'eau, une cuisine ou kitchenette entièrement équipée (selon la catégorie) et une terrasse. Une visite guidée du site vous sera proposée lors de votre séjour. Vous y découvrirez quelques vestiges archéologiques, un moulin à bonifier le café, une roue à eau, et un atelier de transformation de torréfaction.

LE CLOS DU MANGUIER €€

221 route de Géry

✆ 06 79 85 71 86

www.closdumanguier.com

À partir de 1 100 € la semaine pour 6 personnes.

L'appartement, dans un jardin tropical, peut accueillir jusqu'à 6 personnes. Il est situé à environ 2 kilomètres du bourg de Vieux-Habitants et bénéficie d'un beau panorama sur la mer. Il comprend 3 chambres climatisées, 2 salles de bains, 3 WC, un salon avec canapé-lit, une grande cuisine entièrement équipée (lave-vaisselle, lave-linge, sèche-linge...) avec bar, une terrasse et une table de ping-pong. Wifi gratuit. La décoration a été soignée. Vous logerez dans une ambiance créole haute en couleur avec notamment des tissus madras.

L'EDEN DES COLIBRIS €€

Chemin de Fond de Gommes

✆ 06 90 48 95 95

www.edendescolibris.com/

Entre 90 € et 150 €/nuit. 2 nuits minimum.

Niché en pleine nature, sur les hauteurs de Vieux-Habitants, à proximité du bourg de Bouillante, vous pourrez admirer de votre terrasse la vue sur la mer et les vallons aux alentours. Cette maison en bas de villa, sans vis-à-vis, a une capacité d'accueil de 6 personnes, voire 8. Elle est dotée de 3 chambres, d'un séjour, d'une cuisine équipée, d'une grande terrasse avec spa et de 2 salles de bain, dont une en extérieur équipée d'une douche avec vue sur la forêt. Le calme règne ici en maître, vous serez bercé par le doux murmure de la rivière à proximité.

LA COUSINIÈRE €€

79 Chemin des Laitues

✆ 05 90 98 52 71

www.delacousiniere.com

Séjour de 3 nuits minimum.

Situées sur les hauteurs de Vieux-Habitants, avec la mer et les monts Caraïbes en arrière plan et au milieu d'un jardin tropical, ces cinq villas de charme en bois rouge sont spacieuses et tout confort : P'tite Anse (une chambre, douche hammam et spa), Terdeho et Terdeba (deux chambres, spa), Désirable (trois chambres, spa et piscine privée) et Lagalante (1 chambre + mezzanine, spa) et une cabane dans un manguier. Toutes disposent d'une cuisine équipée, écran plat, connexion Wi-Fi gratuite, coffre-fort... ainsi qu'une terrasse. Sur place, une piscine commune.

BASSE-TERRE

DAMPIERRE LOCATIONS €

666 chemin de la plage de l'Etang
✆ 05 90 98 53 91
www.dampierre-locations.com
Studio à partir de 280 €/semaine. F2 à partir de 320 €/semaine pour 2 personnes, 410 €/4 personnes.

Les 4 gîtes (2 studios pour 2 personnes, 2 gîtes F2 pour 2 à 4 personnes) sont implantés dans un très joli jardin arboré à 400 m de la plage de l'Etang. Les studios disposent d'un séjour avec lit double, d'une kitchenette, d'une salle d'eau et d'une terrasse avec vue mer. Les F2 sont équipés d'une cuisine, d'un séjour, d'une chambre climatisée avec lit double, d'une salle d'eau et d'une terrasse vue mer. Les hébergements sont tous indépendants et sans vis-à-vis. Le plus nature : l'électricité et l'eau chaude sont fournies grâce à des équipements solaires.

WOKWA BEACH €€

Plage de Rocroy
✆ 06 90 48 14 71
www.wokwabeach.com/
Ouvert du mercredi au samedi de 19h à 22h. Addition moyenne à 40 €.

Une adresse agréable qui bénéficie une belle vue sur mer. La terrasse est bien ventilée. Le rapport qualité/prix est parfait entre le cadre, l'accueil agréable, les plats savoureux et des tarifs raisonnables. Le site est idéal pour apprécier un cocktail accompagné de tapas locales telles que les accras de morue, les croustilles de dorade ou les beignets de balaou (petits poissons fins ressemblant aux sardines). La carte est variée avec des plats traditionnels, des salades et des burgers, dont un végétarien. Ambiance bar lounge vendredi et samedi soir.

LA BAIE DE ROCROY €€

Plage de Rocroy
✆ 06 90 955 900
Ouvert du mercredi au dimanche de 12h à 21h.

C'est sur cette baie tranquille au sable noir que se situe ce restaurant éponyme. La carte de la Baie de Rocroy saura satisfaire toutes les faims après la baignade ! La spécialité du restaurant sont les burgers (classique à la viande hachée, poulet, magret de canard, poisson ou végétarien) accompagnés de frites belges, recette rapportée du pays natal des gérants. Au menu également quelques spécialités locales, moules-frites ou tataki de thon. Le lieu est aussi idéal pour prendre un verre en fin de journée. Les cocktails sont particulièrement savoureux !

CAFÉ CHAULET

Le Bouchu
✆ 05 90 98 54 96
www.cafe-chaulet.com
Boutique ouverte du lundi au vendredi de 9h30 à 17h.

Ce Bonifieur guadeloupéen est directement lié à l'importation des plants de café en 1720-1721. Torréfacteur et exportateur depuis 1900, l'entreprise des cafés Chaulet offre une sélection des meilleurs arabicas après une cueillette à la main, un traitement des cerises par voie humide et un séchage naturel au soleil un an durant... Le café Chaulet s'achète en ligne ! Et si vous êtes parisien, rendez-vous au 20, rue de l'Abbé Grégoire, dans le 6e arrondissement, dans l'épicerie fine de Christian de Montaguere, L'Art de vivre aux Caraïbes.

LES VERGERS DE CANAAN €

✆ 06 90 74 88 69
Visite 10 €. Menu du jour avec baignade 40 €/adulte, 20 €/enfant.

Sonia vous accueille sur son exploitation agricole, au contact de la nature et de la culture guadeloupéenne. Au programme : atelier « Jaden bo kaz », visite de l'exploitation tournée vers le jardin créole (découverte des plantes médicinales, sur rdv) ou bain à la rivière et achat de produits agrotransformés (confitures, sirops, punchs). Table d'hôtes sur réservation, Sonia concocte des repas cuits au feu de bois et perpétue ainsi les traditions. Ambiance conviviale au bord de la rivière, en toute simplicité. Les plats sont servis dans des *couis* (calebasses).

NATURE DESIGN

Grande rivière
✆ 06 90 73 68 46
Atelier ouvert tous les jours de 8h à 18h.

Philippe Cazalis, originaire de Marie-Galante et artisan d'art depuis trente ans, présente ses créations de bijoux en graines, luminaires en calebasses, tables en bois, toiles, petit mobilier... Ses créations sont uniques, design et réalisées à la main de façon artisanale. Sa matière première (graines, bois, calebasses issues de la vallée de Grande Rivière à Vieux-Habitants...) provient de la Guadeloupe ou de Marie-Galante. Philippe Cazalis expose également dans toute la Caraïbe lors d'expositions individuelles ou dans des foires.

BOUILLANTE ★★★★

Centre important du tourisme vert et de la géothermie, Bouillante est baigné à l'Ouest par la mer des Caraïbes. La plage de Malendure est bordée d'un sable noir (issu du volcan à proximité) qui peut surprendre au premier abord. Elle est située face aux ilets Pigeon et allie plaisirs nautiques et visites des fonds marins dans la réserve naturelle surnommée la réserve Cousteau, zone classée qui a fait le tour des cercles de plongeurs lui conférant une réputation internationale. Bouillante est également le point de départ pour la découverte de la forêt tropicale en randonnées, bivouac, trekking et une multitude de loisirs sportifs.

ÎLETS PIGEON ★★

Les îlets Pigeon sont deux petites îles situées en face de la plage de sable noir de Malendure. Il s'agit d'un site incontournable géré par l'ONF Guadeloupe et qui est devenu en 2010 le cœur du Parc national. L'endroit accueille la célèbre « Réserve Cousteau », une réserve naturelle qui séduit chaque année de nombreux plongeurs. Bien que riche en végétation, les îlets attirent majoritairement les touristes pour les immersions en palmes-masque-tuba ou en plongée. Les eaux sont claires et l'incroyable faune marine s'observe dès le premier mètre de profondeur !

PARC DE LA SOURCE

Rue de Poirier
✆ 0690 32 67 60
www.parcdelasource.com
Du mercredi au dimanche 9h30-18h. 17 €/ad, 12 €/13-17 ans, 8 €/6-12 ans. Carbet 120 €/10 personnes, entrée incluse.

Situé sur les hauteurs de pigeon, ce parc agro-forestier dédié à la détente est implanté sur une ancienne habitation. Il bénéficie d'un superbe panorama sur la mer des Caraïbes et la réserve marine. La présence de sources sur ce site, dont une constituait la première source d'eau d'alimentation du secteur de Pigeon, a donné l'idée de son nom à son propriétaire, un agriculteur, qui a choisi de le dédier à la sauvegarde et la mise en valeur du patrimoine naturel de l'île. Divers sentiers conduisent à la découverte de la faune et de la flore locales, des plantations de vanille, de cacao, de café, plantes médicinales, d'un jardin créole, de sources naturelles, des cultures vivrières. Certaines des plantations (café, cacao, vanille…) peuvent faire l'objet d'une visite guidée. 14 carbets privatisables (sur réservation 24h à l'avance) sont disséminés en haut du parc ou le long de la rivière dont le cours est interrompu par une superbe chute d'eau haute de 20 mètres. Les carbets permettent de profiter d'une journée en famille ou entre amis, ponctuée par un pique-nique. Ils sont équipés de tables, d'un banc pour 10 personnes et d'un barbecue sur demande. Le café-terrasse (proposant des sandwichs, des assiettes types tapas et des boissons) est accessible à tous sans droit d'entrée. Un coin boutique présente également des produits d'artisanat local. Le site propose de nombreux événements et activités (voir site internet) : tyrolienne, cours de yoga, de créole, journées bien-être, escape game, bivouacs…

BASSE-TERRE

Îlets Pigeon.

RÉSERVE COUSTEAU ★★★

De la pointe Mahault à la pointe Lézarde, cette zone maritime classée en réserve naturelle s'est adjoint le nom, sans que cela n'ait quoi que ce soit d'officiel, du célèbre commandant Jacques-Yves Cousteau. À bord du mythique bateau, la *Calypso,* le célèbre navigateur et son équipage ont fait escale sur la Côte sous-le-Vent en 1950 lors du tournage du film *Le Monde du silence.* Émerveillés par la beauté des fonds marins après avoir plongé sur le site, ils souhaitent faire protéger le site et le faire classer réserve naturelle, mais ils n'y parviennent pas à l'époque. Toutefois, les commerçants locaux baptisent le lieu de « Réserve Cousteau ». Plusieurs clubs de plongée s'y installent. Depuis, le site est devenu un spot de plongée incontournable en Guadeloupe à la réputation internationale qui ne deviendra réserve naturelle qu'en 2009. Il est depuis géré le Parc national de Guadeloupe.

Un buste en bronze de l'illustre explorateur, doté de son célèbre bonnet rouge, a été déposé en 2004 à 12 mètres de fond, au large de Malendure sur le site du jardin de Corail. Ce site est accessible à tous même lors d'un baptême de plongée.

De la plage touristique de Malendure, au sable volcanique noir, partent de nombreux bateaux avec les plongeurs et des visiteurs à la découverte des fonds marins des îlets Pigeon, réputés pour la qualité de leurs eaux et leur biodiversité. C'est également le point de départ de balades en kayak ou à bord d'un bateau à fond de verre qui permet d'admirer les fonds marins sans avoir à plonger (avec un arrêt baignade au cours de la balade).

La plupart des clubs sont installés sur la plage de Malendure, point de départ facile d'approche. Tous les candidats au baptême de plongée peuvent découvrir ici les richesses sous-marines sans appréhension. Mieux vaut se renseigner à l'avance sur la présence des accompagnateurs aux centres de plongée. Nous avons recensé pas moins de 19 sites dont la profondeur varie de 0 à 40 m. 3 épaves, situés à 10 min de la plage (*Le Franjack* 23 m, *L'Augustin Fresnel* à 28 m et *Le Gustavia* à 40 m) sont très prisés par les clubs pour des sorties de nuit. Pour les sorties PMT (palmes, masque, tuba) vers la réserve Cousteau, il n'est pas nécessaire de réserver. Par contre, la prudence reste de mise ; il est impératif de respecter les consignes de sécurité et notamment de se signaler auprès des embarcations par une bouée. Informez-vous également des contre-indications éventuelles ; par exemple, les femmes enceintes et les personnes qui doivent voyager en avion dans la journée doivent s'abstenir de plonger.

PLAGE MALENDURE ★★

Parking payant pour la plage et aux abords. WC et douche sur place.

Le sable noir peut surprendre et il peut brûler les plantes des pieds nus des visiteurs non aguerris... En effet, les grains de sable, issus de l'érosion volcanique, chauffent rapidement sous le soleil. Ce bord de mer, paradisiaque et plébiscité par les touristes, est bordé de petites cabanes en bois proposant des activités aquatiques (plongée, bateau à fond de verre). Les petites cases créoles servent de délicieux bokits et autres spécialités culinaires antillaises. Malendure est un spot incontournable en Guadeloupe car c'est une réserve naturelle.

SOURCES D'EAU CHAUDE

La commune de Bouillante est parsemée de sources d'eau chaude naturelles en mer et à l'intérieur des terres. Certaines de ces sources sont accessibles, en bord de mer à Thomas, à quelques kilomètres au sud de Bouillante. On peut s'y baigner dans une petite vasque qui a été aménagée et dans laquelle se mélangent l'eau thermale à 55 °C et l'eau de mer. Vous trouverez d'autres sources d'eau chaude naturelles au nord de Bouillante au Bain du Curé, à la Cascade Paradis, le bain des Amours, les bains jaunes, les eaux chaudes de Sofaïa et en mer autour des îlets Pigeon.

LE TAPEUR

Route de la Traversée
© 06 90 44 17 51 - www.letapeur.fr

Ouvert 7/7 (9h-17h). Ti'sucrier (3-7 ans) 12€. Trembleuse (8 +) 20€. Maxi Gligli (10 +) 25€. Nouveau Foufou (14 +) 25€.

À votre disposition, quatre zones pour s'amuser en famille. En pleine forêt, vous vous baladez sur des ponts de singe, sur plus de 1 kilomètre de tyroliennes... Vous êtes à la cime des arbres à plus de 15 mètres de hauteur. Après un parcours d'initiation, vous choisissez votre piste ; « Ti sucrier » pour les petits ; « La Trembleuse », accès aux parcours en forêt sans tyrolienne ; « Maxi Gligli », La Trembleuse + le parcours tyrolienne « Nouveau FouFou » pour les amateurs de sensations ! La piste ultime ! Dernière séance à 14h30.

AVENTURE CÉTACÉS

✆ 06 90 608 405

www.aventurecetaces.com

70 € par adulte, 50 € par enfant. Privatisation du bateau (12 pers) : 700 €. Ajoutez 1 € de taxe par personne.

Partez, au départ de la plage de Malendure, à la découverte des cétacés qui fréquentent les eaux chaudes de l'archipel. Plus d'une vingtaine d'espèces sont recensées dans les Antilles françaises. Le capitaine, qui encadre ces excursions, est un passionné qui veille au respect de l'environnement et de la tranquillité de ces animaux. La sortie, d'environ 3h, s'effectue en petit comité (12 personnes maximum). Le bateau est équipé d'un hydrophone qui permet de repérer la position des cétacés. La navigation se déroule au large de la Côte-sous-le-vent.

EVASION TROPICALE

Rue des Palétuviers

✆ 06 90 57 19 44

www.evasiontropicale.org

Contactez l'association afin de prendre RDV pour la visite du musée consacré aux cétacés.

L'association œuvre activement pour la préservation des cétacés et des tortues marines dans la Caraïbe. Elle est engagée pour la mise en place d'une réglementation de l'activité dans l'archipel guadeloupéen et dans la Caraïbe au sein de Caribwhale qui regroupe les opérateurs de tourisme baleinier dans la zone. Leur petit musée « *La Balen ka souflé* », dédié aux cétacés, se repère facilement avec sa devanture bleue sur laquelle est dessinée un cachalot. *Evasion tropicale* encadre les sorties découverte organisées par *La vie marine caribéenne*.

GWADA PELAGIC

✆ 06 90 99 14 19

www.gwadapelagic.com/

Sorties cétacés : 75 €/adulte, 55 €/enfant -12 ans. Départ du bourg de Bouillante.

C'est à bord du bateau le plus rapide de la flotte (2 moteurs neufs) que vous partez à la découverte des cachalots, dauphins et baleines qui peuplent les eaux de Guadeloupe, où 23 espèces sont observables à l'année. Vous recevrez un accueil sympathique de Clément, le capitaine, qui compte plus de 15 années d'expérience dans la zone. Un vrai moment de découverte. Durant la sortie (compter 3h) à bord du bateau ombragé, vous pourrez entendre les communications des cétacés grâce à un matériel d'écoute professionnel. Planteur offert. Réservations sur le site Internet.

LA VIE MARINE CARIBÉENNE

Rue des palétuviers

✆ 06 90 44 14 85

Sorties tous les jours à la découverte des cétacés : à partir de 75 €/adulte - 55 € (-12 ans). Sur réservation.

Manolo propose des sorties de découverte des cétacés mais également des tortues marines et des oiseaux. Ces sorties sont encadrées par l'association Evasion Tropicale. Par la même occasion, vous participez, aux côtés de Manolo, à la récolte des données sur ces espèces protégées. Ces balades pédagogiques s'effectuent, au large de Bouillante, dans le plus grand respect du milieu naturel, à bord d'un catamaran pouvant accueillir jusqu'à 25 personnes ou d'un plus petit bateau d'une capacité d'accueil de seulement 8 passagers. Une très belle expérience à vivre !

SOS FAUNE SAUVAGE

Route de la traversée

✆ 05 90 98 83 52

www.sosfaunesauvage.com

Cette association, présente en Martinique et en Guyane également, a pour vocation de protéger et de préserver les espèces de la faune sauvage. Elle recueille les animaux en détresse, perdus, blessés. Le centre de soin dispose de locaux mis à disposition par le Zoo de Guadeloupe, qui finance également l'intégralité des dépenses de fonctionnement. À ce jour, après plus de 10 ans d'existence, ce sont plus de 600 animaux (une centaine d'espèces) qui ont été soignés ; la moitié a pu être relâchée. Chacun peut contribuer à les aider en faisant un don via leur site.

RELAX BOAT

Embarcadère bourg de Bouillante

✆ +590 691 27 87 24

Location à la journée (9h à 17h) 250 €. Capacité 9 personnes.

Ces bateaux sans permis vous permettront de découvrir la paisible côte de Bouillante en navigation libre. La formule à la journée tout inclus comprend l'essence, le barbecue avec charbon, la glacière avec de la glace, une enceinte bluetooth, un grand tapis flottant à mettre à l'eau, ainsi qu'une douche sur le bateau. Vous n'aurez plus qu'à apporter vos boissons et viandes à griller. Les bateaux sont équipés d'un taud. La côte de Bouillante permet une navigation en toute sécurité, balisée, sur une mer d'huile, sans caye ou endroits rocheux.

BASSE-TERRE

ZOO DE GUADELOUPE AU PARC DES MAMELLES ★★

Route de la Traversée ✆ 05 90 98 83 52
www.zoodeguadeloupe.com
Ouvert tous les jours de 9h à 18h. Adulte : 17,50 €. Enfant (-12 ans) : 12 €.

Le Zoo de Guadeloupe est situé au cœur du massif de la Basse-Terre sur la route de la Traversée. Ces 4 hectares de forêt tropicale sont dédiés à la conservation d'espèces animales rares ou menacées. Plus de 85 espèces animales endémiques des Antilles et d'ailleurs, soit environ 450 individus, y sont hébergés. Vous pouvez ainsi observer des animaux de la faune locale entre racoons, iguanes, chauve-souris, dynastes…, des espèces de la faune sauvage de la Guyane (singes, jaguars, ocelots, caïmans, tortue alligator, anaconda, puma, toucans). Il y a toujours des nouveautés au zoo ! Eh oui, récemment, un groupe de lémuriens de Madagascar, une femelle jaguar et un duo de tamarins empereurs ont rejoint la grande famille du zoo de Guadeloupe ! Pour parfaire cette découverte de la riche biodiversité locale, le zoo propose à ses visiteurs une promenade dans la Canopée incluse dans le prix de la visite ! Cette balade, en toute sécurité, à la cime des arbres sur des ponts suspendus est aussi unique qu'inoubliable !

Tous les jours à 12h et à 15h30 ont lieu des animations pour partager la passion des soigneurs. Ce sont de véritables moments privilégiés entre le visiteur et le soigneur car ils permettent aussi de comprendre le rôle du Zoo de Guadeloupe et mettant en exergue les actions de protection de la faune sauvage guadeloupéenne.

La balade est accessible à tous et par tous les temps et elle permet une véritable immersion au cœur de la nature guadeloupéenne.

COULEUR CARAÏBES €

Rue de l'Allemand
✆ 06 90 35 59 97
www.gitescouleurcaraibes.com
A partir de 75 €/nuit pour 2 personnes.

Avec un petit air de « gîte de montagne », la structure Couleur Caraïbes, perchée à flanc d'un morne, regarde la mer de haut. Un ensemble de 6 gîtes de 2 à 6 personnes, équipés de lits, canapés, réfrigérateur, four à micro-ondes, fer à repasser, lave-linge à jetons et téléviseur. La climatisation est optionnelle. Aux amoureux du sport, l'établissement propose des séances de plongée sous-marine, pêche au gros, canoë-kayak et des randonnées à travers la forêt de Basse-Terre. Air frais, calme et nature sont assurés. L'accueil est convivial.

BASSE-TERRE

GÎTES ALAMANDA €

Chemin de Matone

✆ 05 90 98 84 82

www.guadeloupe-gites-alamanda.com

Location possible à partir de 4 nuits. À partir de 275 €/semaine/studio, de 375 €/bungalow 1 ch, de 475 €/bungalow 2 ch.

Les cinq maisonnettes de style créole sont implantées au cœur d'un jardin luxuriant avec piscine et barbecue collectifs. Elles sont situées à proximité des plages et possèdent une vue sur la mer. Les hébergements sont équipés d'une kitchenette, d'un séjour avec clic-clac, d'une ou deux chambres indépendantes selon la catégorie du logement, d'une terrasse. L'un des bungalows est conçu pour recevoir des personnes à mobilité réduite. Un studio peut accueillir deux personnes. Il est situé à proximité de la piscine et dispose d'une terrasse.

HAMAC CAMP €

route de Birloton

✆ 0690 63 53 53

25 € par adulte par nuit, 15 € par enfant. Petit déjeuner : 7 €. Possibilité de package avec sortie encadrée.

Ce site de bivouac est idéal pour les amoureux de la nature. Il permet de profiter d'un séjour insolite au cœur de la forêt tropicale. Vous passez la nuit sous un carbet dans un hamac avec une moustiquaire et un duvet si besoin. La capacité maximale est de 10 personnes. Le carbet peut être privatisé à partir de 3 personnes. Un autre carbet, en espace commun, dispose d'une table, de bancs, d'un réchaud à gaz, de vaisselle, d'une cafetière italienne. Le retour aux sources est privilégié avec les toilettes sèches et la douche à l'eau de la rivière !

LA MARLYSE €

Les Hauts de Malendure

✆ 06 90 61 97 75

www.giteslamarlyse.com

À partir de 380 € pour deux personnes. Séjour minimum de 7 nuits.

Les trois gîtes peuvent recevoir de 2 à 4 personnes et bénéficient d'une vue panoramique sur la mer des Caraïbes. Chaque gîte se compose d'une chambre mansardée et climatisée, d'un salon au rez-de-chaussée, d'une salle de bains, d'une cuisine équipée et d'une terrasse. Sur place, une machine à laver et un barbecue sont à votre disposition. Lysbeth et Marcel offrent le premier petit déjeuner (dans le réfrigérateur) à votre arrivée pour les séjours d'au moins une semaine. Vous serez accueillis avec le ti-punch. La plage de Malendure et les commerces sont à 1 km.

GITES BAJAPO €€

Morne Tarare

✆ 05 90 98 72 76

www.bajapo.fr

À partir de 60 € la nuit. Séjour de 5 nuits minimum.

C'est dans un site calme avec vue panoramique face aux îlets Pigeon que sont nichés les 3 gîtes d'une capacité de 3 personnes chacun. Deux gîtes (de 35 m²) sont situés en rez-de-jardin et un gîte (de 40 m²) est à l'étage. La taille humaine de ce site permet de bénéficier d'une ambiance intimiste. Le confort est assuré pour un excellent séjour : climatisation, ventilateurs, tv, kitchenette équipée sur la terrasse qui permet de profiter de la vue sur mer et de faire des grillades au barbecue. Le premier petit-déjeuner est offert.

GITES DU BORD DE MER €€

Monchy

✆ 05 90 25 05 22

www.gitesduborddemer.com

À partir de 500 €/7 nuits pour gîte F3, sur une base de 2 personnes (3 nuits minimum).

Les deux hébergements de 60 m² chacun sont situés à 15 min en voiture de la plage de Malendure et à 2 min à pied de la plage de Petite-Anse. Le dépaysement est total avec vue sur la mer des Caraïbes depuis leur grande terrasse et une végétation luxuriante. Ces F3 climatisés disposent de 2 chambres, d'un séjour, d'un coin cuisine et d'une salle de bain, ils peuvent accueillir 4 personnes maximum. Possibilité de sortie plongée dans le centre tenu par Nicole, la propriétaire sur la plage où sont les gîtes. À proximité 2 restaurants antillais et 1 boulangerie.

GÎTES MAYO & HYLODE'S SONG €€

Morne Tarare

✆ +590 690 96 94 29

www.gite-mayo.com

À partir de 95 €/nuit pour chambre d'hôtes avec petit-déjeuner, de 70 €/nuit studio.

Le Gîte Mayo & Hylode's song, doté d'une très belle vue sur les îlets Pigeon et la baie de Malendure, vous propose deux studios (max 3 pers). La cuisine est fonctionnelle avec une belle vue mer. Un petit déjeuner vous est proposé en option (servis entre 7h30 et 9h sur la terrasse panoramique). Vous profiterez du coucher du soleil sur votre balcon vue mer. Une piscine au cœur d'un jardin tropical est à votre disposition. Possibilité de dîner sur place sur réservation (15 €/pers).

HABITATION MASSIEUX €€

Route du Marquis
✆ 05 90 98 89 80
www.habitation-massieux.com
À partir de : 84 €/nuit/chambre d'hôtes ; 100 €/nuit/lodge ; case : 60 €/nuit. 2 nuits minimum.

Sur les pentes de Bouillante, face à la mer des Caraïbes, se niche une ancienne demeure de planteurs de café de 1670, au sein d'un parc de 15 000 m² où l'on a planté des essences exotiques. Les compagnons tailleurs de pierre ont réalisé la restauration de la cour. Sur place, trois chambres d'hôtes climatisées parées d'un mobilier ancien, un écolodge en bois sur pilotis composé de deux chambres et d'une salle d'eau (pour 6 pers), qui surplombe le site grâce à une grande terrasse. Enfin, la case, plus modeste, est bâtie sur une vieille ruine en pierre volcanique.

INFINITI BLUE €€

Chemin de Matone
✆ 0590 46 75 20
infinitiblue.net
À partir de 690 €/sem pour bungalow 2 personnes. 140 €/ nuit en chambre d'hôtes (3 nuits minimum), petit-déjeuner inclus

Pascale et Sam vous accueillent dans un écrin de verdure perché sur les hauteurs de Bouillante, avec une vue panoramique sur la mer des Caraïbes. Ils ont choisi de ne pas accepter les enfants afin de préserver la sérénité du site. Les 3 bungalows climatisés, sans vis à vis et distants les uns des autres, tous avec vue mer, cuisine équipée, peuvent accueillir 2 personnes. Sur place, une terrasse couverte, une piscine à débordement au sel en accès libre pour admirer les magnifiques couchers de soleil et un bain à remous 5 places (sur réservation).

LE JARDIN TROPICAL €€

Rue de Poirier
✆ 06 90 75 44 73
www.lejardintropical.fr
Bungalow à partir de 85 €/nuit et de 470 €/semaine. Villa à partir de 200 €/nuit et de 1 100 €/semaine.

Les 11 bungalows et les 2 villas, au cœur de la végétation, sont orientés face à la mer des Caraïbes. Ils bénéficient d'une vue exceptionnelle sur les îlets Pigeon. Le site est pensé pour les visiteurs à la recherche d'authenticité. Les bungalows peuvent accueillir jusqu'à 4 personnes. La villa Pierre O, au décor raffiné, est conçue pour accueillir 6 personnes, tandis que la villa Créole, plus conviviale, peut héberger jusqu'à 10 personnes. Sur place, une grande piscine avec solarium et vue panoramique sur la mer, un espace détente et un espace jeux.

© CHRISTELLE DELFORGE

Le phare de l'Anse à la Barque, sur la commune de Bouillante.

JARDINS DE L'ESPÉRANCE €€

Chemin de l'Habituée Négresse
✆ 05 90 98 88 27
www.gite-bouillante-jdle.com/
A partir de 420 €/semaine pour 2 personnes ; de 610 € pour 4 personnes. Adulte supplémentaire 90 €/semaine, 50 €/enfant.

Situés dans la forêt à proximité d'une rivière et à 2,5 km de la plage de Malendure, au-dessus de la célèbre réserve Cousteau, quatre gîtes (2 à 4 personnes) disposent d'une chambre climatisée, une salle d'eau rénovée, une mezzanine avec couchages, un coin salon, une terrasse avec cuisine équipée. Le cinquième gîte peut accueillir 6 personnes avec ses 2 chambres dont une familiale et deux salles de bain. Victoria et Yves vous réservent un accueil chaleureux et vous offrent le « verre de l'amitié » au bord de la piscine à votre arrivée.

KOKOKAZ €€

3 Les hauts de Massieux
✆ 06 90 74 62 63
www.kokokaz.com/
A partir de 60 € par nuit (2 nuits minimum) ou 390 € la semaine.

Cette propriété est située sur les hauteurs de Bouillante dans un grand jardin luxuriant de 3 000 m². Trois gîtes, tout en bois, sont disponibles ; Kozikaz, pour 2 personnes, avec une chambre, un coin salon, une cuisine tout équipée sur la terrasse et piscine privative ; Tikoko, pour 2 ou 3 personnes, avec une chambre et couchage supplémentaire dans l'entrée, une cuisine sur la terrasse ; Grankaz, pour 2 à 4 personnes avec ses deux chambres. Une piscine à débordement est à la disposition des gîtes Tikoko et Grankaz qui n'ont aucun vis-à-vis.

BASSE-TERRE

NID TROPICAL €€

Morne Tarare
✆ 05 90 98 72 05
www.nidtropical.com
À partir de 364 €/semaine/bungalow, 70 €/nuit (séjour 3 à 6 nuits). 490 €/gîte, 80 €/nuit (séjour 3 à 6 nuits).

Les 10 hébergements sont situés dans un parc tropical, avec une vue panoramique sur la mer des Caraïbes et les îlets Pigeon. Ils sont situés à 300 m de tous les commerces. Sur place, une grande piscine panoramique et un très grand carbet donnant lieu à des dégustations de rhum et des repas organisés par les propriétaires. Les 10 logements, certains pour 3 personnes, d'autres pour une famille de 4, sont tous équipés de climatiseurs. À 800 mètres se trouve la plage de Malendure, très appréciée des familles, et ses nombreuses activités nautiques.

RÊVE ET ALIZÉ €€

rue de la Glacière
✆ 05 90 98 94 54
www.reveetalize.com
À partir de 120 € par nuit pour 2 personnes. Séjour de 4 nuits minimum.

Ces six bungalows en bois et à l'architecture créole sont tous indépendants. ils sont confortables et calmes avec des chambres ventilées. La cuisine équipée donne sur la terrasse, avec un hamac et un barbecue privatif. Lors d'une balade sur la propriété de 6 000 m², vous découvrirez la rivière Bourceau au bout du parc en suivant un sentier balisé. La petite piscine avec vue sur mer est à l'abri des regards au milieu de la végétation. Certains hébergements sont interdits aux jeunes enfants en raison de l'accès direct à la piscine ou à un bassin.

LES GALETS ROUGES LODGES ET SPA €€€

Rue de l'abbé
✆ 0590 25 88 44
lesgaletsrouges.com
Chambre à partir de 200 €/ nuit. L'établissement n'accueille pas les enfants de moins de 14 ans.

Ce nouvel établissement dispose de 24 chambres supérieures, Deluxe, privilège et suites dotées d'un bac à punch privatif. Le site bénéficie d'une belle vue panoramique. Avec une surface minimale de 42 m² et une décoration soignée, les chambres sont très confortables et cosy. De nombreuses prestations sont disponibles : un service de conciergerie, un spa pour profiter d'un soin bien-être, le restaurant Galets Beach, situé en bord de plage, un bar lounge...

GWADALODGE €€

Route de Birloton
✆ 06 90 99 10 10
https://gwadalodge.fr/
Villas à partir de 324 €/3 nuits (séjour minimum).

Dotés de petites piscines privatives (3 m x 3m) avec transats et parasols, les trois hébergements créoles haut de gamme aux chambres climatisées (Frangipanier, Lagon Bleu et Maracudja) disposent d'une vue panoramique magnifique sur la mer des Caraïbes et les îlets Pigeon. Ils bénéficient d'une superficie de 55 ou 75 m² et sont idéalement conçus pour accueillir deux couples ou une famille de quatre personnes. Les terrasses sont composées du salon, du coin repas et de la cuisine équipée. Toutes les chambres sont climatisées et dotées d'une moustiquaire.

PETITES FLEURS DE POIRIER €

Route de Poirier
✆ 06 90 35 35 15
www.fleursdepoirier.com
Séjour minimal de 4 nuits hors saison et 6 nuits en saison. À partir de 130 €/nuit.

Un ensemble de 5 villas réparties dans un cadre résidentiel au calme. Capacité d'accueil de 4 à 6 personnes, modulable en fonction du nombre de personnes. Chaque villa possède sa propre terrasse équipé d'un salon de jardin. Sur place, une piscine semi-couverte avec une vue imprenable sur les îlets. Belle vue panoramique sur la réserve Cousteau, les couchers de soleil sont splendides. La plage est à 700 m. Egalement une villa 3 chambres pouvant accueillir 8 personnes.

CHEZ DIDIER €

Sections Les Galets
✆ 06 90 43 11 91
Ouvert tous les jours midi et soir, sauf les mercredis et jeudis. Formule express à 20 €.

Cet établissement (anciennement « Restaurant de l'îlet ») est ouvert pour les services du déjeuner et du dîner. La carte oscille entre cuisine traditionnelle française et plats créoles (assiette d'accras, crudités, boudins antillais, poissons frits, tartare de poisson, rougail...). Le nouvel aménagement apporte une note de fraîcheur et de couleurs bienvenues sur la terrasse avec également une salle climatisée bien agréable, surtout au moment du déjeuner. Des soirées musicales y sont organisées ponctuellement ; consultez leur page Facebook.

L'EDDY'S PAPILLON €

Rue Abel-Racon

✆ 0590 99 80 10

Ouvert tous les jours midi et soir sauf le dimanche soir. Menus de 18 € à 45 €.

Ce restaurant, bien que situé en bord d'une route, vaut le détour pour son accueil mais également pour sa cuisine. La terrasse dispose d'une vue sur la mer entièrement dégagée. Le chef propose des plats traditionnels créatifs ou des spécialités typiques (des poissons, des viandes grillées, accras, poulet coco, balaous frits, chatrou laqué sauce BBQ...). Les portions sont copieuses pour des tarifs vraiment raisonnables. Les assiettes sont très colorées et appétissantes car la recherche de présentation originale et souvent réussie.

ÒGANIK €

Bord de Mer

✆ 0590 94 81 74 - www.oganik.fr/

Mercredi, jeudi : 11h-14h et 17h-21h30. Vendredi, samedi : 11h-14h et 18h-22h. Dimanche : 11h-15h. Fermé lundi-mardi.

Ce nouvel établissement dispose d'une vue mer. Qualité et fraîcheur sont au rendez-vous avec, entre autres, une pâte à pizza faite maison. Les pizzas au feu de bois sont particulièrement appétissantes par leurs belles couleurs à la sortie du four ! Ò Ganik propose une offre traiteur haut de gamme d'influence italienne avec des pizzas à emporter, cochon de lait, grillades, jambonneau, travers de porc, magret, gigot, poulet rôti et des accompagnements maison (pommes de terre sautées, frites, pâtes, gratins...) et une cave 100 % bio.

GALETS BEACH €€

Rue de l'abbé

✆ 05 90 81 58 08

galetsbeach.com

Ouvert tous les jours de 12h à 15h et de 19h à 23h, service en continu le week-end.

Situé les pieds dans le sable de l'Anse à sable, cet établissement propose une ambiance et un concept très tendance. Il est possible de s'installer dans la salle, mais également dans un des espaces privatifs (carbets ou espace salon cosy) que vous soyez à deux, en famille et jusqu'à 6 personnes. L'accès à ces espaces est soumis à un minimum de consommation. Le week-end, l'espace plage situé sur le sable propose une restauration spécifique (tapas, salades, crèmes glacées). De nombreux évènements sont organisés (soirées live acoustiques, DJ sets, karaoké...).

LE PIK €€

Zoo des mamelles

✆ 05 90 10 77 12

www.restaurantlepik.com/

Comptez environ 30 € par personne.

Le restaurant est situé dans l'enceinte du parc zoologique des Mamelles au cœur d'une végétation luxuriante. Il dispose d'une grande terrasse ouvrant sur la nature. Le chef propose un menu avec un choix limité pour le déjeuner mais également une liste de plats à la carte pour satisfaire chacun. Tous les plats sont élaborés à partir de produits locaux. Au choix, des plats typiques (accras, poulet coco et curry, poissons locaux, chatrou, ouassous...) accompagnés de légumes pays mais également un hamburger maison. Le service est souriant et les plats sont copieux.

SUNSET B €€

RN 2

✆ 06 90 73 57 39

Ouvert midi et soir, fermé les mardis et mercredis. Plats entre 12 € et 22 €.

Situé sur le front de mer entre Malendure et le centre-ville de Bouillante, le Sunset B est une valeur sûre. La cuisine est fraîche, de qualité, les produits locaux, le poisson et la viande sont fournis par les pêcheurs et bouchers du coin. Au choix : quatre plats du jour, dont une option végétarienne. Les plats sont originaux (polenta de giraumon aux champignons et comté, demi-coquelet sauce moutarde, brownie à la pistache…). Bonne ambiance le soir, l'établissement est aussi un bar à punch. La décoration est intimiste et tendance. Coin pour les enfants sur place.

CAP CRÉOLE

✆ 05 90 98 64 41

www.capcreole.com

Horaires : 8h-18h30 du lundi au jeudi ; 8h-13h/15h-18h30 les vendredis et samedis.

Cap Créole est spécialisée dans la production de poissons fumés des Caraïbes depuis 1996. L'enseigne propose une gamme de produits de la mer très appréciée localement et qui mérite d'être découverte (rillettes de poissons fumés, planches de poissons fumés, filets de poisson, pâtés…). Certains sont disponibles en grandes surfaces. D'autres, de la gamme traiteur (carpaccios, steaks de poisson comme le haché de thon aux cives, le tartare de marlin au sel vanillé…) ne sont disponibles que dans les boutiques de la marque (Saint-François, Bouillante et Jarry).

Ô Z'EPICES €€€

Point de vue de la falaise

✆ 0590 388 761

Ouvert midi et soir mer-sam, dimanche uniquement le midi. Addition moyenne 45 €. La réservation est vivement conseillée.

Jimmy Bibrac fait partie de ces chefs récompensés régulièrement pour leur talent. Les plats qu'il propose sont aussi savoureux qu'esthétiques, preuves du savoir-faire de ce chef en perpétuel renouveau. Il travaille avec des producteurs, des pêcheurs locaux et utilise les légumes sortis tout droit de son jardin créole. Le pain, fait maison est servi encore chaud. Chaque plat est expliqué lorsqu'il est servi. Vous dégusterez les saveurs de la Guadeloupe, mais en version gastronomie antillaise. Sur place, un vivier de langoustes et une belle cave à rhum vieux.

ALIZÉE PLONGÉE

Plage de Malendure ✆ 06 90 72 32 03

www.alizee-plongee.com/

Sorties 9h30, 12h et 14h 7j/7. Baptême : 60 €/ad., 50 €/enf. Explorations tous niveaux : 50 €. Réservation conseillée.

Alizée Plongée est une petite structure à taille humaine qui accepte 8 personnes de façon à bénéficier d'une plongée à votre rythme, en prenant leur temps avec chacun, débutant ou initié. L'établissement propose des baptêmes de plongée, des plongées d'exploration, des plongés épave (minimum niveau 1) et forme les plongeurs jusqu'au niveau 3 (ANMP ou FFESSM) sur la réserve Cousteau. Vous pouvez également pratiquer le snorkeling. Deux sorties par jour sont proposées : à 9h30 le matin et à 14h l'après-midi avec un rendez-vous une demi-heure avant le départ.

ARCHIPEL PLONGÉE

Plage de Malendure

✆ 05 90 98 93 93

www.archipel-plongee.fr

Ouvert tous les jours. Baptême : 60 €. Plongée débutant : 50 €. Plongée autonome : 42 €.

Ce club familial vous donne le « la » avec sa devise sympathique : *Rèspiré é pwan plézi* ! Les excursions en bateau naviguent dans toute la réserve Cousteau, vers des sites inédits, aux spots de plongée incontournables, jusqu'au fameux canal des Saintes. Deux départs à 9h30 et 14h30. Possibilité de sorties à la journée, avec 2 plongées dont une sur épave, puis de déjeuner sur la plage. Le club dispose de 2 bateaux à la capacité de 13 et 25 personnes respectivement. Possibilité d'organiser un pack plongée avec un hébergement en gîte à proximité de la plage.

ATLANTIS FORMATION

Galet

✆ 05 90 41 73 21

www.atlantisformation-guadeloupe.com

Baptême de plongée. Plongée exploration. Possibilité de forfait plongée.

À bord du Fizou II, un bateau de 10 places, tout est organisé pour le confort des plongeurs, les sorties en petit comité étant privilégiées afin de limiter l'attente en surface et de profiter au maximum du spectacle sous-marin. Atlantis dispense les formations de plongée, du débutant au monitorat français ou PADI ainsi que des cours de secourisme, des stages de formation aux permis côtier ou bateau « Hauturier »... L'encadrement et le matériel bien entretenu sont un gage de sécurité. L'ambiance y est conviviale. Le centre dispose d'un parking face au club.

LA TOUNA €€

Pigeon-Malendure ✆ 05 90 98 70 10

www.la-touna.com

Ouvert mer-sam midi et soir, fermé lundi, mardi et dimanche soir. Addition moyenne 35-40 €. Sur réservation.

Le restaurant est situé à 200 mètres de la plage de Malendure. Il dispose d'une grande terrasse ouverte depuis laquelle la vue est imprenable sur la réserve Cousteau. L'accueil est chaleureux et le service très sympathique. L'ambiance tamisée est très agréable le soir. L'espace salon à l'entrée est parfait pour l'apéritif. L'ardoise qui annonce les suggestions oscille entre cuisine française et créole (salade de chatrou, foie gras, tataki de thon, rognons de veau, jarret braisé, filet de poisson local...). L'établissement propose aussi des plats végétariens.

CANOPEE FOREST ADVENTURE

Plage de Malendure ✆ 0590 26 95 59

www.canopeeguadeloupe.com/

Sorties organisées sur réservation (en demi-journée ou journée). A partir de 50 €/adulte.

Canopée Forest Adventure propose des traversées de canyons, de l'aqua rando et l'ascension du volcan. Plusieurs parcours sont proposés (familial à initié). Les sorties sont encadrées par des professionnels diplômés d'Etat, avec au programme, des rappels de 12 à 40 m selon les parcours. Certains sont accessibles à tous tandis que d'autres, plus longs et plus techniques, sont réservés aux initiés. L'équipe, qui connaît parfaitement la forêt et le volcan, fait partager ses connaissances de la faune, de la flore, de l'histoire locale dans une ambiance conviviale.

CENTRE DE PLONGÉE DES ILETS

Pigeon ✆ 06 90 682 751

www.plongee-guadeloupe.fr

Baptême de plongée adulte à 55 € et le baptême enfant de 7 à 12 ans à 45 €. Le snorkeling est à 20 €, matériel compris.

Ce centre se situe dans un conteneur rose les pieds dans l'eau. Les eaux cristallines de la réserve naturelle sont idéales pour un baptême de plongée ou une randonnée palmée. La sympathique équipe de moniteurs vous fait découvrir les différents sites de la réserve. Il s'agit d'une école de plongée sérieuse (du plongeur de bronze aux brevets FFESSM, ANMP ou PADI). Le centre organise des plongées de nuit ou sur épave qui sont annoncées sur sa page Facebook.

AQUATIQUE AVENTURE

Plage de Malendure ✆ 06 90 74 39 12
www.caraibekayak.com

Ouvert 7j/7. Randonnée palmée 40 €/adulte et 30 €/enfant (- 12 ans). Location de kayaks à partir de 25 €.

La structure propose des randonnées palmées (palmes, masque, tuba) de 2 heures afin d'explorer 3 sites de plongée : vous partez en bateau et profitez d'une navigation dans un paysage magnifique de la réserve, afin d'aller explorer 2 sites de plongée incontournables en palmes, masque et tuba : le Jardin Japonais et les îlets Pigeon. Ce circuit aquatique se termine par la recherche et l'observation des tortues marines. Toutes les sorties s'effectuent en compagnie de guides qualifiés. Possibilité de louer des kayaks pour quelques heures ou à la journée.

CIP

Plage de Malendure
✆ 05 90 98 81 72
www.cip-guadeloupe.com

Ouvert 7/7. Randonnées palmes-masque-tuba 40 €/adultes, 30 €/enfants -11 ans.

Partez à la découverte de la réserve Cousteau pour une excursion de 2 heures en palmes, masque et tuba. Trois départs dans la journée : 8h30, 11h et 14h. Vous serez emmenés depuis la plage de Malendure à bord d'un bateau vers trois sites différents : le jardin japonais, le jardin de corail et l'herbier des tortues. Lors de ces randonnées palmées dans la mer des Caraïbes, vous serez accompagnés par des moniteurs professionnels diplômés d'État en toute sécurité, dans une ambiance chaleureuse. Matériel et shorty à votre disposition, ainsi que des bouées enfant.

GWADA PAGAIE

Plage de Malendure ✆ 06 90 93 91 71
www.gwadapagaie.com

Ouvert 7j/7 de 8h à 17h. Location de kayak à partir de 25 €/adulte - 15 €/enfant (3h), de paddle à 10 €/heure.

Après avoir pris connaissance des règles de sécurité, des meilleurs points d'observation et 15 min de navigation, vous accostez sur une plage de sable blanc à l'eau cristalline. Vous avez le choix entre 3 plages au milieu des coraux et poissons pour la baignade. Chacune d'entre elles est accessible par de petits sentiers. Ensuite, direction vers le sommet de l'île pour un panorama de la Côte sous le Vent. Les palmes, masque et tuba, la carte topographique, et la plaquette étanche pour la reconnaissance des poissons sont à disposition le temps de la découverte.

LES HEURES SAINES

Rocher de Malendure
✆ 05 90 98 86 63
www.heures-saines.gp
Baptême à partir de 53 €. Plongée encadrée 48 €, autonome 38 €. Randonnée palmée à partir de 38 €, séance apnée 63 €.

Depuis plus de 30 ans, le club Les Heures Saines propose des baptêmes de plongée enfants ou adultes, mais aussi des explorations encadrées pour les débutants, ainsi que des sorties autonomes pour les plongeurs confirmés. Au programme également des plongées de nuit, des excursions sur épave, des formations. Consultez le site Internet du centre pour connaître le programme de leurs sorties. Le club dispose de deux bateaux : un de 12 mètres pouvant accueillir 30 plongeurs et un chalutier de 10 mètres d'une capacité d'accueil de 24 personnes.

NAUTILUS

Plage de Malendure
✆ 05 90 98 89 08
www.lesnautilus.fr
Ouvert 7/7 jours, de 8h30 à 16h30. 25 €/adulte, 13 €/enfant de 4 à 12 ans. Balade de 1h15.

Deux bateaux à vision sous-marine forment la flotte de Nautilus. Ces bateaux sont adaptés pour la découverte de la faune subaquatique dans la réserve Cousteau. Assis dans un espace équipé de grandes baies vitrées qui transforment la mer en aquarium infini, vous admirez les fonds marins comme dans un film. Avec de la chance, des poissons curieux s'approchent des vitres pour vous observer à leur tour ! Un arrêt baignade de 30 minutes est prévu. Le bateau est équipé d'un toboggan à l'arrière. Des rafraîchissements sont offerts à bord. Réservation sur internet.

CARAÏBE KAYAK

Plage de Malendure ✆ 0 6 90 74 39 12
www.caraibekayak.com
Ouvert 7j/7. À partir de 25 €/location de kayak, de 40 €/adultes randonnée palmée, de 60 €/snorkeling + kayak.

Trois formules sont proposées pour se rendre dans la réserve afin d'observer les fonds marins. En kayak, vous profitez, en toute autonomie, des 3 sites de baignade reliés par des sentiers, à explorer depuis la surface, avec masque et tuba. En randonnée palmée encadrée par un moniteur, vous embarquez d'abord sur un bateau. Au programme, l'exploration depuis la surface de 3 spots de cette réserve protégée dans laquelle évoluent tortues, coraux, gorgones, poissons-perroquets... Une formule complète à la journée combine ces deux activités.

O TRANSAT SUN

Plage de Malendure
✆ 06 90 90 19 07
De 9h à 18h30. Location de transats et parasols à partir de 7 € la demi-journée, 10 € la journée, parasol 5 €.

O Transat Sun vous propose la location de matériels de plage (parasols, transats dotés de matelas épais confortables) à la journée ou en demi-journée, pour se prélasser après la plongée sur la plage de sable noir de Malendure, dans un cadre exceptionnel. L'établissement propose également des cocktails et jus de fruits frais locaux, ainsi que des noix de coco fraîches à siroter, face aux îlets Pigeon. Ambiance détente garantie ! Leur petit kiosque coloré avec son parasol est facilement repérable sur le site. Réservations par téléphone.

PPK PLONGÉE

Plage de Malendure
✆ 05 90 98 82 43
www.ppk-plongee-guadeloupe.com/
Ouvert 7j/7. Baptême 55 €/adulte. Plongée encadrée 45 €, autonome 42 €. PMT encadrée 36 €. Location PMT et kayak.

À bord du *Chambord*, ancienne annexe du paquebot France aménagée pour la plongée, vous découvrez la plongée dans les meilleures conditions ; vous n'aurez rien à porter, car tout le matériel est déjà chargé. Du baptême aux sorties pour plongeurs confirmés, toutes les activités de ce petit club, implanté depuis 1991, sont encadrées par des moniteurs diplômés d'État. La structure organise des plongées de nuit et des plongées sur épave chaque semaine. Le second bateau, *Le Dieulidou*, est une vedette rapide prévue pour les sorties à la journée.

LA RAND'EAU

Route des galets ✆ 06 90 57 06 05
www.larandeau.com
Randonnées palmées à partir de 35 €/1h30, initiation au snorkeling 60 € (mardis et samedis à 13h30).

La Rand'eau, qui s'inscrit dans une logique écotouristique, vous propose de partir en groupe restreint à la découverte de la richesse sous-marine des côtes, en randonnée palmée. Les excursions sont accessibles dès l'âge de 6 ans et encadrées par des moniteurs de plongée diplômés d'État. Elles se déroulent à la journée ou en 1/2 journée. Vous serez émerveillés par l'excursion phare, le safari tortues qui vous mènera à la découverte de la réserve Cousteau pour admirer différentes espèces de tortues lors de deux mises à l'eau pour multiplier les découvertes.

ROUTE DE LA TRAVERSÉE ★★

En venant de Pointe-à-Pitre par la N1, l'entrée de cette route est indiquée peu avant Petit-Bourg, au niveau de Versailles avec, pour destination, la Côte sous-le-Vent, au bourg de Mahaut, entre Bouillante et Pointe-Noire. Cette départementale transversale en Basse-Terre (D23) dessert les plus beaux sites du Parc national et promet de nombreuses randonnées. Comme un long ruban, la route avance et se laisse arpenter, généreuse et contrastée. En cas de fortes pluies, certaines randonnées sont interdites par mesure de sécurité car les éboulements sont fréquents et les rivières peuvent sortir très rapidement de leur lit. Il convient de rester prudent au volant également.

MAISON DE LA FORÊT ★★

D23
Ouvert 7/7 de 9h à 16h30, 9h-12h30 le dimanche, en saison. Fermé le week-end hors saison.

La Maison de la Forêt constitue le point de départ du sentier de découverte de la forêt tropicale. Elle donne accès à une exposition sur la forêt guadeloupéenne, un parcours de découverte, une aire de pique-nique le long de la rivière Bras-David. Vous remarquerez ainsi que de nombreux arbres adoptent des perspectives rigides, comme si l'esprit de géométrie ou de contorsion s'accordait pour lutter ou chercher les mouvements du soleil. La rivière Bras-David abrite quantité de petites écrevisses, les fameux ouassous, qu'il est bien sûr interdit de pêcher dans le parc. Mais n'hésitez pas à vous y baigner par beau temps ! Le site de Bras-David est spécialement aménagé par le Parc national afin de permettre de découvrir la forêt tropicale guadeloupéenne. Il dispose d'une aire de pique-nique. Des dépliants et des plans sont à récupérer dans la Maison de la forêt. Un fichier téléchargeable sur le site du Parc national indique les différents points à observer pendant la balade. L'accueil est assuré par des agents du parc. Leurs conseils sont à suivre. Si La Maison de la Forêt est fermée, vous pouvez tout de même suivre le balisage, car l'entrée de la boucle reste accessible. Comptez 1 heure environ pour faire le tour du sentier découverte autour de la Maison, où vous trouverez une aire de pique-nique aménagée. Les toilettes sont accessibles aux personnes à mobilité réduite. Ne laissez pas d'objets en évidence dans les voitures sur le parking au départ afin de ne pas tenter d'éventuels rôdeurs mal intentionnés.

CASCADE AUX ÉCREVISSES ★★

Vigilance car de nombreux piétons circulent aux abords de cette route étroite. Accès aux personnes à mobilité réduite.

Le site, autrefois, regorgeait de *ouassous*, l'écrevisse locale... ce qui n'est plus le cas aujourd'hui. Situé en bordure de la route de la Traversée, il est accessible à tous gratuitement. Chaque année la cascade attire près de 200 000 visiteurs. Il est donc préférable de choisir les heures creuses pour mieux l'apprécier (tôt le matin ou le soir avant la nuit). Le parcours, long de 210 mètres, a été aménagé pour les personnes à mobilité réduite. Il est pavé, avec une pente réduite et un arrêt pour le point de vue sur la cascade et des carbets pour se poser à l'ombre. Il suffit d'un petit 1/4 d'heure de marche pour parvenir à l'entrée du sentier, sous la fraîcheur des arbres. La rivière Corossol, encombrée de rochers indociles, vous accompagne à l'aide de balises jusqu'à cette cascade, haute d'une dizaine de mètres, qui tombe dans un vacarme étourdissant. Cette chute d'eau, peu élevée, bénéficie en revanche d'un débit très important. Son grondement augmente au fur et à mesure que l'on s'approche. Si la baignade dans l'eau fraîche est tonique et sans danger, évitez les plongeons du haut de la cascade, car le fond du bassin est composé de grosses roches. Veillez également à ne pas vous y rendre par temps de pluie, car l'eau de la rivière peut rapidement monter...

Ainsi, si vous apercevez un changement de couleur de l'eau (qui tire vers le marron) et des feuilles descendant de la rivière, cela peut éventuellement annoncer une coulée de boue intempestive. Il est vivement conseillé de rebrousser chemin et de regagner son véhicule.

LE MAMBO €

Mahaut

✆ 05 90 98 04 90

Ouvert tous les midis. Menu à partir de 18 €.

Ce restaurant est situé à proximité de la route de la Traversée, en descendant vers Bouillante. Il dispose d'une terrasse avec vue sur la réserve Cousteau. À la carte, la cuisine familiale et savoureuse est composée de plats locaux avec les fameux accras et boudins créoles, poisson grillé, ragoût de cabri, fricassée de chatrou, de ouassous, court-bouillon de poisson... Le service est susceptible d'être un peu long en période d'affluence, mais ici, l'accueil est tellement agréable que l'on ne peut que leur pardonner ! Le rapport qualité-prix est imbattable !

POINTE-NOIRE ★★

Le littoral tropical de Pointe Noire, avec son indolence engageante, donne envie de se promener sur sa route côtière. La commune doit son nom aux roches volcaniques de sa pointe Nord. Les anciennes cases créoles, jolies et colorées, reflètent l'image traditionnelle d'un grand bourg paisible du bord de mer. L'église Notre-Dame-du-Port, qui a subi une retouche en 1976, domine la mer. Côté shopping, des échoppes de l'artisanat local proposent des objets en bois, chapeaux et autres souvenirs, le tout complété par un sympathique petit marché. Le bord de mer est composé de galets. Pour trouver une plage de sable dirigez-vous plus au sud, vers l'Anse-Caraïbe.

GITE DES MAMELLES €€

Route de la Traversée

✆ 06 90 39 90 06

Le midi du mardi au dimanche et le samedi soir. Addition moyenne : 30 €.

Ce restaurant rappelle les chalets que l'on rencontre sur les routes de montagne. Il permet de faire une halte sur la route de la Traversée après une randonnée. Le panorama y est superbe. Les plats proposés sont locaux (assiette créole, crabe farci, poisson grillé, gratin de légumes pays, mais aussi les incontournables colombo, brochettes d'agneau, fricassée de ouassous, kalalou de crabe...). L'accueil est agréable mais le service peut être long. Le restaurant propose des soirées live (programme consultable sur leur page Facebook).

LALIWONDAJ KOTESI

Chemin de Belle Hôtesse

✆ 06 90 75 64 74

Fermé les vendredi et dimanche. Entrée 8 €/adulte, 5 €/enfant.

Sur les hauteurs de Gommiers, en plein cœur d'une nature luxuriante bercée par le chant des oiseaux, Geneviève Francius a créé son éco-musée à ciel ouvert. Elle invite les visiteurs à découvrir les trois espaces de connaissance pédagogique et de culture, qu'elle a dédiés à ses passions ; l'ornithologie, la volcanologie et la botanique de la forêt de Guadeloupe. L'éco-musée est un partenaire du Parc national bénéficiaire de la marque « Esprit parc national ». Geneviève propose également des hébergements (des gîtes et un emplacement pour le camping).

BASSE-TERRE

Église Notre Dame de l'Assomption de Pointe-Noire.

L'HABITATION CÔTE-SOUS-LE-VENT

Route des plaines
✆ 05 90 80 42 62
www.habitationcotesouslevent.com

7j/7 10h-17h. Dernière entrée à 16h. Fermé lundi et mardi hors saison. 9,50 €/adulte, 4,50 €/enfant.

Située face à la mer des Caraïbes, l'habitation Côte-sous-le-Vent est un parc dédié à cette région abritée des vents et idéalement située, considérée comme le grenier de la Guadeloupe à plus d'un titre. Pointe-Noire constitue le berceau des artisans du bois et des traditions séculaires des Antilles. La commune est d'ailleurs appelée la capitale du bois en Guadeloupe. Et c'est justement sur l'ancien site de la maison du bois, dans une habitation entièrement réaménagée, que se trouvent toutes les richesses de l'île que vous allez pouvoir découvrir lors d'un voyage hors du temps : ses bois précieux, son arboretum avec ses arbres centenaires à découvrir au détour d'un chemin jalonné de panneaux didactiques pour chaque spécimen, son cacao, son café, ses épices... Les amoureux des jolies fleurs se promèneront au milieu d'orchidées et de broméliacées avec l'accès à une maison créole typique. Des espaces pédagogiques vous feront découvrir l'artisanat local, leurs secrets de fabrication et bien sûr la magnifique flore de Guadeloupe. Une exposition exceptionnelle sur l'univers de la piraterie vous fera découvrir que la Côte-sous-le-Vent fut un haut lieu de la flibusterie au XVIIe siècle ! Des jeux de plein air permettent de découvrir ou redécouvrir les jeux typiques des Antilles, grimper dans la Kaz à pirate (une cabane dans les arbres) et regarder à la longue vue si l'ennemi approche ! Une dégustation de café ou chocolat-péyi est offerte à la fin de la visite.

PLAGE CARAÏBE

Il s'agit du point de rendez-vous touristique de cette partie de côte. Mais ne vous attendez pas à trouver l'ambiance des plages sur lesquelles chacun est allongé calmement. Car ici, pas de sable fin et blanc, mais un sable au grain plus épais et à la teinte mordorée, la musique est omniprésente grâce aux nombreux lolos qui proposent des accras de morue, des bokits et toutes sortes d'en-cas. Sur place, également un club de plongée, un loueur de kayak, un musée du Coquillage... La plage Caraïbe est un site naturel protégé sur lequel viennent pondre les tortues.

LA MAISON DU CACAO ★

Route de Grande-Plaine ✆ 05 90 98 25 23
www.maisonducacao.fr

9h30-13h30 et 14h30-17h sauf dimanche. Dernière visite guidée à 15h30. Entrée 10 €/adulte, 5 €/enfant (de 3 à 11 ans).

C'est au cœur de cette ancienne région caféière qu'a germé l'idée de produire du cacao, un produit issu d'une autre civilisation et qui autrefois était réservé aux rois de France. Vous découvrirez l'origine du chocolat ainsi que la culture agricole du cacaoyer et son histoire au travers les siècles. Dans ce jardin botanique qui abrite plusieurs espèces de cacaoyers, vous apercevez, au détour d'un chemin, la cabosse, le fruit du cacaoyer, qui pousse à même son tronc. Cet écomusée dispose d'un parcours pédagogique à travers un champ botanique et agricole qui permet de découvrir l'art de cultiver cette essence singulière. Le chemin est ponctué d'informations botaniques et historiques sur le cacao avec une exposition sur l'histoire du chocolat à travers les âges, ses implantations et fabrications artisanales, ses différentes étapes reproduites (entre la fermentation, le séchage, la torréfaction, etc.), jusqu'à la fabrication de la pâte de cacao. On peut même voir, au détour d'une allée, le travail du chocolat effectué dans le laboratoire de la chocolaterie artisanale.

Et ce que tout le monde attend arrive enfin : la dégustation du chocolat des îles en pur cacao ! Sensations garanties avec des saveurs inédites... Dans la boutique, des produits 100 % cacao de fabrication artisanale sont en vente ainsi que des chocolats fins, des punchs, des tablettes plus douces, du beurre de cacao, des gâteaux. Que du bonheur pour les amateurs de ces fameuses douceurs sucrées. Comptez une heure de visite. La réservation est recommandée.

RÊVE DE SABLE

97 Route des Plaines
✆ 0590 98 61 74
www.revedesable.fr

Ouvert du mardi au samedi de 9h à 12h et de 14h à 17h. Visite gratuite.

Situé à 400 m sur la Route des plaines, l'atelier présente depuis 20 ans des œuvres originales, 100 % artisanales locales. Elles sont réalisées devant vous avec les sables multicolores collectionnés par Michel et Marie Coste sur des plages, rivières, zones volcaniques. Les œuvres sont faciles à transporter et très solides pour des présents originaux. Cette visite se révèle très pédagogique, émaillée de démonstrations amusantes sur les surprenantes propriétés du sable. Possibilité de commandes personnalisées. L'exposition-vente est en constant renouvellement.

BASSE-TERRE

MAMELLE DU PIGEON

Accès gratuit. Parcours d'une durée : 1h30. Niveau de difficulté : facile. Départ sur la trace de la D23.

© AUTHOR'S IMAGE

Il vous faudra forcer sur les mollets et transpirer un peu pour arriver au bout des 153 mètres de dénivelé de cette randonnée. N'ayez pas peur de vous salir non plus car, malgré les marches en bois, la pente reste boueuse et glissante. Cette ascension légèrement corsée en vaut toutefois la peine : depuis le sommet, vous aurez une superbe vue sur la ligne de crête et les deux Mamelles volcaniques. Un belvédère vous permet d'observer le panorama tout en vous laissant envahir par le bruit de la forêt en contrebas. Le retour s'effectue par le même chemin.

SAUT D'ACOMAT

Depuis Pointe-Noire, en direction de la plage Caraïbe, la D16 mène à ce site.

Plongeon et saut interdits à cause de grosses roches situées au fond du bassin et d'un dangereux phénomène d'aspiration.

Garez votre véhicule et entamez une courte balade à travers les bois, où prospèrent manguiers et goyaviers. Un sentier parfois un peu glissant descend jusqu'à la rivière avec une pente un peu difficile au départ. En remontant son cours de quelques dizaines de mètres, vous parvenez à une jolie chute comblant un bassin à l'eau vert émeraude, d'une dizaine de mètres de diamètre. Prévoyez de bonnes chaussures, vérifiez la météo avant de vous y rendre et tenez compte des panneaux d'avertissements des dangers du bassin une fois sur place.

PARC AQUACOLE ★

Route des Plaines © 05 90 98 11 83
www.parc-aquacole.fr

De 9h30 à 17h sauf le samedi. Entrée libre 4 €. Visite de l'écloserie : 8 €/ad, 4 €/enf. 5 €/pêche à la ligne.

Sur près de 2,5 hectares, voici une belle balade à faire en famille ou entre amis dans un milieu naturel où vivent plusieurs espèces d'oiseaux protégées : balbuzard, martin-pêcheur d'Amérique, grande aigrette, aigrette neigeuse, crabiers, kios... Vous apprécierez la quiétude des lieux. C'est aussi la seule écloserie de ouassous de toute la Caraïbe et le seul élevage marin de Guadeloupe. Une visite commentée en compagnie d'un biologiste (à 11h le vendredi et le dimanche) permet de découvrir l'aquaculture, ses enjeux et la biologie des espèces élevées ici. Un parcours pédagogique est ponctué de panneaux explicatifs sur l'aquaculture durable. Ici, pas de médicament, pas de pollution, on promeut une aquaculture responsable et durable.

Le vendredi vous pourrez assister à une animation autour des épices locales organisée par madame Vanille. Elle propose ses épices cultivées en Guadeloupe et en particulier sa vanille givrée, aussi rare qu'exceptionnelle, ainsi que de l'artisanat local.

Il est également possible de pêcher du poisson dans les 10 étangs du site et même de repartir avec sa pêche. Tout poisson sorti de l'eau (loups caraïbes, rougets/tilapias et ouassous selon la pêche) doit être payé selon son poids et les tarifs en vigueur. Sur le même site se trouve une bonne table d'hôtes. Elle est ouverte le midi en haute saison, avec un chef qui met en valeur les produits frais de la ferme. Le mercredi, un snack propose des brochettes de loup caraïbe panées maison. La réservation est fortement conseillée.

HABITATION COLAS €

Chemin de Colas
© 06 20 81 44 60
www.gite-en-guadeloupe.fr

À partir de 60 € pour 2 personnes et de 114 € pour 4 personnes. Séjour minimum selon l'hébergement.

L'habitation propose 4 gîtes aux couleurs créoles, nichés dans la forêt tropicale et sans vis-à-vis. Chaque gîte dispose d'une terrasse, d'une cuisine équipée, de chambres climatisées et d'une piscine commune. Situé à proximité de la route de la traversée, le site est idéal pour visiter la Guadeloupe et permet en quelques minutes en voiture d'accéder à la route des Mamelles pour partir à la découverte de ses cascades et de ses traces pédestres, aux plages Caraïbes, à Petite Anse, aux bains chauds et à la réserve Cousteau de Bouillante.

LA POINTE D'ARGENT €

Baille-Argent

✆ 05 90 28 44 35

https://www.lapointedargent.com/fr

Chambre à partir de 90 €/nuit. Petit déjeuner à 12 €.

Un petit hôtel familial à la décoration un peu désuète, mais qui pratique des prix très raisonnables. Il se compose de chambres climatisées à l'étage (au-dessus du restaurant) et de 6 appartements et 4 studios tous orientés vers la piscine au cœur d'un jardin. Les hébergements disposent d'un balcon ou d'une terrasse. Sur place, un espace détente avec piscine, bains de soleil et hamacs. Le port de Baille-Argent est à seulement 100 mètres. Le restaurant sur place propose des spécialités locales. Possibilité de louer un véhicule.

ACOMAT BELLEVUE €€

Chemin de Thomy

✆ 05 90 99 60 63

www.acomat-bellevue.com

À partir de 630 €/semaine pour 2 personnes.

Sur les hauteurs de Pointe-Noire, à 200 m d'altitude, 5 bungalows en bois de style créole dans un jardin tropical de 5 000 m² sont tous agencés sur le même modèle avec deux chambres ventilées. Ils disposent d'une vue mer. Une grande terrasse couverte fait office de salon et d'espace de vie. Chaque chalet peut accueillir 4 personnes. Les bungalows n'ont aucun vis-à-vis. Vous pouvez donc « siester » dans votre hamac en toute intimité ! Sur place également, une cuisine commune, face à la mer, équipée d'un réfrigérateur, de plaques de cuisson et d'un barbecue.

BEAUSEJOUR GUEST HOUSE €€

Chemin de Thomy ✆ 05 90 98 10 09

beausejour-guest-house.com

A partir de 875 € la semaine (7 nuits) pour 2 personnes.

Situé sur les hauteurs de Pointe Noire, au cœur d'une végétation luxuriante, le site (une ancienne caféière), bercé par les alizés, est propice à la détente et à la douceur de vivre. Les trois lodges individuels aux noms évocateurs de variétés de café sont implantés sans vis-à-vis. Chaque hébergement bénéficie de son spa privatif. Ils allient charme et confort pour bénéficier d'un séjour authentique avec du mobilier d'antan, un lit à baldaquin, une terrasse ouverte sur l'extérieur avec vue panoramique sur la mer des Caraïbes.

CHAMBRE AUX ETOILES €€

✆ 06 90 70 98 16

De 45 à 75 € par nuit pour deux personnes selon la saison.

Jannic et Joël, les accueillants propriétaires, proposent des bungalows insolites, aux noms évocateurs (Castor et Pollux) nichés dans un jardin tropical. Ils disposent d'un toit panoramique transparent pour admirer la nuit étoilée, sur les hauteurs d'Acomat. Les hébergements sont équipés d'un coin cuisine, d'une salle de bains et d'une terrasse en partie couverte dotée d'une table et de transats dans le jardin privatif. La plage Caraïbes, le saut d'Acomat et la réserve Cousteau, points de départ de nombreuses traces et d'activités nautiques, sont à proximité.

LE DOMAINE DU ROCHER NOIR €€

Mahault

✆ 06 90 05 00 38

www.ledomainedurochernoir.fr

Hébergement à partir de 205 €/nuit selon le type de lodge. Séjour de 2 nuits minimum.

Vous cherchez un séjour en harmonie avec la nature et où vous réveiller au chant des oiseaux ? Vous avez opté pour le bon site. Situés en pleine forêt, à proximité du parc national, les bungalows peuvent accueillir de 1 à 6 personnes et disposent d'un spa privatif. Leur forme octogonale accentue la singularité du site qui a pour objectif de se distinguer par la sensation d'apaisement qui s'en dégage. Sur place, une piscine commune et une bibliothèque partagée avec jeux de société.

EDEN FOREST VILLAS €€

Acomat

✆ 06 90 74 77 67

www.edenforestvilla.com

Hébergements à partir de 140 €/nuit. Séjour de 2 nuits minimum selon la saison.

Le site abrite une très belle villa et des lodges sur les hauteurs de Pointe Noire et à l'entrée du quartier Acomat où vous profiterez du calme de la nature. La villa à la décoration contemporaine, chic et épurée fait honneur à la commune de Pointe-Noire avec son magnifique mobilier en bois. Elle dispose de 4 chambres avec salles de bain privatives, d'un salon et d'une cuisine ouverte. La superbe piscine lagon est idéale pour le farniente. Les deux lodges sont dotés d'un coin cuisine équipée et d'un bain bouillonnant privatif.

LES GITES DU MANIAL INSOLITE ARAWAKANE €€

394 Chemin communal
✆ 06 90 86 66 06
lesgitesdumanial.com
Cabane perchée 120 €/nuit/2pers, 150 €/3-4 pers. Tipi en bois 115 €/nuit/2 pers. Chalet 95 €/nuit/2 pers.

Situé en pleine nature sur une propriété de 8 500 m² plantée d'arbres fruitiers et exotiques, le lieu, dédié à la sérénité, se révèle idéal pour faire le plein d'énergie. Chaque logement est différent. La cabane sur pilotis peut accueillir 4 personnes, le chalet 2 personnes. Le tipi en bois climatisé peut accueillir 2 personnes et 1 enfant grâce au canapé-lit. Le site est à 100 m de la plage Anse Caraïbe, de la rivière d'Acomat et à 200 m de la plage Caraïbe.

GUADELOUPE-PARADISIO €€

1924 Chemin de Varin
✆ 06 90 74 07 50
www.guadeloupe-paradisio.fr
À partir de 600 €/sem/2 pers, 850 €/sem/2pers. 10 €/jour/pers. suppl.

6 hébergements répartis très habilement dans une grande villa. Ils bénéficient tous d'une indépendance totale et sont dotés d'une décoration locale. 2 bungalows sont nichés dans les arbres (entre 3 et 7 m pour l'un et 9 m pour l'autre). La vue sur la mer des Caraïbes est exceptionnelle, autant depuis la piscine que du bain bouillonnant ou des hébergements. Un des logements peut accueillir jusqu'à 9 personnes. Un très beau site au cœur d'un parc de 3 ha, bien fleuri, qui propose des prestations de bon standing. Sur place, un carbet avec BBQ au bord de la piscine.

HABITATION LA MANON €€

Acomat Gros Morne Thomy
✆ 06 90 61 94 04
www.habitation-la-manon.com/
Chambre à partir de 70 €/nuit. 40 € de frais de ménage. Séjours minimum de 4 nuits en semaine.

Les gîtes sont situés sur les hauteurs de la cascade d'Acomat et offrent un luxe indéniable. La décoration, très soignée, rappelle l'époque du XVIIIe siècle tout en s'alliant au confort des équipements modernes pour vous sentir comme chez vous le temps du séjour. La vue s'ouvre sur la mer des Caraïbes. Les hébergements sont répartis entre chambres d'hôtes sans cuisine ou avec, et maison de charme avec piscine. Coup de cœur pour la Chambre de l'écrivain (pour 1 ou 2 personnes) qui plongera ses invités dans une parfaite « zénitude ».

JARDINS DE POINTE NOIRE €€

Lotissement Pagesy
✆ 0590 98 88 27
À partir de 370 €/semaine/2 personnes, de 510 €/4 personnes, de 800 €/6 personnes. Adulte supplémentaire 90 €/semaine.

Cette petite résidence est composée de trois gîtes et d'une villa. Les hébergements sont implantés au cœur d'un joli jardin fleuri. Ils disposent d'une piscine commune sécurisée. Les gîtes sont dotés d'une ou deux chambres et peuvent accueillir de deux à cinq personnes. La villa, très bien équipée, peut accueillir de six à onze personnes avec ses trois chambres, sa superficie de 100 m² et ses deux terrasses. La plage Caraïbe, avec ses activités nautiques et ses restaurants, est à 800 mètres. Une autre petite plage plus sauvage est à seulement 300 mètres.

LALIWONDAJ KOTESI €€

Chemin de Belle Hôtesse
✆ 06 90 75 64 74
Emplacement pour tentes : 15 €/nuit/2 personnes. Gîtes 68 €/nuit/2 personnes ou 75 €/4 pers. Séjour de 3 nuits minimum.

Les gîtes et l'aire de camping sont situés au cœur d'une forêt. Une plateforme boisée, en contrebas du jardin, est dédiée aux amateurs de bivouac (tente non fournie). Le tarif comprend l'accès aux sanitaires, aux douches (en bambou) et à l'espace cuisine. Les bungalows de 30 m² sont entièrement aménagés, avec une cuisine équipée, une chambre et une salle de bain séparées et une terrasse privative. Sur place également, une aire de jeux aménagée pour les enfants, un écomusée consacré au volcanisme, un observatoire à oiseaux et un sentier d'identification botanique.

TI T'ANSE VILLAGE €€

Petite Anse
✆ 05 90 924 467
www.hotel-titanse.fr
À partir de 145 €/nuit.

Situé dans le cadre de la Petite Anse, le gîte propose sept hébergements parfaitement intégrés dans un cadre verdoyant et calme. Le site est parfait pour des vacances détente en famille avec notamment tout le matériel nécessaire pour les jeunes enfants. La capacité d'accueil varie de 2 à 4 personnes selon le type de logement. Les bungalows et cottages sont très agréablement aménagés. Ils disposent de la climatisation, d'une kitchenette, d'une petite terrasse. Sur place une piscine commune, dans le jardin verdoyant de 2 000 m² et à deux pas la plage.

TIPLÈN KRÉOL €€

Route des Plaines
✆ 05 90 99 05 19
www.tiplenkreol.com

A partir de 80 €/nuit/2 personnes. Forfait nettoyage possible pour éviter le ménage de fin de séjour (à partir de 50 €).

Au cœur d'un site arboré et fleuri, un ensemble de 3 gîtes de charme construits en bois rouge, qui font honneur à Pointe-Noire, commune surnommée *la capitale du bois* en Guadeloupe. L'accueil des propriétaires est chaleureux. Chaque gîte est ventilé naturellement et entièrement équipé pour votre confort et décoré avec de jolies couleurs chatoyantes. Une piscine est à votre disposition sur le site au milieu d'une nature luxuriante. Le petit plus : la rivière à proximité. Lave-linge accessible avec supplément. Possibilité de petit déjeuner et repas.

VILLA ROSE CARAÏBES €€

Chemin de Varin
✆ 05 90 99 96 62
http://villarosecaraibes.com

À partir de 460 €/semaine pour 2 personnes. Table d'hôtes 24 €/adulte, 12,50 €/enfant.

Un très beau site dans lequel sont nichés 6 bungalows pour 2 à 5 personnes, en bois dans la lignée de l'architecture créole dont un sur pilotis avec 2 chambres séparées par une salle de bains des plus originales, une cuisine sur la terrasse. Également deux chambres d'hôtes avec kitchenette et vue sur la mer. Un espace piscine est à disposition de tous les hôtes. Le tout dans un superbe jardin tropical à l'ambiance très zen orné d'un bassin et d'une cascade avec nénuphars, et carpes Koï. Possibilité de plats locaux proposés à la table d'hôtes.

WEST INDIES COTTAGE €€

62 chemin des Plaines
✆ 05 90 92 96 17
www.westindiescottage.com

À partir de 600 € la semaine pour deux personnes.

West Indies Cottage propose 6 logements insolites. Un moulin bien aménagé avec sa terrasse excentrée et son spa, une roulotte climatisée avec sa terrasse attenante, trois cabanes perchées dont deux avec air conditionné et spa. La cabane du pirate sortie d'un décor hollywoodien ravira les plus petits avec Jack qui vous apportera le petit déjeuner, et un carbet traditionnel avec sa vue sur un étang et ses nénuphars. La piscine lagon et son coin détente permettent de se prélasser après une journée de randonnée ou de découvertes des richesses de la Guadeloupe.

HABITATION CAFEIERE SAMANA BEAUSÉJOUR €€€

Chemin de Thomy
✆ 06 90 09 90 23
www.habitationsamanabeausejour.com

À partir de 140 €/nuit en basse saison. Séjour minimum selon la période.

Cette ancienne plantation du XVIIIe siècle allie histoire, patrimoine et modernité sur un domaine de 1,5 ha à 300 m d'altitude avec une sublime vue à 360°. Le site abrite des essences rares de vanille, cacao et café arabica, un verger d'agrumes. Les hébergements (suite, loft avec spa privatif, cottage avec piscine privative au sel) associent design contemporain et esprit caribéen. Le site est réservé aux adultes ou enfants de plus de 16 ans pour le confort des hôtes.

DOMAINE NATURISTE LIZARDY €€

2009 route de Morphy ✆ 05 90 86 92 24
www.lizardy.lu

À partir de 600 € la semaine pour 2 personnes.

Les propriétaires proposent 5 gîtes pour les voyageurs à la recherche d'un hébergement naturiste. Les logements sont dotés d'une cuisine et d'une grande terrasse. Ils disposent tous de la vue mer et accueillent pour certains jusqu'à 5 personnes. Ils sont situés dans une propriété verdoyante de presque un hectare dotée d'une piscine à débordement. Une plage de galets, avec un spot de plongée, est accessible par un petit chemin au travers d'un bois. Le bourg est à 5 min en voiture.

ROCHERS CARAIBES €€€

9 rue des Rochers
✆ 05 90 94 33 83
www.rocherscaraibes.com
À partir de 880 €/semaine/Ti Kaz (4), 980 €/ kaz a Man'Tiren (5*), 2 100 €/villa (5*). Marque «Esprit Parc national».*

Les trois hébergements sont parfaitement intégrés dans leur environnement. Au choix, une ancienne case créole de plus de 160 ans, idéale pour un couple ; un bungalow cosy en bois au beau milieu des bambous. Ces 2 hébergements disposent chacun d'un spa thérapeutique privatif. La villa en bois, à l'architecture créole, est dotée de trois chambres, de trois salles bain, d'une piscine et d'un spa privés. La préoccupation écologique est omniprésente (ventilation naturelle, récupération d'eau pluviale, panneaux solaires) ainsi que le bien-être des clients.

VILLA Ô PERCHÉE €€

Chemin Gros Morne
✆ +590 690 97 09 09
villaoperchee-guadeloupe.com
À partir de 180 €/nuit en basse saison, 230 €/nuit en haute saison.

La villa domine la mer des Caraïbes et est totalement ouverte sur la vallée d'Acomat. Elle dispose de deux chambres spacieuses et climatisées (capacité 4 personnes), une belle salle de bains, une cuisine ouverte sur la terrasse, un salon abrité, une large terrasse sur le côté avec la piscine – spa avec vue sur la mer pour admirer le coucher du soleil. L'équipement est complet (avec machine à laver, four micro-ondes, machine à café, bouilloire, robot ménager, écran plat...). Il est possible de bénéficier d'une prestation de massage (en supplément) sans se déplacer.

L'ÎLOT PALMIERS €€

Chemin de Varin
✆ 0690 97 09 09
www.lilotpalmiers.com
Bungalows à partir de 620 €/ semaine. Villa à partir de 290 € la nuit.

Les 5 gîtes de charme et la villa de standing classée 5 étoiles sont situés dans un jardin tropical luxuriant. Les hébergements classés Esprit Parc National, surplombent le bourg de Pointe Noire. Certains disposent d'une vue sur la mer des Caraïbes. Les gîtes en bois peuvent accueillir de 2 à 8 personnes selon l'hébergement. La villa, dotée de 3 chambres avec salle de bains privative, peut accueillir jusqu'à 6 personnes et dispose d'une piscine à débordement avec vue mer panoramique. Des massages sont proposés en supplément.

LE CALEBASSIER €

Port de pêche
✆ 0590 81 59 03
Ouvert tous les jours midi et soir, fermé le lundi et le mardi midi.

Ce petit bar-restaurant et snack est situé juste à côté du port de pêche. Il propose évidemment, entre autres, du poisson frais sur sa terrasse ombragée avec une vue mer bien dégagée mais également de bons cocktails. Le choix à la carte est assez restreint mais en adéquation avec le désir de ne proposer que des produits locaux de première fraîcheur et faits maison (assiette créole, accras, ouassous coco curry, ravioles de lambi, langouste...). L'accueil et le service sont très agréables. Côté pratique, il est très facile de trouver un stationnement à proximité.

LES TERRASSES D'ACOMAT €€

Chemin de Thomy
✆ 0590 99 90 52
https://lesterrassesdacomat.fr
Bungalow à partir de 820 € par semaine pour deux personnes et 880 € pour quatre personnes. Ménage de sortie : 50 €.

Sur ce site situé au cœur d'un jardin luxuriant sont nichés trois bungalows à l'architecture créole.. Deux des bungalows sont dotés d'une piscine privative. Chaque hébergement, composé de deux chambres, peut accueillir jusqu'à quatre personnes. Ils sont également pourvus d'une cuisine entièrement équipée, d'une belle terrasse (avec hamacs et barbecue) pour de bons moments de détente. Le premier petit-déjeuner est offert pour les séjours d'au moins une semaine. Il est possible de se faire livrer des repas créoles sur commande.

LES GOMMIERS €

200 rue Baudot
✆ 05 90 98 01 79
Ouvert le midi du lundi au samedi et jeudi et vendredi soir. Addition moyenne 25 €.

Ce restaurant familial a été créé par la grand-mère et a été repris ensuite par les enfants et les petits-enfants. Les spécialités antillaises à base de produits de la mer sont à l'ordre du jour selon l'arrivage ainsi que des plats traditionnels (assiette créole, court-bouillon, fricassée de chatrou...). Au menu également, des salades ou des assiettes de tapas (accras, nems...). Le menu du jour offre un bon rapport qualité-prix. L'établissement, situé dans le bourg, à la décoration sobre, a bonne réputation. Les plats sont disponibles en service à emporter.

JACK TAVERN €

Route des Plaines
✆ 05 90 990 732
www.jacktavern.fr

Ouvert tous les jours, le midi de 11h30 à 14h30 et le soir de 18h30 à 21h30.

Un restaurant-bar lounge pour boire un verre ou encore pour y manger une salade géante, une grillade ou un bon petit plat fait maison, à base de produits frais et locaux. Vous y trouverez à la fois des spécialités créoles et des mets à base de poisson fraîchement pêché, mais également des pizzas et des burgers, à déguster sur place ou à emporter. Le restaurant est chaleureux, accueillant et sans chichis, tout comme son équipe. C'est un lieu parfait pour découvrir les merveilles qu'abrite la région Basse-Terre, le tout sans se ruiner.

LE REFLET €

Plage Caraïbe
✆ 05 90 98 11 51

Ouvert tous les midis sauf le jeudi en basse saison.

Ce petit restaurant est situé sur la plage Caraïbes au sable blanc qui reste assez calme en termes de fréquentation. Il bénéficie d'une terrasse ombragée naturellement par les branches d'un grand amandier et d'une décoration typique avec ses nappes en tissu madras. Vous y viendrez pour leurs excellents accras de légumes, mais également pour les ouassous, le poisson-lion et le gratin de christophines, les poissons grillés, les courts-bouillons, l'incontournable langouste fraîche mais également pour son burger banane plantain maison à découvrir !

AN-BA DLO LA

118 Plage Caraïbes ✆ 06 90 47 11 61
www.guadeloupe-plongee.fr/

7/7 sur réservation. Rando palmée guidée : 60 €/adulte, 40 €/enfant. Initiation apnée à partir de 60 € (en groupe).

Amoureux de la mer depuis sa tendre enfance, Antoine bénéficie d'une expertise impressionnante : instructeur national d'apnée et de chasse sous-marine, initiateur en biologie marine et guide de randonnée palmée. C'est avec lui que vous partirez en mer, rassuré par sa bonne humeur et son professionnalisme. Il organise des découvertes en apnée, des cours de chasse sous-marine, des randonnées palmées et snorkeling guidées dans le Parc national marin. Passionné, il sait aussi transmettre ses connaissances et fait preuve d'une épatante pédagogie !

PARC AQUACOLE €

Route des Plaines ✆ 05 90 98 11 83
www.parc-aquacole.fr

Table d'hôtes vendredi et dimanche midi. Formules à 27 et 32 €/ad, 14 €/enfant. Snack mercredi midi (formule à 12 €).

Vous êtes assuré de déguster des produits frais et locaux car ici les repas sont évidemment élaborés uniquement à partir des produits du site entre les ouassous, rougets créoles et loup-caraïbes (alors que beaucoup de restaurants servent des ouassous importés d'Asie et congelés). Le repas est servi au beau milieu du parc paysager. Vous pouvez également tenter de pêcher vous-même quelques poissons que vous pourrez emporter (moyennant paiement) après le déjeuner. Vous pouvez également acheter des produits de la ferme, des ouassous et poissons sur place.

ANSE CARAÏBE PLONGÉE

142 Plage Caraïbe
✆ 06 90 64 04 34
Baptême 60 €/adulte, 50 €/enfant (8-12 ans).

Jazz, titulaire du brevet d'État et passionné de plongée depuis plus de 32 ans fait découvrir le monde sous-marin en toute sécurité et dans une ambiance conviviale. Il a choisi le site de Pointe-Noire pour son calme. Les plongées (exploration et baptême) vous entraînent vers les îlets Pigeon ou le long de la côte Caraïbe. Cette petite structure accueille 12 personnes au maximum par sortie et change de site afin de minimiser l'impact sur l'environnement. Pour les plus confirmés, nous vous conseillons la plongée dans les épaves de l'îlet Pigeon.

GWAKAKO

route des Plaines
✆ 05 90 26 74 85
gwakako.com
Du mercredi au samedi de 9h à 13h. Atelier de 4 à 12 personnes, sur réservation uniquement. 50 €/adulte et 30 €/enfant.

La plantation Gwakako vous accueille pour une expérience culinaire intitulée « de la plantation de cacao à la tablette ». Au programme, la préparation et la dégustation de boissons à base de cacao (pour découvrir des saveurs inédites) ; réalisation des étapes de confection d'une tablette de chocolat dans une ambiance conviviale. L'atelier dure environ 2h30. Vous repartez avec votre tablette de chocolat personnalisée et confectionnée par vos soins ! L'atelier s'achève par une visite guidée de la plantation pendant que le chocolat des tablettes durcit.

LES BAILLANTES TORTUES

Port de pêche de Baille-Argent
✆ 06 90 37 36 17
www.lesbaillantestortues.com
Baptême 65 €. Plongée d'exploration à partir de 43 € sans matériel, 48 € avec matériel. Fermé le samedi.

Ce club est réputé pour son accueil et son ambiance sympathique dans le respect des règles de sécurité et de l'environnement. Il propose des stages PADI, FFESSM/CMAS, des sorties avec double plongée sur les épaves ainsi que des plongées de nuit à la demande sur son bateau qui peut accueillir jusqu'à 12 plongeurs. Si vous souhaitez plonger à plusieurs reprises, le club vous offre la possibilité de laisser votre matériel de plongée sur place en toute sécurité. Les sites de plongée sont répartis de la commune de Deshaies jusqu'à la réserve Cousteau.

NAUTICA PLONGÉE

Plage de Petite Anse
✆ 05 90 99 90 47
www.nauticaplongee.fr
Baptême 50 €/ad, 40 €/enf. Plongée exploration : 45 €. Plongée de nuit : + 5 €. Randonnée PMT : 20 €.

La Côte-sous-le-Vent de la Guadeloupe est un lieu de plongée privilégié : tortues, tombants, coraux, éponges, poissons de toutes formes et couleurs, épaves... Grâce au bateau rapide, vous avez également accès à la réserve Cousteau à proximité. Ce prestataire installé sur la plage de la Petite Anse propose des baptêmes pour les débutants dès sept ans, sur les plus beaux sites de l'archipel. Les plongeurs professionnels organisent aussi des sorties en mer nocturnes, et des explorations d'épaves dans la réserve Cousteau et le Sec Pâté (dans le canal des Saintes).

CARAIBES GLISS

Plage Anse Caraïbe
✆ 0690 800 607
www.caraibesgliss.com
À partir de 60 €/Seabob, de 70 €/E-Foil, de 25 €/Step Paddle et de 15 €/Paddle avec randonnée vers la réserve Cousteau.

Caraïbes Gliss est spécialisé dans la location de matériels nautiques à propulsion électrique : Seabob (pour nager comme un dauphin), E-Foil (surf électrique volant), Step-Paddle, paddle, bouée lounge (pour se relaxer sur l'eau en duo, en famille ou entre amis)... Vous êtes accompagné par un moniteur expérimenté pour la prise en main de ces engins. Après quelques explications et en quelques minutes, même les non-initiés peuvent apprécier le plaisir de la glisse et partir à la découverte de la nature. Le départ s'effectue depuis la plage Anse Caraïbes.

YALODE

Départ de la base nautique de Pointe-Noire pour une excursion de canyoning/aquarando.
✆ 06 90 56 58 10 - www.kayak-guadeloupe.fr
Canyoning 49 €/personne (demi-journée). Bain de forêt : 44 €/personne (demi-journée). Bivouac 800 €/personne (4 jours).

Partez avec Pascal, guide breveté d'État et passionné de nature, au cœur de la forêt tropicale, où plusieurs activités vous sont proposées. La randonnée aquatique très accessible vous permettra d'explorer les canyons des Mamelles et de glisser sur des toboggans naturels, en toute sécurité. Choisissez les bains de forêts pour un éveil sensoriel et énergétique, un moment de partage inoubliable. Enfin le programme bivouac itinérant de 4 jours et 3 nuits vous permettra de vous ressourcer entre forêt, mer, canyon et rivière. Déconnexion garantie !

DESHAIES ★★★★

La baie, bien protégée, de ce joli port de pêche a longtemps attiré marins et flibustiers. En venant de Pointe-Noire par la route ou en bateau, la vue sur le bourg est superbe. Par la sortie Nord, jusqu'à Caféière, la route qui suit la côte invite à quelques arrêts au point de vue de Gadet. Au lieu-dit Ziotte, une piste caillouteuse et boisée passe à travers une bande de forêt littorale et longe un lac intérieur jusqu'à la plage. Grande-Anse est l'une des plus vastes et plus belles plages de Guadeloupe. Entre Ferry et Deshaies, la côte de galets et de rochers est moins grandiose. À côté, la plage de Petite-Anse étale un beau sable gris clair.

DOMAINE LUCINTHE IDALIE

Chemin des manguiers
✆ 05 90 68 42 09

Visite du jardin de 8h à 16h sur rendez-vous. Entrée : 10 €/adulte et 5 €/enfant. Comptez 2h de visite guidée.

Situé sur les hauteurs de Deshaies, sur un terrain pentu, le domaine bénéficie d'une superbe vue panoramique sur la mer et la montagne. Un bel endroit pour découvrir une centaine de variétés d'arbres, dont des arbres fruitiers que l'on peut trouver dans tout l'archipel (cythère, goyave, manguier, cajou, abricot pays, vanille...). À voir également, la collection de plantes médicinales, dont les vertus vous sont précisées par Gitane, la très sympathique propriétaire. Une dégustation de fruits frais est offerte en fin de visite.

ÎLET FAJOU ★

Niché en plein cœur du Grand-Cul-de Sac-Marin, l'îlet Fajou fait partie de la Réserve naturelle de la Guadeloupe. Il s'agit de la plus grande des îles du Grand-Cul-de-Sac marin. D'une superficie de 115 hectares, elle est entièrement constituée de mangrove (groupement de végétaux ligneux). Elle est également bordée de sable blanc et d'herbes à tortues. Situé à 6 kilomètres à l'ouest de Vieux Bourg et également à environ 6 kilomètres au nord de l'embouchure de la Rivière Salée, l'îlet fut habité au milieu du XIXe siècle. Il abritait des fabriques d'engrais et de chaux. Au nord de l'îlet, un dernier four à chaux, en ruines, subsiste. A l'époque, les coraux et certains coquillages étaient utilisés pour fabriquer la chaux. L'îlet est désormais préservé de toute habitation ; seuls les animaux de l'île y règnent en maîtres entre les mangoustes, les poissons, les canards migrateurs et sédentaires, les limicoles, les râles gris, mais aussi de magnifiques pélicans... Les tortues marines (tortues imbriquées) fréquentent l'îlet également pendant la période de ponte. La présence des mangoustes et des rats constituait une telle menace pour les œufs de tortue qu'une action d'éradication a dû être menée entre 2001 et 2003.

L'îlet Fajou est bordé par une barrière de corail riche et, avec un peu de chance, on peut parfois apercevoir un bébé requin ! Des excursions en bateau sont organisées à la journée par des professionnels experts de la Réserve naturelle (vous les trouverez notamment sur le port de Sainte-Rose).

BASSE-TERRE

Îlet Fajou.

© VINCENT FORMICA

Port de Deshaies.

ÎLET KAHOUANNE

Situé à 1,5 km de la commune de Deshaies à laquelle il est rattaché, l'îlet Kahouanne offre des paysages contrastés entre falaises, plages et mornes qui se succèdent sur une surface de 20 hectares... Sa forêt sèche se compose de mancenilliers, de frangipaniers, de gommiers rouges et d'une mangrove à palétuviers blancs. Protégé par le conservatoire du littoral, l'îlet abrite des oiseaux marins comme les sternes, les pélicans bruns et les frégates. Il s'agit également d'un lieu précieux car les tortues marines viennent y pondre chaque année.

JARDIN BOTANIQUE DE DESHAIES

✆ 05 90 28 43 02

www.jardin-botanique.com

Visite tous les jours de 9h à 16h30. Fermeture à 17h30. Entrée 17,50 €. Enfant 12 €.

Un jardin exceptionnel, à la fois botanique et parc animalier, sur un domaine de 7 ha ! L'occasion d'une belle promenade reposante qui serpente à travers les plantes et les essences des tropiques (bougainvilliers, hibiscus, balisiers...). Le parc est agrémenté de multiples attractions : cascade, mur d'eau, torrent, bassin aux flamants roses, étang à nénuphars, village des aras (perroquets), volière, enclos à cabris pour les enfants (à côté de l'aire de jeu et du snack).

PLAGE DE LA PERLE

Cette longue plage d'environ 400 mètres ressemble beaucoup à celle de Grande Anse avec son sable doré. Il s'agit de la plage utilisée pour des scènes de la série anglaise « Meurtres au Paradis », car elle accueille la maison de l'inspecteur. En général, l'eau y est paisible jusqu'à la barrière de corail, mais les vagues la submergent en période de mauvaise mer. Attention aux rouleaux qui s'avèrent dangereux ! On peut apercevoir l'îlet Kahouanne, un peu plus au nord. Cette plage est un site de ponte des tortues qu'il convient de respecter afin de la préserver.

TÊTE-A-L'ANGLAIS

Cet îlet tient son nom de l'époque des batailles pour la possession des Antilles qui opposaient les Français et les Anglais. Les Français avaient pris pour habitude de s'entraîner au tir sur cet îlet dont la forme leur évoquait le casque porté par les troupes anglaises. C'est aujourd'hui la propriété de l'ONF et un site protégé de reproduction des oiseaux : plusieurs espèces de sternes, des frégates, des fous bruns... viennent s'y réfugier ainsi que des anolis. Côté flore, les espèces de cactus y règnent en maîtres. Il est interdit d'accoster sur l'îlet.

PLAGE DE GRANDE-ANSE ★★

C'est l'une des plus vastes et des plus belles plages de Guadeloupe. Imaginez plus d'un kilomètre de sable doré que viennent lécher les vagues d'une eau turquoise et limpide protégée par une barrière de corail. Sa forme en arc de cercle la rend encore plus singulière. Le contraste entre la teinte du sable et le ciel est superbe avec, en arrière-plan, une belle végétation composée principalement de raisiniers et de cocotiers qui offrent de beaux coins ombragés pour pratiquer la sieste ou pique-niquer. Evitez particulièrement les mancenilliers (dont les troncs sont cerclés de rouge) ; ces arbres produisent, lorsqu'il pleut, de la sève et des fruits qui provoquent des brûlures.

Attention, des rouleaux plus virulents que d'autres et courants peuvent surprendre et s'avérer dangereux ! Redoublez de vigilance avec les enfants. Faites également attention à la profondeur qui arrive très rapidement (après un mètre seulement !). Même si les vacanciers et les touristes se pressent sur cette plage, l'impression de grandeur sauvage et d'authenticité prédomine. Le site est particulièrement fréquenté le week-end et les jours fériés par la population. De nombreux restaurants y sont implantés. Ce paysage peut vous paraître familier si vous êtes téléspectateur de la série anglo-française *Meurtre au paradis* dont les épisodes, depuis des années, sont tournés dans la commune de Deshaies. La plage de Grande Anse fut également le lieu de tournage de l'adaptation télévisuelle récente du roman d'Agathe Christine *Ils étaient Dix*.

© FILIP FUXA - SHUTTERSTOCK.COM

GED

Dans le bourg
✆ 06 90 42 28 69
www.guadeloupe-evasion-decouverte.com
Découverte des cétacés : 65 €/adulte, 55 €/12-17 ans, 40 €/-12 ans, gratuit pour les -2ans. Réservation obligatoire.

La structure propose des activités écotouristiques dans la mer des Caraïbes, protégée des alizés par le relief montagneux. Le départ des excursions, à la découverte des écosystèmes de la Côte sous-le-Vent, la réserve Cousteau, la barrière de corail et la mangrove, s'effectue de Deshaies. Voir des dauphins et cétacés n'est pas garanti, mais très probable. Le navire électrique solaire Taonaba, conçu pour respecter l'environnement peut accueillir 20 passagers. Il répond aux critères du label Marque de confiance du Parc national de Guadeloupe.

PÉLICAN SAFARI

parking municipal
✆ 06 90 67 70 22
www.pelicansafari.fr

Une formule idéale pour découvrir la Guadeloupe à l'écart des sentiers battus, loin de l'agitation touristique. Philippe et William, deux guides nature anglophones et francophones, se feront un plaisir de vous conduire au cœur de l'île pour découvrir une culture, des traditions et des paysages empreints d'authenticité. Plusieurs formules sont proposées, en 1/2 journée ou en journée au Nord ou au Sud Basse-Terre avec en apothéose un magnifique coucher de soleil ! Une des randonnées vous entraîne à la découverte de lieux de tournage de la série *Meurtres au paradis.*

AUTO DISCOUNT LOCATION

Fort Royal
✆ 06 90 56 02 60
www.auto-discount.fr
À partir de 19 €/jour. Lundi, mardi, jeudi, vendredi et samedi de 7h à 12h, mercredi de 7h à 13h.

Implanté aux Antilles depuis presque 25 ans (6 agences en Guadeloupe, 1 agence en Martinique, 1 agence à Saint-Martin et 1 agence en Guyane), ce loueur 100% local vous propose le meilleur rapport qualité-prix. Citadine économique, spacieux minibus 9 places, SUV tout terrain, voiture sans permis, automatique ou manuelle : trouvez le véhicule adapté à vos vacances ou à vos besoins quotidiens. Un déménagement, des travaux ? Du petit fourgon au camion à benne basculante, particuliers ou professionnels, trouvez aussi le parfait utilitaire !

BASSE-TERRE

ARCHIPEL LOCATION €

46 Petit Bas-Vent
✆ 05 90 28 45 65
www.archipel-location.com
Bungalows à partir de 298 €/semaine/2 personnes, 442 €/4 personnes. Remise de 50 % sur la 2ᵉ semaine hors saison.

À moins de 150 m de la plage de Fort-Royal, une structure composée de 6 hébergements autour d'une piscine bordée d'un jardin tropical. Des logements d'une surface de 38 m², prévus pour 2-3 personnes, sont composés d'une chambre, d'une cuisine équipée avec coin repas, d'une salle d'eau, d'une terrasse couverte donnant sur le jardin. Les autres peuvent accueillir 4-5 personnes, sur une surface de 54 m², et disposent de deux chambres, d'une cuisine équipée avec coin repas, de deux salles de bains et d'une terrasse couverte donnant sur le jardin.

CŒUR CARAIBES €

192 allée du Cœur
✆ 05 90 28 43 53
www.coeurcaraibes.com
À partir de 65 €/nuit pour 2 pers, 92 €/nuit pour 4 pers, 116 €/nuit pour 6 pers.

Dans un parc de 8 000 m², 9 bungalows, aux couleurs de la Caraïbe, climatisés et de tailles différentes (de 40 à 120 m²). Ils portent chacun le nom d'une île de la Caraïbe et peuvent accueillir de 2 à 7 personnes selon le type d'hébergement. Ils sont tous dotés d'une terrasse, d'une cuisine aménagée. Certains sont équipés d'une piscine privative ou d'un spa. La plage de Grande-Anse est juste au bout de l'allée. Possibilité de transfert (avec supplément) de l'aéroport jusqu'à l'hébergement ou de location de voiture par leur intermédiaire.

LA COLLINE VERTE €

741 allée Capado
✆ 06 26 69 71 33
www.lacollineverte.com
À partir de 78 €/nuit.

Neuf bungalows, à l'architecture créole, sont installés dans un jardin tropical adossé à une colline et dominant la mer des Caraïbes et ses îlets. La capacité d'accueil des hébergements varie de 2 à 8 personnes. Ils sont tous dotés d'une cuisine équipée ouvrant sur la terrasse, de chambres climatisées, wifi et de nombreux accessoires bien utiles au quotidien. L'établissement dispose d'une piscine réservée aux occupants des bungalows. Accueil chaleureux des propriétaires permettant un séjour des plus agréables. Possibilité de petit-déjeuner. Idéal pour les groupes.

LES TI COMBIS DE PAPE

Impasse pointe marine
✆ 0690 81 51 14
les-ti-combis-de-pape.com
De 525 à 630 €/semaine + caution. Week-end à partir de 250 €. Inclus : assurance, assistance et nécessaire de voyage.

Embarquez à bord d'un combi Volkswagen de 30 ans (restauré et en parfait état) et sillonnez les routes de Guadeloupe pour profiter chaque jour d'un décor différent. Vous aurez le choix entre deux combis T3 de 1982 et 1988, entièrement aménagés et équipés, parfait pour les amateurs de road trip ou de bivouacs, en version essence (2 personnes max) ou turbo diesel (3 à 4 personnes). Vous y trouverez tout le confort nécessaire (frigo, évier, lit 2 places, prises usb, vaisselle, linge de lit, jeux, radio CD, tables et chaises, douches solaires).

BLEU DES ÎLES €€

Chemin de Bornave
✆ 0690 653 446
www.bleudesiles.com
À partir de 780 € pour un bungalow simple (25 m²) pour 2 personnes, de 830 € pour un bungalow de 40 m².

Le site bénéficie d'une vue mer imprenable et d'un accès à la plage Leroux à 150 m. Les 5 bungalows sont situés dans un cadre calme, au milieu d'un jardin tropical de 3 000 m² doté d'une piscine avec vue mer et d'un carbet. Les plus spacieux disposent de 2 chambres climatisées (de 18h30 à 8h) en rez-de-chaussée, d'une kitchenette équipée (réfrigérateur-congélateur, plaques vitro-céramiques, micro-ondes, cafetière...) et une terrasse de 30 m² avec vue mer. Un autre petit bungalow douillet (Ti Nid d'Amour) permet d'accueillir un couple.

BOIS CANNELLE €€

Impasse de Villers
✆ 06 90 19 35 25
bungalowsboiscannelle.com

À partir de 115 €/nuit en haute saison. Petit-déjeuner-brunch 12 €/personne.

Nichés sur les hauteurs de Deshaies, à seulement quelques mètres du jardin botanique, Anne-Sophie et Alain vous accueillent chaleureusement autour d'un verre de l'amitié, dans un de leurs trois bungalows en bois, en harmonie avec la végétation luxuriante qui les entoure. Chaque gîte, joliment décoré, est indépendant. Ils peuvent accueillir 2 à 3 personnes et sont tous composés d'une chambre, d'une salle de bains avec douche à l'italienne et d'une grande terrasse-cuisine (entièrement équipée) de 12 m^2 donnant sur la piscine balnéo et un espace détente.

DOMAINE KARAIBES €€

La Coque ✆ 05 90 28 58 88
www.karaibes.com

À partir de 100 €/nuit pour un bungalow 2 personnes.

Ce domaine de charme compte 7 hébergements en bois, construits dans le respect de l'environnement au cœur d'un jardin arboré. Les bungalows peuvent accueillir entre 2 et 5 personnes, et jusqu'à 6 personnes pour le loft équipé de son spa privatif. Tous les logements bénéficient d'une vue mer. Un espace piscine permet de se relaxer au cœur de la végétation. Vous serez chaleureusement accueilli par les propriétaires, Juliette et Thomas, qui se feront un plaisir de vous assister dans le programme de votre séjour afin que vos vacances soient une réussite.

CARAIB'BAY HOTEL €€

Allée du Cœur
✆ 05 90 28 54 43
caraibbayhotel.com

À partir de 101 € la nuit pour 2 en basse saison.

Les six maisons et les deux villas écolodges sont réparties dans un parc tropical de 8 000 m^2. Les suites duplex (2 à 5 personnes) sont dotées d'une terrasse aménagée pour observer les oiseaux du parc. La villa Ti Kaz Bwa (2 personnes), tout en bois, est nichée au cœur de la végétation du parc tropical. La villa Kariakou (2 à 4 personnes) est installée sur les hauteurs du parc avec vue sur le jardin. Les petits déjeuners sont inclus (sur demande pour la villa Kariacou). La déconnexion et la détente sont assurées dans une ambiance chaleureuse et familiale.

ECOLODGES KARET €€

442 Allée du coeur
✆ 05 90 28 47 74
www.ecolodgeskaret.com

À partir de 585 €/semaine ou 92 €/jour (minimum de 4 nuits).

Ce site d'hébergement touristique écologique et écoresponsable propose trois bungalows traditionnels en bois rouge situés dans un jardin tropical bordé par une rivière. Les bungalows bénéficient d'intimité : vous y trouverez tout le confort et pourrez profiter de la terrasse avec vue mer et jardin sans vis-à-vis. Sur place, également, une villa créole de 200 m^2 avec 4 chambres, véranda et piscine, qui peut accueillir jusqu'à 8 personnes. Les écolodges bénéficient du label « Esprit parc national ». Le petit plus : la plage de Grande Anse n'est qu'à 400 mètres...

BASSE-TERRE

HABITATION GRANDE ANSE €€

Plage de Grande Anse ✆ 05 90 28 45 36
www.hotelhga.com

Chambre à partir de 144 € par nuit pour 2 personnes, petit-déjeuner inclus.

À flanc de colline, dans un jardin tropical luxuriant, l'hôtel trois étoiles se situe à 250 mètres à peine de la plage de Grande Anse. Le cadre est idéal pour un séjour au calme. À la fois hôtel et résidence, l'établissement dispose de 48 logements climatisés dont des studios standard (28 m²) pour 2 personnes, des studios (34 m²) pour 4 personnes, et des appartements 2 et 3 chambres (60 à 120 m²) pouvant accueillir jusqu'à 7 personnes. Un restaurant surplombe la piscine. Il est possible de réserver en formule hôtel ou en résidence.

HABITATION PINEAU €€

1396 chemin Pineau Richard
✆ 05 90 83 00 27
habitationpineau.com/

Bungalow à partir de 70 €/nuit, de 490 €/semaine. (2 nuits minimum). Case créole à partir de 693 €/semaine.

Trois types d'hébergements sont proposés sur cette charmante propriété, située face à la plage de la Perle : le bungalow climatisé 1 chambre qui surplombe le domaine avec vue mer, le gîte « Soleil couchant » pour 2 adultes et 2 enfants avec mezzanine ouverte et avec une vue de carte postale et pour finir la maison écologique en bois, de style créole qui dispose de 3 chambres, de 2 salles de bains, d'un grand séjour, d'une cuisine équipée, d'une très belle vue mer et d'un accès privé en voiture. Chaque logement dispose de son spa privatif.

AU JARDIN DES COLIBRIS €€

Lieu-dit Villers
✆ 05 90 28 52 68
www.aujardindescolibris.com

À partir de 65 €/nuit le bungalow coloré, 139 €/cabane aux étoiles ou 139 € la villa avec piscine privée ou vue sur mer.

Cette propriété de 10 000 m², nichée dans un sous-bois, sur les hauteurs, abrite des villas avec piscine privée et vue sur la baie de Deshaies, des gîtes de charme, des cases créoles en bois, trois cabanes luxe perchées dans les arbres (avec piscine privative, jardin d'eau avec baignoire en pierre à ciel ouvert), des lodges avec vue mer, une cabane sur pilotis et le Nid des colibris, cosy et intimiste pour deux amoureux, avec un « lit étoilé », large filet suspendu au-dessus de la forêt tropicale pour une sieste à 2 et pourquoi pas une nuit à la belle étoile !

KATALO PLAGE €€

348 boulevard Vwé Moun
✆ 06 90 49 67 62 - www.katalo-plage.com

Tarifs de 400 à 800 € la semaine selon la saison.

La villa allie le style contemporain à l'architecture créole à 20 mètres de la plage. Sur place, deux appartements et deux studios qui peuvent accueillir 2 personnes voire 1 à 2 personnes supplémentaires dans le lit d'appoint du salon. Les chambres climatisées et les salles de bains sont situées en rez-de-chaussée. Le salon et la cuisine-terrasse au 1er étage, font face à la mer. Les hébergements bénéficient de tout le confort (téléviseur, cafetière, four, bouilloire, lave-vaisselle...). Une piscine est à disposition pour les moments de détente.

LANGLEY RESORT FORT ROYAL €€

Impasse Petit Bas-Vent ✆ 05 90 68 76 70
fortroyal.eu

A partir de 179 € pour une chambre double avec petit déjeuner ou un bungalow standard (vue sur jardin).

Ce complexe désormais 4 étoiles, de 11 hectares est situé face à la mer à 10 min du bourg de Deshaies avec 3 plages à proximité. La plupart des chambres et bungalows bénéficient d'une vue sur la mer des Caraïbes (certains sont équipés pour les personnes à mobilité réduite). Le village des bungalows est situé à l'extrémité du parc. Sur place, un bar, un court de tennis, des activités nautiques ainsi qu'un restaurant. Les plages, bars et restaurants sont accessibles au public extérieur.

O COEUR DE DESHAIES €€

Les hauts Matouba

✆ 05 90 90 93 86

À partir de 85 €/nuit pour un gîte 2 pers, villa à partir de 130 €/nuit.

Nichée sur les hauteurs de Deshaies, cette résidence hôtelière de charme abrite 12 appartements et allie confort et modernisme, dans un écrin de verdure. Toutes les chambres et suites bénéficient de la climatisation, d'une terrasse avec vue sur mer et certaines sont aménagées pour accueillir les personnes à mobilité réduite. Le lieu est idéal pour les couples ou les familles à la recherche de sérénité. Le petit plus : pouvoir profiter du coucher de soleil sur la baie et se prélasser au bord de la piscine ou pour aller se faire masser à l'espace bien-être.

LE RAYON VERT €€

✆ 05 90 28 43 23

www.hotels-deshaies.com

À partir de 159 €/nuit/2 pers, 289 €/4 pers. petit déjeuner inclus. Suppl. demi-pension 39 €/pers.

Situé à flanc de colline, près du jardin botanique, cet hôtel de 22 chambres dispose d'une vue imprenable sur la baie de Ferry. Les chambres « standard » et « confort » sont dotées d'une terrasse privée, d'un mini-réfrigérateur. Les chambres communicantes peuvent accueillir 4 adultes et 2 enfants. Sur place, un restaurant (cuisine créole et traditionnelle française) et un bar au bord de la piscine à débordement dans un cadre verdoyant et calme. L'équipe est particulièrement à l'écoute des clients. La plage de Leroux est à 800 m. Fermeture de mi-août à fin octobre.

REPAIRE JADE & JACK €€

Allée Capado

✆ 05 90 23 76 27

http://jade971.e-monsite.com

À partir de 114 €/nuit pour 2 personnes. Petit déjeuner à 20 € pour 2 personnes. Départ tardif 40 €.

Jade propose un gîte en bois à l'architecture typiquement créole inspiré de l'atmosphère de la piraterie. Le site, parfaitement entretenu, invite à la détente. L'hébergement climatisé peut accueillir deux personnes. Niché dans la végétation, il est doté d'une chambre, d'une cuisine équipée, d'un salon sur la terrasse avec hamac et d'un spa. Il est possible de bénéficier d'un petit déjeuner continental fait maison sur réservation ou encore d'un soin bien-être. Jade est toujours disponible pour vous assister dans le choix de vos excursions.

LES REVES D'OR €€

Section Vwe Moun

✆ 06 90 61 23 78

www.lesrevesdor.com

Gîtes à partir de 190 €/2 nuits, 420 €/semaine en basse saison.

Idéalement situé à flanc de colline, au cœur d'un jardin tropical, le site offre une vue imprenable sur la plage de Grande Anse. Au choix, des gîtes et des villas joliment décorés pouvant accueillir de 2 à 6 personnes. Chaque logement dispose d'une terrasse avec vue mer pour profiter de moments de détente dans un environnement calme et paradisiaque. À moins que vous ne préfériez vous prélasser dans la piscine ou dans le bain à remous ou bien profiter de l'espace bien-être ! Le petit plus : l'accès direct à la mer donnant sur une petite crique peu fréquentée.

HABITATION TENDACAYOU €€€

✆ 05 90 28 42 72

www.tendacayou.com

Tarifs dégressifs à partir de 5 nuits consécutives.

Sur les hauteurs de Deshaies se trouvent 14 écolodges, un spa sous la forêt tropicale, une petite piscine, une table d'hôtes. Ils sont construits en matériaux naturels entre cabane perchée dans les arbres, cases créoles, bungalows au bord de l'eau. Le Château Mango, pour 6 personnes, s'appuie carrément contre un manguier géant ; le Doudou An'mwen, avec la tête dans les arbres, accueille 2 personnes. Les autres logements sont pourvus de bain japonais (grande baignoire en bois ronde). Et pour une relaxation totale : pas de télévision, téléphone, ni Wi-Fi.

TAINOS COTTAGES €€€

Plage de Grande-Anse

✆ 06 90 53 42 84

www.tainoscottages.fr

À partir de 180 €/nuit ou 1080 €/semaine/cottage, en basse saison

Situé à l'extrémité de Grande-Anse, cet ensemble de style créole, construit en bois indonésien et en teck, est parfaitement intégré à la végétation tropicale. Les 4 cottages avec une toiture en tuiles de bois sont indépendants, dotés d'un mobilier splendide. Certains disposent d'un spa privatif. Une galerie ouverte sur le jardin, un hamac pour la sieste, une piscine et un bar-restaurant face à la mer, voici le niveau des prestations qui sont proposées. Autre détail, la piscine, encastrée dans la colline, reste bien à l'abri des regards indiscrets.

CARRÉ ROYAL €€

Petit Bas Vent

✆ 0590 91 93 53

www.lecarreroyal.fr

À partir de 120 €/nuit en basse saison.

Catherine et Alexandre proposent des bungalows de charme (dont certains sont sur pilotis) et un appartement. Les hébergements sont spacieux et soignés. Ils sont situés au cœur d'une végétation luxuriante et disposent d'une superbe vue sur la mer. Ils sont tous dotés de la climatisation et d'une grande terrasse. Une piscine et une *pool house* (équipé d'un réfrigérateur, d'une machine à café ou thé gratuits) sont à la disposition de tous les occupants. Possibilité de bénéficier de l'option petit-déjeuner et du service traiteur sur demande.

AU TI SUCRIER €€

Chemin de Bornave

✆ 05 90 28 91 29

www.autisucrier.com

Studio 2 personnes à partir de 90 €/nuit. Appartement 2 ch. à partir de 115 €/nuit.

Cette résidence de charme est située à 50 m de la plage de Leroux, dans un parc tropical avec vue imprenable sur la mer des Caraïbes, l'île de Montserrat et Antigua. Le site est doté d'une jolie piscine en forme d'éventail. Les logements, de style créole, sont répartis en studios standard pour 2 personnes, grands studios, studios grand confort et appartements 2 chambres. Les 14 hébergements sont équipés de la climatisation dans chaque pièce, d'un coffre-fort individuel, d'une cuisine et d'une terrasse. Des commerces et restaurants sont à proximité.

VILLA DU JARDIN BOTANIQUE €€€

Jardin Botanique

✆ 05 90 28 43 02

Villa à partir de 2 000 €/7 nuits, 1 200 € le week-end (3 nuits). Bungalow à partir de 300 €/3.

Cette villa tout en bois est nichée au cœur du jardin botanique. Avec ses 400 m², elle peut accueillir 10 personnes et dispose d'une galerie extérieure surplombant la mer et de 4 chambres avec salle de bains privative. Sur place, une piscine privative, un immense deck et un solarium. Également disponible, un bungalow pour 2 personnes avec une chambre et un salon avec couchage supplémentaire. Les plus : les prestations de qualité et la possibilité de profiter du jardin en VIP.

KARACOLI BEACH & SPA €

Plage de Grande Anse

✆ 06 90 52 78 60

www.karacoli.com

Ouvert à partir de 11h. Fermé lundi et mardi.

Ce bar lounge branché est idéal pour un moment détente entre amis, en couple ou en famille. Vous êtes les pieds dans le sable, à quelques mètres de la plage, avec de la musique d'ambiance, des animations ponctuelles. Le bar propose des cocktails, tapas, chichas, vins, champagnes et spiritueux. Différents espaces privatisables : carbets, cabanitas, fauteuils salon, bed ou bien le spa, qui peut accueillir 3 personnes sur réservation. Le site est accessible aux personnes en fauteuil roulant. Une balançoire est à disposition des petits et des grands.

LE MADRAS €

Rue de la Vague Bleue

✆ 05 90 28 49 88

Ouvert tous les jours sauf le mercredi et le jeudi soir, de 9h à 22h. Comptez environ 25 € par personne.

Le chef propose une cuisine traditionnelle typique simple et bonne à base de produits frais (court-bouillon de poisson, ragoût de coq à l'ananas, colombo, brochettes de poisson...) Vous pouvez vous installer dans la petite salle ou sur la terrasse ombragée, les pieds dans le sable avec pour panorama la mer à perte de vue.. Les assiettes sont copieuses mais le service n'est pas forcément très rapide. Pour la petite histoire, il s'agit du lieu de tournage de certaines scènes de la série *Meurtre au paradis (Death in Paradise)* tournée sur la commune de Deshaies.

LE MAHINA €

139 boulevard des Poissonniers

✆ 05 90 88 95 38

Ouvert le soir du mercredi au dimanche et le dimanche midi. Plats à emporter à partir de 11 €.

Dans ce petit restaurant familial à la façade blanche et bleue, vous pouvez commander une assiette de tapas, une salade de chèvre, un poisson grillé du jour, une plancha de viande, un poisson mariné ou une pizza maison à la pâte fine (uniquement le soir). Le restaurant propose un service de plats à emporter. Demandez à être installé sur la terrasse pour profiter de la jolie vue sur la baie car l'établissement dispose de deux salles (dont une seule avec vue mer). L'endroit est agréable pour admirer le coucher de soleil tout en profitant d'un rafraîchissement.

PARADISE KAFÉ €

83 Boulevard des poissoniers
✆ 06 90 19 40 09
Ouvert à partir de 17h sauf mercredi et jeudi. Réservation conseillée.

Difficile de manquer ce restaurant à la façade orange et aux volets fuchsia sur la plage du bourg. Il dispose d'une salle et d'une petite terrasse les pieds dans le sable, avec une belle vue panoramique sur la baie de Deshaies. Son aménagement a été conçu en bois naturel et recyclé dans un esprit écologique. Les cocktails sont préparés avec des fruits frais locaux de saison dans une ambiance musicale lounge. La carte assez restreinte mais novatrice est un mélange de cuisine asiatique et de produits créoles. Certains plats sont proposés en service à emporter.

CHEZ ERNEST €€

Chemin de la batterie
✆ 06 90 96 27 23
Ouvert midi et soir. Fermé lundi, mardi et dimanche soir.

L'emplacement du restaurant est exceptionnel. Chez Ernest domine la baie de Deshaies, la vue est imprenable quel que soit l'endroit où vous êtes attablé. La décoration cosy aux couleurs turquoise et bois se fond parfaitement à l'environnement. Côté assiette, l'établissement propose une cuisine fusion avec des produits locaux pour une explosion de saveurs. La carte change régulièrement, vous pouvez par exemple y retrouver des brochettes de poulet sur bâton de canne à sucre sauce satay et cacahuète, filet de bœuf maturé, tataki de thon ou ravioles de langouste...

TI POISSON LA €

Plage de la Perle
✆ 06 90 64 41 82
De 7h à 20h30, à partir de 9h le jeudi. Fermé le mardi. Repas sur place ou à emporter à partir de 10 €.

Ce charmant petit restaurant de bord de mer est situé sur la belle plage de la Perle. Vous pourrez y déguster, les pieds dans le sable face à la mer, des plats qui allient saveurs créoles et provençales car la cheffe est marseillaise. Le poisson provient directement d'un pêcheur. Au menu, un large choix de plats cuisinés avec des produits frais et locaux (grillades, sandwichs...), mais aussi des cocktails et des crêpes. Le restaurant propose également de la langouste, mais uniquement sur réservation au moins 12 h à l'avance. Possibilité de petit-déjeuner le matin.

L'ÔTENTIK €€

Plage de Grande Anse
✆ 05 90 48 50 56
Ouvert du mercredi au dimanche midi. Addition moyenne 35 €.

Situé à l'entrée de la plage de Grande Anse, ce restaurant bénéficie d'une belle réputation. Il propose des plats faits maison raffinés, pleins de saveurs. Les assiettes sont copieuses et joliment présentées. Un vrai régal pour les yeux et pour le palais ! Le chef prépare une cuisine française revisitée à base de produits locaux avec un large choix de plats (tartare de marlin, souris d'agneau, pavé de thazard). Les cocktails sont également excellents. La réservation est fortement conseillée, surtout si vous souhaitez vous installer en terrasse.

L'AMER €€

11 rue de la Vague-Bleue
✆ 05 90 68 30 30
Ouvert 7j/7, service continu de 12h à 22h. Addition moyenne à la carte environ 35 €.

Cette petite case créole colorée bénéficie d'une terrasse lumineuse avec une très belle vue panoramique sur Deshaies et sur la mer des Caraïbes. Les vagues viennent finir leur course à seulement quelques pas de la terrasse. L'accueil de l'équipe est particulièrement agréable. La carte fait honneur à la pêche locale et aux légumes pays. Vous pouvez y faire une halte le temps d'un rafraîchissement, d'un apéritif au coucher du soleil par exemple, car le restaurant sert en continu de 12h à 22h. Les plats peuvent faire l'objet du service à emporter.

LE RAYON VERT €€

✆ 05 90 28 43 23
www.hotels-deshaies.com
Ouvert tous les soirs et vend, samedi et dim à midi. Addition moyenne autour de 45 €. Fermeture en août et septembre.

Le restaurant est situé dans l'enceinte de l'hôtel éponyme avec, en prime, une vue imprenable sur la baie de Ferry et son village de pêcheurs. Le cadre tout en bois de la salle apporte du cachet. Possibilité de siroter une boisson au bord de la piscine. La cuisine, inventive, est élaborée à partir de produits frais et locaux (dorade sauce passion, pavé de thon aux graines de sésame, thazard grillé sauce créole, aile de raie sauce vanille...). La carte change selon les saisons. Réservation conseillée. Accessible aux personnes à mobilité réduite.

RESTAURANT DU JARDIN BOTANIQUE €€

Jardin botanique de Deshaies
✆ 05 90 28 43 02
www.jardin-botanique.com

Ouvert tous les midis de 12h à 14h. Menus à partir de 25 €, menu langouste à 45 €.

Vous disposez d'une superbe vue panoramique sur la cascade et la mer des Caraïbes. La cuisine est évolutive et conçue à base de produits locaux de très bonne qualité (colombo de poulet, court-bouillon de poisson, fricassée de chatrou...). Les tarifs sont raisonnables et les plats sont copieux. Il est conseillé de réserver pour bénéficier d'une table avec la meilleure vue. L'accès au restaurant s'effectue par l'entrée du jardin botanique. Accès possible aux personnes à mobilité réduite.

KARACOLI BEACH & SPA

Plage de Grande Anse ✆ 06 90 52 78 60
www.karacoli.com

Fermé le lundi et le mardi. Compter environ 10 € pour un cocktail et entre 10 et 70 € pour les tapas.

Il s'agit du bar de plage branché de la plage de Grande Anse à Deshaies ! Pour un moment de détente entre amis, en couple ou en famille, les pieds dans le sable, à quelques mètres de plage, avec de la musique d'ambiance et des animations ponctuelles. Les cocktails, tapas, chichas, vins, champagne et spiritueux sont à la demande. Il est possible d'y louer des transats ou encore de privatiser les divers espaces (carbets, cabanitas, fauteuils salon, bed ou encore le spa qui peut accueillir 3 personnes) sur réservation. Réservation possible sur le site Internet.

LA SAVANE €€

Boulevard des Poissonniers
✆ 05 90 91 39 58
www.la-savane.com

Ouvert midi et soir du samedi au lundi et le vendredi soir. Fermé mercredi et jeudi. Addition moyenne : 35 €.

C'est le restaurant chic du bourg, que l'on apprécie pour son cadre chaleureux, sa décoration africaine, sa terrasse ouverte sur la plage de petite anse et pour sa cuisine à la fois moderne et traditionnelle. Pas de menus ici, mais une carte raffinée et revisitée à base de produits frais et également des plats végétariens. Au bar, on s'assied sur le dos d'un impressionnant gorille, à table, vous êtes accompagné d'une girafe, d'un éléphant, mais ce sont surtout les tables en bord de mer qui sont prises d'assaut. La réservation est conseillée.

POZ' DOUCEUR

24 Boulevard des poissonniers
✆ 05 90 91 83 77

Ouvert de 14h30 à 19h, jusqu'à 20h le week-end. Fermé le lundi.

Vous découvrirez des saveurs locales car les glaces sont élaborées avec des fruits locaux mais également des goûts inédits comme, entre autres, les glaces aux plantes médicales et celle au charbon actif, pour ajouter une touche détox à cet instant de gourmandise. Vous trouverez également des crêpes, des cornets, des gaufres, des smoothies, des bubble waffles, un thé pays... L'accueil est très agréable et le service est rapide. Poz' Douceur est également présent dans la zone de Dothémare des Abymes, à proximité du centre commercial Milénis.

BREIZH'ILIENNE

Sur la plage de Grande-Anse.
✆ 06 90 06 37 08

Bar mobile présent sur la plage toute l'année de 10h à 18h sauf en septembre.

C'est à bord de sa camionnette qu'une jeune Bretonne propose de vous faire découvrir les jus de fruits frais Peyi et d'excellents sorbets coco dans son camion blanc installé sur la plage. Elle prépare devant vous smoothies, milk-shakes, plus de 20 parfums de glaces et les cocktails sans alcool. Les jus sont préparés à la demande afin qu'ils conservent le maximum de fraîcheur et de vitamines. Les fruits sont locaux et de saison. Vous y trouverez également des sandwichs préparés à la demande, en dépannage (jambon-fromage, thon-mayonnaise, morue).

BRASSERIE ARTISANALE

1235 Allée de Rifflet
✆ 06 90 72 18 84
www.bierekarett.fr/

Bar de dégustation ouvert les vendredi, samedi et lundi de 18h30 à 21h.

Aline et Philip vous font découvrir leur brasserie avec passion, à travers son histoire et les procédés de fabrication de la bière Karett. Les trois bières artisanales, non filtrées, à base d'ingrédients naturels : la blonde (malt d'orge, sucre de canne), la blanche (malt de blé, écorces de citron vert et d'orange amère, coriandre), l'ambrée (malt d'orge, café de Guadeloupe). Si vous êtes de passage en juin ou juillet, vous aurez peut-être la chance de goûter la blonde Éphémère d'été, à base de malts caramélisés, aux accents délicats de graines de coriandre.

CHARLY JET

Anse Leroux

✆ 0690 98 40 43

www.charlyjet.com

Ouvert 7/7 de 9h à 17h.

Charly Jet propose des activités nautiques à hydro-propulsion et des animations sur bouée tractée, mais son cœur d'activité est l'organisation de parcours découverte en jet-ski. Le parcours Sensations vous mène jusqu'à la plage de Grande-Anse, l'îlet du Bourg, la Perle en 1h30. La randonnée de 45 minutes se déroule sur la plage de la Perle et le Bourg de Deshaies. Le parcours Détente inclut une plongée à l'îlet Pigeon, un bain chaud et 3 heures de balade. Des parcours Découverte de 5 heures et Eco-nature de 6 heures sont également proposés avec repas compris.

RANCH DES DEUX ÎLETS

Métuvier Bas-Vent

✆ 05 90 28 51 93

ranch-2-ilets.ffe.com

Voici une agréable façon de découvrir les environs lors d'une balade à cheval ! Vous choisissez de partir en randonnée d'une, deux, trois ou quatre heures au cœur de paysages merveilleux, qui mêlent le vert du parc national de la Guadeloupe et le bleu de la mer des Caraïbes. Vous pourrez galoper sur la plage et vous baigner avec les chevaux, si les conditions le permettent (et elles le permettent souvent). Pour vous sentir plus à l'aise et en confiance, vous pouvez commencer par une prise en main dans la carrière avant de partir en balade.

MKG CENTRE NAUTIQUE

Plage de Grande Anse

✆ 06 90 26 88 62

www.mkg-centrenautique.com

7j/7 de 9h à 17h. Locations de kayak et stand-up paddle à partir de 12 €/ad et 8 €/enf. Visite guidée + 13 €/personne.

MKG centre nautique est une petite structure familiale située sur la plage de Grande Anse, qui propose un panel d'activités nautiques pour toute la famille dans la baie, ainsi que des balades dans la mangrove en kayak une, deux ou trois places (avec un enfant), en stand-up paddle à partir de 5 ans. Si vous manquez de pratique, vous serez assisté, pour vous mettre à l'aise, et dirigé sur l'étang Mitan aux eaux calmes. Vous pouvez également pratiquer le stand-up paddle yoga (une séance de yoga sur une planche de stand-up paddle).

TALAMANCA

Port de pêche

✆ 06 90 19 29 26

www.talamanca.fr

Demi-journée 55 €/adulte, 40 €/enfant. Journée 95 €/adulte, 72 €/enfant. Rotations Monserrat : 210 €/ad, 140 €/enf.

Embarquez à bord de ce catamaran de 18 m, en famille ou entre amis, pour découvrir Malendure et la réserve Cousteau le temps d'une croisière à la journée (rencontre avec les tortues marines) ou à la demi-journée (le matin ou l'après-midi avec coucher de soleil), tout confort. Au programme : baignades, sieste dans le trampoline ou encore participation aux manœuvres en suivant les consignes du skipper ! Talamanca propose aussi des rotations vers l'île de Montserrat hors saison (voir dates sur leur site), pour des séjours de trois jours.

PITON PLONGEE

✆ 06 90 34 32 81

www.piton-plongee.com

Baptême : 60 €/adulte, 50 €/enfant. Plongée d'exploration : 45 €. Plongée découverte débutant 90 €. Snorkeling 20 €.

Vous êtes accueillis dans le local situé sur la petite marina de Deshaies, le long de la rivière à la sortie du village. Une fois à bord du bateau la *Palanquée* (confortable et muni d'un taud de protection), l'équipe vous fera découvrir dans une ambiance décontractée, mais toujours professionnelle, les différents sites de plongée le long de la Côte-sous-le-Vent que vous soyez débutant ou déjà plongeur confirmé. Petite attention supplémentaire, vous ne portez pas votre matériel, l'équipe s'en charge pour vous ! Le club propose régulièrement des plongées nocturnes.

TROPICAL SUB

Le Bourg ✆ 05 90 28 52 67

www.tropicalsubdiving.com

Ouvert tous les jours sauf le dimanche. Baptême 60 €/adulte - Plongée de nuit : 60 €. Double plongée 100 €.

Partez à la découverte des fonds marins à bord d'un bateau semi-rigide neuf en petit comité. Le club propose des sorties en double plongée le matin pour les plongeurs confirmés, des baptêmes pour les débutants ou du snorkeling pour les non plongeurs. À bord, confort et convivialité sont au rendez-vous. Petit plus, vous n'avez pas à porter votre bloc jusqu'au bateau. Les sorties se font uniquement sur réservation ; départ à 8h. Vous pouvez également partir à la découverte des tortues en après-midi de 14h à 17h (mardi et samedi généralement) en haute saison.

SAINTE-ROSE

Bien que les premiers colons français aient accosté en 1635 à Pointe Allègre, le territoire reste, en premier lieu, quasi inhabité et fondé sur la culture de la canne à sucre à partir de 1650. On y dénombre de nombreuses sucreries, des distilleries et quelques habitations qui formeront ensuite les sections de Sainte-Rose avec La Boucan, Viard, Bellevue, La Ramée, Le Comté de Lohéac et Sofaïa. Aujourd'hui, le bourg, paisible, présente un patrimoine architectural avec ses maisons traditionnelles, sa mairie avec sur son esplanade « Mère Fontaine et ses angelots ». Installée en 1876, la fontaine symbolise l'unité du territoire et de la République.

© AUTHOR'S IMAGE

Pélicans à Sainte-Rose.

ANSE DU VIEUX FORT

Anse du Vieux-Fort

La première halte est pour le phare, la seconde étape pour la longue et belle plage de Clugny. Le site naturel offre un panorama de choix, entre montagne et littoral et permet une belle balade. Le sable a une couleur dorée bien particulière du fait de l'association des roches du volcan la Soufrière et du calcaire de la Grande-Terre.

Soyez vigilant lors de la baignade en raison des longues vagues et des forts courants. La plage est très fréquentée, mais il est impératif de rester prudent. C'est également un site de ponte pour les tortues.

BAIN DE SOUFRE DE SOFAIA

Sur la route de Sofaïa.

Ce point d'eau soufrée est apparu en 1843. Il a été rénové par la commune en 2019. Le bassin est aménagé en douches et l'accès est gratuit. L'eau y jaillit à 31 °C. On lui prête des vertus curatives (rhumatismes, dermatoses). Elle est très prisée des Guadeloupéens qui la boivent également. L'odeur du soufre, bien que présente, est parfaitement acceptable. Le point de vue dominant sur les plaines du Lamentin et sur le Grand Cul-de-sac marin est à découvrir. C'est également le point de départ de la route pour le Saut des Trois-Cornes. Grand parking sur place.

CASCADE BIS

Au rond-point de la Boucan, suivez la direction de BIS sur environ 1,5 km.

Balade assez facile avec deux difficultés.

Après avoir garé votre voiture. Vous marchez environ 20 min et rencontrez deux difficultés ; un franchissement d'un cours d'eau puis une descente d'une pente abrupte. Une corde est installée pour faciliter la descente (optez pour une descente en marche arrière, plus sécurisante). Vous arrivez devant une belle cascade en pleine nature avec un large bassin assez profond. Le rocher s'escalade facilement sur la gauche pour admirer la vue (mais surtout pas pour plonger). Un autre bassin est situé au-dessus du premier. Le parcours est glissant par temps de pluie.

CHEMIN DES CONTREBANDIERS

Au rond-point de la Boucan, prendre la direction de Duportail.

Difficulté de niveau 2.

Une randonnée de 6,5 km au milieu de la végétation tropicale au départ de la route forestière de Duportail qui traverse d'Est en Ouest le massif de la Basse-Terre. Le parcours était autrefois utilisé par les trafiquants de tabac, de rhum, d'épices... au XIXe siècle, comme son nom l'indique ! La balade n'est pas à la portée de tous car elle est assez éprouvante. Restez vigilant, car des éboulements se sont déjà produits sur cette trace. Arrivé sur place, le panorama est superbe !

DISTILLERIE BONNE MÈRE

✆ 0590 68 43 13

Cette distillerie ne se visite pas.

La distillerie Bonne Mère produit des rhums traditionnels industriels. Son usine a fermé en 1973, mais la distillerie fonctionne encore à ce jour. C'est d'ailleurs la distillerie qui dispose du plus grand chai de vieillissement permettant de produire les rhums vieux. Elle commercialise les rhums PAP et Fajou, ainsi que des alcools produits à partir de la mélasse de canne à sucre. Cette mélasse provient des sucreries de Gardel au Moule au nord de la Grande-Terre et de celle de Grande-Anse implantée sur l'île de Marie-Galante.

DISTILLERIE REIMONENQ

Chemin de Bellevue

✆ 05 90 28 70 04

www.rhum-reimonenq-musee.com

Visite libre du lundi au vendredi de 9h à 17h. Le samedi de 9h à 13h.

Vous trouverez sur un même site la distillerie qui produit le rhum Reimonenq, la boutique qui vend les rhums et le Musée du rhum. L'accès aux personnes en fauteuil roulant n'est possible qu'au rez-de-chaussée du musée. La distillerie produit du rhum blanc agricole, des rhums ambrés, des rhums vieux et divers punchs (planteur, coco-ananas, orange-café, shrubb...). Son rhum blanc «Cœur de chauffe » est un rhum blanc agricole issu du pur jus de canne résultant d'une distillation spéciale. Il a obtenu la médaille d'argent au concours général agricole de Paris en 2022.

FLORSIA

Route de Cacao

✆ 0690 49 85 76

https://florsia.fr/

visite guidée en forêt tropicale, dégustation, démonstration.

Frédéric Mauranyapin combine, depuis 2017, plusieurs activités sur son domaine de 3 700 m². Il élève des abeilles, produit du miel, cultive la vanille et utilise le coco sous toutes ses formes, entre l'huile de noix de coco dont les bienfaits sont innombrables, la farine de coco parfaite pour les pâtisseries sans gluten ou en smoothies.

Frédéric aime partager et transmettre son savoir-faire. Il propose ainsi des ateliers et des visites guidées en forêt une à deux fois par mois (calendrier et billetterie en ligne). Ses produits sont également disponibles en ligne.

MUSÉE DU RHUM - GALERIE DES INSECTES ★

Bellevue ✆ 05 90 28 70 04

www.rhum-reimonenq-musee.com/home.html

Visite, dégustation du lundi au samedi de 9h à 17h. Dernière entrée à 16h. Visite : 6 €/adulte. - de 5 ans gratuit.

Ce musée réunit quatre expositions en un seul lieu. On y découvre l'histoire du rhum et de sa fabrication. La principale escale, le Musée du Rhum, retrace trois siècles d'évolution de l'exploitation de la canne à sucre grâce à des matériels et d'objets du passé (l'atelier du tonnelier, les coutelas du monde, la sucrote...). Un film tourné à la distillerie *«Les heures du rhum »*, traduit en plusieurs langues, détaille les secrets de la fabrication du rhum, produit du terroir par excellence, depuis la plantation de la canne à sucre jusqu'à la mise en bouteille.

Dans le deuxième espace, la galerie des Insectes, vous êtes invité à découvrir une collection de plus de 5 000 insectes naturalisés parmi les plus beaux et les plus singuliers provenant du monde entier. La troisième galerie est consacrée aux Grands Voiliers. Elle comprend près de 40 maquettes de bateaux. La dernière galerie expose des sables du monde entier.

Parallèlement, des vitrines présentant des scènes de la vie agricole et des petits métiers d'antan vous aideront à comprendre les gestes et le savoir-faire des anciens.

Dans la boutique, vous trouverez différents produits de la distillerie (rhum blanc agricole cœur de chauffe (médaille d'argent au concours général agricole de Paris 2022), des rhums vieux, punchs et *le schrub* (boisson locale de Noël à base d'écorces d'agrumes). Dégustation offerte en fin de visite (à demander). Les personnes en fauteuil roulant ne peuvent accéder qu'aux espaces situés au rez-de-chaussée.

ÎLET CARET

Ilet fermé jusqu'au 15 janvier 2024 pour revégétalisation.

Cette petite bande de sable entourée d'eau translucide est le lieu idéal pour jouer les aventuriers d'un jour ! La végétation du lieu se compose de coraux. Côté faune : il est possible d'admirer, à certaines périodes de l'année, la nidification des tortues Karet, mais aussi plus de 700 espèces marines. Si le cadre a des allures de carte postale, cet écosystème est extrêmement fragile et se dégrade chaque année un peu plus. Depuis plusieurs années, l'îlet tend à se rétrécir : il est impératif de se montrer respectueux de l'environnement afin de préserver l'îlet.

ECOMUSÉE CRÉOLE ART ★

Route de Sofaïa par la D19 ✆ 05 90 28 67 98
www.ecomusee.gp
10 €/adulte et 5 €/enfant. Du mardi au dimanche de 9h à 16h30. Hébergement à partir de 60 €/nuit (4 nuits minimum).

À quelques kilomètres du bourg, l'écomusée Créole Art est devenu incontournable au fil des années. Le site se distingue grâce à un conservatoire de plantes médicinales, aromatiques et culinaires qui permet de découvrir leurs usages traditionnels. C'est également un grand musée de plein air bien structuré avec ses différents espaces : La civilisation caribéenne qui évoque l'historique de l'archipel (découverte de l'île par Christophe Colomb, des tous premiers habitants aux diverses cultures qui ont façonné la Guadeloupe d'aujourd'hui) ; La mise en valeur de ses 32 communes présentées individuellement. Le concepteur du site a retracé son enfance dans ce lieu.

À ne pas manquer : la collection de jouets An Tan Lontan (jouets d'autrefois) et la reproduction d'un « lolo » (petite épicerie locale) où l'on venait faire ses courses, jouer aux dominos et où toute la vie du quartier était contée.

Un excellent chocolat maison façon grand-mère est offert au début de la visite. Sur place également, une boutique (vente de plantes, cacao local en poudre, tisanes, cannelle, muscade, bijoux...), une table d'hôtes qui permet de conjuguer visite et gastronomie locale, préparée à partir des produits du jardin bien sûr (sur réservation) et une offre d'hébergement. L'écomusée propose, dans ses espaces privés, une villa nichée au cœur d'un grand jardin exotique, qui dispose de 2 appartements de charme avec cuisine et terrasse pour vos vacances. L'hébergement du rez-de-chaussée peut accueillir 2 personnes, celui à l'étage de 2 à 4 personnes.

POINTE ALLÈGRE ★

Les premiers colons français, Liénard de l'Olive et Jean Duplessis d'Ossonville, ont débarqué ici en 1635 en compagnie de quatre religieux de l'ordre des dominicains. Ils ont marqué ainsi le début de la colonisation française et y ont construit les premières habitations sucrières. La plage est belle avec son sable et ses galets volcaniques, mais elle ne dispose d'aucun aménagement et se mérite : il faut traverser un champ d'environ 700 mètres dans lequel paissent tranquillement quelques bovins avant de l'atteindre, mais le jeu en vaut la chandelle.

SAUT DES TROIS CORNES ★

Niveau 2. Déconseillé par temps de pluie. Prévoir des chaussures de marche et de l'eau. Compter 30 min pour y accéder.

Au départ de Sofaïa, cette randonnée, avec un dénivelé de 150 m, est accessible en famille. Au retour, vous pouvez profiter des vertus des douches sulfureuses de Sofaïa. Un circuit botanique a été aménagé par l'ONF, des panneaux signalent la flore. Le sentier de Sofaïa est équipé de 12 bornes interactives qui permettent de découvrir la faune et la flore environnantes. Il faut au préalable avoir téléchargé sur votre smartphone l'application Sylvascope. Le public est informé par une sonnerie ou une vibration au niveau de chaque balise pour bénéficier d'explications.

VANIGWA

Béron ✆ 0690 42 41 19
www.vanigwa.com
Visite mercredi et samedi. 12 €/adulte, 6 €/enfant de 7 à 14 ans.

Depuis 2008, Cédric Coutelier s'est lancé dans la production de vanille biologique en partenariat avec l'Office national des Forêts. Sa production a obtenu la médaille d'or au salon de l'agriculture de Paris en 2021 (également en 2020). Il propose une visite commentée de son exploitation située au cœur de la forêt domaniale de Sainte-Rose. Pendant 3 heures, vous découvrez les différentes étapes de production et les techniques de « griffage » traditionnelles uniques au monde et ses produits artisanaux (extrait de vanille, vanille noire planifolia, vanille pompona).

SERVICE ANIMATION & TOURISME

Esplanade de la Verdure
✆ 05 90 20 20 48
Du lundi au vendredi de 7h30 à 14h.

Dans un charmant pavillon, à mi-chemin entre la nationale, le parc et le cimetière, le service animation et tourisme est tenu par une hôtesse sympathique qui met à disposition toutes les informations du secteur. Comme toutes les adresses sont un peu dispersées à Sainte-Rose, c'est ici que vous pouvez demander comment aller au port en voiture, vous renseigner sur les possibilités d'hébergement, trouver le nom d'un bon restaurant ou encore vous faire indiquer la route de l'écomusée.

KARIB TROTT

Route de Bellevue

© 0690 67 49 51

À partir de 40 € la demi-journée. Départs à 8h30 et 14h.

Karib Trott propose des randonnées en trottinettes électriques deux-roues motrices tout-terrain pour partir à la découverte du nord de la Basse-Terre, loin des circuits touristiques, en traversant des bananerais, des champs d'ananas, des champs de canne, la forêt tropicale, le tout ponctué de pauses photos. Ce moyen de déplacement silencieux est parfait pour parcourir la nature dans le respect de l'environnement. Les circuits sont adaptés à tous les niveaux, accessibles à partir de l'âge de 12 ans et guidés par Nico pour découvrir les meilleurs sites.

Z'ED LOCATION

Chemin de Lachaise

© 06 90 55 50 77

www.zedlocation.fr

Agence ouverte tous les jours de 7h à 21h.

Z'ed location met à votre disposition une gamme de véhicules économiques qui sont bien entretenus et régulièrement renouvelés. La flotte, composée de Renault (Twingo 2 et 3), Dacia (Lodgy et Sandero 2), Citroën C3 et Hyundai I20 est régulièrement renouvelée. L'équipe vous accueille à votre arrivée à l'aéroport ou à la gare maritime. Elle est à votre disposition pour vous informer et vous faire profiter de leurs bons plans. Des locations longue durée sont également proposées avec possibilité de se faire livrer le véhicule partout sur la Guadeloupe.

GÎTES DE L'ÉCOMUSÉE GUADELOUPE €

Route de Sofaïa

© 05 90 28 67 98

www.ecomusee.gp

Séjour minimum de 4 nuits. À partir de 60 €/nuit pour 2 personnes (1 chambre) et de 85 € pour 4 (2 chambres).

L'écomusée propose deux gîtes en bois exotique pour un réveil tout en douceur, en pleine nature, entouré de sucriers et de colibris. Le gîte Oranger, situé en rez-de-chaussée, peut accueillir deux personnes. Il comprend une chambre, une cuisine équipée et une terrasse. Le gîte Alpinia, conçu pour quatre personnes, est situé à l'étage. Il dispose d'une vue panoramique sur le jardin créole ; il comprend deux chambres, une salle d'eau et une cuisine équipée.

COCO BUNGALOWS €€

14 allée Vanille

© 06 90 48 58 42

www.coco-bungalow-guadeloupe.com/

À partir de 76 €/nuit (5 à 6 nuits). + 35 € de ménage. Ménage offert pour les séjours d'au moins 7 nuits.

Entre Sainte-Rose et Deshaies, ces cinq bungalows disposent d'un accès direct à la plage de Nogent et proche des commerces. Chaque logement (45 m²) est composé d'une chambre climatisée, d'une salle d'eau, d'une cuisine ouverte sur la terrasse prolongée par un deck. Ils sont conçus pour accueillir 2 personnes et un bébé. Un bungalow peut recevoir des personnes à mobilité réduite. En équipements communs, un espace détente autour de la piscine et un barbecue. L'accueil des propriétaires est un plus incontestable pour passer un très bon séjour.

DOUCE CREOLE €€

Route de Sofaïa

© 06 90 81 09 11

À partir de 57 €/la nuit. 5 nuits minimum. Tarif dégressif à partir de 7 nuits.

Deux gîtes de charme au sein d'une ancienne maison créole et au cœur d'un immense jardin tropical de 3 000 m². L'endroit est parfait pour profiter d'un séjour au calme, sous le signe de la détente et du repos. D'une capacité de 2 (Douslèt) ou 4 personnes (Sik a koko), les gîtes sont entièrement équipés et climatisés. Ils bénéficient d'un accès à la piscine et au lave-linge commun aux deux logements. Ils disposent également chacun d'un barbecue pour préparer des grillades à déguster sur la terrasse. Le premier petit déjeuner est offert.

GITES MOSAÏQUES €€

100 Anse De Nogent

© 0690 72 28 43

www.gites-mosaiques.com/fr

À partir de 115 €/nuit pour un gîte 2 chambres. Séjour de 3 nuits minimum.

Didier et Corinne seront vos hôtes, dans un immense verger tropical avec piscine et accès à la plage. Le site compte cinq villas dont quatre de 90 m² pouvant accueillir jusqu'à 5 personnes chacune et une de 200 m² d'une capacité de 12 personnes. Le site est idéal pour les séjours en famille ou en groupe qui souhaitent profiter de leurs vacances sans contraintes grâce à des formules en demi-pension ou en pension complète. Deux gîtes sont adaptés aux personnes à mobilité réduite avec rampe d'accès, barres d'appui, passages élargis. Table d'hôtes sur réservation.

HABITATION DU COMTÉ €€

Comté de Lohéac © 05 90 21 78 81
www.habitationducomte.com
À partir de 100 €/nuit en chambre selon la saison (petit-déjeuner inclus), à partir de 210 €/villa (5 nuits minimum).

Au centre d'un parc traversé par le canal qui alimentait l'ancienne sucrerie, l'habitation du Comté a été construite en 1948 dans un style Art déco néo-colonial. Elle comprend 9 chambres, climatisées, décorées dans un style colonial allant de pair avec l'architecture de la bâtisse. Les chambres sont réparties sur 2 niveaux avec ou sans terrasse, d'une suite prestige, d'un appartement 2 chambres. L'établissement propose également deux villas comprenant une ou deux chambres équipées chacune d'une salle de bain, d'une kitchenette et d'une petite piscine ronde.

LA SOURCE ECOLODGE €€

comté de Lohéac
© 06 07 98 63 20
www.lasourceecolodge.com
À partir de 120 €/nuit pour 2 personnes. 2 nuits minimum.

Ce nouvel ecolodge complètement autonome allie confort du luxe et immersion au milieu d'un bois, sans compromis. Entièrement conçu en bois dans le respect des normes environnementales, ce lodge sur pilotis donne l'impression d'être suspendu dans les arbres. Le coin cuisine-bar tout équipé s'ouvre sur une grande terrasse en deck. La chambre dotée d'un lit double confortable et d'un ventilateur donne sur un dressing, un coin vasque, des toilettes sèches. La douche en extérieur est incrustée à un arbre. Services adaptés selon vos goûts. Prestations haut de gamme.

LA JOUPA €€

Chemin de Solitude
© 05 90 28 00 04
www.gitelajoupa.com
À partir de 63 €/nuit ou 441 €/semaine pour deux personnes.

En pleine nature, la structure est composée de 3 cases en bois. Belle vue sur la mer (l'îlet Kahouanne et Montserrat) ou la montagne, tout en bénéficiant de la fraîcheur de la campagne environnante. Le plus grand bungalow peut accueillir 4 personnes et dispose d'un spa privatif. Les 2 cases, avec piscine, peuvent accueillir 2 adultes pour l'une et jusqu'à 3 pour l'autre. Une machine à laver commune est à disposition gratuitement, ainsi que l'accès Wi-Fi. Les plages sont à quelques minutes en voiture. Le premier petit déjeuner est offert.

VILLA BAGATELLE €

Vinty
© 05 90 28 59 28
https://www.gitebagatelle.fr/fr
À partir de 50 € par nuit pour 2 personnes (sous conditions).

Ce site, entre mer et montagne, est à proximité des commerces entre Deshaies et Sainte-Rose et à 900 m de la plage. Les bungalows de style créole sont indépendants et sans vis-à-vis. Ils disposent de 2 ou 4 chambres climatisées modulables et d'un coin repas très spacieux. Les hébergements sont bien équipés (micro-ondes, lave-linge, fer à repasser, barbecue...). Une bonne solution pour se réunir et se détendre en famille ou entre amis (piscine sur place). Wi-Fi gratuit. Spa commun à disposition. Possibilité de livraison de repas sur votre lieu d'hébergement.

LA CREOLINA €€

route de la Chaise © 0690 55 28 30
http://la-creolina.com
À partir de 50 €/nuit (séjour minimum 3 nuits), 360 € pour 7 nuits en basse saison.

Construite dans la pure tradition créole, La Créolina est une propriété posée sur un jardin de 3 800 m² arboré dans lequel sont implantés des appartements et des gîtes de charme pouvant accueillir jusqu'à 16 personnes au total. Le site invite à la détente notamment avec sa piscine commune. Tous les hébergements disposent d'une kitchenette et d'une terrasse avec transats. La cabane, construite en bois autour d'un mahogany dont le tronc traverse la chambre, située à l'écart dans le jardin, peut accueillir deux personnes pour un séjour romantique.

PASSION & SAVEURS GOURMANDES €€

30 Lotissement Mailhé ✆ 06 90 28 74 30
passion-saveurs-gourmandes.com
Réservation minimum 48h à l'avance. Livraison sur Sainte-Rose, Baie-Mahault, Lamentin, Deshaies ou retrait sur place.

Pour des vacances sans corvée de cuisine tout en profitant des plaisirs gourmands, Eric propose des livraisons de repas chez les particuliers, des prestations de chef à domicile mais aussi des cours de cuisine. Les plats sont élaborés avec des produits de saison. Vous apprécierez sans aucun doute le mariage subtil et raffiné entre la cuisine antillaise et les saveurs bretonnes. Eric dispense également des cours au sein de son atelier dont la découverte de la cuisine créole.

L'OTANTIK GRILL €€

Bord de mer
✆ 06 90 06 69 00
Ouvert tous les jours de 10h à minuit sauf le mardi. Comptez environ 25 € pour un repas complet.

Nous recommandons chaque année ce restaurant pour sa régularité. Il est situé en bord de mer face aux bateaux qui proposent des balades dans la mangrove ou vers les îlets. Le chef, Thierry, est un Sainte-Rosien pour qui la cuisine créole n'a pas de secrets de par son expérience professionnelle et cela se ressent à table. Les plats sont élaborés à partir de produits frais et réalisés à la demande. Les assiettes sont copieuses et la carte est variée. L'accueil de sa compagne en salle est chaleureux. Des concerts sont organisés en soirées le week-end.

SUCRERIE DE NOGENT €€

41 Domaine de Nogent
✆ 05 90 59 55 00
www.sucreriedenogent.fr
Ouvert du mercredi au samedi midi et soir et le dimanche midi. Uniquement sur réservation. Plats entre 24 € et 32 €.

Cette ancienne sucrerie datant de 1669 est l'une des premières manufactures de sucre. La bâtisse en pierres a fait l'objet de travaux de réhabilitation importants en 2006 après être restée très longtemps à l'abandon. Les plats proposés sont tous inspirés de la cuisine traditionnelle créole et les légumes servis viennent du jardin de la Sucrerie située seulement à quelques kilomètres. Le vendredi soir, la spécialité est la soupe créole. Sur le site, deux studios sont disponibles à la location. La plage et le sentier du littoral sont seulement à quelques mètres.

CREOLE FOOD

Cadet
✆ 0590 69 87 67
www.creolefood.fr

La marque est produite au Domaine de Séverin à Sainte-Rose. Elle propose une gamme de moutardes originales et savoureuses, de vinaigres de canne aromatisés, de purées pimentées, de préparations pour pâtes à accras de morue ou de ouassous, de beignets de banane ou coco, ou d'épices à desserts... À tester : leurs sauces pimentées pour relever vos plats dont une, pour les plus sensibles, qui a la saveur du piment sans le piquant. Vous trouverez ces produits dans les épiceries et les supermarchés de l'île au rayon produits locaux.

GILDA MADRAS

ZAC de Nolivier
✆ 06 90 39 30 01
madras.gilda.free.fr
Ouvert du lundi au vendredi de 9h à 18h.

Si vous souhaitez rapporter un souvenir original à l'image d'une tenue créole faite sur mesure, Gilda Madras, modéliste, styliste et décoratrice, crée des vêtements pour adultes et enfants. Ses collections oscillent entre modèles classiques et plus modernes. Elle produit aussi des sacs, des mobiles, divers objets. 90 sortes de madras sont disponibles, mais également du wax. Dans sa boutique, vous trouverez également de l'ameublement en madras et broderie anglaise, du linge de maison, mais aussi des souvenirs en coco, en graines...

ALIZES ADVENTURE

✆ 06 90 26 20 51
www.alizes-adventure.com
Excursion à la demi-journée : 45 €/adulte et 25 €/enfant entre 2 et 10 ans. 1 € de taxe Parc national/personne compris.

La flotte d'Alizes Adventure est composée de bateaux insubmersibles sans permis. On part tout d'abord à la découverte des endroits reculés de la mangrove puis direction le lagon pour une randonnée palmée avec Richard, moniteur de plongée et animateur de biologie marine, qui nous fait découvrir les trésors de la vie sous-marine avec langoustes, coraux, éponges et poissons tropicaux. Enfin, cap vers l'île aux Oiseaux pour admirer les espèces vivant dans la mangrove avant de terminer par une petite collation (sur l'îlet Blanc). Une excursion ludique et conviviale.

BLEU BLANC VERT

Port de Sainte-Rose
✆ 06 90 63 82 43
www.bleublancvert.com

Randonnée. Adulte : 44 €, enfant jusqu'à 11 ans : 24 €. 1 € de taxe/pers pour la protection des espaces naturels.

Vous partez en randonnée en bateau sans permis à la découverte du lagon du Grand-Cul-de-sac marin. Un guide vous accompagne et partage sa passion de la mer, des merveilles de la mangrove et de la barrière de corail, au cœur de la réserve naturelle. Au programme de la demi-journée : navigation en eau calme, baignade, le tout avec plusieurs arrêts entre snorkeling sur la barrière de corail, bronzage sur un îlet de sable blanc... Le tout à 4 personnes par bateau. Le petit plus : c'est vous qui êtes aux commandes après un brief de sécurité.

BLUE LAGOON

Port de Sainte-Rose
✆ 06 90 34 99 69
www.guadeloupe-excursion.com

Départs à 8h, 9h et 13h, 14h. Il est prudent de réserver. 1/2 journée 49 €/ad., 29 €/enf. (2-10 ans).

Jean Eudes, dit John John, n'embarque qu'une dizaine de personnes maximum, avec la possibilité de privatiser le bateau. La connaissance de l'écologie de ce guide naturaliste, sa manière de conter les légendes du pays, son sens de la météo ont de quoi épater ; si le temps change, le capitaine sait virer de bord pour éviter les gouttes. Il aime aussi les îlets plus intimes, et la remontée de la rivière à travers la mangrove. Cette demi-journée d'évasion, avec en prime une escale plongée près de la barrière de corail, s'achève à l'îlet Caret par l'apéritif.

COCO MAMBO

Port de Sainte Rose
✆ 06 90 35 92 06
http://cocomambo.fr

Excursion demi-journée : 42 €, journée à partir de 80 €. Départ du port de Sainte-Rose.

Claudius propose la découverte écotouristique du lagon, de la mangrove et des nombreux îlets à bord de son bateau, à travers une visite commentée. Au choix, plusieurs excursions à la journée vers les îlets du lagon (La Biche, Ti' La Biche, Caret puis îlet Blanc) le tout accompagné d'un repas chaud local, ou à la demi-journée. Claudius vous expliquera le rôle de cet écosystème riche et vulnérable. Après cette découverte, la barrière de corail n'aura plus aucun secret pour vous ! Le départ s'effectue de Sainte-Rose, par groupe de 12 personnes maximum.

ESCALE MARINE SR

Port de Sainte-Rose ✆ 06 90 52 97 36
bbqboat-guadeloupe.com

Donut : 160 € la demi-journée, 250 €/journée complète. Bateau sans permis : 100 € la demi-journée, 150 €/journée.

Deux options de bateaux sans permis s'offrent à vous pour découvrir à votre rythme le Grand Cul-de-Sac Marin. Embarquez à bord d'un Donut (jusqu'à 10 personnes), confortablement installé autour d'un barbecue (formule journée). Ou préférez un bateau sans permis insubmersible de 6cv avec console centrale et volant (jusqu'à 5 personnes). L'équipe fournit le GPS avec des points de visite, l'enceinte connectée, la glacière, l'essence et à vous les îlets, la mangrove et la barrière de corail ! Formule avec guide + collation possible (45 €/adulte, 25 €/enfant).

EASY BOAT

Port de pêche

✆ 0690 39 21 49

easyboatgp.com

Demi-journée à partir de 100 €, journée à partir de 150 €.

Voici un moyen idéal pour partir en mer en toute autonomie. Il suffit de louer un bateau et vous partez à la découverte du Grand Cul-de-sac marin, l'îlet blanc, la mangrove, vous vous baignez dans les eaux turquoise au-dessus d'épaves autour desquelles foisonnent les poissons tropicaux multicolores... Le départ s'effectue depuis le port de Sainte-Rose à bord d'un bateau pouvant accueillir jusqu'à 6personnes qui se pilote avec ou sans permis. Matériel inclus : GPS marin, toit, sac étanche, glacière, échelle, tracker. Une caution est demandée pour toute location.

GUADA DECOUVERTE

Bord de mer

✆ 06 90 73 60 67

Guada Découverte propose la visite de la mangrove dans le Grand cul-de-sac marin et des îlets au départ du port de Sainte-Rose. Il s'agit d'une location de bateau avec skipper pour bénéficier d'une visite commentée de la mangrove, des îlets et de la barrière de corail. Votre guide est un passionné qui adore transmettre son savoir : il est intarissable sur la mangrove, sur la faune, la flore et sur la Guadeloupe. La balade est ponctuée de pauses baignade en palmes, masque et tuba et d'une petite collation (jus de fruits, gâteaux, planteur).

GWADABOAT

Port de peche

✆ 0690 47 86 94

gwada-boat.com

Location de bateaux avec permis à partir de 185 € la 1/2 journée ou 235 € la journée. Carburant non inclus.

Gwadaboat propose des bateaux à la location à la demi-journée ou à la journée ; un Cap Camarat 550 CC2 de 5,50 m de long pour 6 personnes et 3 PACIFIC CRAFT – de 7 à 10 personnes. Le permis bateau est nécessaire. Avec un de ses bateaux, vous partez à la découverte de sites exceptionnels, accessibles uniquement avec une embarcation à faible tirant d'eau. Gwadaboat propose un itinéraire pour vous permettre de profiter des richesses naturelles du Grand Cul-de-Sac Marin. Possibilité de louer du matériel (kneeboard, matériel de pêche, Go Pro).

GWADAVENTURE

Port de Ste Rose

✆ 0690 99 69 54

gwadaventure.fr

Demi-journée : 49 €/adulte, 29 €/enfant. Journée aux Saintes 130 €. Départ à 7h. Retour à 18h.

Gwadaventure organise des excursions à destination du Grand Cul-de-sac marin ou des Saintes. Vous découvrez la réserve naturelle, la mangrove et son écosystème. Vous visitez les îlets et profitez de moments de détente entre baignades et séances de PMT au-dessus d'une épave riche en poissons tropicaux multicolores et d'étoiles de mer... Les bateaux de type hors-bord très confortables peuvent accueillir 12 passagers et disposent d'un bain de soleil à l'avant. Un verre vous est offert en fin de visite. Possibilité de privatiser le temps d'une excursion sur mesure.

JET ADVENTURE

Bord de Mer

✆ 0690 96 00 06

A partir de 50 €/initiation jet ski, de 90 €/randonnée. 1/2 journée 220 €. Journée complète avec repas 270 €/2 p.

La structure propose des initiations au jet ski pour découvrir de nouvelles sensations, mais également diverses randonnées et excursions en compagnie d'un moniteur d'une durée de 30 minutes à la journée complète. Les jet skis se pilotent sans avoir besoin du permis bateau. Il est également possible de pratiquer le flyboard, pour des sensations fortes après quelques minutes de prise en main ou bien la bouée tractée pour un véritable rodéo aquatique. Jet Adventure est également présent au Gosier au départ de la Pointe de la Verdure (de la plage de l'hôtel Arawak).

LAGOON LOCATION

Port de Sainte-Rose

✆ 06 90 00 71 91

www.lagoonlocation.com

Location de bateau avec permis à partir de 190 € ou sans permis à partir de 65 €.

Idéal pour se promener dans la réserve naturelle par ses propres moyens. Les bateaux à moteur se conduisent avec ou sans permis. Ils sont munis d'un GPS traceur et d'une carte marine ; vous suivez simplement les routes prédéfinies et profitez ainsi en famille ou entre amis du lagon, de la barrière de corail, des épaves, des rivières ou bien des îlets de sable. Initiation à la plongée, conseils et recommandations pour passer un bon moment de détente et naviguer par ses propres moyens. Le carburant n'est pas inclus dans le tarif indiqué.

LIBERTI BOAT

✆ 06 90 00 57 99
www.libertiboat.fr

Location de bateau 6CV sans permis à partir de 150 €, bateau avec permis à partir de 245 €.

A votre disposition, des bateaux 6 CV pouvant accueillir jusqu'à 6 personnes sans avoir besoin de permis. Le départ s'effectue du port de Morne-Rouge, face aux îlets Caret, Fajou, La Biche..., et à proximité de la mangrove pour de belles balades en perspective. Vous partez équipé d'une carte de navigation, qui indique le trajet à suivre. En plus de la location du bateau, vous pouvez prévoir, pour le fun, la location d'un propulseur sous-marin : ce petit engin motorisé vous permettra de partir à la découverte des fonds marins sans difficulté et sans efforts.

NICO EXCURSIONS

✆ 06 90 53 09 65
www.nicoexcursions.com/

Excursion à la demi-journée : 49 €/adulte, 29 €/enfant (- 10 ans) + taxe Barnier 1 €/pers. Départs 7h45, 11h30 et 15h.

Cette excursion pédagogique, ludique et respectueuse de l'environnement s'effectue en 7 étapes dont 4 baignades en palmes - masque - tuba pour explorer les fonds marins du Grand Cul-de-Sac Marin et ses nombreux écosystèmes, un spot d'étoiles de mer géantes, une épave à fleur d'eau, une piscine naturelle à 3 km des côtes, une mangrove sur fond de sable blanc et eaux turquoise, l'îlet blanc, l'îlet aux oiseaux et les îlets du carénage (mangrove) avec un planteur maison à déguster. L'établissement bénéficie du label « Esprit parc national ».

QUAD GUADELOUPE

✆ 06 90 52 02 39

Balade «Patrimoine et dégustation» (2h) : 160 €/quad 2 personnes.

Vous partez, à bord d'un quad, en balade guidée à la découverte des paysages du Nord Basse-Terre entre champs de canne, vallons verdoyants, bords de mer, rivières avec de superbes vues panoramiques. Le petit plus : la baignade à la rivière est comprise dans l'excursion à la demi-journée. Possibilité de visiter la distillerie et son domaine et la kassaverie de Sainte-Rose. Les balades s'effectuent dans la bonne humeur. Conditions pour conduire un quad ; avoir plus de 20 ans et disposer du permis. Les enfants peuvent être passagers d'un quad à partir de 10 ans.

RANDO PASSION

Conodor ✆ 05 90 28 98 73
www.randopassion.fr/

Sortie guidée canoë-kayak ou mini-catamaran électrique à partir de 35 €/adulte. Location de kayak à partir de 20 €.

Les guides sont des naturalistes passionnés par la mangrove du lagon du Grand Cul-de-Sac marin. Ils organisent des balades en canoë-kayak et en mini-catamaran à moteur électrique (sans permis). Ils vous font partager leurs connaissances de la faune et de la flore. La visite se déroule en petit groupe. Ce type d'embarcation est parfaitement adapté pour s'infiltrer dans la mangrove tout en respectant les règles de l'écologie. L'excursion guidée en mini-catamaran à moteur électrique permet de visiter la mangrove sans bruit et en respectant les milieux visités.

REGY BALADE

✆ 06 90 62 82 24
www.regybalade.fr

Découverte mangrove et barrière de corail : 75 € en journée, 50 € la demi-journée. Départ depuis Sainte-Rose.

Regy Balade propose des excursions à la journée ou à la demi-journée. À la demi-journée, partez à la découverte de la mangrove, des herbiers et des étoiles de mer. Baignade à la barrière de corail et sur une épave, visite de l'îlet aux Oiseaux, apéritif et repas sur l'îlet La Biche. Pour la formule à la journée vous naviguerez au cœur de la Guadeloupe dans le Grand Cul de Sac Marin et découvrirez en plus l'îlet Caret, arrêt baignade dans «la piscine» (à l'intérieur de la barrière de corail), collation, apéritif et repas créole servis dans un lieu paradisiaque.

TAM-TAM PAGAIE

Port de Sainte-Rose
✆ 06 90 75 70 02
www.tamtam-pagaie.fr

Excursion journée 60 €/ad, 30 € (8-12 ans), 15 € (- 8 ans). Demi-journée 35 €/ad, 20 € (8-12 ans), gratuit (- 8 ans).

Quoi de plus tranquille et de plus écologique que de découvrir le Grand Cul-de-sac marin et les îlets en parcourant la mangrove en kayak de mer ou en paddle sans perturber l'écosystème qui vous entoure. Vous partez en randonnées à la demi-journée ou à la journée vers l'îlet Kahouanne, la Tête à l'Anglais, l'îlet Blanc, l'îlet Caret. Les balades sont toutes encadrées par un guide diplômé d'Etat. Il est également possible de louer des kayaks et des paddles sur place pour vous évader seul, en famille ou entre amis. Réservation indispensable.

LAMENTIN

Le Lamentin doit son nom au célèbre mammifère marin présent dans les eaux du Grand Cul-de-sac marin jusqu'au début du XXe siècle (malgré une orthographe différente). L'histoire de la commune, de par sa position géographique, est étroitement liée à celle de Pointe-à-Pitre. Les champs de canne et les activités qui en découlaient ont profondément marqué la région. L'agglomération se situe à l'intersection des plus grands flux d'échanges économiques de l'île. En sortant de Pointe-à-Pitre, en direction de Basse-Terre par la N2, juste avant Sainte-Rose sur la droite, la route suit des plantations de canne qui cachent quelques habitations coloniales.

AU JARDIN 971

Rue de la pépinière

✆ 06 90 55 22 96

Visite à partir de 20 €, uniquement sur réservation.

Cyril fait découvrir avec passion son parc fruitier et paysager de plus d'un ha où toutes les espèces locales sont représentées ainsi que des fruits plus exotiques. Il utilise des techniques naturelles respectueuses de l'environnement sans aucun pesticide. Au programme : visite du jardin (300 arbres fruitiers, 200 plantes ornementales, 100 plantes médicinales, des ruches), découverte du « jardin créole ». À mi-visite, un jus frais vous sera proposé avec vue panoramique sur la montagne, avant de redescendre pour de nouvelles découvertes lors de mini-ateliers.

LE BERCEAU DE MOISE €€

Castel, Chemin maroudin ✆ 06 90 40 75 17

www.leberceaudemoise.com

À partir de 85 €/nuit pour un T2, de 111 € pour un T3, de 127 €/T4. Séjour minimum de 2 nuits. Forfait ménage : 90 €.

Les six appartements du T2 au T4 climatisés sont entièrement équipés et décorés avec soin. Les propriétaires font du confort une priorité. Le choix du bois et de la pierre confère un bel effet à l'ensemble de la bâtisse. Chaque logement dispose d'une cuisine équipée, d'une salle de douche, d'un salon confortable, d'une belle terrasse aménagée pour la prise des repas et la détente. Sur place, une piscine commune, une cuisine extérieure, un barbecue et un spa à la disposition des occupants. Une villa avec trois chambres, piscine et spa est désormais disponible.

O'SOURCES DE PIERRETTE €€

5922 Pierrette

✆ 06 90 35 95 66

www.osourcesdepierrette.com/

À partir de 95 €/nuit/2 personnes. Séjour de 2 nuits minimum.

Situés au cœur de la Guadeloupe, et sur les hauteurs du Lamentin, les Gîtes O'Sources de Pierrette vous proposent trois charmantes villas en bois, luxueuses, design, tout confort, avec piscine, spa et sauna. Deux des gîtes peuvent accueillir jusqu'à 4 personnes. Ils disposent de chambres climatisées, d'une cuisine entièrement équipée. Sur place, une piscine, un coin barbecue, un coin laverie. Les gîtes sont proches d'une rivière, d'une plage et du Centre thermo-ludique de Ravine chaude avec son eau aux vertus apaisantes riche en minéraux.

LA BELLE CHAUDIÈRE €€

Route de Ravine Chaude

✆ 05 90 25 96 46

Fermé le dimanche soir, le lundi et le samedi midi. Service jusqu'à 22h. Comptez environ 40 € par personne.

La salle faite de pierres apparentes et de poutres est particulièrement rafraichissante, en pleine campagne lamentinoise avec une vue sur le massif montagneux. Vous y dégusterez une cuisine locale originale et savoureuse, élaborée à partir de produits frais et locaux. La carte met à l'honneur les poissons et crustacés (fricassée de ouassous, blaff de palourdes, brochettes de poisson...) mais également quelques plats pour les inconditionnels carnivores. L'attente peut être un peu longue, spécialement les jours d'affluence. Pensez à réserver.

COSMOPOLITE €€

Grosse Roche-la-Croix

✆ 06 90 58 49 24

Ouvert toute la semaine midi et soir sur réservation, le samedi midi et soir et le dimanche midi. Menu à partir de 25 €.

Un restaurant créole où l'on sert des recettes d'antan transmises au chef par les grands-mères antillaises. De savoureuses spécialités locales qui allient harmonieusement tradition et modernité. Le bel effort de présentation des assiettes est à noter. En salle ou en terrasse, c'est une ambiance festive qui y règne lors des soirées dansantes et à thèmes pendant lesquelles des artistes locaux viennent se produire. Des ateliers culinaires sont organisés toutes les deux semaines. Le cadre est agréable et coloré, et l'accueil sympathique.

MARIE-GALANTE

Rendue célèbre par la chanson de Laurent Voulzy, Marie-Galante, jumelée avec Belle-Île-en-Mer, est surnommée la « grande galette » ou le « sombrero » du fait de sa forme plate et circulaire, mais aussi « l'île aux 100 moulins ». Si l'île offre des plages et des paysages sublimes, elle conserve des traces de l'histoire, notamment ses fameux moulins disséminés dans la campagne. Avec sa population hospitalière, l'île cultive un art de vivre authentique. Il est encore fréquent de se saluer en se rencontrant, même sans se connaître et les Marie-Galantais sont toujours prêts à vous assister spontanément à tout moment et dès votre descente du bateau. Ici, circuler est agréable sans embouteillage, sans klaxon, ni feu, ni voie rapide.

Grand-Bourg, dynamique avec son embarcadère, son marché… Capesterre avec son bourg typique et sa très belle plage de Feuillère, Saint-Louis et son charme à l'ancienne constituent les trois seules communes de l'île.

Marie-Galante

GUADELOUPE
MARIE-GALANTE
DOMINIQUE
Caye Plate
Anse Ballet
Pointe Pisiou
Pointe Gros Nez
Pointe Cavalle
Anse Chapelle
Pointe Saragot
Anse Coudrier
Anse Piton
204 m
Les Galets Mabouya
L'Étang Noir
Ruines du Moulin de Bézard
Bellevue
Grand Case
Pointe de Tali
Caye à Poirier
Girard
Pointe du Gros Cap
CAPESTERRE-DE-MARIE-GALANTE
Pointe la Feuillère
Gros Morne
Petite Anse
Pointe Deshaies
5 KM

Située à 43 km de Pointe-à-Pitre, l'île est de formation calcaire comme Grande Terre. Elle est également surnommée « la grande galette » du fait de sa forme circulaire et plate.

Sa superficie est de 158 km², ce qui en fait la troisième des îles françaises des Antilles, après la Martinique et la Guadeloupe. Trois communes : Grand-Bourg dans le Sud-Ouest, qui est le chef-lieu de l'île, Capesterre dans le Sud-Est, Saint-Louis dans le Nord-Ouest. La tradition rurale imprègne l'habitat qui est très dispersé car les 20 000 îliens ont construit sur leur terre, si bien que le réseau routier est une vraie toile d'araignée. Les routes traversières sont magnifiques, truffées de tours de moulins et d'un relief toujours changeant et harmonieux. Le bord de mer, éternellement sauvage, invite à la contemplation. La circulation est agréable, car il n'y a ni feu, ni voie rapide. Ici, pas de bouchon, ni de klaxon. Marie-Galante, mise en avant dans une chanson de Laurent Voulzy, est jumelée avec Belle-Île-en-Mer.

L'arrivée sur l'île s'effectue généralement à Grand-Bourg, chef-lieu de l'île de Marie-Galante. La commune vit au rythme de son port qui respire une ambiance paisible et chaleureuse. Les barques colorées, parfois alourdies de langoustes ou de poissons, contribuent à ce tableau pittoresque.

GRAND-BOURG ★★

La ville de Grand-Bourg se modernise au fil des ans. Cependant, le charme des vieilles cases typiquement créoles y a été préservé ainsi que son marché aux épices, aux fleurs et aux poissons où les marchandes se feront un plaisir de vous renseigner. Près de l'embarcadère, des minibus proposent des visites de l'île. La meilleure façon de visiter Grand-Bourg à pied consiste à partir de l'angle de l'avenue Jeanne-d'Arc et de la rue du Presbytère, où se trouve sa petite mairie, et de parcourir les rues autour de l'église. Les amateurs de surf apprécieront tout particulièrement le spot des Basses qui est situé à la Pointe des Basses.

Transports

Le réseau de transport public est restreint et sans horaire précis (environ toutes les 15 minutes le matin et toutes les heures l'après-midi). Les rotations n'ont pas lieu les mercredis et samedis après-midi, dimanches et les jours fériés.
Deux stations-service : à Grand-Bourg et à Capesterre.

- **Grand-Bourg - Capesterre :** station au parking de la gare maritime de Grand-Bourg,
- **Grand-Bourg - Saint-Louis :** station face au collège de Grand-Bourg.
- **Visites de l'île :** Montout (Capesterre - 0690 38 33 92 - 0690 384708 tous les jours sauf le dimanche), Brute Alex (Grand Bourg - 0590 97 80 65 - 0690 50 87 41 - 24h/24), Eglela (Saint-Louis - 0690 35 80 98 - 0690 50 87 24 - de 5h à 20h), Hulman (0690 48 51 72 - Minibus pendant les vacances scolaires, week-ends et jours fériés).

DISTILLERIE BIELLE ★

Section Durocher-Bielle
✆ 05 90 97 93 62 - www.rhumbielle.com
Visite et dégustation gratuite de 9h30 à 13h, le dimanche de 10h à 12h.

L'Habitation Bielle fondée en 1769 a su évoluer au fil des propriétaires successifs. Autrefois dédiée à la production de café puis de cacao, de coton et de sucre, elle s'est ensuite consacrée à la distillation du rhum agricole vers 1900. Le « rhum agricole » tient sa renommée à l'origine de sa matière première, le pur jus de canne fermenté et distillé. La distillerie Bielle est réputée pour son légendaire rhum à 59°, ainsi que pour sa vaste gamme de rhums vieux très appréciés. Elle propose aussi une sélection de liqueurs parfumées qui éveillent les sens. Chaque année, elle se distingue au Concours général agricole : en 2023, elle a remporté la médaille d'or pour son rhum vieux de 4 ans, millésime 2018.

Située au cœur de l'île, la distillerie Bielle est rapidement accessible.

Elle vous propose la visite des ses installations à la découverte du processus de fabrication du rhum. Vous êtes libre de cheminer en vous laissant guider par un circuit fléché et des panneaux explicatifs.

La balade dans le domaine vous replongera dans le passé avec son ancienne « sucrotte » et ses machines à vapeur restaurées, témoins de l'industrie sucrière du siècle dernier.

À l'issue de votre visite, vous êtes invité à déguster la grande variété de rhums de la distillerie que vous retrouverez à la boutique. Vous pourrez aussi en profiter pour découvrir les boutiques artisanales environnantes (poteries, création de peinture sur tissu Toumaï, produits locaux, confitures...).

Rhum Bielle, sé wonm an nou !

DISTILLERIE PÈRE LABAT - POISSON

Section Poisson ✆ 0590 97 03 79

Ouvert du lundi au samedi de 8h à 14h et le dimanche de 9h à 13h. Entrée libre : visite et dégustation gratuite.

La distillerie qui a fêté ses 100 ans en 2016 est l'une des plus anciennes au monde encore en activité et la plus ancienne de l'île de Marie-Galante. L'histoire de ce lieu commence par l'achat du domaine par une madame Poisson au cours du XVIIIe siècle. Elle baptise le domaine de son patronyme et se lance en 1863, dans la fabrication de sucre, activité florissante à l'époque. Les vestiges de cette ancienne sucrerie sont encore visibles sur le domaine. A la fin du XIXe siècle, le domaine et la sucrerie sont rachetés par M. Rameaux, qui investit dans un alambic et une colonne. En hommage au pionnier de la distillation du vin de canne frais, le révérend-père Labat, il donne son nom à la distillerie qui, encore aujourd'hui, est connue sous l'appellation Père Labat.

De nombreux connaisseurs tiennent ce rhum pour l'un des meilleurs de la Guadeloupe. Lors de votre visite, vous y apprendrez tous les secrets de fabrication du fameux rhum à 59°... La tradition est à l'honneur avec des machines d'origine et l'odeur si particulière de la canne à sucre qui emplit les lieux en période de récolte. Le rhum du Père Labat a ainsi, au fil des cent dernières années, su se développer et se perfectionner dans le respect du savoir-faire et des techniques artisanales de fabrication pour parvenir au fameux élixir produit de nos jours avec une qualité de fabrication indéniable. Attention tout de même, ce rhum a la réputation de faire tourner les têtes rapidement ; à consommer avec modération !

LES AMIS DE L'INDIGO

Section Murat

✆ 06 90 47 10 25

Du lundi au samedi de 9h30 à 13h. Visite commentée 4 € jusqu'à 16h. Atelier découverte 30 € à 10h (pensez à réserver).

Il y a 300 ans, l'indigo était cultivé et travaillé à Marie-Galante et dans la Caraïbe. Un savoir-faire longtemps oublié que Pierre souhaite préserver et développer sur son île natale en créant une filière. Ce passionné vous apprendra l'histoire de cette plante qu'il s'applique à cultiver, mais aussi ses vertus et les techniques traditionnelles de teinture sur tissu qu'il transmet lors des ateliers. Apportez un t-shirt ou un foulard blanc à relooker grâce à ce pigment bleu végétal (tissu fourni pour 10 euros). Un moment de partage créatif et très apaisant.

MARE AU PUNCH

En face de l'usine Pirogue, à 5 km de Grand-Bourg.

Un site légendaire qui porte un bien joli nom au regard des faits qui s'y sont produits ; en juin 1849, lors de la première participation aux élections législatives des anciens esclaves, on constate des tentatives de fraudes de la part des planteurs. De nouveaux affranchis sont tués. Révoltés, ils pillent, incendient l'Habitation Pirogue, puis déversent dans la mare le rhum et le sucre de l'habitation. Certains, ivres morts, s'en prennent aux prêtres et aux religieuses. De ce triste événement est née une chanson que l'on entend encore aujourd'hui dans les fêtes.

DISTILLERIE RHUM PERE LABAT

Section Poisson
✆ 05 90 97 03 79
https://www.capovilladistillati.it/
Visites sur réservation.

Il s'agit de la 5e distillerie à Marie-Galante et de la plus récente, créée en 2007. Pendant 10 ans, cette microdistillerie est associée à Bielle avant de déménager chez de nouveaux collaborateurs, à la distillerie Poisson du Père Labat. Rhum Rhum est une marque créée par Luca Gargano, le directeur de la société Velier spécialisée dans l'importation de spiritueux d'excellence, et son ami Gianni Capovilla, considéré comme le meilleur distillateur d'eaux-de-vie du monde. Grand passionné de rhum, Gargano sillonne depuis des années la Caraïbe à la recherche des meilleurs produits et procédés de fabrication. Rhum Rhum est un rhum agricole produit en petite quantité grâce à deux innovations techniques complètement différentes de ce qui se fait actuellement dans l'archipel. Le jus de canne est fermenté pur, sans ajout d'eau, dans deux petites cuves de fermentation de 2 000 litres à une température contrôlée, un procédé inédit. La fermentation est longue (entre 5 et 7 jours), avant une double distillation à l'alambic chauffé au bain-marie. Le produit fini s'apparente à une eau-de-vie de canne à sucre. 8 000 bouteilles de rhum blanc et 5 000 de rhum vieux «Libération » sortent chaque année de cette microdistillerie. Des produits que l'on peut retrouver dans la boutique du Père Labat et sur des sites internet spécialisés. Vous pourrez retrouver des cuvées 2012, 2015, 2017 ou encore 2020, des références qui ne mentionnent pas l'année de distillation, mais l'année de leur sortie de fût.

HABITATION ROUSSEL - TRIANON

lieu-dit Roussel-Trianon

Le site abrite les vestiges d'une sucrerie construite sur l'emplacement d'une ancienne habitation sucrière datant de la fin du XVIIe siècle. Sa cheminée en briques et pierres de taille est répertoriée aux Monuments historiques. Son imposant moulin, en ruines et son écurie sont visibles depuis la route. Dans les années 1720-1740, l'habitation appartenait à Nicolas Bonhomme, un créole originaire de Marie-Galante. Le moulin à bêtes qui servait au broyage de la canne à sucre a été remplacé par un moulin à vent en 1800. La propriété a ensuite été reprise vers 1860 par Victor Roussel, dernier propriétaire privé de l'habitation Trianon. Le déclin de l'industrie sucrière aura raison de l'activité du site en 1874 au profit de l'usine de Grande Anse qui reste toujours en activité à ce jour sur Marie-Galante (la seule de l'île). Aujourd'hui, le site est la propriété du Conseil départemental de la Guadeloupe. Plusieurs panneaux explicatifs permettent de comprendre l'histoire de ces vestiges.

L'habitation Roussel-Trianon a été sélectionnée dans le cadre du loto du patrimoine en 2021 pour la sauvegarde du patrimoine en péril. Le site a bénéficié d'une enveloppe de 430 000 € fin 2021, en vue d'une réhabilitation globale avec en priorité la restauration des deux édifices. Les autres vestiges (la fabrique à sucre, l'enclos à bêtes, les écuries, le jardin potager ainsi que l'aqueduc reliant le moulin à la fabrique) feront également l'objet de travaux de restauration planifiés sur 10 ans.

MUSEE ART ET TRADITION

Section Murat
✆ 06 90 64 07 84
Ouvert du jeudi au dimanche de 9h à 15h. Entrée 2 €.

Ce petit musée propose une exposition sur la vie marie-galantaise d'autrefois au travers d'une collection d'objets et d'outils qui ont rythmé la vie quotidienne. Vous pourrez également y voir de charmantes poupées noires de chiffon (appelées matrones) qui sont exposées mais qui sont également proposées à l'achat. L'artisan qui les confectionne sur place les considère autant comme des objets de tolérance que comme de simples jouets. Le restaurant La Poésie des Plats, qui est attenant au musée, attend les visiteurs pour une pause culinaire à la sortie.

MARIE-GALANTE

HISTOIRE DE MARIE-GALANTE

DE « L'ÎLE SOMBRERO » À LA « GRANDE GALETTE »

Colonisation de l'île. L'archipel de la Guadeloupe est abordé par Christophe Colomb au cours de son 2e voyage, débuté à Cadix le 25 septembre 1493. Il débarque en compagnie de 17 navires et de 1 200 hommes. Marie-Galante sera la première île à l'accueillir, le 3 novembre 1493, avant la Guadeloupe et la Dominique. Après avoir célébré leur première messe et planté la croix et la bannière royale, les conquistadors prennent possession de l'île au nom de la couronne d'Espagne et la baptisent Maria-Galanda, du nom de la caravelle de leur chef, Christophe Colomb. Assimilant sa forme à un chapeau, ils la surnomment « l'île sombrero ».

Quant aux populations amérindiennes de cette île, elles lui ont donné le nom de Aulinagan signifiant dans leur langue « terre à coton », plante appelée *ichali* qu'ils cultivent au jardin et qu'ils échangent contre des poteries et des haches en pierre polie avec les autres Caraïbes occupant les Petites Antilles depuis le IXe siècle (Dominique, Martinique et Sainte-Lucie).

En 1648, 13 ans après la colonisation de la Guadeloupe, Marie-Galante est occupée sur ordre du gouverneur Charles Houël, qui installe une colonie de 50 hommes à Vieux-Fort. Ils y cultivent le tabac, le coton, l'indigo et le raisin. Cependant, la cohabitation entre les colons français et les indigènes est mouvementée ; les luttes se succèdent. La plage du Massacre, à Vieux-Fort, est le théâtre de très violents combats qui opposent les Caraïbes aux colons.

A la fin du XVIIe siècle, 1 276 colons sont envoyés sur l'île par le gouverneur Jacques de Boisseret, seigneur de Téméricourt, et Marie-Galante connaît une période de prospérité économique, ce qui attise la convoitise des Anglais, Espagnols et Hollandais, concurrents du Vieux Monde qui sillonnent les mers de l'arc antillais. Les Anglais, qui occupent l'île, dirigent leurs attaques contre la Guadeloupe en 1691, en 1703, en 1754 et en 1805. Les Hollandais, eux, se contentent de la piller en 1676, emportant le bétail et les esclaves.

L'ère du sucre. La fin du XVIIIe siècle se caractérise par l'abandon des cultures secondaires moins rentables, comme le café, le cacao ou l'indigo – il y avait 86 indigoteries à cette époque –, au profit de l'exploitation quasi exclusive de la canne à sucre. A l'époque de la Révolution française, Marie-Galante bascule en effet définitivement dans la monoculture de la canne à sucre. Aux 72 moulins à vent existants s'ajoute une trentaine de moulins à bêtes ; Marie-Galante devient l'île aux Cent Moulins. L'abolition de l'esclavage, qui survient en 1848, marquera en même temps l'apogée et le déclin de l'industrie sucrière.

Après dix ans d'occupation anglaise (1805-1815), Marie-Galante devient définitivement française. Toutes ces turbulences perturbent l'activité économique de l'île, qui ne reprendra que vers la fin du XVIIIe siècle et le premier tiers du XIXe siècle. En 1835, il y a 106 habitations sucreries sur un territoire de 157 km² avec près de 11 000 esclaves.

En 1849, des incidents violents opposent les anciens esclaves à ceux qui étaient naguère leurs maîtres. Cet épisode sanglant, connu sous le nom des événements de la mare au Punch, marquera la mémoire collective des Marie-Galantais.

Aujourd'hui, les professionnels du tourisme commencent à s'intéresser à cet eldorado… Les hébergements proposés sont de plus en plus élégants et bien équipés. L'île souhaite satisfaire une clientèle plutôt aisée, attirée par ce petit paradis si calme ! La tendance qui, depuis toujours, faisait de Marie-Galante une destination à la journée, s'inverse. La « grande galette » devient une destination à part entière, si bien qu'il s'avère difficile de trouver une solution d'hébergement lors des périodes de fêtes, ou même de louer un véhicule (surtout lors du festival Terre de Blues à la Pentecôte).

Marie-Galante s'est tenue pendant si longtemps à l'écart de l'agitation touristique de l'archipel qu'elle se réveille aujourd'hui fière de son authenticité et de ses traditions. Les responsables locaux ne veulent pas dévaloriser leur île magnifique par une politique trop expansionniste. La politique active, menée par l'office de tourisme, est axée sur la conservation d'un patrimoine culturel et historique riche, et sur l'organisation de festivités et manifestations culturelles fortes.

Il est difficile de ne pas tomber sous le charme de cette île douce et harmonieuse où l'écologie est reine, et où la population aime sa tranquillité. Sa nature en fait également une destination rêvée. Les tortues ne s'y trompent pas, et viennent l'été pour y pondre dans le sable.

ÉCOMUSÉE DE MARIE-GALANTE - HABITATION MURAT ★★

Section Murat
✆ 05 90 97 48 68
Du lundi au vendredi de 9h à 12h30 et de 14h à 17h et le samedi de 9h à 12h30. Entrée libre.

C'est en avril 1807, sous la dernière occupation anglaise de Marie-Galante (1805-1815) que Dominique Murat, originaire d'Aquitaine et son fils Emmanuel, alors âgé de 24 ans, font l'acquisition d'une habitation sucrerie appartenant à la veuve Dumoulier résidant à Grand-Bourg. Elle compte alors 118 esclaves. La famille Murat la baptise Bellevue-Laplaine en raison de sa situation topographique sur une petite éminence côtière dominant la mer des Caraïbes, l'île de la Dominique à proximité et les champs de canne qui l'entourent. La légende prétend que ce serait la jeune femme de Murat, Jeanne Laballe, d'origine marie-galantaise et ancienne élève des Beaux-Arts qui aurait conçu les plans de construction de la splendide maison de maître en pierre de taille calcaire blanche faisant penser à un château du vignoble bordelais. En 1839, avec ses 307 esclaves, l'habitation devient la plus grosse plantation de canne à sucre de la Guadeloupe. Cette ancienne habitation est abandonnée durant le dernier tiers du XIXe siècle : l'abolition de l'esclavage, la concurrence de la betterave, l'introduction de la machine à vapeur, la création des usines centrales, l'effondrement des cours mondiaux du sucre… tous ces évènements expliquent ce délaissement. Son dernier propriétaire, M. Reponty, l'a équipée en 1872 d'une machine à vapeur installée dans le vaste bâtiment de la sucrerie située en contrebas des deux moulins, l'un à bêtes du XVIIIe siècle et l'autre à vent construit en 1814 par les Murat. En 1983, le département fait l'acquisition du domaine avec une réserve foncière de 7 hectares pour y abriter l'écomusée de Marie-Galante créé en 1979 par un arrêté du conseil général de la Guadeloupe. Le domaine accueille également un incroyable jardin médicinal installé dans l'ancien enclos à animaux. Vous découvrirez des variétés de plantes amères, considérées comme toniques, digestives et stimulantes, les plantes externes utilisées pour les bains, les plantes pour « mal vant » qui permettent de traiter divers maux… L'écomusée abrite également un centre de documentation et de lecture, d'authentiques cases en gaulettes et une importante collection d'outils à main, de matériels technologiques préindustriels, d'objets quotidiens divers, de documents d'archives privées et de témoignages enregistrés auprès des gens de métiers et détenteurs des savoir-faire populaires et naturalistes de l'île. L'habitation est située entre Grand-Bourg et Capesterre.

RIVERAIN TOURS

3 rue de l'Eglise
✆ 05 90 97 94 00
www.rivtours.com

Agence ouverte du lundi au vendredi de 8h à 13h et de 14h à 16h.

Cette agence guadeloupéenne est présente depuis plus de 25 années sur l'archipel dans plusieurs agences dont une à Marie-Galante. En parfaits connaisseurs de l'archipel, ses agents vous guident quel que soit le type de séjour recherché. Vous pouvez découvrir des promos séjours aux tarifs attractifs sur leur site. Possibilité d'acheter son billet d'avion en ligne, de trouver une location de véhicules, de dénicher la croisière de vos rêves, leur sélection d'hébergements ou encore de les laisser vous concocter un voyage de noces pour des souvenirs inoubliables.

DINGO LOCATION

Rue de la Savane ✆ 06 90 63 94 93
dingolocation.com

Ouvert de 8h à 19h. Location à partir de 35 €/voiture, 50 €/quad, 28 €/scooter, 15 €/vélo, 25 €/VTT électrique.

Dingo Location propose une flotte très complète, du simple vélo à la voiture en passant par les quads et les scooters. Pour les personnes qui souhaitent se déplacer sans effort tout en se souciant de l'environnement, ce loueur propose des scooters et des vélos électriques. Pour la location des vélos, les antivols et les casques sont prêtés gratuitement. Le parc de voitures est composé de Kia Rio et Picanto et de Dacia Stepway (jusqu'à 7 places). Les tarifs sont dégressifs à partir d'une semaine. La réservation s'effectue en ligne sur le site Internet de Dingo.

BRUTE ALEX

✆ 06 90 50 87 41

Sur réservation. Compter 120 € pour 2 (jusqu'à 10 places).

Alex Brute vous propose des promenades et des excursions atypiques en charrette à bœufs : un vestige du passé colonial conservé et encore préservé à Marie-Galante. Plusieurs circuits vous seront proposés à bord de la charrette tirée par deux bœufs. La visite s'effectue au rythme de ces animaux, ponctuée d'une découpe de coco ou de canne à sucre. Il s'agit d'un transporteur qui se charge également de transferts classiques pour vous emmener où vous le souhaitez sur toute l'île. Il propose aussi des visites commentées de Marie-Galante en minibus.

COCO BEACH CAR

Les Basses
✆ 05 90 97 10 46
cocobeachcar.com

Location de voitures à la journée, de kayaks, de VTT et planches de paddle à l'heure.

Que vous soyez sur l'île pour quelques heures, pour la journée ou bien pour un plus long séjour, Coco beach car dispose de la formule qui vous convient ! Les véhicules proposés de marque Kia (gammes Picanto, Rio et Stonic) sont neufs. Coco Beach Car vous récupère sur votre lieu d'arrivée quel qu'il soit ; les embarcadères de Grand-Bourg ou Saint-Louis, l'aérodrome, votre lieu de résidence... La réservation s'effectue en ligne sur leur site Internet. Possibilité de louer des VTT, des kayaks et également des planches de paddle à la journée.

EXPRESS DES ÎLES

Boulevard de la Marine
✆ 05 90 91 95 20
www.express-des-iles.com

Billet A/R à partir de 29 € (sous conditions). Accessible aux personnes à mobilité réduite.

Depuis 1982, L'Express des Iles a transporté plus de 20 millions de passagers et environ 700 000 en 2023. Avec une flotte de 3 navires à grande vitesse équipés de salons climatisés et de ponts supérieurs ouverts, cette compagnie maritime assure un service de transport régulier et fiable entre la Guadeloupe, Marie-Galante, les Saintes, la Dominique, la Martinique et Sainte-Lucie. Réservez en ligne pour profiter des meilleures offres disponibles. Les navires sont accessibles aux personnes à mobilité réduite et aux chaises roulantes.

GLOVERT LOCATION

Les Basses
© 0690 57 56 61
Location de voitures à partir de 35 €/jour, Minibus 90 €/jour (120 € automatique), Lodgy (7 places) 65 €/jour.

Le Local de Glovert Location est installé sur le parking du débarcadère. L'équipe représente l'enseigne AUTO LAGON sur l'île de Marie-Galante. Vous pouvez y louer des voitures manuelles ou automatiques, mais aussi des minibus pour les groupes. Il s'agit du tout dernier local dans l'enfilade des loueurs. Si vous avez réservé votre véhicule, vous serez accueilli à la sortie du bateau. Glovert Location propose également des excursions à la journée pour la visite de l'île et des transferts de groupes aussi bien de jour que de nuit.

CUBIX LOCATION

© 0690 91 16 15
cubixlocation.com
Ouvert tous les jours.

Ce loueur, très professionnel, propose des voitures manuelles ou automatiques bien entretenues, des scooters, des vélos et VTT électriques en très bon état. L'agence est implantée à proximité immédiate de la gare maritime. Vous êtes accueilli avec sympathie, sur demande, à la descente du bateau pour obtenir votre véhicule sans attendre. La réservation peut s'effectuer en ligne. Vous bénéficiez d'une réduction à compter de 7 jours consécutifs de location. L'équipe vous fournira d'excellents conseils afin de préparer sereinement votre programme de visites.

VAL FERRY

© 05 90 97 11 53
www.valferry.fr
Aller-retour à 49 €/adulte, 46 €/13-24 ans, 33 €/3-12 ans, 8 €/bébé.

La compagnie Val Ferry propose des rotations vers Marie Galante, les Saintes, la Dominique et la Martinique depuis Pointe-à-Pitre ou Trois-Rivières (pour les Saintes). Leurs meilleurs tarifs sont annoncés sur le site Internet (nombre de places limité) avec des ventes flash attractives. Les tarifs sont plus élevés en achat de dernière minute au comptoir de vente. Vérifiez bien les horaires la veille du départ car ils sont sujets à modification sans préavis selon les conditions météorologiques ou les jours fériés. Des formules hôtel + bateau sont disponibles.

BLUE DREAM €€

© 05 90 88 85 55
https://bluedream.site/
Du mardi au dimanche en saison et du mercredi au dimanche hors saison, 10h-18h30. Nuit à partir de 131 €.

Plus qu'un simple hôtel, le Blue Dream est avant tout un espace de relaxation «pool & beach ». On vient y passer la journée en famille ou entre amis pour déguster des douceurs et siroter des cocktails, autour d'une magnifique piscine, sur une bande-son branchée. Sur place des transats ou lits à baldaquin en location à la journée, un bar à tapas, un restaurant gastronomique, un coin sucré, avec un accès plage. Les hébergements vont du studio au bungalow et permettent de profiter de la piscine tous les jours. Des événements avec DJ ont lieu tous les week-ends.

TOTO LOCATION

Débarcadère ✆ 05 90 97 59 16
www.toto-location.com
Ouvert tous les jours. Location de vélos normaux ou électriques, scooters, motos, voitures, minibus...

Dès le débarcadère, vous serez accueillis chaleureusement par l'équipe. L'agence dispose d'un large choix de véhicules récents de 5 à 9 places (Kia Rio, Stonic, Hyundai i20, Dacia Logan, Jogger, Sandero, Renault Trafic, Panda hybride...) pour découvrir Marie-Galante à la journée ou pendant un plus long séjour. Les voitures sont climatisées. Des scooters (50 et 125 cm³), des motos, des vélos électriques sont également disponibles à la location. Possibilité de livraison à domicile. Paiement par carte bancaire accepté. Les pré-réservations s'effectuent en ligne.

COCO BEACH RESORT €€

✆ 05 90 97 10 46
www.cocobeachmariegalante.com
Chambre double à partir de 109 €. Appartement T2 à partir de 129 € hors petit déjeuner en haute saison.

Cette résidence hôtelière à taille humaine est située les pieds dans l'eau sur la petite plage des Basses. Elle est composée de 6 chambres, d'un appartement T1, de 2 appartements T2 et d'un T3. Les hébergements disposent d'une kitchenette. La piscine est entourée d'un deck, elle donne directement accès à la plage. L'hôtel dispose d'un espace détente et spa face à la mer, d'un sauna, d'une boutique... L'hôtel propose aussi des voitures de location via son agence Coco Beach Car (réservation en ligne possible sur www.cocobeachcar.com)

GRAND PALM €€

Pointe de Basses
✆ 05 90 97 73 95
www.legrandpalm.net
À partir de 95 €/nuit pour un bungalow 2 personnes.

Les six hébergements sont situés en pleine campagne, entre Grand-Bourg et Capesterre dans un superbe parc floral et à seulement quelques pas de la mer. Vous avez un accès direct à une petite crique de corail blanc qui est un spot de surf. Les bungalows confortables et bien équipés peuvent accueillir entre 2 et 6 personnes. Sur place, à votre disposition, une piscine et deux spas avec cascade, un bar, un espace détente. Le site offre de belles prestations de standing. Il est possible d'y prendre le petit déjeuner sous le carbet.

ISOLA VERDE €€

La corniche des Basses
✆ 06 90 32 87 09
http://location-villa-mariegalante.com
À partir de 600 €/semaine/bungalow standard, de 800 € avec piscine/balnéo, de 900 €/villa avec piscine à débordement.

Les propriétaires font le choix de n'accepter que des adultes afin de préserver la quiétude du site. Sur place des bungalows et des villas, certains sont équipés de piscine et balnéo. Chaque logement possède son propre jardin et sa terrasse ouvrant sur le parc et surplombant la mer qui n'est qu'à 300 mètres. L'équipement est complet : une cuisine très bien équipée qui ouvre sur la terrasse, une chambre de style créole climatisée avec lit *king size*, télévision, machine à laver et barbecue à l'arrière de chaque bungalow dans le jardin. Réservation par mail.

L'OASIS €€

7 rue Sony-Rupaire
✆ 05 90 97 59 55
A partir de 80 €/nuit, de 90 € avec spa (base 2 nuits minimum et pour 3 personnes).

Les 3 appartements indépendants sont nichés dans une oasis de verdure. L'appartement Terrasse est équipé de deux lits doubles. Celui avec spa, d'une chambre avec un grand lit et 2 couchages dans le séjour, d'une cuisine et d'un espace détente. Le duplex, d'une chambre à l'étage avec un grand lit, dans la salle de séjour au premier niveau, un clic-clac pour un couple et un lit simple et d'un spa. Chaque étage est entouré d'une terrasse panoramique. Vous êtes accueillis à l'arrivée du bateau par vos hôtes qui vous conseilleront pour passer un excellent séjour.

LA KABANE €€

Route de Beaufils
✆ 06 90 62 03 38
lakabane.com
Réservation uniquement en ligne par carte bancaire.

Un ensemble de villas, de cabanes et de cases en bois nichées sur Grand-Bourg, Saint-Louis et Capesterre. Le confort est plus ou moins rustique selon le logement. La décoration style « bord de mer » convient tout à fait aux amateurs de séjours à la « Robinson ». Néanmoins, les équipements sont bien présents dans les logements qui sont dotés d'une kitchenette. Les hébergements ont une capacité allant jusqu'à 8 personnes selon la catégorie choisie. Certains disposent d'une vue mer. Il est possible de réserver pour 2 à 3 nuits minimum selon le logement.

ÔTANTIK VILLA €€

✆ 06 90 67 15 24
www.otantik-villa.com
À partir de 250 €/nuit.

Ôtantik villa propose une sélection de villas et de bungalows de standing en location saisonnière répartis sur toute l'île de Marie-Galante entre Grand-Bourg et Capesterre. Tous ces hébergements bénéficient d'une vue mer et d'une piscine. Ils sont tous dotés d'aménagements et d'équipements de qualité et décorés avec soin. Certaines villas peuvent accueillir jusqu'à dix personnes. Les bungalows disposent d'une capacité d'accueil de deux à quatre personnes. Il est possible de faire votre choix sur leur site et de réserver en ligne de façon sécurisée.

LE LEZARD €€€

Section Ducos
✆ 05 90 97 52 07
le-lezard.fr
À partir de 175 €/nuit ou 970 €/semaine en haute saison. Réservation pour deux nuits minimum.

Ces deux jolies villas au charme contemporain sont situées sur les hauteurs de Grand-Bourg qu'elles surplombent. Elles offrent une vue dégagée sur les îles environnantes. Chaque villa de 70 m² est conçue pour recevoir deux adultes avec une chambre, une salle de bains attenante, une cuisine équipée, un coin salon-repas. Les hébergements disposent de tout le confort et en prime, vous pourrez vous laisser bercer par les alizés dans votre piscine privative à débordement. L'apéritif et le premier plateau-repas sont offerts pour un séjour d'au moins une semaine.

RESIDENCE CLEMENTINE €€

Section Latreille
✆ 06 90 62 35 26
www.residenceclementine.com
Villas à partir de 250 €/nuit pour 1 à 3 personnes. Appartement à partir de 150 €/nuit.

Cette structure propose trois hébergements à la location à Grand Bourg : deux villas et un duplex. L'appartement de 35 m², situé près du port, dispose d'une chambre, d'une cuisine équipée. Les deux villas en bois de style créole sont parfaites pour goûter à la douceur de l'île avec la mer à seulement 10 minutes. Chaque villa dispose de 3 chambres avec salle de bain privative, un grand séjour et une cuisine. Le petit plus : les piscines balnéo 8 places privatives avec vue sur le grand jardin, pour des moments de détente en famille, entre amis ou en amoureux.

Plage de Grand-Bourg.

VILLA ZANDOLINE €€€

© 06 71 64 18 86

À partir de 1 300 € la semaine pour 2 chambres et 1 500 € pour 3 chambres. Forfait ménage fin de séjour de 150 à 180 €.

Cette charmante villa est classée 4 étoiles. Elle est située dans un quartier résidentiel calme avec vue panoramique sur la campagne marie-galantaise, les îles des Saintes et le volcan la Soufrière. De style créole, elle est dotée d'une décoration épurée. Elle est entièrement équipée avec, à votre disposition, trois chambres doubles climatisées avec salle d'eau privative (avec douche à l'italienne), une cuisine à l'américaine qui ouvre sur une grande terrasse en deck. Sur place, une grande piscine traitée au sel et un barbecue.

LES VILLAS LOURYA €€

32 Lotissement Quatrième de Faup

© 06 90 970 250

lesvillaslourya.com

À partir de 200 € par nuit. Séjour de 3 nuits minimum.

Cette structure propose des villas d'une capacité d'accueil de 2 à 6 personnes sur les 3 communes de l'île (Grand Bourg, Saint-Louis et Capesterre). Ces hébergements disposent d'une architecture bois qui leur permet de se fondre dans le paysage. Les 3 villas, aménagées avec du mobilier contemporain, sont dotées d'une piscine privative, d'une terrasse, d'un salon de jardin, d'un barbecue, de tout le confort nécessaire pour profiter d'un séjour en toute tranquillité au cœur d'un jardin (avec lave-linge, table et fer à repasser, séchoir, wifi...).

LE BISON €

Angle de la rue du Dt Etzol et Tirolien

© 06 90 27 72 53

Ouvert lundi, mardi, mercredi, vendredi de 8h à 16h. Le jeudi de 8h30 à 22h, le samedi de 15h à 22h.

Situé au cœur de Grand-Bourg, dans une bâtisse sur deux étages, ce restaurant récemment ouvert souhaite apporter un souffle nouveau au centre-ville. Le Bison propose des plats créoles (colombo, dombrés, fricassée de ouassous, ragoût de bœuf...), ainsi que des *pasta box* et dispose d'un *salad bar*. Des soirées *after work* «chill & tapas » sont organisées tous les jeudis, l'établissement retransmet aussi les matchs les plus importants. Le bar propose une sélection de champagnes, de rhums et de cocktails. Il y a quasiment toujours de l'ambiance au Bison !

LA CHARRETTE €

Les Basses

© 05 90 97 79 78

Ouvert à partir de 18h30, fermé le dimanche. Addition moyenne 30 €. Réservation conseillée.

C'est dans un cadre soigné aux jolies tables bien dressées qu'il fait bon s'installer dans ce restaurant aux couleurs chamarrées, ouvert depuis 30 ans. L'établissement dispose d'un grand espace salon à la décoration orientale, d'une terrasse et d'une salle. La carte propose une cuisine française, agrémentée de plats à base de produits locaux. Une soirée couscous ou tajine est organisée une fois par mois. La carte des vins est variée. Le punch est servi à la manière locale (la bouteille est posée sur la table). L'accueil y est toujours agréable.

SIWO CAFE €

3 Rue de la république
✆ 0690 46 11 33

Ouvert tous les jours midi et soir sauf le dimanche. Plats entre 12 et 22 €, 39 € la langouste grillée.

Ce restaurant-bar lounge est situé à proximité du débarcadère dans le centre-ville de Grand-Bourg. Il dispose d'une salle climatisée avec un espace salon et d'une terrasse. La carte oscille entre cuisine créole et cuisine française traditionnelle avec, au menu, des brochettes de viande, des burgers, de la langouste grillée, du poisson grillé, des fricassées de lambi et chatrou, des blaffs, des ragoûts de porc, de cabri… Les plats sont élaborés à partir de produits frais et locaux. Des soirées concerts « LIVE » sont organisées chaque vendredi soir, toute l'année.

GINO PIZZA €

16 boulevard de la Marine
✆ 05 90 97 24 19

Ouvert midi et soir sauf le lundi, ouvert dimanche soir. Pizzas de 9 à 19 €.

Franck et Nathalie vous accueillent dans un cadre très agréable où se mêlent convivialité et bonne humeur entre la salle et la terrasse colorée. On y mange des pizzas à la pâte fine et croustillante réputées pour être les meilleures de l'île (sur place ou à emporter), mais aussi des salades, des viandes et divers plats maison aux portions généreuses et aux senteurs de l'Italie (à l'image du plateau de charcuterie), qui subjugueront vos papilles. Un endroit très apprécié et souvent complet : il est donc fortement conseillé de réserver.

LE JERICHO €

Rue du presbytère, Immeuble Grenier
✆ 06 90 63 03 59

Ouvert du lundi au vendredi de 8h à 15h. Plats entre 5 € et 13 €.

Un très bon rapport qualité-prix pour cet établissement qui propose une cuisine à prédominance végétarienne misant sur les fruits et légumes locaux tout en les mettant en valeur. Au menu : un bar à salades et un buffet très varié avec des légumes vapeurs, des gratins de légumes pays (malanga, giraumon, pois d'Angole...), de légumes verts, des crudités variées, salades de quinoa, rôtis de soja... Les jus de fruits et de légumes frais qui sont proposés sont excellents. Un coin épicerie propose des produits bio. Plats sur place ou à emporter.

SUN 7 BEACH €

Route de Murat
✆ 05 90 97 87 58
lakallina.com/le-sun7-beach.html
Service de 12h à 15h et de 17h à 20h, ouvert le samedi soir seulement, fermé le dimanche. Addition moyenne : 28 €.

Ce restaurant bar d'ambiance est situé directement sur une petite plage tranquille aux eaux très calmes et translucides du lagon de Grand-Bourg. Installé en terrasse face à la Dominique et aux Saintes, on s'y sent à l'aise très rapidement. Vous y dégusterez une cuisine internationale et créole avec un vaste choix de salades et de pizzas (uniquement le soir) ; vous pouvez composer ces dernières à votre guise avec 25 ingrédients différents. Les soirées Sun 7 sont très appréciées. L'accueil est sympahtique et l'ambiance se veut jeune et énergique.

B.R.E.F. ART LE CARRÉ ROSE €€

Deuxième pont
✆ 0690 21 93 20
Ouvert tous les jours de 11h30 à 19h30. Réservation recommandée.

Situé juste en face de la plage du 2e pont, ce restaurant propose une savoureuse cuisine locale. Chatrou façon ceviche, blaff de palourdes, salade de langouste émincée, bokits, soupes de viandes, bœuf ou poulet roussi... Le menu change tous les jours. Ces plats qui sortent de l'ordinaire sont cuisinés à partir de produits frais par Olga la cheffe, véritable passionnée et autodidacte. Sur place une épicerie fine et un coin artisanat, où Sébastien vend ses créations en cuir de poisson.

KREYOL FISH €€

Boulevard maritime
✆ 0690 972 335
www.kreyolfish.com
Ouvert du mardi au dimanche de 11h30 à 14h30 et de 18h30 à 22h.

Devenu en quelques années une véritable institution à Marie-Galante, le Kreyol Fish a récemment déménagé en face du débarcadère. Une adresse plus accessible et conviviale, pour déguster les savoureux burgers de poisson fumé. Pain, frites, condiments : tout est fait maison ! L'enseigne est une histoire de famille, chaque membre met la main à la pâte entre la pêche durable, la transformation des produits sans conservateur et la restauration. Retrouvez les produits de la mer (rillettes, dés de thon, merguez de poisson...) au laboratoire route de Beaurenom (8h-15h).

LE MURAT €€

Section Murat
✆ 05 90 97 53 47
Ouvert du jeudi au lundi 18h-21h30. Comptez environ 35 €/pers. hors boissons.

Alvina en salle et David le chef, proposent une cuisine à mi-chemin entre la gastronomie française et la cuisine créole ; tartare de thon aux tomates séchées, pluma de porc sauce chorizo-piments végétariens-cacao, colombo de la mer, poisson sauce rhubarbe-vanille... Le tout servi avec du pain et des desserts faits maison. À noter, une vaste sélection de rhums vieux et une belle carte de vins. L'établissement propose également des apéritifs dînatoires autour de planches, dès 18h. Le rapport qualité-prix est excellent. La réservation est vivement conseillée.

O' VIVIER €€

Route de Beaufils
✆ 06 90 34 46 20
Ouvert midi et soir sauf mercredi et jeudi. Réservation conseillée notamment le week-end. Addition moyenne à 30 €.

Un très sympathique restaurant au bord d'une piscine dont vous pouvez profiter en attendant votre commande et en sirotant un rafraîchissement. Les plats sont cuisinés avec les produits frais de la pêche rapportés par le patron pêcheur lui-même : langoustes, daurade, thon... Préparés en soupe, en carpaccio, en tartare ou encore en tataki. À goûter absolument : la marmite du pêcheur. Un vrai régal ! Également à la carte, un choix de crêpes sucrées et salées. Attention, les cartes bancaires ne sont pas acceptées par manque de réseau, paiement en espèces ou chèque.

FABIENNE YOUYOUTTE

Plage de Feuillère
Ouvert du mardi au dimanche de 13h à 19h. Glaces à partir de 2,90 €.

Fabienne Youyoutte, femme artisan guadeloupéenne, a été élue « Meilleur artisan de France » en 2019. Elle dispose de trois boutiques en Guadeloupe continentale et désormais d'une située sur la plage de Feuillère. Fabienne Youyoutte élabore de façon artisanale d'excellentes glaces et sorbets aux parfums locaux, à déguster en timbale ou dans un cône frais, bien croustillant, fait maison également. L'authenticité des fruits et autres produits locaux est parfaitement préservée pour le plus grand bonheur des amateurs de gourmandises. Se savoure sur place ou sur la plage.

LA TABLE DU PÈRE LABAT €€

Distillerie Père Labat © 06 90 37 84 91

Carte moyenne à 40 €. Ouvert du mardi au samedi midi et soir et le dimanche midi.

Situé dans le parc de la distillerie du Père Labat, ce restaurant constitue une belle halte culinaire. On se régale ici d'une cuisine des plus raffinées et des plus créatives élaborée uniquement à partir de produits frais et locaux à l'image du thon Rossini, du chatrou au chorizo, du tartare de poisson, de légumes pays sous toutes leurs formes, le fondant chocolat piment... Le cadre est authentique avec ses carbets et sa cuisine aménagée dans un container et l'équipe est sympathique. Des soirées festives et musicales sont organisées ponctuellement le week-end.

FOOTY

Boulevard de la Marine

© 0690 398 017

Addition moyenne : 18 €.

Pour ceux qui restent sur l'île pendant le week-end, il y a les soirées du Footy le soir ! Venez vous tropicaliser sur les notes de la Caraïbe ! Mazurka, biguine, salsa... C'est également un restaurant de cuisine créole avec une carte restreinte mais donc gage de la fraîcheur des produits proposés. Au menu, une bonne cuisine locale aux portions généreuses (accras, chiquetaille de morue, colombo, court-bouillon de poisson, poisson frit...). Le service a lieu en salle ou sur la terrasse qui donne sur la mer. Le lieu est très animé en période d'affluence.

DÉLICES DE SIBLET

Section Siblet

© 05 90 97 02 87

Visite gratuite tous les jours de 9h à 13h.

Le sirop de batterie de Marie-Galante est réputé excellent, celui des Délices de Siblet ne fait que le confirmer. Il existe une dizaine de sirops aux saveurs variées. Celui de Siblet, au goût régulier d'une année sur l'autre, se conserve longtemps. Dans la fabrique de Patrick Maurin, vous pouvez voir le chaudron fonctionner tout en bénéficiant d'explications (toujours avec le sourire) sur le processus de fabrication du sirop de batterie. Vous pourrez également le goûter et ensuite effectuer vos achats dans la boutique, quelques pâtisseries sont parfois proposées.

KREYOL FISH

Boulevard maritime
✆ 0690 972 335
www.kreyolfish.com
Boutique ouverte du jeudi au samedi de 8h à 15h.

Dans cette boutique vous retrouverez les incontournables que propose le restaurant (rillettes de poisson, dés de thon épicés, saucisses, merguez de poisson…), à emporter dans votre valise ! Cette enseigne fonctionne en famille, de la pêche du poisson jusqu'à la restauration (situé en face du débarcadère de Grand-Bourg) en passant par la transformation des produits de la mer issus uniquement de Marie-Galante et sans conservateurs. C'est également ici que se trouve le laboratoire où tout est produit, leur technique de fumage s'inspire de méthodes ancestrales.

LA SUITE MARIE GALANTE

38 Rue du dr Marcel Etzol ✆ 05 90 97 06 90
Accueil tous les jours de 8h30 à 19h et le dimanche de 9h à 12h30

Situé au centre de Grand Bourg, ce concept store unique accueille plusieurs espaces qui coexistent en harmonie. Créateur de la marque « Marie Galante West Indies Spirit », cet endroit offre une galerie d'exposition à disposition des artistes, un espace librairie riche d'un fond de littérature caribéenne, agrémenté d'une sélection des sorties nationales et un espace idées cadeaux pour tous : cotons aux tendances actuelles, parfums aux senteurs variées, T-shirts, marques exclusives, beachwear de qualité et produits du terroir pour exporter au mieux l'image de l'île.

LES LAMPES DE CAROLINE

Route des basses
✆ 0690 00 46 34
Atelier ouvert de 10h à 13h. Sur rendez-vous l'après-midi.

La calebasse est ici travaillée comme un objet d'art et se trouve transformée en véritable dentelle. Les créations de Caroline sont uniques. Depuis des années, elle réalise des lampes, des masques, des appliques, des photophores, des suspensions, des mangeoires et nichoirs… qui peuvent intégrer tout type de décoration. Il est recommandé de se rendre à son atelier en début de séjour afin de lui laisser le temps de réaliser l'objet qui correspondra totalement à votre demande si besoin. L'artiste réalise également quelques bijoux en graines.

OCEOM

Avenue du Docteur Marcel Etzol
www.oceom.fr
Ouvert les mardis et jeudis 8h30-18h, mercredis et vendredis 8h30-13h30, le samedi de 9h à 13h.

Si vous souhaitez rapporter un bijou unique des Antilles, la boutique OCEOM propose une collection de bijoux très originaux et fabriqués de façon artisanale. Thierry s'approvisionne en coquillages auprès des pêcheurs locaux et les transforme en bijoux uniques. Chaque corail, étoile, coquillage, dent de requin… est baigné dans de l'or. L'artisan utilise également de l'argent massif et le rhodium (un matériau proche de l'argent et reconnu pour sa résistance à la corrosion). Le dollar des sables demeure depuis des années le bijou phare de cette enseigne.

LE RUCHER DE L'ÎLE

Section Faup
✆ 06 90 46 74 88
Ouvert de 9h à 13h.

Tony Prudent, d'origine martiniquaise et marie-galantais d'adoption, propose à la vente directe des produits de la ruche (gelée royale, miel, propolis, pollen, hydromel, bougies). Son miel a la saveur authentique d'un miel produit et récolté sur l'île de Marie-Galante. Il lui a déjà permis obtenir une médaille d'or au Concours général agricole de la Foire de Paris en 2015 pour le miel de Campêche dans la catégorie miel tropical clair. Des visites ainsi que des ateliers sont possibles pour les groupes, mais sur réservation uniquement.

LOVE MARIE GALANTE

Rue Furcie Tirolien
✆ 0690 34 65 73
Mardi, mercredi, jeudi, 8h30-12h30. Vendredi 8h30-16h. Samedi et dimanche 8h30-13h. Fermé le lundi.

Cette petite boutique, située dans le centre de Grand Bourg, propose une gamme d'accessoires (casquettes, sacs, foutas...), d'objets et de vêtements beach wear pratiques, agréables à porter et particulièrement adaptés au climat de l'archipel, avec des tissus très légers. La plupart des produits se repèrent aisément avec le logo « LOVE » très visible notamment dans le dos pour les vêtements, d'autres disposent d'un logo plus discret. Les vêtements sont disponibles en collections hommes, femmes et enfants. Les tarifs abordables rendent cette gamme accessible à tous.

TI' ZOUMA

20 Boulevard de la marine
✆ 0690 85 77 59
Ouvert du lundi au vendredi de 9h à 13h, le samedi de 9h à 12h.

Corinne vous accueille chaleureusement dans son «petit marché de l'artisanat». Elle propose divers produits et vêtements, notamment des ouvrages faits maison à partir de fibres végétales, des sacs de toutes tailles, des ustensiles de cuisine fabriqués en corne, des calebasses joliment travaillées et colorées, une belle gamme de vêtements de fabrication éthique et artisanale en soie provenant du recyclage de saris indiens et transformés en shorts, en kimonos, en robes, en tops, en boléros, et des jupes réversibles très originales.

ELI AUTOGIRE

Aérodrome Les Basses
✆ 06 90 90 10 15
Tour de l'île 120 € (35-40 min), baptême 60 € (15-20 min)

Et si le meilleur moyen d'appréhender la beauté de Marie-Galante était de prendre de la hauteur pour la découvrir vue du ciel ? Vous embarquez pour environ 40 minutes de plaisir pur, à bord d'un ULM à voilure tournante, pour un tour de l'île complet. Vous êtes envahi d'une sensation de légèreté avec ce type d'appareil ! Vision à 360° garantie ! Lors du baptême, l'idéal pour les plus petits (15-20 minutes), vous survolerez les hauteurs de Capesterre et la commune de Grand Bourg. Poids du passager limité à 90 kg, âge minimum : 10 ans.

POZ MARINE

Port de Grand-Bourg
✆ 0690 92 25 22
Location de bateaux sans permis à la journée, 240 € en semaine, 280 € week-ends et jours fériés

Voici une nouvelle façon de découvrir Marie-Galante. Embarquez à bord de ces bateaux sans permis (moins de 6CV) pour une journée sur les lagons entre Grand-Bourg et la plage des Trois-Îlets, en famille ou entre amis. Les navires peuvent accueillir jusqu'à 9 personnes, possibilité de rajouter un skipper. L'équipe vous fournira une glacière et un barbecue à gaz, les bateaux sont équipés d'enceintes bluetooth. Il est également possible de louer une embarcation pour le coucher du soleil. Réservation par téléphone, ou sur les réseaux sociaux. Paiement CB ou espèces.

TI BULLES

Rue Beaurenon
✆ 06 90 67 70 60
www.tibulles-plongee.com
Baptême 60 €/ad, 55 €/enf, exploration à partir de 40 €, accompagnant plongeur en randonnée palmée 25 €/ad, 20 €/enf.

Un club sympathique qui accueille tous les plongeurs, quel que soit leur niveau. Initiations, explorations, formations et plongées techniques personnalisées sont au programme. Les sites de plongée sont répartis sur les côtes atlantique et caribéenne et sont choisis en fonction de votre niveau. Vous embarquez à bord d'un semi-rigide. Parfait tant pour les baptêmes que pour les plongeurs aguerris. Les débutants apprennent avec patience les gestes techniques pour une observation respectueuse de la faune et de la flore sous-marines.

CAPESTERRE-DE-MARIE-GALANTE ★★

Sur la route côtière (D203), vous longerez la mer par le Sud-Est, la découverte des plages de Petite-Anse, de la Feuillère puis de Capesterre ne peut vous laisser indifférent. L'entrée du bourg est vraiment pittoresque. Avec un peu de chance, vous pourrez assister au débarquement de la pêche du jour. Mais Capesterre, c'est aussi la verdure ondoyante des champs de canne. Empruntez la N9 ou la D201, puis passez la descente raide du morne des Pères. La route creusée tel un sillon profond dans la montagne réserve ses surprises. Aucune visibilité jusqu'au dernier virage, mais vous avez pris de la hauteur, et la beauté du site vous saute alors aux yeux.

INDIGOTERIES - ROUTE DE L'ESCLAVE

Suivre le sentier de randonnée de la côte Est qui longe la plaine des Galets.

Ce site a été sélectionné, avec 17 autres lieux patrimoniaux emblématiques, pour intégrer le circuit « La Route de l'Esclave - Traces mémoires en Guadeloupe » en raison de son lien avec l'histoire de l'esclavage. Un itinéraire qui a été développé pour une meilleure compréhension de ce contexte historique douloureux dans l'archipel. De nombreux vestiges de ces indigoteries, plus ou moins en bon état, peuvent s'observer. Certains sont situés sur des terrains privés.

Ville de Capesterre.

MOULIN DE BÉZARD

Ce site patrimonial fait office de retour dans le passé agricole de Marie-Galante avec ce moulin inscrit aux Monuments historiques depuis 1983. Il vaut sans aucun doute un arrêt lors d'une balade aux alentours de Capesterre. Il servait autrefois à broyer la canne à sucre. Sa date de construction reste inconnue. Selon des sources, il daterait de 1814 et pour d'autres des années 1840, mais sans certitudes. Il est construit en pierres de taille et doté d'une toiture en essentes. Il fut l'un des derniers moulins à rester en service car il a cessé de fonctionner dans les années 1920. Il fut déchaperonné lors du passage de l'ouragan Betsy en 1956. Il a été restauré à l'identique en 1994 par un chantier-école encadré par les Compagnons du Tour de France pendant dix-huit mois. Les 52 stagiaires des différents corps de métier, qui ont travaillé sur le chantier, ont intégralement refait les quatre ailes, la machinerie extérieure servant au broyage de la canne et la tour pour laquelle les pierres proviennent d'une carrière de Capesterre. Après cette restauration, le moulin se présentait majestueux avec ses ailes toilées prévues pour être démontées pendant la période cyclonique afin de les préserver. Mais il est depuis des années malheureusement à l'arrêt et le site ainsi que ses abords ne sont plus entretenus. Une partie du mécanisme et le moulin sont encore visibles. Il compte encore parmi les moulins les mieux conservés de l'île après celui de la distillerie Bellevue, mais pour combien de temps s'il reste sans entretien ?

SIROP BATTERIE MOYSAN

Vidon le Robert
© 06 90 59 71 18
Ouvert tous les jours de 9h30 à 13h. Fermeture annuelle en septembre.

Une visite guidée très agréable pour tout connaître sur la confection du sirop de batterie. Le processus de fabrication et l'acheminement de la matière première et ingrédient principal, la canne, vous sont expliqués sur place ainsi que la mise en bouteille du fameux sirop de batterie « Le Moysan ». Cette petite unité familiale de fabrication de sirop de pur jus de canne à sucre dispose de la particularité de transformer la bagasse (qui est le déchet de la canne) en granulés combustibles 100 % naturels. Le sirop est en vente dans la boutique.

DISTILLERIE BELLEVUE ★

Section Bellevue © 05 90 97 29 58
www.habitation-bellevue.com
Visite tous les jours, dimanche inclus, de 9h à 13h. Visite de la distillerie et dégustation gratuite.

Au pied de son moulin à vent toujours en activité, la distillerie Bellevue est la plus importante de l'île mais également la plus ancienne puisque nous retrouvons sa trace sur des cartes de 1769. Avec ses couleurs bigarées, la distillerie, qui jouxte le moulin à vent, peut se repérer de loin, d'autant plus facilement lorsque la canne a été récoltée. De ses deux incroyables colonnes de concentration entièrement en cuivre, dans le parfait respect de la tradition, coule un rhum agricole d'excellence. La distillerie produit ainsi des rhums agricoles à 50° et 59°, des rhums vieux de 3 à 12 ans d'âge, des punchs aux fruits exotiques (maracudja, coco, ananas, vanille, *pété bwagèt*) dont la macération varie d'un fruit à l'autre, des planteurs, *pinacolada*, crème de café, de chocolat), des produits du terroir (miel, sirop batterie, sucre, confiture, farine coco, farine manioc) ainsi que des ouvrages culturels patrimoniaux sous forme de disques et de livres. La distillerie Bellevue est, en outre, la première distillerie respectueuse de l'environnement et l'unique domaine rhumier éco-positif au monde. Sa consommation en électricité est très largement couverte par sa production d'énergie solaire. Comme une tradition, la distillerie est régulièrement récompensée d'une médaille d'or ou d'argent du Concours Général Agricole lors de la Foire de Paris, affirmant ainsi la qualité exceptionnelle de ses rhums.

Au cours de votre visite, vous pourrez découvrir une seconde boutique d'artisanat, d'art et de décoration.

LES HIBISCUS €

Chemin de Cadet
✆ 06 99 33 41 41
http://les-hibiscus.com

À partir de 64 €/nuit/2 personnes en basse saison + forfait ménage obligatoire en fin de séjour.

Ces trois jolis bungalows sont construits tout en bois. Ils sont entièrement équipés et nichés dans un jardin privatif dans une ambiance zen. D'une capacité d'accueil de deux personnes, ils sont composés d'une terrasse, d'une chambre, d'une cuisine entièrement équipée, d'une salle d'eau avec douche à l'italienne. Ici, pas de climatisation, la ventilation y est naturelle ! En basse saison, il est possible de réserver uniquement pour deux nuits. L'hébergement La case à Thé, avec sa magnifique vue mer, est, lui, ouvert à la location à l'année.

LES GITES TIT'ANSE €€

lotissement cadet/petite anse
✆ 05 90 97 08 14
http://lesgitestitanse.com/

De 60 € à 120 € la nuit selon le gîte. Séjour de 2 nuits minimum.

Sabéha et Frédo vous accueillent chaleureusement dans leurs sept gîtes colorés à deux pas de la plage de Petite Anse. Ils disposent d'un bungalow avec piscine privative, de trois bungalows (d'une capacité de 4 personnes, avec piscine commune), d'une maison créole d'une capacité d'accueil allant jusqu'à 8 personnes et deux hébergements atypiques ; une cabane dans l'arbre du jardin (pour deux personnes) et une tiny house (deux à cinq personnes) avec piscine privative. Le petit plus : l'espace bien-être avec salon de massages, spa, sauna et piscine à jet de Sabéha.

RÉSIDENCE JÉRICHO €

Tacy
✆ 05 90 97 69 50
www.esatjericho.com

Bungalows à partir de 70 €/nuit pour 2 personnes (3 nuits minimum). Petit déjeuner : 10 €.

Les gîtes de la résidence Jéricho sont un ensemble de 4 bungalows T2 sur les hauteurs de Capesterre, simples mais fonctionnels. La résidence est située dans un parc clôturé et fleuri. Les hébergements disposent d'une chambre climatisée et d'un couchage supplémentaire pour 2 personnes dans le salon. Tous les logements bénéficient d'une kitchenette entièrement équipée, d'une TV et d'une terrasse privative. Sur place, une piscine et bain à bulles en accès libre. Service de massage ou de petits-déjeuners, déjeuners, dîners sur demande.

AU JARDIN BEAUSEJOUR €€

Section Beauséjour
✆ 05 90 97 34 22
www.au-jardin-debeausejour.com

À partir de 100 €/nuit/studio (2 nuits minimum), de 125 €/4 personnes, de 80 €/chambre, hors petit déjeuner.

Situés sur les hauteurs de Capesterre et à 5 minutes de la plage de la Feuillère, les hébergements offrent tranquillité et convivialité dans un cadre bucolique. Sur place, cinq gîtes climatisés et équipés d'une kitchenette et d'une TV, dont un qui peut accueillir jusqu'à huit personnes et un autre est homologué «Tourisme et handicap ». Sur place également cinq studios (pour 2, 3 ou 4 personnes) avec kitchenette et un accès libre à la piscine. Un jardin et un barbecue sont à disposition des clients ainsi qu'une grande piscine.

LES GÎTES DU MOULIN €€

Section Bézard
✆ 0690 32 88 45
www.lesgitesdumoulin.com

90 €/nuit pour 2 personnes, 110 € pour 4 personnes, 180 € pour 6 personnes.

Le domaine abrite trois hébergements rénovés et décorés avec soin. Un logement peut accueillir deux adultes et un enfant (avec une chambre + un canapé-lit dans le salon), un second deux adultes et deux enfants (avec 2 chambres). Le troisième dispose de trois chambres pour une capacité d'accueil de six personnes. Tous les appartements disposent d'une cuisine et d'une terrasse. Le ménage est effectué trois fois par semaine. Sur place, une piscine commune est à disposition. Possibilité de livraison de repas en service traiteur en supplément.

NATURE OCEAN €€

Plage de Petite Anse
✆ 0690 499 127

Séjour de 2 nuits minimum. 85 €/nuit sans kitchenette, 95 € avec kitchenette, 165 €/2 chambres.

À quelques pas de la plage de Petite Anse, cette petite résidence propose de la location de chambres climatisées et de bungalows situés les pieds dans le sable et avec vue mer. Une situation géographique parfaite si vous êtes pressé de vous jeter à l'eau chaque matin sans avoir à prendre votre véhicule ou pour admirer sereinement le lever du soleil. Les hébergements sont simples mais confortables et aménagés avec soin. Ils sont climatisés et disposent d'une kitchenette, d'une petite terrasse, de la télévision, du wifi. Location à la semaine ou au mois possible.

LE REPOS €€

Section Pichery ✆ 06 90 41 50 24
www.villas-lerepos-mariegalante.com
À partir de 80 €/nuit/gîte 2 personnes, prix susceptibles d'évoluer en fonction de la saison et du nombre de personnes.

A la campagne, sur un plateau qui domine la mer, 4 000 m² de tranquillité à proximité des plages de Feuillère et Petite-Anse. Les 2 gîtes sont confortables, avec balcon. Au-dessus de la maison familiale se trouvent 2 appartements indépendants pour 3 personnes avec deux chambres, terrasse et jardin, vue sur mer. La villa vous invite à un bain de tranquillité et de sérénité, avec son spa et son *deck* privés pour 2 personnes. La villa Créole dispose d'une piscine privative. Belles prestations. Accueil à l'aéroport ou au port pour les arrivées du soir sur demande.

LA ROSE DU BRÉSIL €€

Route du Brésil
✆ 05 90 97 47 39
www.larosedubresil.com
Chambre à partir de 68 €/nuit, bungalow à partir de 82 €/nuit, suites à partir de 88 €/nuit, villas 1 562 €/semaine.

Construit au cœur d'un jardin arboré et fleuri et à deux pas de la plage de Petite Anse, ce petit hôtel de charme avec piscine est empreint de sérénité. Les hébergements sont nichés dans la végétation et équipés d'une cuisine extérieure (à l'exception de la chambre), d'une terrasse ou de patios privés avec barbecue, transats et hamac. L'une des villas possède sa piscine privative. Possibilité d'y séjourner à la semaine ou à partir de 2 nuits selon les disponibilités. Nous vous conseillons d'effectuer votre réservation sur le site pour obtenir les meilleurs prix.

LE SOLEIL LEVANT €€

42 rue de la Marine ✆ 05 90 97 31 55
www.lesoleillevant.fr
Chambre standard double à partir de 55 €, bungalow à partir de 70 €, appartements à partir de 135 €.

Ce petit hôtel familial propose des chambres de différentes catégories ainsi que des bungalows et de grands appartements répartis sur deux sites. L'hôtel situé sur les hauteurs de Capesterre est proche de la plage de Feuillière et la résidence marine du Soleil Levant est localisée dans le village de Capesterre. L'hôtel associe environnement verdoyant et les commodités d'une piscine et d'un solarium avec vue sur mer. Sur place, également un espace spa pour vous faire chouchouter et un restaurant. Petit-déjeuner buffet à 15 €. Possibilité de louer une voiture.

LE M HOTEL €€

Section Brumant ✆ 05 90 97 32 95
www.lemhotel.fr
Chambre standard à partir de 120 €. Chambre supérieure à partir de 138 €. Petit déjeuner 20 €.

Cet hôtel de charme est situé face à la mer à la sortie de Grand Bourg. Cette petite structure intimiste, sur deux niveaux, est composée de 5 chambres standard avec balcon, 4 chambres supérieures avec terrasse couverte de 15 m² et une suite dotée d'une grande terrasse de 30 m². Les hébergements climatisés sont fonctionnels, clairs et bénéficient tous d'une vue sur mer. Toutes les chambres sont équipées d'un téléviseur. L'établissement vient de se doter d'une piscine. Le m propose chaque matin le petit-déjeuner en service à l'assiette.

RÉSIDENCE ESTELLAN €€

Pichery
✆ 0690 50 48 97
https://residenceestellan.com/
Bungalows à partir de 160 €/nuit (2 nuits minimum), villa à partir de 360 €/nuit (3 nuits minimum).

Située dans un jardin tropical arboré et fleuri de 2 000 m², la magnifique villa Mélina invite au repos. L'immense terrasse ouverte sur la piscine de 38 m² offre une vue panoramique sur la mer des Caraïbes et l'Atlantique. La villa comprend 3 chambres avec lit queen size et peut accueillir jusqu'à 10 personnes. Sur place une buanderie et une cuisine entièrement équipée, la décoration est moderne. Les deux bungalows ossature bois de 2 personnes possèdent chacun leur piscine privative avec balnéo, salle de bain, cuisine équipée, terrasse et Smart TV.

LE TOULOULOU €

Plage de petit anse ✆ 05 90 97 32 63
www.touloulou-mariegalante.com
En saison, ouvert tous les midis sauf le jeudi et le soir les lundis, mardis, vendredis et samedis.

Ce restaurant est situé les pieds dans le sable. La plage de sable blanc de Petite Anse est à quelques mètres. L'eau est translucide et paisible dans cette zone. La vue sur la mer est évidemment superbe. Le Chef propose une belle carte de spécialités créoles, de poissons frais et fruits de mer issus tout droit des casiers des pêcheurs pour une fraîcheur garantie. José, le propriétaire, organise des déjeuners et des dîners en musique animés par des artistes locaux qui sont très prisés. Consultez la page Facebook pour connaître l'agenda des manifestations à venir.

VILLAS COCCOLOBA & JACARANDA €€€

Maillard
✆ 06 90 42 10 01
Tarifs variant entre 2 100 € et 2 800 €/semaine pour une villa (8 personnes).

Ces deux villas indépendantes sont implantées sur une propriété de 7 000 m². Elles disposent chacune de 4 chambres climatisées avec salle de bains privative, d'un dressing, d'une cuisine entièrement équipée, d'un salon ouvert sur la terrasse/deck (avec barbecue), d'une piscine nichée dans un jardin paysager. Elles sont situées à 2 km du bourg de Capesterre et à 250 m de la plage de Petite-Anse, bénéficiant ainsi d'une superbe vue sur la mer des Caraïbes.

LA PLAYA €€

Boulevard du Littoral
✆ 05 90 93 66 10
Ouvert du mercredi au dimanche soir et le midi en haute saison. Addition moyenne : 45 €.

Ce restaurant compte toujours parmi les incontournables de l'île. Il est situé sur la route du littoral, au niveau de la plage de Feuillère. Jérôme, le chef de cuisine est maître restaurateur. Cet établissement propose une cuisine copieuse de qualité inspirée, en grande partie, par les produits de la mer. Les plats sont délicieux, quels qu'ils soient, avec une mise en avant extraordinaire des saveurs et une belle présentation de chaque assiette. Le service est toujours souriant et attentionné dans un cadre cosy. Réservation conseillée.

FARIMAG

Résidence Savane
✆ 06 90 42 26 56
Ouvert du mardi au dimanche de 10h à 16h, le samedi dès 6h.

Il s'agit d'une des plus grandes maniocries (fabriques de manioc) de Marie-Galante. Natacha y produit de la farine de manioc, de la farine de coco et leurs dérivés : cassaves, bonbons moussaches, gâteaux, tourments manioc... Une bonne occasion de découvrir ces produits 100 % antillais, issus d'un savoir-faire transmis depuis trois générations. Chaque dimanche matin, Natacha confectionne des cassaves, des bonbons moussaches, des gâteaux et biscuits secs à base de farine de manioc. Elle est également présente le samedi matin sur la place de l'église de Grand-Bourg.

DANTANA CAFE

Plage de Feuillère ✆ 06 90 48 05 67

Fermé le dimanche soir et le lundi. Ouvert de 10h à 14h30 et de 18h à 23h, de 10h à minuit en haute saison.

Ce restaurant organise également des soirées avec DJ ou des groupes locaux en bord de plage. Ici vous êtes assuré de passer une bonne soirée dans une belle ambiance. Vous pouvez y déguster des cocktails de jus de fruits frais et des tapas. La cuisine est ouverte le soir à partir de 19h. Le Dantana est une adresse incontournable sur l'île pour passer un moment branché (musique *live* le week-end). L'établissement bénéficie d'une belle décoration intérieure et d'une grande terrasse les pieds dans le sable. Le petit plus, la plage bien entretenue invite à la baignade.

JEAN-LUC BORDIN

Épicerie du moulin, Borée

✆ 06 90 35 63 68

Épicerie ouverte lundi-vendredi de 10h à 19h, samedi de 9h à 18h. Visite de la partie agrotransformation sur demande.

Si vous êtes en quête de produits locaux de qualité dans des packagings soignés (farine de manioc, coco-gingembre, féroce d'avocat...) à rapporter dans la valise, vous êtes à la bonne adresse ! Jean-Luc Bordin est un producteur de canne, spécialisé dans l'agrotransformation de variétés locales, dont certaines comme le manioc Tirisyl sont en voie de disparition. Il montre comment travailler le produit de manière élargie, vers une alimentation plus consciente. Une rencontre enrichissante. Sur place, possibilité de louer des bungalows avec piscine en pleine nature.

SAINT-LOUIS ★★

Véritable refuge pour les voiliers qui apprécient ce mouillage tranquille au fond d'une baie calme et protégée, le village vit doucement au rythme de la pêche. Son petit bourg, avec ses cases colorées et ses habitations traditionnelles, est représentatif des petits villages de pêcheurs de la Caraïbe. Dans les environs de Folle Anse et Vieux-Fort, des panneaux rappellent que vous traversez des sites de ponte de tortues marines et qu'il convient de rester prudent en conduisant. Des associations proposent entre juin et septembre des sorties nocturnes pour observer les tortues : Kap Natirel (www.kapnatirel.org) et Ecolambda (www.ecolambda.org).

RANDONNÉES

avenue Hôpital

✆ 05 90 97 49 55

L'ONF a balisé neuf sentiers de randonnée pédestre qui permettent de découvrir la beauté originelle de la mangrove de Vieux-Fort : la coulée Ouliée. Le détail des traces et sentiers est consultable sur le site de l'office de tourisme. La brigade équestre de l'ONF patrouille dans les forêts domaniales du littoral pour de la prévention. L'île étant le premier site de ponte des Petites Antilles, l'ONF s'attache à la protection des tortues marines qui viennent pondre la nuit sur les plages. L'approche est possible avec un guide de l'ONF (réservation obligatoire).

CAYE PLATE ★

Section Caye Plate

Un des sentiers de randonnées de l'ONF vous entraîne vers ce site qui est un des points marquants de la balade intitulée « Sentiers des falaises ». Lors d'une balade vers l'Anse Piton, la falaise de Caye Plate offre un superbe panorama sur l'horizon et la côte nord-est de Marie-Galante. Un site incontournable surplombe la mer. Il permet d'admirer les falaises qui se dressent, tantôt sculptées en pointes par le vent et les embruns, tantôt creusées par l'érosion provoquée par les vagues. Les dernières dévoilent des anses de sable cachées au pied de ces promontoires.

GUEULE GRAND-GOUFFRE ★★★

Section Cambrai

En venant de Saint-Louis, allez jusqu'à la section de Vieux-Fort ; roulez pendant 5 km et prenez le chemin de tuf à gauche au bout duquel vous découvrirez un des sites géologiques qui compte parmi les joyaux de Marie-Galante, l'époustouflante Gueule Grand Gouffre, un site naturel protégé par l'ONF.

Vous serez impressionné par la vue vertigineuse et le contraste provoqué par ce gouffre à ciel ouvert de 50 m de haut, sombre, qui se détache face au bleu turquoise de l'océan. Les vagues de l'Atlantique viennent se jeter avec un grand fracas contre le rocher en forme d'arche d'une trentaine de mètres de circonférence, creusée dans la roche par la houle. Le phénomène d'érosion est dû à la nature calcaire de l'île. Les gerbes d'eau qui en jaillissent et le bouillonnement de la mer au fond du trou créent un magnifique spectacle. Sensations fortes et émerveillement garantis ! De ce point de vue, vous pourrez également apprécier le panorama des côtes de la Grande-Terre, et, par beau temps, de celles de la Désirade.

Sur la gauche, un petit sentier vous mènera, en passant à travers un sous-bois, à un autre point de vue, pour contempler les falaises du Nord de Marie-Galante de plus près et profiter de la vue panoramique.

Par précaution, faites bien attention à ne pas vous appuyer sur la barrière, fragile à certains endroits, qui a été installée pour protéger les visiteurs de la falaise en calcaire friable, et respectez la signalisation. Restez vigilant, surtout si vous êtes avec des enfants. Une table permet de pique-niquer sur place.

PLAGE DE FOLLE ANSE

Cette belle plage est située dans le prolongement de la plage de Saint-Louis. Elle présente l'avantage d'être peu fréquentée généralement et de pouvoir profiter d'un moment détente en toute sérénité compte tenu de sa longueur, de son sable blanc et de ses eaux calmes et peu profondes. Elle est idéale pour y venir en famille d'autant que quelques carbets permettent de pique-niquer à l'ombre. Il s'agit d'un site de ponte pour les tortues chaque été, il convient donc de veiller au bon respect de ces animaux et de ne surtout pas toucher aux œufs.

RIVIÈRE DE VIEUX-FORT ★

À la sortie de Saint-Louis, vous pouvez profiter d'une belle balade sur un plan d'eau situé face à la plage de Vieux-Fort. Vous découvrez en bateau à pédales, en bateau électrique ou en kayak la mangrove de la rivière de Vieux-Fort. C'est l'occasion d'observer sa faune, sa flore et des tortues dans un cadre tout à fait dépaysant. Pour ceux qui n'auraient pas le pied marin, une passerelle a été mise en place pour observer les poissons et les oiseaux qui y trouvent refuge. Cette balade est accessible aux personnes à mobilité réduite.

Gueule Grand-Gouffre.

MARIE GALANTE ON LINE

✆ 0590 10 66 39

mariegalanteonline.com

Cette structure, composée d'une équipe locale, propose des services de qualité afin de satisfaire la demande des visiteurs en prenant en compte leurs divers critères de sélection et le budget qu'ils souhaitent y consacrer. Marie-Galante on line propose des hébergements, la location de véhicules non seulement sur l'île de Marie-Galante, mais également en Guadeloupe continentale. De nombreuses excursions sont proposées sous forme de visites guidées à Marie-Galante, d'excursion bateau pour Les Saintes, de randonnées canyoning dans le Sud Basse-Terre.

ECOLAMBDA

Section Saragot

✆ 06 90 48 12 57

www.ecolambda.org/

L'association œuvre pour la promotion et la protection de l'environnement insulaire caribéen. Elle organise des randonnées et des activités culturelles en pleine nature afin d'apprécier les aspects méconnus du patrimoine local. Des « temps forts » sont encadrés par des adhérents qui bénéficient de formations. Un moment unique de mai à septembre : l'observation des tortues marines en période de ponte, en compagnie des patrouilleurs d'Ecolambda (les places sont limitées). Une manière d'approcher cette espèce protégée sans la perturber !

IGUANA BEACH

✆ 06 90 50 05 09

www.comatrile.com

A/R à partir de 46,50 €/ad, 35,50 €/enf. Aller simple, 35 €/ad, 22,50 €/enf. Tarif unique sur toutes les destinations.

L'Iguana Beach assure la liaison entre les îles de Marie-Galante, les Saintes et Saint-François, en saison uniquement (des vacances de la Toussaint à juin, de mi-juillet à fin août). Le catamaran est constitué de 190 places, dont 70 à l'extérieur. La traversée depuis Marie-Galante dure 45 minutes et environ 1h30 depuis les Saintes pour atteindre Saint-François. Horaires et jours de rotation à consulter sur le site par téléphone, car ils sont sujets à modification selon la saison et la météo. Les passagers doivent se présenter 30 minutes avant le départ.

COMADILE

✆ 06 90 49 49 33

www.comadile.fr/

Aller-retour à partir de 41 € pour Les Saintes et Marie-Galante.

Comptez 50 minutes de traversée pour accéder à l'île de Marie-Galante. La compagnie effectue également la rotation vers Les Saintes en 1h55. L'arrivée à Marie-Galante s'effectue à Saint-Louis. Pour l'embarquement, il est nécessaire se présenter au moins 15 minutes avant le départ. Il est possible de réserver en CB par VAD. Il est préférable de vérifier les horaires des traversées annoncés car ces informations sont sujettes à modification selon les aléas climatiques. Un conseiller est joignable par téléphone de 7h à 17h30 chaque jour.

LE COIN TRANQUILLE €

9 avenue des Caraïbes

✆ 0690 59 25 76

www.residencelecointranquille.fr

Forfaits promo 7 nuits à partir de 280 €/chambre, 299 €/studio. Forfait 2 nuits à 110 € ou 3 nuits à 135 € en chambre.

Cette petite résidence de tourisme est installée dans le bourg, bien pratique pour sa proximité avec l'embarcadère, les commerces, les restaurants, mais aussi pour son tarif attractif (certainement un des moins chers de l'île). La baie de Saint-Louis, grande plage de sable blanc, est à seulement 20 mètres. Les logements climatisés sont très colorés. Ils disposent d'une cuisine indépendante ouverte sur la terrasse. La résidence est sécurisée et dotée d'un système de vidéosurveillance 24/24. Attention, les hébergements sont réservés aux NON-FUMEURS.

2M EVASION

Section Delbois © 0690 62 09 64
www.2m-evasion.com

À partir de 135 € la 1/2 journée pour un conducteur, de 230 € avec un passager. À partir de 90 € la balade de 3 heures.

Cette jeune équipe locale propose des circuits en buggy pour les titulaires du permis B. En qualité de partenaire avec Val'Ferry, vous bénéficiez d'une réduction sur votre trajet bateau. Au choix, la visite du matin qui commence par la prise en charge à la sortie du bateau, puis la visite d'une distillerie et pour finir, un déjeuner local avant un retour au port. Quant à la visite de l'après-midi, le départ s'effectue de Sainte-Thérèse à Saint-Louis avec un programme plage et baignade. Des balades de 2 heures sont également proposées avec un tracé défini.

AU VILLAGE DE MÉNARD €€

Section Vieux-Fort © 05 90 97 09 45
www.villagedemenard.fr/

Studios à partir de 89 €/nuit (2 p), villa 2 chambres à partir de 149 €/nuit, de 159 € € pour une villa 7 personnes.

Le village de Ménard propose des villas individuelles dotés d'une ou deux chambres et des studios nichés dans un jardin tropical d'un hectare autour de la grande piscine. Les hébergements sont tous climatisés. Les studios disposent d'une terrasse extérieure. L'un des studios est équipé pour accueillir une personne à mobilité réduite. Plusieurs barbecues sont à disposition ainsi qu'un terrain de pétanque. Sur place, un restaurant-bar au bord de la piscine. Service de blanchisserie. Les animaux domestiques sont acceptés. Possibilité de location de véhicule.

ECO DOMAINE DE MEILLY €€

Section Bagatelle
© 0690 49 91 27
https://www.mplok.com/

À partir de 425 €/nuit/villa 10 personnes, de 195 €/suite, de 25 €/tipi.

Ce domaine agricole où cohabitent plusieurs animaux de la ferme, propose divers hébergements dont une villa et des suites avec vue mer panoramique composées d'une chambre, et pour certaines d'un séjour avec couchage supplémentaire, d'une cuisine américaine et cuisine extérieure, d'une terrasse avec spa privatif ou piscine privée. Un espace camping regroupe dix tipis de forme triangulaire de 6,7 m² dotés d'un lit double ou de deux lits simples. Un espace commun permet de disposer d'une cuisine, de sanitaires, d'un espace détente et d'une piscine.

LE JARDIN DES 4 EPICES €€

Section Ménard
© 06 90 63 03 59
www.jardindes4epices.com

Villas à partir de 144 €/nuit (3 nuits minimum), de 720 €/6 nuits. Petit-déjeuner 16 €/adulte, 10 €/enfant.

Cette résidence de charme, havre de calme, est composée de plusieurs villas à l'architecture locale aux noms évocateurs d'épices et de saveurs locales. Dotée d'une à trois chambres, chaque villa bénéficie d'une décoration raffinée et de belles prestations. Elles sont équipées entièrement, du salon (écran plat, chaîne hi-fi, lecteur DVD) à la cuisine (jusqu'aux produits de première nécessité disponibles). Certaines villas disposent d'un spa privatif ou d'une piscine privée. Sur place également, une piscine commune pour les autres villas.

ODYSSEA CARAÏBES COTTAGES & SPA €€

La Haut Boisvin © 06 90 39 73 90
www.odysseacaraibescottages.fr/bc/

Villa à partir de 160 €/nuit, bungalow SATYA 130 €/nuit (3 nuits minimum), Toncia 95 €/nuit (2 nuits minimum).

Trois hébergements de charme entièrement en bois sont situés dans ce lieu reposant, en pleine campagne. La case créole possède 2 chambres et une salle de bain, pouvant accueillir jusqu'à 4 personnes. La cuisine est entièrement équipée, terrasse ouverte sur le jardin avec spa privatif. Le bungalow «Toncia », tout équipé peut accueillir 2 personnes. Le bungalow «Satya » pour 2 personnes tout équipé, est niché dans un jardin privatif avec son spa, idéal pour les séjours en amoureux.

LES PALMES DU MOULIN €€

Section Vieux-Fort - Lieu-dit Ménard
✆ 06 90 83 76 20
lespalmesdumoulin.weebly.com
À partir de 90 €/nuit pour 2 personnes. Séjour minimum selon la saison.

Vous êtes reçu, au cœur d'un jardin tropical avec piscine, dans un des quatre bungalows de charme. La plage de l'anse Canot est à deux minutes en voiture. Le « studio Menndé », d'une superficie de 40 m², permet de loger 2 adultes et 2 enfants. Les bungalows « Kaladja », « Léwoz » et « Toumblak » de 51 m² peuvent accueillir jusqu'à 4 personnes. Les hébergements sont tous climatisés, très bien équipés et disposent chacun d'une terrasse (avec hamac et chaises longues) ouvrant sur le jardin fleuri. L'accueil des hôtes est très agréable tout en restant discret.

VILLA ZEN €€

Section Ménard
✆ 06 90 63 03 59
www.residencevillazen.fr/
Villa à partir de 100 €/nuit. Séjour de 3 nuits minimum. Petit déjeuner 16 €/adulte, 10 €/enfant.

Les 3 villas sont situées dans un superbe cadre, avec vue mer. Ces hébergements sont conçus pour la détente de ses occupants. Vous pouvez choisir d'y séjourner à deux, en famille ou entre amis. Une villa, d'une capacité d'accueil de deux personnes, dispose de son spa privatif. Une autre villa peut accueillir, avec ses trois chambres (dont une en mezzanine) et ses deux salles d'eau, jusqu'à six personnes. Elle dispose d'une terrasse avec barbecue et de sa piscine privée. La troisième, dans un conteneur aménagé pour deux personnes, est équipée d'un bain à bulles.

MAGALOC

Avenue des Caraïbes ✆ 05 90 01 20 20
https://www.magaloc.net
Utilisez l'application Magaloc pour réserver votre voiture en profitant des meilleures promos du moment.

Des équipes sérieuses et dynamiques vous accueillent sur l'île de Marie-Galante pour Magaloc et à l'aéroport Pôle Caraïbes pour Gwadaloc. Grand choix de véhicules disponibles. Accueil et retour gratuits à l'aéroport. Transfert possible de l'aéroport vers la gare maritime pour les clients de l'agence de Marie Galante. Possibilité de continuité de votre location entre la Guadeloupe continentale et Marie-Galante. Réduction sur des billets de bateau pour Marie-Galante, voire des billets gratuits pour une location de véhicule d'une durée minimum de 2 semaines..

L'ANKLO LA €

4 Barre de l'île
✆ 06 90 73 55 85
Ouvert du mardi au samedi de 18h30 à 23h, possibilité de commander le midi (groupe dès 6 personnes). Compter 6-8 €.

Voici une alternative au bokit plus saine, sans friture ni gras. Le banton provient tout droit de l'imagination du chef Charles Valétudie. Il s'agit d'une pâte à pizza agrémentée d'épices comme le curcuma, cuite au four et garnie de bœuf haché, de poulet, de lardons, de thon, ou de jambon-fromage. Les plus affamés choisiront la garniture complète, comme pour les bokits. Le nom de ce sandwich est un clin d'œil aux anciens qui appelaient autrefois leur pain «banton ». Charles et sa femme Sabrina vous recevront chaleureusement sur leur terrasse abritée végétalisée.

AUX PLAISIRS DES MARINS €

Section Chalet
✆ 05 90 97 08 11
Ouvert le midi (12h à 14h). Plat du jour (selon la pêche) : 15 €.

Ce restaurant bénéficie d'un emplacement privilégié : il est possible de se baigner à tout moment avant, après et même pendant le repas car la mer est réellement à deux pas. Vous déjeunez les pieds dans le sable à l'ombre d'un parasol. Les fils pêchent, la mère cuisine et les autres membres de la famille sont au service. La cuisine est sans chichis, les assiettes copieuses (assiette créole, poissons grillés ou en court-bouillon, langoustes...). Il est conseillé d'arriver dès midi afin de bénéficier des meilleures tables et de limiter l'attente pour les plats.

LOULOUZ BEACH €€

30 Avenue Caraibes
✆ 0590 84 37 89

Tapas de 8 à 12 €. Entrées à partir de 8 €, plats à partir de 18 €.

Après Le Gosier et Jarry en Guadeloupe continentale, Loulouz s'est installée sur l'île de Marie-Galante. Ce nouveau restaurant est implanté sur la plage avec des tables installées sur le deck et un espace salon les pieds dans le sable. Loulouz Beach propose, dans une ambiance musicale locale, des cocktails, des tapas et une carte orientée cuisine locale (dombrés au lambi, poulpe grillé, porc roussi, fricassée de poisson, tartare de poisson…) et quelques plats de cuisine traditionnelle française (magret de canard, entrecôte…).

LA BALEINE ROUGE €

Boulevard Maritime
✆ 05 90 48 57 87

Ouvert midi et soir sauf le mardi et mercredi. Addition moyenne 35 €.

Le chef propose une cuisine raffinée métissée créole et française. Au menu, un grand choix de poissons selon arrivage de la pêche, des burgers maison avec de la viande locale ou du poisson frais... que vous dégustez avec une superbe vue sur la mer en toile de fond, car la terrasse tout en bois domine la sublime baie de Saint-Louis et les Saintes. Le service est attentionné. Le cadre est très particulièrement soigné. Il est conseillé de réserver. Ce restaurant-bar permet également aux plaisanciers de se dépanner en eau potable grâce à son ponton.

LA BOHÈME MARIE-GALANTE €

Route du littoral
✆ 05 90 97 36 78

Ouvert du samedi au mercredi de 12h à 14h et de 17h30 à 22h. Comptez environ 20 € par personne.

Ce charmant petit restaurant et bar à vins situé face à la mer, est un endroit agréable pour se détendre et boire un verre. Au menu, des plats en sauce faits maison, des planches de fromages et charcuterie ou assortiments de tapas, des tartines gourmandes, mais aussi le fameux fromage rôti. Jetez un coup d'œil à la boutique, où vous trouverez des bijoux en coton *made in* Marie-Galante, des paniers et pochettes, des vêtements et autres chapeaux de la marque « L'amoureuse de Marie-Galante », que vous pourrez acheter en souvenir de votre séjour.

CHEZ HENRI €

8 avenue Caraïbe
✆ 05 90 97 04 57
www.chezhenri.net
Fermé le lundi et mardi midi. Comptez entre 15 et 28 € pour un plat.

Sur la plage, à proximité du ponton, ligne d'arrivée des régates sur Marie-Galante, vous pouvez manger à l'intérieur ou les pieds dans le sable. Henri a longtemps vécu dans le sud de la France avant de revenir dans la case de sa grand-mère, d'où son accent méditerranéen prononcé ! Il vous fera tester son Ti-glacé, un rhum à 59 ° placé au congélateur et servi dans sa bouteille givrée. Henri concocte une cuisine très créative, à base de poisson et de viandes locales. Des soirées musicales et des concerts réchauffent régulièrement l'ambiance.

L'EDEN VOILE €

A la sortie de Saint-Louis, en direction de Vieux-Fort.
✆ 06 90 42 14 98
Ouvert midi et soir sauf le mardi. Plats de 18 à 23 € environ.

Le restaurant bénéficie d'une terrasse panoramique située au-dessus de la mer ; vous mangez ainsi accompagné par le bruit des vagues. L'accès peut s'effectuer par la mer, car le site bénéficie d'un ponton équipé. Le choix des plats proposés chaque jour s'avère restreint mais Jacqueline prépare une cuisine locale toujours aussi savoureuse au fil des années selon le marché et la pêche, ainsi que des galettes bretonnes de sarrasin revisitées aux saveurs créoles. Pour le côté pittoresque, si vous souhaitez déguster un Ti-punch, vous vous servez vous-même au tonneau…

KATIMINI €

Rue Hegesippe Legitimus
✆ 06 90 60 29 37
Ouvert le midi les mardis et mercredis et de 11h à 23h du jeudi au dimanche.

À cette adresse les pieds dans le sable, Yolaine dite «Mayo » vous concocte une cuisine locale traditionnelle avec le cœur. Ici les recettes se transmettent de génération en génération. D'après certains habitués on y mange le meilleur bébélé de l'île, composé de quatre ingrédients, pas un de plus (tripes, fruit à pain, bananes vertes et dombrés) ! Au menu également les incontournables accras, fricassée de chatrou ou de poulet et sorbets faits maison. Le soir, le lieu est apprécié pour sa bonne ambiance. Des karaokés sont organisés un vendredi sur deux.

L'OCÉANITE €€

Vieux Fort
✆ 05 90 97 70 02
www.villagedemenard.fr
Fermé le mercredi. Ouvert le soir de 19h à 21h (petit-déjeuner et déjeuner sur réservation). Addition moyenne à 35 €.

Au sein de l'hôtel Au village de Ménard, en direction de la plage de Vieux-Fort et du site de la Gueule Grand-Gouffre,

Les plats proposés à la carte sont variés, raffinés et élaborés à partir des produits frais et locaux plaçant ce restaurant parmi les incontournables de l'île. Les nouveaux gérants, très accueillants et à l'écoute des clients, proposent, au-delà du service du dîner, un petit déjeuner très copieux servi au bord de la piscine dans un superbe cadre. La réservation est nécessaire pour les services du petit-déjeuner et du déjeuner.

CHEZ HENRI

8 avenue Caraïbe
✆ 05 90 97 04 57
www.chezhenri.net
Ouvert tous les soirs sauf le lundi.

L'établissement est un restaurant mais également un bar d'ambiance situé sur la plage de Saint-Louis. C'est une institution à Marie-Galante. Henri, le propriétaire a l'accent chantant du Sud de la France, organise des soirées musicales et des concerts (surtout des groupes de jazz, rock ou fusion) qui viennent égayer cette partie de plage. Le lieu est également un espace artistique qui accueille des expositions de peinture, de sculpture et de photographie… Une fois sur place, testez le fameux punch glacé à 59 °C... avec modération !

PÔLE AGRITOURISTIQUE DE LA BELLE HÔTESSE

Plateau de la Belle Hôtesse
✆ 05 90 97 02 15
Ouvert du lundi au vendredi de 9h à 14h, week-end et jours fériés jusqu'à 13h. Entrée gratuite. Visite guidée : 3,50 €.

Passionné d'apiculture depuis longtemps, Jean-Marc fait visiter les lieux et déguster, entre autres, son miel à la robe d'or qui a déjà été primé. Sur les hauteurs de Saint-Louis, vous pourrez découvrir la production artisanale de miel, de sirop de batterie ainsi que de savons, de vinaigres, de l'hydromel, de pâtisseries parmi lesquelles des cookies au sirop de batterie ! À tester également le ti punch citron au miel ! Tous ces produits sont en vente directe sur place.

BASE NAUTIQUE

Rue Légitimus
✆ 06 90 33 03 74
Du mardi au samedi de 9h à 16h45. Dernier départ sur l'eau à 15h.

La base nautique propose la découverte de la mangrove en bateau à pédales, en canoë, en bateau électrique. Les activités se déroulent sur un plan d'eau calme où cohabitent sérénité et esprit d'évasion. La balade dure 1 heure aller/retour. La base nautique est gérée par le CISMAG, un centre d'insertion spécialisé qui propose l'initiation à la voile (hobbie Cat, planche à voile, Optimist, stand-up paddle, canoë-kayak en mer). Le centre offre aussi d'autres services (blanchisserie, vente de repas à emporter, vente de produits agricoles sur place, épicerie solidaire).

CHEZ ZÈLES

17 avenue Raphaël Jerpan
✆ 05 90 55 80 23
www.chez-zeles-mariegalante.com
Ouvert du mardi au samedi 9h-16h en haute saison, jusqu'à 13h en basse saison. Fermeture annuelle septembre-octobre.

Cette boutique d'artisanat 100% local a pour objectif de valoriser les créateurs du territoire. Ici, chaque créateur est adhérent à l'association initiée par Christelle la fondatrice et présidente, elle-même créatrice. Cet espace accueille des ateliers et des expositions ponctuels, il fait également office de showroom et bien sûr de boutique. Accessoires, bijoux, cosmétiques, prêt-à-porter ou encore œuvres d'art et objets de décorations, cet endroit recèle de pépites fabriquées à Marie-Galante, à offrir ou à s'offrir. La boutique dispose aussi de son e-shop.

GRÉGORY SORTIES PÊCHE

Jetée de Saint-Louis
✆ 06 18 65 18 60
3h d'excursion : 160 €/pers, 2 pers 90 €. 6h : 260 €/pers, 2 pers 140 €, dégressif en fonction du nombre de clients.

Au départ de Saint-Louis, Grégory, diplômé d'État vous emmène à la journée ou à la 1/2 journée à bord de son bateau pour des sessions de pêche côtière (3h), de pêche au gros (6h), ou d'observation de la faune marine. Marie-Galante a pour avantage de présenter des espaces protégés pour la pêche au gros. Une prestation repas ainsi que des cours de cuisine vous sont proposés à bord. Grégory vous concocte un plat du pêcheur avec une déclinaison de poissons aux saveurs de Tahiti et de la Méditerranée où il a vécu. Débutants ou confirmés, excursions jusqu'à 6 personnes.

AICHI FUN

Saint-Charles
✆ 06 90 65 33 72
www.aichi-fun.com
Initiation jet-ski : 69 €, randonnée 135 €. Randonnée quad 105 €. Tarifs par machine (1 ou 2 personnes). Fermé le lundi.

Aichi Fun propose de nombreuses formules qui combinent excursions et randonnées en scooter des mers ou en quad. La Galant' party est la plus plébiscitée ; elle inclut le transfert en bateau, une randonnée en scooter des mers, la visite de l'île en quad ou en bus suivant le groupe et le repas. Une balade à faire ! Que vous séjourniez à Marie-Galante ou que vous y veniez en excursion au départ de la Guadeloupe « continentale », pour le plaisir de la découvrir. Également des visites de l'île en quad pour partir à la rencontre de Marie-Galante authentique.

MAN BALAOU

22 avenue des Caraïbes
✆ 06 90 42 97 70
www.plongee-marie-galante.com
Fermé le dimanche. Baptême de plongée : 60 €/adulte, 50 €/enfant. Plongée simple 45 €. Plongée de nuit 50 €.

Cette équipe très professionnelle composée de Christian et Jean-Luc compte plus de 30 ans d'expérience et d'innombrables plongées à son actif autour de Marie-Galante. Ils sont tous deux moniteurs diplômés d'État. Il est nécessaire d'être présent 15 minutes avant le départ au local de plongée de Saint-Louis. Il est conseillé de réserver au minimum la veille. Vous plongez sur des sites variés de la côte protégée de Marie Galante et selon votre niveau sur plus de 4 km de tombant corallien, très peu exploré. Pour réserver, pensez à téléphoner l'avant-veille.

Panneau pour la protection des tortues marines.

PASSEPORT

LES SAINTES

Fiers de leur île, les habitants font tout pour la préserver. Si les bateaux déversent leur flot de touristes tôt le matin, la majorité d'entre eux repart le soir, laissant respirer les îles qui retrouvent leur rythme serein. La vie de village reprend alors avec une population fort attachante. Les Saintois s'expriment en français et dans un créole un peu différent de celui de la Guadeloupe. L'économie saintoise est très dépendante de la pêche, il suffit d'assister au retour des bateaux dans le quartier des pêcheurs pour mesurer son dynamisme. L'occasion pour prendre rendez-vous, si vous voulez faire une sortie en mer avec des pêcheurs. Vous prendrez place alors à bord des Saintoises, ces élégantes embarcations traditionnelles aux multiples couleurs et à fond plat qui rappellent les barques bretonnes et qui sont utilisées lors de régates en voile traditionnelle. Vous n'oublierez pas votre *salako* (chapeau typique des Saintes).

Les Saintes
2 KM
TERRE-DE-HAUT
TERRE-DE-BAS
Pointe Moret
Pointe Zozio
Pointe à l'Eau
Pointe du Vent
Roches Percées
Baie du Marigot
Baie de Pont-Pierre
Grosse pointe
Anse-Mire
Anse-du-Bourg
Maison Blanche
Grand Souffleur
Anse-du Fond-Curé
Anse -Galet
Grand-Anse
Fond Curé
Pointe-Anse
Pointe Boisjoli
Anse-Crawen
Le Chameau 309 m
Anse-Rodrigue
Pointe Rodrigue
Anse-du-Figuier
Ocean Atlantique
La Redonde
Pointe Bombarde
Anse-du-Petit-Étang
Pointe à Cabrit
Pointe Coquelet
Anse-du -Bananier
Ilet à Cabrit
Le Pâté
Pointe à Vache
Petite Pointe Nézin
Anse-à-Chaux
Pointe Noire
Anse-Pajot
Ravine Caraïbe
Grand-Anse
Grand-Anse
Pte du Gouvernail
Ravine Fond
Anse-Petit-Sable
Anse-Galet
Anse-Petit-Sable
Anse-à-Dos
Pointe Miquelon
Petites-Anses
Petite-Anse
Grabde Ravine
Grop Cap
Pointe Pierre Chêne
Pointe du Cap
Pointe Sud
Pointe du Fer à Cheval
Anse-des-Muriers
Pointe à Nègre
Anse-du-Petit-Étant
Pointe Frégate
Pointe Du Havre
Les Augustins
La Coche
Pointe Plate
Les Quilles
Grand Ilet
Pointe Basse
Pointe des Colibris

PAGES

●● LES SAINTES

380

Christophe Colomb débarque sur l'île le 4 novembre 1493, lors de son second voyage. Il la baptise alors Los Santos pour honorer la fête religieuse de la Toussaint. Le nom s'est francisé lorsque la terre tombe aux mains de la Couronne. Dès 1666, de sérieux combats navals opposent les frères ennemis, Français et Anglais.

Partisans d'une défense stratégique, les Français ont édifié très tôt des batteries sur presque tous les mornes des îles principales et transformé l'archipel en ligne Maginot, à l'image des tours génoises en Corse. La très célèbre « bataille des Saintes » a lieu au large, dans le canal qui les sépare de la Dominique, le 12 avril 1782 ; la flotte française est anéantie par l'armada britannique. En 1816, le bruit des canons cesse enfin. Les Français parviennent à reconquérir les Saintes de manière définitive. Ils entreprennent l'édification du fort Napoléon en 1844 afin de se protéger encore d'une éventuelle nouvelle contre-attaque des Anglais.

Au sud de la Guadeloupe, l'archipel des Saintes compte neuf îlets. Terre-de-Haut et Terre-de-Bas sont les plus connus et les deux seuls habités (environ 3 000 habitants en totalité) auxquels s'ajoute un chapelet d'îlots.

Cette population d'origine bretonne, poitevine et normande de 1 800 habitants a la peau blanche et les cheveux blonds. Ici, l'agriculture a peu fait appel aux esclaves car la terre était trop sèche pour supporter la culture de la canne à sucre. Une véritable identité s'est forgée à travers les siècles par ces exilés de l'Ouest de la France qui se sont succédé de génération en génération, depuis la Révolution. Ils ont contribué à ce que le visiteur ait encore aujourd'hui un sentiment d'unité et de solidarité dans la vie locale. Les Saintois sont, à juste titre, fiers de leur île et font de leur mieux pour la préserver encore de nos jours

380

TERRE-DE-HAUT ★★

TERRE-DE-BAS ★★

394

La plage de Grande-Anse, les vestiges de l'ancienne poterie, les balades pédestres ou encore le petit village de Petite-Anse méritent d'être mieux connus ! Le premier bourg de l'île fut celui de Petites-Anses fondé en 1817. Grande-Anse naît de l'abolition de l'esclavage. Les 150 à 180 personnes qui travaillent et habitent sur la Poterie se retrouvent à Grande-Anse.

TERRE-DE-HAUT ★★

Sur l'îlet de Terre-de-Haut, on circule à pied, en vélo, en scooter ou encore en voiture électrique (de type voiture de golf, pouvant accueillir 4 personnes adultes). Il est conseillé de privilégier les modèles électriques par égard pour la planète mais également pour limiter les nuisances sonores provoquées par les moteurs thermiques.

Si les bateaux déversent leur flot de touristes tôt le matin, la majorité d'entre eux repartent le soir, laissant respirer les Saintois qui retrouvent une sérénité appréciable au départ des bateaux. La vie de ce village reprend alors doucement son rythme avec une population traditionnelle fort attachante qui réinvestit les lieux en fin de journée. Ainsi, Terre-de-Haut s'apprécie bien différemment selon qu'on la découvre uniquement en journée ou que l'on choisit d'y séjourner pendant quelques jours. La kyrielle de restaurants permet de passer de délicieuses soirées quel que soit votre budget ou votre goût. Le coucher du soleil dans la baie des Saintes est un moment à ne pas manquer !

Transports

Vous pouvez accéder à Terre-de-Haut depuis les communes de Trois-Rivières (20 à 30 minutes de traversée), Pointe-à-Pitre (50 minutes), Saint-François (entre 1h et 1h30) ou la ville de Basse-Terre en saison. La traversée la plus courte s'effectue depuis Trois-Rivières. Le parking de l'embarcadère de Trois-Rivières est payant (5 € par jour) et il est quasiment impossible de trouver une place de stationnement en dehors.

Compte tenu du nombre de visiteurs qui s'y rendent pour la journée, la circulation ainsi que le stationnement sont, depuis quelques années, strictement réglementés à Terre-de-Haut avec un sens de circulation, des parkings à utiliser également même lorsque vous disposez d'un hébergement (attention aux amendes !) Peu d'établissements disposent d'espaces suffisants pour stationner les voitures électriques ou même les scooters. La marche s'avère ainsi nécessaire mais les distances restent toutefois très raisonnables dans le bourg, avec cependant quelques sections de rues assez pentues. Certains hébergeurs, plus à l'écart du bourg, disposent de leur propre navette qui effectue les rotations entre l'embarcadère et leur établissement tout au long de la journée. Il est vivement conseillé de réserver à l'avance son véhicule en haute saison.

BATTERIE DE LA TÊTE-ROUGE

Cette ancienne batterie, dont la construction s'est achevée en 1870, protège actuellement les installations du téléphone-radio de l'île. Ces installations militaires sont situées sur une petite élévation d'une altitude de cinq mètres implantée à proximité de la petite crique de l'anse Galet et de Pré-Cassin (qui se trouve à côté de Terre-de-Haut). Il subsiste quatre pièces d'artillerie et certains bâtiments, dont ceux servant de lieu de stockage de la poudre et de l'artillerie.

LE CHAMEAU ★

Le mont du Chameau, plus haut morne de l'île, nécessite 1h30 d'ascension malgré ses 309 mètres. Vigie fortifiée, dominant à perte de vue l'ensemble de l'archipel, le Chameau assurait la protection des Saintes contre les Anglais de la Dominique. Pour la randonnée, il faut passer par la route du Pain de Sucre puis par le chemin des Prés Cassin qui conduit au sommet du Chameau. La vue sur Terre-de-Haut et les environs est splendide. Après le sommet, il est possible de poursuivre la randonnée par un sentier qui mène sur la route menant à la plage de Crawen.

CHARLY EXCURSIONS

Le bourg © 0690 141517
charlyexcursion.com

Visite guidée en bus 10 €/pers. Visite de la baie en speedboat 55 €/adulte, 44 €/enfant. Réservation en ligne.

Charly vous accueille avec le sourire dès la descente du bateau pour vous faire découvrir son île en bus ou en bateau. La visite commentée, à bord du bus climatisé 9 places, vous emmène à la découverte des sites incontournables de Terre-de-Haut. Pour l'excursion bateau, Charly enfile sa casquette de capitaine et vous embarque sur un des 2 speedboats de 500 cv (capacité 12 places), pour visiter la superbe baie des Saintes, le Pain de Sucre et l'épave du *Linndy*. Possibilité de package. Charly propose également des journées à Marie-Galante au départ de Terre-de-Haut.

FORT JOSÉPHINE

Sur l'îlet à Cabrit

Puissamment armé à l'époque et faisant face au Fort Napoléon, il représentait, en quelque sorte, un rempart pour l'archipel des Saintes. Construit en 1777 par la France au sommet d'un morne, il devient la possession des Anglais en 1809. Il est ravagé par un ouragan en 1865 alors qu'il est revenu sous domination française. Il n'en reste que des ruines aujourd'hui. L'îlet est situé à 15 minutes en saintoise (barque de pêche locale) depuis Terre-de-Haut. Une position stratégique à l'époque des batailles entre Français et Anglais.

GRAND ÎLET

Le Grand Îlet, inhabité et à l'aspect sauvage, abrite deux anses tranquilles, l'anse du Grand Étang et l'anse des Colibris. C'est un véritable éden pour les plongeurs. L'îlet est un site d'accueil pour bon nombre d'espèces d'oiseaux (dont des frégates, des pélicans, des fous, des sternes, etc...) et diverses espèces de crabes. Ses eaux sont également fréquentées par les tortues marines qui viennent pour s'y reproduire. Du haut de ses 165 mètres au-dessus du niveau de la mer, il est l'îlet le plus élevé de toute la Guadeloupe.

ÎLET CABRIT ★

15 minutes de trajet en Saintoise depuis Terre-de-Haut.

Après avoir abrité un fort (Joséphine), un pénitencier militaire est construit en 1851. Il est dévasté par un cyclone en 1865. Il devient ensuite un lieu de quarantaine : un lazaret accueille les nouveaux immigrés venant d'Asie jusqu'en 1890, date à laquelle l'état-major français retire sa garnison des Saintes. Aujourd'hui, les seuls habitants de l'îlet sont les iguanes et les cabris qui foisonnent au beau milieu d'une végétation où les cactus abondent. Six sentiers permettent de découvrir ces vestiges avec des audioguides. Pique-nique possible sur place.

La baie de Terre-de-Haut.

MUSÉE D'HISTOIRE DES SAINTES - FORT NAPOLÉON ★★

✆ 06 90 50 73 47

Ouvert tous les jours de 9h à 12h30, sauf les jours fériés. Entrée à partir de 5 €, enfant : 2,50 €.

Le Fort Napoléon situé à 114 mètres d'altitude surplombe la baie des Saintes, au sommet du morne Mire. Il faut environ 20 minutes à pied pour y accéder depuis l'embarcadère. La forteresse est assez bien restaurée, entourée de douves vides. De style Vauban, le Fort Napoléon, classé au titre des Monuments historiques en 1997, présente l'histoire des Saintes et la bataille de 1782 qui a opposé les Français aux Anglais. Pendant la Seconde Guerre mondiale sous le régime de Vichy, le Fort a notamment servi de prison. C'est seulement en 1973 que le Fort Napoléon a été transformé en musée grâce à l'Association Saintoise de Protection du Patrimoine. A l'intérieur, sous les voûtes des grandes salles, les reconstitutions de batailles, les techniques de navigation, l'histoire de la colonisation, l'évolution des espèces botaniques de l'île… Une autre spécialité locale est présentée ; le chapeau appelé *salako*, venu du Vietnam via les soldats annamites, dont l'uniforme comportait cet accessoire. Les Saintois l'ont adopté et enveloppé de tissus madras.

Dans le jardin, l'agencement et le choix des plantes témoignent d'un vrai sens artistique : cactus cierges, têtes à l'Anglais, mélocactus, balai trois heures, savonnettes, croc-chien, raquettes. Leur capacité d'adaptation en milieu tropical et leur aptitude à stocker de l'eau dans leurs racines expliquent cette présence végétale sur le sol. Vous pourrez également apercevoir quelques iguanes dans les talus qui se laissent approcher facilement.

PLAGE DE CRAWEN

Du côté du Pain de Sucre, vers l'ouest, se trouve une superbe plage abritée à l'extrémité de l'île. Le lieu est idéal pour admirer les fonds sous-marins sans avoir besoin de matériel de plongée. La route d'accès, surplombant la baie, est particulièrement attrayante. Attention aux mancenilliers (ne vous abritez pas dessous en cas de pluie), car leur sève peut provoquer des brûlures. C'est d'ailleurs dans le but de se protéger des invasions françaises que les Anglais les avaient plantés. Il est conseillé de ne pas descendre la pente jusqu'à la plage en scooter.

PLAGE DE GRANDE-ANSE

La particularité de la plage de Grande Anse est d'être aussi belle que dangereuse ! Ses lames de fond, ses courants marins puissants imposent une interdiction permanente de baignade. Cependant, son exceptionnelle étendue de sable fin et clair (plus d'1 kilomètre) fait d'elle le site préféré des joggeurs et promeneurs qui profitent des alizés pendant leur balade. La vue sur les îles de la Dominique et de Marie-Galante est superbe. Il s'agit d'un site de ponte de tortues marines, vous aurez peut-être la chance d'assister à la naissance de bébés entre mai et juillet.

PLAGE DE POMPIERRE

Dans une jolie baie presque fermée et protégée par un massif rocheux, à l'Est de l'île, cette plage correspond à l'idéal de la plage de sable fin avec ses palmiers. La mer, qui paraît ici presque prisonnière, a davantage l'air d'un lac que d'un océan. Idéal pour les enfants et également pour pratiquer le snorkeling car il est facile d'admirer les nombreux poissons multicolores de la baie. Il est également assez fréquent de pouvoir observer des iguanes aux alentours. En juin, la plage est couverte de fleurs. À voir absolument !

PLAGE DU PAIN DE SUCRE ★

Impasse de la Plage

Avec une eau limpide et des poissons coralliens fabuleux, cette plage est la préférée des plaisanciers. Elle est considérée comme la plus belle des Saintes. Avec masque et tuba, les explorateurs nagent d'une plage à une autre en faisant le tour du Pain de Sucre. Les poissons colorés y sont nombreux ! Pour ceux qui font le choix de lézarder sur leur serviette de bain ; le sable blanc est d'une finesse incroyable… Si vous avez prévu d'y accéder à pied, il faut compter environ 3/4 d'heure de marche depuis le bourg à travers un chemin escarpé.

CHARLY EXCURSIONS

Le bourg ✆ 0690 141517

charlyexcursion.com

Visite guidée en bus 10 €/pers. Visite de la baie en speedboat 55 €/adulte, 44 €/enfant. Réservation en ligne.

Charly vous accueille avec le sourire dès la descente du bateau pour vous faire découvrir son île en bus ou en bateau. La visite commentée, à bord du bus climatisé 9 places, vous emmène à la découverte des sites incontournables de Terre-de-Haut. Pour l'excursion bateau, Charly enfile sa casquette de capitaine et vous embarque sur un des 2 speedboats de 500 cv (capacité 12 places), pour visiter la superbe baie des Saintes, le Pain de Sucre et l'épave du *Linndy*. Possibilité de package. Charly propose également des journées à Marie-Galante au départ de Terre-de-Haut.

DEHER

CTM DEHER

✆ 06 90 63 21 91

www.ctmdeher.com

Réduction en cas de réservation préalable. 5 € (en espèces) de parking/jour à l'embarcadère de Terre-de-Haut.

La CTM Deher assure les liaisons vers Les Saintes depuis plus de 50 ans. La flotte de l'entreprise se compose de 4 vedettes ; *Antoinette* (181places), *Miss Karaibes* (130 places), *Miss des îles* (180 places) et depuis fin 2023 *Miss Outre-mer* (316 places). Plusieurs traversées quotidiennes sont opérées 7j/7. Les rotations peuvent varier selon les conditions météo. Comptez environ 20 min de traversée (voire un peu plus lorsque la navette fait halte à Terre-de-Bas). Possibilité de réserver en ligne sur le site (tarif spécial en réservant à l'avance).

EXPRESS DES ÎLES

Départ à la gare maritime de Bergevin à Pointe-à-Pitre. ✆ 0590 91 95 20

www.express-des-iles.com

Billet à partir de 29 € l'aller-retour (sous conditions). La traversée pour Terre-de-Haut dure 1 heure.

Depuis 1982, L'Express des Iles a transporté plus de 20 millions de passagers et environ 700 000 en 2023. Avec une flotte de 3 navires à grande vitesse équipés de salons climatisés et de ponts supérieurs ouverts, cette compagnie maritime assure un service de transport régulier et fiable entre la Guadeloupe, Marie-Galante, les Saintes, la Dominique, la Martinique et Sainte-Lucie. Réservez en ligne pour profiter des meilleures offres disponibles. Les navires sont accessibles aux personnes à mobilité réduite et aux chaises roulantes.

AQUA-BLUE, LOCATION

3 Rue Emmanuel Laurent
✆ 06 90 33 13 20 - http://aqua-blue.fr
Formule 24h, 90 €/ 2 pers, 100 €/4 pers. Journée 8h-17h, 80 €/2 pers, 90 €/4 pers. Week-end, 170 €/2 pers, 190 €/4 pers.

Ces voitures électriques sont pratiques pour visiter l'île sans se fatiguer. Elles combinent tous les avantages car facilement manœuvrables dans les rues étroites et les routes sinueuses de l'île. Leur taille compacte permet de stationner facilement en étant cependant assez puissantes pour emprunter quelques-unes des petites routes très pentues notamment pour se rendre au Fort Napoléon. Les voiturettes peuvent accueillir jusqu'à 4 personnes. Le stationnement étant très réglementé, renseignez-vous sur les zones dédiées au parking de ces voitures et des scooters.

IGUANA BEACH

✆ 06 90 50 05 09
www.comatrile.com
A/R à partir de 46,50 €/ad, 35,50 €/enf. Aller simple, 35 €/ad, 22,50 €/enf. Tarif unique sur toutes les destinations.

L'Iguana Beach assure la liaison entre les îles de Marie-Galante, les Saintes et Saint-François, en saison uniquement (des vacances de la Toussaint à juin, de mi-juillet à fin août). Le catamaran est constitué de 190 places, dont 70 à l'extérieur. La traversée depuis Marie-Galante dure 45 minutes et environ 1h30 depuis les Saintes pour atteindre Saint-François. Horaires et jours de rotation à consulter sur le site par téléphone, car ils sont sujets à modification selon la saison et la météo. Les passagers doivent se présenter 30 minutes avant le départ.

JEANS FOR FREEDOM

Embarcadère
✆ 0590 685 309
jeans-for-freedom.com
Liaisons vers Les Saintes à partir de 24 € A/R par personne.

Il s'agit de la compagnie maritime low cost des Antilles avec des offres disponibles sur internet ou par téléphone uniquement. Vous disposerez des meilleures offres pour voyager entre la Guadeloupe, Les Saintes et la Martinique à bord d'un navire à grande vitesse de 437 places assises. La compagnie organise au départ de Deshaies ou Pointe-à-Pitre des Journées découvertes vers Montserrat, Antigua, Saint-Kitts et la Dominique. Il est conseillé de se renseigner avant le départ, car les horaires et les jours peuvent être sujets à modification selon la météo.

KARU'FERRY

Débarcadère de Terre-de-Haut
✆ 05 90 92 59 84
www.karuferry.com/
AR 19 €/pers, prix Petit Futé ! Tarif régulier : 21 €/ personne pour Terre-de-Haut et Terre-de-Bas.

Il s'agit de la toute nouvelle compagnie maritime à effectuer des rotations entre Trois-Rivières, Terre-de-Haut et Terre-de-Bas. Elle a pour objectif de multiplier et de faciliter les trajets entre la Guadeloupe continentale et l'archipel des Saintes, mais également entre Terre-de-Haut et Terre-de-Bas. Vous embarquerez à bord d'un monocoque de 90 places, équipé d'un pont principal vous permettant d'être assis à l'intérieur ou à l'extérieur. Premier départ de Trois-Rivières à 8h, le dernier à 17h25 en semaine et 18h15 le dimanche. Durée de la traversée : 25 min.

LE SAINT-GERMAIN - COMADILE

Embarcadère
✆ 0690 49 49 33
www.comadile.fr/
Aller-retour vers Les Saintes et Marie-Galante 41 €/adulte, 32 €/2-12 ans, 10 €/bébé -2 ans.

La compagnie effectue une rotation quotidienne aux Saintes et Marie-Galante. Comptez entre 45 min et 1h30 de traversée selon la destination. Pour l'embarquement, il est nécessaire de se présenter au moins 15 minutes avant le départ. Il est préférable de vérifier les horaires des traversées annoncés car ces informations sont sujettes à modification selon les aléas climatiques. Il est possible de voyager avec un vélo, un scooter et des animaux, en prévenant au préalable la compagnie.

LES SAINTES MULTISERVICES

3 rue Jean Calot
✆ 05 90 81 53 57
https://les-saintes-multiservices.com
Ouvert de 9h à 12h30 et de 14h à 18h. Fermé dimanche et jours fériés. LSM : Canal VHF 8. Capitainerie : Canal VHF 12.

Les Saintes Multiservices offrent différents services aux bateaux au mouillage dans la baie : cybercafé, services informatiques, demande de bouées d'amarrage, clearances, bulletin météo, service de laverie, nettoyage, ramassage des ordures, borne à eau potable, ramassage des déchets, réception de courrier, mécanique... Tout navire entrant dans les zones de mouillage pour y faire escale est tenu, dès son arrivée, de remplir le formulaire de demande de mouillage.

VAL FERRY

Embarcadère de Trois-Rivières.
✆ 05 90 94 97 09
www.valferry.fr/
Vente flash attractive sur le site. Comptez 20 min de trajet depuis Trois-Rivières et 50 min depuis Pointe-à-Pitre.

La compagnie Val Ferry propose toute l'année des rotations vers Les Saintes pour découvrir ou redécouvrir les îlets de Terre-de-Haut et Terre-de-Bas le temps d'une journée ou d'un séjour plus long. Leurs meilleurs tarifs sont annoncés sur leur site internet. Les tarifs sont plus élevés en achat de dernière minute au comptoir de vente. Vérifiez bien les horaires la veille du départ car ils sont sujets à modification sans préavis selon les conditions météorologiques ou encore les jours fériés. Départ depuis Pointe-à-Pitre ou Trois-Rivières.

CLUB UCPA €

Chemin rural dit de Marigot
✆ 05 90 99 54 94
Fermeture annuelle en septembre.

Sur place, les six bungalows peuvent accueillir jusqu'à 30 personnes. Les chambres sont équipées de salle de bains, brasseurs d'air, terrasses ou balcon et sanitaires particuliers. Elles sont situées sur la plage de Marigot, les pieds dans l'eau, à environ vingt minutes à pied du centre-bourg de Terre-de-Haut. Il s'agit de l'un des plus beaux clubs UCPA. L'ambiance qui y règne est jeune et bon enfant comme dans tous les clubs UCPA. Vous pouvez choisir un séjour en hébergement seul ou bien y combiner des activités ainsi que la formule pension complète.

LE PARADIS SAINTOIS €

211 route des Prés Cassin
✆ 05 90 99 56 16
Entre 63 et 132 €/nuit en basse saison et 80 et 162 €/nuit en haute saison, selon l'hébergement. Séjour 7 nuits minimum.

Cette jolie maison un peu sur les hauteurs, au-dessus du morne Rouge, est composée de 9 logements (5 appartements de 4 à 6 personnes, 3 studios pour 2 personnes et 1 chambre double). L'ensemble dispose d'une très belle vue sur la mer. Sur place, plusieurs équipements sont communs aux divers logements, dont la piscine avec vue panoramique, le terrain de pétanque, le barbecue, le service de lavage. Ses propriétaires mme et M. Jeanneret sont surnommés « les anges gardiens » ! Wifi sur place. Possibilité de louer des VTT. Tarifs dégressifs selon la durée du séjour.

CHEZ RODOLPHE SCOOTERS

Place Hazier du Buisson
✆ 06 90 36 86 26
Ouvert 7j/7 de 8h à 12h et de 14h30 à 17h.

Rodolphe propose des scooters de 50 cc et 125 cc qui se conduisent avec un permis voiture, ainsi que des vélos électriques. Vous partez pour la visite de Terre-de-Haut après une démonstration pour une bonne prise en main de la machine. Vous bénéficiez également d'une assistance technique et de précieux conseils sur les sites incontournables à visiter. Il est possible de louer un scooter pour 24h. Il est prudent de penser à réserver votre location en amont en période de haute saison si vous souhaitez pouvoir bénéficier d'un véhicule pendant votre séjour.

« DANS UN JARDIN » €€

Rue Jean calot
✆ 06 90 65 79 81
https://clearbluecaraibes.fun
100 € la nuit/2 p (1 chambre), 140 € la nuit/3 à 5 p (+ taxe et ménage). Hamac 30 €/nuit/pers, 52 €/2 pers.

Ce gîte est installé au cœur d'une enceinte fortifiée datant du XVIIe siècle. Construit en bois, dans un esprit écoresponsable, il est situé dans un verger tropical où se côtoient toutes sortes d'arbres fruitiers. Les deux logements sont situés à 2 min à pied du débarcadère, à 50 m de la mer et de la zone piétonne avec les principaux services et boutiques. Les hébergements possèdent deux chambres climatisées, canapé-lit, cuisine, barbecue, terrasse. Ils peuvent accueillir jusqu'à 5 adultes. Carole et Jean-Yves sont aux petits soins avec leurs clients.

AQUA LODGE €€

Baie des Saintes
✆ 05 90 90 16 81
www.aqualodge.fr
À partir de 380 €/nuit en week-end, 300 €/nuit en semaine. Séjour de 2 nuits minimum.

Les aqualodges, de conception locale, sont positionnés dans la baie des Saintes : un cadre de rêve pour s'imaginer en Robinson Crusoé. Ces bungalows flottants, d'une surface de 80 m² sont composés de deux chambres, d'une salle d'eau, d'un salon avec canapé convertible, d'une cuisine aménagée, d'une terrasse et d'un solarium à l'étage. Ils peuvent accueillir jusqu'à 6 personnes. Ce concept insolite est totalement respectueux de l'environnement. Chaque aqualodge dispose d'une annexe électrique pour vos allées et venues sur la terre ferme.

BOIS JOLI €€

Pointe Bois-Joli ✆ 05 90 99 50 38
https://hotelboisjoli.fr
Chambre balcon à partir de 195 €/2 pers, chambre vue mer et familiale à partir de 225 €. Petit-déjeuner inclus.

L'hôtel est situé les pieds dans l'eau. Les chambres sont réparties dans des bungalows entourés de jardins à proximité de la piscine. D'autres hébergements, plus spacieux sont situés dans un bâtiment neuf de 2 étages, en léger surplomb de la plage, et bénéficient d'une vue imprenable sur l'anse du Pain de Sucre. L'hôtel dispose d'une piscine et d'activités nautiques sur la plage. Le transfert débarcadère/hôtel/débarcadère est assuré gratuitement par leur navette. Le rechargement des véhicules électriques (scooter, vélo ou voiture) est possible sur place.

KANAOA €€

✆ 05 90 99 51 36
www.hotelkanaoa.com
À partir de 135 €/chambre, de 180 €/bungalow/2 personnes, de 205 €/4 personnes. Petit déjeuner inclus.

L'hôtel bénéficie d'une superbe vue panoramique sur la baie. Il est situé à quelques minutes à pied du bourg en longeant la plage. Il dispose de 19 chambres climatisées avec balcon, dont 6 quadruples et de 4 bungalows en duplex, au cœur du jardin et dotés de deux terrasses (une à l'avant et l'autre à l'arrière du bungalow). Sur place, une piscine, un ponton privé et un restaurant panoramique qui propose des spécialités de poissons et un parking avec recharge pour les véhicules électriques. Leur navette assure le transfert depuis et vers l'embarcadère.

LÔ BLEU HÔTEL €€

✆ 05 90 92 40 00
www.lobleuhotel.com
Fermeture en juin et septembre. Chambres à partir de 130 €/nuit/2 personnes, suites à partir de 200 € en haute saison.

Un ravissant petit hôtel de charme situé « les pieds dans l'eau », à la sortie du village de Terre-de-Haut. Les 11 chambres sont dotées de la climatisation et d'un balcon. Elles sont confortables et peuvent accueillir jusqu'à 4 personnes (4 adultes ou 2 adultes et 2 enfants). Elles ont été décorées par des artistes de renom qui ont apporté un style bien différent pour chaque hébergement. Vous pouvez faire votre choix sur le site. Certaines chambres ont vue sur l'îlet à Cabrit ainsi que sur la Soufrière et la Guadeloupe. Les animaux ne sont pas acceptés.

LES PETITS SAINTS €€

480 rue de la Savane
✆ 05 90 99 50 99
www.petitssaints.com
Chambre d'hôtes à partir de 160 €/nuit en haute saison, petit déjeuner inclus pour 1 ou 2 personnes.

Voici une très belle étape de charme située sur une petite colline, face à la très belle baie des Saintes et à seulement 5 minutes à pied du bourg. Cette belle bâtisse propose 5 chambres d'hôtes (4 d'une superficie de 22 m² et la 5e de 36 m²). Les hébergements sont climatisés et dotés d'un mini-bar avec bouteille d'eau fraîche d'accueil. À votre disposition, la piscine, le jardin tropical, des terrasses et un salon, une bagagerie et une table d'hôtes. Il est possible de stationner un véhicule électrique (mais il n'y a pas de borne de recharge).

RESIDENCE HURLEVENT €€

301 route du Marigot
✆ 05 90 99 50 45
www.residence-hoteliere-hurlevent.com

Suite pour 2 personnes à partir de 175 €/nuit en basse saison.

Cette résidence hôtelière bénéficie d'une superbe vue sur les Saintes. Il serait bien difficile de ne pas se laisser charmer par ce panorama. Les hébergements sont climatisés et spacieux. Chaque suite dispose d'une terrasse privée, d'une salle d'eau, d'un mini bar, d'un coin cuisine (avec mini réfrigérateur, micro-ondes, plaques vitrocéramique, cafetière, grille-pain, vaisselle et ustensiles...). L'établissement dispose d'une piscine, d'un spa et d'une belle cave à vin de plus de 2 200 bouteilles. Les plages et le bourg de Terre-de-Haut sont à 10 minutes.

ANSE CARAIBE €€

33 rue Emmanuel Laurent
✆ 06 03 05 63 67
www.granbaie.fr

À partir de 62 € la nuit pour un studio pour 2 personnes. Séjour minimum selon la saison.

Cette petite résidence est située au calme, au centre du village de Terre-de-Haut face à la baie des Saintes. Elle est implantée à proximité immédiate de plusieurs plages, de commerces, du débarcadère... Elle propose six hébergements climatisés indépendants et sans vis-à-vis. Quatre logements sont dotés d'une belle terrasse avec une très belle vue mer. Les deux studios mansardés (pour deux à trois personnes) disposent d'un accès à un kiosque vue mer. La capacité d'accueil varie de deux à quatre personnes selon les appartements.

EDEN MANGO €€

Chemin de Marigot
✆ 05 90 99 58 69
www.eden-mango.fr

De 85 à 155 € par nuit selon le nombre de personnes. Tarifs dégressifs à partir de 3 nuits.

Eden Mango est situé à 5 min de la plage de Pompierre et à 10 min du bourg. Sur place, 2 bungalows et un studio indépendant, pour une capacité d'accueil entre 4 et 10 personnes. Les bungalows, entièrement en bois, sont constitués de 4 couchages avec mezzanine. Le studio peut accueillir 2 personnes, il est équipé d'un réfrigérateur, d'une cafetière et d'un micro-ondes. Chaque bungalow dispose d'une salle de douche, de la climatisation, d'une cuisine et d'un coin salle à manger à l'extérieur sur la terrasse. Sur place hamac et transats pour une détente optimale.

GRAND BAIE €€

179 route du Figuier
✆ 06 03 05 63 67
www.granbaie.fr

À partir de 70 €/nuit/studio pour 2 en basse saison. Séjour minimum selon la saison.

Les hébergements sont situés dans une villa implantée à dix minutes à pied du centre village, dans un site calme et boisé, perchée au sommet d'une colline. Les plages du Figuier et du Fond Curé sont à seulement deux minutes à pied. Les hébergements climatisés bénéficient d'une vue dominante sur la baie des Saintes, le Fort Napoléon et le volcan la Soufrière, Au choix, un studio climatisé pour deux personnes doté d'une terrasse avec une très belle vue mer et un duplex F3 pour six personnes doté d'une vaste terrasse très belle vue mer.

LES HAUTS DE GRANDE ANSE €€

Route de l'Anse Rodrigue ✆ 06 03 05 63 67
www.granbaie.fr

Villa à partir de 460 €/nuit/6 personnes. Appartements à partir de 64 €/2 personnes. Séjour minimum selon la saison.

Cette structure est située côté Atlantique de l'île au-dessus de la plage de Grand Anse dans un site très calme. Elle est composée d'une grande villa de standing avec piscine et spa privatifs et de trois appartements (studio, F2 et F3) indépendants et sans vis-à-vis avec terrasse et vue mer. La villa dispose de quatre chambres avec salle de bain privative, d'un bureau avec un lit d'appoint, d'un grand séjour ouvert sur la piscine, d'une vue panoramique sur l'océan et peut accueillir de 6 à 16 personnes. Possibilité de chambres supplémentaires sur demande.

SMOOTH'SEA €

11 Rue Benoit Cassin
✆ 05 90 81 04 76

Ouvert tous les jours de 10h à 19h.

Au menu de ce bar à jus - saladerie, des smoothies, des milk-shakes, des jus de fruits naturels, des salades de fruits, des sandwiches, burgers et de très bonnes salades. La fraîcheur et la qualité sont réellement au rendez-vous. Le lieu est très pratique pour pouvoir se restaurer rapidement ou bien en service à emporter pour s'installer confortablement dans son hébergement ou à la plage. Vous pouvez également rester sur place pour apprécier des plats plus traditionnels (assiette créole, brochettes, ouassous, crêpe de poisson, poisson fumé...).

LA TOUMBANA €

Impasse de la Plage © 0690 14 15 17
www.restaurant-latoumbana.com/

Ouvert tous les jours de 12h à 14h30 et de 18h à 22h. Plats entre 15 et 20 € le midi et 22 et 56 € le soir.

Cette très belle maison créole est implantée dans un grand jardin exotique, à l'entrée du chemin d'accès à la plage de Grande-Anse. Le site constitue un havre de paix légèrement en retrait du village ! Le rapport qualité-prix reste excellent depuis des années. L'accueil y est toujours agréable. Les plats sont simples, mais bons. Les spécialités de la maison restent la coquille de fruits de mer, la langouste, le filet de poisson grillé, la fricassée de chatrou ou de lambi, les gratins de légumes pays, de très bons boudins et accras, le flan coco.

L'ANNEXE €

5 rue Benoît-Cassin
© 05 90 94 59 30

Ouvert midi et soir sauf mercredi et jeudi midi. Comptez environ 18-30 € par personne à la carte. Menu créole à 24 €.

Cette ancienne case créole rénovée dispose d'une petite terrasse ventilée au cœur du village de Terre-de-Haut qui est très animé le midi en haute saison. Un lieu convivial où vous pourrez déguster une variété de tapas, mais également divers plats de cuisine traditionnelle et créole à l'image du steak de thon, de l'assiette créole, du hamburger au thon frais, de l'émincé de poulet coco au curry ou encore du moelleux au chocolat (leurs desserts sont très bons). Les portions sont assez copieuses et l'accueil y est toujours très sympathique.

BEL BIGUINE €

12 Rue Benoit Cassin
© 05 90 80 65 14

Comptez entre 15 et 23 € pour le plat principal.

Ce tout restaurant est tenu par Me Zamour Garçon, également propriétaire du restaurant le Salako - Chez Amour que nous recommandons également depuis plusieurs années. Comme le précise la propriétaire ; « la cuisine y est faite avec Amour ». Vous trouverez, à la carte, une cuisine locale élaborée à partir des produits frais locaux entre des accras, de la chiquetaille de morue, du poisson cru mariné en entrée, mais également de bons plats mijotés à l'image du colombo de poulet ou de cabri, de la fricassée de chatrou, bœuf sauté façon thaïe...

CITRUS LOUNGE BAR €

34 rue jean Calot
© 06 90 34 40 15

Ouvert de 17h à 2h du mardi au samedi.

L'endroit est très agréable et idéal pour apprécier, en terrasse, un apéritif ou bien un verre après le dîner en famille ou entre amis. A la carte, un large choix de cocktails (dont certains à base de fruits frais), des jus, des bières, le fameux ti-punch, du vin, le tout à des tarifs très raisonnables. Il est également possible de se restaurer sur place (accras, frites de patates douces, croque-monsieur, ardoise de charcuterie et fromage, ardoise de la mer, des coupes glacées...). Des soirées musicales sont organisées ponctuellement.

COULEURS DU MONDE €

Le mouillage
© 05 90 92 70 98

Fermé le jeudi et le dimanche soir. Ouvert le midi. Comptez environ 18 € par personne.

Situé sur le front de mer, ce petit restaurant correspond bien à son enseigne, car les couleurs sont au rendez-vous en termes de déco dans la salle et dans l'espace salon. Le chef prépare une cuisine créative de très bon niveau (superbe plat de tataki de thon, filet de bœuf, trilogie de poisson, filet de daurade...). L'établissement bénéficie d'une excellente réputation du fait de son chaleureux accueil et de son très bon rapport qualité-prix qui ne varie pas au fil des années. La vue depuis la terrasse vient compléter cette bonne impression !

LE GÊNOIS €

Rue Jean Calot
✆ 05 90 98 25 99
www.legenois971.com/

Ouvert midi et soir 7j/7. Menus à 20 et 25 €, langouste 45 €. Salades à partir 14 €, plats à partir de 16 €.

Une terrasse très agréable donnant directement sur l'embarcadère et la baie des Saintes. Une bonne adresse appréciée des Saintois et pour laquelle la réservation est recommandée. La carte est très variée avec des salades, des pâtes, des entrées et des plats de cuisine créole (accras, boudins, poissons fumés ou marinés, rillettes de poisson, brochettes, colombo, langouste grillée…) mais également de la cuisine traditionnelle française (côte de bœuf, entrecôte, escalope de veau, magret de canard…). Petit plus, le service souriant et très efficace.

LA PAILLOTE €

Le Marigot
✆ 05 90 94 54 13

Ouvert le midi 7j/7 en saison. Fermé mercredi ou vendredi hors saison. Plats entre 16 et 20 €.

Le restaurant est implanté au bord de la plage dans une petite case créole décorée par un artiste local. Les spécialités sont élaborées en fonction des poissons apportés chaque matin par les pêcheurs qui mouillent dans l'anse à quelques pas. Les spécialités créoles traditionnelles sont toujours présentes : accras, boudins, poisson grillé, langouste court-bouillon, colombo... Une bonne adresse à connaître. La Paillote existe depuis plus de 40 ans et les propriétaires, des Saintois, n'ont jamais changé. L'accueil et le service sont des plus très agréables.

AU BON VIVRE €€

31 rue Jean Calot ✆ 05 90 94 19 84
www.aubonvivre.fr

Ouvert midi et soir, sauf le lundi. Fermé le midi en basse saison (d'octobre à mi-décembre). Brunch tous les dimanches.

Cette jolie bâtisse en pierres et boiseries (l'une des plus anciennes de l'île), dotée d'un patio bien aéré, est située à seulement 30 m de l'embarcadère. Le chef, maître restaurateur a été reconnu « jeune talent de l'année » par le guide *Gault & Millau* en 2020. Il concocte des plats métissés revisités aux saveurs des Antilles. La cuisine proposée est originale et raffinée. Le service est attentif et très agréable. Une excellente adresse avec des suggestions différentes chaque soir que nous recommandons. Il est possible de réserver votre table en ligne.

TI SUK A COCO €

22 Allée de la petite anse
✆ 0690 65 01 64
Fermé lundi et mardi. Ouvert chaque midi et le samedi soir. Entrées à partir de 8 €, plats à partir de 18 €.

L'accueil de cet établissement est à l'image de la douceur de vivre qui règne sur cette petite île. Le restaurant, situé dans le bourg de Terre-de-Haut, à quelques pas de l'embarcadère et de l'office de tourisme, bénéficie d'une superbe vue sur la baie des Saintes. À la carte, des plats antillais traditionnels avec des accras, des rillettes de poisson faites maison, des filets de poisson, la fricassée de chatrou, le colombo de poulet… accompagnés de garnitures maison très variées pour tester les différentes saveurs des produits locaux.

LE TRIANGLE €

Ruelle Du Fond du Curé
✆ 05 90 99 50 50
https://le-triangle-les-saintes.com/
Ouvert tous les jours de midi à 18h. Fermé dimanche et lundi. Tapas à 7 €, plat créole ou burger aux environs de 13 €.

Voici une belle adresse pour déjeuner sur la terrasse tranquille et ombragée d'une petite case colorée, les pieds dans le sable. Ce restaurant domine le port de pêche et bénéficie d'un point de vue sur les bateaux des pêcheurs au mouillage. On peut y apprécier une bonne cuisine familiale faite de belles salades, de poisson frais grillé, de délicieux accras de malanga, de boudins créoles, de fricassées de lambi et chatrou, de langouste grillée mais aussi un hamburger ou un fish burger fait maison… à des tarifs très raisonnables.

LES BALANÇOIRES €€

Impasse de la batterie
✆ 0690 34 55 13
www.lesbalancoires.com
Ouvert midi et soir. Fermé le dimanche soir. Fermeture annuelle de mi-août à mi-octobre.

Ce beach restaurant-bar à tapas (Maître-Restaurateur) est situé sur la plage, légèrement à l'écart du bourg. Il propose une excellente cuisine 100 % faite maison sur le principe de la restauration de plage le midi (burgers, fish & chips, club-sandwichs, ceviche, salades…) et une carte légèrement plus élaborée à partir de 15h (tataki de thon, tartare, bruschetta, tacos, wrap, salade de poulpe…). La carte des tapas et cocktails permet de profiter de la baie lors du coucher du soleil confortablement installé. La réservation en ligne est recommandée.

LE COQ D'OR €€

Place du Gouverneur Du Lion
✆ 06 90 52 36 71

Menu à 27 €. Planches cocktails sauf dimanche soir, menu midi et soir. Ouvert du mardi soir au samedi soir.

Ce restaurant-bar lounge, situé à l'étage, dispose d'un beau panorama. Il propose un service en continu à partir du petit déjeuner ainsi qu'une belle carte de cocktails. La décoration de l'établissement est très soignée avec différents espaces pour s'installer entre une petite salle de restauration, des tables hautes avec vue sur la mer, des coins salons plus cosy. La présentation des plats est particulièrement recherchée et met tout de suite en appétit pour un rapport qualité/prix vraiment imbattable. Le service est généralement rapide et attentionné.

TI-BO DOUDOU €€

58 rue Benoît-Cassin
✆ 05 90 98 56 67

Ouvert du mercredi au dimanche le midi et vendredi et samedi le soir. Bar le matin jusqu'à 11h, service dès 11h45.

Le restaurant est situé les pieds dans le sable et dans l'eau... L'accueil est chaleureux. Le choix à la carte est certes assez restreint mais la cuisine s'avère de très bonne qualité et créative. Le chef privilégie les produits de la pêche qui sont savamment cuisinés sous toutes les formes (rillettes, tartares, émincés, filets, pavés ou mi-cuits de poissons... avec quelquefois des burgots farcis en prime) qui sont accompagnés de légumes travaillés maison (purées, gratins, riz parfumé...) et d'excellentes sauces. La réservation est conseillée.

TI KAZ LA €€

10 Rue Benoit Cassin
✆ 05 90 99 57 63 - www.tikazla.com

Ouvert midi et soir. Fermé le mardi et le mercredi. Addition moyenne à 45 €.

Ce restaurant bénéficie d'un bel emplacement les pieds dans l'eau, à 150 mètres de l'embarcadère. Inutile de vous parler de la vue sur la baie lorsque vous êtes sur la terrasse ! La carte, bien que restreinte, s'avère inventive et orientée vers les coquillages et les poissons. Elle mêle la cuisine française et les saveurs antillaises avec des plats à l'image du thon confit, de la brandade de poisson à la patate douce, de la colombe de poulet et de leur incontournable et délicieux soufflé à la mangue... En résumé, une belle halte culinaire dans un cadre reposant.

10 rue benoît cassin
✆ **05.90.99.57.63**
@ : thierrylarade@yahoo.fr

COCONUT'S BAR

Face au marché.
✆ 06 90 71 19 39
Cocktails autour de 6 €.

Il s'agit de l'endroit le plus vivant de l'île le soir pour boire un verre avant d'aller dîner ou danser ensuite quand la piste est ouverte (la musique créole est au programme et à son plus haut niveau !). Vous y côtoyez les résidents de tous âges et les touristes qui logent sur l'île et qui n'ont pas envie de se coucher trop tôt. Il y règne toujours une très bonne ambiance... aux couleurs de la déco du site. Le bar se trouve en bord de route, mais la terrasse et la salle sont agréables. L'équipe est vraiment sympathique. Des soirées à thème sont organisées.

LOISIRS AUX SAINTES

Route du Bois Joli ✆ 06 90 71 18 04
www.loisirsauxsaintes.com
Ouvert de 9h à 17h. Kayak transparent, paddle transparent, paddle vélo, step paddle : 25 €/h. Seabob 55 €/h.

Cette base de loisirs nautiques propose plusieurs activités pour profiter d'expériences inoubliables ou de moments détente en famille, entre amis ou solo. Le BBQ Donut Boat (bateau en forme de Donut) peut accueillir de 2 à 8 personnes. Il se loue à la demi-journée, à la journée et en soirée devant le Pain de Sucre. Il peut être équipé d'un BBQ avec panier pique-nique, d'une glacière avec rafraichissements. Autres activités à disposition : les kayaks et paddles transparents, le step-paddle, le paddle-bike, le seabob (petit scooter sous-marin)...

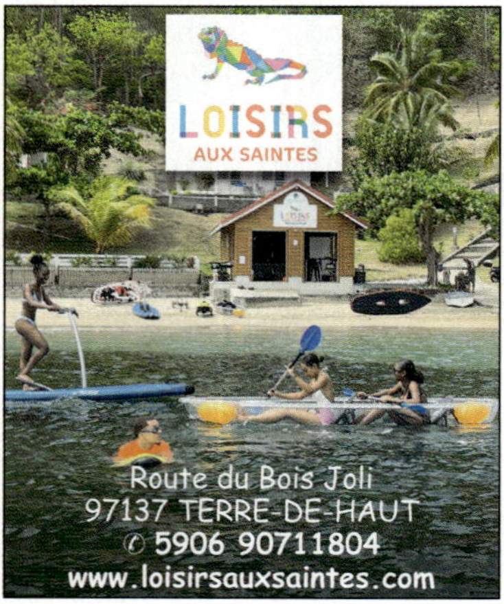

ROBBE STEACK

6, rue Félix-Breta
✆ 05 90 98 48 24
https://robbe-steack.business.site/
Ouvert de 8h30 à 13h et de 16h à 19h.

L'établissement est situé au cœur du village de Terre-de-Haut. Si vous êtes nostalgique des produits métropolitains, vous trouverez de quoi combler ce manque dans cette épicerie fine qui dispose d'une belle sélection de fromages, de charcuterie. La boutique dispose également d'une belle cave à vin, d'un rayon boucherie et traiteur avec notamment des plats cuisinés. La petite terrasse permet de profiter d'une dégustation de leurs produits accompagnés d'un verre de vin. Des sandwichs sont préparés à la demande avec des produits frais.

CLUB UCPA

Chemin rural dit de Marigot
✆ 05 90 99 54 94
Fermeture annuelle en septembre. Club ouvert de 8h à 17h.

Le centre est moderne et convivial depuis sa rénovation en 2015. Il propose différentes activités accessibles à tous les niveaux. Séance de kayak, de catamaran, de windsurf, de kitesurf, de la plongée. Le site est idéal pour les sports nautiques car la baie de Marigot est abritée et peu fréquentée. Elle est également le meilleur spot de snorkeling de l'île. Renseignez-vous au siège à Paris pour les forfaits vol-hébergement-stage avec notamment une formule pension complète. L'ambiance est jeune et bon enfant comme dans tous les clubs UCPA.

LA DIVE BOUTEILLE

Plage de la colline
✆ 05 90 99 54 25
www.dive-bouteille.com
Baptême « spécial dive » 80 €, exploration 65 €, sup. nuit et Sec Paté 15 €. 2 sorties par jour : rendez-vous 9h et 14h.

Ce centre de plongée est situé à l'extrémité de la baie, à environ 15 minutes de marche. Il borde une belle petite plage devant laquelle est amarré le bateau du club. L'équipe propose la découverte de sites d'exception, qui sont peu fréquentés et très riches en poissons, avec une faune fixée de toute beauté. La plongée se déroule en petit comité avec 12 plongeurs maximum à bord d'un bateau spacieux de 20 places. La réservation est fortement conseillée. Tout le matériel de plongée est inclus dans les tarifs annoncés excepté l'ordinateur de plongée.

Baie de Terre-de-Haut.

MAWALY EXCURSIONS

Débarcadère
✆ 0690 91 66 43
www.mawalyexcursion.com
Excursions à partir de 45 € par adulte.

Mawaly Excursions propose de partir à la découverte des plus beaux sites de l'archipel des Saintes. Une sortie en speed boat qui s'effectue en petit comité avec 12 passagers maximum et dans la bonne humeur. Au programme, la visite de Terre-de-Haut et de ses îlets, baignade en compagnie des poissons tropicaux et de tortues dans les eaux turquoise du Pain de Sucre ou pour profiter du coucher du soleil (2h)... Selon la formule choisie, le déjeuner version locale peut être inclus lors d'une sortie à la journée (découverte de Terre-de-Haut ou de Terre-de-Bas).

PHIL À VOILE

✆ 05 90 99 58 69
phil-a-voile.fr
70 € la sortie pour 1 à 2 personnes, 25 €/personne pour plus de 2 personnes (5 personnes maximum).

Avec un père saintois et une mère guadeloupéenne, Phil est issu d'une famille tournée vers la mer. L'appel du large a eu rapidement raison de lui. Il propose de vous embarquer à bord de son voilier monocoque « Diabolo » pour un tour dans la baie des Saintes, avec des haltes palmes, masque et tuba, non loin du Pain de sucre et de l'Ilet Cabrit. Cet enfant du pays saura vous transmettre l'amour de son île. La balade se déroule en petit comité (5 personnes au maximum). Le parcours est ensuite affiné en fonction de la météo pour la sécurité et la sérénité de tous.

PISQUETTES

Rue Jean Calot
✆ 05 90 99 88 80
www.pisquettes.com
Ouvert tous les jours. Baptême 60 €, Sec Pâté 60 €, plongée de nuit 60 €, exploration 55 €.

Ce club de plongée propose deux sorties quotidiennes ainsi que des plongées de nuit sur des sites particulièrement variés entre des tombants, des canyons, des secs, des grottes... adaptés à tous niveaux. La réservation est impérative pour la plongée au Sec Pâté car le club connait un certain succès. Les deux embarcations sont confortables et vous conduiront rapidement sur l'un des 12 sites autour de l'archipel. Pour information, les pisquettes sont des petits poissons argentés qui vivent en banc en formant de grosses boules qui font le régal des carangues.

SUNSEA BALADO

80 rue Benoit Cassin
✆ 0690 82 62 72
https://sun-sea-balad-o.com
Ouvert de 8h à 12h et de 14h30 à 17h.

Cette structure implantée dans le bourg mais légèrement à l'écart du débarcadère où accostent les navettes quotidiennes, s'avère très facilement accessible à pied. Vous pouvez y louer des vélos électriques pour affronter les nombreux dénivelés des routes, des bateaux de plaisance 4 places à la journée (permis nécessaire), des paddles, des kayaks, des bateaux légers à pédales (certains disposent d'un toboggan pour divertir les enfants) et également des foils électriques pour les plus sportifs (sensations garanties avec l'impression de voler sur l'eau !).

VOIL O SAINTES

3 rue Jean Calot ✆ 06 84 85 05 20
voilosaintes.com/
Sortie Découverte 50 €/adulte - 40 €/enfant (3 à 10 ans). Sortie 1/2 journée 70 €/adulte - 55 €/enfant (3 à 10 ans).

Cette balade à la voile s'effectue dans une ambiance intimiste (max 6 personnes) à bord de Saga, petit catamaran de sport de 8 mètres. La sortie se déroule dans la Baie des Saintes en compagnie de Arnaud, moniteur Brevet d'État de Voile. Vous participez aux manœuvres, guidé par Arnaud en hissant les voiles, en prenant la barre pour partir à la découverte de l'archipel des Saintes au rythme de l'alizé. L'excursion, au choix, en mode action ou bien détente depuis le trampoline du bateau, est ponctuée de pauses baignade pour partir à la recherche des tortues marines.

TERRE-DE-BAS ★★

Terre-de-Bas résiste bien à la tentation de s'orienter vers un tourisme de masse. On vit ici comme « an tan lontan », car la douceur de vivre prédomine. Moins fréquentée que Terre-de-Haut, l'île de Terre-de-Bas offre à ses hôtes de passage, son calme, sa douceur de vivre et l'hospitalité de ses habitants. C'est le lieu idéal pour découvrir l'authenticité des Saintes. À la demande de Terre-de-Bas, l'ONF a aménagé les sentiers (traces) de l'île en les balisant. Quatre traces sillonnent l'île dont une vous amène jusqu'à l'ancienne manufacture de poteries où travaillaient des esclaves. L'argile des Saintes est d'ailleurs reconnue pour sa qualité.

Village bananier à Terre-de-Bas.

BATTERIE DU FER-A-CHEVAL

Anse des mûriers

Monument historique longtemps abandonné, cette batterie militaire est située à la pointe est de l'Anse des Mûriers, port historique de Terre-de-Bas. Restaurée avec l'aide du Conservatoire du littoral, elle a été inaugurée en 2019. Tournée vers la mer, la batterie faisait partie de la ligne de défense des Saintes et permettait de surveiller l'arrivée des ennemis, principalement les Anglais venant de la Dominique. Un canon en bronze fait partie des vestiges encore visibles. Le site, surplombant l'entrée du port, offre par ailleurs une magnifique vue sur la baie.

IGUANA LOCATION

✆ 06 90 63 65 54

https://iguanalocation.com/

Ouvert de 8h à 12h et de 15h à 18h tous les jours (dimanche jusqu'à 17h).

Iguana Location propose, que vous soyez visiteur d'un jour ou d'un plus long séjour, des voitures Up ! Volkswagen (4 places), polo Volkswagen (5 places), une voiture électrique, des scooters 50 cc et 125 cc, des vélos à assistance électrique. Vous pouvez également vous orienter vers un véhicule plus fun de type Quad ou Buggy (de 2 à 5 places) pour être totalement autonome pour partir tranquillement et en toute sécurité vers la plage de Grand-Anse, plage de Grande Baie, visiter nos jolies criques, plage du Bord de mer, plage de l'Anse à dos...

POTERIE FIDELIN

Grande Anse

✆ 05 90 38 25 97

L'ancienne poterie, aussi appelée « fabrique de Grand Baie » a été fondée en 1760. Elle faisait partie d'une habitation qui a disparu avec la crise sucrière de 1815. Fierté de l'île, ce monument industriel est l'un des derniers vestiges de l'activité potière et sucrière de la Guadeloupe, en pleine effervescence aux XVIIe et XIXe siècles. Elle produisait formes à sucre et pots de mélasse, récipients utilisés pour la fabrication du sucre. Sont encore présents sur le site des vestiges de l'atelier, de citernes, de fours, du moulin à bête et de la maison de maître.

KARU'FERRY

Débarcadère

✆ 05 90 92 59 84

www.karuferry.com/

AR 19 €/pers, prix Petit Futé ! Tarif régulier : 21 €/ personne pour Terre-de-Haut et Terre-de-Bas.

Il s'agit de la toute nouvelle compagnie maritime à effectuer des rotations entre Trois-Rivières, Terre-de-Haut et Terre-de-Bas. Elle a pour objectif de multiplier et de faciliter les trajets entre la Guadeloupe continentale et l'archipel des Saintes, mais également entre Terre-de-Haut et Terre-de-Bas. Vous embarquerez à bord d'un monocoque de 90 places, équipé d'un pont principal vous permettant d'être assis à l'intérieur ou à l'extérieur. Premier départ de Trois-Rivières à 8h, le dernier à 17h25 en semaine et 18h15 le dimanche. Durée de la traversée : 25 min.

DEHER

✆ 0590 92 06 39

www.ctmdeher.com

Billetterie sur la navette.

La CTM Deher assure les liaisons vers Les Saintes depuis plus de 50 ans. La flotte de l'entreprise se compose de 4 vedettes ; *Antoinette* (181places), *Miss Karaibes* (130 places), *Miss des îles* (180 places) et depuis fin 2023 *Miss Outre-mer* (316 places). Plusieurs traversées quotidiennes sont opérées 7j/7. Les rotations peuvent varier selon les conditions météo. Comptez environ 20 min de traversée (voire un peu plus lorsque la navette fait halte à Terre-de-Bas). Possibilité de réserver en ligne sur le site (tarif spécial en réservant à l'avance).

RÊVE DE ROBINSON €€

Grande-Anse

✆ 05 90 32 12 93

www.reve-de-robinson.com

Hébergements à partir de 70 €/nuit pour 2 personnes. Petit carbet : 15 € par personne par nuit.

Située sur les hauts de Grande-Anse au sein d'un jardin fleuri et arboré, cette structure peut accueillir 10 personnes au maximum. Deux cases créoles en bois rouge d'une capacité d'accueil de 4 personnes et un concept Robinson avec les passerelles et les chambres perchées. Si la hauteur vous impressionne, une Ti Chambre prévue pour 2 personnes est située au rez-de-chaussée. En complément, un petit carbet est prévu pour loger 1 ou 2 personnes supplémentaires. Sur place, un espace balnéo pour la détente. Le village et la plage sont à 10 minutes à pied.

SOLEIL D'EMERY €€

✆ 05 90 60 11 01

À partir de 88 €/nuit, 480 €/semaine. Petit déjeuner : 10 €/personne.

Cette structure est dotée d'une piscine et d'un jardin dans un site très calme au cœur de la nature. Les 8 bungalows disposent de chambres climatisées et peuvent accueillir de 2 à 4 personnes. La cuisine ouverte sur le séjour est entièrement équipée (micro-ondes, lave-linge, etc.) et la grande terrasse, qui donne sur la piscine et sur la montagne, dispose de hamacs, de transats et d'un barbecue. Les sentiers de randonnée sont situés à proximité pour les allergiques au farniente ou encore les amateurs de balades vertes qui auraient besoin de se dépenser.

COCO D'ILES LES SAINTES €€

Route de la plage ✆ 06 63 82 37 01

www.locationlessaintes.fr

Hébergements à partir de 60 €/nuit pour 2 personnes. Séjour de 2 nuits minimum.

Très belle résidence de standing, composée de 2 villas d'exception d'architecture antillaise et d'une case créole. Les villas sont nichées au cœur d'un parc luxuriant de 2 700 m² descendant vers la mer et offrant une vue splendide sur la baie des Saintes. Chambres climatisées, cuisines entièrement équipées, salles de bains avec ameublement de style colonial. Ou Ti Bambou dans lequel vous pouvez réaliser vos rêves d'enfance... avec une formule de séjour mêlant l'ambiance de la case créole d'antan au confort d'aujourd'hui.

LES HAUTS DE LA BAIE €€

Route de la plage - Grande-Anse

✆ 06 90 53 46 64

maisons-charme-guadeloupe.com

À partir de 149 €/nuit (4 nuitées minimum).

Cette petite résidence, classée location 4 étoiles, est composée de trois cottages en bois, joliment colorés. Les hébergements sont situés dans un jardin tropical qui embellit d'année en année. Vous serez accueilli au bateau par une hôtesse. Deux cottages sont jumelés pour accueillir un plus grand nombre de personnes. Le cottage individuel comprend un lit à baldaquin, une salle de douche, une cuisine extérieure équipée, deux terrasses et une mini-piscine individuelle avec vue imprenable sur la baie des Saintes. Des repas créoles sont proposés à la demande.

CHEZ EUGENETTE €€

Route de Grande Anse

✆ 05 90 99 81 83

www.eugenette.com

Ouvert le midi.

On prépare ici de délicieuses recettes antillaises, servies à des tarifs très raisonnables. Ici, pas de chichis, mais une cuisine typique, des spécialités créoles, résolument tournées vers la mer. Les accras font la réputation d'Eugenette jusqu'en Guadeloupe ! La carte est assez réduite mais les plats (colombo au poulet, fricassée de chatrou, poissons grillés...) sont authentiques en saveurs. Le menu langouste ou les plats à emporter doivent faire l'objet d'une réservation dès le matin. L'accueil est toujours des plus agréables.

C'EST QUOI LA FRATERNITÉ ? UN SYMBOLE, UNE DEVISE GRAVÉE DANS LA PIERRE, UNE BELLE IDÉE DE L'HUMANITÉ QUI NOUS REND FIERS. MAIS ÇA NE DOIT PLUS RESTER UNE PROMESSE EN L'AIR, LA FRATERNITÉ MAINTENANT, IL FAUT LA FAIRE. ET CE N'EST PAS FACILE.

LA FIN DE LA PAUVRETÉ N'EST PAS POUR DEMAIN, ON NE VA PAS SE MENTIR. MAIS LAISSER TOMBER, CE SERAIT ENCORE PIRE.

ALORS IL FAUT POUVOIR REGARDER EN FACE CEUX QUI NE TROUVENT PLUS LEUR PLACE, LEUR DIRE QU'ON EST TOUS SOLIDAIRES, QUE ÇA POURRAIT ÊTRE NOUS DANS LA GALÈRE. ALORS C'EST QUOI LA FRATERNITE ? UN ENFANT QU'ON ACCOMPAGNE DANS SA SCOLARITÉ ? UNE GRAND-MÈRE QUI SE SENT UTILE ET AIMÉE ? UN COIN DE TERRE, UN BOUT DE JARDIN OÙ ON PEUT ENCORE SE SENTIR BIEN ? UNE MAIN QUE L'ON TEND DANS LES CRISES ET LES TEMPÊTES ? UN LARGE SOURIRE QUI DIT « C'EST BON, ÇA Y EST, VOUS Y ÊTES » ? OU LA CHALEUR D'UN BON CAFÉ POUR SE POSER, POUR TOUT RACONTER ? C'EST TOUT ÇA LA FRATERNITÉ, C'EST REFUSER LES INÉGALITÉS OU LA PRÉCARITÉ. PEU IMPORTE CE QU'ON FAIT OU CE QUI NOUS POUSSE À LE FAIRE, L'IMPORTANT EST D'AGIR, DE MONTRER QU'ON EST TOUS FRÈRES. MÊME SI C'EST PEU, MÊME SI CE N'EST PAS TOUT LE TEMPS, LE JOUR OÙ VOUS COMMENCEREZ SERA TOUJOURS LE BON MOMENT. VOUS PENSEZ QUE LA FRATERNITÉ NE VA RIEN RÉGLER ? NOUS, ON PROPOSE JUSTE UN TRUC : ET SI ON ESSAYAIT ? PARCE QU'IL SUFFIRAIT QU'ON LE DÉCIDE, VOUS, NOUS, MAINTENANT ET ÇA CHANGERAIT LA VIE DE MILLIONS DE GENS. LA FRATERNITE N'EST PAS UNE PROMESSE EN L'AIR, C'EST UNE RÉVOLUTION ET ENSEMBLE ON PEUT LA FAIRE.

REJOIGNEZ LA
#REVOLUTIONFRATERNELLE
revolutionfraternelle.org

Secours Catholique
Caritas France

VERYGOODCHOICE

ÎLE DE LA DÉSIRADE

La silhouette de La Désirade évoque la forme d'une quille de bateau renversée. Située au large de la Pointe des Châteaux, l'île s'étend en une longue bande rocheuse au milieu de laquelle se dresse un grand plateau où culminent la Grande Montagne du haut de ses 276 mètres et le Morne souffleur à 207 mètres. Au sud, le récif corallien ceinture un chapelet de belles plages aux eaux calmes et limpides. L'unique route, qui relie les villages entre eux, est entrecoupée de petites anses donnant sur l'Atlantique. Le Nord, vierge d'habitation, est quasi inaccessible sauf pour les randonneurs expérimentés qui peuvent y découvrir des petites criques intimistes sur la mer Caraïbes. L'île a su conserver son caractère authentique loin du tourisme de masse. L'arrivée s'effectue par navette maritime (comptez 45 min) depuis Saint-François ou par avion privé (10 min).

Île de la Désirade
LA DÉSIRADE
GUADELOUPE
Marie-Galante
DOMINIQUE
ILETS GRAND BANC
Pointe du Grand Abaque
Pointe à Mombin
97 m
Anse-Galets
Pte Mancenillier
Pointe Doublé
Plateau de la Montagne
Pointe à Claire
Baie-Mahault
Pointe Gros Rempart
Morne Souffleur 207 m
LA DÉSIRADE ★★
Pointe du Grand Nord
Anse-d'en-Haut
Pointe de la Trembleuse
Le Souffleur
Anse-à-Mulets
Anse-du-Bord-de-Mer-au-Frais
Grand Montagne 273 m
Pointe du Petit Nord
159 m
Beauséjour
Pointe du Désert
Pte Frégule
Anse-des-Galets
Les Sables
Grande-Anse
Les Galets
Aérodrome
Anse-d'Échelle
Pointe des Colibris
VERS PETITE-TERRE ★★★
2 KM

●● LA DÉSIRADE

Tout comme les îlets de Petite-Terre qui lui sont rattachés, la Désirade abrite une faune étonnamment diversifiée dont certaines espèces sont protégées. Elle s'étend sur 2 km de large et 11 km de long et s'avère un véritable petit paradis pour les randonneurs et l'observation de la faune locale : pailles-en-queue, pélicans et frégates forment un ballet incessant que les éoliennes, source d'une partie de l'énergie de l'île, ne semblent nullement effrayer. Les iguanes et les agoutis, comme à leur habitude, se font discrets, nichés pour certains parmi les espèces variées de cactus tandis que les touloulous, anolis, colibris, sucriers… posent volontiers pour les touristes amateurs de clichés.

LA DÉSIRADE ★★

PETITE-TERRE ★★★

Afin de préserver cette réserve naturelle protégée, l'escale à Petite-Terre demeure soumise à des conditions très strictes. Seuls quelques bateaux transportant des passagers disposent de l'autorisation pour accéder à Petite-Terre. Cette réglementation concerne également les bateaux privés. Les gardes de l'ONF veillent 24h/24 au respect du site.

LA DÉSIRADE ★★

Afin de maîtriser les constructions et de préserver le patrimoine naturel de la Désirade, l'Etat a créé une deuxième réserve nationale au nord-est de l'île, après l'îlet de Petite-Terre dépendant administrativement de la Désirade. L'un des facteurs déterminants pour la création de cette zone protégée est la singularité géologique de l'île. Une végétation de climat sec, où les arbres caribéens sont bien adaptés, comme le mancenillier aux feuilles et fruits toxiques (qui provoquent brûlures et démangeaisons), le raisinier de bord de mer, l'olivier, le bois cannelle ou encore l'arbre à cajou. La famille des cactées est bien représentée également.

Transports

- **A votre arrivée sur l'île,** à la descente du bateau, vous trouverez plusieurs loueurs de voitures, de scooters et de vélos en version classique et en version électrique pour vous déplacer. Les vélos électriques sont très pratiques pour arpenter certains chemins en limitant les efforts. Quel que soit le moyen de locomotion, il est préférable de réserver en haute saison.
- **Le réseau de bus KARULIS** est également présent sur l'île et permet d'accéder jusqu'à Section Galets (sur demande), Souffleur et Baie-Mahault depuis la descente du bateau. Pour plus d'informations, renseignez-vous directement auprès du chauffeur du bus car les horaires varient selon la saison.
- **Des taxis et des minibus** permettent d'effectuer une visite commentée de la Désirade.

ANCIENNE STATION MÉTÉO

Tout au long de la route, de Grande-Anse jusqu'à l'ancienne station météorologique à la pointe est de l'île, se dissimulent de nombreuses anses secrètes et tranquilles. La station météorologique, qui n'est plus en activité, présente une architecture représentative des années 1930 érigée par un étudiant de l'architecte Ali Tur. Elle servait à observer l'activité cyclonique. Le bâtiment pourrait devenir un musée. Tout près, un imposant phare se dresse à l'assaut du ciel. La falaise de la pointe empêche avec efficacité une mer furieuse de dévorer les rochers.

GRANDE-ANSE

Grande-Anse

Le bateau arrive à Grande-Anse, petit port de pêcheurs et chef-lieu de la commune. Le centre s'organise entre la petite église attenante au presbytère, la mairie, la poste et la bibliothèque. Dans le paysage, des canons rouillés témoignent des combats qui se sont tenus sur cette terre convoitée à la fois par les Anglais et les Français.

Une première randonnée se dirige vers l'ouest : environ 1h30 pour accéder à la plaine des Galets et à la pointe des Colibris. A la sortie du bourg, la plage de Beauséjour offre un point de vue très photogénique !

L'île de la Désirade.

LA GRANDE MONTAGNE

L'intérieur des terres est un paradis pour les randonneurs ; l'ascension de la Grande Montagne, qui constitue le point culminant de l'île à 276 mètres, se poursuit par une marche sur le plateau calcaire au superbe panorama sur l'océan Atlantique. Ses sources alimentent en eau potable l'île. Ce plateau, très pentu au Nord, dispose d'une pente beaucoup plus douce au sud. Peut-être aurez-vous la chance de surprendre la course de quelques agoutis ou de lièvres dorés… Les iguanes, eux, courent nettement moins vite, mais se confondent avec la roche.

JARDIN BOTANIQUE DU DÉSERT

Lieu-dit Le Désert
✆ 06 90 85 85 33
Ouvert tous les jours 9h-14h. Visite guidée 1h : 14,50 €/ad, 9,50 €/enf (6-12 ans). Fermeture annuelle sept-oct.

L'association Cactophiles des Antilles est à l'initiative de ce jardin botanique qui rassemble cactus et autres plantes succulentes, fruit d'un travail de longues années. Ses membres œuvrent pour sauvegarder et réintroduire le cactus « tête à l'anglais » dans son milieu naturel. Le jardin abrite 60 000 exemplaires de plus de 800 variétés différentes originaires des Antilles et du monde entier. Pour se restaurer, saladerie sur place réservée aux visiteurs, réservation conseillée.

MAISON DE L'INDIGO

Bourg de la Désirade
✆ 06 90 70 81 68
Ouvert de 9h à 12h et de 14h à 16h. Ateliers le matin sur réservation.

Ghislain, maître-teinturier de formation, est l'un des tout premiers à avoir remis au goût du jour les techniques traditionnelles de teinture à l'indigo en Guadeloupe. À l'occasion d'ateliers, il vous initie à ce savoir-faire sur tissu, mais aussi au frappé de feuilles : en les martelant, on laisse leur empreinte sur l'étoffe. En plus de l'indigo, Ghislain expérimente la teinture avec de plus en plus de couleurs. Dans sa palette, le pourpre, une couleur très rare qu'il extrait à partir d'un coquillage (sans lui faire de mal), une technique quasi unique au monde.

NOTRE DAME DU CALVAIRE

Baie-Mahault

La chapelle de Notre-Dame-du-Calvaire, teintée de blanc et de bleu, a été érigée en 1905. Elle est située à 200 mètres d'altitude, à flanc de colline, et reste toujours bien entretenue. L'accès est assez difficile à pied car le sentier est pentu, mais l'effort est récompensé car le panorama sur les paysages de l'île et sur les îles voisines est de toute beauté. Des petites croix numérotées vous guident sur le chemin. Il est également possible d'y accéder avec un véhicule tout-terrain. Vous pouvez poursuivre ensuite vers le chemin des crêtes.

PLAGE À FANFAN

En direction de l'aéroport, à l'opposé de la plage à Fifi.

À seulement quelques minutes du centre de Beauséjour, cette plage est très plébiscitée car vous pouvez faire de belles balades en longeant la mer qui est d'un beau turquoise et, de plus, elle est bien ombragée, ce qui en fait un lieu de détente idéal. Des scènes du film *Fanfan*, dans lequel a joué Sophie Marceau, ont été tournées sur cette plage. Ce site est vraiment privilégié tant pour la baignade car la mer y est très calme, que pour la découverte de la faune et de la flore sous-marine. N'oubliez pas vos palmes, masque et tuba !

PLAGE À FIFI

À deux mètres du port.

Située à environ 200 mètres du port de Beauséjour, cette plage de sable fin est bordée de nombreux cocotiers qui permettent ainsi de disposer de zones d'ombre bien pratiques pour la farniente sans trop s'exposer au soleil. Vous pouvez prévoir d'y passer la journée sans avoir à vous préoccuper de trouver un lieu pour la pause déjeuner, car vous trouverez sur place des restaurants de spécialités créoles qui sont ouverts le midi. Bien qu'elle soit une des plages les plus fréquentées de l'île, elle reste néanmoins toujours accessible facilement.

PLAGE DE PETITE RIVIÈRE

Après la plage du souffleur en direction de la station météo.

Située sur l'extrémité sud-est de l'île en suivant la route en direction de Baie-Mahault, la plage de Petite Rivière est composée de sable blanc et fin. Longue d'environ 300 mètres, elle dispose d'espaces naturels ombragés grâce à la multitude de cocotiers qui la bordent. Le site permet de profiter en toute sérénité du cocktail soleil, baignade et farniente à l'ombre. Une barrière de corail permet de bénéficier d'une mer aux eaux tranquilles et de couleur turquoise. Cette plage doit son appellation à une source située à proximité.

PLAGE DU SOUFFLEUR

Sur la côte Sud.

Une belle plage tout en longueur, bien ombragée pour un moment ou une journée détente. La plongée en apnée, avec palmes, masque et tuba, permet de découvrir les coraux et les nombreuses espèces qui y sont hébergées. La balade à pied vous entraînera jusqu'au port de pêche qui abrite une multitude de canots bigarrés. Côté restauration, amateurs de spécialités antillaises, deux restaurants y sont implantés. Autre solution, vous installer pour un pique-nique sous un des carbets. Sur place également, des cabines avec douches et toilettes.

POINTE DU GRAND-ABAQUE

À partir de la plage de Baie-Mahault, par un petit sentier.

Il s'agit de l'extrémité nord-est de l'île. Parfait pour une randonnée à pied ou en VTT. Vous y découvrirez un paysage exceptionnel et varié entre une végétation faite de cactus, de plantes et d'arbres penchés par les alizés sur un plateau de calcaire. C'est sur cette partie de l'île, battue par les vents, qu'avait été implantée la léproserie qui recevait les malades venus de toute la Guadeloupe. Vous y trouverez également la station météorologique et le phare qui accompagne encore les bateaux. Drôle de paysage avec ses arbres couchés par les vents violents !

SENTIER DES ÉOLIENNES ★★

Vous accédez au plateau en moins d'une heure en partant de la D207, avec l'abribus comme repère. Suivez ensuite le chemin en béton. Ce sentier vous donne accès à de superbes panoramas à 180°.

Compte-tenu du vent qui souffle sur le secteur, l'île a accueilli le premier parc éolien de Guadeloupe dès 1993. Ces éoliennes sont rabattables au sol en cas de vents violents lors d'une tempête ou d'un cyclone. Elles assurent une partie de l'électricité de l'île. Lors d'une balade, vous pouvez croiser des techniciens de la centrale qui entretiennent les installations.

KARU'LIS

A l'arrivée des bateaux.

www.karulis.com

Trajet à 1 €. Se renseigner auprès du chauffeur pour connaître les horaires qui varient selon la saison.

Le réseau de bus orange Karulis est également présent sur l'île de la Désirade. Le bus de 22 places climatisé attend les passagers à chaque arrivée de bateau. Il permet de rejoindre les diverses zones de l'île depuis Beauséjour avec un arrêt (uniquement sur demande) à la section Galets. Ensuite le bus s'arrête à Souffleur puis à Baie-Mahault. En période scolaire, ce bus, qui achemine les élèves, reste cependant accessible aux passagers privés. Il est conseillé de se renseigner auprès du chauffeur qui sera en mesure de vous préciser les horaires de passage.

SENTIER MONTANA

A l'extrémité Est de l'île.

Une randonnée pédestre d'environ 1h30. Le sentier vous entraîne en bordure du littoral, en compagnie d'iguanes. La visite permet d'accéder aux ruines des anciennes cotonneries et de la léproserie tout en découvrant diverses espèces de végétaux. Le sentier Montana fait partie du sentier de la côte Est qui dispose d'un parcours permettant la découverte de la réserve naturelle nationale de la Désirade. Si cette réserve a pour objectif de préserver le patrimoine géologique, la visiter permet de découvrir des paysages sauvages de toute beauté.

ARCHIPEL 1 / COMADILE

Le desert

✆ 0590 20 01 00

www.comadile.fr/

Aller-retour à partir de 37 €/adulte, 23 €/2-12 ans, 10 €/bébé -2 ans.

Comptez environ 45 minutes de traversée à bord de l'*Archipel 1*, un confortable bateau de 287 personnes qui dispose d'un pont découvert de 120 personnes. La traversée est ainsi vraiment beaucoup moins mouvementée. Il faut se présenter au moins 15 minutes avant le départ. Il est possible de réserver en CB par VAD, ou en ligne. Départs de Saint-François 2 fois par jour, en règle générale, et tous les jours. Mais il est préférable de vérifier auprès de la billetterie, car ces informations sont sujettes à modification en fonction de la météo.

BUREAU D'INFORMATION TOURISTIQUE - LA DESIRADE

Capitainerie

✆ 0590 84 61 39

www.rivieraguadeloupe.com

Basse saison : mar-sam 7h30-14h30. Haute saison : 8h-13h et 14h-16h.

L'île de la Désirade figure parmi les destinations promotionnées par la communauté d'agglomération de la Riviera du Levant. L'île dispose également d'un point d'accueil sur place qui se trouve à la Capitainerie à Beauséjour, accessible ainsi dès la descente du bateau (l'aérodrome est également à proximité). L'accueil des visiteurs y est toujours des plus agréables. C'est l'endroit idéal pour organiser votre programme de découverte de cette île si bien préservée.

LOCATION 2000

Port de la Désirade

✆ 0690 27 17 85

Bien que la visite de l'île de la Désirade puisse s'effectuer à pied de par sa petite superficie, l'île n'en est pas moins montagneuse avec des zones moins facilement accessibles à tous. L'île est effectivement parfaitement adaptée à la randonnée pédestre pour les amateurs. Pour les moins sportifs, plusieurs loueurs de véhicules sur place permettent de vous déplacer sans trop d'efforts. LOCATION 2000 propose ainsi la location de quads, de buggys, de vélos classiques et électriques et de scooters thermiques pour faciliter votre visite

DESI'LOC

✆ 0690 402 359
www.desiloc.com/

Pierre Désirée propose des scooters électriques à la location pour partir à la découverte de la Désirade en toute liberté. Les balades peuvent ainsi s'effectuer en solo, en duo, en famille ou bien entre amis hors des sentiers battus. Ce type de véhicule électrique et silencieux a l'avantage d'être écologique et de ne perturber ni la faune ni les habitants par une quelconque nuisance sonore. Dési'Loc est ouvert aux heures d'arrivée des bateaux. Ce loueur propose un tarif à la journée mais également des prix dégressifs selon la durée du séjour.

LES FLOTS BLEUS €

Baie-Mahault
✆ 05 90 83 53 72

110 €/nuit le bungalow pour 2 personnes. 90 €/nuit à partir de 2 nuits.

Les six bungalows sont situés face à la mer dans un jardin. Ils sont tous dotés d'une chambre climatisée, d'un séjour, d'une kitchenette équipée et d'une terrasse avec transats et barbecue. La vue depuis les hébergements est splendide. Vous êtes bercé par le doux bruit des vagues pour une déconnexion totale. Une machine à laver et un sèche-linge communs sont également à disposition des clients, moyennant un supplément. Il est possible de louer une voiture et des vélos VTT sur place. Les propriétaires sont très chaleureux et vous attendent à la descente du bateau.

ALIZÉA €

Le Souffleur
✆ 05 90 20 06 14
https://gites-alizea.com

70 €/nuit (départ 10h ou + 20 € pour extension 1/2 journée), 455 €/semaine/2 personnes. Fermeture annuelle en septembre.

Les 4 gîtes colorés sont situés à 100 m de la plage du Souffleur, l'une des plus belles de l'île avec vue sur la mer et la montagne. Les logements climatisés, conçus pour 2 personnes, sont situés au cœur du jardin et disposent d'une terrasse couverte avec cuisine équipée, d'une chambre, de toilettes et d'une salle de bains. Le carbet, à disposition de tous, permet de se réunir après la plage et faire connaissance autour d'un ti-punch avec les autres clients. Pour toute information ou réservation, contactez les propriétaires par mail et non par téléphone.

GÎTES DES REMPARTS €

Route du Phare
✆ 05 90 20 08 01
www.location-vacances-antilles.com

À partir de 47 €/nuit/studio, de 50 €/T2, de 64 €/T3 pour 4 personnes. Tarifs annoncés sur la base de 2 nuits.

Ce gîte est composé de 2 studios et d'un appartement T2 climatisés situés au rez-de-chaussée et d'un appartement T3 (2 chambres) à l'étage. Les studios peuvent accueillir jusqu'à 2 adultes et 1 enfant. Ils disposent d'une terrasse couverte et d'un jardin, comme le T2, qui a une capacité d'accueil de 4 personnes. L'appartement T3 avec terrasse, situé à l'étage, peut accueillir jusqu'à 6 adultes. Les hébergements disposent d'un coin cuisine équipé. Le site est en pleine nature, à moins de 100 m de la plage avec une vue imprenable sur la mer des Caraïbes.

DESIRADA €

Baie-Mahault
✆ 05 90 20 00 48
www.desirada.org

3 nuits minimum. Pavillon à partir de 95 €/nuit, 630 €/semaine. Studio double à partir de 60 €/nuit, 330 €/semaine.

La plage est à 150 m de ce pavillon, qui peut accueillir 6 personnes (3 chambres climatisées, salon, cuisine et terrasse avec vue sur la mer). On y trouve également 3 studios climatisés pouvant accueillir jusqu'à 4 personnes. Tous disposent d'un coin cuisine, de la télévision, et d'une terrasse avec vue sur la mer. Accès Wi-fi. Une piscine est à la disposition des clients. Le petit déjeuner se prend sur la terrasse, et il est en outre possible de commander des plats cuisinés. Cuisine raffinée le week-end, ambiance musicale et danse.

L'OASIS €

Section le Désert
✆ 0690 71 84 62
www.oasisladesirade.com

Fermé en septembre. À partir de 61 €/chambre double, triple 65 €, studio familial avec kitchenette : 71 €.

À 300 m du port, l'Oasis propose des hébergements climatisés parmi lesquels des chambres doubles, twin, triples et 2 studios équipés d'une kitchenette et d'une terrasse privative. Tous les logements sont climatisés et dotés de la télévision (TNT), d'un réfrigérateur, du wfi gratuit. Le site dispose d'une piscine commune. Les hébergements sont non-fumeurs. Il est possible de bénéficier d'une formule demi-pension ou pension complète au restaurant Lagranlag appartenant à la même propriétaire situé entre la marina de Beauséjour et la plage à Fifi.

CLUB CARAVELLES €€

Quartier du Souffleur
✆ 05 90 20 04 00
www.desiradoo.com
2 jours/1 nuit à partir de 110 €/2 personnes, 510 € pour 7 j/6n. 3 nuits minimum. Petit déjeuner inclus.

A votre disposition, 6 appartements en duplex répartis dans 3 bungalows. Les hébergements entourent la piscine commune et bénéficient d'un accès direct à la mer. Ils peuvent accueillir de 1 à 5 personnes et disposent d'une kitchenette. L'un d'entre eux est accessible aux personnes à mobilité réduite. Pratiques, le service de petit-déjeuner et les petits plats proposés par l'hôtesse qui permettent de dîner tranquillement et de profiter du cadre très agréable. Accueil possible en Guadeloupe dès l'arrivée à l'aéroport Pôle Caraibes.

GÎTES DE LA GRANDE RAVINE €€

Le Désert - Grande ravine
✆ 0590 20 02 71
À partir de 65 €/nuit/2 personnes ou de 370 €/semaine. 10 €/nuit par personne suppl. Petit déjeuner à partir de 9 €.

Dans un beau cadre agréable et fleuri, les hébergements sont situés dans un environnement très calme, avec vue sur la mer. Trois gîtes disposent d'une chambre et un autre est doté de deux chambres et deux salles de bain. Les propriétaires Josie et René seront aux petits soins afin de vous permettre de passer un agréable séjour et sont d'excellents conseils. Dans le jardin, un grand carbet et un BBQ à disposition. Il est possible de commander des plats préparés par Josy.

OUALIRI BEACH €€

Rue Schoelcher
✆ 0690 75 76 74
À partir 55 €/nuit pour 2 personnes.

Cet hôtel, à taille humaine, avec ses six chambres, dispose d'une architecture qui s'intègre totalement dans le paysage. Il se trouve à un km de l'aérodrome et à proximité de Beauséjour. Les hébergements climatisés ont vue sur la mer et peuvent accueillir jusqu'à quatre personnes. Ils sont dotés d'une petite terrasse privative. La plage, aménagée et ombragée par des cocotiers, est équipée de douches, parasols et bains de soleil. L'accueil et le service personnalisé font partie du charme de cet établissement et permettent de passer un excellent séjour.

LES GÎTES DE LA GRANDE SOURCE €

Rue du Souffleur
✆ 05 90 20 03 88
Bungalows : 65 €/2 pers. - 80 €/3 - 95 €/4 - 130 €/5 personnes.

Les Gîtes de la Grande Source sont situés au cœur d'un grand jardin arboré. Les cinq bungalows peuvent accueillir jusqu'à 5 personnes. La villa dispose de 3 chambres et 2 salles de bain, d'un salon avec un couchage pour 2. Elle peut accueillir jusqu'à 8 personnes. Les hébergements sont climatisés. La propriétaire ouvre sa table d'hôtes et petit-déjeuner sur commande midi et soir à la clientèle extérieure. Elle y propose une bonne cuisine traditionnelle créole.

PARADIS DES SABLES €€

Les sables
✆ 0690 59 20 04
95 €/nuit sur la base de 2 pers., 15 €/nuit/personne supplémentaire. Capacité d'accueil de 4 personnes maximum par gîte.

Les deux jolies maisons neuves sont repérables facilement, car elles sont bien colorées (l'une en jaune, l'autre en fuchsia). Elles disposent toutes deux d'une belle vue mer. D'une capacité d'accueil de 4 personnes, elles sont dotées chacune d'une chambre, d'un salon (avec couchage pour deux personnes), d'une cuisine équipée, d'une terrasse et d'un parking privé. (Il n'est pas possible d'ajouter un lit d'appoint ou un lit bébé). Les installations neuves sont confortables. Sur place, un spa installé sous un carbet. Les animaux ne sont pas admis.

LAGRANLAG €

Plage à Fifi
✆ 05 90 20 01 00
www.oasisladesirade.com
Fermé le lundi toute la journée, le jeudi soir et le dimanche soir. Menu déjeuner 23 €.

Le restaurant est situé dans l'enceinte de l'hôtel Oasis. La carte de plats proposés n'est pas très vaste. Mais c'est un gage de qualité car ils sont préparés à base de produits frais (ragoût ou colombo de cabri, steak de thon, fricassée ou brochette de poulet, court-bouillon de poisson, fricassée de chatrou ou de lambis...). Le dessert maison, la *Langranlagaise*, est inspiré par la spécialité locale, une glace au sirop et du fruit de pomme de cajou, dont seuls les habitants de l'île détiennent le secret. Le personnel est toujours très agréable.

LA PAYOTTE €

Plage à Fifi

✆ 05 90 20 01 29

Addition moyenne à 25 €. Ouvert de 9h à 15h. Fermé les 3 premières semaines d'octobre et le mardi en basse saison.

Cette petite case créole typique, aux teintes de jaune et de bleu, est située sur une des plus belles plages de l'île. Elle est implantée les pieds dans le sable et à seulement trois minutes à pied de l'embarcadère. Vous pourrez y apprécier surtout des produits de la mer fraîchement pêchés sous forme de poisson grillé, poissons fumés, langouste fraîche, accompagnés de légumes pays de saison et accommodés façon désiradienne à l'image du poulet à la noix de cajou, fruit issu de l'île. Le panorama depuis le restaurant est vraiment superbe.

LES PIEDS DANS LE SABLE €

Plage à Fifi

✆ 06 90 74 89 80

Ouvert du lundi au dimanche de midi et soir. Plats entre 10 et 16 €.

Cette petite paillote fraîchement rénovée est située les pieds dans le sable, au bord de l'eau sous les cocotiers, comme son nom l'indique. Le cadre, l'environnement, ainsi que l'accueil sont des plus agréables et invitent forcément à la détente. Vous pouvez y venir pour siroter une boisson fraîche ou pour apprécier une de leurs nombreuses salades, des plats de poisson ou de langouste qui arrivent tout droit des filets d'un pêcheur de la famille de la propriétaire. Pour vous rafraîchir, rien de tel que les glaces maison. Le soir l'établissement propose des tapas.

ROSE ITA €

Plage du Souffleur

✆ 06 90 71 98 26

Ouvert tous les midis et le soir samedi et dimanche. Fermé mardi et vendredi. Formules midi à partir de 15 €.

Ce restaurant-snack-bar-glacier tout de rose vêtu propose des produits locaux (langouste, cigale, lambis, brochettes de poisson, poulet, bœuf ou ouassous, fricassée de lambi...) ou des plats plus classiques tels que des entrecôtes, des hamburgers, des kebabs. La terrasse aussi colorée que la façade, en partie les pieds dans le sable, a une vue imprenable sur la mer. Vous ne pourrez pas partir sans avoir testé un des punchs élaborés sur place. Des soirées karaoké, des soirées dansantes et des concerts y sont organisés. Le rapport qualité-prix est excellent.

LA ROULOTTE €

Plage du Souffleur

✆ 06 90 54 19 64

Ouvert tous les jours de 9h30 à 17h. Fermé le lundi. Plats à partir de 14 €. Langouste entre 23 et 38 €.

L'établissement propose une bonne cuisine créole. Vous pouvez déjeuner les pieds dans le sable protégé du soleil par un cocotier ou dans la salle. Vous allez apprécier les plats proposés car tous les produits sont frais et issus de la production locale. Au menu, langouste, fricassée de lambi, un court-bouillon, poulet boucané... puis en dessert leur fameux flan coco qui contribue à la renommée de l'établissement. Ensuite vous avez juste à aller piquer une tête dans l'eau translucide et à la température idéale à quelques pas, sur la plage du Souffleur.

BAR DESIRADA

Section Baie-Mahault

✆ 05 90 20 00 48

www.desirada.org

Ouvert de 7h à 20h tous les jours sauf le dimanche après-midi. Fermeture annuelle en septembre.

Vous y trouverez des boissons rafraîchissantes, des glaces, de la bière pression, des cigarettes, des sucreries… Vous rencontrerez des randonneurs qui viennent s'y désaltérer et se reposer un moment avant de poursuivre leurs efforts, à pied ou à vélo, des vacanciers mais aussi la population locale accueillante dans un cadre sympathique. Un des lieux incontournables de rencontres et d'échanges entre les résidents et les visiteurs de l'île. C'est l'endroit où se rendre pour obtenir toutes les meilleures infos pour un séjour sur mesure.

ATELIER LAPIDAIRE

Rue ferjus

✆ 06 90 68 82 81

www.desi-jaspe.com/

Ouvert tous les jours de 8h à 13h, de 9h à 12h le dimanche. Ateliers d'initiation à la taille de pierres sur demande.

Véronique Tonton expose ses créations (bijoux et œufs décoratifs) en pierres semi-précieuses dans sa boutique. L'île de la Désirade possède des gisements magmatiques, de jaspe, de quartz. Certaines de ces pierres ont plus de 100 millions d'années. Cette artiste lapidaire a la passion de belles créations : elle façonne la pierre gemme, la nacre de lambi et burgot (coquillages locaux). Elle y associe des métaux précieux, de l'argent. L'artiste organise des ateliers pour former les visiteurs à la taille des pierres. Ils repartent ensuite avec leur création.

LES SAVONS DE LA DÉSIRADE

Soufleur

✆ 0690 75 15 24

Ouvert le matin en basse saison, la journée en haute saison (8h30-12h30/14h-16h).

Cette boutique est occupée par 2 artisanes. L'une fabrique des savons artisanaux et des cosmétiques en utilisant la technique traditionnelle de saponification à froid et à partir de produits naturels tandis que la seconde crée des bijoux avec de nombreuses matières (bois, pierres, coquillages, perles...), des sacs... ainsi que du miel de la Désirade, des aquarelles, des peintures d'artistes locaux, des poteries réalisées avec la terre de l'île...

ATELIER CÉRAMIQUE RÊVE DE TERRE

Chemin des Lataniers

✆ 06 90 72 93 43

Cours à partir de 25 €/h/personne, sur réservation.

Professeur aux Beaux-Arts, Marcela vous fait découvrir sa passion pour la sculpture dans son atelier-boutique-galerie. Équipée de fours à gaz et à bois, elle initie à différentes techniques (tournage à pied, colombin, modelage, plaque...). Vous travaillez à partir d'un mélange d'argile locale et importée pour plus de facilité, jusqu'à la première cuisson. Possibilité de repartir avec votre œuvre une fois sèche (cela peut prendre jusqu'à un mois !).

L'ÎLOT PLONGÉE

port

✆ 06 90 850 676

Club ouvert du mardi au dimanche 8h à 12h et de 15h à 17h30. Baptême 60 €/adulte. Exploration à partir de 50 €.

Olivier est un ancien marin pêcheur, reconverti dans la plongée. Il a créé une petite structure très conviviale et vous accompagne pour partir à la découverte du monde sous-marin qui entoure l'île. Il vous fera découvrir des spots fabuleux. Les sites de plongée se déterminent en fonction de la météo du jour, car l'île de la Désirade est particulièrement exposée aux vents et à la houle. Deux sorties sont organisées, une le matin et une l'après-midi. Olivier vous fixe un rendez-vous sur la marina. Vous partez en groupe de 6 personnes au maximum.

LOVE PARADISE

Port de la Désirade

✆ 0690 75 67 90

https://loveparadiseexcursions.com

Excursions à partir de : 120 €/ad, 105 €/enf (basse saison). 140 €/ad, 125 €/enf (haute saison).

Joël, marin-pêcheur originaire de la Désirade, propose des excursions en mer inoubliables. Les sorties s'effectuent à bord d'un bateau rapide de 12 places. Au départ de la Désirade ou de Saint-François, embarquez pour une excursion à la journée dans la réserve de Petite-Terre, repas inclus (menu poulet, poisson ou langouste sur la plage). La structure propose aussi une journée complète de visite de la Désirade en buggy et de Petite Terre. Lors de la navigation, il se peut que vous rencontriez des baleines. Le bateau est équipé afin d'écouter leur chant.

PETITE-TERRE ★★★

À 11 milles au Sud-Est de Saint-François, deux petites îles désertes, Terre-de-Haut et Terre-de-Bas (1,5 km²), sont gérées par l'Office national des forêts et dépendent administrativement de la Désirade. Réputées pour la richesse de leurs fonds marins, elles ont pour seuls habitants des iguanes, des crabes et des oiseaux. Seuls quatre gardes de l'ONF résident à tour de rôle sur l'île de Terre-de-Bas. Déclaré réserve naturelle depuis 1994, le territoire est devenu un sanctuaire de la faune et de la flore, notamment des crabes, des iguanes, des oiseaux marins. Terre-de-Haut n'est pas accessible. Toute chasse et pêche sont strictement interdites.

Transports

L'accès à Petite-Terre s'effectue depuis l'île de la Désirade ou de Saint-François. La rotation peut s'effectuer à bord d'un navire de passagers de 50 places pour une traversée d'environ 50 minutes, à bord d'un catamaran (comptez environ 1h30) ou encore d'un bateau rapide type cigarette. Comptez alors entre 40 minutes et 1 heure selon la puissance du bateau. Les excursions sont proposées à la demi-journée ou à la journée. Elles incluent alors généralement le déjeuner qui se déroule sur le bateau. Les jours d'excursion de chaque compagnie sont définis afin de limiter le nombre de visiteurs sur l'îlet mais également autour de l'îlet à 180 personnes maximum par jour. Il est vivement conseillé de réserver les places assez tôt car le site est plébiscité tout au long de l'année.

PHARE DE L'ÎLET DE PETITE-TERRE ★

Construit en 1840 et haut de 35 m, c'est le plus ancien phare de l'archipel classé monument historique. Il servait de repère aux bateaux. Ce phare est la continuité de la mission confiée au XVIIIe siècle par le roi de France à la famille Thionville, issue de la Désirade, qui avait obtenu la concession de Petite-Terre, et qui consistait à allumer de grands bûchers nocturnes pour avertir les marins de la présence de l'île. Le panorama depuis le haut du phare est imprenable.

DOMINIQUE

M*abrika* ! Bienvenue sur l'île nature. Si vous êtes en quête d'une population chaleureuse, d'une nature généreuse, ce lieu est fait pour vous. Vous aimerez son littoral sauvage, ses sites de plongée et bien sûr sa jungle luxuriante. Peut-être y aurez-vous la chance de croiser le perroquet Sisserou, l'emblème de la Dominique… L'activité volcanique de l'île est intense, neuf volcans ont été recensés. Vous apprécierez donc l'eau dans tous ses états : des sources chaudes sulfureuses aux lacs bouillonnants en passant par les cascades et les 365 rivières présentes sur l'île. Si Christophe Colomb revenait, c'est la seule île qu'il reconnaîtrait, disent les Dominiquais ! L'accueil est l'autre point fort de l'île : les gens sont aimables et disent bonjour quand ils vous croisent. La Dominique est également la terre des Kalinagos, uniques descendants directs des indigènes de la Caraïbe. Ils sont environ 3 000 et vivent sur une partie de l'île.

Dominique
Passage de la Guadeloupe
Capuchin Cape
Capuchin
Là-Haut
PENNVILLE
VIEILLE CASE
Clifton
Guillet
Morne aux Diables
861 m.
Thibaud
Douglas Bay
Tanetane
Paix
Bouche
HAMPSTEAD
CALIBISHIE
P.N. CABRITS
La Source
Crompton Bay
Lagon
Larieu
Borne
Bense
PORTSMOUTH
Woodford
Hill
Wesley
Océan
Atlantique
Prince Rupert Bay
SAINT
JOHN
Glanvillia
Picard River
Hampstead River
Toulaman River
Melville Hall River
Pointe
Ronde
MARIGOT
Réserve forestière
nord
SAINT
ANDREW
Dublanc
Bioche
SAINT
PETER
MORNE DIABLOTINS
1447 m.
Bataka
Monkey Hill
Hatton Garden
Crayfish River
Pointe Crabier
Salybia
Carib Territory
Colihaut
St-Cyr
Anse-Gabriel
Réserve forestière
centrale
Batali River
Madjini Sineku
Coulibistri
Macoucheri River
SAINT
JOSEPH
Anse-Français
SALISBURY
SAINT
DAVID
CASTE BRUCE
Layou River
Morpo
Méro
Bells
Morne
Couronne
Good Hope
SAINT-JOSEPH
Belle Fille River
SAINT-SAUVEUR
Layou
Tarou Point
Campbell
Pont Cassé
Morne Trois Pitons
1380 m.
ROSALIE
The Cross
Rivière Ciriques
Mahaut
SAINT
PAUL
PARC NATIONAL DE
MORNE TROIS PITONS
Grand
Fond
Mer
des
Caraïbes
Massacre
Roger
Morne Mocotrin
1221 m.
Morne aux
Frégates
Cochrane
LA PLAINE
Pointe
Giraud
Woodbridge Bay
SAINT
GEORGE
SAINT PATRICK
ROSEAU
Giraudel
5 KM
Morne Anglais
DELICES
Pointe Daniel
POINTE
MICHEL
Bellevue
Chopin
SAINT
LUKE
Pichelin
PETITE SAVANE
Dubuc
Pointe Saint-Jean
Pointe
Guignard
Tête
Morne
Stowe
FOND SAINT-JEAN
BEREKUA
SOUFRIÈRE
SAINT
MARK
Garnd
Bay
Soufrière
Bay
SCOTT'S HEAD
Pointe
des Fous
GUADELOUPE
DOMINIQUE
MARTINIQUE
SAINTE-
LUCIE
Passage de la Martinique

PAGES

SE REPÉRER / SE DÉPLACER

DE L'AÉROPORT AU CENTRE-VILLE

Renseignez-vous sur votre destination, car il existe deux aéroports : l'aéroport Douglas-Charles (DOM) situé au Nord-Est de l'île par lequel vous serez plus susceptible d'arriver et celui de Canefield (DCF) situé au Sud-Ouest, à Roseau (la capitale de la Dominique).

Un projet d'aéroport international, implanté au Nord-Est, près de l'aéroport actuel Douglas Charles, est en cours et devrait voir le jour d'ici 2025. Il devrait permettre d'accéder directement à l'île de la Dominique depuis les États-Unis et l'Europe. Dans cette attente, les rotations s'effectuent via la Guadeloupe, la Martinique ou Saint-Martin. Selon l'heure d'arrivée de votre vol, une nuit en Guadeloupe ou en Martinique à l'aller et/ou au retour sera peut-être nécessaire. Si vous optez pour un vol via Saint-Martin arrivant en début d'après-midi, vous pouvez prendre un vol régional pour la Dominique en fin d'après-midi.

Le tarif des billets d'avion fluctue considérablement selon la période. Vous pourrez ainsi trouver en basse saison un vol aller-retour aux alentours de 400 €. Le transfert vers la Dominique peut aussi s'effectuer par bateau au départ de la Guadeloupe et de la Martinique à partir de 99 € l'aller-retour avec l'Express des Iles ou Val Ferry.

ARRIVÉE EN BATEAU

L'arrivée par les ferries au départ de la Guadeloupe et de la Martinique avec l'Express des Iles ou Val Ferry, s'effectue sur le port de Roseau situé dans le centre-ville. En cas de forte houle, il peut arriver que le débarquement ait lieu sur le port de commerce situé, lui, un peu plus au nord de Roseau. Dans ce cas, les loueurs de voitures et les chauffeurs sont prévenus et vous attendent sur place.

TRANSPORTS EN COMMUN

- **Un système de minibus,** avec des rotations régulières, dessert l'île, jusqu'à des zones très reculées. Le tarif est très abordable (à partir de 1,50 EC$). Sur la route, il suffit de tendre le bras pour faire signe au chauffeur qui s'arrêtera. Les horaires restent assez aléatoires, car les chauffeurs attendent le plus longtemps possible pour remplir leur véhicule de passagers, afin de rentabiliser au maximum le trajet.

- **Le stop** reste encore une pratique très courante sur l'île. La population, particulièrement accueillante, ne rechigne pas à vous véhiculer. C'est assez pittoresque, car vous pouvez vous retrouver installé à l'arrière d'un pick-up avec d'autres voyageurs, dont des travailleurs qui ne se déplacent que par ce moyen de transport. Dans ce cas, soyez toutefois prudent, car certaines routes sont assez sinueuses.

AVEC UN CHAUFFEUR

Les chauffeurs de taxi et les guides qui proposent leurs services à la descente du bateau ou à la sortie de l'aéroport, doivent être munis d'un badge officiel qui prouve que leur activité est reconnue par le ministère du Tourisme.

EN VOITURE

- **Vous devrez acheter un permis de conduire dominiquais.** Il coûte 30 EC$ (environ 12 US$) et peut être acheté dans la plupart des bureaux de location de voiture et à l'aéroport. Les loueurs peuvent vous accueillir à la descente du bateau ou à l'aéroport. Si vous n'avez pas réservé, des loueurs présents vous proposeront leurs services.

- **Vous devez rouler à gauche !** Pour faciliter la conduite, préférez une voiture automatique. Méfiez-vous de vos réflexes, car vous devez doubler par la droite, prendre un rond-point par la gauche ! Et rester sur la voie de gauche n'est pas aussi simple lorsque l'on a l'habitude de rouler à droite. La concentration est de mise.

- **Les routes principales sont en assez bon état,** mais certaines portions de routes ont été endommagées par le passage de l'ouragan Maria en 2017. Des travaux sont toujours en cours. La plupart des routes intérieures sont sinueuses et peu éclairées (et la nuit tombe vers 18h ou 18h30 selon la période de l'année). Les conducteurs locaux ont tendance à rouler vite et au milieu de la route, n'hésitez pas à faire comme eux ; klaxonnez avant d'arriver dans un virage pour vous signaler (ainsi, chacun reprend bien sa file).

- **Certaines routes indiquent les distances en kilomètres,** d'autres en miles (selon la nationalité du constructeur de la route !). Les limitations de vitesse sont indiquées en miles. À titre d'exemple, 50 km/h équivalent à 31 miles.

- **Si vous avez un doute sur votre itinéraire,** n'hésitez pas à vous arrêter et à demander à la population de vous aider ; les Dominicais sont extrêmement accueillants. La plupart des conducteurs s'arrêtent d'ailleurs spontanément pour s'enquérir d'un éventuel souci et vous assister, lorsqu'ils voient un visiteur garé en bord de route.

ORGANISER SON SÉJOUR

ARGENT

▶ **La monnaie officielle** est le dollar des Caraïbes Orientales (East caribbean dollar) indiqué EC$ ou XCD. Son taux est fixe par rapport au dollar américain. Pour éviter toute mauvaise surprise, quand vous demandez à connaître un tarif, faites-vous bien préciser s'il s'agit de dollars américains ou caribéens.

▶ **Taux de change** : 1 US$ = 2,70 EC$; 1 EC$ = 0,37 US$. 1 € = 2,85 EC$; 1 EC$ = 0,34 €.

▶ **Des distributeurs de billets** sont présents dans Roseau, sur le port et à l'aéroport Charles-Douglas. Le change s'effectue dans les banques qui sont généralement ouvertes jusqu'à 14h. Les commerçants acceptent souvent de faire du change, mais le taux pratiqué est moins intéressant.

BUDGET / BONS PLANS

La compagnie Air Caraïbes dispose d'un partenariat nommé « NavigAIR » avec la compagnie maritime l'Express des îles qui permet de voyager jusqu'à la Dominique au départ de l'aéroport d'Orly. Il est ainsi possible de réserver, pour un tarif avantageux le billet d'avion, la navette aéroport qui vous conduit de Pôle Caraïbes au port de Bergevin et le billet de bateau avec prise en charge des bagages. Ce service est opérationnel également pour le trajet retour.

PASSEPORT ET VISAS

▶ **S'y rendre.** L'île de la Dominique est située entre la Guadeloupe et la Martinique. Les visiteurs en provenance d'un des pays membres du Commonwealth n'ont pas besoin de visa. Ils doivent cependant être en possession d'un billet retour pour tout séjour de plus de 21 jours et d'un passeport en cours de validité. Les Français peuvent entrer en Dominique avec un passeport valide et un billet retour. La carte d'identité est valable, uniquement si vous arrivez de la Guadeloupe ou de la Martinique. Les visiteurs en provenance d'Haïti et de la République dominicaine doivent obtenir un visa. Les visiteurs en escale pour moins de 24h (à l'image des croisiéristes) n'ont pas besoin de visa pour entrer sur l'île.

▶ **À l'arrivée.** Vous devez remplir un formulaire d'immigration (recto et verso), remis par les compagnies maritimes et aériennes qui desservent la destination. Il doit être complété avant votre passage au guichet d'immigration. Attention, l'adresse de votre logement sur l'île doit impérativement être indiquée. En cas de besoin, des exemplaires de ces formulaires sont également à disposition avant le passage en douane (prévoyez le stylo !). Ne vous offusquez pas, il est très fréquent que tous les bagages soient fouillés sans trop de ménagement de la part des douaniers.

▶ **Au départ.** Une taxe de départ de 86 EC$ (33 US$ ou 36 €) par personne vous sera demandée avant de quitter la Dominique (27 EC$, 10 US$ ou 12 € pour les enfants de moins de 12 ans). Cette somme est à verser en espèces lors de l'enregistrement (en bateau ou en avion). Prévoyez ainsi de la monnaie avant votre départ, vous pouvez payer en dollar EC, US ou en euro, le paiement par carte bancaire n'est pas toujours performant.

Pour les départs en bateau par ferry inter-îles, les passagers (n'étant pas de nationalité dominiquaise) doivent s'acquitter d'une taxe complémentaire de 10 US$ non incluse dans le tarif annoncé du billet par la compagnie. Cette taxe existe également pour les départs en avion mais elle est incluse dans le prix du billet. Elle a pour objectif de faciliter l'entretien et le fonctionnement des infrastructures maritimes et aéroportuaires.

Soyez vigilant sur le bon respect des consignes de sûreté : pensez à enlever de vos bagages cabines les briquets, objets tranchants, contenants liquides de plus de 100 ml, voyagez avec votre ordonnance si vous avez des médicaments dans vos bagages… Les agents de sécurité sont très stricts à ce sujet et ne badinent pas avec la législation.

PERMIS DE CONDUIRE

Vous devrez acheter un permis de conduite dominiquais. Il coûte 30 EC$ (environ 12 US$) et peut être acheté dans la plupart des bureaux de location de voiture et à l'aéroport. Les loueurs peuvent vous accueillir à la descente du bateau ou à l'aéroport. Si vous n'avez pas réservé, des loueurs sont présents.

SANTÉ

Il est interdit d'introduire des médicaments sur l'île : apportez votre ordonnance si vous suivez un traitement médicamenteux pour éviter tout litige avec les douaniers extrêmement rigoureux à votre arrivée.

VACCINS OBLIGATOIRES

Aucun vaccin n'est nécessaire pour entrer sur l'île excepté pour les voyageurs en provenance d'une zone infectée par la fièvre jaune. Vous devez être toutefois à jour de vos vaccins.

SÉCURITÉ

L'île de la Dominique ne présente pas de risques particuliers. Toutefois, comme partout dans le monde, il est toujours recommandé de faire preuve de bon sens ; ne sortez pas dans les quartiers à éviter, sur une plage isolée à la tombée de la nuit, ne laissez pas d'objets dans le véhicule, évitez tout signe extérieur de richesse à l'image de bijoux ou du téléphone à la main, car le niveau de vie n'est pas le même qu'en France.

En termes de sécurité routière, soyez très prudent si vous n'êtes pas habitué à la conduite à gauche car, par réflexe, nous avons tendance à nous déporter au croisement d'une voiture ou dans un carrefour.

DÉCALAGE HORAIRE

La Dominique se situe sur le même fuseau horaire que la Guadeloupe et la Martinique. Le décalage horaire évolue lors du changement d'heure en France ; il est de - 5 heures en hiver et - 6 heures en été. Ainsi quand il est 12h aux Antilles, il est 17h dans l'Hexagone en hiver et 18h en été.

LANGUES PARLÉES

La langue officielle est l'anglais, mais le créole est utilisé au quotidien. Il permet aux visiteurs guadeloupéens et martiniquais de converser sans difficultés, sans avoir à maîtriser la langue de Shakespeare. Beaucoup d'habitants ont également des notions de français, ne serait-ce que par le contact avec certains membres de leur famille qui résident en Guadeloupe ou en Martinique.

ELECTRICITÉ ET MESURES

Afin de pouvoir recharger vos téléphones portables ou tablettes, vous aurez besoin d'adaptateurs (mêmes modèles que ceux nécessaires pour le Royaume-Uni).

BAGAGES

Prévoyez des vêtements légers car la température descend rarement en-dessous de 25 °C. N'oubliez pas d'apporter des vêtements amples au tissu léger à mettre le soir pour éviter les attaques de moustiques, surtout si vous logez près de la végétation. Les chaussures de marche s'avèrent, bien sûr, indispensables au pays des randonnées. Si les balades les plus faciles peuvent s'effectuer en chaussures ouvertes, la majorité des randonnées nécessitent d'être correctement équipé car elles impliquent la traversée de rivières, de grimper sur des rochers glissants, de marcher dans la boue en période de pluie...

Salisbury.

ROSEAU ★★★

Si vous arrivez à la Dominique par bateau, Roseau la capitale en est la porte d'entrée. Vous découvrirez une ville bouillonnante de vie, hormis le dimanche jour de repos, où quasiment toutes les enseignes sont fermées. Des lignes de minibus desservent les autres villes de l'île au départ de Roseau. Si vous souhaitez louer une voiture, de nombreux loueurs vous attendent à la descente du bateau à la gare maritime, ainsi que des guides. Le centre-ville au plan en damier est petit et se parcourt facilement à pied. Les rues sont animées, notamment le samedi où divers étals fleurissent sur les trottoirs. La petite capitale possède quelques belles maisons créoles de bois coloré. La plupart, non restaurées depuis la fin de l'époque coloniale, sont en mauvais état. Elles témoignent de l'influence française et présentent un curieux mélange de structures simples et solides pour résister aux intempéries et de riches ornementations. Au hasard des rues, vous pourrez admirer quelques vieilles églises dont les fondations en grosses pierres remontent à 300 ans pour les plus anciennes.

N'hésitez pas à flâner au New Market pour découvrir les fruits, légumes et autres produits de l'île, ou au Old Market pour y acheter des souvenirs, avec un passage incontournable à Zeb Kweyol, la boutique de produits cosmétiques locaux. Le Dominica Museum se visite rapidement et offre un bon aperçu de l'histoire de l'île. À l'est du centre-ville, le Jardin Botanique est accessible à un quart d'heure de marche. N'hésitez pas à monter (10-15 min de marche supplémentaire) pour prendre de la hauteur et admirer le point de vue sur Roseau et sa baie.

MORNE BRUCE ★★

Prenez la porte d'Elmshall. Cette petite montagne est située derrière le jardin botanique. James Bruce, l'ingénieur et architecte anglais, a dessiné les plans de fortification de cette ancienne garnison britannique. De par sa situation très en hauteur, le site bénéficie d'un des plus beaux panoramas de Roseau et de la vallée à l'endroit où se trouve le crucifix géant daté de 1920. Le moment idéal pour gravir cette pente verdoyante reste la fin d'après-midi pour en profiter pour admirer le coucher du soleil et le voir se confondre avec la mer.

NEW MARKET ★★

Ce marché prend place à l'embouchure de la Roseau River. Il a lieu tous les jours sauf le dimanche. Le samedi matin, les étals variés, bien rangés et colorés, proposent divers fruits et des légumes et laissent planer des senteurs exotiques. Le marché aux viandes et poissons ainsi que le marché aux fleurs sont implantés au même endroit le vendredi à l'intérieur. Vous découvrirez les superbes fleurs tropicales avec leurs formes et leurs couleurs singulières. L'ambiance qui y règne est populaire et gaie. Elle donne un bon aperçu de la convivialité de la population.

© JUDYDILLON

La ville de Roseau, île de la Dominique.

HISTOIRE DE LA DOMINIQUE

DES KALINAGOS À NOS JOURS

La Dominique précolombienne. Bien que Christophe Colomb l'ait découverte et nommée en 1493, les côtes escarpées de l'île intéressent peu les Espagnols, ce qui permet à la population amérindienne de pouvoir vivre encore quelque temps sans être inquiétée. Ses premiers habitants l'avaient baptisée Waitukubuli qui signifie « son corps est grand ». Les quelques Espagnols installés sur place vivent pendant un temps en harmonie avec les Kalinagos ou Caribs (nom utilisé par les Européens pour désigner les premiers habitants des îles). Le missionnaire Raymond Breton, visitant l'île en 1642, rapporte que les hommes se faisaient appeler Callinago et Calliponam pour les femmes, alors que le terme callinemeti désignait les « hommes de paix ». Aujourd'hui le terme « Carib » faisant référence au passé colonial, n'est plus utilisé. Le nom de Kalinago désigne désormais la communauté et la réserve qui leur est attribuée, un changement officiellement approuvé par le Parlement dominiquais le 20 février 2015.

La colonisation anglaise. C'est à partir du XVIIe siècle qu'Anglais, Espagnols et Français commencent à se disputer l'île. Les Anglais et les Français continuent les batailles de possession jusqu'en 1763, date à laquelle le traité de Paris octroie l'île aux Britanniques. Les Français tentent d'en reprendre possession à plusieurs reprises au début du XIXe siècle, mais en vain : la Dominique est définitivement britannique en 1814. L'esclavage y est abolie en 1833. En 1898, la Dominique bénéficie du statut de colonie de la Couronne britannique.

L'indépendance. L'île accède à l'indépendance le 3 novembre 1978 et devient une république. Le Président de la République dispose d'un champ d'action limité tandis que le Premier ministre occupe les fonctions de chef du gouvernement. En 1980, Mary Eugenia Charles, surnommée « la Dame de fer des Antilles » est élue Premier ministre. La Dominique connaît une période de troubles ponctuée de coups d'Etat ratés, de tentatives d'invasions jusqu'en 1996 où l'île redevient stable. L'île s'ouvre au tourisme avec l'arrivée du nouveau Premier ministre Edison James.

La Dominique aujourd'hui. Depuis son indépendance en 1978, la Dominique est une république parlementaire démocratique qui fait partie du Commonwealth (ensemble de territoires issus de l'Empire britannique). Roosevelt Skerrit est Premier ministre depuis 2004. Il a été élu pour un quatrième mandat consécutif en 2019.

L'agriculture demeure le pilier de l'économie, basée sur un sol très riche. C'est une source d'emploi pour près de 40 % de la population. Cette terre volcanique, humide et fertile, permet de bonnes récoltes. La Dominique exporte peu de biens et services, toutefois depuis les années 1990 un programme de citoyenneté a été lancé pour attirer des investisseurs. En échange de la nationalité dominiquaise, le pays propose aux candidats une participation financière d'environ 100 000 dollars à des programmes d'investissement. Depuis le début des années 2010, près de 20 000 passeports ont été distribués. Considéré par certains comme le programme de citoyenneté le plus ambitieux au monde, des enquêtes ont toutefois révélé que des personnes accusées de crimes de guerre, d'espionnage ou de fraude fiscale en ont bénéficié.

L'économie locale reste néanmoins traumatisée par les dégâts occasionnés par l'ouragan Maria en 2017 et la crise sanitaire de la Covid-19. Les moyens d'accès à la Dominique sont encore assez complexes depuis l'Europe. Il faut se rendre en Guadeloupe ou en Martinique puis accéder à l'île par bateau ou par avion. Il existe également une liaison depuis l'île de Saint-Martin. Les professionnels du tourisme travaillent de concert afin de bénéficier de rotations aériennes ou maritimes plus adaptées aux besoins de leurs visiteurs. D'ici 2026 l'aéroport international, actuellement en construction au nord-est de l'île près de l'aéroport Douglas Charles, permettra d'accueillir directement les visiteurs venus d'Europe et des Etats-Unis. Un projet qui permettrait au tourisme de se développer, car la Dominique dispose d'un avantage écotouristique non négligeable. Avec ses sites naturels, dont le parc national de Morne Trois Pitons classé au patrimoine mondial de l'Unesco, ses 9 volcans, ses 365 rivières et sa biodiversité, la Dominique est l'île nature par excellence.

DOMINICA BOTANIC GARDENS ★

Bath Rd ✆ +1 767 503 4630

Ouvert de 6h à 19h.

Au Nord de Roseau et au pied de la montagne Morne Bruce, vous pouvez visiter les jardins botaniques de la Dominique. Ils constituent le plus grand espace de la ville. Le site abrite plus de 50 espèces de plantes indigènes et d'arbres importés ainsi que le perroquet de Sisserou, emblème du drapeau national. Les jardins ont été installés en 1890 à l'emplacement d'un ancien champ de cannes à sucre. Ils bénéficient de conditions climatiques optimales pour le développement des plantes tropicales. Ces jardins ont été organisés en deux parties, la première a une vocation ornementale, la seconde est dédiée au développement des plantes pour l'agriculture locale.

En 1889, le gouvernement royal décide d'encourager la diversification des cultures sur l'île. Il distribue des plants et des semis aux fermiers. Le site couvrait alors 40 acres, dont une partie plantée de cannes à sucre fut vendue au gouvernement par William Davies, propriétaire de Bath Estate. Le conservateur du jardin, Henri Green commence le gros œuvre de la plantation. En 1892, Joseph Jones reprend le jardin. Cette activité devient sa seule passion et la vocation de toute une vie. La fonction du jardin botanique est essentiellement économique et expérimentale. Les plantes exotiques ont été collectées à travers le monde entier lorsqu'il dépendait du jardin britannique royal de Kew.

À plusieurs reprises, le parc reçoit la visite de la famille royale d'Angleterre, dont la reine Elizabeth II en 1966 et 1985. Un terrain de cricket, le plus officiel de l'île, est installé dans le parc, ainsi que deux églises (anglicane et catholique), qui ont été construites entre 1800 et 1916. En 1930, le site est l'un des plus beaux parcs botaniques de toutes les îles anglaises. Le cyclone David a laissé des traces de son passage en 1979, il a détruit les arbres les plus impressionnants et les plus âgés du parc. On peut d'ailleurs encore voir les restes d'un bus sous un baobab que les rafales de vents violents ont couché sur place. Au fond du parc, il n'est pas rare d'entendre des perroquets chanter les louanges du passé.

Pour vous aider éventuellement dans votre visite, le département Faune et Flore propose un plan des jardins, légendé pour reconnaître les différentes espèces. Les jardins ont beaucoup souffert du passage de l'ouragan Maria, dévastateur, en septembre 2017. La visite n'en reste pas moins agréable. « Les jardins » continuent de bénéficier d'un cadre idyllique pour les loisirs, les défilés et les célébrations. Sa beauté et sa sérénité en font l'un des véritables joyaux des Caraïbes.

OLD MARKET ★★

Fermé le dimanche.

Situé juste derrière le musée de la Dominique, ce marché couvert qui servait autrefois de marché aux esclaves accueille aujourd'hui des vendeuses de vanneries et d'objets en bois, de t-shirts, de fruits, de disques de reggae... Un lieu vivant et riche en partage, incontournable à Roseau. À ne pas manquer, la boutique de produits et cosmétiques naturels Zeb Kweyol. Il s'agit d'une association créée il y a plusieurs années et qui regroupe désormais près de 50 producteurs locaux. Une belle idée de halte pour faire le plein de souvenirs avant de reprendre le bateau.

OUR LADY OF FAIR HAVEN CATHEDRAL ✞ ★★

20 Virgin Lane

À l'origine, l'église portait le nom français de « Notre-Dame du Bon Port du Mouillage de Roseau ». Elle est le siège du Diocèse de la Dominique. L'édifice de la cathédrale, dont les travaux ont commencé en 1916, vaut le coup d'œil, car il est érigé en pierres volcaniques. Construite dans un style gothique, elle constitue un exemple type de l'influence européenne sur l'architecture de cette époque. Sa structure est imposante avec ses statues situées au-dessus de l'entrée.

THE DOMINICA MUSEUM ★★

Dame Mary Eugenia Charles Blvd

✆ +1 767 448 24 01

Ouvert en semaine de 8h à 16h. Entrée 3 US$.

Ce musée est un petit bâtiment orange construit en 1810. Cette bâtisse, aux couleurs typiques de l'île, a été réalisée durant l'époque coloniale. Le très célèbre historien de l'île, Lennox Honychurch, a largement participé à la constitution d'archives pour les expositions permanentes du musée et ce dernier fait aujourd'hui référence à la vie des Dominiquais. Sur les deux étages qui constituent cette bâtisse, vous découvrirez également des collections de photographies, et pourrez suivre la chronologie de l'île grâce aux objets récupérés.

THE OLD MILL CULTURAL CENTRE ★★

Old Mill

✆ +1 767 449 1804

Le centre est un parfait exemple de l'architecture du XVIIIe siècle. À l'origine, il accueillait les productions de sucre et de rhum. Il accueille désormais des expositions d'artistes et artisans locaux, des événements culturels... Juste à côté, visitez l'école dépendant de la division culturelle. Cet établissement, spécialisé dans la sculpture du bois, propose des objets artisanaux. Un lieu incontournable pour les amateurs et les passionnés d'art (ancien et moderne).

WOTTEN WAVEN ★★

Wotten waven

Ce petit village situé en plein cœur de la forêt tropicale regorge d'établissements proposant des bains d'eau soufrée naturellement chauffée, ainsi que des bains de boue. Une halte idéale pour relaxer ses muscles après une randonnée ou tout simplement pour se ressourcer dans un spa naturel. On prête à l'eau sulfureuse des vertus médicinales contre les rhumatismes, mais prudence toutefois pour les personnes cardiaques, car l'eau est très chaude par endroits. Wotten Waven compte plusieurs gîtes, bars, snacks et restaurants, en cas de petit creux après le bain.

DISCOVER DOMINICA

5 Great Marlborough Street

✆ +1 767 448 20 45

www.discoverdominica.com

Le bureau d'informations pour les touristes se situe sur le boulevard du bord de mer de la capitale, juste à côté du musée de la Dominique et de l'hôtel Garraway. L'office de tourisme travaille en étroite collaboration avec les établissements hôteliers. De nombreuses actions sont mises en place visant à mettre en avant les atouts de la Dominique et notamment la diversité de ses nombreux sites naturels. Côté pratique pour les francophones, le site Internet et la page Facebook sont consultables en langues anglaise et française.

DOMINICA

Financial Centre

✆ +1 767 266 3000

www.dominica.gov.dm

Il s'agit tout bonnement du site officiel du gouvernement de la Dominique qui précise les conditions d'entrée des animaux sur l'île, d'obtention d'un visa, ou encore les jours fériés. Ce site Internet, uniquement en anglais, est à visiter pour connaître les informations officielles et relatives au système organisationnel de l'île. Il peut être très utile pour les personnes qui souhaitent s'installer à la Dominique.

Le bureau donne sur le Old Market, un lieu où vous trouverez toutes sortes de souvenirs artisanaux fabriqués sur l'île.

CANEFIELD AIRPORT

Saint Paul Parish

✆ +1 767 449 1199

Canefield (DCF) est l'un des deux aéroports de la Dominique, il est situé à 5 km au nord de la capitale Roseau (soit à environ 15 minutes en voiture), sur la côte ouest de l'île. Ce petit aéroport avec sa piste d'atterrissage de 945 mètres est desservi par des vols privés et quelques compagnies caribéennes. La plupart des vols commerciaux desservent Douglas-Charles (DOM), le second aéroport, anciennement Melville Hall, situé au nord-est de l'île. Un nouvel aéroport international est en construction près de Douglas-Charles et devrait voir le jour en 2026.

COURTESY CAR RENTAL

10 Winston Lane

✆ +1 767 448 7763

www.dominicacarrentals.com

Présent à Roseau et à l'aéroport Douglas-Charles.

Courtesy Car Rental propose un service de qualité à des tarifs abordables. Les véhicules (parfaitement entretenus) sont disponibles à l'aéroport de Douglas-Charles (ex Melville). Le bureau se situe près du port si vous arrivez par bateau. Vous aurez besoin de votre permis afin d'obtenir la licence locale. Autre condition, avoir au moins 25 ans et 2 années d'expérience de conduite. Une empreinte de carte de crédit vous sera demandée en caution. Ce loueur propose diverses catégories de véhicules 4x4, bien pratiques sur les routes sinueuses de l'île.

EXPRESS DES ÎLES

Port de Roseau
✆ + 590 590 91 95 20
www.express-des-iles.com
Dominique, Martinique et Sainte-Lucie toute l'année à partir de 99 €/personne A/R, bagage main et soute 25 kg inclus.

Depuis 1982, L'Express des Iles a transporté plus de 20 millions de passagers et environ 700 000 en 2023. Avec une flotte de 3 navires à grande vitesse équipés de salons climatisés et de ponts supérieurs ouverts, cette compagnie maritime assure un service de transport régulier et fiable entre la Guadeloupe, Marie-Galante, les Saintes, la Dominique, la Martinique et Sainte-Lucie. Réservez en ligne pour profiter des meilleures offres disponibles. Les navires sont accessibles aux personnes à mobilité réduite et aux chaises roulantes.

GARE MARITIME

Blvd Dame Mary Eugenia Charles
✆ +1 767 255 9100
www.domports.daspa.dm
Bureau ouvert le lundi de 8h à 17h, du mardi au vendredi de 8h à 16h.

Les navettes maritimes des compagnies Express des îles et Val Ferry effectuent chaque semaine plusieurs traversées (selon la saison) pour assurer la liaison entre la Guadeloupe et l'île de la Dominique. Ces bateaux de dernière génération sont équipés de stabilisateurs qui sont assez confortables. Comptez environ 2 heures de traversée. Le bateau accoste sur le Port de Roseau à proximité du centre-ville. Des bars et des restaurants sont situés à proximité. Des taxis et guides sont présents à votre descente de la navette pour vous proposer leurs services.

VAL' FERRY

✆ +1 767 616 3457
valferry.fr
Rotations maritimes les mardis et du vendredi au dimanche à 112 €/adulte. A-R. 89 € en vente flash en ligne.

Les navires de la compagnie opèrent des rotations (3 à 4 fois par semaine) entre la Guadeloupe et la Dominique au départ de la gare maritime de Bergevin à Pointe-à-Pitre. Les horaires et tarifs sont indiqués sur le site avec des ventes flash très attractives, notamment en basse saison. Vérifiez bien les horaires car ils sont sujets à modification, notamment à cause de la météo ou encore d'une baisse de fréquentation en basse saison. Comptez 1h30 de trajet jusqu'au port de Roseau sur un bateau d'une capacité de 190 passagers.

EDDIE TOURS & TAXI SERVICES

Grande savanne - salisbury
✆ +1 767 245 2242

Eddie peut se charger de tout type de transport, entre les transferts à votre descente du ferry au port de Roseau, depuis l'aéroport de Canefield situé dans la capitale ou encore celui de Douglas-Charles qui se trouve au nord-est de l'île. Il connaît la Dominique comme sa poche et propose des visites guidées sur mesure afin de vous faire découvrir, en toute sécurité, toutes les richesses naturelles et architecturales de l'île. Le petit plus, Eddie parle un peu français.

LA FLAMBOYANT HOTEL €

22 King George V Street
✆ +1 767 245 1040
www.laflamboyanthotel.dm
À partir de 115 US$/nuit/chambre standard, de 150 US$ pour une chambre supérieure.

Difficile d'être mieux placé au centre de Roseau que La Flamboyant Hotel : il est implanté à seulement quelques pas de la mer et de tous les restaurants et bars du centre-ville. Les chambres, certes assez classiques, sont toutes confortables et compensent leur manque d'originalité par une touche de couleur présente également sur la façade du bâtiment. Elles peuvent accueillir 3 personnes et sont équipées de la climatisation, d'un lit king size, d'un mini-réfrigérateur, d'un accès wifi gratuit, d'un téléviseur et d'un balcon donnant sur la rue.

SAINT JAMES GUEST HOUSE €

Federation Dr
✆ +1 767 448 7170
À partir de 69 € pour 2 personnes.

Situé à proximité du centre-ville de Roseau, l'établissement dispose de 11 chambres climatisées avec salle de bains privative. Les hébergements sont simples, mais assez spacieux, très propres et bien entretenus. Certaines chambres sont dotées d'une cuisine, d'autres d'un micro-ondes et d'un réfrigérateur. Malgré la proximité du centre-ville, vous êtes au calme. Vous bénéficiez d'un accueil chaleureux et personnalisé. Le petit-déjeuner est inclus dans le tarif et il est également possible de dîner sur place. Le bar-restaurant est installé dans un patio.

COCOA COTTAGE €€

Papillote Road
© +1 767 316 8746
www.cocoacottages.com
Chambre double à partir de 95 US$. Treehouse à partir de 180 US$ (pour 4 personnes). Séjour 2 nuits minimum.

L'établissement est certifié « Safe nature ». Les 7 hébergements sont répartis au cœur de la forêt tropicale, dans la vallée de Roseau. Au choix, une maison dans les arbres aménagée en grand loft bien ventilée, cinq belles chambres dotées chacune d'une décoration personnalisée, une suite donnant sur le jardin et la vallée. Cocoa Cottage propose le service du petit-déjeuner, des paniers pique-nique, des dîners à base de produits locaux fournis par leur propre jardin ou des agriculteurs des environs. Il est également possible de bénéficier de repas végétariens.

ANCHORAGE €€

Castle Comfort
© +1 767 315 1069
Chambres à partir de 115 US$.

Situé directement sur la plage de Roseau, l'hôtel Anchorage a rouvert ses portes en juin 2021 après avoir été détruit par le passage de l'ouragan Maria en 2017. Les hébergements climatisés et dotés d'une salle de douche privative, sont très lumineux. Certains disposent d'une vue piscine et d'autres d'une vue sur l'océan. Certains jouissent d'une terrasse. L'établissement est équipé d'un bar donnant sur la piscine et d'un parking privé. Le personnel, accueillant et dévoué, saura vous donner des conseils avisés sur les activités à faire dans les alentours.

MANGO ISLAND LODGES €€

Syers Estate
© +1 767 617 7963
www.mangoislandlodges.com
À partir de 155 US$ pour 2 personnes.

Les propriétaires sont français. Leur accueil ainsi que celui de leur équipe est excellent. Ils sont tous aux petits soins pour leurs clients. Vous disposerez des meilleurs conseils pour la découverte de l'île. L'établissement dispose de six chambres réparties en trois catégories. Le cadre est très agréable, intimiste et aménagé avec soin. Vous pouvez admirer plus de 130 espèces de plantes et de fleurs dans le jardin. Sur place également, une boutique d'artisanat local et un restaurant qui propose une cuisine de qualité avec des produits frais, sur demande.

OCEAN'S EDGE €€

Castle Comfort
© +1 767 616 7077
Fermeture en septembre. Chambre standard pour deux personnes à partir de 120 US$.

Ce petit établissement composé de 12 chambres à l'ambiance familiale est doté également d'un restaurant apprécié et d'un bar avec une terrasse qui domine la baie de Roseau. La cuisine proposée est d'inspiration créole. Les chambres sont simples, mais spacieuses et confortables avec une salle d'eau. Elles ont toutes été rénovées et bénéficient d'une vue sur mer ou sur le jardin. Elles sont climatisées et disposent d'un réfrigérateur, d'un téléviseur à écran plat, d'un bureau et du réseau wifi gratuit. Ocean's Edge est situé près du débarcadère de Roseau.

FORT YOUNG HOTEL €€€

Victoria Street
✆ +1 767 448 5000
www.fortyounghotel.com
Chambres à partir de 299 US$, suites Front de mer à partir de 399 US$.

Comme toute capitale d'une ancienne colonie britannique qui se respecte, Roseau possède son hôtel historique, dans lequel se tiennent les réceptions de l'ambassadeur, les événements culturels... Le Fort Young est ce qui s'en rapproche le plus, même si le service est un peu moins guindé qu'ailleurs. Leurs chambres également sont les plus proches du standard européen. Sur place, un restaurant-buffet au 5e étage (avec vue panoramique) et un snack-bar au niveau des différentes entrées de l'hôtel, une piscine à débordement avec une splendide vue mer et un spa.

ROSALIE BAY €€€

Rosalie
✆ +1 767 446 1010
www.rosaliebaydominica.com
À partir de 170 US$/nuit pour une chambre double standard vue jardin.

Ce véritable sanctuaire est implanté à l'embouchure de la rivière Rosalie, avec une magnifique plage sur l'océan Atlantique et une baie paradisiaque à 45 minutes de Roseau. C'est un havre de paix. Ce complexe écotouristique est totalement inspiré de la nature y compris sa boutique. Les soins proposés au spa, la nourriture... tout est bio. Les cottages sont construits dans le style traditionnel. Les 28 chambres et suites de luxe sont climatisées. Elles disposent d'un balcon ou d'une terrasse avec vue sur la mer, la rivière ou encore sur le jardin.

HARMONY VILLA €€€

Pont Casse
✆ +44 7470 466 502
harmonyvilla.com
À partir de 125 US$/nuit/chambre d'hôte, 585 US$/nuit/villa 3 chambres, petit déjeuner inclus. Séjour 3 nuits minimum.

Voici un véritable coin de paradis au cœur de la forêt tropicale. Cette belle bâtisse est un lieu idéal pour vous ressourcer et partir à la découverte de la nature exubérante de l'île, car située à proximité de cascades et des segments 4 et 5 du Waitukubuli. La villa dispose de 3 chambres avec salle de bain privative et peut accueillir jusqu'à 6 personnes. Elle comprend un grand séjour, une cuisine ouverte et une grande terrasse depuis laquelle vous serez bercé par le ronronnement de la rivière et le chant des oiseaux. Les prestations sont de qualité.

CHEZ OPHÉLIA €

Copt Hall Estate
✆ +1 767 616 8000
www.chezophelia.com
Tarifs à partir de 90 US$/2 personnes. Petit-déjeuner continental 20 US$.

Ophélia compte parmi les figures de l'île puisqu'elle est sans doute la plus célèbre chanteuse de la Dominique. Ambiance locale assurée ! Elle parle très bien français et vous accueille avec beaucoup de gentillesse dans cet ensemble de 5 cottages divisés chacun en 2 appartements. Les hébergements sont situés au cœur de la vallée de Roseau et dans un jardin fleuri. Chacun des appartements est équipé d'un lit double et de deux lits simples, ou de 4 lits simples, d'une cuisinette (avec réfrigérateur, cuisinière et cafetière) et d'une salle de bain.

LE PETIT PARIS €

Angle de Kennedy Avenue et Bayfront
✆ +1 767 275 7777
Ouvert du lundi au mercredi et samedi de 8h30 à 17h, jusqu'à 20h jeudi et vendredi. Fermé le dimanche.

Ce petit établissement fait office de boulangerie et de restaurant, et l'équipe bien sympathique parle français (sa propriétaire est canadienne). C'est un peu le petit bout de France que l'on retrouve ici avec des viennoiseries, du pain croustillant, des pâtisseries appétissantes... Au menu, une cuisine fusion entre saveurs de France et de l'île, des salades, des pizzas, des sandwichs et des spécialités bien françaises telles que la quiche. L'ambiance est décontractée. Les portions sont copieuses. Il est possible de prendre des plats à emporter.

STARLINE ITAL KITCHEN €

15 Cork street
✆ +1 767 265 3683
Des plats vegan et locaux, pour une initiation à la cuisine rasta.

Situé au premier étage d'une jolie maison verte au balcon végétalisé, ce restaurant 100% vegan propose une cuisine fraîche et locale faite maison. Accras de légumes, tartes et sandwiches vegan à base de pois, de courge ou d'aubergine grillées, boissons végétales et jus de fruits délicieux figurent au menu qui change en fonction des saisons. Cette cuisine dite Ital (pour «vital ») respectueuse de l'environnement et approuvée par la culture rasta, se compose de fruits et légumes non transformés. Les plats sont mijotés à feu doux et assaisonnés aux épices du jardin.

PALISADES RESTAURANT €€€

Victoria street
✆ +1 767 448 5000
www.fortyounghotel.com
Ouvert tous les jours midi et soir.

Il s'agit du restaurant gastronomique de l'hôtel Fort Young. Le restaurant est situé à l'étage. Il dispose d'une salle climatisée, mais également d'une terrasse panoramique des plus agréables. Un buffet de plats locaux y est servi chaque jour. L'ambiance devient beaucoup plus cosy pour le dîner chaque soir avec des lumières tamisées. Les plats proposés dans la carte du soir sont raffinés avec un bon choix. Pour les petites faims, un snack est situé dans le patio au rez-de-chaussée. L'établissement propose un brunch chaque dimanche matin de midi à 14h30.

DA-S'CAPE

Wotten Waven
✆ +767 616 6800
Ouvert tous les jours de 9h à 23h, entrée 10 US$.

Glissez-vous dans l'un des six bassins d'eau sulfureuse à ciel ouvert, dont la température diffère d'un bain à un autre. Un bassin d'eau froide est disponible pour les plus téméraires. Pour plus d'intimité, il est possible de privatiser l'un des deux bassins couverts pour 20 US$. L'établissement propose aussi des massages sur réservation. Le site comporte des tables de pique-nique ombragées, un service de bar-restauration devrait être disponible dès cette année. Profitez d'une relaxation sous les étoiles, le spa reste ouvert après le coucher du soleil.

DIVE DOMINICA

Castle Comfort
✆ +1 305 514 9704
https://www.divedominica.com/
Plongée bouteille, Sortie à la rencontre des cétacés et snorkeling.

Avec près de 30 années d'expérience, Dive Dominica est le premier club de plongée à avoir ouvert sur l'île. La Dominique est réputée dans la Caraïbe pour l'observation des baleines et notamment des cachalots que l'on peut apercevoir toute l'année. Le centre organise des sorties « plongée » et des « safaris océan » d'une durée de 3h30 environ avec ti punch et jus de fruits au retour. Cette découverte peut s'effectuer également en sortie privée sur demande. Le centre propose aussi des tours de plongées en apnée au-dessus d'un volcan, dans la baie Champagne.

TI NATH KANION

✆ +1 767 616 7118
www.canyoning-dominica.com
90 US$ par personne.

Il y a 20 ans, Nathalie Dalboussières a ouvert l'un des tout premiers clubs de canyoning de la Dominique. Cette monitrice française passionnée de l'île détient les certifications requises en France et en Europe, pour des excursions inoubliables en toute sécurité. Les randonnées aquatiques tous niveaux se font à la journée ou à la demi-journée et tous les jours, sur réservation. Laudat, Boetica, ravine Cyrique... Il n'y a pas de meilleure façon de découvrir les trésors cachés de l'île aux 365 rivières ! Fermeture annuelle en août-septembre.

TIA'S BAMBOO COTTAGE

Wotten Waven
✆ +1 767 448 1998
Entrée spa 10 US$. Cottage 2 pers. 75 US$/ nuit, 4 pers 120 US$/nuit.

Pour profiter pleinement des sources et des piscines d'eau chaude de Wotten Waven, le Tia's Bamboo Cottage propose des hébergements au confort réduit, mais pittoresques. Les cottages sont construits de manière traditionnelle avec du bambou et du roseau local, au cœur même des sources et en pleine nature. Ici, pas de climatiseur ou de téléviseur, mais simplement des moustiquaires ! Dormir sur place permet de profiter des bassins à tout moment de la journée ou de la nuit ! Un restaurant ouvert tous les jours propose des plats locaux à base de produits frais.

WACKY ROLLERS

8 Fort Lane
✆ +1 767 616 8276
www.wackyrollers.com

Depuis plus de 20 ans, Wacky Rollers propose aux visiteurs des expériences mémorables en famille ou entre amis en toute sécurité. Avec cette équipe, c'est une journée placée sous le signe de l'aventure qui vous attend : tour de l'île en Jeep, descente de rivières en kayak, accrobranche dans les arbres, descente d'une rivière en bouée rapide ou en kayak (avec gilet de sauvetage, bien sûr)... Toutes ces expériences sportives sont encadrées par des professionnels très exigeants sur la sécurité, le tout dans la bonne humeur. Il est conseillé de réserver.

SALISBURY

Le village de Salisbury est situé au centre de la côte Ouest quasiment à mi-chemin entre les deux plus grandes villes de la Dominique : Roseau (à 20 kilomètres plus au sud) et Portsmouth (à 25 kilomètres au Nord). Vous trouverez quelques hébergements de diverses catégories dans les environs et des centres de plongée qui se trouvent directement sur la plage de sable noir. Le segment N° 9 du Waitukubuli National Trail peut se rejoindre au niveau de Salisbury. Le WNT, long de 185 km, comporte 14 segments qui vous entrainent du nord au sud de la Dominique. Certains chemins de randonnée sont plus accessibles que d'autres, avec de forts dénivelés.

SUNSET BAY CLUB BEACH RESORT €€

Plage de Batalie
✆ +1 767 235 6522
www.sunsetbayclub.com
Chambre standard double à partir de 132 US$. Petit déjeuner inclus.

Sur la plage de Batalie, le Sunset Bay Club est un ensemble de bungalows répartis dans un jardin tropical. Marcella et Rogers, francophones, accueillent avec plaisir et bienveillance les visiteurs depuis 1997. L'établissement dispose de quatre bungalows de trois chambres chacun, 8 chambres doubles, 4 chambres quadruples et d'une suite dotée d'une chambre double avec couchage pour enfants si besoin. Tous possèdent une terrasse, pour un repos mérité après une journée de balade.

TAMARIND TREE HOTEL €€

Edward Olivier Leblanc Highway
✆ +1 767 616 5258
www.tamarindtreedominica.com
À partir de 228 US$/2 nuits. Fermé du 1er septembre au 14 octobre.

Sur la côte Ouest, en surplomb de la plage de Salisbury, les terrasses des chambres disposent d'une vue splendide sur la mer des Caraïbes. Les chambres de catégorie supérieure sont climatisées. Les trois bungalows, non climatisés, disposent de deux chambres, d'un salon, d'une cuisine et d'une terrasse. Les hébergements sont équipés de prises européennes. Le restaurant, en contrebas, surplombe la baie (snack le midi et plats locaux le soir). Sur place, une piscine, un spa. Annette parle anglais, français et allemand.

SAINT-JOSEPH

Situé entre la capitale Roseau et Portsmouth, sur la côte Ouest de la Dominique, le petit village Saint-Joseph compte un peu plus de 2 000 habitants. Le point d'intérêt principal est la rivière Layou, il s'agit de la plus grande des 365 rivières que compte l'île. Elle se jette dans la mer à une dizaine de kilomètres au nord de Roseau, près de Saint-Joseph. Vous pouvez suivre le cours d'eau en partant du quartier de Belles. La rivière permet une multitude d'activités et de belles baignades rafraîchissantes, au cœur d'une végétation exubérante. Un superbe décor dans lequel vous serez bercé par le chant des oiseaux et les clapotis de l'eau.

LAYOU RIVER GORGE

La plus grande rivière de l'île se jette dans la mer à une dizaine de km au Nord de la ville de Roseau, près de Saint-Joseph. Kayak, canyoning, descente de rapides en bouées… Les activités ne manquent pas ! Soyez prudent car les rochers qui longent la berge sont très glissants, et les rapides très puissants. La descente n'est pas conseillée aux débutants, l'accompagnement d'un guide est conseillé même pour les initiés. Poursuivez en direction de l'ancien barrage : un petit bassin d'eau chaude et un étroit banc de sable invitent au pique-nique et à la baignade.

MORNE DIABLOTINS NATIONAL PARK

✆ +1 767 266 5864

www.waitukubulitrail.com

Ce site est intégré dans le Waitukubuli National Trail (segment 10).

Ce parc encercle le morne Diablotins, ancien volcan, culminant à 1 447 m. Il s'agit du deuxième plus haut sommet des Petites Antilles après le volcan la Soufrière de Guadeloupe. Ce parc naturel de 8 000 hectares protège des oiseaux menacés, tel l'Amazone impériale. Pour se lancer dans la randonnée, à partir du village de Dublanc (côte Ouest de l'île), suivez vers l'Est la balade qui mène au perchoir des perroquets de la Parrot Reserve, sur le flanc Ouest de la montagne.

SYNDICATE PARROT RESERVE

La réserve, créée en 1993, se trouve sur le flanc Ouest du Morne Diablotins National Park. La vaste colonie de perroquets multicolores (179 espèces) offrent un spectacle splendide dans la forêt tropicale. Levez la tête car les perroquets sont souvent perchés à la cime des arbres : vous pourrez y apercevoir, entre autres, le perroquet sisserou. Pour profiter au mieux de ce ballet aérien, partez tôt le matin ou bien en fin d'après-midi. Plus loin, après 30 minutes de randonnée, vous arriverez à la cascade de Syndicate Falls, une randonnée des plus faciles.

© GILLES MOREL

Saint-Joseph.

PORTSMOUTH

Comme toutes les villes portuaires, Portsmouth compte de nombreux bars et petits restaurants typiques où vous pouvez vous imprégner de l'ambiance locale. C'est une ville attachante où il fait bon se promener car elle s'avère moins oppressante que la capitale Roseau. Elle dispose de beaux complexes hôteliers axés sur le luxe et le bien-être qui devraient lui permettre un nouvel essor dans les années à venir. Portsmouth constitue un espace privilégié d'excursions en bateau pour l'observation des cétacés et dauphins mais également pour partir à la découverte de l'écosystème, l'Indian River, seule rivière navigable de l'île (et uniquement à la rame).

DOUGLAS BAY

Un parc marin, dans le parc national des Cabrits où vous pourrez plonger et nager en compagnie des poissons tropicaux, au milieu de solides coraux et autres éponges. Vous pouvez regarder, admirer tant que vous le souhaitez, mais interdiction d'y prélever quoi que ce soit ! À la fin de la pointe Douglas, une partie de la falaise s'est effondrée formant une incroyable crevasse. Un lieu devenu incontournable pour les plongeurs expérimentés. La plage de Douglas Bay est l'une des plus belles de la Dominique avec son sable blanc immaculé et son eau translucide.

CABRITS NATIONAL PARK ★★

Au Nord de Portsmouth, dans les ruines du fort Shirley, une garnison anglaise installée au XVIIIe siècle a laissé des canons en acier, que l'on retrouve sur le site surélevé. On y découvre également une magnifique vue sur la baie du Prince Rupert, qui est abritée au Nord par la pointe des Cabrits. Elle tient son nom d'une vieille habitude des marins, qui y lâchaient des chèvres lorsqu'ils débarquaient : leur bétail vivait là en liberté jusqu'au retour des navigateurs, trop contents de retrouver de la viande fraîche lors de leur escale suivante dans les environs.

PORTSMOUTH BEACH €

34 Picard Estate

✆ +1 767 445 5142

http://portsmouthbeachhotel.dm

Chambre standard à partir de 90 US$/nuit. Studio avec kitchenette à partir de 120 US$/nuit.

Cet hôtel de 80 hébergements est situé sur le front de mer à côté de la baie de Prince Rupert. Il s'agit de la plus longue plage de sable de l'île. L'hôtel est composé de chambres dont certaines avec balcon, mais également de studios équipés eux aussi d'un balcon et d'une kitchenette. La connexion wifi est de bonne qualité. Sur place, une plage privée, un spa, un centre de plongée et un restaurant-bar (ouvert de 7h à 22h) qui propose une cuisine locale et variée avec salades, sandwiches, hamburgers, brochettes... La carte change tous les jours.

Fort Shirley.

Indian River.

FORT SHIRLEY ★★

✆ +1 767 276 9533

Entrée du site 5 US$, ou entrée comprise dans le Week Pass (12 US$)

Il s'agit-là d'un des rares bâtiments historiques de l'île situés au cœur du Cabrits National Park. Cette ancienne garnison est bâtie en pierres volcaniques. Le site est bien entretenu et certains bâtiments ont bénéficié d'une restauration tandis que d'autres sont restés en ruine au milieu de la végétation. Le site est riche en anecdotes et les touristes découvrent ici une part importante de l'histoire de l'île de la Dominique décrite sur quelques panneaux. En effet, en 1802, la révolte du 8e régiment des Indes occidentales qui se déroule au fort Shirley aura comme conséquence l'octroi en 1807 du statut d'hommes libres aux esclaves soldats dans tout l'Empire britannique.

Pour vous y rendre, vous arrivez tout d'abord sur une première plateforme sur laquelle sont situés des canons pointés sur la baie de Portsmouth, qui rappellent que la Dominique a été l'objet de nombreux conflits et batailles navales (notamment entre les Français et les Anglais). En grande partie restauré sous l'impulsion de l'historien Lennox Honychurch en 1982, le Fort se décompose en plusieurs salles qui peuvent aujourd'hui, pour certaines, accueillir des conférences et des réceptions. Le point de vue sur Prince Rupert Bay y est superbe notamment au lever et au coucher du soleil. La balade est reposante, même si le chemin est quelque peu en pente. Possibilité de camper ou de passer la nuit dans l'un des dortoirs situés dans les bâtiments réaménagés, sur réservation uniquement. Vous trouverez également un snack-bar et une boutique sur place.

INDIAN RIVER ★★

À l'entrée de Portsmouth, se trouve l'estuaire d'une jolie rivière, l'Indian River. Un petit tour en barque colorée (à rames) est vraiment un incontournable de ce lieu qui est vivement conseillé par de nombreux guides. Ils sont une vingtaine à vous attendre, mais ils font partie d'une association reconnue par l'office de tourisme. Ces derniers vous livreront ainsi des anecdotes sur les lieux et vous informeront sur la faune (hérons, aigrettes, canards, lézards, mais aussi différentes espèces de crabes) et la flore environnantes. Vous pourrez notamment observer des arbres magnifiques : des palmiers qui vous font la révérence et les « Bwa mang » aux troncs déformés et aux racines ondulées. La promenade en barque dure une heure et demie environ, y compris la petite halte dans un bar au milieu d'un jardin tropical fleuri d'héliconias, de roses de porcelaine... pour déguster un cocktail explosif, le « Dynamite », ou un jus de fruits frais sans alcool.

Si vous n'avez pas le désir de sortir des sentiers battus, la découverte de la mangrove et la balade valent vraiment le détour. Un petit crochet vous entraîne également vers la cabane ayant servi de décor à un des films de la trilogie *Pirates des Caraïbes*. L'émerveillement est garanti (mais sans les pirates, cette fois-ci, c'est promis !). Attention, pendant la haute saison des bateaux de croisière, les embouteillages peuvent subvenir sur la rivière... Le meilleur moment pour effectuer cette balade est sans doute d'y venir en matinée pour pouvoir profiter de la quiétude du site.

PRINCE RUPERT BAY ★★

© VESELOINFO - SHUTTERSTOCK.COM

La petite marina et la plage sont parfaites pour les amateurs d'écoplaisance ! Pas de grosse infrastructure, mais beaucoup de charme. La plage de Prince Rupert est équipée d'une base de loisirs avec un carbet pour s'installer à l'ombre. On imagine sans peine les premières caravelles de Christophe Colomb abordant lors de son second voyage ce petit port naturel, qui deviendra ensuite une escale pour les conquistadores en route pour l'Amérique du Sud. Et puis c'est sur cette plage que certaines scènes de *Pirates des Caraïbes II* et *III* ont été tournées !

MABRIKA RESORT €€

Savanne Paille

✆ +1 767 245 6934

www.mabrikaresort.com

121 €/nuit. Séjour de 2 nuits au minimum.

L'établissement est situé dans un très beau jardin planté d'arbres fruitiers et de fleurs qui surplombe la mer des Caraïbes. Il bénéficie d'une belle architecture créole. Un hébergement ouvre sur le jardin, l'autre dispose de la vue sur la mer. Les appartements comprennent une chambre, une salle de bains, une cuisine équipée et une terrasse. parfaite pour se détendre. Les hôtes Pavla et Jan sont tchèques et parlent français, anglais et espagnol, facilitant ainsi les contacts avec les visiteurs. Il est possible de disposer d'un transfert depuis l'aéroport.

MANICOU RIVER ECO LODGES €€

Everton Hall Estate ✆ +1 767 616 9343

www.manicouriver.com

À partir de 265 US$ la nuit pour 2 personnes + 10 % de taxes.

Ces écolodges (*100 % eco friendly*) sont spacieux (50 m²) et meublés avec goût dans un environnement verdoyant. Les lodges possèdent tous une cuisine, une salle de bains et une chambre à part. L'électricité est fournie par les panneaux solaires et l'eau par la récupération des eaux de pluie ou de rivière. Le petit plus : une vue imprenable sur la forêt du Parc Cabrits et la mer des Caraïbes. Le restaurant Manicou by Smiles propose une carte avec une cuisine caribéenne santé, moderne et naturelle inspirée de ce que la nature offre de meilleur.

PICARD BEACH COTTAGES €€

Ross Boulevard

✆ +1 767 445 5131

http://Picardbeachcottages.dm

Cottage à partir de 120 US$ pour 2 personnes en haute saison. Séjour de 2 nuits minimum

Les cottages sont situés sur la plage et nichés dans la verdure. Chacun dispose d'une chambre, d'un salon-séjour avec kitchenette et d'une terrasse privative. Certains chalets sont situés directement sur la longue plage de sable fin, d'autres sont un peu en retrait. Sur place : une piscine, un restaurant, un bureau d'excursions, un spa, diverses activités nautiques, des cours de yoga, de Pilates… Possibilité de transferts jusqu'au port ou l'aéroport. L'établissement propose également des chambres (avec ou sans balcon) ou des studios à louer au mois.

THE CHAMPS €€

Blanca Heights

✆ +1 767 616 3001

www.hotelthechamps.com

Chambre à partir de 125 US$ pour une chambre vue jardin pour 2 personnes, en basse saison.

Dans un petit village au sud de Portsmouth, entre mer et montagne, cet hôtel est bâti à flanc de colline et se situe près du fort Shirley et du Cabrits National Park. 2 chambres au rez-de-jardin d'environ 30 m² disposent d'une terrasse de 12 m², avec accès direct au jardin, Smart TV, wifi gratuit, réfrigérateur, bouilloire, ventilateur et climatisation. Les 3 chambres supérieures sont idéales pour des séjours en famille. Le petit-déjeuner est compris. L'hôtel possède également une piscine et un restaurant. Transferts aller-retour pour l'aéroport ou le ferry.

INTERCONTINENTAL CABRIT RESORT & SPA €€€

Bell Hall road

✆ +1 767 445 1000

À partir de 458 US$/nuit pour 2 personnes pour une chambre, de 500 US$ pour une suite.

Un incontournable si vous êtes à la recherche de relaxation et de services entre luxe et nature. L'établissement vous séduira par son design moderne conçu pour s'intégrer au paysage, dans le respect de son environnement. Les 151 chambres et suites de luxe et les six villas de plage disposent d'une vue panoramique sur la mer. Sur place, un centre de remise en forme de pointe, des piscines chauffées et naturelles, des restaurants, bars, lounge, un club enfants, des terrains de tennis.

SECRET BAY €€€

À la sortie de Portmouth en direction de Roseau.

✆ +1 767 445 4444

secretbay.dm/fr

L'un des plus beaux complexes de l'île. Cet hôtel écoluxe est composé de villas isolées, de style résidentiel, situées au sommet d'une falaise et dotées de piscines privées, avec vue sur la mer des Caraïbes et la montagne. Les hébergements nichés au cœur d'un jardin tropical, concilient savoir-faire local et design haut de gamme. La structure vient d'inaugurer son funiculaire de 300 pieds, le plus long de la Caraïbe. Il transporte les clients au cœur de la forêt tropicale sans empreinte carbone. Deux restaurants gastronomiques complètent l'offre du Secret Bay.

KOOTNEY RESORTS €€

18 Moo Cow Trail

✆ +1 767 235 5454

www.kootneyresorts.net

Cottages à partir de 140 US$, villa à partir de 230 US$ par nuit +10% de taxe de séjour.

Les hébergements sont situés en bordure d'une rivière au cœur de la nature et pourtant à proximité des commerces de Portsmouth. Ils sont spacieux, entièrement équipés et avec terrasse. Certains disposent d'une chambre, d'autres de deux chambres et une salle de bain ou bien deux chambres et deux salles de bain selon le niveau d'intimité souhaité. La villa est composée de deux chambres, d'un séjour avec coin cuisine et d'une terrasse donnant sur la végétation à perte de vue. « Little River House » est un cottage en bois doté d'une immense terrasse en L.

THE PURPLE TURTLE €

Michael Douglas Boulevard

✆ +1 767 445 5296

Ouvert de 11h à 22h, fermé le mardi.

Vous ne pouvez pas manquer ce restaurant bariolé de violet et d'orange, situé sur la plage de Portsmouth. La grande terrasse permet de bénéficier durant votre repas, d'une vue panoramique sur les bateaux qui sont au mouillage dans la baie. Ce restaurant de plage dispose d'une carte variée et riche en fruits de mer. Mais attention, tous les plats ne sont pas forcément disponibles, surtout en basse saison. Des soirées sont organisées. Vincent, le propriétaire, dispose également d'une chambre à louer à l'étage à partir de 95 US$.

MANGO GARDEN COTTAGES €€

Northern Link Road ✆ +1 767 277 1371

www.mangogarden.dm

Studio à partir de 95 US$/nuit, villa 147 US$/nuit. Séjours de 3 nuits minimum

Le Mango Garden Cottages est situé dans une belle propriété propice à la détente. Plusieurs catégories d'hébergements sont disponibles de la chambre (avec salle de douche, coin salon, télévision et cuisine) jusqu'à la villa. Des chambres familiales avec terrasse sont également proposées. L'établissement, orienté vers le développement durable, comprend un beau jardin tropical dans lequel se trouvent un barbecue, un bar et un restaurant doté d'une carte de plats locaux. Ces plats sont également disponibles à emporter pour apprécier le repas dans votre hébergement.

RAINFOREST RIDING

Belle Hall ✆ +1 767 265 7386

www.rainforestriding.com

Balade en forêt à cheval. Entre 70 US$ la demi-heure en forêt et 200 US$ 3 heures de balade dans le parc de Cabrits.

Découvrir la Dominique à cheval est une alternative singulière. C'est le pari lancé par Valérie, responsable du centre Rainforest Riding, qui organise des balades sur les plages et dans les forêts dominiquaises en compagnie de sa fille. Cette Canadienne, passionnée des chevaux dont elle prend grand soin, vous fait découvrir des paysages magiques. Possibilité de baignade avec les chevaux pour un moment unique. C'est un véritable plaisir de faire une balade en famille car les enfants sont également les bienvenus. Sur réservation uniquement, paiement en espèces.

PENNVILLE

Situé à l'extrême nord-est de la Dominique, le petit village de Pennville est le point de départ d'une des randonnées du Waitukubuli National Trail. Il s'agit du segment numéro 13 qui relie Pennville à Capucin. Cette jolie balade de 7,5 kilomètres comprend peu de dénivelés (à peine 300 m de dénivelé positif). La progression s'effectue au cœur d'une forêt proche du littoral, et de cultures en altitude. Ce parcours permet d'admirer de superbes panoramas sur la Guadeloupe. Cold Soufriere est situé à proximité et s'atteint rapidement à pied. Le site héberge un cratère : vous pourrez y déceler des bulles de gaz dans les flaques d'eau autour.

VIEILLE CASE

Côté Atlantique, la route serpente entre les cocoteraies, les bananeraies et des petits axes secondaires qui conduisent à des villages aux noms surannés et vous rappellent la présence des Français à l'image de Paix-Bouche ou encore Vieille-Case... Sur la plage d'Antrou, vous assisterez au combat quotidien des pêcheurs contre les vagues. Ils luttent tous les jours contre l'océan pour rentrer leur embarcation ! L'église du village où officient des communautés fondamentalistes chrétiennes, est à voir pour ses peintures murales. Les deux sites incontournables dans les environs de ce territoire sont la plage de Batibou et le Parc national Cabrits.

MORNE-AUX-DIABLES

Cette randonnée, d'une durée d'environ 4 heures, est assez éprouvante si vous n'êtes pas un habitué. La balade vous entraîne au travers de la montagne qui culmine à 861 m à l'extrémité nord de l'île. Il est composé de plusieurs cratères et d'un dôme de lave de 80 m de haut. Vous verrez de nombreuses sources de soufre actives situées le long de votre chemin, mais pas d'inquiétude, car le volcan est en sommeil. Le sentier traverse l'extrémité nord de l'île au niveau de Tanetane (près de Portsmouth, côté Nord-Ouest) jusqu'à Vieille Case, sur la côte Nord-Est.

HAMPSTEAD

Sur la route sinueuse qui longe la côte Nord-Est, plusieurs adorables petits villages sont accrochés aux collines ou lovés dans les baies. Se succèdent ainsi : Batibou Bay, Hampstead, Point-Baptiste à Calibishie, L'Anse-Tortue, Woodford Hill... C'est sur cette côte que vous trouverez les rares plages de sable blanc de la Dominique. Juste avant Hampstead River, à cinq minutes, faites une halte pour découvrir l'une des plus belles plages de sable blanc de l'île, Hampstead Beach. Si vous avez vu les films de la série *Pirates des Caraïbes*, le lieu vous rappellera sans doute quelque chose : il apparaît dans une des scènes tournées avec Jonnhy Depp.

DOMINIQUE

M JAY'S PLACE €

Paix Bouche, entre les quartiers de Penneville et Hampstead
✆ +1 767 276 4327
À partir de 50 US$/nuit.

L'appartement situé en pleine campagne, à moins de 4 kilomètres de l'aéroport DOUGLAS-CHARLES, est parfait pour les séjours à petits budgets et les personnes à la recherche d'authenticité. Le studio et l'appartement, au cœur d'un jardin, sont climatisés et dotés d'un mobilier contemporain. L'appartement dispose d'une chambre, d'une salle de bains privative, d'un petit séjour séparés, d'une cuisine et d'une petite terrasse ouverte sur la campagne. Un parking privé se trouve sur place. Le wifi est à disposition gratuitement. Réservations par Whatsapp conseillée.

CHAUDIÈRE POOL

Faites un petit détour vers l'intérieur des terres, et après le village de Bense, vous trouverez la Chaudière (ou Chaudron). Une descente d'une trentaine de minutes vous mènera à cette piscine d'eau douce alimentée par la rivière Hampstead. Il s'agit d'un bassin naturel creusé dans la roche de plus de 4 mètres de profondeur qui ressemble à l'Emerald Pool. On peut s'y baigner avec des enfants et même plonger. Un endroit superbe à découvrir absolument où vous pouvez prévoir un pique-nique ! Le trajet peut s'effectuer à pied ou en voiture 4 x 4 de préférence.

NORTHERN FOREST RESERVE

Cette réserve de plus de 5 560 ha est accolée au Nord du Morne Diablotin National Park, espace végétal, véritable poumon vert de l'île, accueille plusieurs espèces d'oiseaux et notamment celui qui figure sur le drapeau de la Dominique : le *sisserou parrot*. Les amateurs d'oiseaux rares pourront véritablement se régaler au sein de cette forêt aux mille couleurs... N'hésitez pas à vous munir de bonnes chaussures si vous souhaitez randonner : en effet, les petits chemins escarpés sont nombreux et ils peuvent être très glissants après le passage des pluies.

CENTRE D'INFORMATIONS TOURISTIQUE

Main road
✆ +1 767 611 4825
Ouvert du lundi au vendredi de 9h à 16h.

Ce bureau d'information ouvert à Calibishie vous apportera de nombreuses informations à propos des activités de la côte de Calibishie, entre la liste des hébergements, les points de restauration, les sites à visiter et bien sûr les informations pratiques. Cette partie de l'île est propice à l'observation des oiseaux, de la faune et de la flore, aux randonnées pédestres, en VTT, à la baignade en rivière, à la plongée en palmes, masque et tuba, etc.

CALIBISHIE

Ce paisible village de pêcheurs, où il fait bon vivre, fait face à deux gros rochers que les pêcheurs du coin appellent « la porte de l'Enfer ». Il est possible de se baigner sur la plage de la pointe Baptiste et de plonger près de Toucari et Capucin (pour les plongeurs expérimentés) : y gisent les épaves de deux navires datant de la Première Guerre mondiale. Vous trouverez de nombreux restaurants en front de mer et une offre variée d'hébergements. Ne manquez pas de faire un arrêt aux Red Rocks : la roche argileuse sculptée par la mer offre un curieux décor. À quelques kilomètres à l'est, Woodford Hill dispose d'une petite plage idéale pour les familles.

CALIBISHIE SANDBAR €€

Main road
✆ + 1 767 245 2526
À partir de 70 US$/chambre double et 95 US$/appartement (séjour de 2 nuits minimum).

La petite maison bénéficie d'un superbe emplacement au cœur du village de Calibishie avec la plage à ses pieds. L'établissement se repère facilement avec sa devanture verte et son joli petit portail en bois coloré. Au choix, des chambres doubles ou un appartement avec cuisine avec une très belle vue sur la mer. Le mobilier est simple, mais les hébergements sont très bien entretenus et propres. Vous êtes accueillis par Christine et Gartner qui vous fournissent de précieux conseils pour un séjour des plus agréables. À 2 minutes de marche se trouvent des restaurants.

DOMINIQUE

© DEREK GALON

Plage de pointe Baptiste, Calibishie, Dominique.

JACOWAY INN €€

Baptiste Ridge Road
✆ +1 767 265 8882
85 US$/nuit en cottage ou studio, petit-déjeuner inclus.
Cette petite maison est charmante et atypique avec sa façade jaune et ses garde-corps de terrasse bleu et vert. Elle est située dans un grand jardin très bien entretenu doté d'une petite pergola pour les moments de détente et d'un barbecue. Les studios et cottages sont spacieux et équipés d'une kitchenette. Carol-Ann est une hôte d'une formidable gentillesse qui sait prodiguer d'excellents conseils aux visiteurs. Elle est aux petits soins au point de proposer des petits déjeuners non seulement copieux, mais également adaptés à vos goûts et à votre envie du moment.

POINTE BAPTISTE ESTATE GUEST HOUSE €€

Pointe Baptiste
✆ +767 225 5378
www.pointebaptiste.com
350 US$/nuit en haute saison et 270 US$/nuit en basse saison. Peut accueillir jusqu'à 8 personnes.
Cette belle villa en bois des années 1930 est un lieu chargé d'histoire puisqu'elle fut construite par Lennox et Elma Napier (romancière et femme politique), les parents du propriétaire Alan. Le mobilier d'époque offre à cet endroit une atmosphère surannée. Depuis le grand balcon, une magnifique vue de Marie-Galante et de la Guadeloupe. La villa, entourée d'un jardin exceptionnel comprenant plus de 50 variétés d'arbres et de plantes, bénéficie d'un accès direct à deux plages privées.

RED ROCK CUISINE €

Red Rocks
✆ +1 767 315 6027
https://redrockcuisine.business.site/
Ouvert du lundi au jeudi de 10h à 19h. De 10h à 22h du vendredi au dimanche. Menus de 8 US$ à 30 US$ (langouste).
Après une balade sur les Red Rocks (entrée 2 US$), ce restaurant tombe à point nommé pour les petits creux ou pour boire un verre. Le Red Rock Cuisine propose des plats locaux (poisson grillé, frit ou rôti, langouste grillée), mais également des burgers et pizzas faits maison. Les accompagnements sont gourmands (frites de banane plantain, de patate douce ou de fruit à pain). L'établissement propose aussi une grande variété de jus de fruits locaux (goyave, fruit de la passion, cerise locale, surelle, citron ou encore pomme cythère).

UNIQUE CAFÉ SEA VIEW €

Main road Calibishie
✆ +1 767 315 3360
Ouvert midi et soir.
Un superbe endroit pour se restaurer. La terrasse donne directement sur la plage, accessible par un petit portillon. Depuis votre table vous pouvez admirer la belle vue sur la Guadeloupe. Le chef Glascow vous accueille chaleureusement et vous concocte une cuisine créole savoureuse. Au menu : du poisson frais, grillé ou en court-bouillon, du poulet au curry et à l'ananas, du poulet teriyaki... Le tout accompagné de riz, de légumes locaux, de bananes pesées... C'est aussi le lieu idéal pour prendre un verre en fin de journée, au coucher du soleil.

CORAL REEF RESTAURANT €€

Main road
✆ +1 767 445 7432
Ouvert tous les jours de 9h à 22h. Plats entre 10 US$ et 40 US$.
Dissimulé derrière une petite épicerie, ce restaurant propose une très bonne cuisine locale avec une superbe vue sur l'océan. Du poisson grillé, du poulet frit ou des ribs de porc servis avec du riz et des pois, de la salade et des crudités, ou bien un mac and cheese... Le menu change tous les jours. Le Coral Reef est aussi le parfait endroit pour prendre un verre au coucher du soleil, de nombreux cocktails et punchs vous seront proposés. L'équipe est adorable et aux petits soins. L'établissement propose également des petits-déjeuners.

POINTE BAPTISTE CHOCOLATE FACTORY

Pointe Baptiste
✆ +767 225 5378
www.pointebaptiste.com/
Ouvert tous les jours de 9h à 17h.
En quête de bon chocolat sur l'île, Alan Napier a décidé de créer son propre atelier, le seul de la Dominique. Avec des bases en chimie et en œnologie, ce passionné est un autodidacte. De la torréfaction au séchage en passant par le décorticage et la fermentation, tout est fabriqué ici. Du 100% cacao, du chocolat au sel, à la noix de coco ou pimenté, il y en a pour tous les goûts ! À l'étage un hébergement pour 3 personnes est disponible à la location (75 US$). Alan parle français.

MARIGOT

Marigot est, certes, le village le plus proche de l'aéroport Douglas-Charles, mais il s'agit d'un petit village de pêcheurs très tranquille. Ne vous attendez pas à y trouver la folle agitation qui anime les aéroports habituellement. Ici, tout reste paisible sans stress ! C'est dans ce secteur que la population parle le cocoy, un mélange de dialectes africains et d'anglais. Vous y trouverez quelques petits restaurants, dont le Pagua Bay House qui propose également des possibilités d'hébergements. Ce dernier bénéficie d'un panorama extraordinaire pour des couchers de soleil de toute beauté sur la terrasse du restaurant ou au bord de la piscine.

Transports

L'île devrait disposer d'un aéroport international pouvant accueillir des vols en provenance de l'Europe et des États-Unis à partir de 2026. Il devrait être situé à proximité de Douglas-Charles Airport. Une société de conseil canadienne est en charge du développement et de sa construction. Un projet de 300 millions d'euros (un milliard de dollars caribéens). Le Premier ministre, Roosevelt Skerrit, à l'initiative de ce projet, compte sur des retombées économiques importantes afin de développer l'économie du pays sans altérer les finances publiques ; sa construction devant être financée par les ventes de passeports dominiquais aux investisseurs étrangers.

DOUGLAS-CHARLES AIRPORT (EX-MELVILLE HALL)

Au nord de l'île, près de Marigot. À environ 1h30 de Roseau.
✆ +1 767 445 7109

L'aéroport Douglas-Charles (DOM), ex-Melville Hall, est situé au nord-est de la Dominique. Comptez environ 1 heure de trajet entre l'aéroport et la capitale Roseau. Il accueille la plupart des visiteurs dont ceux de la compagnie aérienne caribéenne Air Antilles. C'est ici qu'atterrissent la plupart des vols commerciaux. L'autre aéroport, Canefield (DCF), avec sa piste d'atterrissage de 945 mètres (avions de 19 sièges maximum), n'est desservie que par quelques compagnies et vols privés.

PAGUA BAY HOUSE €€€

Pagua Bay
✆ +1 767 445 8888
www.paguabayhouse.com
À partir de 242 US$ par nuit/chambre, 347 US$/suite. Séjour minimum de 3 nuits.

Le Pagua Bay House est un boutique-hôtel intimiste au chic discret mais efficace. Les hébergements vue mer (4 cabanes, 2 suites) sont spacieux et dotés de belles salles de bains et d'une décoration contemporaine, où le bois est omniprésent. Le service est aux petits oignons. La piscine et ses transats offrent une vue de rêve sur l'Atlantique. Massages, manucures et cours de yoga sont disponibles sur demande. Possibilité de prendre les repas sur place au restaurant qui dispose lui aussi d'un superbe panorama. Le site est très agréable et reposant.

PAGUA BAY BAR & GRILL €€

Pagua Bay
✆ +1 767 612 6068
www.paguabayhouse.com
Plats à partir de 15 US$. Restaurant ouvert de 8h à 20h30.

Le restaurant est situé dans l'enceinte du Pagua Bay House. Il bénéficie d'un cadre des plus agréables avec une grande terrasse ouverte sur la piscine et la plage. Il est équipé d'un mobilier chic et contemporain. Les plats sont principalement préparés à base de produits frais, notamment le poisson. Les cartes proposées pour le déjeuner ou le dîner sont très américanisées. Les clients extérieurs peuvent venir prendre le petit déjeuner, en réservant à l'avance. Les clients du restaurant ont accès à la piscine (sous réserve d'un minimum de consommation).

KALINAGO TERRITORY

Vous entrez sur le territoire des Kalinagos situé entre Marigot et Castle Bruce. Cette communauté vit de l'agriculture, de la pêche, de l'artisanat (poterie, sculpture sur bois) et de la vannerie. Leur créativité ancestrale se retrouve dans les paniers, chapeaux et tapis en feuilles tropicales qu'ils vendent au fil de la route. Ils sont également experts dans la construction de canoës en bois de gommier. Ils ne vivent plus dans les huttes traditionnelles mais un village a été reconstitué dans la forêt, le Kalinago Barana Auté (dans le village de Sallybia). Des visites y sont organisées en compagnie de guides issus de cette communauté pour découvrir leur culture au travers de leur vie quotidienne mais également de leurs chants, de leurs danses. À voir également l'église (situé à côté de l'école), pour son autel original en forme de coque de bateau et ses peintures murales.

Histoire

Les Kalinagos, premiers habitants de l'île. Il s'agit de la seule tribu survivante des Indiens Caraïbes (ou Caribs) issus d'Amérique du Sud. Leur origine remonte à environ 3000 avant J.-C. Depuis la découverte de l'île par Christophe Colomb et ensuite la colonisation européenne, cette partie de la population a dû lutter avec acharnement pour conserver son mode de vie, ses traditions et la terre de leurs ancêtres. Après avoir pris possession de l'île en totalité, les Britanniques leur avaient octroyé 93 hectares en 1763. Retranchés de nos jours à l'ouest de la Dominique, ils disposent d'un territoire étendu à 1 500 hectares depuis 1903.

ESCALIER TÊTE CHIEN ★

Balade à 15 minutes du village de Sineku.

© DEREK D. GALON - SHUTTERSTOCK.COM

L'escalier Tête-Chien est le nom que l'on a donné à une coulée de lave descendue de la montagne qui s'est ensuite solidifiée et qui se jette dans l'océan (près du village de Sineku). Cette gigantesque forme noire serpentant dans l'écume blanche semble bien se faufiler du haut d'un roc jusqu'à la mer. C'est assez impressionnant !

Une autre version évoque la légende amérindienne, ce serait à cet endroit qu'un boa constrictor serait sorti de l'océan pour gravir les marches, rejoindre la terre et créer le premier village Kalinago.

SALYBIA CATHOLIC CHURCH ✞ ★

Village de Salybia

Lors de votre visite dans le territoire Kalinago, demandez à votre guide de prévoir un arrêt à l'église de Salybia, car son autel est érigé en forme de pirogue traditionnelle. Elle est également dotée de peintures murales qui reproduisent l'arrivée de Christophe Colomb.

Vous pourrez également voir les pêcheurs partir en mer chaque jour, car la pêche est toujours une des activités principales des indiens Caraibes. Vous passerez près d'un cimetière allemand dans lequel reposent les corps de marins allemands échoués pendant la Seconde Guerre mondiale.

KALINAGO TOURS

Kalinago Territory
✆ +1 767 285 0595
https://kalinagotours.com

Circuits découverte flexibles selon l'âge, le goût et le budget de chacun.

Kalinago Tours propose des circuits sur les sites les plus incontournables de l'île (Emerald pool, Trafalgar falls, Boiling lake...), mais également la découverte de la richesse du patrimoine du peuple indigène de la Caraïbe. Cette rencontre avec le peuple Kalinago peut être approfondie grâce à un programme de séjour chez l'habitant ; vous vivez alors au rythme des activités quotidiennes d'une famille entre jardinage, pêche, chasse, vannerie. Les visites sont adaptées selon les préférences individuelles ou de groupe. Contactez-les pour obtenir un devis gratuit.

KALINAGO BARANA AUTÊ ★

Crayfish River

✆ +1 767 266 4384

Ouvert tous les jours de 9h à 17h. Visite du site et spectacle culturel. Entrée 10 US$.

À l'initiative de la communauté Kalinago, s'est ouvert ce centre d'interprétation dont le but est de faire connaître aux visiteurs la culture amérindienne à travers un village témoin. Des visites guidées sont organisées (en anglais, français ou en créole), mais appelez pour vous renseigner, notamment en saison creuse. Les démonstrations de danse et de chant traditionnels se font sur réservation. Sur site, vous pourrez assister à plusieurs types de démonstrations : art de la vannerie, sculpture de calebasse, construction de pirogues traditionnelles, cuisson du pain au manioc, utilisation des plantes médicinales. Lors de votre visite, vous apprendrez également des informations précieuses sur les magnifiques faune et flore environnantes… Suivez le sentier autour du village, car les points de vue sont à couper de souffle, notamment celui donnant sur la côte Atlantique. Le centre d'interprétation se trouve sur la côte Est, le long de la rivière Crayfish, près des chutes Isukulati, et propose une boutique de cadeaux traditionnels ainsi qu'un snack gourmand avec des spécialités Kalinago (cassaves de manioc, poisson et poulet fumés, jus locaux...). Une route secondaire avec parking a été construite entre le poste de police de Salybia et le site. Le centre propose des hébergements en immersion chez l'habitant, avec au programme cours de cuisine et jardinage traditionnels, pour 20 US$. Possibilité de dormir aussi en tente ou en hamac dans un carbet sur le site. Un service de transport aller-retour pour le port de Roseau est possible.

ISLET VIEW RESTAURANT & BAR €

Castle Bruce

CASTLE BRUCE

✆ +1 767 446 0370

Ouvert tous les jours de 11h à 16h30. Plats autour de 30 EC$.

Situé sur la route qui rejoint Castle Bruce au territoire Kalinago, ce restaurant ne paye pas de mine au premier abord, mais une fois à l'intérieur vous serez happé par la vue sublime dominant la baie. La délicieuse cuisine locale et faite maison saura combler toutes les faims (viandes ou poissons grillés, fumés, en ragoût, assiette végé, frites de plantain). Les amateurs apprécieront l'impressionnante collection de rhums arrangés. L'endroit est très fréquenté en période de croisières.

LES KALINAGOS

La Dominique est la dernière île des Caraïbes sur laquelle vivent encore ses premiers habitants, arrivés bien avant Christophe Colomb. Les habitants des autres îles ont été exterminés soit lors de luttes contre ces envahisseurs venus par la mer, soit après avoir contracté des maladies qu'ils leur ont transmises.

La vie de cette communauté, qui se veut en harmonie avec la nature, s'est vue profondément bouleversée après l'arrivée de Christophe Colomb et ensuite des colons venus d'Europe. Ils sont obligés de fuir la côte ouest pour un secteur plus isolé dans l'Est. Après des siècles de conflits, ils parviennent à obtenir 93 hectares de territoire de la part des britanniques qui viennent de prendre possession de l'île. En 1903, leur territoire est étendu à 1 497 hectares.

Leurs ancêtres, qui venaient du bassin de l'Orénoque, ont peuplé toutes les Antilles après avoir massacré tous les Arawaks. Les Kalinagos de l'île de la Dominique sont appelés par erreur Caribs, dérivé du mot « cannibale ». Les historiens s'interrogent à savoir si les Kalinagos et les Arawaks ont pu cohabiter, ou si les Kalinagos ont conquis leur territoire par des actions guerrières.

Aujourd'hui administrés par le Carib Council, ses membres élisent un chef qui les représente au sein du gouvernement dominiquais. La population est estimée actuellement à 3 000 personnes, qui vivent paisiblement de la pêche, de l'agriculture et de l'artisanat : ils maîtrisent parfaitement la vannerie, tressent des paniers avec les feuilles et les branches de la forêt, créent des objets en paille (chapeaux, poupées, sacs ...) qu'ils vendent sur le bord de route ou dans les marchés.

Leur territoire se visite seul, au gré de votre découverte de l'île ou via une agence d'excursion spécialisée sur ce territoire qui peut également vous proposer de loger chez l'habitant afin de découvrir leur mode de vie, leur culture, leurs chants, leurs danses ... Toutefois ne vous attendez pas à trouver un peuple vêtu de pagnes ou d'une tenue traditionnelle, ce peuple s'intègre tout en conservant ses propres coutumes et ses liens ancestraux et une vraie solidarité entre les membres.

Un village typique, Kalinago Barana Auté, fait de huttes traditionnelles, permet de faire connaître le savoir-faire en termes de vannerie, sculpture sur bois, poterie, construction de canoë, instruments de musique et les coutumes des Kalinagos au grand public.

ROSALIE

À ne pas manquer lors de votre passage à proximité du petit village de Rosalie : la toute dernière arche encore debout d'un ancien aqueduc qui transportait l'eau jusqu'à l'usine à sucre, et d'autres ruines, comme celle de cette plate-forme de grue ; une pièce d'archéologie industrielle imposante qui témoigne du travail mécanisé autour des bateaux. On y chargeait autrefois des marchandises des plantations avoisinantes (de sucre, de citrons, de café, de cacao, d'épices) qui étaient destinées au Vieux Continent. En longeant les bords de la rivière Rosalie, vous trouverez plusieurs grandes piscines naturelles puis une plage de sable gris.

LA PLAINE

Situé au Sud-Est de l'île de la Dominique (entre Rosalie et Boetica), la localité de la Plaine, dont la population ne dépasse pas les 1300 habitants, accueille plusieurs types d'établissements dont l'écotourisme est le maître-mot à l'image de l'éco-lodge Citrus Creek Plantation qui propose des villas et des cottages au bord de la rivière Taberi, le Rosalie Bay ou encore le River Side Café pour faire une pause déjeuner. Ce territoire paisible abrite également le musée du Rhum, une bâtisse datant de la fin du 18e siècle : la propriété produisait du sucre et du rhum et s'étendait du littoral de la Plaine jusqu'à la vallée de la rivière Taberi.

THREE RIVERS ECOLODGE €

Traversée de rivières en tyrolienne ou à pied.
✆ + 1 767 616 1886
www.3riversdominica.com/hotel-rooms/
Appartement ou cottage à partir de 80 US$ par nuit, dortoir 25 US$, aire de camping 15 US$, location de tente 40 US$.

Il s'agit du 1er hôtel à avoir recouru aux énergies renouvelables sur l'île (depuis 20 ans). Depuis l'ouragan Maria, les deux ponts qui reliaient l'écolodge ont été détruits. L'accès se fait actuellement par tyrolienne. Vous survolerez deux cours d'eau, assisté par l'équipe. Il est conseillé de voyager léger et de ne pas prendre de grosses valises pour faciliter leur transport jusqu'à destination. L'établissement est situé au cœur de la nature. Sur place, également un restaurant et un bar. C'est le lieu idéal pour partir en randonnée et se relaxer.

BANANA LAMA €€

Newfoundland Estate
✆ +1 767 245 1912
www.bananalamaecovilla.com/
Cottage à partir de 180 US$ par nuit.

Les trois cottages sont spacieux, bien décorés et complètement ouverts sur la nature luxuriante et omniprésente, simplement bercés par le doux murmure de la rivière. Les propriétaires, Mélissa et Andy sont aux petits soins et vous fourniront tous les conseils pour profiter d'un séjour de rêve. Sur place, un service de restauration avec des plats à base de produits locaux copieux et des plus créatifs. Pour le côté pittoresque, vous avez accès à l'établissement après avoir traversé deux rivières en tyrolienne car le pont a été détruit par l'ouragan Maria en 2017.

CITRUS CREEK PLANTATION €€

Taberi ✆ +1 767 617 1234
citruscreekplantation.com
Tarifs à partir de 127 US$ pour un cottage (base 2 personnes).

Dans une plantation de 8 hectares en bordure de la rivière Taberi, cet écolodge, autonome grâce à l'énergie solaire, est composé de villas et cottages dotés d'une ou deux chambres, d'une cuisine équipée, construits en bois ou en pierre volcanique au cœur de la végétation. C'est un endroit parfait pour les amateurs de séjours authentiques, au calme et en recherche d'harmonie avec la nature. Ici, pas de téléviseur, pas de climatisation. Sur place, le Riverside Café permet de déguster des produits locaux, dont des fruits et légumes pour la plupart issus du jardin.

RIVERSIDE CAFE €€

Taberi
✆ +1 767 613 3113
www.citruscreekplantation.com
Tous les jours de 10h à 17h et le soir sur réservation à partir de 19h.

Une bonne table au cœur de l'écolodge Citrus Creek Plantation. La cuisine est locale avec une touche française, à base de produits frais (les propriétaires et le chef sont français !). Leur devise : « mangez ce que vous cultivez, faites pousser ce que vous mangez » : les fruits et légumes proviennent pour la plupart du jardin et de leur forêt alimentaire créée en 2020. La terrasse ouverte du restaurant, située dans le bâtiment principal en pierres, est implantée au bord de la rivière Taberi. Quelques tables sont installées au cœur de la végétation luxuriante.

DELICES

En partant du village de Délices par la vallée de la Roche, suivez un parcours d'environ 30 minutes de marche pour arriver au pied d'une des plus belles cascades de la Dominique, l'Emérald Pool, dans laquelle vous pourrez vous baigner en toute quiétude.

Tourisme

Pour certaines randonnées, le recours à un guide professionnel est recommandé pour des raisons de sécurité. Les guides suivants sont francophones : Andrea Bernard (✆ +1 767 277 1600 – andreab2009@hotmail.com), Nathalie Dalboussieres (✆ +1 767 616 7118), Samuel Fontaine (✆ +1 767 615 3734), Sebastian Gerwig (✆ +1 767 615 1317 – dominica.gerwig@hotmail.fr).

MORNE TROIS-PITONS NATIONAL PARK

Ce parc de 6 800 hectares, essentiellement constitué par la forêt tropicale et d'une flore endémique, comporte quelques-uns des plus beaux sites de la Dominique : Emerald Pool, Bœri Lake, Fresh Water Lake ou encore Boiling Lake. Il doit son nom à une montagne constituée de trois pitons rocheux, le plus haut atteignant 1 356 mètres d'altitude. Ce n'est pas le plus haut sommet de l'île, ce titre revenant au morne Diablotins, 1 447 mètres, situé plus au nord-ouest, au cœur de la Northern Forest Reserve. Plus grand parc national de la Dominique, il est remarquable par la variété de sites à y découvrir et est inscrit au patrimoine mondial de l'Unesco.

VICTORIA FALLS ★

À 30 minutes de marche de Délices. Niveau intermédiaire. Déconseillé aux enfants. Parking 6 US$.

Au sud-est du Parc national Morne-Trois-Pitons se trouvent les magistrales chutes Victoria... Elles valent vraiment le déplacement. La couleur de cette piscine naturelle est à couper le souffle ! En effet, elle varie du blanc au turquoise clair selon la couleur du ciel... En amont de cette chute impressionnante de plus de 50 mètres, vous trouverez un sentier au milieu des fougères arborescentes, d'anthuriums sauvages, de bambous et de fougères vaporeuses. Un véritable paradis sur terre pour les amateurs de plantes tropicales !

En redescendant, vous tomberez sur la rivière Claire, puis sur la rivière Blanche qui provient du boiling Lake. Il s'agit-là de deux sites très appréciés pour leur calme et leur sérénité.

Cette randonnée d'environ une heure s'effectue sans nécessiter une grande condition physique, mais sachez qu'elle combine plusieurs actions (randonnée dans la forêt tropicale, grimper le long des rochers qui sont assez glissants, les nombreuses cascades, franchir plusieurs cours d'eau...). Les chaussures de marche sont de rigueur. N'oubliez pas également votre crème solaire et votre serviette de plage. La présence d'un guide est vivement conseillée, vous gagnerez des minutes précieuses sans vous perdre dans les environs. Un temps que vous pourrez mettre à profit pour vous baigner dans les bassins d'eau chaude.

Les guides connaissent les endroits précis qui permettent de traverser la rivière, ce qui assure ainsi votre sécurité (attention notamment aux crues soudaines après un épisode de pluies importantes).

© DR

Parc national de Morne Trois-Pitons.

BŒRI LAKE

À partir de Laudat et après 1 heure de marche, vous parvenez au Fresh Water Lake, le plus grand lac de l'île situé dans un cratère à 800 m d'altitude. L'endroit est remarquable pour la pureté de son air. Le lac d'eau douce, bordé de végétation luxuriante, s'est récemment vu doter d'une centrale hydroélectrique, nécessaire à l'approvisionnement de la Dominique en électricité. Vous pouvez également vous y rendre en voiture, un snack se trouve sur place. Après 1 heure de marche supplémentaire, vous arrivez à Bœri Lake, un lac de cratère plus petit à 900 m d'altitude.

DOMINIQUE

BOILING LAKE

Étrange, impressionnant, unique en son genre... Les adjectifs ne manquent pas pour décrire ce lac bouillonnant, considéré comme la deuxième plus grande étendue d'eau de cette nature au monde. Il se mérite : il vous faudra au moins 3 heures de marche à partir de Laudat pour l'atteindre. Au départ de Titou-Gorge, le sentier monte longuement dans la jungle jusqu'aux crêtes ventées, qui ouvrent de belles perspectives sur la vallée et les sommets environnants. Déjà, l'odeur de soufre caractéristique des sites volcaniques s'impose, bien présente dans l'air ambiant. Les troncs d'arbres rougis par les gaz apparaissent peu à peu, et dans la vallée de la Désolation, la végétation disparaît complètement, laissant nues les pentes abruptes de terre rouge du morne Watt.

Vous êtes sur un site géothermique où de nombreux phénomènes témoignent de l'activité souterraine du volcan : émanations de fumée, sources chaudes, mares bouillonnantes, marmites de boue grise, dépôts de soufre... De là s'écoulent des rivières chaudes, parcourues de rapides et de cascades. L'eau grise, bleue, parfois noire comme de l'encre, teinte à vie la roche des fonds et des rives d'une infinité de couleurs : jaune, ocre, rouge, vert, bleu, gris, noir... Ce sont les minéraux hérités de l'ancienne activité volcanique qui définissent cette palette chromatique. Dans certains bassins de ces rivières, la baignade est autorisée. L'eau est à une température idéale.

Vous remontez vers une autre belle rivière, puis, enfin, une masse imposante de fumée blanchâtre annonce le Boiling Lake, formé au bord d'un vaste et profond cratère, au fond duquel s'allonge un lac d'eau grise, bouillonnant en son centre et fumant en bouffées monstrueuses. L'eau est chauffée par le magma présent sous les immenses rochers. Avec ses 60 mètres de largeur et sa profondeur encore inconnue à ce jour, le Boiling Lake ressemble vraiment à une énorme marmite bouillonnante. Le panorama est, quant à lui, sublime, avec une vue dégagée de l'océan, de la Martinique et un paysage singulier formé au cours de ces 200 millions d'années. Quelques insectes et espèces de petits lézards parviennent à survivre en ce lieu.

Ici, la présence du guide est obligatoire ! Le mieux est de faire appel à un guide au village de Laudat (de 40 à 50 EC$ par personne). Ces professionnels vous permettront d'y accéder en toute sécurité et vous fourniront des explications pendant la balade : dans les sites géothermiques, il convient de ne pas poser les pieds n'importe où, car l'eau et la boue sont par endroits brûlantes, et le sol parfois fragile.

BOLI FALLS

Au nord-est du parc.

Ou «Bolive Falls ». Il s'agit d'une grande randonnée à ne pas manquer si vous êtes dans les environs, en bonne condition physique et munis de bonnes chaussures de marche. Partez avec un guide (sur la liste des guides agréés par l'office de tourisme) et prévoyez un pique-nique. L'arrivée est fantastique : trois cascades aux piscines limpides, entourées de végétation et inondées de soleil, vous attendent. L'une d'elles n'est pas accessible, mais la baignade est autorisée dans les deux autres bassins. Restez vigilant à cause des roches glissantes.

EMERALD POOL

Niveau facile. Entrée avec le pass semaine (12 US$) ou 5 US$.

C'est à travers le sentier le plus accessible du Morne-Trois-Pitons National Park que vous accédez à cet espace des plus magiques... Après environ 15 minutes de marche, accompagné par le chant des oiseaux et entouré d'une végétation luxuriante, vous arrivez devant une piscine naturelle aux eaux turquoise et émeraude d'où son appellation de piscine d'émeraude. N'hésitez pas à profiter de la douceur de son eau pour buller tranquillement au soleil. Un conseil, évitez de vous rendre sur le site lorsque vous apercevez un bus sur le parking, car l'espace est restreint.

MIDDLEHAM FALLS

Cette balade vous entraîne au cœur de la forêt du parc national Morne Trois Pitons via un chemin bien balisé et parsemé de jolies fleurs. Comptez au moins deux heures aller et retour avec du terrain pentu. Le sentier descend jusqu'à un bassin creusé dans la roche. Vous arriverez devant une gigantesque chute de 60 mètres de hauteur dont vous sentirez la fraîcheur. Une petite rivière étroite (Titou gorge) entre deux immenses falaises permet de se baigner (l'eau est froide). Les gilets de sauvetage sont obligatoires pour les enfants.

© DEREK GALON

Parc national Morne Trois-Pitons.

TRAFALGAR FALLS

À l'ouest du village de Trafalgar.

Entrée 5 US$ ou avec le pass semaine (12 US$).

Ces deux chutes d'eau qui coulent l'une à côté de l'autre sont surnommées « papa » et « maman ». Elles constituent une des attractions naturelles touristiques de ce secteur géographique. Elles ont respectivement 23 mètres et 38 mètres de hauteur de chaque côté d'un morne dans le Rocky Pools. Prenez le temps d'admirer les mouvements de l'eau sur la pierre noire volcanique et la flore environnante principalement constituée de fougères et d'orchidées. Lorsque vous admirerez les chutes depuis la plateforme, vous pourrez également voir de l'eau orange couler entre les rochers (généralement à gauche des chutes lorsque vous leur faites face) ; il s'agit d'eau chauffée par le soufre. L'emplacement est parfait pour réaliser de belles photos. Plusieurs petits bassins à l'eau turquoise permettent de profiter d'une baignade revigorante. Attention cependant, soyez prudent dans l'eau et évitez les sauts ! Laissez-vous simplement lentement glisser des rochers en restant prudent.

La présence d'un guide n'est pas nécessaire, car du bout de la route, une marche de 15 minutes seulement vous mène au pied des chutes sur un chemin bien entretenu. Toutefois, chaque guide dispose de ses propres connaissances et vous permet de découvrir la faune et la flore de façon ludique, notamment à propos des insectes et des oiseaux que vous ne pourriez pas apercevoir seul. Les enfants apprécieront, entre autres, le tatouage local grâce à une petite fougère que l'on trouve sur place ! Les chaussures de marche sont recommandées afin d'éviter les glissades.

ZEB & ZEPIS BISTRO €€

Emerald Pool Road, Pont-Cassé

✆ +1 767 316 3005

Ouvert du jeudi au dimanche de 12h à 15h. Réservation impérative. Addition moyenne : 55 US$. CB non acceptée.

Après St-Barth et St-Vincent et les Grenadines, Jacques, Français, et sa femme Eileen, Vincentaise, ont choisi la Dominique en 2019 pour ouvrir leur dernier restaurant, l'une des meilleures adresses de l'île qui compte désormais de nombreux habitués. Eileen, formée à la prestigieuse Culinary Institute of America à New York, propose une cuisine fusion franco-caribéenne élaborée à partir de produits de qualité. Les fruits, légumes et aromates sont récoltés le matin dans un jardin bio à Délices. Les saveurs sont équilibrées, la carte change quasiment tous les jours.

RON'S FARMACY

Pont Cassé

✆ +1 767 295 7413

Cette petite bicoque située sur le bord de la route et son charismatique propriétaire, Ron, valent le détour. Les appétissants fruits et légumes proposés sur les étals sont cultivés à l'arrière dans le jardin, de façon 100% naturelle. Ananas, sapotilles, citrons, gingembre, différentes variétés de bananes, de l'eau de coco à même la noix que l'on boit avec une paille naturelle fabriquée par Ron lui-même... Il vous est même possible de déguster un café avec les grains du jardin torréfiés sur place. Des hébergements à la «roots » et wifi gratuit sont disponibles.

DOMINIQUE

VALLEY OF DESOLATION

Pour se dépayser totalement, rien de tel que de se rendre au cœur de la Vallée de la Désolation. Ici, les paysages se font lunaires et lorsqu'on y descend, la végétation disparaît, laissant nues les pentes abruptes de terre rouge du morne Watt. Sur la route du Boiling Lake, l'endroit contraste pleinement avec la végétation tropicale environnante... De là s'écoulent des rivières chaudes parcourues de rapides et de cascades, l'eau prend de multiples couleurs. Il est possible de se baigner dans certains bassins de ces rivières, dans une eau à une température idéale.

POINTE-MICHEL

C'est le lieu où se rejoignent la mer des Caraïbes et l'océan Atlantique. Il s'agit sans nul doute d'un des sites de plongée et de baignade les plus fabuleux. Au sud de la Dominique, vous trouverez plusieurs clubs de plongée qui vous emmènent dans des sites réputés pour leurs beautés naturelles. Avec moins de bateaux à naviguer, la pollution est moins présente qu'ailleurs : la qualité des eaux de l'île demeure un de ses grands atouts. Les amateurs de sports collectifs ne manqueront pas d'approcher les terrains de cricket, sport national de l'île, comme dans de nombreux pays du Commonwealth. Les parties ont généralement lieu le dimanche.

CHAMPAGNE REEF ★

En sortant du village de Pointe-Michel, prenez la direction de Scott's Head.

Entrée 3 US$.

Si vous ne devez accéder qu'à une seule plage en Dominique, choisissez celle-ci, car Champagne Reef est idéale pour la plongée et le snorkeling, bien que sa plage de galets ne soit pas au rang des plages les plus attractives. Cette plage et sa baie doivent son nom à son eau ; en plongeant, vous serez entouré de bulles résultant de l'activité volcanique qui s'échappent de sources thermales situées au fond de l'océan. Vous aurez réellement l'impression de nager dans le précieux nectar en compagnie d'une multitude de poissons dans un foisonnement de couleurs ! La découverte des fonds marins s'effectue aussi bien en snorkeling qu'en plongée bouteille. Vous n'avez pas besoin de recourir à un bateau qui vous emmène au large pour admirer la faune et la flore sous-marine. Il vous suffit simplement d'aller vers le fond de la plage et de nager quelques mètres pour profiter d'un spectacle grandiose. Champagne Reef est un site de plongée qui abrite une importante colonie d'éponges tubulaires de couleur jaune vif qui cohabitent avec une multitude de petits poissons multicolores (poisson-perroquet, chirurgiens, sergent major...). Les dégagements de gaz qui s'échappent du récif sortent par de petites ouvertures. Ils font remonter des millions de minuscules bulles, à seulement quelques mètres de la surface, qui vous donnent réellement l'impression de nager dans une coupe de Champagne et de vous trouver immerger dans un aquarium grandeur nature ! Le ballet des poissons entre les bulles et les éponges reste insolite et inoubliable.

SOUFRIERE

La plupart des sites de plongée se trouvent entre Soufrière et Scott's Head. De l'autre côté de la baie à l'Abyme, une falaise marine, abrupte et très profonde, offre un excellent site de plongée à découvrir absolument. Le Waitukubuli National Trail (appelé « WNT », c'est plus simple !) parcourt 185 kilomètres, divisés en 14 segments de divers niveaux et longueurs. Il commence à Soufrière, dans le sud de l'île, et se termine à Cabrits dans le nord. Renseignez-vous sur place avant de vous lancer dans une de ces randonnées, car après de mauvaises conditions météorologiques (le passage d'une tempête ou d'un cyclone), des segments peuvent être fermés.

GALLION

Gallion Road

Plusieurs balades sont à faire dans les environs : Galion, Soufrière, Bois-Cotlette. Sur les hauteurs du village de Soufrière, vous découvrez la vue époustouflante sur la baie et la réserve marine. La route qui vous y conduit est magique. Vous y trouverez les traces de l'activité volcanique autour de vous sur les mornes. Du temps de la colonisation anglaise, tout le village travaillait sur les plantations de citrons. Les Anglais récupéraient les récoltes grâce à un téléphérique qui partait du point de vue du Galion jusqu'à Soufrière.

SOUFRIERE GUESTHOUSE €

Soufrière

✆ +1 767 275 5454

www.soufriereguesthouse.com

Chambre avec vue jardin à partir de 65 US$/nuit.

Cette maison d'hôtes est idéalement située au cœur de la Soufriere Valley, dans un jardin avec un superbe panorama, à moins d'un kilomètre de la plage de Bubble. Elle permet de profiter de nombreuses activités aux alentours. Pas de grand luxe, mais 5 chambres privées et 2 dortoirs simples et propres dotés d'une terrasse, avec pour certains vue sur la montagne. Toutes les chambres sont équipées de brasseurs d'air et ont un accès au wifi. Sur place, une cuisine et un salon communs à disposition de tous les hôtes. L'ambiance y est conviviale et très professionnelle.

Eglise de Soufriere, Dominique.

SOUFRIERE SCOTTS HEAD MARINE RESERVE

Située à la pointe Sud-Ouest de l'île, à environ une heure de Roseau, cette réserve marine représente un des meilleurs endroits pour pratiquer le snorkeling et sans doute le plus populaire de la Dominique. C'est également un site fabuleux pour les plongeurs en quête de sensations. L'endroit est composé de coulées de lave, de grottes et abrite des gorgones, coraux et éponges aux couleurs éblouissantes, car il profite d'une excellente luminosité. La pêche y est interdite et de fait, la faune sous-marine abonde en masse. Les spots de plongée sont très nombreux dans cette zone : on en dénombre pas moins de dix, tous encadrés par d'excellents professionnels.

- **Citons par exemple la baie Champagne**, entre Pointe-Michel et Soufrière, sans doute le site le plus connu de la Dominique. Les fines bulles de gaz (qui rappellent la fameuse boisson alcoolisée) sont dues aux sources chaudes et aux fumerolles volcaniques. Un paysage magique qui ravira les petits comme les grands !
- **Swiss Cheese** est une grande formation rocheuse. Le passage de la grotte est littéralement rempli de poissons-soldats et de gorettes qui forment comme un rideau devant vous et s'écartent au fur et à mesure que vous avancez, sans paraître trop effrayés.
- **Le spot de Scott Head Pinnacle** (niveau moyen). Vous êtes à 10 mètres de profondeur avec devant vous un cratère doté d'une dénivellation spectaculaire (plus de 36 mètres). Vous découvrirez une caverne abritant langoustes, hippocampes, barracudas...

JUNGLE BAY €€€

MORNE ACOUMA
✆ +1767 235 0025
www.junglebaydominica.com/
À partir de 267 US$/nuit pour une chambre, 436 US$/nuit pour la suite

Un complexe de luxe construit dans l'esprit de l'éco-conception avec des villas en pierre volcanique et en bois. L'établissement est niché dans les collines de Morne Acouma. La vue depuis les villas est superbe. Les hébergements sont spacieux et luxueux. Diverses activités sont proposées sur place pour le bien-être, ainsi qu'un restaurant et une piscine. Scott Head, sanctuaire pour l'exploration sous-marine en plongée bouteille et en snorkeling se trouve à proximité. Diverses formules sont proposées (lune de miel, randonnées, bien-être, plongée...).

NATURE ISLAND DIVE

Gallion Road
✆ +1 767 245 6505
www.natureislanddive.dm
Plongée de nuit : 90 US$. Plongée (plongeurs certifiés) à partir de 65 US$. Forfait 2 plongées 115 US$.

Par petits groupes, les guides de plongée vous mèneront sur des sites extraordinaires et peu fréquentés de cette réserve marine. La biodiversité sous-marine vous impressionnera par sa beauté. Pour les novices, les encadreurs auront à cœur de vous rassurer pendant toute la durée de l'expérience afin de vous mettre à l'aise. Une table de pique-nique sur place vous permet de vous restaurer après la plongée (prévoyez d'apporter le sandwich et votre boisson). Vous pouvez également louer un kayak ou un paddle pour partir tranquillement à la découverte du site.

SCOTTS HEAD

Scott's Head, c'est surtout un magnifique village de pêcheurs. De la petite plage au pied du rocher, plongée avec masque et tuba, superbe. Possibilité de faire du kayak ou de demander aux locaux de louer une barque de pêcheurs. Depuis cet isthme, facile d'accès à pied, on a une vue spectaculaire sur la baie de la Soufrière et la réserve marine. A voir également, la piscine d'eau chaude (d'origine volcanique) qui est le départ d'une jolie montée d'environ une demi-heure. Redescendez ensuite vers Grand Bay. Enfin, c'est à Scotts Head que débute le célèbre sentier de randonnée qui traverse toute l'île du Sud au Nord : le Waitukubuli National Trail.

Le village de Scotts Head.

WAITUKUBULI NATIONAL TRAIL

Pont-Cassé ✆ +1 767 266 5864
http://waitukubulitrail.dm
Pass à la journée : 12 US$ ou totalité des parcours : 40 US$.

La préservation du WNT est pérennisée par les droits d'accès dont chaque randonneur doit s'acquitter. Les pass sont disponibles dans les centres d'accueil (ouverts 7/7) ou à la Division des forêts.

Il s'agit du plus long itinéraire de randonnée de la Caraïbe (184 kilomètres divisés en 14 segments de longueurs diverses). Certains peuvent être fermés selon la météo. Cet itinéraire permet de parcourir l'île du Sud, depuis Soufrière, jusqu'au Nord depuis Cabrits avec des niveaux de difficulté variés. Chaque tronçon peut se découvrir indépendamment. Certains segments sont assez faciles d'accès avec des pentes douces et des ponts pour la traversée de cours d'eau. D'autres, de niveau moyen, conviennent aux amateurs avec toutefois des sections plus ou moins délicates (pentes abruptes, grand dénivelé). Enfin, les sentiers difficiles ou très difficiles sont à réserver aux randonneurs confirmés en très bonne condition physique car les pentes sont escarpées et longues. Certains segments ont été endommagés par le passage de l'ouragan Maria en 2017.

▸ **Segment 1 : de Scott's Head à Soufrière Estate.**
6,6 km, marche : 4h30. Niveau : très difficile.

Située dans un cratère. Cette étape nécessite de marcher le long d'une gorge, de grimper à la corde.

▸ **Segment 2 : de Soufrière Estate à Bellevue Chopin.** *11 km, marche : 6h. Niveau : moyen.*

Le segment 2 est assez engagé et long, avec des changements de dénivelé. Pour rejoindre Bellevue Chopin (485 m), le chemin à gauche par Morpo vous conduira à travers la forêt tropicale au pied du morne Plat-Pays, pour observer la faune et la flore.

▸ **Segment 3 : de Bellevue Chopin à Wotten Waven.** *13 km, marche : 6h. Niveau : moyen.*

Le point de départ de cette étape est situé au col de Bellevue Chopin. Prenez plein Nord. Au bout du dernier chemin se trouvent des piscines d'eau chaude sulfureuse.

▸ **Segment 4 : de Wotten Waven à Pont-Cassé (dans le parc national Trois Pitons).** *12,8 km, marche : 6h. Niveau : moyen.*

Centres d'intérêt : Bains chauds naturels.

Durant 1 heure, il vous faudra suivre la route jusqu'au petit village de Trafalgar. La fin de la randonnée s'effectue en forêt avec une dernière remontée puis une longue descente sur Pont-Cassé.

▸ **Segment 5 : de Pont-Cassé à Castle Bruce.** *17,4 km, marche : 6h. Niveau : facile.*

Le point de départ se situe un peu en contrebas du croisement de Pont-Cassé, en allant vers Castle Bruce. Dès la fin de la forêt, la vallée s'élargissant, vous vous rapprochez de l'Atlantique.

▸ **Segment 6 : de Castle Bruce à Hatton Garden.** *15 km, marche : 7h. Niveau : moyen.*

Ce segment côtier en grande partie, traverse notamment la réserve Kalinago.

▸ **Segment 7 : de Hatton Garden à First Camp.** *12,6 km, marche : 6h. Niveau : moyen.*

La difficulté réside dans sa succession de montées, de descentes et de traversées de rivières. Le départ se situe une fois la Crapaud Hall River franchie, à gauche.

▸ **Segment 8 : de First Camp à Petite Macoucherie.** *10 km, marche : de 7 à 9h. Niveau : très difficile.*

Cette randonnée est vraiment longue avec environ 4h d'ascension et ensuite la descente de Mosquito Mountain est sévère. La pluie rend ce parcours encore plus difficile.

▸ **Segment 9 : de Petite Macoucherie à Colihaut Heights.** *12,8 km, marche : 7h30. Niveau : très difficile.*

Une étape très longue qui requiert une bonne condition physique.

▸ **Segment 10 : de Colihaut Heights à Syndicate.** *6,2 km, marche : 4h. Niveau : facile.*

Centres d'intérêt : Morne Diablotin.

Il s'agit de l'étape la plus facile et la plus courte.

▸ **Segment 11 : de Syndicate à Borne.** *13 km, marche : 7h. Niveau : difficile.*

Il s'agit d'une étape longue dont la remontée vers Borne est difficile en fin de parcours.

▸ **Segment 12 : de Borne à Pennville.** *13,5 km, marche : 7h. Niveau : de moyen à difficile.*

Centres d'intérêt : zones rurales profondes, zone de tournage du film *Pirates des Caraïbes 2*.

Son point de départ est situé près l'église de Bornes sur la gauche de la route. Là aussi, cette étape assez longue offre de très beaux paysages dans la montée depuis Borne jusqu'à Morne-Destinée. La randonnée s'achève par la côte jusqu'à Pennville.

▸ **Segment 13 : de Pennville à Capuchin.** *7 km, marche : 4h. Niveau : moyen.*

Centres d'intérêt : panorama sur les îles de la Guadeloupe, chutes de Tafia, la faune et la flore.

Le point de départ se situe au niveau d'un petit bar de Delafort. Vous arriverez à un premier promontoire en suivant la rive gauche de Delafort River. Après quelques petits passages de rivière pour vous rafraîchir jusqu'à Capuchin et le cap Merville, au nord-ouest de l'île.

▸ **Segment 14 : de Capuchin à Cabrits.** *10,8 km, marche : 4h30. Niveau : moyen.*

Centres d'intérêt : Plage Bell Hall, Toucarie.

Une bonne partie de la marche se déroule en bordure de mer, sur de gros galets, avant d'entrer dans le Parc national des Cabrits (Fort Shirley).

ORGANISER SON SÉJOUR

En prévoyant votre séjour à l'avance, vous pourrez bénéficier de tarifs avantageux dans de nombreux domaines (aérien, hébergement, location de véhicule…).

Les différents opérateurs qui officient sur les Antilles proposent des forfaits de plus en plus accessibles, attirant ainsi une cible de visiteurs plus large. Les Antilles et notamment la Guadeloupe, sont devenues, notamment pour la période d'hiver, une des destinations favorites des Hexagonaux. Sachez que la période de Noël et du Nouvel An correspond à la très haute saison, aux tarifs les plus élevés (tant au niveau des billets d'avion que de l'hébergement ou encore des tarifs de location de véhicules).

La décision de partir à la dernière minute est une alternative intéressante également pour bénéficier de tarifs très intéressants. Aucune formalité administrative n'est nécessaire : Les Européens et les Suisses peuvent venir en Guadeloupe avec une carte d'identité.

ORGANISER SON SÉJOUR

ARGENT

L'archipel guadeloupéen étant situé dans les Antilles françaises, vous n'avez aucun change à prévoir, car la monnaie utilisée est l'Euro.
Chaque banque dispose de distributeurs de billets dont certains sont accessibles par l'extérieur. Des distributeurs sont également présents dans les différents centres commerciaux de l'île, à l'aéroport, à la gare maritime, dans les casinos du Gosier et de Saint-François… La carte bancaire est acceptée quasi dans tous les commerces, mais dans le doute, posez bien la question avant d'effectuer vos achats surtout dans les petits restaurants typiques ou dans les lolos, ces petites épiceries locales. La carte American Express est également acceptée dans certains établissements notamment les hôtels. Les chèques hors place (de banques de la métropole) sont refusés dans certains commerces. Les banques sont ouvertes du lundi au vendredi sauf jours fériés (attention aux jours fériés supplémentaires en Guadeloupe que sont les Lundi et Mardi gras, mercredi des Cendres, jeudi de la Mi-Carême, Vendredi saint, samedi Gloria, 27 mai, 21 juillet et 2 novembre.

BUDGET / BONS PLANS

Difficile de donner un ordre d'idée du coût de la vie en Guadeloupe. Les salariés de la fonction publique bénéficient d'une majoration de leur salaire de 40 % appelée « prime de vie chère ». On pourrait donc s'attendre à ce que le coût de la vie soit plus élevé de 40 % en Guadeloupe. Toutefois, la différence de coût peut être considérable en matière d'alimentation selon le mode de vie : les produits locaux disponibles sur les marchés des différentes communes permettent de faire de réelles économies. Les dépenses deviennent plus élevées lorsqu'il s'agit d'achats de produits frais importés distribués dans les grandes surfaces ou des boutiques de standing. Ce constat est également frappant en matière d'équipements importés (véhicules, électroménager, mobilier…) qui subissent le coût du transport et diverses taxes qui font grimper les prix.
L'économie circulaire entre particuliers s'installe avec des associations qui permettent la réutilisation de vêtements, de mobilier, d'électroménager à petits prix pour une consommation plus responsable et plus accessible à une population démunie.

- **Ne cherchez pas à trouver** la station-service proposant le carburant le moins cher. Son tarif est le même sur toute l'île.

- **Attention aux faux bons plans** qui laisseraient à penser que les petits restaurants typiques sont moins chers que ceux ayant pignon sur rue. Demandez bien le tarif des plats avant de vous installer.

Visiter la Guadeloupe en basse saison (mai - juin - septembre jusqu'à mi-octobre) permet de bénéficier de tarifs moins élevés, car le nombre de visiteurs est au plus bas sur l'île. La menace cyclonique étant sans doute en partie responsable de cette désaffection pour le mois de septembre. Les tarifs restent plus intéressants en juillet et août (par rapport à la période de décembre à avril), mais ils subissent toutefois une hausse, car ces deux mois sont l'occasion de retours « au pays » de la part de beaucoup d'Antillais qui résident dans l'Hexagone.

PASSEPORT ET VISAS

Vous restez en France même après quelques heures d'avion : une carte d'identité ou un passeport en cours de validité suffit pour entrer en Guadeloupe pour les Français et les ressortissants de l'Union européenne. Attention, si vous souhaitez ensuite voyager dans les îles alentour, le passeport devient nécessaire.

Cette formalité est indispensable pour se rendre sur l'île de Saint-Martin si vous arrivez par l'aéroport international de Juliana, car il est situé en partie néerlandaise (le voyageur doit être muni de son billet retour et d'un passeport valable six mois après la date du retour). L'aéroport de l'Espérance Grand-Case est, lui, situé en partie française et seule la carte d'identité est nécessaire.

PERMIS DE CONDUIRE

Bon nombre de loueurs proposent des véhicules à la location. Toute enseigne sérieuse est dans l'obligation d'exiger votre permis de conduire pour établir le contrat de location. En haute saison, il peut s'avérer difficile de trouver une location de dernière minute. Mieux vaut réserver en amont de votre arrivée.

Il est désormais possible de parcourir l'île sans disposer du permis B (sous conditions diverses selon chaque enseigne), car plusieurs loueurs proposent désormais des voitures sans permis. Veillez à ne pas trop vous charger en bagages, car il s'agit de petits véhicules avec un coffre de taille très modeste.

SANTÉ

Aucun vaccin n'est exigé pour l'entrée en Guadeloupe. Le niveau d'hygiène est identique à celui de l'Hexagone.

Il est conseillé de se protéger des moustiques par l'utilisation de répulsifs, de vêtements longs et amples, car ces derniers sont particulièrement agressifs tôt le matin et à la nuit tombée. Certains moustiques sont vecteurs de maladies telles que la dengue, le chikungunya ou le Zika. Les femelles ont besoin d'eau stagnante pour pondre leurs œufs c'est ainsi que l'on assiste à des épidémies de dengue régulièrement en Guadeloupe après une période de pluies importantes. Ces virus sont transmis lors de la piqûre d'un moustique lui-même vecteur. Les symptômes sont la fièvre, des maux de tête, des douleurs articulaires et musculaires, des démangeaisons, des nausées… Un vaccin est à l'étude pour la dengue actuellement. Seuls remèdes pour soulager les maux : le paracétamol, la vitamine C (surtout pas d'aspirine, car une des formes de la dengue sur les 4 peut être hémorragique). Cette maladie pouvant être mortelle dans ce cas précis, il est fortement recommandé de consulter un médecin en cas de forte fièvre.

Un nouveau CHU est actuellement en construction. Sa livraison est prévue pour 2024. il sera doté d'une capacité d'accueil de 618 lits pour un coût de 580 millions d'euros.

VACCINS OBLIGATOIRES

Aucun vaccin n'est exigé pour séjourner aux Antilles. L'Institut Pasteur recommande de mettre à jour les vaccinations prévues dans le calendrier vaccinal et notamment celle de l'hépatite A.

SÉCURITÉ

Pour éviter toute déconvenue, prenez les précautions habituelles, celles qui relèvent du bon sens que vous adopteriez en métropole. En général, les touristes ne sont pas concernés par la violence ordinaire. Cependant, ne vous promenez pas la nuit dans un quartier que vous ne connaissez pas, surtout à Pointe-à-Pitre et dans sa périphérie (place de la Victoire, Carénage, Bas-du-Fort…). Les nuits sont également « chaudes » sous ce climat ! Attention à ne pas attirer l'œil des voleurs avec vos bijoux en or, smartphones et autres objets de valeur (utilisez plutôt le coffre-fort de votre hébergement). Ne vous promenez pas avec trop d'argent sur vous, et ne laissez rien traîner en vue dans les voitures de tourisme notamment en allant à la plage. Sachez que les touristes sont tout de suite repérés par la population ; ils représentent une manne idéale pour se procurer du cash, un appareil-photo, un smartphone… pour les opportunistes.

DÉCALAGE HORAIRE

Il est 5h de moins en Guadeloupe qu'en France pendant l'heure d'hiver, 6h de moins pendant l'heure d'été. Au mois de janvier, lorsqu'il est 18h à Paris, il est 13h en Guadeloupe ; au mois de juillet, lorsqu'il est 18h à Paris, il est 12h en Guadeloupe. Un décalage important qu'il convient de garder en mémoire lorsque vous souhaitez téléphoner.

LANGUES PARLÉES

La langue usuelle est le français, mais en fréquentant la population, vous entendrez des expressions créoles et remarquerez cet accent plus ou moins prononcé chez certains habitants qui pratiquent le créole au quotidien. On peut remarquer des confusions entre le tutoiement et le vouvoiement, les genres féminin et masculin… qui n'existent pas dans la langue créole.

Si pendant des décennies, le créole a été délaissé, voire interdit d'utilisation dans les familles, car il était alors jugé péjoratif, ce dernier est désormais reconnu comme comme idiome régional enseigné à l'école. Le créole est une véritable langue vivante utilisée dans toute la Caraïbe (mais aussi à la Réunion !), avec certes des différences, selon chaque île. Ces variations s'observent même entre le créole guadeloupéen et le créole martiniquais. Le créole est principalement parlé, car sa syntaxe est assez complexe.

Le créole est né pendant la période coloniale. Le terme proviendrait de l'espagnol *criollo* ou du portugais *crioullo*. Les esclaves, arrachés de diverses contrées d'Afrique, s'exprimaient dans des dialectes incompréhensibles les uns pour les autres. Ils ont ainsi inventé leur propre langage qui constitue un véritable reflet de l'histoire de ces îles avec des sonorités anglaises, néerlandaises, portugaises, des mots français modifiés, des termes autochtones…

ELECTRICITÉ ET MESURES

La norme électrique est le 220V, avec des prises identiques à celles de la métropole. Les mesures utilisées sont également les mêmes car vous êtes toujours en France, même à 8 000 km et avec un soleil radieux au quotidien.

BAGAGES

Même si tout s'achète sur place, les indispensables pour les Antilles restent le sac à dos, la crème ou lotion anti-moustique, une protection solaire forte (indice 30 à 50), éventuellement une moustiquaire individuelle pour les gîtes non équipés, des vêtements légers en coton, des maillots et un paréo, une tenue plus chaude pour le voyage (aller-retour). Pour le soir, pas besoin de vêtements plus chauds (sauf si vous prévoyez de séjourner sur les hauteurs de Saint-Claude ou Matouba, où les températures ont tendance à baisser le soir) et, pour les hommes, le polo peut remplacer sans souci la chemise pour une sortie dans un restaurant gastronomique. Les vêtements amples et longs sont recommandés le soir afin de se protéger des moustiques. Pour les randonnées : des chaussures de marche, une veste de pluie légère, un chapeau ou une casquette, des lunettes de soleil, un appareil photo et, bien sûr, votre guide touristique préféré !

© AIR CARAIBES

© AIR CARAIBES

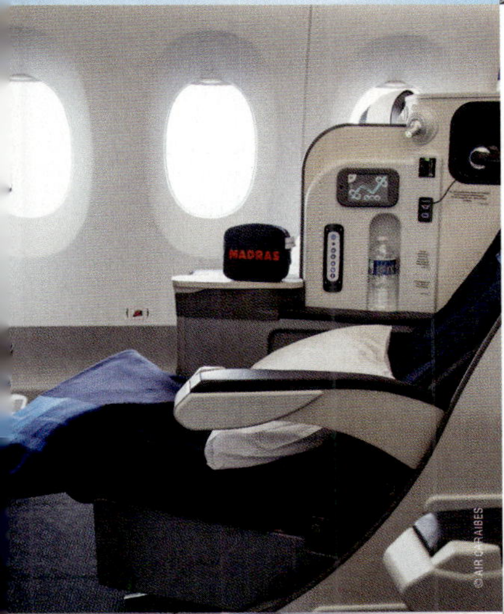

© AIR CARAIBES

AIR CARAÏBES

✆ 0820 835 835

www.aircaraibes.com

Air Caraïbes est une compagnie aérienne française régulière qui propose des vols réguliers entre Paris Orly et la Guadeloupe (Pointe-à-Pitre), la Martinique (Fort-de-France), la Guyane (Cayenne), la République dominicaine (Punta Cana), Haïti (Port-au-Prince), les Bahamas (San Salvador), le Mexique (Cancún) et même les États-Unis avec San Francisco. Cette desserte est complétée par son réseau régional vers la Guadeloupe, la Martinique, Saint-Martin (Grand Case), Saint-Barthélemy ou encore la Répu-blique dominicaine (Santo Domingo).

© AIR CARAIBES

© AIR CARAIBES

S'Y RENDRE

Plusieurs compagnies aériennes desservent la Guadeloupe avec des liaisons quotidiennes au départ de l'aéroport de Paris - Orly (Air France, Corsair, Air Caraïbes) ou de Roissy (Air France) ainsi que Charleroi en Belgique pour la Compagnie Air Belgium (avec des rotations uniquement en saison). Les tarifs des billets d'avion varient en fonction des périodes (à partir d'environ 400 € aller-retour en basse saison). La haute saison (de fin décembre fin avril) voit les tarifs s'envoler, non seulement dans l'aérien, mais également pour les locations de véhicule et l'hébergement.

Les tour-opérateurs spécialisés dans la destination des Antilles, les agences de voyages sont en mesure de proposer des séjours très attractifs incluant le billet d'avion, l'hébergement et la location de véhicule. Il est également possible de choisir une formule demi-pension ou le *« all inclusive »* dans certains établissements hôteliers.

EASY VOLS

✆ 08 99 19 98 79

www.easyvols.fr

Pour voyager malin, il faut faire ses recherches en toute efficacité, sans perdre trop de temps à jongler d'un site à un autre. Pour trouver le bon vol au bon prix, l'idéal est la plateforme comparatrice de vols. Easyvols permet de comparer en temps réel les prix des billets d'avion chez plus de 700 compagnies aériennes et pas seulement des compagnies low-cost. Vous pouvez économiser jusqu'à 70 % du prix si vous êtes prêts à saisir au vol les meilleures offres. Des avis avisés de clients sont aussi consultables sur le site Internet.

AIR FRANCE

✆ +33 9 69 39 36 54

wwws.airfrance.fr

Réservez en ligne ou par téléphone.

Air France offre jusqu'à 14 vols directs, hebdomadaires au départ d'Orly Ouest. C'est en Boeing 777-300 qu'Air France dessert Pointe-à-Pitre en moins de neuf heures, des appareils offrant un haut niveau de confort et équipés de 3 cabines de voyages : Economy, Premium Economy (cabine intermédiaire) et Business. De nouveaux sièges équipent les cabines Business et Premium Economy et les sièges de la cabine Economy sont tous équipés d'écrans individuels offrant près de 100 films et 300 albums ainsi qu'un vaste choix de jeux vidéo.

MISTERFLY

www.misterfly.com

MisterFly.com est le nouveau-né de la toile pour la réservation de billets d'avion. Son concept innovant repose sur un credo : transparence tarifaire ! Cela se concrétise par un prix affiché dès la première page de la recherche, c'est-à-dire qu'aucun frais de dossier ou frais bancaire ne viendront alourdir la facture finale. Idem pour le prix des bagages ! L'accès à cette information se fait dès l'affichage des vols correspondant à la recherche. La possibilité d'ajouter des bagages en supplément à l'aller, au retour ou aux deux... tout est flexible !

OPTION WAY

✆ 04 22 46 05 23

www.optionway.com

contact@optionway.com

Option Way est l'agence de voyages en ligne au service des voyageurs. L'objectif est de rendre la réservation de billets d'avion facile en vous faisant économiser. 3 bonnes raisons de choisir Option Way :

- la transparence comme mot d'ordre. Finies les mauvaises surprises, les prix sont tout compris, sans frais cachés ;

- des solutions exclusives qui vous permettent d'acheter vos vols au meilleur prix ;

- le service client, basé en France, joignable gratuitement, composé de véritables experts de l'aérien. Ils sont là pour vous, n'hésitez pas à les contacter.

© CORSAIR

Salon business Orly

© CORSAIR

Classe Economy

© CORSAIR

CORSAIR

✆ 39 17

www.flycorsair.com

Pensez à adhérer au programme de fidélité Le Club Corsair. Service Client ouvert tous les jours de 7h à 23h.

La compagnie régulière Corsair dessert Pointe-à-Pitre en direct au départ de Paris Orly (jusqu'à 13 vols/semaine). Elle opère à présent des liaisons au départ de Bordeaux chaque mardi depuis décembre 2023. Vous pouvez acheter des billets combinés au départ de 18 villes de province, comprenant le TGV (Train + Air) et le billet Corsair. 3 classes de réservation : Economy, Premium et Business. A noter, nouvelle flotte A330neo, dotée d'une cabine silencieuse, confortable, connectée et respectueuse de l'environnement.

Classe Premium

© CORSAIR

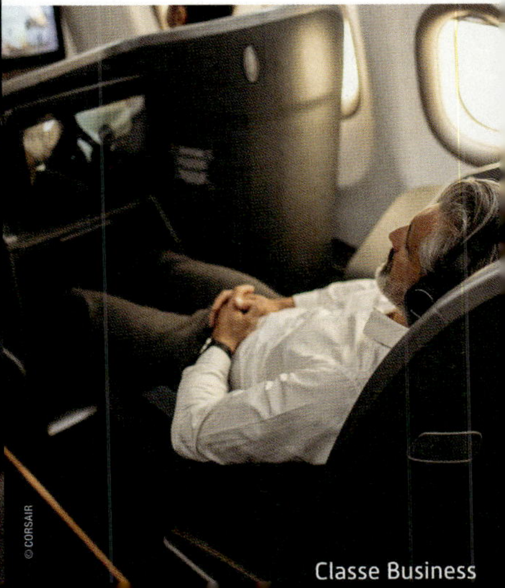

Classe Business

© CORSAIR

SÉJOURS ET CIRCUITS

Si vous séjournez en Guadeloupe pour une semaine, privilégiez un hébergement central qui vous permettra de rayonner sur tout le papillon (surnom donné à la Guadeloupe en référence à la forme de ces deux îles réunies qui forment la Guadeloupe continentale). L'idéal étant de disposer d'un séjour de deux semaines pour une visite combinée de la Guadeloupe continentale et de ses îles. La visite des îles de la Désirade et des Saintes peut s'effectuer en journée grâce aux navettes maritimes, mais il est préférable de prévoir d'y séjourner au moins une nuit afin d'avoir le temps d'apprécier les richesses de chacune d'autant que la Désirade se prête à de belles randonnées. Marie-Galante, la plus grande des îles qui composent l'archipel peut faire l'objet d'une visite plus complète lors d'un séjour de deux nuits. Petite-Terre, réserve naturelle, au large de Saint-François, ne peut se visiter que lors d'une sortie organisée par un day charter.

ALMA VOYAGES

573, route de Toulouse
VILLENAVE-D'ORNON
✆ 05 56 87 58 46
www.alma-voyages.com
Ouvert du lundi au vendredi de 8h à 19h et le samedi de 9h à 18h.

Chez Alma Voyages, les conseillers connaissent parfaitement les destinations proposées. En effet, ils ont la chance de se rendre sur place plusieurs fois par an et donc, bien vous conseiller. En plus, chaque client est suivi par un agent attitré ! Une large offre de voyages (séjour, croisière ou circuit individuel) avec l'émission de devis pour les voyages sur mesure vous sera proposée. L'agence propose un circuit de 15 jours aux Antilles : « Les Antilles, la Caraïbe Française et extension Les Saintes », pour allier détente, dépaysement et culture créole.

EXOTISMES

✆ 0 826 96 5000
www.exotismes.fr

Spécialiste de l'exotisme et du voyage dans les îles autour du monde (Caraïbes, océan Indien, Pacifique) depuis plus de 30 ans, ce tour-opérateur sélectionne une série de séjours dans l'archipel guadeloupéen, avec un large choix d'hôtels de toutes catégories, des studios, des résidences hôtelières, des bungalows et des villas tout confort. Des voyages de noce, des excursions, et des croisières en catamaran sont aussi organisés. Le site propose également des offres discount de dernière minute et la possibilité d'organiser son séjour à la carte.

FILOVENT

8, rue de l'Est
BOULOGNE-BILLANCOURT
✆ 01 70 80 97 52
www.filovent.com
Accueil téléphonique du lundi au samedi de 9h à 19h.

Une bonne façon de larguer les amarres ! Filovent est spécialiste de la location de bateaux partout dans le monde. Pour les Antilles, rien de mieux qu'un voilier ou un bateau à moteur, avec ou sans skipper. En Guadeloupe, la base Filovent se trouve à la marina du Bas-du-Fort, dans la rade abritée de Pointe-à-Pitre. C'est un bon point de départ pour sillonner les divers abris qui longent le littoral de la Guadeloupe ou pour sillonner les îles de la Désirade, des Saintes (20 milles) ou de Marie-Galante. Pour sa flotte, Filovent a sélectionné 138 constructeurs.

NOMADE AVENTURE

40, rue de la Montagne-Sainte-Geneviève
PARIS (5e)
✆ 01 46 33 71 71
www.nomade-aventure.com
Lundi-samedi 10h-18h30.

Comparée à ses concurrentes, voici une agence de voyages nouvelle génération qui innove ! Les guides des voyageurs confirmés ont une attache particulière avec la destination qu'ils vous font découvrir. Des modes de déplacement originaux (mobylette, pirogue, chameau, cheval, etc.), transports en commun locaux sans trop de superflu, rencontres avec la population locale, hébergement chez l'habitant ou en 2 étoiles, et trekking dans des lieux restés sauvages. En Guadeloupe, le côté nature attire le voyagiste, avec son circuit « L'archipel Papillon » de 11 jours.

INTERVIEW

L'ASSURANCE VOYAGE, LE BON RÉFLEXE POUR PARTIR L'ESPRIT TRANQUILLE

avec CATHERINE DIBOUES, responsable du marché voyage, loisir et mobilités chez Allianz TraveL

© ELIZAVETA - STOCK.ADOBE.COM

En cas d'annulation de voyage, peut-on bénéficier d'un remboursement des frais engagés ?

L'assurance voyage propose une indemnisation lorsque l'on doit abandonner son projet de séjour pour une raison indépendante de sa volonté. Contrairement aux idées reçues, les assurances liées aux cartes bancaires ne proposent pas toutes une assurance annulation.

Que se passe-t-il en cas de retard de vol ?

Avec l'assurance voyage Allianz Travel, les frais supplémentaires liés à l'attente sont pris en charge, à partir de 2h de retard. Il peut s'agir des frais de restauration, de transport lors d'un changement d'aéroport ou d'une éventuelle nuit d'hôtel.

L'assurance voyage couvre-t-elle la perte ou le dommage des bagages ?

Allianz Travel indemnise les voyageurs en cas de bagages endommagés ou perdus par la compagnie aérienne. Cela comprend l'indemnisation du bagage et son contenu.

Quelles sont les destinations couvertes par votre zoning Europe svp ? Est-ce uniquement l'UE ou l'ensemble du continent européen ?

Les pays européens ont des accords avec l'administration française. Avant de partir, il faut demander la carte européenne d'assurance maladie. La sécurité sociale et la mutuelle prennent alors en charge les frais médicaux, selon leurs barèmes. Les frais médicaux étant majoritairement plus élevés qu'en France, l'assurance voyage permet de se voir remboursé du reste à charge.

En cas de souci de santé sur place, que faut-il faire ?

En cas de doute ou pour des symptômes légers, nous proposons un service de téléconsultation médicale, par téléphone et en visio, qui permet d'être conseillé et orienté par un professionnel ainsi que d'obtenir une ordonnance si besoin. Pour une situation plus grave, il est nécessaire d'appeler les urgences locales, dont les numéros sont disponibles sur notre application mobile. Une fois à l'hôpital et dans un état stable, on appelle Allianz Travel pour déclencher les procédures de prises en charge. Notre centre d'assistance fonctionne 24h/24, 7j/7.

PASSION DES ÎLES

✆ 08 25 16 15 02

www.tui.fr

Spécialiste des îles, ce tour-opérateur vous organise des voyages sur mesure : combinés inter-îles et croisières en Guadeloupe. Définissez les dates de votre séjour et votre ville de départ, sélectionnez vos activités favorites (*farniente*, spa, découverte culturelle, aventure, plongée, golf, etc.), une thématique (voyage de noces, par exemple). Différents types d'hébergement, de charme, de luxe ou pour les familles sont proposés, ainsi que des promotions sur la Pointe de la Verdure au Gosier, où l'offre hôtelière, près de la plage, est vaste.

TROPICALEMENT VÔTRE

✆ 01 43 70 99 55

www.tropicalement-votre.com

Lorsque cette agence s'installe à Paris, l'océan Indien était la destination privilégiée. Depuis, la carte des destinations de Tropicalement Vôtre s'est étoffée, l'offre s'étendant à l'océan Indien, aux Caraïbes, à l'Asie, au Moyen-Orient à l'Afrique et au Pacifique. Avec un développement particulier sur le secteur du luxe, la sélection de villas et d'hôtels cible des séjours en hôtellerie de charme, des locations de maisons de rêve pour voyages de noces et séjours en famille. L'agence propose plus de 20 séjours en Guadeloupe.

SUBOCÉA

7, port de la Pointe Rouge - **MARSEILLE** (8e)

✆ 04 28 70 89 00

www.subocea.com

Ouvert tous les jours en été et le reste de l'année en semaine de 9h à 18h.

Agence méridionale (basée à Marseille et Toulouse), spécialiste des séjours de plongée dans les mers chaudes (Méditerranée, Adriatique, océan Indien, et bien sûr mer des Caraïbes), AMV Voyages propose des séjours en Guadeloupe. Aux Saintes, optez pour le «Séjour plongée aux Saintes au Lô Bleu », d'une durée de 7 nuits, qui inclut 10 plongées. Autrement, à Basse-Terre, découvrez la réserve Cousteau grâce au «Séjour plongée à Bouillante avec Les Heures Saines », également d'une durée de 7 nuits et qui inclut 10 plongées. L'agence propose une offre d'hébergements.

ULTRAMARINA

✆ +33 1 53 68 90 77

www.ultramarina.com

Centre d'appel accessible du lundi au samedi.

Cette agence de voyages propose un panel de destinations aux fonds marins exceptionnels, pour des séjours axés autour de la plongée. Plusieurs hôtels et centres de plongée sont proposés en Guadeloupe, dont aux Saintes et à Marie-Galante. Le spécialiste propose notamment des séjours avec des sorties sur la réserve Cousteau. Par ailleurs, il est possible de participer à des sorties d'observation des baleines et à l'écoute sous-marine par hydrophones (valable de novembre à mai uniquement). Des séjours sont aussi proposés sur l'archipel des Saintes.

TERRE ET NATURE VOYAGES

23, rue d'Ouessant

PARIS (15e)

✆ 01 45 67 60 60

www.nature-plongee.com

Ouvert du lundi au vendredi de 9h30 à 19h. Sur rendez-vous en dehors de ces horaires.

Terre et Nature Voyages est une agence spécialisée destinée à tous les amoureux de la mer. Que ce soit le kitesurf, le windsurf, la voile ou encore la plongée, ce tour-opérateur parcourt les océans pour débusquer les meilleurs spots. Terre et Nature Voyages propose aventure, découverte et culture. Trek, randonnée à pied, chiens de traîneaux, canoë, voile, VTT, trail, raids multisports, croisières… vous attendent ! Plusieurs séjours riches en émotion. En Guadeloupe, optez pour le « séjour plongée en Guadeloupe à Bouillante au Jardin Tropical ».

VENT PORTANT

Place Bernard-Moitessier

LA ROCHELLE

✆ 05 46 44 76 93

www.ventportant.com

Depuis sa création en 1993, l'Agence Internationale de Location de Voiliers Vent Portant a patiemment construit sa réputation autour de deux axes majeurs : la qualité du service et un vaste choix de croisières, de destinations et de voiliers rigoureusement sélectionnés. Cette agence internationale de location de bateaux présente des flottes de voiliers monocoques et catamarans, avec ou sans skipper. L'agence propose de naviguer dans toutes les Antilles, en Guadeloupe aussi, au large de Pointe-à-Pitre notamment.

GO VOYAGES

www.govoyages.com

Site internet proposant des prix avantageux toute l'année.

Go Voyages propose un très grand choix de vols secs, charters et réguliers au meilleur prix au départ et à destination des plus grandes villes. 155 000 itinéraires de vols, 665 compagnies aériennes et plus de 2 millions d'hôtels dans 40 000 destinations... Possibilité également d'acheter des packages sur mesure « vol + hôtel » et des coffrets cadeaux. Sans oublier le grand choix de promotions sur tous les produits et la location de voiture. La réservation est simple et rapide, les choix multiples et les prix très compétitifs.

FEELING GUADELOUPE

24 rue Ferdinand Forest

BAIE-MAHAULT

© 05 90 94 10 71

www.feelingguadeloupe.fr

Ouvert du lundi au vendredi de 8h à 17h.

L'agence concocte des séjours sur mesure qui sont adaptés à vos envies et votre budget. Laissez-vous conduire en dehors des sentiers battus, à la découverte d'une Guadeloupe authentique, pour des séjours classiques, thématiques ou hors normes. Experts des îles de Guadeloupe et de leurs alentours, ils sont, tous deux, en mesure de vous préparer des circuits personnalisés. Grâce à des partenariats avec plus de 70 partenaires sur tout le territoire, qu'ils ont tous testés personnellement, ces passionnés aiment faire découvrir les richesses de l'île.

LASTMINUTE

© +39 0892 586 132

lastminute.com

Des vols secs à prix négociés, dégriffés ou publics sont disponibles sur Lastminute, agence de voyage en ligne créée en 1998. On y trouve également des week-ends, des séjours, de la location de voiture... Mais surtout, Lastminute est le spécialiste des offres de dernière minute permettant ainsi aux vacanciers de voyager à petits prix sans avoir à s'y prendre plusieurs semaines à l'avance. Que ce soit pour un week-end ou une semaine, une croisière ou simplement un vol, des promos sont proposées et renouvelées très régulièrement.

MARIE GALANTE ON LINE

© 0590 10 66 39

mariegalanteonline.com

Cette structure, composée d'une équipe locale, propose des services de qualité afin de satisfaire la demande des visiteurs en prenant en compte leurs divers critères de sélection et le budget qu'ils souhaitent y consacrer. Marie-Galante on line propose des hébergements, la location de véhicules non seulement sur l'île de Marie-Galante, mais également en Guadeloupe continentale. De nombreuses excursions sont proposées sous forme de visites guidées à Marie-Galante, d'excursion bateau pour Les Saintes, de randonnées canyoning dans le Sud Basse-Terre.

CARIB HOLIDAYS

10 Les Comptoirs de Saint-François

SAINT-FRANÇOIS

© 0690 50 39 28

www.caribholidays.fr

Ouvert du lundi au vendredi de 8h30 à 18h30, le samedi de 8h30 à 12h30 et de 14h à 17h.

Carib Holidays est une agence de voyages basée aux Antilles depuis de nombreuses années. Forte de cette expérience du tissu touristique local, la structure est spécialisée dans la vente de produits touristiques sur l'archipel guadeloupéen, la Martinique, Saint-Martin, Saint-Barthélemy, la Guyane, Antigua, Sainte-Lucie... Carib Holidays propose des billets d'avion, des week-ends, des escapades sur mesure dans les îles alentour (séjours *all inclusive*, de charme...), des locations de véhicules, des croisières à des tarifs attractifs.

PASSION OUTREMER

17 Centre des Arcades

SAINT-FRANÇOIS

© 05 90 47 17 17

www.passion-outremer.com

Tous les jours de la semaine de 8h30 à 17h.

Cette agence réceptive est spécialisée dans l'accueil des groupes de visiteurs. Son équipe peut se charger du transport aérien en proposant des offres sur mesure aux meilleurs tarifs. Forte de sa longue expérience en Guadeloupe, cette structure, bien implantée localement, est en mesure de proposer un vaste choix d'hébergements, d'excursions, de circuits sur tout l'archipel de la Guadeloupe, mais également des séjours combinés entre la Guadeloupe et la Martinique, ainsi qu'à Sainte-Lucie, la Dominique, Saint-Martin, la République dominicaine, Cuba...

RIVERAIN TOURS

3 Rue Frébault - **POINTE-À-PITRE**
✆ 05 90 91 72 10
www.rivtours.com
Agence ouverte de 8h30 à 13h et de 14h à 17h en saison.

Cette agence de voyages guadeloupéenne est présente depuis 25 ans sur l'archipel dans plusieurs agences dont Marie-Galante, Le Moule et Basse Terre. Ses agents sont parfaitement à même de vous guider quel que soit le type de séjour recherché. Vous pouvez découvrir des promos séjours aux tarifs attractifs sur leur site. Possibilité d'acheter son billet d'avion en ligne, de trouver une location de véhicules, de dénicher la croisière de vos rêves, leur sélection d'hébergements ou encore de les laisser vous concocter un voyage de noces pour des souvenirs inoubliables.

VERT INTENSE

Rue du Camp-Jacob
SAINT-CLAUDE
✆ +590 6 90 55 40 47
www.vert-intense.com

Vert Intense est spécialisé dans la conception de voyages sport et nature en Guadeloupe. Avec l'appui du Parc national de la Guadeloupe, la structure propose des séjours respectueux de la nature et des hommes pour un tourisme durable. Vert Intense fait partie des guides habilités à accéder dans la zone la plus active de la Soufrière, obligatoirement muni d'un masque à gaz. Le site dispose d'une boutique en ligne qui permet de concevoir un séjour sur mesure en sélectionnant un hébergement et des activités parmi leurs différents partenaires.

EASYVOYAGE

✆ 08 99 19 98 79
www.easyvoyage.com

Le concept peut se résumer en trois mots : s'informer, comparer et réserver. Des infos pratiques sur plusieurs destinations en ligne (saisonnalité, visa, agenda...) vous permettent de penser plus efficacement votre voyage. Après avoir choisi votre destination selon votre profil (famille, budget...), le site vous offre la possibilité d'interroger plusieurs sites à la fois concernant les vols, les séjours ou les circuits. Grâce à ce moteur performant, vous pouvez réserver directement sur plusieurs bases de réservation (Lastminute, Go Voyages et bien d'autres).

JETCOST

www.jetcost.com

Jetcost compare les prix des billets d'avion et trouve le vol le moins cher parmi les offres et les promotions des compagnies aériennes régulières et *low cost*. Le site est également un comparateur d'hébergements, de loueurs d'automobiles et de séjours, circuits et croisières. L'interface du site Internet est très simple d'utilisation. Après avoir lancé la recherche, on peut affiner les résultats en fonction de ses choix afin de trouver le vol le plus intéressant, la durée du trajet, les éventuelles escales ou encore l'aéroport d'arrivée.

LILIGO

www.liligo.com
Site comparateur de voyages qui propose d'étudier le prix de votre prochain séjour.

Liligo interroge les agences de voyages, compagnies aériennes (régulières et low cost), trains (TGV, Eurostar...), loueurs de voitures, mais aussi 250 000 hôtels à travers le monde pour proposer à ses clients les offres les plus intéressantes en temps réel. Les prix incluent les frais de dossier, d'agence... Une fois la recherche établie et l'offre sélectionnée par l'utilisateur, le comparateur le met directement en relation avec le site marchand. Quelques astuces sont délivrées en ligne pour bénéficier des offres les plus intéressantes.

QUOTATRIP

www.quotatrip.com
Tarifs : devis sur demande en ligne.

QuotaTrip est une nouvelle plateforme de réservation de voyage en ligne qui met en relation des voyageurs à la recherche d'expériences authentiques et uniques et des agences de voyages locales sélectionnées pour leurs compétences et leur sérieux. Le réseau de QuotaTrip couvre près de 200 destinations dans le monde entier. Le but de ce rapprochement est simple : proposer un séjour entièrement personnalisé aux utilisateurs. QuotaTrip promet ainsi l'assurance d'un voyage serein, sur mesure, sans intermédiaires et sans frais supplémentaires.

INTERVIEW

LE VOYAGE-SUR-MESURE

AVEC STEVEN LE CHEVALIER ET MATHIEU VALLY DE QUOTATRIP

Quel est le concept de l'agence QuotaTrip ?

Quotatrip est la première plateforme de mise en relation entre voyageurs et agences locales. Grâce à elle, les voyageurs peuvent enfin échanger en direct avec des agences qui sont sur place et concevoir un voyage unique, au meilleur prix et 100% personnalisé.

Pourquoi voyager avec des agences locales ?

À l'inverse des agences traditionnelles, les agences locales sont des expertes de la destination choisie. Ce sont aussi les mieux placées pour concevoir des séjours qui sortent des sentiers battus. Elles sont ainsi en mesure de répondre à l'ensemble des envies, le voyageur rentre dans l'univers de l'équi-tourisme = le tourisme sans intermédiaire.

Quels sont les autres avantages pour les voyageurs ?

Il y a une multitude d'avantages. Cela permet notamment de ne pas voyager comme tout le monde, d'organiser de manière simple et rapide un séjour sur mesure et au meilleur prix. Fini les mauvaises surprises, les voyageurs posent toutes les questions qu'ils souhaitent et bénéficient d'un accompagnement sur mesure, de la conception du projet jusqu'à sa réalisation en toute sécurité car les agences référencées sont sélectionnées et recommandées par les journalistes des guides du Petitfute en toute impartialité.

Les démarches sont-elle simples à effectuer ?

Les sites de voyage en ligne font perdre beaucoup de temps aux internautes sans pour autant répondre entièrement à leurs désirs. QuotaTrip propose un formulaire simple et rapide qui permet de décrire les souhaits, les envies et les besoins. L'internaute reçoit aussitôt gratuitement et sans engagement les offres de trois ou quatre agences locales avec qui il peut ensuite échanger afin de personnaliser son projet grâce à la messagerie mise en place.

Quelles sont les destinations proposées ?

Notre plateforme propose plus de 21 000 projets de voyage sur plus de 100 destinations à travers le monde. De l'Amérique latine en passant par l'Asie et l'Afrique, nos mille agences partenaires sont là pour répondre à vos projets de voyage.

Décrivez votre projet de voyage. Échangez en direct avec les agences locales et partez au meilleur prix.

***Plus d'informations** : quotatrip.com*

© D.R

© D.R

© D.R

SE LOGER

Tous les types d'hébergement et tous les budgets sont disponibles dans l'archipel, de la chambre chez l'habitant, à la superbe villa avec piscine sans oublier les hébergements plus insolites. Sachez que certains gîtes proposent des prestations égales voire supérieures à celles des hôtels et des résidences de standing.

La plupart des hébergements disposent d'un site avec réservation en ligne avec des promotions si vous réservez à l'avance ou, à l'inverse, en dernière minute. Ils sont généralement également référencés sur les plateformes de réservation. N'hésitez pas à comparer les tarifs.

L'écotourisme a de plus en plus le vent en poupe en Guadeloupe et notamment sur la Basse-Terre avec des établissements qui intègrent l'énergie solaire, la préservation de la ressource en eau, l'utilisation de matières premières produites durablement lors de la construction. Ces derniers proposent souvent de très belles prestations.

BOOKING €€

www.booking.com

L'un des meilleurs sites de réservation d'hôtels, mais aussi de chambres d'hôtes ou d'appartements en ligne où les frais d'annulation sont gratuits la plupart du temps suivant certaines conditions. La sélection est fiable et vous pourrez y trouver un large choix d'hébergements avec bon wifi pour télétravailler. Cependant, regardez bien les photos et lisez attentivement les commentaires pour les logements aux petits prix. Cela vous permettra d'éviter les pièges côté tarifs. Les prix peuvent parfois être allèchants, mais le confort moins bon qu'annoncé...

CLUB MED €€

Plage de la Caravelle

SAINTE-ANNE

✆ 05 90 85 49 50

www.clubmed.fr

Pour connaître les tarifs d'hébergement, consultez le site Web.

Le Club Med est implanté depuis plus de 30 ans sur cette superbe plage de sable blanc, bordée de palmiers et aux eaux turquoise. Elle figure au rang des plus belles de l'archipel guadeloupéen. Ici, tout est pensé pour vous relaxer, vous ressourcer ou bien vous défouler avec de nombreuses activités sportives proposées sur place. Un espace, dédié au bien-être et à la relaxation, est implanté à l'écart de l'animation qui règne au cœur de ce grand complexe notamment dans la zone d'activités toujours aussi plébiscitée par les familles.

COUCHSURFING €€

www.couchsurfing.com

Adhésion : 15 € environ.

Couchsurfing est le service d'hébergement gratuit en ligne regroupant le plus d'adhérents. Il suffit de s'inscrire pour accéder aux profils des locaux ou faire sa demande d'hébergement pour quelques jours, voire quelques semaines. En échange, vous pouvez par exemple inviter votre hôte à manger, lui offrir un cadeau ou bien l'accueillir chez vous. Le site Internet met en place des systèmes de contrôle : notation des membres, numéro de passeport exigé à l'inscription, etc. Les participants ont accès à des hébergements volontaires dans plus de 200 pays.

DES HOTELS & DES ILES €€€

✆ 01 42 56 46 98

www.deshotelsetdesiles.com

Possibilité de réserver un forfait incluant le vol.

Ce groupe local propose différents types d'hébergements répartis sur la Guadeloupe, mais également sur la Martinique, Saint-Martin, la Dominique, Antigua, Anguilla, la Barbade ainsi que dans l'océan indien, sur l'île Maurice.

En Guadeloupe, à votre disposition, Créole Beach Hotel & Spa, Mahogany Hôtel & Résidence à Gosier, Toubana Hôtel & Spa et ses villas de luxe à Sainte-Anne, Jardin Malanga à Trois-Rivières, Bwa Chik Hôtel à Saint-François, Langley Resort à Deshaies et les Aqualodges (bungalows flottants situés à Saint-François et dans la baie des Saintes.

PIERRE & VACANCES €€

SAINTE-ANNE
✆ 05 90 47 00 00
Découvrez leurs tarifs incluant le vol sur le site selon la période.

Le complexe est organisé en deux quartiers avec des bâtiments à l'architecture créole. Il est implanté les pieds dans l'eau, en bord de plage, et au cœur d'un immense parc fleuri. Il dispose d'appartements pouvant accueillir jusqu'à 6 personnes. Ils sont équipés d'une kitchenette située sur la terrasse, d'un espace repas, d'une salle de séjour. L'établissement dispose de 3 restaurants, 2 piscines et 2 plages. Il abrite également un espace aquatique, un centre de sports nautiques, un club pour enfants, une laverie et propose des animations en soirée.

KAZA MARIE-GALANTE €€

www.kazamariegalante.com/

Kaza Marie-Galante propose une sélection d'hébergements entre particuliers sur toute l'île. Au choix des villas de charme, des bungalows insolites ou typiques, des maisons créoles confortables... situés tant à la campagne, que sur le littoral. Vous pouvez ainsi opter pour une villa de luxe, une cabane sur la plage, une authentique case créole... Les hébergements sont sélectionnés pour leurs prestations de qualité, mais restent cependant accessibles à tous les budgets. Vous pouvez opter pour un service personnalisé avec un accueil au bateau.

CONSIGNE À BAGAGES ANTILLES

8 Cr dit de Champvert
SAINTE-ANNE
✆ 06 90 05 88 50
consignebagageantilles.com
À partir de 9,50 €. Réservation en ligne.

Voici une option bien pratique pour stocker ses encombrants bagages et profiter des activités qu'offre la Guadeloupe, en toute légèreté ! Plusieurs options s'offrent à vous : déposez et récupérez simplement vos bagages avec la formule LIBERTÉ, profitez de la livraison à l'aéroport avec les formules PREMIUM ou encore CONFORT, ou bien demandez un devis pour un service sur mesure. La consigne se situe dans la zone de Champvert sur la commune de Sainte-Anne.

SE DÉPLACER

Si vous résidez dans une des communes desservies par le réseau de bus Karu'lis (bus de couleur orange) avec des horaires plus ou moins fiables (Les Abymes, Baie-Mahault, Pointe-à-Pitre, Gosier, Sainte-Anne, Saint-François, Le Moule), vous pourrez gérer la grande partie de vos déplacements en transport en commun.

Des transporteurs indépendants fonctionnent Pour se déplacer dans la région de la Basse-Terre ou des Grands Fonds (Grande-Terre), il vaut mieux compter sur votre propre véhicule. Une ligne relie Pointe-à-Pitre à Basse-Terre en 65 minutes (selon la circulation) du lundi au samedi. La ville du Moule dispose d'un réseau de bus en transport urbain ainsi qu'une ligne à destination de Pointe-à-Pitre qui circule chaque jour.

En voiture, le temps de trajet s'avère très aléatoire compte tenu des embouteillages au quotidien. Un faible kilométrage ne signifie pas un trajet rapide. Soyez prévoyant en cas de rendez-vous pour une excursion.

AIR ANTILLES

Aéroport Pôle Caraibes
LES ABYMES
✆ 0 890 648 648
www.airantilles.com

La compagnie est dotée principalement d'appareils ATR 72.

Cette compagnie aérienne régionale offre la possibilité de voyager vers plusieurs destinations dans toute la Caraïbe. Elle effectue des rotations régulières au départ de la Guadeloupe vers la Martinique, Saint-Martin, Sint Maarten, Cayenne, Saint-Domingue, Porto Rico, Miami, la Barbabe... Les destinations d'Antigua et de la République dominicaine font l'objet de rotations en haute saison. Vous pouvez réserver en ligne en quelques clics votre billet d'avion. La compagnie effectue la continuité régionale dans le cadre d'un partenariat avec Air France.

AIR CARAIBES GUADELOUPE

LES ABYMES
✆ 0820 835 835
www.aircaraibes.com

Sur son réseau régional, la compagnie aérienne Air Caraïbes dessert la Martinique (Fort-de-France), la Guadeloupe (Pointe-à-Pitre), Saint-Martin (Grand Case) et la République dominicaine (Saint-Domingue). La destination de Saint-Barthélemy est aussi proposée avec une desserte opérée par St. Barth Commuter. Elle offre également une liaison air-mer vers Marie-Galante, la Dominique et Les Saintes avec navigAIR, via la Guadeloupe. La compagnie relie également la province et la Belgique aux Caraïbes au départ d'Orly grâce à TGV AIR.

SAINT BARTH COMMUTER

Aéroport De Haenen
✆ 0590 27 54 54
www.stbarthcommuter.com/fr/

Liaison Pointe-à-Pitre / Saint-Barth à partir de 220 € par adulte.

Cette compagnie aérienne est implantée sur l'île de Saint-Barthélemy depuis 1995. Depuis 2018, au-delà des liaisons entre Saint-Barth, Saint-Martin, Sint Marteen et de nombreuses destinations dans la Caraïbe, elle propose des vols réguliers entre Saint-Barth et Pointe-à-Pitre mais également des vols charter. Le vol entre les deux îles s'effectue en une heure à bord d'un CESSNA Grand Caravan pouvant accueillir jusqu'à 14 passagers. Il est possible de réserver en ligne via le site. La compagnie propose également des vols privés à la demande.

SNSM GUADELOUPE

Phares et balises pointe fouillole
✆ 0590 910 407

Numéro d'urgence depuis le littoral : 196. VHF Canal 16.

Ces sauvetages en mer bénévoles interviennent 24/24h, 365 jours par an sur demande du Centre Régional Opérationnel de Sauvetage et de Surveillance des Antilles-Guyane (CROSSAG). Le financement de cette association repose principalement sur des dons effectués par des particuliers et des entreprises. Ils assurent les opérations de recherche en mer, assistent les navires en difficulté, évaluent l'état des personnes à secourir, leur donnent les premiers soins et ramènent les blessés et les naufragés à terre où d'autres organismes de secours les prennent en charge.

DONNER À TERRE,
C'EST SAUVER EN MER.
SNSM
SAUVETEURS EN MER
LES SAUVETEURS EN MER
En finançant les équipements des bénévoles,
vous aidez la SNSM à sauver des vies.
FAITES UN DON SUR SNSM.ORG
IBAN : FR7610107004730014073349995
BIC : BREDFRPPXXX
POINTE À PITRE
SNS 263

ARCHIPEL 1 / COMADILE

Gare maritime - **SAINT-FRANÇOIS**
✆ 0690 49 49 33
www.comadile.fr/
Aller-retour à partir de 37 €/adulte pour La Désirade, 41 € pour Les Saintes et Marie-Galante.

La compagnie dispose de deux bateaux : *Archipel 1* (287 places) effectuant deux rotations quotidiennes pour La Désirade (45 min de traversée) et le *Saint-Germain* (157 places) en liaison quotidienne avec Les Saintes et Marie-Galante (entre 45 min et 1h30 de traversée). Il est possible de voyager avec un vélo, un scooter et des animaux en prévenant au préalable la compagnie. Il est préférable de vérifier les horaires des traversées annoncés car ces informations sont soumises aux aléas climatiques. Un conseiller est joignable par téléphone chaque jour.

DEHER

Rue de la Dissidence - **TROIS-RIVIERES**
✆ 05 90 92 06 39
www.ctmdeher.com
Comptoir ouvert 7j/7. Parking du débarcadère : 5 € la journée (à régler en espèces).

La CTM Deher assure les liaisons vers Les Saintes depuis plus de 50 ans. La flotte de l'entreprise se compose de 4 vedettes ; *Antoinette* (181places), *Miss Karaibes* (130 places) et *Miss des îles* (180 places) et la dernière *Miss* (300 places) à compter de début 2023. Plusieurs traversées quotidiennes sont opérées 7j/7. Les rotations peuvent varier selon les conditions météo. Comptez environ 20 min de traversée (voire un peu plus lorsque la navette fait halte à Terre-de-Bas). Possibilité de réserver en ligne sur le site (tarif spécial en réservant à l'avance).

EMBARCADÈRE DE TROIS-RIVIÈRES

Bord de Mer
TROIS-RIVIERES
✆ 05 90 92 06 39
Le parking est géré par la municipalité : 5 € la journée à régler en espèces.

Il s'agit du point de départ principal des navettes maritimes pour les îles de l'archipel des Saintes. Durant la Seconde Guerre mondiale, cet embarcadère était le point de ralliement des volontaires qui partaient vers la Dominique pour tenter de rejoindre les Forces françaises libres. Un phare, construit en 1948, domine cet embarcadère. Le secteur, est pourvu de bars, restaurants, boutiques en tout genre. Il redouble d'activité pendant la période touristique.

EXPRESS DES ÎLES

Gare maritime
POINTE-À-PITRE
✆ 0 825 35 90 00
www.express-des-iles.com
Liaison vers les Saintes, Marie-Galante, la Dominique, la Martinique, Sainte-Lucie.

Depuis 1982, L'Express des Iles a transporté plus de 20 millions de passagers et environ 700 000 en 2023. Avec une flotte de 3 navires à grande vitesse équipés de salons climatisés et de ponts supérieurs ouverts, cette compagnie maritime assure un service de transport régulier et fiable entre la Guadeloupe, Marie-Galante, les Saintes, la Dominique, la Martinique et Sainte-Lucie. Réservez en ligne pour profiter des meilleures offres disponibles. Les navires sont accessibles aux personnes à mobilité réduite et aux chaises roulantes.

GARE MARITIME DE BERGEVIN

POINTE-À-PITRE

Il s'agit du point de départ des navettes à destination des îles des Saintes, de Marie-Galante, de la Dominique, de la Martinique... Elle accueille les compagnies Express des Iles, Val Ferry, Jeans for Freedom. Elle est dotée d'un parking payant, mais également d'une billetterie pour chacune de ses compagnies maritimes. Côté pratique, la gare routière est située à proximité immédiate de l'embarcadère. Vous pouvez ainsi la rejoindre à pied aisément, même avec des bagages.

BSP AUTO

✆ 01 86 26 90 80
www.bsp-auto.com
Site comparatif accessible 24h/24.

Il s'agit là d'un prestataire qui vous assure les meilleurs tarifs de location aux conditions les plus avantageuses auprès des grands loueurs de véhicules dans les gares, aéroports et les centres-villes du monde entier. Le kilométrage illimité et les assurances sont souvent compris dans le prix. Avec BSP Auto, vous pouvez réserver dès maintenant et payer seulement cinq jours avant la prise de votre véhicule. Autre bonus du courtier BSP : pas de frais de dossier ni d'annulation (jusqu'à la veille). La moins chère des options zéro franchise.

ORGANISER SON SÉJOUR

IGUANA BEACH

Gare maritime - **SAINT-FRANÇOIS**
✆ 06 90 50 05 09
www.comatrile.com
A/R à partir de 46,50 € (35,50 €/enfant). Aller simple 35 € (22,50 €/enfant). Tarif unique sur toutes les destinations.

L'Iguana Beach assure la liaison entre les îles de Marie-Galante, les Saintes et Saint-François, en saison uniquement (des vacances de la Toussaint à juin, de mi-juillet à fin août). Le catamaran est constitué de 190 places à l'intérieur et 70 à l'extérieur. La traversée depuis Marie-Galante dure 45 minutes et environ 1h30 depuis les Saintes pour atteindre Saint-François. Horaires et jours de rotation à consulter sur le site par téléphone, car ils sont sujets à modification selon la saison et la météo. Les passagers doivent se présenter 30 minutes avant le départ.

JEANS FOR FREEDOM

Gare Maritime - **POINTE-À-PITRE**
✆ 0590 685 309
jeans-for-freedom.com
À partir de 79 € A/R vers la Martinique (Saint-Pierre et Fort-de-France, aller simple), les Saintes à partir de 24 €.

Il s'agit de la compagnie maritime low cost des Antilles avec des offres disponibles sur internet ou par téléphone uniquement. Vous disposerez des meilleures offres pour voyager entre la Guadeloupe, Les Saintes et la Martinique à bord d'un navire à grande vitesse de 437 places assises. La compagnie organise au départ de Deshaies ou Pointe-à-Pitre des Journées découvertes vers Montserrat, Antigua, Saint-Kitts et la Dominique. Il est conseillé de se renseigner avant le départ, car les horaires et les jours peuvent être sujets à modification selon la météo.

VAL' FERRY

Gare maritime
POINTE-À-PITRE
✆ 05 90 91 45 15
www.valferry.fr
Rotations maritimes vers Marie-Galante, les Saintes, la Dominique.

Les navires de la compagnie opèrent des rotations régulières entre les îles de la Guadeloupe, Marie-Galante, les Saintes mais aussi la Dominique au départ de la gare maritime de Pointe-à-Pitre. Elle assure également des rotations pour l'île des Saintes depuis la commune de Trois-Rivières située sur la Basse Terre. Le pass 2 îles donne accès à un A/R pour les Saintes et Marie-Galante, une formule idéale pour découvrir l'archipel. Les horaires et tarifs sont indiqués sur leur site. Toutefois, vérifiez les horaires car ils sont sujets à modification.

GARE ROUTIÈRE DE BASSE TERRE

BASSE TERRE
Trajet Basse-Terre/Pointe à Pitre d'environ 60 minutes selon avec des arrêts à Trois-Rivières, Capesterre-Belle-Eau...

La gare routière est située à proximité du marché qui a lieu sur le boulevard principal. Vous pourrez vous rendre en bus en direction de la Grande-Terre jusqu'à Pointe-à-Pitre (avec plusieurs arrêts) et inversement dès 4h du matin environ et jusqu'à 18h en semaine. D'autres bus assurent les liaisons jusqu'à Deshaies, Sainte-Rose, Bouillante, Vieux-Habitants. Renseignez-vous sur place auprès des chauffeurs afin de connaître les horaires et les tarifs en vigueur.

GARE ROUTIÈRE DE BERGEVIN

Boulevard de l'Amitié des Peuples de la Caraïbe
POINTE-À-PITRE
www.karulis.com
De 5h30 à 21h. Tickets en vente dans les bus. Pass disponibles dans les points de vente et à l'agence Karu'Lis.

Située à proximité immédiate de la gare maritime, la gare routière accueille tous les bus à destination des diverses communes. Certains autres bus partent du marché de la Darse, à proximité de la Place de la Victoire, vers Le Gosier, notamment. Le transport en commun a sensiblement évolué ces dernières années suite à un grand plan de restructuration du transport interurbain. Les tickets s'achètent auprès des conducteurs. Pass disponibles dans les points de vente et à l'agence Karulis.

GARE ROUTIÈRE DE DARBOUSSIER

POINTE-À-PITRE
karulis.com
Tickets en vente auprès des chauffeurs de bus. Pass disponibles dans les points de vente et à l'agence Karu'Lis.

Cette gare routière est utilisée pour les dessertes du sud de la Grande-Terre (Pointe-à-Pitre – Gosier – Sainte-Anne – Saint-François) et du nord de la Grande-Terre (Anse-Bertrand - Petit-Canal Port-Louis). Si vous avez le moindre doute sur votre destination, vérifiez auprès du chauffeur et ensuite indiquez-lui à quel endroit vous souhaitez descendre. Les horaires et les lignes sont indiqués sur le site ou la page Facebook du réseau de transport urbain Karulis (bus orange).

KARU'LIS

Boulevard Legitimus
POINTE-À-PITRE
✆ 05 90 24 26 06
https://karulis.com/
Tickets à partir de 1,20 € selon la zone.

Karu'Lis assure, avec ses bus orange, le transport de passagers sur Baie-Mahault, Abymes, Pointe-à-Pitre, Gosier, Sainte-Anne, Saint-François et La Désirade. 4 lignes desservent l'aéroport (repérables par la lettre AE), 3 lignes fonctionnent le week-end et les jours fériés (lettre Z) et un bus électrique circule dans le centre de Gosier. Les titres de transport sont disponibles dans les points de vente précisés sur leur site et en agence. Pratique, l'appli KARU'LIS qui permet de rechercher un itinéraire ou de connaître l'horaire de passage en temps réel.

ALWÉGO

Morne Vergain - **LES ABYMES**
✆ 05 96 78 35 58
www.alwego.rent
Réservation en ligne recommandée. Consultez les nombreuses offres. Location de véhicules automatiques également.

#AlwegoAnNouAy - Le credo de l'agence est clair : une communication pétillante et dynamique, à l'image de son équipe. Cette agence locale est implantée depuis 1989 aux Antilles. Alwego loue tous types de véhicules, de la petite citadine au minibus de neuf places. Les catégories intermédiaires comme les SUV et berlines sont également proposées à des tarifs attractifs. Livraison aéroport et port. La navette vous dépose et vous récupère, l'agence est située à 5 min de l'aéroport. Réservez en ligne sur leur site Internet, c'est plus efficace et rapide.

AUTO DISCOUNT LOCATION

Rue Emmanuel Varieux - **LES ABYMES**
✆ 05 90 97 10 00
www.auto-discount.fr
À partir de 19 €/jour. Agence ouverte du lundi au samedi de 7h à 19h, dimanche et jours fériés de 8h30 à 18h30.

Implanté aux Antilles depuis presque 25 ans (6 agences en Guadeloupe, 1 agence en Martinique, 1 agence à Saint-Martin et 1 agence en Guyane), ce loueur 100% local vous propose le meilleur rapport qualité-prix. Citadine économique, spacieux minibus 9 places, SUV tout terrain, voiture sans permis, automatique ou manuelle : trouvez le véhicule adapté à vos vacances ou à vos besoins quotidiens. Un déménagement, des travaux ? Du petit fourgon au camion à benne basculante, particuliers ou professionnels, trouvez aussi le parfait utilitaire !

GUADALOC

Rue Rollier Arnoux
LES ABYMES
✆ 05 90 01 20 20
https://www.guadaloc.com/
Ouvert du lundi au samedi de 8h à 18h, et le dimanche de 12h à 18h.

Des équipes sérieuses et dynamiques vous accueillent à l'aéroport pour Gwadaloc et sur l'île de Marie-Galante sous l'enseigne Magaloc. Grand choix de véhicules disponibles. Accueil et retour gratuits à l'aéroport. Transfert possible de l'aéroport vers la gare maritime pour les clients de l'agence de Marie Galante. Possibilité de continuité de votre location entre la Guadeloupe continentale et Marie-Galante. Réduction sur des billets de bateau pour Marie-Galante, voire des billets gratuits pour une location de véhicule d'une durée minimum de 2 semaines.

MAGALOC

Morne Vergain
LES ABYMES
✆ 05 90 01 20 20
www.magaloc.net/
Ouvert de 8h à 18h et le dimanche de 11h à 18h.

Magaloc, entreprise locale, dispose d'une belle variété de véhicules dans sa flotte entre citadines, compactes, SUV, Pick-up... Ces divers types de voitures vous permettront de visiter l'île à votre rythme et de bénéficier d'un véhicule en toute sécurité. Magaloc dispose d'applications (téléchargeables par Apple Pay ou Google Play) pour bénéficier des meilleurs tarifs et promos. L'application Magaloc permet d'obtenir une réservation simplifiée et rapide. Magaloc H24 permet de louer un véhicule sans l'intervention d'un agent et d'attente au comptoir.

PRO RENT

Rue Alfred Lumière
BAIE-MAHAULT
✆ 05 90 26 73 44
www.pro-rent.com
Ouvert en semaine de 7h30 à 19h, le samedi de 8h à 19h et le dimanche de 12h à 13h.

Ce loueur très professionnel propose une vaste flotte de véhicules neufs ou récents au suivi très régulier. Vous y trouverez au choix des voitures économiques, des automatiques, des diesels, des SUV, des monospaces, des utilitaires, des cabriolets. L'accueil à l'aéroport et au port est assuré 24h/24 et 7j/7 sur réservation. Une navette assure le transfert vers l'agence située à Jarry, à 10 minutes depuis l'aéroport et à 5 minutes depuis le port. Après 20h, les véhicules sont livrés sur le parking du port ou de l'aéroport (avec supplément).

TROPICAL VAN

Rue Mahatma Gandhi - **PORT-LOUIS**
✆ +590 691 242 490
www.tropical-van.com
À partir de 120 € la nuit avec un minimum de 3 nuits.

Profitez d'une gamme de vans neufs et entièrement équipés aménagés pour 4 couchages et dotés de nombreux rangements. Ce type de véhicules est idéal pour partir à la découverte de la Guadeloupe en *road trip*. Leur motorisation puissante est adaptée aux routes de l'île. Leur équipement permet de bénéficier d'un bon confort (clim, sièges pivotants, WC chimique, douchette sur réservoir, réserve d'eau pour la vaisselle, cuisinette...). Un *roadbook* et une application sont fournis. Pour conduire ces véhicules, il faut avoir au minimum 23 ans et trois ans de permis B.

GILLES TAXI

✆ 06 90 74 74 11

Gilles dispose de deux minibus (7 et 9 sièges). Il assure les transferts du port ou de l'aéroport vers votre hébergement ou toute autre destination. Il assure également toutes sortes de courses privées. Ce chauffeur parle anglais et a un excellent contact avec les passagers. Il bénéficie d'une expérience en qualité de guide touristique interprète de 23 ans chez un tour-opérateur français très connu. Il peut organiser une excursion touristique sur mesure pour découvrir l'archipel guadeloupéen. Le paiement par carte bancaire est accepté. Disponible 7j/7.

VTC GWADA

✆ 06 90 55 24 09
vtcgwada.com
Disponible 24h/24 et 7j/7.

VTC GWADA propose des prestations toutes distances sur toute la Guadeloupe entre les transferts depuis l'aéroport ou le port ou votre lieu de résidence, un transport pour une excursion, pour tout évènement festif ou professionnel... Il peut également tout simplement vous raccompagner jusqu'à votre domicile sur demande.

Équipé d'un van Van Haute gamme Business VIP particulièrement confortable, il se charge de vous amener puis de vous raccompagner en toute sécurité, notamment lors de sorties nocturnes afin que la fête soit plus belle.

VTT 971

N5 avenue Martin Luther King
SAINT-FRANÇOIS
✆ 06 25 06 61 04
www.vtt971.com
Ouvert de 8h30 à 12h et de 15h30 à 18h. Fermé les jeudis et dimanches.

VTT 971 propose à la location des vélos urbains ou de course, des scooters électriques, des VTT avec ou sans assistance électrique avec, en option, la possibilité de vous doter d'un GPS pour circuler sur les sentiers adaptés car la Guadeloupe ne dispose pas de trace balisée pour la pratique du VTT. Vous pouvez également opter pour une balade accompagnée ou encore une visite guidée. Dans ce cas, un accompagnateur vous entraîne vers les plus beaux sites de l'île. La réservation peut s'effectuer sur place, par téléphone ou bien par mail.

S'INFORMER

L'archipel de la Guadeloupe regorge de paysages sauvages, de plages paradisiaques, de sites naturels exceptionnels, de lieux historiques et culturels ... Quel que soit l'objectif de votre séjour, vous aurez l'occasion de pouvoir pratiquer vos activités préférées. Les différents offices de tourisme sont les plus à même pour répondre à vos interrogations sur place ou encore via le site du comité du tourisme de Guadeloupe. Pour les amoureux de randonnées pédestres et de la découverte de la nature, nous vous conseillons de consulter le site du parc national de la Guadeloupe qui fournit d'excellents conseils sur la kyrielle de sites naturels à découvrir entre ses espaces terrestres et maritimes protégés, sur la faune et la flore. N'hésitez pas à consulter leurs conseils sur la conduite à tenir avant d'arpenter les traces (sentiers) et de vous aventurer au plus profond de la forêt tropicale afin de préserver votre sécurité et l'environnement.

FRANCE 24

✆ 01 84 22 84 84
france24.com

Fondée en 2005, cette chaîne de télévision française d'information internationale en continu est accessible par le câble ou par le satellite dans certains bouquets de chaînes des hôtels du pays (canaux en français, en anglais, en arabe et en espagnol). Mais seuls les faits les plus retentissants de l'actualité locale sont traités. Plusieurs rendez-vous sont consacrés aux territoires d'Outre-mer.

RADIO TRANSAT

www.radiotransat.fm
Fréquences FM 91.5 et 91.7.

Radio Transat est une des radios les plus écoutées sur place. Elle diffuse une musique assez hétéroclite avec un accent mis sur une programmation pop-rock. On peut aussi y écouter les bulletins météo ainsi qu'un condensé d'informations locales et internationales. Radio Transat peut également être diffusée en direct sur Internet.

COMITÉ DU TOURISME DES ÎLES DE GUADELOUPE

Immeuble Antarès Dothémare - **LES ABYMES**
✆ 05 90 820 930
www.lesilesdeguadeloupe.com
Accueil public lundi 10h-12h, du mardi au jeudi de 7h30 à 12h.

Installés depuis les années 1980 sur la place de la Victoire à Pointe-à-Pitre dans un superbe bâtiment néo-classique datant de 1927, les bureaux du Comité du Tourisme des Iles de Guadeloupe viennent de changer d'adresse. Le site internet est complet avec toutes les infos pratiques à connaître avant et pendant le séjour : une liste d'hébergements, d'activités, de locations de véhicule, des circuits à découvrir. La rubrique « Guadeloupedia » est particulièrement intéressante.

DISCOVER DOMINICA

5 Great Marlborough Street
ROSEAU
✆ +1 767 448 20 45
www.discoverdominica.com

Le bureau d'informations pour les touristes se situe sur le boulevard du bord de mer de la capitale, juste à côté du musée de la Dominique et de l'hôtel Garraway. L'office de tourisme travaille en étroite collaboration avec les établissements hôteliers. De nombreuses actions sont mises en place visant à mettre en avant les atouts de la Dominique et notamment la diversité de ses nombreux sites naturels. Côté pratique pour les francophones, le site Internet et la page Facebook sont consultables en langues anglaise et française.

PRODUITS OFF

Ces lotions et sprays pour le corps sont de véritables protections immédiates contre les moustiques pendant environ 4 heures. Il existe plusieurs gammes de produits dont une pour les enfants. On peut les trouver dans toutes les grandes surfaces, les boutiques ou les épiceries de quartier.

CARNETS DE VOYAGE

36, Boulevard de la Bastille
PARIS (12e)
www.us.phoenix-publications.com

Publié par les éditions Phoenix, qui comptent déjà plusieurs revues à leur actif, ce trimestriel est consacré aux voyages avec des focus dédiés à la découverte d'une ville, d'une région, que ce soit en France, en Europe ou dans le monde. *Carnets de Voyage*, un magazine utile pour nous faire découvrir le meilleur d'une destination et nous faciliter le voyage. Pour de grandes ou petites escapades, les rédacteurs nous invitent à entrer dans leurs textes vivants, complétés de conseils pratiques, d'un agenda, de bonnes adresses et de superbes photos.

ZOUK NEWZ

POINTE-À-PITRE
✆ 0690 35 97 93
Fréquence 94.6 FM.

Zouk Newz s'adresse aux amoureux du zouk et des plus belles nouveautés de la Caraïbe. Cette radio généraliste guadeloupéenne est présente sur l'île depuis 2013. Elle s'adresse à la communauté antillaise avec une programmation vaste entre zouk, salsa, reggae... Elle diffuse aussi des informations pratiques sur la circulation routière au quotidien et les infos locales, nationales et internationales.. Zouk News est diffusée également en direct via internet. L'application est téléchargeable. La page Facebook est également une source d'information intéressante.

RESTER

Lorsque l'on y vient en vacances, la notion d'éloignement de la famille et des amis ne se fait pas ressentir. Une fois sur place, vous constaterez que le décalage de 5 ou 6 h, le temps de vol, le prix du billet d'avion prennent une autre dimension.

La concurrence des différentes compagnies aériennes de ces dernières années a permis de bénéficier de tarifs aériens plus raisonnables. La perte de rotations en provenance de l'hexagone sur l'année 2020 pourrait contribuer à une augmentation de ces tarifs.

La vie chère évoquée dans les îles, et donnant lieu à une prime spécifique pour les fonctionnaires, prend tout son sens si vous souhaitez continuer à vous nourrir comme dans l'hexagone. Par contre, si vous optez pour une alimentation locale, le surcoût en sera limité.

Le choix du lieu de résidence doit prendre en compte les opportunités professionnelles compte tenu des embouteillages sur les routes au quotidien.

ACTION CONTRE LA FAIM

102, rue de Paris - **MONTREUIL**
✆ 01 70 84 70 84
www.actioncontrelafaim.org
Par téléphone de 9h à 13h et de 14h à 18h.

ONG internationale spécialisée dans la lutte contre la faim dans le monde, active dans les domaines de la nutrition, santé, sécurité alimentaire, de l'eau, de l'assainissement. L'association intervient dans des situations de crise. Le but étant de rendre les populations autonomes d'un point de vue de la nutrition, en apportant une aide concrète et en formant les intervenants locaux qui prendront le relais. Ses missions de volontariat durent de trois mois à un an en Afrique, Asie, Amérique, Europe centrale, dans le Caucase, au Moyen-Orient et dans les Caraïbes.

PRODUITS OFF

Ces lotions et sprays pour le corps sont de véritables protections immédiates contre les moustiques pendant environ 4 heures. Il existe plusieurs gammes de produits dont une pour les enfants. On peut les trouver dans toutes les grandes surfaces, les boutiques ou les épiceries de quartier.

DOMINICA

Financial Centre
ROSEAU
✆ +1 767 266 3000
www.dominica.gov.dm

Il s'agit tout bonnement du site officiel du gouvernement de la Dominique qui précise les conditions d'entrée des animaux sur l'île, d'obtention d'un visa, ou encore les jours fériés. Ce site Internet, uniquement en anglais, est à visiter pour connaître les informations officielles et relatives au système organisationnel de l'île. Il peut être très utile pour les personnes qui souhaitent s'installer à la Dominique.

Le bureau donne sur le Old Market, un lieu où vous trouverez toutes sortes de souvenirs artisanaux fabriqués sur l'île.

ALE VINI GUADELOUPE

https://aleviniguadeloupe.fr

L'association Alé Vini Guadeloupe, soutenue par le ministère des Outre-mer, a pour objectif d'assister les candidats au retour au pays en facilitant les démarches des jeunes partis étudier dans l'Hexagone et en fin de cursus, des salariés, des porteurs de projet qui souhaitent revenir et mettre leurs compétences au service de leur archipel. La plateforme informe sur les emplois disponibles, les secteurs porteurs, les dispositifs existants pour la création d'entreprise, les aides accordées pour revenir vivre en Guadeloupe et propose également du coaching.

INDEX

D

E

F

G

H

I

J

K

L

Q

R

S

EDITION

Directeurs de collection et auteurs : Dominique AUZIAS et Jean-Paul LABOURDETTE
Auteurs : Claudia LEDEZERT, SIMAX COMMUNICATION - Gilles MOREL, Martin FOUQUET, Anne-Claire DUCHOSSOY, Priscilla PARARD, Mathias DESHOURS, Romain RISSO, Mathilde LEROY, Baptiste THARREAU, Sylvie DEL COTTO, Corentin LAPLANCHE - TSUTSUI, Elodie BALLET, Nelly DEFLISQUESTE, SIMAX CONSULTANT-Christine MOREL, Patricia BUSSY, Johann CHABERT, Juliana HACK, Faubert BOLIVAR, Yaissa ARNAUD BOLIVAR, Jean-Paul LABOURDETTE, Dominique AUZIAS et alter
Directeur Editorial : Stéphan SZEREMETA
Rédaction Monde : Laure CHATAIGNON, Morgane VESLIN, Pierre-Yves SOUCHET, Natalia COLLIER
Rédaction France : Briséis TEMPLE-BOYER, Désirée DEBANT, Emilie SAINT-PASTOU, Nicolas WODARCZAK

FABRICATION

Maquette et Montage : Romain AUDREN, Julie BORDES, Delphine PAGANO
Iconographie et Cartographie : Anne DIOT, Julien DOUCET

WEB ET NUMERIQUE

Directeur Web : Louis GENEAU de LAMARLIERE
Technical Project Manager : Hervé MARION
Développeurs : Guillaume BARBET, Adeline CAUX, Bastien MOINET
Intégrateur Web : Mickael LATTES, Antoine DION
Webdesigner : Caroline LAFFAITEUR
Responsable Communication Digital WEB : Alice BARBIER
Community Traffic Manager : Shirley NDEMA-KINGUE, Camille LE PROVOST
Content Manager : Aliénor de PERIER

DIRECTION COMMERCIALE

Directeur commercial : Guillaume VORBURGER
Coordinatrice des Régies commerciales : Manon GUERIN
Responsable Régies locales : Michel GRANSEIGNE
Responsables Développement régie inter : Jean-Marc FARAGUET, Guillaume LABOUREUR et Camille ESMIEU
Assistante commerciale Régie internationale : Leila ANTRI-BOUZAR
Chefs de Publicité Régie nationale : Caroline AUBRY, François BRIANCON-MARJOLLET, Perrine DE CARNE MARCEIN, Jonathan TOUTOUX, Fouzia CHAOUI
Régie GUADELOUPE : Gilles MOREL

DIFFUSION ET PROMOTION

Directrice des Ventes : Bénédicte MOULET assistée d'Aissatou DIOP
Responsable des ventes : Jean-Pierre GHEZ assisté de Nelly BRION

ADMINISTRATION

Président : Jean-Paul LABOURDETTE
Directeur général : Louis AUZIAS
Directrice des Ressources Humaines : Dina BOURDEAU assistée de Sandra DOS REIS et Eva BAELEN
Directrice Administrative et Financière : Valérie DECOTTIGNIES
Comptabilité : Guillaume PETIT, Aminata BAGAYOKO et Adama DIABY
Recouvrement : Fabien BONNAN assisté de Sandra BRIJLALL
Responsable informatique : Elie NZUZI-LEBA

PETIT FUTÉ GUADELOUPE

LES NOUVELLES EDITIONS DE L'UNIVERSITE
18, rue des Volontaires - 75015 Paris.
✆ 01 53 69 70 00 - Fax 01 42 73 15 24
Internet : www.petitfute.com
SAS au capital de 1 000 000 € - RC PARIS B 309 769 966
Couverture : Coucher de soleil sur la plage de l'Anse Champagne à Saint-François, Guadeloupe
© Filip Fuxa - Shutterstock.com
Impression : CORLET IMPRIMEUR - 14110 Condé-en-Normandie
Achevé d'imprimer : novembre 2023
Dépôt légal : 19/12/2023
ISBN : 9782305100975

Pour nous contacter par email, indiquez le nom de famille en minuscule suivi de @petitfute.com
Pour le courrier des lecteurs : info@petitfute.com

IMPRIMÉ EN FRANCE

T

U

V

W

X

Y

Z

Q

R

S

EDITION
Directeurs de collection et auteurs : Dominique AUZIAS et Jean-Paul LABOURDETTE
Auteurs : Claudia LEDEZERT, SIMAX COMMUNICATION - Gilles MOREL, Martin FOUQUET, Anne-Claire DUCHOSSOY, Priscilla PARARD, Mathias DESHOURS, Romain RISSO, Mathilde LEROY, Baptiste THARREAU, Sylvie DEL COTTO, Corentin LAPLANCHE - TSUTSUI, Elodie BALLET, Nelly DEFLISQUESTE, SIMAX CONSULTANT-Christine MOREL, Patricia BUSSY, Johann CHABERT, Juliana HACK, Faubert BOLIVAR, Yaissa ARNAUD BOLIVAR, Jean-Paul LABOURDETTE, Dominique AUZIAS et alter
Directeur Editorial : Stéphan SZEREMETA
Rédaction Monde : Laure CHATAIGNON, Morgane VESLIN, Pierre-Yves SOUCHET, Natalia COLLIER
Rédaction France : Briséis TEMPLE-BOYER, Désirée DEBANT, Emilie SAINT-PASTOU, Nicolas WODARCZAK

FABRICATION
Maquette et Montage : Romain AUDREN, Julie BORDES, Delphine PAGANO
Iconographie et Cartographie : Anne DIOT, Julien DOUCET

WEB ET NUMERIQUE
Directeur Web : Louis GENEAU de LAMARLIERE
Technical Project Manager : Hervé MARION
Développeurs : Guillaume BARBET, Adeline CAUX, Bastien MOINET
Intégrateur Web : Mickael LATTES, Antoine DION
Webdesigner : Caroline LAFFAITEUR
Responsable Communication Digital WEB : Alice BARBIER
Community Traffic Manager : Shirley NDEMA-KINGUE, Camille LE PROVOST
Content Manager : Aliénor de PERIER

DIRECTION COMMERCIALE
Directeur commercial : Guillaume VORBURGER
Coordinatrice des Régies commerciales : Manon GUERIN
Responsable Régies locales : Michel GRANSEIGNE
Responsables Développement régie inter : Jean-Marc FARAGUET, Guillaume LABOUREUR et Camille ESMIEU
Assistante commerciale Régie internationale : Leila ANTRI-BOUZAR
Chefs de Publicité Régie nationale : Caroline AUBRY, François BRIANCON-MARJOLLET, Perrine DE CARNE MARCEIN, Jonathan TOUTOUX, Fouzia CHAOUI
Régie GUADELOUPE : Gilles MOREL

DIFFUSION ET PROMOTION
Directrice des Ventes : Bénédicte MOULET assistée d'Aissatou DIOP
Responsable des ventes : Jean-Pierre GHEZ assisté de Nelly BRION

ADMINISTRATION
Président : Jean-Paul LABOURDETTE
Directeur général : Louis AUZIAS
Directrice des Ressources Humaines : Dina BOURDEAU assistée de Sandra DOS REIS et Eva BAELEN
Directrice Administrative et Financière : Valérie DECOTTIGNIES
Comptabilité : Guillaume PETIT, Aminata BAGAYOKO et Adama DIABY
Recouvrement : Fabien BONNAN assisté de Sandra BRIJLALL
Responsable informatique : Elie NZUZI-LEBA

PETIT FUTÉ GUADELOUPE
LES NOUVELLES EDITIONS DE L'UNIVERSITE
18, rue des Volontaires - 75015 Paris.
✆ 01 53 69 70 00 - Fax 01 42 73 15 24
Internet : www.petitfute.com
SAS au capital de 1 000 000 € - RC PARIS B 309 769 966
Couverture : Coucher de soleil sur la plage de l'Anse Champagne à Saint-François, Guadeloupe
© Filip Fuxa - Shutterstock.com
Impression : CORLET IMPRIMEUR - 14110 Condé-en-Normandie
Achevé d'imprimer : novembre 2023
Dépôt légal : 19/12/2023
ISBN : 9782305100975

Pour nous contacter par email, indiquez le nom de famille en minuscule suivi de @petitfute.com
Pour le courrier des lecteurs : info@petitfute.com

IMPRIMÉ EN FRANCE

T

U

V

W

X

Y

Z